香港地產史

1841—2023

馮邦彥

著

責任編輯	許正旺
書籍設計	吳冠曼
書籍排版	陳朗思

書　　名	香港地產史 1841-2023
著　　者	馮邦彥
出　　版	三聯書店（香港）有限公司
	香港北角英皇道四九九號北角工業大廈二十樓
香港發行	香港聯合書刊物流有限公司
	香港新界荃灣德士古道二二〇至二四八號十六樓
印　　刷	美雅印刷製本有限公司
	香港九龍觀塘榮業街六號四樓 A 室
版　　次	二〇二四年七月香港第一版第一次印刷
規　　格	大十六開（210mm × 260mm）六四〇面
國際書號	ISBN 978-962-04-5454-7

© 2024 三聯書店（香港）有限公司

Published & Printed in Hong Kong, China.

序 言

在任何國家、任何城市裡，房地產業都佔有極為重要的地位。它的盛衰，牽涉到大批關連的行業，左右經濟的升降；反過來，經濟的情況對房地產也會起決定性的作用。而且，房地產的起跌也與居民的生活質素息息相關。香港也是同樣情況。

我們都知道，香港的人口不斷增加，而且，近年的增長率比過去還高，其中大部分因素都不是我們可以控制的。我們的人口規模和結構，都在不停地轉變，帶來對房地產業的需求亦急速地改變；但是，可供發展用的土地和適合住用的樓房，必須經過冗長的規劃、設計及建造工程程序才能提供給社會使用。不管我們使用多少資源，我們也只可以把這個程序略為縮短。這就是香港樓房供應工作中的一個難點：我們需要利用很難更改的硬件來應付急變的實況。

在香港，因為人口的高速增長和城市發展土地的短缺，房地產業的困難會比其他城市嚴重。

自開埠以來，香港的房地產已經歷了不少的起落，也取得了很多成果和寶貴經驗。前事不忘，後事之師。我們在工作上與房地產業有關連的人士及樓房使用者，都可以從馮邦彥教授的傑作《香港地產業百年》（編按：本書前身）裡窺見和領會到許多珍貴的資料與指引，協助我們預測及面對未來的轉變。

潘國城博士
香港特別行政區政府規劃署前署長
香港大學名譽教授
2001 年 2 月

前　言

　　1987 年 9 月，筆者受香港東南經濟信息中心副董事長兼總經理楊振漢先生之聘，從廣州赴香港，前往香港東南信息中心工作，任職經濟分析員，從事對香港經濟的研究。這一時期，香港正處於「九七」回歸的重要時刻，各種政治、經濟力量正在激烈角力，各種資本、財團積極部署集團的應變策略，尤其矚目的是老牌英資公司怡和遷冊海外、滙豐銀行結構重組、本地公司加快向海外發展等，種種變動引發了香港金融、地產市場一系列的震蕩。在香港工作期間，我重點研究了香港的金融、地產、資本與財團等問題。其間，恰逢楊奇、周毅之主編《香港概論》，編輯室主任施漢榮先生是我的老前輩和好朋友，他誠意邀請我撰寫第十二章「房地產業：香港經濟的『寒暑表』」。受其委託，我得以較為系統地對香港的房地產業作出較為全面的研究。

　　在香港工作期間，我先後撰寫了《香港土地管理制度的基本特點及其利弊》、《香港政府的房屋政策及其成效》等研究報告。其間，應香港《房地產導報》編輯黃建炎先生邀請，在 1993 年 7 月至 1994 年 12 月先後在該雜誌發表對香港主要地產公司的分析評述文章，包括：《新世界揮師北上再展雄風》、《新地立足香港向多元化發展》、《恒基暗渡陳倉奪美麗華控制權》、《九龍倉歷百年滄桑再展鴻猷》、《置地雄踞中區百年風光難再》、《希慎拓銅鑼灣王國稱雄一方》、《華置鯨吞愛美高聲名大振》、《合和拓展華南基建蜚聲中外》、《信和高瞻遠矚勇奪龍坪道地王》、《恒隆拓展投資物業穩中求勝》、《百利保步步為營進軍大陸》、《華懋重出江湖顯俠女神威》、《長實執香江牛耳盡領風騷》、《香港興業拓愉景灣穩字當先》、《廣生行脫胎換骨再上征途》、《鷹君幾起幾落無舉懼風浪》、《太地飲水思源再建鰂魚王國》等，共介紹了香港主要的 17 家地產公司。這段時間的寫作，為我對香港地產業的研究，奠下初步的基礎。

　　1994 年 9 月，筆者結束在香港的工作，回到廣州暨南大學繼續從事教學和研究。其後，筆者相繼撰寫了《香港英資財團（1841-1996）》、《香港華資財團（1841-1997）》等著作，對香港的地產集團有了進一步深入了解。從 2000 年年

初起，筆者就開始了對香港地產業及地產市場的全面、系統性的研究。當時很幸運，得到香港特別行政區政府前任規劃署署長、香港大學名譽教授潘國城博士的熱心協助和專業指點。在他的牽引下，筆者得以先後拜訪了香港地產界老前輩、國際鴻星投資集團董事長吳多泰博士，恒基兆業地產有限公司地產發展部副總經理梁樹基先生，香港測量師學會會長吳恒廣太平紳士，香港註冊專業測量師蘇振顯先生，新鴻基地產發展有限公司執行董事陳鉅源先生，中原地產代理有限公司董事總經理施永青先生，香港地產代理商總會會長倫志炎先生，中銀集團研究部高級研究員謝國樑先生，香港貿易發展局經濟師譚思洛先生等。同時，筆者還走訪了香港特別行政區政府統計處、差餉物業估價署、地產代理監管局、香港房屋委員會、香港物業管理公司協會、仲量聯行、美聯物業等機構，從中獲得大量甚有價值的資料。

根據筆者的理解，香港地產業通常是指地產和房產這兩個互相聯繫的經營部門的總稱。地產並非泛指所有土地，而是指在法律上有明確權屬關係的，並且能給所有者、經營者和使用者帶來效益的土地，是指作為商品能夠進入市場的這部分土地。房產亦是指在法律上有明確權屬關係的房屋建築物，是房屋的社會經濟形態。地產和房產都是固定在特定的領域內，不可移動的，故在經濟學上又稱為「不動產」。地產和房產無論在物質形態上還是在經濟形態上，都是不可分割的統一體，房產依賴地產而存在，而土地離開了上蓋建築物則其價值便無從產生。房地產不僅是最基本的生產要素，而且是最基本的生活資料，是社會經濟生活中的重要財富。

鑑於以上理解，筆者於 2000 年年初展開了題為「香港地產業百年」的寫作，並於 2001 年 7 月在香港三聯書店出版。在出版過程中，筆者在香港三聯書店的協助下，還獲得多家地產公司、建築事務所、官方機構、傳媒以至個人等，提供的大量極珍貴的圖片，使廣大讀者在重溫歷史之餘，也可生動具體地捕捉到當時的情景。他們的大名是：高添強先生、鄭寶鴻先生、吳恒廣太平紳士、香港地產建設商會、香港物業週刊、王董建築師事務有限公司、劉榮廣伍振民建築師事務所（香港）有限公司、巴馬丹拿建築師及工程師有限公司、王歐陽（香港）有限公司、長江實業（集團）有限公司、新世界發展有限公司、新鴻基地產代理有限公司、中建企業有限公司、恒基兆業地產有限公司、合和實業有限公司、香港房屋委員會、香港房屋協會、香港土地發展公司、文匯報、美聯物業代理有限公司及中原地產代理有限公司等。他們的慨然相助，使得《香港地產業百年》得以更為生動地

展示當年歷史發展的軌跡，增添了收藏價值。

其後一段時期，筆者還先後展開一些與香港地產業相關的追蹤研究，如 2014 年出版的《香港產業結構轉型》，就曾對回歸後香港地產業及相關產業的轉型與發展，展開專門的研究；2018-2020 年期間，在修訂、出版《香港英資財團（1841-2019）》和《香港華資財團（1841-2020）》等著作時，亦對香港的英資和華資地產集團展開專門研究。2019 年 8 月，香港三聯書店邀請筆者續寫《香港地產業百年》一書，筆者鑑於回歸 20 年來香港地產業所發生的種種巨變，其對香港經濟乃至社會民生所產生的深遠影響，感覺頗有意義和價值，決定欣然從命，於是展開本書的修訂和增補工作。

根據筆者的研究，從 1841 年開埠以來至今的 182 年間，香港地產業的發展大致經歷了 6 個歷史時期：

第一個時期從 1841 年香港開埠到 1941 年日軍佔領香港，為地產業的萌芽時期。1841 年英國佔領香港後，即開始拍賣土地，並逐步形成和確立香港的地權制度及土地批租制度，從而揭開近現代香港地產業的發展歷史。這時期的香港基本上是作為一個貿易轉口港而發展的。隨著香港版圖擴大、經濟發展和人口增加，對土地、房屋需求的急增推動了土地開發和房屋建設的展開。當時，英資在地產業佔有相當大的優勢，英資的置地公司成為香港最大的地產企業，在港島中區建立了一個初具規模的「地產王國」。這時期，華資在地產業也獲得相當的發展。不過，從總體來看，由於當時經濟發展水平等因素的限制，地產業基本上仍處於萌芽起步之中，它主要是依附建築業而發展，故當時多稱為「建築置業」，其主要經營方式是置業收租，即現在所說的地產投資。

第二個時期從二戰結束後到 1960 年代中後期，是地產業的起步發展時期。二次大戰後，尤其是 50 年代以來，香港人口急劇膨脹，經濟進入持續高速增長的新階段，「房荒」成為當時社會經濟中的嚴重問題。在這種歷史背景下，一些新興的地產發展商，如吳多泰、霍英東等，先後採取「分層出售，分期付款」的售樓方式，推動地產經營方式的革命，大大促進地產業的發展，地產經營的主要方式也從置業收租轉向地產發展。這一時期，香港地產業經歷了 3 次循環發展週期：第一次起步於 1945 年，到 1952 年，由於受到朝鮮戰爭爆發、聯合國對中國實行禁運的影響，香港傳統的轉口貿易一落千丈，經濟不景迅速波及地產市場。1953 年，朝鮮戰爭結束，香港經濟開始轉型，邁向工業化道路，種種因素刺激了地產業的復甦。戰後地產業的第二、三個循環週期分別在 1954-1958 年及 1959-1968

年。特別是在 60 年代，地產業先後經歷了繁榮及危機蕭條。

第三個時期從 1970 年代初證券市場的發展到 80 年代初期，這是地產業快速發展的時期。70 年代初期，香港證券市場進入空前牛市，呈現一派繁榮，大批地產公司紛紛藉股市高潮在香港各證券交易所掛牌上市，並充分發揮股市功能，透過發售新股、配股，以及將股票在銀行按揭貸款，籌集大量資金發展業務。其中，以長江實業、新鴻基地產、合和實業、恒隆、大昌地產等「地產五虎將」為首的一批新興地產發展商及時把握良機，實力作三級跳。此時，香港地產業又經歷了兩次循環週期。第一次從 1968 年起步，受到熱錢流入、股市急升和新市鎮開發等利好因素的刺激，地產業再現繁榮，可惜好景不常，1973-1974 年間接連受到股市崩潰、中東石油危機的衝擊，地產業又陷入另一次低潮。第二次循環從 1975 年起步，當時由於人口持續增長、經濟繁榮和中國的改革開放政策的影響，地產業呈現了戰後以來空前繁榮景象，並在 1980 年代初達到巔峰。

第四個時期從 1984 年《中英聯合聲明》簽署，到 1997 年回歸中國的整個過渡時期，這是地產業形成集中經營的成熟時期。1984 年 12 月，中英兩國簽訂關於香港前途問題的《中英聯合聲明》，香港進入 1997 年回歸中國的過渡時期。隨著政治前景的明朗化和香港經濟的復甦，地產業再次走出谷底，進入新一輪循環週期的上升階段，時間長達 13 年之久，打破了戰後數十年來香港地產市道每 7-9 年經歷一次週期的規律。在過渡時期的地產大潮中，隨著市區土地資源的日漸短缺，地價、樓價、租金的不斷上漲，地產發展項目的規模越來越大，經營房地產所需要的資金也日見龐大，大批早年從事地產業的中小型地產公司逐漸遭到淘汰。經過激烈的競爭、收購、兼併，十數個規模宏大、實力雄厚的地產集團逐漸成為左右市場的主導力量，地產業經營的集中性形成。到 90 年代中後期，地產業已成為香港經濟的重要產業支柱，在香港經濟中具有舉足輕重的影響，並關係到千家萬戶的生活，被譽為「香港經濟的寒暑表」。

第五個時期從 1997 年亞洲金融危機爆發，到 2003 年中央政府與香港簽署《關於建立更緊密經貿關係的安排》（CEPA），為地產業的大調整時期。1997 年香港回歸後，新成立的香港特區政府即時廢除了《中英聯合聲明》附件三，所規定的有關每年新批土地不得超過 50 公頃的限制。同年 10 月 7 日，行政長官董建華在首份題為「共創香港新紀元」的施政報告中，公佈了著名的「八萬五」房屋政策。可惜，「八萬五」房屋政策推出不久，香港即遭遇了 1997 年亞洲金融危機的嚴重衝擊，導致股市、樓市連番暴跌。為了挽救樓市，特區政府從 1998 年起推出多項

的措施，並於 2002 年推行俗稱「孫九招」的救市措施，內容包括停建和停售居屋等，退出其在公屋市場的發展商角色，讓地產市場回歸市場主導。在多項救市措施帶動下，再加上 2003 年中央政府實施內地居民赴港澳「自由行」政策，以及內地與香港簽署 CEPA 協議，香港經濟開始復元，房地產市場迅速反彈，進入新一輪循環週期。

第六個時期從 2003 年中起至現在，為地產市場持續、大幅飆升的時期。這一時期，在多種因素的推動下，香港地產市場展開回歸以來持續 16 年之久的週期性上升階段。這輪升浪大體能劃分為兩個階段：第一階段從 2003 年中簽署 CEPA起，至 2008 年全球金融海嘯爆發，為期 5 年，屬於恢復性上升階段，使得各類物業售價和租金基本重回 1997 年前後的高峰位置；第二階段從 2009 年全球金融海嘯爆發後反彈，一直到 2019 年中香港因修訂《逃犯條例》而觸發的政治動盪。這一階段，香港的地產市道大幅飆升，各類物業售價都大幅超越 1997 年最高峰水平。這個時期，由於香港的土地、房屋供求嚴重失衡所導致的「高地價」、「高樓價」和「高租金」，對香港經濟發展和社會民生造成相當負面的影響，成為了香港經濟、社會民生諸多問題的深層次因素。

地產業是香港經濟中歷史最悠久的產業之一。長期以來，地產業與香港整體社會經濟同步發展。尤其是經過近幾十年來的迅速發展，地產業已成為香港經濟的重要支柱，在香港經濟中具有舉足輕重的作用。正如台灣學者林寶安所指出：「香港經濟中的房地產是一具實質重要地位的產業，是一個可以創造重要財富並影響香港經濟表現的產業。將她從中抽掉，香港也就不成其為香港。……必須擺在整體香港社會經濟結構的歷史視野中，房地產的意義才能真正彰顯。」據統計，2019 年，地產業增加值為 1,221.81 億港元，佔香港本地生產總值的比重為4.5%，是香港經濟中僅次於金融業（17.2%）、進出口貿易業（16.1%）、專業與商用服務業（5.6%）的第四大重要產業；而包括地產業、建造業和樓宇業權在內的廣義地產業的增加為 5,461.14 億港元，佔香港本地生產總值的 20.0%，是香港經濟中僅次於金融及保險業（21.2%）、貿易及物流業（19.5%）的第三大重要產業。地產業對香港特區政府的財政收入、對整體經濟乃至各個行業，特別是社會民生都有極為重要而深遠的影響。

根據筆者對地產業的上述理解，本書在《香港地產業百年》的基礎上，作了修訂和補充，將原來的 6 章增補為 9 章，包括：第一章「土地制度的確立與早期地產業發展」；第二章「戰後地產業的繁榮與危機」；第三章「1970 年代地產業的證券

化和集團化」；第四章「公屋的大規模興建與香港城市發展」；第五章「過渡時期地產經營的集中性與『泡沫』形成」；第六章「金融危機衝擊下地產業大調整」；第七章「地產新週期：2003 年以來的大升浪」；第八章「回歸後地產大財團的新發展」；以及第九章「歷史回顧與發展前瞻」。從篇幅來看，從原來的約 25 萬字增加到近50 萬字；從時間跨度來看，從原來寫到 1990 年代末延伸到 2023 年。書名定為《香港地產史 1841-2023》。

本書試圖在香港開埠 182 年來經濟發展、轉型和人口增長的宏觀背景下，展示香港地產業在特定的地權制度中從萌芽、起步發展到趨向成熟的整個歷史軌跡，從中嘗試發現香港地產業發展的規律，它和整體經濟、社會民生及普羅大眾生活的互動關係，它在香港整體經濟中的特點、地位、作用及其影響。與此同時，也深入研究香港各主要地產發展商的發展軌跡、其成功的經營及投資策略，和失敗的教訓，以作借鑑。倘若本書能對讀者有所裨益，筆者將深感欣慰。

本書從 2000 年開始寫作，經過 2020 年及 2023 年的兩度修訂，其中得到眾多香港機構、政府部門、地產界及各有關方面的新舊朋友的大力支持，包括從百忙中抽出寶貴時間接受筆者的訪問、介紹重要的研究線索、提供有價值的歷史資料，以及各種方便等等。沒有他們的熱情幫助，本書實難以完成。在此，筆者一併致以衷心的感謝！其中，潘國城博士為筆者在香港的走訪調查，提供了多方面的協助，並為《香港地產業百年》撰寫序言，對其隆情厚意，至今仍銘感於心！同時，本書能夠順利出版，要衷心感謝香港三聯書店的全力支持，衷心感謝前任總編輯趙斌先生、現任總編輯于克凌先生和出版二部經理梁偉基先生，衷心感謝本書的責任編輯李安前副總編輯、許正旺先生與張軒誦先生！沒有他們的全力支持、熱誠幫助、專業精神和辛勤工作，並配上大量精美、珍貴的照片，本書實難以出版成現在這個模樣！

由於筆者水平所限，本書定有不少疵誤和錯漏之處，懇請識者批評指正！

馮邦彥謹識

2024 年 4 月

目　錄

序言

前言

第一章

土地制度的確立與
早期地產業發展

一、香港土地制度的形成和確立 2

　1.1 英國侵佔香港：香港地權制度的轉變 2

　1.2 第一次「官地」拍賣 4

　1.3 新界的土地制度 7

　1.4 香港土地制度的基本特點 9

二、早期的城區建設與規劃發展 15

　2.1 「維多利亞城」的建設 15

　2.2 「維多利亞城」的拓展和「四環九約」 18

　2.3 九龍、新界開發的城區 22

　2.4 早期城市規劃和對土地發展的管制 25

三、早期英商在地產業的優勢與發展 28

　3.1 早期英商在地產業的優勢 28

　3.2 置地公司的創辦與早期發展 32

四、早期華商在地產業的發展與經營方式 36

　4.1 早期華商在地產業的發展態勢 36

　4.2 早期的華商地產大業主：何東、莫仕揚、李陞 38

　4.3 20世紀上半葉華商在地產業的新發展 41

　4.4 戰前地產業的主要經營方式：置業出租 44

第二章

戰後地產業的
繁榮與危機

一、地產革命：「分層出售、分期付款」 54

　1.1 戰後經濟復元、人口驟增與「房荒」 54

　1.2 「分層出售、分期付款」售樓制度的形成 59

二、1950年代初至1960年代中的地產繁榮 68

　　2.1 1953-1957年地產業發展的原因 68

　　2.2 1953-1957年地產業發展的特點 69

　　2.3 1960年代初中期地產業的繁榮盛況 72

三、戰後主要的地產發展商 76

　　3.1 置地：香港地產「皇冠上的明珠」 76

　　3.2 許愛周、張祝珊：戰後重要的華人地產商 78

　　3.3 霍英東：戰後新興地產發展商的佼佼者 81

　　3.4 其他新興地產發展商：廖烈文、彭國珍、陳德泰 91

四、1960年代中期的地產危機 95

　　4.1 地產危機的觸發 95

　　4.2 過度投機於地產引發的銀行危機 98

　　4.3 銀行收緊信貸引發的地產危機 101

第三章

**1970年代地產業的
證券化和集團化**

一、1960年代末至1980年代初的地產熱潮 108

　　1.1 1968-1974年的地產循環週期 108

　　1.2 1970年代中至1980年代初的地產熱潮 112

二、商廈重建和大型私人屋邨興建 119

　　2.1 高級商廈的重建和興建熱潮 119

　　2.2 大型私人屋邨的興建蔚然成風 126

三、新興地產集團的崛起 133

　　3.1 地產業的證券化：1970年代地產公司上市熱潮 133

　　3.2 長江實業：擊敗置地聲名鵲起 136

　　3.3 新鴻基地產：「樓宇製造工廠」 139

　　3.4 合和實業：興建灣仔合和中心 141

　　3.5 恒隆集團：積極發展地鐵沿線物業 143

　　3.6 大昌地產：與英資公司合作發展地產 145

　　3.7 新世界發展：興建尖東新世界中心 147

　　3.8 恒基兆業：「小型住宅之王」 149

　　3.9 其他新興地產集團：華懋、南豐、信和和鷹君 152

四、1980年代初地產市道的大崩潰 —————————————————— 158
　　4.1 地產市道崩潰的基本原因 ————————————————— 158
　　4.2 1980年代初地產大崩潰：恒隆、鷹君、置地的危機 ————— 163
　　4.3 1980年代初地產大崩潰：嘉年地產與佳寧集團的覆滅 ———— 172

第四章

**公屋的大規模興建
與香港城市發展**

一、1950-1960年代公屋的大規模興建 ——————————————— 184
　　1.1 1953年聖誕前夕的「石硤尾大火」————————————— 184
　　1.2 大規模的徙置計劃 ——————————————————— 185
　　1.3 廉租屋邨的建設 ———————————————————— 189
　　1.4 公屋政策的推出 ———————————————————— 191

二、新市鎮開發和「十年建屋計劃」——————————————— 194
　　2.1 戰後香港城市規劃的發展 ———————————————— 194
　　2.2 新市鎮的早期發展：觀塘與荃灣 ————————————— 196
　　2.3 港督麥理浩的「十年建屋計劃」—————————————— 202
　　2.4 新市鎮的大規模開發：沙田、屯門 ———————————— 207

三、1980年代城市發展模式和公屋政策轉變 ——————————— 213
　　3.1「都會計劃」—————————————————————— 213
　　3.2 市區重建：土地發展公司的創立與運作 —————————— 216
　　3.3 公屋政策的轉變：「長遠房屋策略」———————————— 224
　　3.4 新一代新市鎮開發：將軍澳、天水圍、東涌 ———————— 231

第五章

**過渡時期地產經營的
集中性與「泡沫」形成**

一、過渡時期的地產週期性大升浪 ——————————————— 240
　　1.1《中英聯合聲明》關於香港土地契約的安排 ———————— 240
　　1.2 第一次升浪：1985-1989年 ——————————————— 242
　　1.3 第二次升浪：1991-1994年 ——————————————— 248
　　1.4 第三次升浪：1995-1997年 ——————————————— 254

二、地產業十大上市財團 ——————————————————— 260
　　2.1 長江實業：「大型私人屋邨之王」————————————— 260
　　2.2 新鴻基地產：「地產巨無霸」——————————————— 264
　　2.3 恒基地產：收購美麗華，自成一系 ———————————— 269

2.4 新世界發展：地產為主，多元發展 ⎯⎯⎯⎯⎯ 273

2.5 恒隆／淘大：穩中求勝 ⎯⎯⎯⎯⎯ 276

2.6 信和：香港地產的「超級大好友」 ⎯⎯⎯⎯⎯ 278

2.7 會德豐／九龍倉：用盡地積比率 ⎯⎯⎯⎯⎯ 281

2.8 太古地產：金鐘、鰂魚涌建地產王國 ⎯⎯⎯⎯⎯ 285

2.9 希慎興業：「銅鑼灣地王」 ⎯⎯⎯⎯⎯ 287

2.10 置地：「地產皇冠明珠」失色 ⎯⎯⎯⎯⎯ 290

三、1997年：地產「泡沫」形成 ⎯⎯⎯⎯⎯ **296**

3.1 地產「泡沫」形成的原因 ⎯⎯⎯⎯⎯ 296

3.2 地產「泡沫」對香港經濟造成的隱患和危害 ⎯⎯⎯⎯⎯ 303

第六章

**金融危機衝擊下
地產業大調整**

一、特區政府的政策目標：「八萬五」 ⎯⎯⎯⎯⎯ 310

1.1 特區政府的土地政策 ⎯⎯⎯⎯⎯ 310

1.2 特區政府的房屋政策 ⎯⎯⎯⎯⎯ 310

1.3 長遠房屋策略白皮書：《建屋安民：邁向21世紀》 ⎯⎯⎯⎯⎯ 316

1.4 批出「數碼港」土地 ⎯⎯⎯⎯⎯ 318

二、亞洲金融危機衝擊下的地產危機 ⎯⎯⎯⎯⎯ 321

2.1 亞洲金融危機對香港經濟的衝擊 ⎯⎯⎯⎯⎯ 321

2.2 金融風暴下的地產危機 ⎯⎯⎯⎯⎯ 323

2.3 大型地產發展商的減價促銷戰 ⎯⎯⎯⎯⎯ 326

2.4 樓市崩潰下的「負資產」人士 ⎯⎯⎯⎯⎯ 329

三、特區政府房屋政策的調整及其成效 ⎯⎯⎯⎯⎯ 335

3.1 房屋政策的調整：「孫九招」 ⎯⎯⎯⎯⎯ 335

3.2 「勾地表」制度的實施及其成效 ⎯⎯⎯⎯⎯ 337

3.3 即時結束居屋計劃 ⎯⎯⎯⎯⎯ 339

四、房委會分拆領匯：上市之路 ⎯⎯⎯⎯⎯ 342

4.1 房委會分拆領匯上市 ⎯⎯⎯⎯⎯ 342

4.2 從領匯到領展：投資策略的演變 ⎯⎯⎯⎯⎯ 344

4.3 領展：香港的大型地產商 ⎯⎯⎯⎯⎯ 348

4.4 「回購領展」？ ⎯⎯⎯⎯⎯ 353

第七章

地產新週期：
2003年以來的大升浪

一、2003-2019年的地產週期性大升浪 360

　　1.1 地產週期性大升浪的兩個階段 360

　　1.2 第二階段地產市道的主要特點 369

　　1.3 地產市道持續大幅攀升的主要原因 377

　　1.4 高地價、高樓價、高租金背景下的經濟和社會問題 383

二、特區政府房屋政策的演變與公營房屋發展 386

　　2.1 積極介入市場：公屋、居屋快速發展（1997-2002年）.... 386

　　2.2 回歸市場：停建居屋、公屋放緩發展（2002-2012年）.... 390

　　2.3 制定新的《長遠房屋發展策略》（2012年以來）......... 394

三、市區重建：市建局的策略與發展 400

　　3.1 市區重建局的成立與初期營運 400

　　3.2 《市區重建策略》的檢討、修訂與實施 402

　　3.3 香港房屋協會：「創宜居・活社區」.................... 408

四、土地供應的困局與香港城市發展 413

　　4.1 香港土地供應的困局 413

　　4.2 「啟動九龍東」：發展第二個核心商業區 419

　　4.3 新界東北新發展區：規劃諮詢與建設發展 424

　　4.4 從「東大嶼都會」到「明日大嶼願景」................ 428

　　4.5 土地與房屋供應的新政策重點 431

第八章

回歸後地產大財團的
新發展

一、長和系：「重組業務架構，邁進嶄新里程」.............. 440

　　1.1 以香港為業務根基，積極拓展內地市場 440

　　1.2 長和系投資策略的轉變 441

　　1.3 長和系的業務與資產重組 443

　　1.4 重組後長實集團的業務發展 445

二、新鴻基地產：專注香港，拓展內地 449

　　2.1 打造香港新地標：「維港門廊」...................... 449

　　2.2 「以心建家」：專注香港、拓展內地 451

　　2.3 新鴻基地產：「亞洲最佳地產公司」.................. 453

三、恒基地產：「三大業務支柱」並舉 458

 3.1 恒基集團業務與架構重組 458

 3.2 物業發展與投資並重：「以低地價成本建造可持續未來」 460

 3.3 多元化的策略性投資與業務發展 464

四、新世界發展：業務多元化與跨境經營 467

 4.1 多元發展：以地產、基建、酒店、百貨為核心業務 467

 4.2 跨境經營：大舉進軍內地市場 471

 4.3 家族企業傳承與佈局粵港澳大灣區 473

五、會德豐 / 九龍倉：從洋行蛻變為地產大集團 477

 5.1 精簡架構：出售非核心業務 477

 5.2 物業發展與投資橫跨三地雙線發展 478

 5.3 家族企業傳承與集團架構重組 480

六、地產投資巨擘的新策略 486

 6.1 置地：穩守香港，拓展亞太，進軍內地 486

 6.2 太古地產：分拆上市，拓展內地市場 491

 6.3 恒隆集團：打造「恒隆廣場」品牌 497

 6.4 希慎興業：銳意發展銅鑼灣「利園區」 502

 6.5 劉鑾雄家族 / 華人置業：「銅鑼灣舖王」 504

 6.6 鷹君集團：打造「朗廷酒店」品牌 507

 6.7 嘉道理家族：低調的物業投資大亨 509

 6.8 躋身全球富豪榜的地產投資富豪 511

七、大地產發展商的新動態 514

 7.1 信和集團：加強物業投資及可持續發展 514

 7.2 華懋集團：重塑集團的營運模式 519

 7.3 南豐集團：「以縱向整合的發展模式營運」 522

 7.4 嘉里建設：「精選中心地段，發展尊尚物業」 525

 7.5 瑞安集團：闖出「新天地」 529

 7.6 世茂房地產：從迅速崛起到嚴重虧損 532

 7.7 基滙資本集團：「舊改之王」 535

八、中資地產集團的崛起與發展 537

 8.1 中資地產集團在香港的發展 537

8.2 中國海外集團：統籌「海外內地兩個市場、兩種資源」 ⋯⋯⋯ 539

8.3 華潤置地：「品質給城市更多改變」 ⋯⋯⋯⋯⋯⋯⋯⋯⋯⋯⋯⋯ 545

8.4 碧桂園：「給你一個五星級的家」 ⋯⋯⋯⋯⋯⋯⋯⋯⋯⋯⋯⋯⋯ 547

第九章

歷史回顧與發展前瞻

一、地產業發展的簡要回顧 ⋯⋯⋯⋯⋯⋯⋯⋯⋯⋯⋯⋯ **556**

二、地產業在香港經濟中的地位 ⋯⋯⋯⋯⋯⋯⋯⋯⋯⋯ **558**

2.1 地產業的內部結構及其演變 ⋯⋯⋯⋯⋯⋯⋯⋯⋯⋯⋯⋯⋯⋯ 558

2.2 地產業對香港本地生產總值（GDP）的貢獻 ⋯⋯⋯⋯⋯⋯ 560

2.3 地產業對香港政府財政收入的重要性 ⋯⋯⋯⋯⋯⋯⋯⋯⋯ 562

2.4 地產業對香港主要經濟行業的影響 ⋯⋯⋯⋯⋯⋯⋯⋯⋯⋯ 565

三、香港房地產市場的基本特點 ⋯⋯⋯⋯⋯⋯⋯⋯⋯ **568**

3.1 土地資源供應的相對稀缺性 ⋯⋯⋯⋯⋯⋯⋯⋯⋯⋯⋯⋯⋯⋯ 568

3.2 土地房屋的高度商品化、契約化與媒體化 ⋯⋯⋯⋯⋯⋯⋯ 569

3.3 不動產業的證券化、資本化與金融化 ⋯⋯⋯⋯⋯⋯⋯⋯⋯ 571

3.4 地產市場的投機性與週期性 ⋯⋯⋯⋯⋯⋯⋯⋯⋯⋯⋯⋯⋯⋯ 579

3.5 地產業市場結構的寡頭壟斷性 ⋯⋯⋯⋯⋯⋯⋯⋯⋯⋯⋯⋯⋯ 581

四、結語：地產市場新動向與發展前瞻 ⋯⋯⋯⋯⋯ **584**

附錄

一：香港地產業大事記 ⋯⋯⋯⋯⋯⋯⋯⋯⋯⋯⋯⋯⋯⋯⋯⋯⋯⋯⋯ 592

二：參考文獻 ⋯⋯⋯⋯⋯⋯⋯⋯⋯⋯⋯⋯⋯⋯⋯⋯⋯⋯⋯⋯⋯⋯⋯ 609

鳴謝

「總督代表皇室或以皇室名義決定並履行租讓及處置在殖民地之官地，
而該土地本應由皇室租讓及處置。」

——《英皇制誥》第十三條第一款

第一章

土地制度的確立與
早期地產業發展

一、香港土地制度的形成和確立

1841年，對中國清王朝

發動鴉片戰爭的英軍以武力侵佔香港，

宣佈香港開埠，並旋即舉行第一次「賣地」。在這種歷史背景下，

近代香港的地權制度和土地批租制度開始形成並逐步確立。

這為香港地產業的萌芽、起步和發展，

建立了最初的制度規則和宏觀管理模式。

1.1 英國侵佔香港：香港地權制度的轉變

　　1841 年英國侵佔香港之前，香港主要是南中國邊陲的一個海島型漁農社會，居民以漁民、佃農、石匠和市集商販為主。其土地制度仍然沿襲 2,000 多年來的中國傳統，實行私有制。當時，在清王朝的統治下，香港原居民的土地所有權獲得官府承認，居民可以在這些私有土地上進行農業、牧業、漁業等活動，並按清王朝的規定繳納稅項或租金。這種地權制度與當時中國其他地區並無區別。

　　1840 年 6 月，英國指清朝欽差大臣林則徐在廣東禁煙，損害英商利益，發動了鴉片戰爭。英國派遣的東方遠征軍封鎖廣東珠江口，並揮師北犯，直達海河口，威脅京津重鎮。

1838 年的港島及海灣，當時香港主要是海島型的漁農社會。

清王朝在驚慌失措之下，派直隸總督琦善為欽差大臣，到廣州與英軍交涉。1841 年 1 月 25 日，英國駐華商務監督兼英國全權代表義律（Admiral Sir Charles Elliot）藉口已與琦善簽訂《穿鼻草約》（將香港島割讓予英國），派遣遠征軍「硫磺號」在香港島北岸的水坑口強行登陸，翌日正式佔領香港島。同年 6 月 7 日，義律代表殖民當局宣佈將香港開闢為自由港，允許船隻自由出入，香港正式開埠。其後，義律發表告示，聲稱清政府已「將香港全島割讓給英國，所有香港海陸地方一切人民財產，統歸英國統理」。這是香港地權制度轉變的開端。

　　1842 年 8 月 29 日，英國強迫清王朝簽訂《南京條約》，正式改變香港原有的地權制度。根據條款，整個香港的土地歸英國王室所有，被統稱為「官地」（Crown Land），香港島原居民的土地業權全部不被承認。英國王室不但在法律上擁有香港的全部土地，而且還以「最終業權人」身份，授權香港殖民當局制定各種土地法規，規定各種土地的使用辦法，逐步形成香港現行的土地批租制度。

　　1856 年，英國發動第二次鴉片戰爭，於 1860 年 10 月 24 日強迫清政府簽訂《北京條約》。該條約規定清政府將界限街以南的九龍半島割讓給英國。這樣，九龍半島的土地，包括原居民的私有土地，也全部變成「官地」。1898 年 6 月 9 日，英國政府以「防衛問題」為理由，乘西方列強在中國掀起劃分勢力範圍熱潮之際，再次迫令清政府簽訂《展拓香港界址專條》，強行租借深圳河以南、界限街以北的九龍半島及附近 200 多個島嶼，即後來被稱為「新界」（New Territories）的地區，租借期為 99 年，從 1898 年 7 月 1 日起計算，到 1997 年 6 月 30 日止。由於這次是「租借」而非割讓，英國對土地的業權只擁有 99 年。根據條約，英國承認清政府發給新界原居民的土地契約（即所謂「紅契」）的法律地位，英國徵用這些原居民的土地時要支付費用。不過，那些未列入「紅契」範圍的土地，仍然屬英國王室所有，由英國政府行使絕對支配權。這就形成了與港島、九龍半島既有區別，又有聯繫的新界土地制度。

上｜ 1841 年 1 月 7 日，英軍突襲虎門。

下｜ 1858 年 5 月 20 日，英法聯軍進攻大沽口炮台。

1.2 第一次「官地」拍賣

　　從 1841 年 1 月 25 日英軍佔領香港，到 1843 年 6 月 26 日《南京條約》生效的兩年半期間，英國對香港的佔領並未有法律依據，只是權宜之計。然而，一部分從事對中國鴉片走私和貿易的英商卻看好香港作為英國殖民地的前景，認為香港的土地有潛在的投資價值。因此，英軍佔據香港之初，土地買賣旋即展開。部分財雄勢大的英商立即搶佔一些沿海地帶，興建房屋貨倉，搶先在香港建立據點，如怡和洋行很快在海岸邊搭建起一座大型的草屋，作為倉庫，並派了一名經理駐守在怡和停泊在港邊的接貨船伍德將軍號（General Wood）上。當時，把鴉片等貨物存放在船上比存放在陸地上更安全。[1] 有的洋商向港島原居民收購合適的地皮作為立足點。[2] 但這些土地的擁有和買賣都沒有徵得殖民當局的同意，也沒有經過適當的註冊程序以使購買者確認所有權。[3]

　　為制止這種混亂情況，使土地分配循合理和有秩序的程序進行，1841 年 5 月 1 日，義律代表香港殖民當局首次公佈土地拍賣的原則，即按照英國土地制度實行公開招標拍賣，價高者得。義律在維護英國皇室權益的同時承諾，如果徵得英國政府的同意，土地承購人將可獲得所購土地的永久業權。[4]

1841 年港島遠眺。

香港第一次「官地」拍賣日期最初定於 1841 年 6 月 12 日，拍賣地點在澳門。原因是當時從事對中國鴉片走私和貿易的洋商，大都聚集在澳門，而香港殖民當局亦尚未從澳門遷移到香港。根據最初的計劃，義律準備推出 200 幅土地進行拍賣，包括在港島北岸皇后大道以北臨海的 100 幅土地和皇后大道以南的 100 幅土地，規模龐大。然而，由於勘測土地工作的延誤，首次「官地」拍賣被迫推延兩天，在 6 月 14 日舉行。而推出的土地亦僅有皇后大道以北臨海的 35 幅土地，每幅土地佔有約 100 呎海岸，面積則因應海岸線與皇后大道的距離而各有不等。每幅均以底價 10 英鎊開投。結果，競投激烈，除一幅土地外，其餘 34 幅土地全部成功售出，最低值 20 英鎊，最高值 265 英鎊，平均每幅地段價值 71 英鎊，香港殖民當局從中獲得收益 3,272.1 英鎊。[5] 中標者包括 25 家洋行，絕大部分是英資洋行；其中，「顛地洋行奪得了臨水又當街的最佳地皮，怡和洋行打算買一塊更大的地皮，可這塊地皮被政府強行獲得。作為補償，怡和洋行在（銅鑼灣）東角附近獲得一塊土地」。[6] 根據當日的規定，「投得公地者必須在 6 個月內，在這塊地皮上興建房屋或其他建築物，費用不得少於 222 英鎊或 1,000 銀元」。

在第一批投得土地的英商中，只有怡和洋行至今仍擁有原來的部分土地並不斷發展。怡和洋行的馬地臣透過代理人，以 565 英鎊的價格投得銅鑼灣上稱為「東角」（East Point）

上｜主持香港首次「官地」拍賣的義律。

下｜1870 年代洋行佔據港島北岸，從左到右分別是怡和洋行、亨利洋行、連卡佛公司，於仁保險公司及德忌利大洋行。

的 3 幅土地，面積共 57,150 平方呎。[7] 怡和洋行在這裡修築起第一批房屋，作為洋行的辦事處。起初，辦事處由英國軍隊保護。該地段包括今日的東角道、怡和街、渣甸坊一帶，怡和洋行將它稱為「馬地臣角」。東角對出海面，即現在銅鑼灣遊艇會一帶，是理想的輪船停泊地點。後來，怡和洋行的職員希望以一種特殊的方式為即將離開的洋行大班送行，當船起航後，他們把安放在東角的大炮點燃，鳴炮 21 響。這種禮炮引起海軍當局的煩惱，於是命令怡和「在另行通知以前，只准在正午放一炮」，以示懲戒。結果，這一慣例一直持續到太平洋戰爭爆發，在日佔時期，日本人將大炮拆卸。不過，日本投降後，英國皇家海軍又贈送了一門新禮炮，使此慣例得以延續。[8]

　　當時，義律極希望吸引更多洋商到香港建立商業據點，以盡早確立香港作為永久性殖民地的形象。賣地 3 天後，他寫信給怡和洋行的威廉・渣甸（Dr. William Jardine）和寶順洋行的顛地（Lancelot Dent），表示將催促英國政府同意讓香港的土地承購者獲得土地的永久業權。然而，義律的要求後來遭到英國政府的否決，他本人隨後亦被調回英國。1841 年 10 月 15 日，香港政府宣佈，土地承購者須每年繳納地租（Crown Rent），其中，城區土地的地租是每年每英畝 20 英鎊。這顯然是要體現英國皇室作為最終業權人的地位。

　　1843 年 8 月，英國內政大臣向香港政府發出通諭，強調所有土地只可批租而不准售賣，批租的年期應以吸引租客（即土地承購者）建造永久建築物為宜。因此，批租的年期被確定為 75 年（不可以續期），非建築用地年期為 21 年，續期須得到政府的批准。唯一的例外是港島花園道聖約翰教堂的地段，由英國王室於 1847 年批准售出，持有者獲土地的永久業權。[9] 然而，75 年的批地年期遭到香港主要英商的強烈反對，他們都抱怨批地年期太短，地租太高，不利於長遠投資。1847 年 5 月，在香港經濟經歷了首次衰退之後，怡和洋行大

左｜早期怡和洋行在銅鑼灣興建的「第一號」別墅。

右｜寶順洋行在港島中區的三層高總部大樓。

班馬地臣（R. Matheson）呼籲英國敦促香港政府減收地租，以恢復香港的繁榮。在英商的壓力下，1848 年港督向英國政府申請將土地批租期改為 999 年，以象徵承購者可享有永久業權的利益，結果獲得批准。1849 年 3 月，英國政府正式批准 999 年的批租年期，並表示之前獲得 75 年批租年期的土地，均可增加 924 年年期。

在此後的 50 年內，香港島所有的內地段（Inland Lot）及海旁地段（Marine Lot）均以 999 年期批出，但郊區建屋地段（Rural Building Lot）、花園地段（Garden Lot）及大部分九龍內地段，則仍以 75 年期批出。不過，1898 年 5 月以後，所有土地又轉以 75 年又 75 年期（即滿 75 年後可續期 75 年，但必須重估地稅）批出。香港島和南九龍土地後來均以這種年期批出。當然，間中也有以 99 年又 99 年期批出。此外，有些特別用途的土地，則以不同年期批出，如遊樂用地 10 年或 21 年、油站 21 年、海旁牧場 11 年等。[10]

1.3 新界的土地制度

1898 年 6 月 9 日，英國以香港一處非展拓界址「不足以資保衛」為由，迫令清政府簽訂《展拓香港界址專條》，強行租借新界，為期 99 年。1900 年初，香港政府以軍事手段接管新界後，隨即制定《田土法庭條例》。該條例規定：在 1898 年 6 月 9 日簽訂的《展拓香港界址專條》所訂的租約期內，新界的一切土地均屬政府產業；凡於憲報公佈所定日期後佔有這

上｜1860 年英軍佔領九龍時的維多利亞海港。

下｜著名英商威廉・渣甸，是力促英政府奪取香港作商埠的怡和洋行創辦人。

些土地便是侵佔政府公地，除非其所佔之地經政府發出官批，或由田土法庭核發其他契據，否則即為非法佔有。同年，港督卜力（Sir Henry Arthur Blake）又簽署《收回官地條例》，規定政府可根據具體情況收回一部分土地，以作為公用。這樣，新界土地的控制權便完全掌握在香港政府手中。

然而，由於是次「展拓」是租借而不是割讓，加上新界擁有 800 個村落約 10 萬名居民，《展拓香港界址專條》規定：在所展拓界址內，不可剝奪居民產業，或將居民迫令遷移，產權入官。若在修建衙署、建築炮台等官工需用地段，應以公給價。根據這一規定，英國政府承認新界原居民的土地業權，政府如需徵用土地，必須給予合理的賠償。根據《展拓香港界址專條》制定的《新界條例》還規定：「最高法院和地方法院在審理新界土地訴訟時，法庭有權承認根據中國慣例而享有的土地權益。」這些條款顯示，新界的土地制度與港島、九龍另一明顯的區別。

為全面掌握新界土地的業權情況，香港政府展開大規模的土地勘測和業權登記工作。凡持有「紅契」（1898 年以前，新界農村居民所擁有的土地，均由清政府發給一份土地擁有契約，以確認其對土地的擁有權，這一契約被當地居民稱為「紅契」）的新界居民，須將之交

憲示　第二百零一號

帥政使司駱

曉諭事照得現奉

督憲札開將我

朝廷會同軍機大臣議定承

諭旨宣示於下俾眾週知等因奉此合亟出示曉諭為此特示

一千八百九十九年

四月　初八日示

朝廷會同軍機大臣於一千八百九十八年十月二十日在巴路剌摩宮

按照一千八百九十八年六月初九日

大英國大皇帝與

大清國大皇帝訂立約章允將附近香港英國屬土展拓界址照約章批與

我

皇上自後應於批期內設法管轄界內土地人民兹將我

朝廷會同軍機大臣所定頒

諭旨恭錄於左

計開

一照約章內批期所勘定之展拓界址係屬於英國香港之地與原本屬香港一律相視無有區別

二香港總督會同定例局員有權立例令該處地方照香港一律安靖整齊及施行善政

三自香港總督定期頒行告示之日所有香港現行之律例即於是日郎為展拓界址之律一律改頒除之日止朝廷或本港總督與定例局員將例文更改刪除之日止

四飭立定以上三款惟九龍寨城內地方仍屬中國官員自治倘有關礙保護香港兵事不在此論特奇交理辦理衙院大臣賸伯嶙照此督率施行

上｜刊登於《香港政府憲報》的英國侵佔新界的告示。

下｜1899 年中英官員於新界沙頭角「勘界」的情形。

予港府。港府根據紅契內容，登記在地籍冊內，並進行土地丈量，劃分約份和地段。港府又根據《田土法庭條例》成立田土法庭，仲裁有關土地業權的糾紛。這項工作從 1901 年開始，到 1903 年 6 月結束。結果約有 35 萬幅地段，共約 4.1 萬英畝土地獲得承認。[11] 港府把所有這些地段登記在集體官契（The Block Crown Lease）內，成為舊批約地（Old Schedule Lot），以 75 年又可續期 24 年但減去最後 3 天的年期批出，從 1898 年 7 月 1 日起，到 1997 年 6 月 27 日期滿。屆時，業主須將土地交還港府，然後再由英國政府於 1997 年 6 月 30 日交還中國政府。不過，這些土地未經批准，不得在其上建造上蓋，如獲批准，則須向政府補地價；同時，不准將此農地用於噪吵性（Noise）、難聞性（Noisome）和厭惡性（Offensive）行業。

1899 年 4 月 16 日舉行的英軍接管新界儀式。

舊批約地業主亦須每年向港府繳交地租，新界農地地租劃分為 3 個等級，每英畝租值分別為 3 港元、2 港元、1 港元（其中界限街以北的新九龍農地地租分別為 5 港元、3 港元、1.5 港元），而建築用地地租則為每英畝 50 港元，每年每幢房屋 0.5 港元（其中繁榮的村莊建築用地為每英畝 100 港元）。這些地租為港府帶來可觀的財政收入。據統計，1910 年新界地租的總收益達 115,448.05 港元。[12] 至於沒有持紅契向政府申報的土地，則被港府一律視作官地。其後由港府陸續批租出的新界土地，即成為向清政府租借的官地，被統稱為「新批地段」（New Grant Lot），其年期和地租與舊批約地相同。

1.4 香港土地制度的基本特點

自 1841 年首次「賣地」以後的百多年間，港府在仿照英國土地制度的基礎上，根據當時的歷史環境和香港的具體情況，逐步形成了一套有效而獨特的土地管理制度。這套土地制度的基本特點主要是：

第一，兩權分離：土地所有權屬港府，土地使用權允許有償轉讓。

與美國、日本等國的土地私有制度不同，香港推行土地所有權與使用權分離的管理體制。根據法例，香港一切土地的所有權屬英國王室，港督根據英皇授權代表王室處理香港土地，故稱為「官地」（Crown Land）。港府對全港土地（港島花園道聖約翰大教堂土地例外，

圖1-1　港島、九龍、新界的土地業權關係

（1）香港島、九龍半島和離島地區

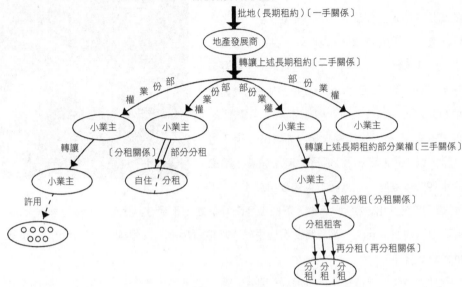

（2）北九龍和新界地區

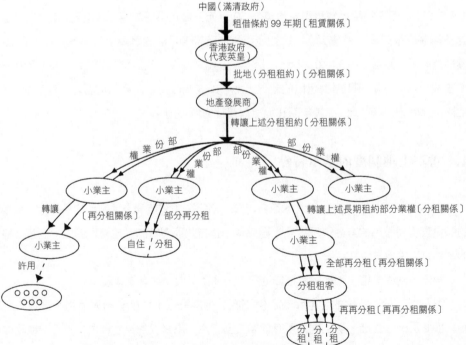

資料來源：李宗鍔著，《香港房地產法》，商務印書館，1980 年，第 178-179 頁。

香港早期的洋房，圖右為 1847
年的港督府。

新界和新九龍屬英國政府向中國政府強制租借土地，為期 99 年）擁有最終業權。這是香港
土地制度的基礎。與此同時，港府把土地使用權以一定期限和條件批租給承租者或地產發展
商，並允許該土地使用權在期限內自由轉讓、抵押、繼承或贈送。因此，香港俗稱的「賣地」
準確說是批租，私人土地買賣只是買賣有關土地的租用權。香港俗稱「業主」的房地產擁有
者，其真正身份只不過是政府的租客。（香港土地業權關係，見圖 1-1）

　　香港政府的批租方式，主要是公開拍賣，價高者得。後來對涉及社會公益、公共事業、
教育、宗教及其他特殊用途的土地，則採取公開投標或私人協議的方式。批租的年期逐漸形
成 75 年、99 年兩種。新界及新九龍土地的批租期，從 1898 年 7 月 1 日起計算，為期 75
年（可續期 24 年）或 99 年，但減去最後 3 天。土地使用期屆滿後，承租者須將土地連同上
蓋建築物一併交還港府，並無賠償。承租者若要續期，需徵得港府同意並補交地價。

　　土地使用權有償自由轉讓，是香港土地制度的核心。透過它，「官地」轉化為可自由買賣
的商品，形成房地產一、二級市場。「價高者得」的批租方式，使香港稀少的土地資源落在最
有效率的經營者手中，充分發揮了市場機制對土地資源的配置作用，使香港土地制度在土地
所有權屬英國王室的基礎上，有機地融入香港的自由經濟之中。

　　第二，港府通過批租契約及建築物條例、城市規劃條例等，對土地發展保持有效的
管制。

　　港府對經濟管理的哲學，素以「積極不干預主義」著稱，但在房地產市場上，由於以土
地所有者的身份直接參與壟斷性經營和管理，干預色彩較為濃厚。它以行政當局和土地所有
者的雙重身份對土地發展建立了一套強而有力的宏觀管制體系：

（1）批租契約。香港政府批地時，以土地所有者身份與承租者簽訂一份批租契約，即地契或官契，列明各項條款和租用條件，包括批租年期、土地用途，以及規定承租者必須在一定期限內興建一定價值的建築物等。早期批出的土地，地契條款通常比較簡單，但二次大戰後港府批出的地契便漸趨詳盡，限制條款亦有所增加，如規定地積比率、車位數量、每層樓的用途及高度等，以加強政府對土地的管制。

（2）建築物條例。香港開埠初期，港府即制定《建築物條例》（*Buildings Ordinance*），後來經過多次修訂，逐步完善。建築物條例對土地發展的限制更加細緻，包括地積比率、樓宇覆蓋率及建築物投影等，此外還規定所有樓宇建築動工前，須將圖紙送交建築物條例執行處審批等。

（3）城市規劃條例。1939 年，港府制定《城市規劃條例》，授權成立一個城市設計委員會（即現時的城市規劃委員會），專責制定有法律效力的分區發展大綱圖則，以協調市區內的各項發展。該條例首次宣稱「為本港居民提供一個健康、安全、便利及備有足夠社區設施的生活環境」作為規劃目標。不過，其後因為二次大戰的關係，該委員會的首次會議延遲至 1951 年才召開。[13] 二次大戰後，城市設計委員會逐步制定香港「分區發展大綱圖」，除為各區制定基本建設，例如道路、學校、醫院等計劃外，還為大面積土地編配用途、樓宇高度和發展密度等，從宏觀上管制香港土地的發展。

不過，港府對土地發展的管制，仍有相當大的彈性，注重發揮市場的調節作用。如地契規定土地用途是「非工業用途」，發展商可依據市場需求，在商業或住宅兩個方面選擇。港府亦注意根據市場需求的變動，修改土地的用途。

第三，制定一整套完善的地權法，保障土地交易各方的合理權益和市場的正常運作。

香港開埠 100 多年來，逐步形成一套完整的地權法，主要包括《房屋條例》、《房產轉讓及業權條例》、《土地登記條例》、《政府（收還）地產權條例》、《官地收回條例》、《業主與租客（綜合）條例》、《差餉條例》、《建築物條例》、《城市規劃條例》等等。這些條例都有極詳盡的細則，清楚界定土地交易中各方的權益，有效保證了市場的正常運作。以《土地登記條例》為例，該條例清楚闡明業權（包括擁有權、抵押

1854 年港島北岸興建的洋房。

權、分租權及其他各種土地房產業權）的登記辦法，授權政府成立田土註冊署，規定所有與土地、房產有關的法律問題，必須有文字記錄並在田土註冊署登記才有效。任何人，包括律師、測量師、建築師、房產經紀，以及一般從事房地產買賣的市民均可在註冊署查閱任何地段房產的業權所屬。這就有效保障房地產交易者的利益。

　　第四，在土地管理中建立起的一套稅收制度，為政府財政收入提供了一個經常性的重要來源，成為香港低稅制的基礎。政府的土地稅項主要有：

　　（1）賣地收入。這是最重要的土地稅收。早期，賣地收入是港府最重要的收入來源。

　　（2）地租。由政府在批地契約中訂定，租期內的地租維持不變，每年徵收，目的主要體現港府所擁有的最終業權。由於通貨膨脹的影響，舊地契下訂定的地租已變得所值無幾，僅具象徵意義而已。

　　（3）差餉。香港首條《差餉條例》，即 1845 年第 2 號條例，當年稱為《估價則例》，是香港最早期法例之一。該條例開宗明義說明「這就土地、房屋和處所徵收經評估的餉項，是用以支付警隊糧餉所需」。顧名思義，「差餉」一詞的由來，就是由「差役餉項」演變出來。這稱為「差役餉項」的稅項（亦即「差餉」），引進向物業課稅的概念，並按每幅土地、每間房屋或建築物的每年估值，乘以一個徵收百分率來計算應收稅款，稅項須由物業擁有人或佔用人支付。早期的徵收百分率，由當時的總督會同議政局商議釐定，但這稅項徵收總額不得超過警隊開支所需。政府開徵差餉之後，於 1856-1875 年期間再陸續開徵其他餉項，計有「街燈餉項」、「食水餉項」和「消防餉項」。[14]

　　1875 年以前，各餉項雖分開計算，但仍合併為一項稅款來徵收。直至 1875 年，政府制定第 12 號條例，目的是開徵消防餉項，並將各餉項合而為一，徵收百分率仍然由總督會同議政局按警隊、街燈、食水和消防等各項服務所需的開支釐定。1931 年，港府意識到不劃一徵收百分率的做法並不理想，以不同的徵收百分率來反映各地區是否有警察巡邏、街燈照明、教育或其他設施是不合邏輯的，因為物業的應課差餉租值，足以反映政府有否提供這些設施。政府因而建議將獲提供這些設施的地區，差餉徵收百分率劃一釐定為 17%，唯食水仍須另外處理。自 1931 年起，差餉稅收歸納為政府一般收入的一部分。

　　根據《香港雜記》的記載，開埠初期維多利亞城的差餉，按屋租每百港元收 13 港元 5 角，山頂每百港元收 8 港元 7 角 5 仙，九龍及各小村則收 7 港元。在一、二次大戰時期，差餉則增至每百港元屋租收 17 港元 5 角，至大戰平息才按舊例徵收。二次大戰後，港府逐步改為每 3 年根據房地產租值和通脹調整一次。差餉遂成為政府在土地稅收中一項重要的來源。

　　（4）物業稅。這是出租物業稅金扣除一定支出後應付的溢利稅，每年繳付一次，自住者

免。公司或企業如經營房屋出租的可選擇繳交公司利得稅而不繳交物業稅。

地價、地租、差餉和物業稅成為港府的一項重要財政來源，即使在地產業起步之初，港府已從中獲得可觀的財政收入。據統計，1881 年，港府的賣地收入是 20.36 萬港元，地產稅收是 22.17 萬港元，而當年鴉片公賣煙稅不過是 21 萬港元。[15] 這就是説，政府的地產稅收已超過鴉片稅收的一倍以上。當時鴉片稅收約佔香港財政收入的六分之一，以此推算，地產收入已佔香港財政收入的三分之一左右。

第五，逐步建立起一元化的土地管理架構和制度。

隨著時間的推移，港府還逐步建立起一套相對完善的土地和房屋管理架構與制度。其中，香港土地發展政策的制定統一由土地發展政策委員會負責，該委員會由布政司任主席，全是官方成員。政策的諮詢由土地及建設諮詢委員會負責，此外，城市設計委員會對制定土地政策也有重大影響。政策的內容包括：香港土地的長遠發展策略、對土地供應的調節、對公共與私營房屋的調節、市區重建政策、土地發展的財政政策以及有關專業人員的訓練政策等等。由土地政策發展委員會制定的政策，一經港督及行政局同意並在立法局會議通過，便成法律。政策的實施由地政工務科屬下的屋宇及地政署、建築署、拓展署、路政署、水務署、機電署及土木工程署等 7 個部門分工負責。這種一元領導、各司職守的行政架構，保證了土地發展政策的連貫性、統一性和合理性，防止了政出多門的弊端。

1866 年的維多利亞城地圖。

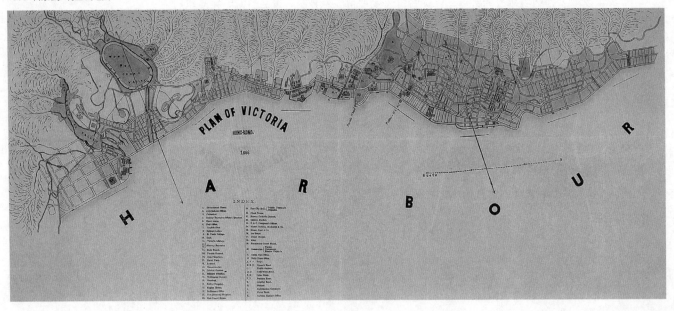

二、早期的城區建設與規劃發展

開埠前的香港島，

只有20條村落，半數以上在港島南岸，

位於北岸的只有8條，即黃泥涌、筲箕灣、群帶路、紅香爐、西灣、

石塘咀、掃桿埔、亞公岩，人口約為5,450人。

然而，香港開埠以後，隨著大批洋行、商船的湧入，加上人口增加，

對土地和房屋的需求也相應急增，

從而推動了香港早期城區的開發和建設。

上｜ 1856 年的維多利亞城，圖中房屋是美利軍營。

下｜從木球會眺望「政府山」的洋房，左為著名的聖約翰教堂。

2.1 「維多利亞城」的建設

1841 年英軍侵佔香港島後，當時英國駐華商務監督義律在怡和洋行、寶順洋行等一批英商的支持下，決心將港島開闢為商埠。最初的建埠地點，據說是位於港島南部的赤柱，因該處遠離九龍半島，北面又有高山屏障，在防衛上較有利。然而後來發覺赤柱瘴氣嚴重，加上東南風猛烈，只好放棄，改選港島北岸今日中環一帶。

英國侵佔香港島之初，英國人只考慮在遠東的軍事及商業利益，按照一貫的殖民地政策進行各種部署，並沒有意圖開發這個小島。1841 年 11 月，港府把雅賓利渠和忌連拿利渠之間的山坡，劃為政府專用，並定名為「政府山」，後來的輔政司署（1850 年）、督憲府（1855 年）、雅賓利政府宿舍，以及英國國教聖公會的聖約翰教堂（1849 年）都興建在這個山坡上，其中，督憲府就坐落在政府山的中央，成為香港這座城市的政治中心。軍營則設立在政府山以東至灣仔的大片土地以及西營盤一帶，包括「域多利兵房」、「威靈頓兵房」等。這種佈局對港島北部的城區開發產生深遠影響：百多年間，英軍兵營橫梗在港島北岸心臟地帶，商業及住宅區只能循政府山以西及兵房以東地區拓展，形成互相分隔的中環和

1910 年代干諾道中近三角碼頭一帶四層高樓房，是華人貨棧的集中地。

灣仔區。直至 1960 年位於海軍船塢舊址一帶的夏愨道通車，才真正解決中環至灣仔的「樽頸」問題。

　　開埠初期，英國人為了溝通港島中部和西北部兩地的軍營，首先修築了港島第一條道路——荷李活道，又修築從中環半山直下海岸連接荷李活道的雲咸街。接著，沿太平山腳海岸線附近分東西兩路開闢皇后大道。1842 年皇后大道建成，將怡和洋行經營的銅鑼灣東角、林賽洋行經營的灣仔春園和孟加拉志願軍駐紮的西營盤連結起來。1842 年 2 月，《廣州週報》就香港的城市發展報道説：「沿北面海灣由西往東 4 英里，東面是怡和洋行的建築物所在的半島（東角），西面是孟加拉志願軍駐紮的營盤（即西營盤），一條馬路連接東西兩據點。因地段不平坦，建築此路十分費力。開闢這條道路時一般在路和海面之間留下了足夠的空間供建築倉庫之用。」這條 4 英里的道路，就是著名的皇后大道。皇后大道至海面的沿海地區是洋行、貨倉的聚集地，商店則集中在灣仔春園街和現今銅鑼灣怡和街一帶。

　　1843 年 6 月 29 日，港府正式把這座日漸繁榮的新城市命名為「維多利亞城」（Victoria's City）。據説，當時對於這個城市的命名，有兩個方案：一個是「皇后城」（Queen's Town），一個是「維多利亞城」。結果，當局以香港在英國女皇維多利亞在朝時代成為英國殖民地的理由，決定採用「維多利亞」這個名稱。維多利亞城依山勢不同的特點，分成海岸、半山和山頂 3 個區域。海岸區是商業區，包括上環、中環和下環（灣仔）一帶。不過，最初

1900 年皇后大道西街景，圖中
「新興洋裝桶店」處為李陞街。

的維多利亞城主要指中環一帶。當時，中環是香港的政治、經濟中心，海旁及沿山興建了不少歐式洋房，是洋行、貨倉的聚集地。

　　1843 年底，即中英《南京條約》批文交換後不久，首任港督璞鼎查（Sir Henry Pottinger）為了維護西方殖民者的利益，將中環維多利亞城中心劃為洋人專屬居住區和商業區，東西兩側為華人區，跑馬地一帶則供華洋上流社會打獵、郊遊之用。自此，域多利皇后街與花園道之間（包括威靈頓街、雲咸街、雪廠街和畢打街）的中環地區，逐漸發展為洋人居住區和洋行、銀行的集中地，是香港的核心商業區。數年間，貨倉、洋行和各類中西式住宅如雨後春筍般湧現。那些洋行的房子，大部分是三層建築，上層住人，下層辦公，前臨皇后大道，後對維多利亞海港。在臨海的那一邊還自設碼頭以便貨運。一些富有的英商，則在較高的山地建造別墅居住。1846 年，維多利亞城有建築物達到 1,874 幢，已初具規模。港府建設香港的費用，最初幾年主要依靠鴉片戰爭賠款，此外，賣地收入也成為重要來源。

　　根據 1845 年編製的維多利亞城地圖，首批定名的 16 條街道皆由第二任港督戴維斯（John Francis Davis）最後確定。這些道路包括：皇后大道（Queen's Road）、亞畢諾道（Arbuthnot Road）、堅道（Caine Road）、荷李活道（Hollywood Road）、鴨巴顛街（Aberdeen Street）、閣麟街（Cochrane Street）、德忌笠街（D'Aguilar Street）、伊利近街（Elgin Street）、歌賦街（Gough Street）、嘉咸街（Graham Street）、麟檄士街（Lyndhurst

Terrace）、卑利街（Peel Street）、砵典乍街（Pottinger Street）、士丹利街（Stanley Street）及威靈頓街（Wellington Street）。

2.2 「維多利亞城」的拓展和「四環九約」

1841 年 5 月，香港約有人口 7,400 人，其中包括約 2,000 名水上漁民。香港開埠後，人口急增，到 1847 年已達 23,900 人，這還不包括當地的駐軍。[16]1850 年代，中國華南地區爆發連串變亂，尤其是 1851 年爆發的太平天國運動，對香港亦有影響，當時太平軍曾一度逼近廣州，導致廣州及附近城鄉不少居民舉家逃難來港，香港人口驟增。從 1851-1855 年短短 5 年間，香港人口再增加一倍，原已開發的城區已不敷應用。

1851 年，港督寶靈（John Bowring）上任後，制定了第一個填海計劃，計劃從西環至銅鑼灣，貫穿整個城市的海邊，修築海堤，並命名為「寶靈總督堤岸」，通過填海將港島北岸海岸線全面向北推移，以拓展城區。不過，這個計劃因遭到立法局的反對，推延至 1854 年11 月才正式公佈，公告稱凡因此受到損失的業權所有者可用延長租地權的辦法來抵償。12月，以寶順洋行為首的外籍業權所有者通過決議，認為填海計劃損害他們的利益，並向英國

上｜著名英商遮打爵士（1846-1926）。

下｜20 世紀初灣仔、銅鑼灣沿海地帶的城區發展。

殖民地部提出抗議。寶靈認為，海上業權所有者過去
擅自填海所獲土地為原租賃土地的一倍，自然要反對
政府填海重新確定產權。1857 年，英國殖民地部批
覆，指令港督在經費落實的情況下，不妨實行。

　　不過，填海計劃因為種種阻撓和困難，只好斷斷
續續地開展。最初的填海工程，在銅鑼灣黃泥涌入海
處展開，填海後取名「寶靈城」，即今日鵝頸橋地區。
1850-60 年代，由於香港人口驟增，港府又在下環，
即灣仔一帶開發石水渠街、醫院山以南，即後來灣仔
道及春園以東地區，從而形成一個新的華人居住區。
1876 年，香港人口急增到 13.9 萬人，比寶靈時代翻
了一番。港府為了解決殷切的土地需求，遂在石塘咀
以西地區展開填海工程，十數年間開闢成後來的「堅
尼地城」，成為又一個新的華人居住區。到 80 年代，
港府在銅鑼灣先後展開兩次填海工程，共取得約 50
英畝土地。到 19 世紀末期，灣仔一帶已發展成商住
區，鵝頸橋一帶興建了一幢幢 4 層高的洋房，成為新
的住宅區。銅鑼灣在填海後則逐漸成為一個新的工業
及倉庫區，灣仔海傍一帶碼頭、貨倉、船塢，以及與之相關的工廠林立。這樣，香港城區範
圍便分別從中環向東西兩個方向拓展。

　　1887 年，具有敏銳商業眼光的著名英商保羅．遮打（Catchick Paul Chater）向港府提
出規模龐大的中區填海計劃，結果獲得港督德輔（George William Des Voeux）接納。中區
填海工程由港府主持，從西營盤的屈地街到中環的海軍船塢全線展開，全長 3 公里多，前
後歷時 15 年，從 1889 年開始，到 1903 年完成，共獲得 59 英畝新填海地，耗資 325 萬
港元。填海工程的費用由各沿海地段持有人聯合負擔，條件是工程完成後他們可以每英畝
800 港元的價格購買連接其原有地段的新填地。填海工程展開的第二年，適逢英國王子干諾
（Connaught）公爵夫婦訪港，並為該工程勒石紀念。填海工程完成後，連同經過擴建、延長
後原有的寶靈海傍道，改名為「德輔道」，而將新填地所興建的海濱道命名為「干諾道」。這
是港島北岸海濱最寬的交通要道。此外，橫過中區皇后像廣場的遮打道，也在同期完成。

　　19 世紀 70 年代後期，華商勢力崛起，港督軒尼詩同意華人逐步超越過去的種族隔離
線，華人勢力沿荷李活道和威靈頓街向中環洋商傳統商業區推進，部分富裕華商在皇后大道

中、雲咸街、荷李活道和鴨巴甸街之間的區域，購置原屬洋商的房地產，而部分洋商則將移居到環境優美、空氣清新的半山區和山頂區。這樣，中環地區便發展成香港最繁盛的商業區，房地產業亦蓬勃發展起來。

90 年代初，廣東台山籍華商金利源向港府購買了中區填海地大片土地，他在這片土地上興建街道、店舖，並以自己的名字命名街道。該街道於 1894 年建成，共有 31 間店舖，即現時的「利源東街」。利源東街在早期又被稱為「報紙街」，不少印刷行都在此開業。一直到抗戰期間，內地來港辦報的人士也大都將報館設於此處。利源東街建成後，金利源已顯資金不足，於是由另一台山籍富商李迺晉接手。李迺晉作風較為穩健，他將利源東街的樓宇基本售完後，才繼續向西拓展，於 1906 年建成現時的「利源西街」。有評論指出：「這個具象徵意義的舉動表明，華資已衝破港府此前實行的種族隔離政策，開始在中區謀求發展。」

隨著維多利亞城的拓展，港府於 1857 年將維多利亞城範圍劃分為四環，即西環、上環、中環和下環。1903 年，港府正式在憲報刊登經拓展後的維多利亞城範圍，並在維多利亞城邊緣樹立一組「維多利亞城界碑」，以作界定。界碑為一四方柱體，頂部呈錐形，高 98 厘米，並刻有「CITY BOUNDARY 1903」字樣，至今尚存 6 塊。新拓展的維多利亞城，即當時華人所稱的「四環九約」。這裡的「環」，是形容港島北岸地區如迴繞環圓的地形，而「約」則表示地段的起迄。

其中，四環分別是：西環：堅尼地城至西營盤國家醫院（今西營盤賽馬會分科診所）；上環：西營盤國家醫院（今西營盤賽馬會分科診所）至威靈頓街與皇后大道中交匯處；中環：威靈頓街與皇后大道中交匯處至美利操場（今中銀大廈）；下環：美利操場至銅鑼灣。「九約」則為更細緻的劃分，包括以 9 個區域，分別是：第一約：堅尼地城至石塘咀；第二約：石塘咀至西營盤；第三約：西營盤；第四約：干諾道西東半段；第五約：上環街市至中環街市；第六約：中環街市至軍器廠街；第七約：軍器廠街至灣仔道；第八約：灣仔道至鵝頸橋；第九約：鵝頸橋至銅鑼灣。值得留意的是，「四環九約」中的九約其實並非一個固定的概念，而是經過多次修訂，有多個版本。

在「四環九約」中，中環是香港的政治中心和經濟樞紐，也是香港開埠後最早發展起來的城區。在政治方面，港督府、輔政司署、立法局，乃至英國國教聖公會的教堂——聖約翰教堂等都在中環。在經濟方面，早期來港發展的洋行、銀行、保險公司等，包括東蕃匯理銀行、有利銀行、渣打銀行、寶順洋行、於仁保險公司等，均將總部設在這裡。作為金融中心的標誌，香港第一家本地註冊的銀行——滙豐銀行，創辦時就設立在獲多利街（現稱「銀行街」）以及皇后大道交界的獲多利大廈。1866 年，滙豐銀行購入該地段，於 1888 年建成巍峨古典的滙豐銀行大樓。在 1891 年香港首家證券交易所成立前，香港的股票經紀主要活躍

於皇后大道中與雲咸街交界處,而經紀的國籍包括英國人、德國人、印度人、美國人、波斯人、猶太人以及華人。當時,中環被稱為「小歐洲」,皇后大道中以北是金融和商業區,而皇后大道以南的山坡則是商住區,半山和山頂則是豪華別墅,大多為維多利亞式的建築。

　　華人則主要聚居於上環和西環,以今日西環的太平山為始點,東至砵甸乍街,西至西營盤,成為港島人口最密集的社區。社區內,道路的兩旁是一排排兩層高的窄小「唐樓」,「依山而建,小若蝸舍,密若蜂房」,每屋擠住著多戶人家,且多屬半商半住性質。道路多為斜路和石路,故「轎子」曾是普遍的交通工具,長袍馬褂和西裝革履混雜其間,熙來攘往,人群晝夜川流不息,形成與中環商業區迥然不同的繁華華人社區,吸引了不少外國旅客和水兵以好奇眼光前往觀賞。當時,上環乍畏街(蘇杭街)、文咸街、西街一帶均為華人商舖,其中文咸西街更是從事南北貨轉口貿易的「南北行」商號的集中地,故有「南北行街」之稱。南北行、金山莊、錢莊、絲綢莊、藥行、古董舖、堆棧、茶樓、飯館,甚至賭場、妓院等都雲集在這一區。1894 年,香港發生鼠疫,太平山一帶是嚴重疫症區,疫情過後,政府強行清拆了區內一些舊樓,進行重建。

　　西環在香港開埠初期為英軍駐紮地,華人因而稱之為「西營盤」。19 世紀 50 年代,內地爆發太平天國運動,不少華人紛紛移居香港避難。為了容納日益增加的人口,港府於是開發太平山以西的西營盤地區,西環因而成為華人另一個聚居的社區。西營盤以西是石塘咀,1903 年港英政府立例將水坑口的妓寨遷至石塘咀,使得該地人口增加,酒樓林立,成為香港的煙花勝地。不過,1935 年,港府立例禁娼,塘西花事煙消雲散。石塘咀以西是堅尼地城,由港督堅尼地任內開發,逐步成為碼頭、貨倉、工廠、菜市場、屠房的聚集地。1919 年,西環建成愛德華式建築的「贊育醫院」,這是香港首間西式接生醫院,當年門口常有大量孕婦排隊就診,而一張床位服務兩位孕婦的情況亦屢見不鮮。

　　至於中環的東側下環,即灣仔春園和銅鑼灣東角(早期稱為「燈籠洲」)一帶,是港島最早開發的地區之一。19 世紀 40 年代中葉,灣仔春園就已發展成為環境優美的海濱高尚住宅區,醫院山山腳是倉庫區,而黃泥涌、跑馬地一帶則建起賽馬場,供華洋上流社會郊遊、打獵之用。50-60 年代,下環灣仔海傍一帶興建了不少船塢和貨倉,以及與航運相關的工廠,如木廠、煤倉、鐵匠舖等。踏入 20 世紀,香港人口增長更快。1900 年,香港總人口達 26.3 萬人,到 1920 年增加到 62.5 萬人,20 年間增長近 1.4 倍。為滿足人口增長對土地的需求,1921 年港府在灣仔展開大規模填海工程,從金鐘海軍船塢至銅鑼灣渣甸倉之間沿線展開,將海岸線從現在的莊士敦道拓展到告士打道,並將摩理臣山移平。填海工程於 1930 年完成,新填地面積約 100 英畝。這些新填海地,後來相繼建成軒尼詩道、駱克道、謝菲道、告士打道等街道,成為另一個華人聚居商住區。

2.3 九龍、新界開發的城區

1860 年英國佔領九龍半島之初，該地區仍然處於農業社會，約有村莊 10 條，共 5,000 多人，多屬農民。當時，英軍在九龍半島沿岸，包括今日的佐敦道渡輪碼頭、油麻地、九龍公園、紅磡黃埔花園一帶以及尖沙咀東南岸各處佈防，並計劃將整個半島列為軍事區域。但港督羅便臣（Sir William Robinson）為紓緩港島土地不足的壓力，並看準九龍西南沿岸作為商業區的發展前景，希望取得行政、商業用地，遂與英軍爭持，結果獲得英國政府批准。但其時區內許多重要地段，均已被英軍佔據。[17]

九龍半島最早開發的城區，是旺角、油麻地、大角咀一帶及尖沙咀、紅磡沿岸。旺角古稱「芒角」，古時此處芒草叢生而地形像一隻牛角伸入海裡，故稱為「芒角咀」，附近的村落便稱為「芒角村」。芒角村位於今日的弼街與通菜街、西洋菜街、花園街一帶，村民以種菜、種花、養豬、養雞為生。1860 年芒角隨九龍半島一併納入香港，村民紛紛將蔬菜、禽畜、鮮花等物運往香港出售。由於他們多乘水上人家的船隻渡海，水上人家將「芒」叫做「望」，英國人根據口音，將芒角叫做「Mong Kok」（旺角）。1909 年，港府開始在旺角海邊附近填海及興建避風塘，建設碼頭和道路，原有的菜田被填平，發展出洗衣及染布等工業。到 30 年代，芒角正式改稱「旺角」，取其興旺之意。當時，旺角已發展成為工業區，製造煙廠、紡織廠、五金廠林立。至 50 年代，旺角才開始轉型為商住區。

早期，油麻地稱為「油麻」，是因為這裡是漁船上麻纜的地方。1875 年，不少經營補漁船的桐油及麻纜商店在區內設立，故稱為「油麻地」。根據 1873 年的差餉手冊中，居住油麻地的人士，除了經營船隻維修、麻纜、槳櫓、鐵匠及木材外，還有經營雜貨、理髮、米店、妓院、鴉片、長生店、儀仗花轎等。隨著商業的發展，油麻地逐漸成為人口稠密的地區。

1890 年的九龍半島，當時是英軍軍營。

1903 年，中華電力公司開始向油麻地供電，香港歷史悠久的豆製品品牌——廖孖記腐乳，於 1905 年在閩街創辦，廣華醫院也於 1911 年創辦，成為九龍半島第一家醫院。現在油麻地還留下不少歷史建築物，如油麻地戲院、油麻地抽水站宿舍（俗稱「紅磚屋」）、油麻地警署等，此外，果欄、玉器市場和俗稱「榕樹頭」的油麻地休憩公園等地，都極具特色。

19 世紀 80 年代以後，港府陸續在油麻地、大角咀、尖沙咀和紅磡沿岸展開填海工程。20 世紀初，著名華商何啟、區德合組「啟德營業有限公司」，計劃在九龍灣北岸展開填海工程。該計劃於 1914 年獲得港府批准，1916 年正式啟動，新填海區面積有 120 公頃，原計劃發展成為花園城市住宅區，填海地域以兩人合資的公司名字命名，稱為「啟德濱」，1920 年完成首期工程，1927 年完成第二期工程。不過，由於發展不理想，啟德公司最終倒閉，由港府接手繼續填海，改建機場，日後拓展成著名的啟德機場。

1904 年，港督彌敦（Sir Matthew Nathan）上任。他將香港城區開發的重點轉移到九龍半島，並策劃興建九廣鐵路英段。當時，香港與廣州的貿易頻繁，香港政府因而與清政府商議修建連接香港與廣州的鐵路，鐵路按地域分為中英兩段，分別由中、英兩國政府負責修建。其中，香港段從深圳羅湖到九龍尖沙咀，全長 22 哩，1906 年動工，1910 年完成。九廣鐵路最初以油麻地站為九龍總站，但彌敦決定把鐵路伸延到九龍半島的最南端尖沙咀，於是修路工程人員將阻隔油麻地與紅磡海岸之間的小山夷平，把泥土運往東南海岸填海，在新填海區修築了漆咸道、梳士巴利道，並在梳士巴利道末端興建起尖沙咀總站及著名的鐘樓。

為了開發九龍半島，彌敦下令在九龍半島開闢一條主幹道，它從尖沙咀開始，通過柯士甸道，直抵界限街。這條主幹道即今日的彌敦道。彌敦道早在 1860 年已開始由英國工兵修建，原來在英國尚未與清政府簽署《北京條約》之前，九龍半島已由當時的兩廣總督勞崇光以租賃形式，即每年 500 銀元租予英國。彌敦道最初命名為「羅便臣道」（Robinson Road），1887 年，彌敦道的範圍只是南至中間道，北至柯士甸道，南端後因填海而由中間道延伸至梳士巴利道。1904 年，彌敦力主發展九龍半島，於是拓寬彌敦道為九龍半島的主幹道，並延長至窩打老道。1909 年，為了避免此路與香港島的羅便臣道混淆，港府決定將該道路改名為「彌敦道」，以紀念擴建該路的彌敦。擴建後，彌敦道成為六線行車大道，兩旁種滿林蔭大樹，但其時九龍半島仍人煙稀少，當時人稱彌敦道為「彌敦的蠢事」（Nathan's Fool），但事後證明了彌敦的遠見。彌敦道的建成，大大加快了九龍半島的城區開發。

1898 年英國接管新界時，新界仍然維持著鄉村的風貌，聚居著以錦田鄧族、河上鄉侯族、粉嶺彭族、上水廖族及新田文族五大姓為主的居民，以農耕為業。當時新界約有 10 萬人口，散佈在約 800 條村落中。新界納入香港版圖後，香港行政面積驟增 10 倍，並有了賴以依託的經濟腹地。

上｜約 1930 年的尖沙咀火
車站。

中｜1908 年的羅便臣道（一
年後改名為彌敦道），是九
龍最早的道路。

下｜1920 年代末的長沙
灣，圖右岸邊為東京街。

新界的開發首先從深水埗開始，1906 年港府在深水埗舉行官地拍賣，當時推出的土地便是今日南昌街附近的地段。1910 年起深水埗展開連串填海工程，如 1919 年進行的填海工程，就取得土地 65 英畝以上，即由東京街至荔枝角一帶。這些地區中，大批新建樓房取代了昔日的寮屋，成為西九龍發展的重要一環。[18]

2.4 早期城市規劃和對土地發展的管制

1841 年英軍佔領香港後，殖民當局即成立田土廳（Land Office），開始測量和劃分土地，籌劃土地拍賣事宜。翌年，又相繼成立土地委員會（Land Committee）和工務局（Public Works Department），分別專責香港的土地分配和基礎建設。1841 年 8 月義律調返英國後，英駐華副商務監督莊士敦（Alexander Robert Johnston）開始著手制定城市發展規劃，他將港島劃分為 3 個區域，分別是海域區、城區和郊區。海域區指離海岸 200 呎範圍內地區，城區包括中環、黃泥涌、赤柱和石排灣，其餘地區則為郊區。[19]

儘管如此，香港早期城區的發展仍然缺乏全面的規劃。根據香港學者的研究，「港島的城市發展初始形態是隨意形成的，先是軍方佔據戰略上有利地段，餘者以中環為中心因英國等歐洲人的商業活動而蓬勃起來，行政機關亦集中於此。華人的住宅區作出退讓便在沿岸非常有限的平地上順勢向東及西發展，而歐洲人因為不適應酷熱潮濕的氣候，選擇在山頂聚居以圖涼快乾爽及有較佳的景觀，又因為他們的郊遊雅興促成了一些通過郊區及海灘的道路的興建」。[20]

1843 年，測量師哥頓（Alexander Thomas Gordon）向港府提出香港第一個城市發展規劃藍圖，他建議劃定住宅區、行政區、商業區，確定市中心及興建人工運河，將皇后大道伸延至環繞全港島，開展填海工程及在沿海岸線修築道路等。可惜，這個雄心勃勃的計劃因港府和英商均無意參與而夭折。[21] 當時，港府對土地發展的管制主要集中在微觀方面。1856 年港府制定《建築物條例》，規定房屋結構最低限度的標準。條例規定住房必須設置足夠而安全的地方作為生火、烹廚之用，並規定違反條款者最高罰款 50 港元。然而，該條例對街道寬度、建築物高度等卻並無任何規定，而條例又缺乏有效的實施手段。因此，當時私人發展商普遍無視條例，興建的房屋窄小而擠迫，使華人的居住環境相當惡劣。

1882 年，英國衛生工程師瞿域（Osbert Chadwick）考察香港後在報告中表示：「華人區的街道是由碎石鋪成，在夏日暴雨衝擊下迅速成為深溝，街道的寬度沒有控制。在某些情形下，街道窄到可以用一根竹竿撐到對面晾的衣服，排水系統與街道系統同樣混亂，數量也不足夠。……在沿著整個海旁都有一陣異味，更糟糕的是，公共污水管都沒有排氣孔，以致

污水管內的濁氣只有從住宅的排水溝渠的排水口中溢出。」他並警告說若情形沒及時得到改善，將可能發生災難。[22]

1894 年，香港果然爆發疫症，黑死病流行，死亡人數超過 2,000 人。瞿域再度被港府請回香港，1902 年他在新的報告中指出：「在以往 20 年中，專業人士的意見實際上被擱置一旁。理由很簡單，如果一塊土地上居住人數因建築高度限制和綠化用地的保留而減少，這塊土地的價值也就降低。目前的土地是從填海得來的，土地所有者自然希望所興建的房屋能夠盡可能地居住更多租客以便獲取更多租金。因此，在過去 20 年間，多個建築物條例的提案被送上立法局，但每一次都被代表土地利益的非官守立法局議員撤銷或刪除。」[23]

1903 年，港府終於制定新的公共健康及建築物條例。新條例規定，每個成年人室內空間不得少於 4.65 平方米和 15.56 立方米；每個房間隔成的小室不得超過 2 個，每個不得小於 5.95 平方米；而居住建築物的深度不得超過 12.2 米，更大的深度只有在光線充足的情況下才被批准。新條例還規定，1903 年以後興建的建築物必須提供相當於它覆蓋面積三分之一的開放空間；建築物的高度不得超過街道的寬度。1903 年之前的建築物，高度也不得超過街道寬度的一倍半，最大高度限制為 23.2 米，層數為 4 層。這些條例的限制直到 1935 年以後才被修訂。

19 世紀末華人居住區街景，圖為英軍及志願人士在街市街近普仁街處進行消毒清潔的情形。

1922 年，港府鑑於當時急促的城市發展，開始著手制定城市發展規劃。當年，香港行政當局委任一個委員會，專責就香港的城市規劃問題，進行研究和提出建議，並制定《1922年城市規劃提案》。這是香港首次應用早期的城市規劃理論，對港九城區發展作詳細的研究。不過，《1922 年城市規劃提案》實際上只是一份較詳細的城市設計藍圖，目的是規範私人建築物的興建、預留土地給公共設施及計劃將來的填海工程等，缺乏長遠的總體規劃考慮。這一時期的城市規劃基本流於零碎片面，主要涉及面積細小地區，如九龍塘城市花園城市計劃，發展九龍中部成為住宅區，以及在北角海旁填海闢地，撥作倉庫和商業用途等。[24] 現時尖沙咀及旺角一帶方格網狀的土地發展模式，就是當年的設計。

1939 年，港府正式制定及頒佈《城市設計條例》。該條例授權政府設立一個城市設計委員會，專責制定具法律約束力的城市發展圖則，以協調市區內的各項發展。可惜，該項工作因 1941 年日軍侵佔香港而中斷。城市設計委員會亦遲至 1951 年才正式成立，這個城市設計委員會即戰後的城市規劃委員會。1939 年制定的《城市設計條例》，則一直成為香港城市規劃的主要法律依據，制約著香港土地發展的總體模式。

三、早期英商在地產業的優勢與發展

從1841年香港首次「賣地」，

到1941年日軍侵佔香港的100年間，

對土地房屋需求的急增推動了土地開發和房屋建設的急促展開。

然而從總體來看，由於當時經濟發展水平等因素的限制，

房地產業作為一個現代產業在香港經濟中的發展基本上仍處於萌芽狀態。

從當時的水平來說，還比不上上海。

上海外灘一帶的建築物就比香港中環的要宏偉壯觀得多，就連滙豐銀行上海分行的大廈，

亦比滙豐香港總行的豪華漂亮。誠然，在房地產二級市場上，

香港要比上海活躍，因為香港的房地產制度是在空白的基礎上仿照英國的土地制度，

而上海則是建立在半封建半殖民地制度的基礎上。

3.1 早期英商在地產業的優勢

香港開埠初期，英商可說在房地產業中佔盡優勢。首次官地拍賣所售出的 34 幅土地，全部被英商或作為英商夥伴的巴斯人所購得。當時，怡和洋行投得銅鑼灣東角地段，林賽洋

1840 年代銅鑼灣東角興建
的最早一批洋房、貨倉。

行投得灣仔春園地段，而寶順洋行、丹拿洋行等則投得中環沿海地段。

　　怡和洋行投得的東角地段，面積共 57,150 平方呎，包括今日銅鑼灣的東角道、怡和街、渣甸坊一帶，怡和洋行將它稱為「馬地臣角」。東角對出海面，即今銅鑼灣遊艇會一帶，是理想的輪船停泊地點。怡和洋行取得東角後，即大興土木，建築起第一批磚石結構的房屋、倉庫，作為洋行的香港辦事處。當初，這塊殖民地是由一些臨時搭建的蓆棚和木板房組成，怡和洋行建造了第一棟高大端莊的樓房，鴉片倉庫在樓下，洋行大班則住在樓上。由於當時島上症疾和瘟疫流行，氣候濕熱，怡和洋行又在山頂修建了大班的夏季別墅。此外，怡和在東角建造了香港第一個深水碼頭，以供該行裝卸貨物之用。為了盡快獲悉來自倫敦和印度方面的資訊，怡和在山頂建築了一座瞭望台，命名為「渣甸瞭望台」。當守望者從瞭望台最先看見從倫敦或印度駛來的怡和快船的桅杆在茫茫大海中出現時，便立即通知辦事處派出一艘快船去接取郵件，然後火速送回辦事處。在無線電訊業尚未誕生的那個時代，怡和洋行憑藉這個瞭望台，最先掌握歐洲市場的情報和資訊，以便在貿易中牟取最大利潤。東角在怡和的經營下，日漸繁榮，不但商店林立，而且出現了西式工廠。

　　雖然怡和洋行在東角自成一國，形勢理想。但它卻遠離市區，交通不便。其實，怡和最初也在中區投得一幅土地，建造了一座倉庫，只是後來被港府收回，只餘下東角，便在那裡發展。1873 年，怡和洋行在中區另建新廈作為辦事處，地址就在皇后大道中 7 號，毗鄰滙豐銀行總行。當時，怡和中區辦事處和東角總部的通訊，已可依靠電報聯繫。到 19 世紀 80 年代，怡和洋行將皇后大道中 7 號售予英商保羅‧遮打和沙遜，並在中區畢打街前寶順洋行

1868 年的香港仔船塢，前為柯柏船塢，遠處是林蒙船塢。

總部對面購置新廈（即現會德豐大廈舊址），作為洋行的總部。

　　另一家對香港地產業有重要影響的英商是香港黃埔船塢公司（Hong Kong & Whampoa Dock Co.），成立於 1863 年 7 月 1 日，是香港首家註冊公司。該公司由怡和洋行、鐵行輪船公司、德忌利士洋行等幾家英商創辦，由鐵行輪船公司駐港監事湯馬士‧修打蘭（Sir Thomas Sutherland）出任主席。黃埔船塢成立當年即收購了石排灣造船廠和賀普船塢。1866 年黃埔船塢根據公司法組成有限公司，正式在香港註冊，資本 75 萬港元。由怡和洋行大班詹姆士‧惠代爾出任董事長，德忌利士輪船公司老闆德忌利士‧拿蒲那（Douglas Lapraik）任董事長秘書。1870 年，黃埔船塢與紅磡的聯合船塢公司（Union Dock Co.）合併，勢力大增，成為當時香港最大的船塢公司。

　　1870 年代初期，黃埔船塢幾乎佔有了廣州黃埔、香港及九龍所有大型船塢。但 70 年代中期以後，香港、九龍又先後出現了 8 家船塢與之競爭，面對新的形勢，黃埔船塢改變投資策略，決定將發展重點放在香港，將黃埔的柯拜船塢及其附屬設施，以 8 萬港元價格售賣予兩廣總督劉坤一，用所得資金在九龍紅磡興建一座現代化的船塢。1880 年黃埔船塢吞併了大角咀的四海船塢公司（Cosmopolitan Dock Co.），一躍而成為香港修船和造船業的巨擘。這樣，黃埔船塢便成為在紅磡、黃埔、大角咀以及香港仔等港九地區擁有大片土地的船塢公司，為日後的地產發展奠定基礎。

　　與紅磡黃埔船塢隔著維多利亞海港遙相對望的，是著名的太古船塢。19 世紀下半葉，太古洋行旗下的太古輪船公司已迅速發展成中國沿海及長江內河航運業的壟斷寡頭，對船舶修造業的需求日益迫切。1900 年，英國太古集團向英國政府提出申請，要求港府把它們在

兩次大戰期間黃埔船塢在紅磡的總部。

鰂魚涌投得的大片土地的租借期從 99 年延長到 999 年，以便興建一座規模宏大的造船廠。太古表示，船廠「對帝國來說將是極為寶貴的」，他們的申請獲得了批准。1900 年，英國太古集團的施懷雅家族、該集團的資深合夥人 J. H. 斯科特，以及藍煙囪輪船公司老闆 R. D. 霍爾特等合資創辦了太古船塢公司（Taikoo Dockyard Co.），資本 80 萬英鎊，由太古洋行為其代理人。同年，太古船塢在鰂魚涌太古糖廠附近興建大型船塢，塢內的設備不但能負擔維修兩三萬噸輪船的任務，而且能建造萬噸級的輪船及生產引擎等多種機器。經過 9 年多時間，太古船塢終於建成，1910 年它為太古輪船公司建造了第一艘輪船。太古糖廠和太古船塢的興建，使太古洋行日後在港島鰂魚涌地產業的發展佔據了絕對優勢。

在九龍半島西南部擁有大量土地的，是另一家英商——香港九龍碼頭及倉庫有限公司（簡稱「九龍倉」）。1871 年，英商保羅・遮打創辦了香港第一家碼頭貨倉公司——香港碼頭貨倉有限公司，在灣仔海旁依照英國標準，用優質木材修建碼頭，用水泥建築倉庫，並購入起重機及手推車作卸貨之用。不過，該公司創辦後，股東僅籌集到三分之二資金，經營不理想之下，開業不久就負債纍纍，最終宣佈破產。

保羅・遮打鑑於在香港島設碼頭貨倉不甚理想，遂於 1886 年在九龍尖沙咀海旁創立香港九龍碼頭及倉庫有限公司（Hong Kong and Kowloon Wharf and Godown Company Limited）。1874 年，颱風吹襲香港，尖沙咀一帶不少倉庫和碼頭東主破產，自願將地段交還政府。1885 年，港英政府將尖沙咀臨海地段推出重新拍賣，結果由著名英商遮打投得。當時，該地段尚未發展，有充足的土地興建貨倉碼頭，且臨深海，可停泊大船，是建設貨倉碼頭的理想地段。1886 年，遮打遂與怡和洋行合作，創辦九龍倉，資本 170 萬港元，在尖沙咀沿海地段建設兩座碼頭，因其形狀得名「九龍倉橋」。九龍倉因在尖沙咀海旁擁有龐大地皮，日後遂成為一家舉足輕重的地產投資公司。九龍倉的毗鄰，則是英商藍煙囪輪船公司（Blue Funnel Pier）的貨倉。

上｜九龍倉在尖沙咀海旁擁有大片土地，圖為早期的九倉碼頭。

中｜位於鰂魚涌、興建中的太古船塢，於 1908 年建成。

下｜與黃埔船塢隔海相望的太古船塢，攝於 1930 年代。

3.2 置地公司的創辦與早期發展

　　早期英商最重要的地產公司是怡和洋行旗下的置地公司。由於 1843 年港督砵甸乍頒佈限制華人居住在中環的禁制令，香港中環核心商業區成為洋商尤其是英商的天下。然而，當時英商對香港房地產的投資，主要以自用為主。真正具備現代地產投資意義的，則主要是置地公司。據香港註冊處的記載，第一家在香港註冊成立的地產有限公司是聯邦地產，第二家便是著名的置地公司。

　　置地公司，最初稱「香港置地及代理有限公司」（The Hong Kong Land Investment and Agency Company Limited），創辦於 1889 年，創辦人是著名英商保羅 · 遮打（Paul Chater）和怡和洋行。當時，怡和的傳奇人物耆紫薇（William Reswick）在倫敦領導集團的全球業務，其表親約翰 · 貝－伊榮（John Bell-Irving）負責香港業務，出任怡和主席。貝－伊榮在創辦置地不久退休，由詹姆士 · 莊士頓 · 凱瑟克（James Johnstone Keswick）接任。創辦時置地的股東還包括西結 · 所羅門（Ezekiel Solomon）、J. S. 摩西（J. S. Moses）、S. C. 邁高森（S. C. Michaelsen）、J. E. 盧保（J. E. Noble）和荷穆志 · 麼地等，他們各自持有公司相同的股份。[25] 置地的創辦，標誌著香港的地產業進入一個新的發展時期。

置地早期在中區的投資物業——皇帝行。

　　當時，遮打和怡和都意識到，香港遲早將發展為世界上最重要的商埠之一，香港的房地
產業必將蓬勃發展，經營地產業大有可為。因此，遮打和怡和攜手合作，於 1889 年 3 月 2
日在香港註冊成立置地公司。當時，置地公司的註冊資本是 250 萬港元，不消數月已倍增至
500 萬港元，共 5 萬股，每股 100 港元，其中一半透過發行股份籌集，另一半則須徵集。這
個數目在當時是一個非常驚人的數字，比 1982 年港府全年財政收入還要高。同年 3 月 18
日，置地召開第一次董事局會議（當時董事局清一色是洋人），由怡和主席擔任公司主席。
自此，怡和洋行大班兼任置地大班成為傳統。根據會議記錄記載：「保羅·遮打先生在會議
上發表計劃方案，提出各項具有遠見的改善和變動的發展策略，打算在填海計劃獲得通過後
實行。這些計劃一經實行，物業價值將會大幅提升。」董事局會議還決定，為了應付日益膨
脹的華資地產商的勢力，置地將擴大股本，邀請華資富商加入。於是，當年的華資巨富李陞
和潘邦成為了這家英資公司的兩位華人董事。

　　香港開埠以後的半個世紀，人口和商業活動都集中在維多利亞城。因此，置地從創辦
起，業務就集中在中環，在中環地區廣購物業。根據 1895-1896 年的登記資料，當時置地擁
有的物業主要集中在皇后大道中、德輔道中，以及雲咸街、奧庇利街、庇利街、伊利近街、
史丹頓街等地區。[26] 置地的投資策略，一開始就集中在商業最繁盛的中區，自此成為傳統。

　　早在置地公司創辦前，保羅·遮打就積極遊說港府，在中環維多利亞港進行新的填海工
程，並沿海港興建一條新的海旁大道。在置地公司成立 6 天後，遮打終於得償所願，獲得政
府批准。新填海地從當時的寶寧海旁（Old Praya）一直填至干諾道，這項工程於 1903 年完
成，寶寧海旁中和寶寧海旁西亦分別改名為「德輔道中」和「德輔道西」，而新建的海旁大道
則成為日後的遮打道。自此，這幅填海地成為香港中環的核心部分，即今日德輔道中與干諾
道中（包括皇后像廣場和遮打道）之間的地段。[27]

　　中區填海計劃剛竣工，置地就在填海區購買地皮，大興土木。當年的土地售價僅為每平
方呎 25 港元，極為便宜。1898 年，置地在新填海地建成第一幢商廈——新東方行，即今
日的友邦金融中心。因此，遮打道填海計劃可視為置地公司將「中環」發展為香港商業區的
第一步。到 1906 年，置地至少在區內興建了 7 幢新廈，包括干諾道 2 號、聖佐治、聖佐治
行、皇帝行、沃行、亞歷山大行和安達銀行大廈。除了安達銀行大廈之外，其餘 6 幢均建立
在新填海區，這些大廈連同皇后行和太子行（這兩行由保羅·遮打和荷穆志·麼地以合夥形
式發展），合共提供樓面面積高達 6 萬平方米的寫字樓，全部由置地公司管理。這些大廈均
樓高 4-5 層，一律採用維多利亞時代的風格，是當時最宏偉的建築物。在該項目涉及的龐大
投資中，收購海旁地段或相關填海權耗資 72 萬港元，填海費用 12.2 萬港元，新大廈的建築
成本則接近 70 萬港元。[28] 這時，置地已成為港島中區最大的單一地主，所擁有的物業，總值

1930 年代的告羅士打行，
是當時香港的最高建築物。

已超過 30 萬港元。[29]

　　1912 年民國政府成立後，中國處於軍閥割據的內亂時期。這一時期，香港經濟日趨蓬
勃發展，轉口貿易不斷擴大，對商業寫字樓的需求日益增加，推動了樓價、地價和租金的攀
升。當時，擁有大量商業出租物業的置地，盈利自然節節向上。據記錄，1890 年度置地創
辦頭 9 個月公司純利僅 11.7 萬港元，而在 1921-1924 年間，置地每年純利增加至接近 800
萬港元。

　　這一時期，置地繼續在中區拓展其物業王國。1923 年，置地以換股方式與中央地產公
司合作，收購了皇后行及其東北角即文華酒店現址地皮。1926 年元旦，位於德輔道中與畢
打街交界的香港酒店發生火災，酒店北座全部被燒毀，置地以 137.5 萬港元的價格，購入
這幅面積達 2.6 萬平方呎的土地，將其重建為告羅士打大廈。告羅士打大廈樓高 9 層，是當
時香港最高的建築物。該大廈有一鐘樓，是當年中環地區的重要標誌。1927 年，置地又以
300 萬港元的代價，購入皇后大道中的太子行。及至 1938 年，置地再購入公主行毗鄰的勝
斯酒店，重建為公爵行。

　　經多年苦心經營，到 1930 年代後期，置地在中區的物業王國，已初具規模。1926 年
5 月，置地的創辦人之一保羅‧遮打爵士逝世，其時置地已成為香港首屈一指的大型地產公
司，它的資本、儲備及盈利已超過 1,400 萬港元。而到 30 年代末，置地擁有的物業，僅在
中環地區總值就已超過 1,100 萬港元，[30] 成為香港中區最大的業主。

上｜置地早期在中區的投資物業
——皇后行。

下｜19世紀末港島中區干諾道
新建的建築物，包括著名的香港
會所、太子行、皇后行、郵政總
局大樓等。

四、早期華商在地產業的發展與經營方式

從1841年香港開埠到1890年代末，

一批批來自華南各省的華人湧入香港謀生。這些華人大多是單身男性，居無定所，

只是在上環等地區臨時搭蓋的木屋中棲身，居住條件亦相當惡劣，有的甚至露宿街頭。

因此，華人社區對住房的需求相當大。

據統計，1864年每間房屋居住的華人平均為16.9名，到1891年增加到18人。

華人在市區的居住情況更是嚴峻，通常只供 2-3名洋人居住的房屋，

卻要住進30-40名華人，人均面積比香港法定的華人墓穴面積（12平方呎，約1平方米）還要小。[31]

這種狀況推動了早期華商在地產業的投資。

4.1 早期華商在地產業的發展態勢

1870 年代中後期，華商勢力在香港經濟中冒起，他們開始在房地產市場大舉收購洋商的地產物業。當時，香港洋商受到清政府「海關封鎖」的影響，疲莫能興，頻頻宣佈破產，這給華商的發展提供了良機。部分富裕華商開始衝破港府過去設立的「種族隔離線」（以鴨巴甸街為界），收購洋商破產後的商行和堆棧。他們沿著荷李活道和威靈頓街向中環商業核心區推進，在荷李活道、威靈頓街、皇后大道、雲咸街與鴨巴甸街的地區內，購置原屬洋商的房地產，自建中國式的「唐樓」。據統計，僅 1880 年 1 月至 1881 年 5 月不足一年半的時間內，華商向洋人購入的地產物業，價值就達 171 萬元；而向港府承租的官地，每年便需繳付地租 17,705 港元。[32]

1880 年代初，華商在地產業的勢力開始壓倒英商。當時，港督軒尼詩（Sir John Pope Hennessy）曾承認：華商已成為香港最大的業主，香港外國銀行發行的貨幣大部分掌握在華人手中，而香港政府的稅收有 90% 來自華人。根據港府的公佈，1876 年香港繳交差餉超過 2,110 港元以上的大戶 20 人中，洋商佔 12 人，繳稅 63,525 港元，人均 5,210 港元；華商佔 8 人，繳稅 28,267 港元，人均 3,533 港元。當時華商仍處劣勢。到 1881 年，香港繳交差餉 3,996 港元以上的大戶 20 人中，洋商僅 3 人，繳稅 21,032 港元，人均 7,010 港元；華商 17 人，繳稅 99,110 港元，人均 5,830 港元。[33] 華商在人均繳稅額雖仍不及洋商，但差距已經縮小，而繳稅總額和納稅大戶人數兩項，均已超過洋商。對此，香港《循環日報》創辦人王韜曾有這樣的評論：「昔之華商多仰西人之鼻息」，「近十年以來，華商之利日贏，而西

1890 年代的上環，圖中可見大
片華人居住的舊式屋宇。

商之利有所旁分矣」，「凡昔日西商所經營而擘畫者，今華商漸起而預其間」。[34]

　　1870 年代後期到 1880 年代初，華商大舉收購地皮物業及破產的商行、堆棧，令地價大幅上升，引發地產投機熱潮。據安德葛（George Beer Endacott）在《東方轉口港》一書的描述，從 1877-1880 年，香港主要的稅款以印花稅、物業稅和官地拍賣收入為最大宗，當時買賣土地樓宇的印花稅平均每年為 12 萬港元，物業稅約 19 萬港元。到炒風最熾熱的 1881 年，買賣土地物業的印花稅增加到逾 16.7 萬港元，物業稅則增加到逾 21 萬港元，當年的賣地收入更達 20 萬港元，可見地產炒風之盛。據估計，從 1877-1881 上半年最高峰時，地價樓價的升幅高達 6 倍。[35] 當時，很多洋商也參與地皮物業的投機活動，不過，他們事前知道英國殖民地部將派專員到香港調查，計劃取締華人舊式屋宇，所以在 1881 年地產最高峰時已將物業轉賣給華人，僅當年上半年洋商拋售的地產物業就達 171 萬元，而華商並不知危機將至，仍積極承購。及至有關消息傳開，華人爭相拋售物業，導致地價、樓價大跌，損失慘重，破產者極多。當時香港立法局首位華人議員伍廷芳，據說就是因為地產投機失敗而悄然離港北上，出任清朝大臣李鴻章的幕僚。[36]

　　儘管華商在是役元氣大傷，但洋商壟斷中區的局面畢竟被打破了，越來越多的華人移居中區，開設商行店舖。為防止華人業主在中區勢力的過份擴張，1889 年港督德輔主持制定《歐洲人住宅區保護條例》，規定在港島威靈頓街和堅道之間，只准興建西式洋房。他特別聲

明這並非由於種族隔離政策，只是阻止華人在歐人居住區內興建窄迫而不合衛生條件的舊式住宅。

4.2 早期的華商地產大業主：何東、莫仕揚、李陞

　　早期在香港地產業投資的華商，主要有兩大類：第一類是附屬於外資洋行的華人買辦，其中聞名的主要有盧景、何亞錫、郭甘章、韋光、何東、莫仕揚等。他們在致富後無一不在房地產業作大量投資。如盧景致富後，在港島開設賭館、妓院，放高利貸，販賣鴉片，擁有房產物業多達 100 間。瓊乜洋行買辦何亞錫、鐵行輪船公司買辦郭甘章及鮑勒洋行買辦韋光等，在 1840 年代均曾購入不少土地房產。當然，最著名的還得數怡和買辦何東和太古買辦莫仕揚家族。第二類是以南北行、金山莊東主為代表的華商富裕人士，其中的佼佼者當數和興號金山莊東主李陞。

　　怡和洋行買辦何東（Robert Ho Tung），是早期香港主要的地產大業主。何東原名何啟東，英中混血兒，父親何仕文是英國人，母親施氏原籍廣東寶安縣。何東出身寒微，早年在

1905 年的雲咸街。

中央書院（今皇仁書院）畢業，曾應聘前往廣州海關任職，兩年後辭職返港，1880 年獲怡和洋行大班賞識，進入該洋行任助理。後來，何東因表現出色，被擢升為怡和洋行屬下香港火險有限公司和廣州保險有限公司的經理，並兼辦航運、貿易，經營菲律賓和爪哇原糖的轉口業務。1894 年，何東晉升怡和洋行總買辦一職，6 年後因病告退，將總買辦一職推薦給其弟何福。何東在怡和洋行前後任職 20 年，積累的財富逾 200 萬港元，成為巨富。[37]

　　在擔任買辦期間，何東在協助洋行推廣業務過程中看到巨大的商機，並掌握了商業拓展的網絡和資訊，因而開始了其創業之路。最初，何東是以「附股形式」投資於其他英美企業，藉以分散風險。其後，他創辦自己的商號——何東公司（Ho Tung & Company），自行經商。據考察，令何東一炮而紅並賺取鉅額利潤的，是從菲律賓、印尼等東南亞盛產食糖的國家進口廉價食糖，之後轉售到對食糖有龐大需求的中國內地。進而，何東在菲律賓投資甘蔗種植和食糖提煉，形成「垂直整合」的商業組織，又組成船隊——生和有限公司（Sang Wo S. S. Co. Ltd.），開始承辦旗下食糖生意，後更擴展到一切華洋貿易運輸。[38]

　　19 世紀 80 年代以後，何東開始進軍香港地產。他先後在港島、九龍半島及新界各區收購大量的土地物業，從而成為香港其中一位深具影響力的「大地主」。何東名下包括連串價值連城的私家豪華大宅，他先是在西摩道 8 號興建「紅行」，之後又在 1906 年從當時的按察司皮葛（Sir Francis Taylor Piggott）手中買入山頂奇力山（Mount Kellett）旁的 Eyrie 大屋，打破華人不能在山頂居住的規則。該地段後來建成私人大宅 The Chalet、The Dunford 兩間大屋，兩間大屋中間更築起兩個標準網球場，使之連成一體。[39] 到二次大戰後，何東家族擁有的物業，包括山頂的何東樓，港島中區的恒生銀行總行地盤，舊中央街市地段，灣仔的東生大廈、東城大廈和承業大廈，九龍的東英大廈，旺角的東興大廈，以及彌敦道的數幢商廈等，是香港最大的業主之一。[40]

　　太古洋行買辦莫仕揚家族，也是香港早期主要的華人地產大業主之一。莫仕揚祖籍廣東中山，早期在廣州經商，與廣州的洋行素有往來。1860 年，莫仕揚從廣州移居香港，經營建築及轉口貿易，並擔任美資瓊記洋行買辦。當時，香港政府鼓勵商人投資地產，並以低價將土地批予申請人建造房屋，莫仕揚以其經營的置業公司投資興建位於現今擺花街的數十幢房屋及卅間（香港街名，因莫仕揚首先在此興建 30 幢房屋而名）的樓宇。1870 年，英資太古洋行在香港開設分行，得知莫仕揚在香港商界素有信譽，並與南北行有密切聯繫，因而力邀莫氏出任太古洋行買辦。當時，太古洋行的主要業務是轉口貿易，因為獲得英資銀行的支持，業務發展迅速，莫仕揚從每筆成交交易中可收取 5% 的佣金，還可從中國商人那裡取得回扣。莫仕揚任買辦後，憑著他與港穗工商界的淵源，迅速打開局面，太古得到莫仕揚相助後如虎添翼，而莫仕揚也依託太古洋行而名聲大噪。

　　莫氏家族三代歷任太古洋行買辦前後達 61 年，期間積累了驚人財富。據莫幹生胞弟莫應溎的回憶，僅莫幹生本人在任職太古買辦的十數年間，積累的財產就高達 1,000 萬港元。[41]1920 年代，莫幹生在操縱太古糖市場價格賺取暴利後，斥資 100 多萬港元在港島靠近山頂處購地逾 10 萬平方呎，興建一座全香港最豪華的英國皇宮式別墅。當這幢皇宮式別墅入伙時，莫幹生舉行了相當豪華的宴會，太古洋行的經理英國人布朗出席宴會後，暗中派人查了莫幹生的賬目，要莫幹生把經手購入裝糖的蒲包，高於市價部分，「賠償」給太古洋行。其後，經過反覆磋商，1929 年雙方同意，由莫幹生賠款 25 萬港元給太古洋行，方才了事。[42]

　　1860-1870 年代，香港華商最大的地產業主當數和興號金山莊東主李陞。李陞，又稱李玉衡、李璿，祖籍廣東新會，1854 年因家鄉新會七堡被太平軍攻陷，遂與兄長李良逃難至香港。李陞兄弟初期從事銀錢兌換生意，1857 年在港島西環購入一幅土地，並在該地段開設和興號金山莊，經營對北美的轉口貿易，同時兼營苦力貿易、鴉片販賣、錢莊、賭業、地產等業務。與元發行的高滿華相比，李陞的投資較為廣泛，他還曾與另一位華商彭華炳合作參與開發婆羅洲的計劃，後因資金不足而告吹。李陞最為人詬病的是，曾資助英軍組織華人參與第二次鴉片戰爭，當時他向英軍捐資 10 萬港元，為港府所賞識，為他在香港這塊殖民地的經營創造了有利條件。

　　1864 年，李良逝世，大筆遺產分成 5 份，李陞成為家族中領袖，繼續致力發展其龐大業務，而和興號更成為金山莊中響噹噹的商號。李陞極為勤奮節儉，事無大小都親力親

李陞是 19 世紀下半葉香港華商中的最大業主，圖為位於上環、以李陞命名的李陞街，攝於 1970 年代。

為。1869 年,李陞由金山莊同業推舉,出任東華醫院的倡建總經理,地位僅次於仁記洋行買辦、出任主席的梁雲漢。和興號金山莊的業務,可從其向港府繳付的稅款中看出。1876 年,和興號在香港首 20 戶納稅大戶中排名第 11 位,1881 年更躍居榜首。[43]

李陞發跡後,在港島西環大量購置地產物業,建築碼頭倉庫,成為香港聞名的大業主,擁有大批物業,港島皇后大道的高陞大戲院、西營盤的李陞街、堅尼地城的李寶龍台均是其物業的一部分。當時,香港作為英國殖民地,一般的街道均以英國名人及港督名字命名,但李陞街的命名卻打破這一傳統,可見當時李陞地位顯赫。1889 年,他與怡和洋行買辦唐廷樞等合資開設廣州城南地基公司,購買土地,建築碼頭、堆棧。李陞與當時香港最大的英資洋行怡和關係密切,1889 年置地公司創辦時,李陞亦是該公司的股東,成為該公司董事局中僅有的兩位華人董事之一。1900 年他逝世時,遺產高達 600 萬港元,比當年香港稅收總值還多 180 萬港元,堪稱香港華商首富。[44]

4.3 20世紀上半葉華商在地產業的新發展

踏入 20 世紀,華商在香港地產業有了進一步的發展。尤其是 1911 年民國成立後,東南沿海城市的遺老紛紛南逃香港,他們攜帶的金錢,多則一百數十萬港元,少亦有二三十萬港元。這些人除自置物業外,還廣置房地產。當時,最著名的,有前清禮部尚書許應騤的兒子許秉璋,前清舉人馮溥光及其子馮傴修、馮煜夫等。許秉璋由其姨太太出面,購入干諾道中數幢洋房,當時每幢售價僅兩三萬港元,但很快便升值至二三十萬港元。許氏於是更廣置產業,買進賣出,獲利豐厚。1930 年後,許氏財產已增至 100-200 萬港元,據說比父親許應騤做官一生的資產還要多。馮溥光及其二子亦將現金經營地產,除了購入堅道兩幢大洋樓之外,更在中環擺花街、德輔道中及半山區干德道等廣置物業,至 1930 年財產已增值至500-600 萬港元。[45]

這一時期,返港經商的海外華僑亦積極涉足香港地產。由澳洲華僑創辦的先施、永安、大新等百貨公司,在香港站穩腳跟後均投資地產。永安公司創辦於 1907 年,創辦人為澳洲華僑郭樂、郭泉兄弟。1916 年,永安改組為公共有限公司,公開向外招股,註冊資本增加到 200 萬港元。其後,永安的資本不斷增加,到 1931 年已增加到 630 萬港元,包括股東400 萬港元,公積金 70 萬港元,匯兌準備金 20 萬港元以及建築準備金 140 萬港元,為原始資本的 39.4 倍。[46] 這期間,永安的舖位亦以德輔道中開業的 4 間為基礎向外收購擴充,到1931 年已增加到 30 間,佔地約 4 萬平方呎,這地段就是今日永安中心地盤。

永安在香港百貨業站穩陣腳後,亦循先施的路向積極推行業務多元化策略,將業務拓至

貨倉、酒店及地產業。1916 年，永安在港島德輔道西興建樓高 5 層的永安貨倉，永安貨倉是當時香港有名的倉庫，主要儲存罐頭洋貨，永安罐頭部主管曾誇口說：永安貨倉儲存的罐頭，可供全港人口數月之食用。[47] 1918 年，永安在總公司北段海旁即干諾道一邊興建大東酒店，經營酒店業務。1919 年，永安又收購維新織造廠，生產各類棉針織品。郭氏兄弟深知香港地價將隨香港經濟的繁榮而大幅上漲，因此屬意旗下各附屬企業在香港各地廣置地產物業，數十年間購入物業達 200 餘間，遍佈港島德輔道西、高士打道、柯布連道、跑馬地山村道，九龍彌敦道，油麻地吳淞街、何文田、花園街等，其中九龍尖沙咀的永安行，橫跨北京道、彌敦道、樂道及漢口道，規模宏大。這批地產物業日後均大幅升值，為永安集團的發展奠定雄厚的資產基礎。

　　來自美國的華僑利良奕在香港經營鴉片煙發跡後，亦積極投資房地產業。利良奕祖籍廣東新會，早年在家鄉務農，1860 年偕同妻子遠赴重洋到美國舊金山當金礦工人。利良奕在舊金山勞碌半生後，於

上｜1920 年代中區雲咸街、威靈頓街一帶的樓房，圖中可見西式洋房與中式屋宇交錯。

下｜圖為位於德輔道西的永安公司，約攝於 1935 年。除了經營百貨業外，永安公司亦有涉足地產。

1896 年返回中國並到香港發展，初期在中環皇后大道中 2 號開設「禮昌隆」商號，稍後又在九龍彌敦道開設金興號商號，專營男裝內衣批發，銷往北京、天津一帶，並從京津購回大批染色布匹及絲絹銷售，屬傳統南北行行商。20 世紀初，在香港經營鴉片尚未屬違法，香港政府甚至設立鴉片專賣局，港九各區開設的鴉片舖至少達 30 餘家。利良奕眼見售賣鴉片獲利豐厚，便躍躍欲試，後來轉而全力發展，並取得澳門進出口、轉口、提煉及銷售鴉片的專利權，遍銷中國內地及東南亞各埠，財富遂急劇膨脹。

　　利希慎在鴉片生意上獲取豐厚利潤後，即將投資觸角伸向多個領域，包括投資多家上市

公司的股票，如中華電力公司、中國糖房、牛奶公司、香港電燈、滙豐銀行、香港電車、均益倉及青洲英坭等。其中，利希慎在中華電力公司擁有的股份，在 1928 年已達 43,416 股，約佔公司已發行股權的 6.03%。[48] 與此同時，利希慎亦積極投資地產業。1923 年，利希慎創辦希慎置業公司，並於翌年 1 月以 380 萬港元代價向怡和洋行大班威廉・渣甸購入銅鑼灣鵝頭山（即今日香港島銅鑼灣的利園山道、利舞台、波斯富街、恩平道一帶）的大片土地。[49] 利希慎原計劃將這塊地建為提煉鴉片工場，但後來日內瓦會議通過決定，禁止會員國售賣鴉片，利氏遂在鵝頭山興建遊樂場「利園」，以及一座後來聞名香江的利舞台，開設戲院。

當時，利希慎認為，香港的遊樂場僅得地處北角的「名園」一處，且市民對此種遊樂場有相當大的需求，而遊樂場的投資並不算多，因而決定興建後來命名為「利園」的遊樂場，在遊樂場內設置亭台樓榭、水池石山、酒樓茶廳，以及遊藝場等。其後，又在山腳平坦處興建「利舞台」。利舞台的設計沿用 19 世紀末德國和意大利式歌劇院模式，外西內中，裡面的穹窿圓頂，繪有飾以金箔的九條金龍，舞台頂層精雕著丹鳳朝陽，下層為二龍爭珠，極盡豪華瑰麗。舞台兩旁的對聯是：「利擅東南，萬國衣冠臨勝地；舞徵韶護，滿台簫管奏鈞天」，當中擁有能 360 度旋轉的自動轉景舞台。利舞台於 1925 年開業，旋即成為當年香港最豪華的劇院，一代代香港名藝人曾在此登台獻藝。鵝頭山利園和利舞台的興建，實際上是利氏家族投資地產業的開端。

1920 年代中後期，利希慎繼續大量購入地皮物業，除銅鑼灣、堅尼地道自宅及皇后大道中的自用寫字樓外，利希慎的其他產業遍佈波斯富街、利通街、灣仔道、太和道、石水渠街、皇后大道東、海旁街、第二街及春園街等，逐步奠定利氏家族銅鑼灣地產王國的基礎。1928 年 4 月 30 日，利希慎在途經中環威靈頓街前往會所吃午飯時遭槍手暗殺，當場傷重死亡，成為香港開埠以來最轟動的謀殺案。

二次大戰後，利希慎公子利銘澤、利孝和兄弟正式掌管家族生意。利銘澤出任希慎置業有限公司董事總經理，他透過希慎置業，大規模開闢利園山，先後建成銅鑼灣波斯富街、利園山道、恩平道、新會道、新寧道等街區的大批樓宇，建成格調豪華的利園酒店、希慎道 1 號、禮頓中心、興利中心、新寧大廈及新寧閣等物業。其中，利園酒店是當時銅鑼灣第一家三星級酒店，亦是當時香港少數由華人管理的豪華酒店。利園酒店的聲譽在 1970 年代中期達到高峰，當時利孝和是香港電視廣播有限公司創辦人、大股東兼主席，每年香港小姐選美例必在利舞台舉行，然後在利園酒店彩虹館設宴招待佳麗和嘉賓，利舞台及利園酒店一時衣香鬢影，艷光四射，成為香港傳媒最關注的熱點。這一時期，利氏家族不僅成為銅鑼灣區最大的業主，其投資領域還遍及貿易、酒店、航運、銀行及公用事業，成為香港赫赫有名的華資財團。

4.4 戰前地產業的主要經營方式：置業出租

　　從 1841 年香港開埠到二次大戰爆發前的 100 年間，總體而言，香港的房地產業以一個現代產業來衡量的話，仍只處於萌芽起步階段。它基本上是依附建造業而發展的，故當時多稱為建築置業，許多從事地產業的公司都稱為置業公司。這種情況直到二次大戰結束以後，隨著香港社會經濟環境的演變，才有了明顯的改變。

　　當時，地產業的經營方式主要是置業收租，即現今所講的地產投資，地產發展並未成為整個行業的主流，地皮房屋的買賣並不多。根據港府的統計，二次大戰爆發前的 1938 年，香港全年地產買賣僅約 3,750 宗，其中新界地產買賣就佔了 2,100 多宗，主要原因是當時農村經濟破產，農民逃荒，被迫將田產賣給地主。[50] 至於房屋的買賣，交易並不多，二手市場更不發達，地皮和房屋的買賣尚未能成行成市。當時的地產公司相當部分是通過自用資金，或以地產按揭籌得的貸款購買地皮或物業，在地皮上興建樓宇，或將舊樓拆卸改建，向外出租以收取租金支付貸款利息及賺取利潤。置業收租成為主要的經營方式。當時，香港不少大業主都將他們所擁有的樓宇整幢租給所謂的「二房東」（俗稱「包租婆」），再由二房東將房屋分租給各租客。

　　當時，香港地產投資者購地或拆卸舊屋興建樓宇，必須先由畫則師繪就圖則，詳細說明用料，呈報港府工務局，由工務局審核批准後才能興建。建築工程完成後，又須經過工務局覆核，認為工程完善，符合標準，才會發出新入伙紙（即居住證明），否則處罰。香港在開埠後即成立了工務局，由英國派遣英國工科大學畢業專家擔任工務司，工務司之下有畫則師（建築工程師）、通事（高級文員）及工人等。凡是市政建設的工程，如修道路、建隄防、造營房、建橋樑及街道等，一切都由工務局規劃，至於民房、商行、戲院等，都須報呈工務局批准。

　　置業收租儘管是地產業的原始經營方式，但是它卻給大業主和置業公司帶來可觀的收益。據《東華三院發展史》的記載，置業收租的利息相當豐厚。1873 年，東華醫院以 3,240 兩銀購買港島永樂街一座樓宇。以月租 36 兩銀租出，一年租金收入達 432 兩銀，假若扣除 32 兩銀作差餉，年收入是 400 兩銀，這就是說，置業收租週息率達到一分二厘以上，8 年即可翻本。這一時期，香港大大小小的置業公司，資金規模各不相同，但大多都要依靠銀行、銀號的按揭，才能周轉。當時，按揭的最高成數可達到物業市值的九成。據陳謙在《香港舊事見聞錄》中的描述：當時的「置業公司利用此為活動，以 10 萬元的資本，買入百萬元的物業，高收屋租，轉付利息，及時拆卸改建，兩相對比，獲利大有可觀。因此，那時經營置業公司和物業經紀，多數在石塘咀金陵酒家或萬國酒家包下大廳，招待客人，聯絡

生意」。[51]

正因為收益可觀，香港富商發跡後，都普遍廣購房產，出租收息。曾經在港九各處廣置房產的永安公司創辦人郭泉，晚年在其《四十一年來經商之經過》的自述文章中曾這樣説：「余觀察東西通商大勢，深感香港在國際貿易上地位之重要，商業之興，地價與日俱漲，勢所必然，因於永安各聯號獲利豐厚之餘，廣置地產。……余早年之部署，不唯數十年來獲租金收益，其更大利處，乃今日見之。」[52] 這番話，反映出郭泉在其晚年之際，對早年高瞻遠矚的部署不無得意之情。

從南洋及歐美經商擴展至香港的華人商號、公司等，如余仁生藥店、余道生金舖等，在香港經商的同時，也大量購入地產物業。余仁生在港島皇后大道中設立藥行後，更從南洋調入大量資金，先後購入皇后大道中、同文街一帶舊式屋宇，拆卸改建為 4 層洋樓，又收購般含道舊式洋樓多間，改建為印尼舊日王宮式大廈，作為府第。余道生金舖則從美國匯入大量資金，先後購入德輔道中、雲咸街、荷李活道、亞畢諾道各處舊式民房，拆卸改建，令租金倍增。[53]

戰前，香港地產業儘管尚處於萌芽狀態，發展緩慢，但是地價、樓價及租金卻持續上升，其原因可以説是多方面的：

第一，香港已建立起一套完整的土地制度。這種制度在維持土地所有權屬英國王室的基礎上，允許土地使用權有償自由

小市民的統治者——包租婆

香港是一個海島，傍山建市，面積本來狹小，年來由於物價的穩定與國內戰亂所影響，窮人以為淘金之所，豪富視作避亂桃源，於是人口激增，造成了空前屋荒的嚴重。由於這問題的發展，包租婆在這種尖銳化的情形中，便由平凡而變為特殊，而成為普遍統治著香港市民的人物，「皇后」、「女皇」這種種的懿號，一時都紛至沓來的賜給了她們。

包租婆是「六婆」中之一，它本來所給予人們就有不好的印象，她以二房東的太太，用著「職任內閣」的姿態，以一千或幾百塊錢所頂來的兩層或三層樓，高高的君臨在每個房客的頭上。雖然香港政府有幾條裁判法例來限制她，規定二房東只許賺百分之二十的純利，否則一經控告，便須罰款及取銷包租權，然而對她並不有著威脅，她們在巧妙的應付下，依舊賺著優厚的租金，避免著法例的裁制，一如既往的統治著她們的臣民。

事情是沒有甚麼微妙的，包租婆頂了一層樓，她絕對不標貼出租的紅紙，只用「口頭告白」向親友們通知，在目前供不應求的情形下，自然是有人會來向她接洽的，她們的這種做法，無疑是利用介紹人的關係來防止意圖反覆的人的，其次她們在出租的過程中，不宣佈大租的數目，不發給租單，不包水電及一切街坊等費用，同時並先申明房子是暫時假借的，二房東保留隨時有權收回自用等苛刻條件，讓位的問題永遠給房客你一個永恒的威脅，讓對於她無由根據法理控告，就使有之，她們也不難以「連坐法」拉出介紹人來給你以「一舉枚平」。

當你晚上斜憑著臥床拿著一份雜誌或別的書報之類，看得津津有味的時候，突然來了一聲命令：「喂！十一點了，熄燈呀！」又或者當你下班回來，吃過晚飯，拿著浴巾內衣踏進廚房時，聖旨又會即時頒下來：「水缸裡的水不多呀！不要給我用光！」如果有宴會，她會給你「喂！十二點鐘關門了」臥病呻吟時又是「我這處不是醫院呵！」睡覺，沖涼，宴會，臥病，這都是一些私人的事，連自己的太太所不能管的地方，她都要過問你了，這不是徹底而普遍的統治著了每一個小市民麼？

可是你也別要以為她們生來愛管閒事，好護口罵人。假如你的租錢能夠按月清租，或有些小恩小惠給她們佔便宜時，她卻會鼓其如簧之舌，嬌聲漫語，這時你又會以為她是隻善唱歌的雲雀呢！

總之，她們不是一個平凡的女人家，她們對於「厚黑」、「長舌」、「刻薄」、「寡恩」，以及「精明」、「機警」，是她們的特長，是她們的拿手好戲，是她統治著小市民的「法寶」，誰敢不望風敬畏呢。

（安平、林興炯主編，《港九展影》，港九文化出版公司，1949 年，第 2 頁。）

香港東華醫院早期置業收租情況

東華醫院創設迄今，幾及一世紀，在開辦之初，所有院方一切經常費用，均賴當任總理鼎力支持，而街坊及各界善信之捐助，亦為院方經費之另一來源，迨後本院善業範圍，日益擴大，醫療救濟之任務，漸見繁重，各項支銷與院務之增進，恰成正比，處此在在需財之環境下，倘不節流，即須開源，歷屆前賢有見及此，即謀開源之法，置產收租，供養醫院，實為最永久最穩當之良策，本院有嘗產之購置，即源於此，嘗產年中租值之收入，全數撥作院方經費，故本院所有產業之性質，實有別於一般嘗產，蓋一般性對嘗產二字之解釋，概作祖先遺業，該項產業，年中收入，其主要用途，除每年春秋二次祭祀費用外，其餘剩者，概作後代兒孫生活之資，而本院將租項收入，撥作慈善費用，其最大差別，即在於此。

創辦之始，本院固定收入，除年中租項收入為最大宗外，並兼營按揭業務，將院方積存之款項，用作按揭商業樓宇，當時擁有物業之市民，多以本院為按業對象，蓋本院所訂之按揭利息，均經總理開會議決，事前推派總理代表前往擬按揭之物業，作實地察勘，從而釐定一標準之市價，經眾議決定之利率，十分公允，故一般業主，均樂意將樓宇按與本院，況本院並非營業機構，亦非以牟利為目的，至利息收入，涓滴歸公，故當時本院之按揭業務，深為一般按物者所稱許，在本院利益立場而言，按揭利息之收入，對院方經費，裨益甚大，另方面對急於需款周轉之按戶，亦復方便不少。

當時除將院方積存資金，移作置業，按揭投資外，倘庫存仍有裕餘，則將款項分別存儲於本港各大銀號生息，綜觀歷屆前賢，對院方經濟之調撥，其出發點，皆以增加善款收入為依歸，無時不以醫療救濟為己任，80多年來，經之營

之，對鞏固三院之固定收入，購買及興建院產，無不精心策劃，目前三院本身自置之物業達 103 間（文武廟及信託物業不包括在內），年中收入將達 100 萬港元，倘非前賢先進之銳意經營，曷克臻此，際此東華九十大慶之期，緬懷前輩對三院之偉大貢獻，能不使人肅然起敬，為保持三院 90 年來之優良傳統，後繼者，更應以前賢先進創造精神作良模，為興建嘗產，增加院方固定收入，而繼續努力。

本院創設於同治九年，（庚午）公元 1870 年，創院後 3 年，至同治十二年（癸酉），1873 年，本院總理，首先倡議購置舖業收租，使院方經費，有所利賴，1873 年主席招雨田任內，開始購置院產，同年 2 月，以白銀 3,240 兩，與區元買受海旁永樂坊 40 號舖業乙間（該舖現坐落於永樂街門牌，仍為 40 號，但該街已非位於海旁），此舖即為本院自資購置之第一間院產，該舖交易後，略加修葺，至三月初二日，以月租 36 兩，租予茂和祥（本院產業第一戶承租人），後至光緒二十七年，（辛丑）1901 年，陳紫垣主席任內，以該舖已十分舊爛，應斥資重建，經議決於同年以 3,600 餘元改建成 4 層木樓一座，以迄於今，光緒元年（乙亥）1875 年，吳竹修主席任內，以 7,488 兩與彭芳圃購入嘗舖 2 間，其一坐落文咸東街 64 號，另一間坐落乍畏街 91 號，同年又以 4,464 兩，與英國人威林購入鴨巴甸街 4 號貨倉乙間，及後至光緒十五年（己丑）1889 年，招雨田翁再任主席時，以鴨巴甸 4 號佔地頗廣，倘將原有貨倉拆卸，改建新舖，對租項收入方面，當可增加不少，旋於該任內改建成鴨巴甸街 2-6 號舖 4 間，及東華里 1-6 號舖 6 間，共用去 6,260 餘兩，東華里舖 6 間，在第二次世界大戰時拆毀，後於 1946 年 8 月，由承租人均益酒家出資建回 1、2、4 號 3 間，光緒二年（丙子）1876 年，羅籲門主席任內，以 10,800 兩，購入文咸東街 122-126 號舖 3 間，光緒四年（戊寅）1878 年，莫彥臣主席任內，以 17,400 餘兩，購入皇后大道西 80 號 A 至 92 號舖 7 間，及後於光緒十八年（壬辰）1892 年，高舜琴主席任內，以該 7 間嘗舖已十分舊爛，乃將之拆卸，重新改建，計共耗去建築費用 4,437 兩，光緒二十一年（乙未）1895 年，古輝山主席任內，以 18,720 兩，購入文咸西街 50A 及 60 號舖 2 間，上列大道西 80A-92B 及文咸西街 58A-60 號 9 間舖業，是否在各該在內購置，尚待查考，蓋由 1879-1894 年之 16 年內之紀錄，仍在搜求編纂中，光緒二十七年（辛丑）1901 年，陳紫垣主席任內，適值上環海旁新填地，於是年由政府開投吉地，供市民投購建築樓宇，本院亦參與競投，結果在陳紫垣主席任內，投得吉地兩幅，用作建築舖業 3 間，即現有之

1963 年的東華醫院，位於上環的普仁街。

干諾道中 125 號，德輔道中 248 及 249 號，計共用去 17,386 兩，該 3 間自資購地建築之嘗舖，亦為創院 30 年來第一次自資建設院產，截至光緒二十七年（辛丑）1901 年，陳紫垣主席任內，東華總院已有自置嘗舖 28 間，該年度共收入租項 19,400 餘港元，該年全年東華醫院總收入共 41,400 餘港元，只舖租收入一項，幾佔全數之半，足見當時院方常年經費，以租項收入為主要泉源。光緒三十三年（丁未）1907 年，譚鶴波主席任內，以當時本院病房，已漸不敷應用，實有增建之必要，經當年總理多次會議決定以 54,000 餘港元購入普仁街舖 2 間，及保良新街舖 8 間，改建成仁、恩、吉大房（當時亦稱「疫局」），1919 年（己未）何世光主席任內，以 32,000 餘港元購入德輔道西 102 號舖業一間，1920 年（庚申）是年適為創院 50 週年紀念，院方向港九各界人士，舉行盛大捐募，結果籌得善款甚多，當任主席李榮光，遂撥善款 157,500 港元，購入德輔道西 244-2525 間，254，及 2582 間，該 7 間院產租項收入，經議決用作供養本院紀念樓病房經常費用者，1921 年（辛酉），李亦梅主席任內，以西環 1082 號地段西環痘局右便（邊），尚有吉地，可以租賃，同年即以年租 1,500 港元批租與三棧黃南作貯貨之用，及後至 1924 年（甲子），馬持隆主席任內，該吉地月租已增至 500 港元，1922 年（壬戌），盧頌舉主席任內，以本院仁恩吉病房左便（邊）尚有餘地乙幅，可利用作興建嘗舖，經議決後，於任內即鳩工建築成保良新街 22 號至 26 號 3 間，計用去建造費用 9,400 餘港元。1930 年（庚午）梁弼予主席任內，以仁恩吉病房黑暗狹隘，不合衛生，且為一層舊式平房，倘將之改建加高 3 層，則有更多地方應用，嗣經數度開大會討論，決定將舊房拆卸，重新建築，隨即延請奇勒及姚得中則師設計，建生號承造，訂價 36,000 港元，經營數月，始告完成，於 1931 年元月 6 日，由華民政務司活雅倫司憲主持開幕典禮，該新建築物落成後，將 2 樓用作西醫贈診街症室、西醫房、自理房、3 樓作為女看護宿舍，及仁字房、4 樓南便分作男女肺病房及恩字房，而地下 10 間舖位，則租與人，計每月可多收租值 350 餘港元。1931 年（辛未），顏成坤主席任內，以前任（1930 庚午）梁弼予主席任內總理，曾函懇華民司憲轉求政府當局，將灣仔新填地地段備價承領，以為興建東區義學之用，旋因政府未准將新建成校舍之地下，租賃與人作商業用途，必須完全辦學，此議遂暫行擱置，自顏主席接任視事後，查悉該新填地地段，尚未開投，先商得本院永遠顧問同意，決議投取該地段建作嘗舖收租，以彌補院方經費，蓋以本院存款利率低廉，不如用作置業，得利較為優厚，在顏主席任內，以 6 萬港元投得灣仔新填地 3293 號地段內，面積 2,938 呎吉地乙幅，以及 91,000 港元投得 3294 地段內，面積 6,463 呎吉地乙幅，當時因交代期近，未及興工。1932 年（壬申），陳廉伯主席任內，將 3293 號之地段建成洛克道 197、200 號及軒尼詩道 203 號院產 3 間，並將洛克道 197 號地下撥作東院贈醫分所，計共用去建造費 33,500 餘港元，1933 年（癸酉），潘曉初主席任內，將 3294 號地段建成勳寗道 20、22 號及高士打道 112 號院產 3 間，計共用去建造費 3 萬餘港元，自東區 6 間嘗舖，相繼落成後，本院院產之購置，已開始由西區而發展至東區矣，蓋本院舖業購置及興建，自創院以來，均在本院附近及西營盤區，為發展地盤，1932 年（壬申）陳廉伯主席任內，自保良局遷址銅鑼灣禮頓山道後，隨將其舊局址送與本院，並蒙政府當局允准，將該址拆卸改建嘗舖，由 1932 年陳主席任內開始計劃，繪製圖則，建舖共 9 間，其中 5 間，位於普仁街，7 號至 15 號，另 4 間面向保良局新街，即現在之太平山街 42 號至 48 號，該座樓宇作一曲尺形，另坐落普義街職員住所乙間（現地下 2 樓，用作本院西醫街症所），至 1933 年（癸酉）6 月，潘曉初主席任內，全部工程完成，計共耗去建造費用 78,500 港元，1934 年（甲戌）5 月 25 日本院 6 層新廈落成後，當年主席劉平齋，以東華新院舊址已無需留為醫院之用，遂商之於華人代表，會同當年總理，向政府申請將該舊址改建嘗舖，經當年批准後，即聘蕭浩明則師設計，復由鴻泰建築公司以 78,000 港元之最低價投得承建權，該地段建築嘗舖 20 間（即現有之普義街 2 號至 20 號，及普慶坊 1 號至 19 號），當該 20 間嘗舖行將竣工時，該街尚未正式命名，至 1935 年（乙亥），冼秉熹主席任內，曾備函華民政務司轉請工務局，擬將該 20 間新樓坐落之地址，改為東華街，但當局以本院所有之院產，內有以東華里為名者而未果，後經華民政務司同意，命名為「普義街」及「普慶坊」，而該 20 間嘗舖，遂於 1935 年冼秉熹主席任內，全部完成。

1959 年，王澤流主席任內，有星加坡華僑陳亞來先生，於年前身故，遺囑將其在港購置高士打道 109 號遺產樓宇乙間，無條件捐贈本院，陳君雖僑居異地，然亦念念不忘其故土，澤心仁慈，盛情可感，該樓宇每年收租 8,000 餘港元，由本院總理會同陳氏遺族，在律師樓辦理接管手續，1959 年 4 月 1 日開始，由本院直接收租，捐贈物業與本院者，前有甘明珊及冼星朝兩善信，今陳君捐來物業，為創院 90 年來之第三宗。

（資料來源：東華三院發展史編纂委員會，《東華三院發展史》，1960 年。）

轉讓，有利於形成開放、活躍的房地產市場。價高者得的批租方式，使得土地價格水平由市場供求關係決定，有利於發揮市場對寶貴的土地資源的調節作用。同時，港府還制定了一套對土地發展保持有效管制及保障土地交易各方合理權益的法律制度，有利於保證房地產業的合理、有序發展和市場的公平性。這些因素，對香港地產業的發展發揮了重要作用，在某些情況下甚至是決定性的作用。

　　第二，香港經濟的發展和人口的增加。香港開埠以後，隨著轉口貿易的發展、工商活動的轉趨頻密、人口的增加，對土地和房屋的需求也不斷增加。這一時期，中國內地處於頻繁的外憂內亂，政局動蕩，一批批的富商和平民紛紛移居香港避亂或謀生，他們或從事商貿活動，或投資地產，或租屋居住，推動了地價、樓價和租金的節節攀升。香港《循環日報》創辦人王韜，對當時華人的居所曾有以下描述：「華民所居者率多小如蝸舍，密如蜂房，計一椽之賃，月必費十餘金。」1939 年，香港人口突破 160 萬人，對房地產的需求更為迫切，香港地產業亦達到戰前的最高峰。

　　第三，香港華商對地產投資的特殊偏好。香港華商多來自中國內地，數千年的封建社會傳統使他們的「有土斯有財」的觀念根深蒂固。發跡後的香港富商，或內地移居香港的富戶，幾乎無一不把地產業視作主要投資領域，他們都把購置房地產視作一項穩當的收益，認為有租金收益就不必冒風險去從事商貿活動，兒孫後代可以安枕無憂。事實上，從早期的華人買辦和南北行時代的行商，到經營百貨的澳洲華僑，以至利希慎、馮平山、許愛周、張祝珊等世家大族，一直都對置業收租有特殊偏好。這亦推動了香港地價、樓價和租金的持續上升。（表 1-1）

表1-1　1946年《香港工商手冊》刊載的地產置業按揭公司		
行名	地址	電話號碼
中國物業股份有限公司	廣東銀行四樓	二一九八九 三二七八〇 三三九〇一
香港物業公司	大道中十二號	三〇二三六
香港置地及代理有限公司	告羅士打行	三三五〇〇
恒業地產有限公司	大道中十二號	三〇二三六
恒德企業公司	華人行五樓	三一四三四
華人置業有限公司	中國銀行	二四〇四七
華中實業公司	陸佑行二樓	三三五一二
遠祥置業有限公司	廣東銀行	二三四九四
餘慶置業有限公司	文咸西街七十九號二樓	二〇五〇八
其新公司物業	廣東銀行四樓	二五〇二一
正心置業公司	文咸西街五十八號A	
保欽置業按揭代理公司	永樂東街五十二號	
義泰隆按揭	石峽（硤）尾道十七號	五九三九五
曾南記	深水埔（埗）汝州街一六二號	

資料來源：經濟資料社編，《香港工商手冊》，1946 年，第 60-61 頁。

註釋

[1]   羅伯·布雷克（Robert Blake）著，張青譯，《怡和洋行》，台北：時報文化出版企業股份有限公司，
       2001 年，第 118 頁。

[2]   林友蘭著，《香港史話（增訂本）》，香港：上海印書館，1978 年，第 8 頁。

[3]   G. B. Endacott, *History of Hong Kong*, Hong Kong: Oxford University Press, 1964, p.28.

[4]   Roger Nissim, *Land Administration and Practice in Hong Kong*, Hong Kong: Hong Kong University
       Press, 1998, p.4.

[5]   同註 4，第 5 頁。

[6]   弗蘭克·韋爾什（Frank Welsh）著，王皖強、黃亞紅譯，《香港史》（*A History of Hong Kong*），北京：
       中央編譯出版社，2007 年，第 163 頁。

[7]   Jardines，Discover more about our history，1830-1899，Jardines 官網。

[8]   渣甸·馬地臣股份有限公司著，《怡和洋行的復興（1945-1947）》，轉引自陳寧生、張學仁編譯：《香港
       與怡和洋行》，武漢：武漢大學出版社，1986 年，第 150-151 頁。

[9]   同註 4，第 12 頁。

[10]   劉紹鈞著，《香港的土地資源管理制度》，香港：《房地產導報》，1988 年 4 月號，第 5 頁。

[11]   Roger Nissim, *Land Adminstration and Practice in Hong Kong*, Hong Kong: Hong Kong University
       Press, 1998, p.17.

[12]   "Report on the New Territories 1899-1912 Laid before the Legislative Council"，22 August 1912.

[13]   香港政府屋宇地政署、城市規劃處著，《香港城市規劃》，1986 年，第 6 頁。

[14]   香港特區政府差餉物業估價署著，《香港差餉稅制：評估、徵收及管理》，2013 年第二版，第 7 頁。

[15]   林友蘭著，《香港史話（增訂本）》，香港：上海印書館，1978 年，第 85 頁。

[16]   E. G. Pryor, *Housing in Hong Kong*, Hong Kong: Oxford University Press, 1983, pp. 3-4.

[17]   王賡武主編，《香港史新編》（上），香港：三聯書店（香港）有限公司，1997 年，第 223 頁。

[18]   同註 16，第 229-230 頁。

[19]   同註 14，第 31 頁。

[20]   同註 16，第 223 頁。

[21]   同註 16，第 221 頁。

[22]   同註 15，第 11 頁。

[23]   同註 15，第 18 頁。

[24]   香港規劃署城市設計組著，《五十週年紀念》，香港：規劃署，1998 年，第 37-38 頁。

[25]   置地控股著，《香港置地 125 年》（*Hongkong Land at 125*），香港：置地控股官網，2014 年，第 49
       頁。

[26]   Nigel Cameron, *The Hong Kong Land Company Ltd.: A Brief History*, Hong Kong: Nigel Cameron,
       1979, p.12.

[27] 參閱《置地控股有限公司（Hongkong Land Holdings Limited）——亞洲具領導地位的物業投資、管理及發展集團之一》，香港：置地公司官網。

[28] 同註 25，第 67 頁。

[29] 同註 25，第 19 頁。

[30] 同註 25，第 31 頁。

[31] 陳昕、郭志坤主編，《香港全紀錄》，上海：上海人民出版社，1997 年，第 105 頁。

[32] 同註 14，第 79-80 頁。

[33] 《香港政府憲報》第 28 卷第 9 期，1882 年 3 月 4 日，第 241 頁。此處所引是香港政府公佈的更正數字。

[34] 王韜著，《弢園文錄外編》卷 4，第 91-92 頁。

[35] 魯言著，《十九世紀八十年代的香港》，《香港掌故》（第 3 集），香港：廣角鏡出版社，1981 年，第 114 頁。

[36] 同註 34。

[37] 何文翔著，《香港家族史》，香港：三思傳播有限公司，1989 年，第 11 頁。

[38] 鄭宏泰、黃紹倫著，《香港大老：何東》，香港：三聯書店（香港）有限公司，2007 年，第 90-91 頁。

[39] 同註 37，第 104、117-121 頁。

[40] 同註 36，第 11-12 頁。

[41] 莫應溎著，《英商太古洋行在華南的業務活動與莫氏家族》，載全國政協文史和學習委員會編：《文史資料選輯》，第 114 輯，北京：中國文史出版社，1988 年，第 173 頁。

[42] 張仲禮、陳曾年、姚欣榮著，《太古集團在舊中國》，上海：上海人民出版社，1991 年，第 155-156 頁。

[43] 余繩武、劉存寬主編，《十九世紀的香港》，香港：麒麟書業有限公司，1994 年，第 331 頁。

[44] 賴特著，《商埠志》，第 184 頁，轉引自余繩武、劉存寬主編：《十九世紀的香港》，香港：麒麟書業有限公司，1994 年，第 331 頁。

[45] 陳謙著，《香港舊事見聞錄》，香港：中原出版社，1987 年，第 91-92 頁。

[46] 上海社會科學院經濟研究所編著，《上海永安公司的產生、發展和改造》，上海：上海人民出版社，1981 年，第 7 頁。

[47] 同註 44，第 80 頁。

[48] 利德蕙著，《利氏長流》，渥太華：Calyan Publishing Ltd.，1995 年，第 25-27 頁。

[49] Gillian chambers, *Hang Seng: The Evergrowing Bank*, Hong Kong: Hang Seng Bank Ltd., 1991, p. 34.

[50] 《房地產業》，《香港商業手冊》，香港：香港經濟導報，1960 年，第 214 頁。

[51] 同註 44，第 93 頁。

[52] 郭泉自述，《四十一年來營商之經過》，轉引自齊以正著：《永安的創始人——郭樂與郭泉》，香港：《南北極》雜誌，第 120 期，1980 年 5 月 16 日，第 8 頁。

[53] 同註 44，第 92 頁。

「賣樓花方法一公佈，整個香港彷彿瘋狂了似的，
普羅大眾捲進了房地產的旋風裡，我們負責發展、興建的樓宇的售樓處，
每天都有很多市民從港九各地蜂擁而來，隊伍排成長龍，
售樓盛況空前。當中，有政府的小職員、有月入兩、三百元的教師和打工仔、
有普通的家庭婦女、有那些終身不嫁人的『自梳女』……
有些人排隊買到樓花後，隨即把樓花轉售給別人，一天之間就已經賺一筆。」

——立信置業主席霍英東

第二章

戰後地產業的繁榮
與危機

一、地產革命：「分層出售、分期付款」

二次大戰後，

香港經濟開始復元，人口急劇增加，

「房荒」成為當時社會經濟中一個嚴重問題。在這種歷史背景下，

以吳多泰、霍英東為代表的一些新興的地產發展商推動了地產經營方式的革命，

先後採取「分層出售」、「分期付款」的售樓方式，

大大加速了戰後地產業的起步發展。

1.1 戰後經濟復元、人口驟增與「房荒」

二次大戰時期，香港經歷了日軍三年零八個月的法西斯統治。這期間，港督府成為日本軍政府總部；著名的半島酒店、滙豐銀行總行大廈亦先後成為日軍總部；連聖約翰教堂也成為日軍流連的酒吧。香港經濟發展全面受挫甚而停頓，城市人口也從 1941 年最高峰時期的 163 萬人驟減至 60 萬人，其中，很多是被日軍強迫遣散，或自己逃返內地，不少人在戰爭中餓死、病死，或被炸死、殘殺。

1945 年 8 月，日軍投降，港府重返香港。當時，香港已變成一座千瘡百孔、傷痕纍纍的「廢墟」，大批房屋遭到損毀。這些被損毀的房屋，部分是日軍進攻香港時用飛機炸毀的，部分是日軍在佔領九龍後與港島的英軍在炮戰中摧毀的，部分則是盟軍反攻時誤炸的。據 1946 年的統計，當時香港完全被毀壞的房屋達 8,700 幢，部分被毀壞的房屋達 1.03 萬幢，[1] 約有 16.1 萬人需要重新安置，其中華人達 15.4 萬人。社會的重建工作刻不容緩。

戰後，香港社會可說一片混亂，糧食、燃料和副食品價格飛漲，日佔時期發行的軍票與港幣同時在市面流通，兩者比值由市場決定，期間軍票一直貶值至廢紙，在金融市場造成混亂和恐慌。英國重佔香港初期，對香港實行軍政府管制，對糧食等生活必需品實行配給供應，控制價格，又宣佈停止使用軍票，增加貨幣供應，以及通過一系列過渡性措施，使香港的社會經濟逐步穩定下來，重新走上正軌。

1945 年 8 月，日本海軍將領（右）簽署投降書。

二次大戰前香港中區的城市
風貌。

　　1946 年 5 月，香港恢復文官政府並逐步放寬管制。這一年，香港經濟開始復元，原有
的工業逐漸恢復，工廠數目大幅增加。據統計，到 1948 年，在港府已註冊的工廠數目達
1,163 家，另外正申請登記的有 1,580 家，其他未登記的約有 1,000 家。這一時期，香港的
轉口貿易，尤其是在內地轉口貿易方面有了長足的發展，推動了經濟的初步繁榮。據統計，
1947-1951 年間，香港經濟每年平均有 35% 的大幅增長。

　　經濟的復元乃至初步繁榮，刺激了香港人口的急速膨脹，給當時香港社會經濟帶來嚴峻
的挑戰。戰後，大批香港原居民紛紛從內地返回香港，幾乎每個月都有 10 萬人湧入。1945
年底，香港人口已增加到 100 萬人。1947 年，中國內地爆發第二次國共戰爭，政局動蕩。
內地部分企業家、富商、大戶人家開始移居香港，大批平民為逃避戰爭或饑荒，亦紛紛到香
港避難。該年底，香港人口急增至 180 萬人，已超過戰前的最高水平。至 1950 年，香港人
口已超過 200 萬人。

　　人口的急劇增加，給香港的住房、就業、交通、衛生、治安等各方面造成了巨大的壓
力。尤其是在住房方面，經過二次大戰的蹂躪，香港受損毀的房屋已超過四分之一，住房短

唐 樓

50 年代早期，木屋區以外的所有港人幾乎都是唐樓住戶，而這些公寓式唐樓都是 1935 年以前建造的。這些房屋一般都是 3-5 層高，建造在寬 4-4.5 米、長 12-13.5 米的狹長地盤上。多數唐樓整層樓面出租，爾後又由租戶將樓面分隔成數間極小陋室，轉手再租給他人。

從社會和衛生的角度看，唐樓除了可以全層或整個房間為單位出租之外，實在沒有甚麼優越性可言。屋內小間以木製屏板分隔，這些屏板在從地板到天花板的 3 或 3.6 米高度中佔去 2.4 或 2.7 米。屏板之上，為防鄰人偷竊，往往還裝上鐵絲網。住戶的通風和照明只來自整幢建築的前部或後部；而為求通風和照明，就得犧牲隱私。分隔小間內往往都用雙層或三層的疊床。閣樓可搭建在房間內的任何部分，一般只能擱下一個床位，這些都加劇了居住的擠迫程度。除了那些極老的建築，樓內一般每層設一個廁所；廚炊設備是公用的；處理垃圾的方法既原始又不衛生；居民大多使用馬桶。

戰後的頭幾年，居住條件仍然惡劣。當時，灣仔一座古老的 3 層木結構唐樓竟住了 90 人，其中多名居民睡的是 6 層「碌架床」。有個叫阿根的工人和他的女友在油麻地山東街租下一套房間成為二房東，兩人在走廊上搭了一張雙人床作為自己的天地，把房間的其他部分轉租給 6 個家庭共 28 人使用。租金是受管制的，他們兩人每月從每個分隔小間收取 20 港元左右的租金，從每個床位收取 16 港元。一個分隔小間住上了一對夫婦和他們的 3 個孩子，另外還有老祖母；另一間裡住著寡婦母女倆、寡婦的兩個兄弟以及母親。

那時，只用燒木柴的炊爐，人們把柴薪保藏在自己的床邊，因為木柴價格昂貴，而且極不耐燒。廚房裡，由於面積有限，一應炊具就只好吊掛在牆上。

另一位叫阿蘭的工人和丈夫在廣東道的一幢唐樓租用一個分隔小間，月租 18 港元。雖說樓宇已接了電，租戶們為圖便宜，寧可大部分時間點油燈照明。走廊裡擠滿了孩子。在這些孩子中間幾乎沒有在日校上學的，連上夜校的也少得可憐。這一套房間如果住上 3 家租戶還是挺寬綽的，但實際上住了 9 家，共 26 人。類似的住宅中更有一些甚至供多達 20 家的住戶租用。當時，在私人出租的唐樓中，此種情形屢見不鮮。

過度擠迫的居住條件造成許多問題，諸如：衛生、健康、垃圾處理、供水、火災危險和房屋維修。此外，還有各種社會問題。由於缺乏社區設施，活動空間狹小，兼之小孩日夜哭鬧吵人，鄰里和住戶之間難免衝突不止。高峰時間為了爭用盥洗室或廚房非得一等再等，終至爆發口角，也是常事。

總的說來，在戰前以及戰後最初幾年裡，提供住房的工作是留待資源有限的私人機構去承擔的。政府只負責向公務員，主要是中高級的外籍公務員，提供住房。公務員住房按 2-3 層的維多利亞式建築設計，居住條件與在英國本土的條件相似，而大大優於香港居民中的絕大多數。這些房屋都比較寬敞，廚房、浴室、廁所、陽台及一應設備俱全。

太平洋戰爭以後，新的唐樓陸續建起，其中不乏偷工減料的建築，乘著時勢混亂逃避官方規定的管制。1955 年，建築營造法規生效，建房可以更加雄心勃勃放開手腳了。新建的樓宇往往佔據 4 幢或更多原先舊式唐樓的面積，然而單個房間的大小同以前的差不了多少。承重磚牆和木質地板終於被鋼筋混凝土所替代，木窗亦被鋼窗所替代。根據每人 3.2 平方米的標準，規定了住處每 8 人必須至少有一個廁所以及一個附帶水槽和一應供水裝置的名副其實的廚房。然而，此種新式建築技術和建造大面積屋宇的法律新規定，加上全港幾乎所有種類的房屋無不擠迫過甚的事實，以及香港高租金和高密度居住的傳統，自會導致多種弊端。對此，1963 年的一份政府報告曾作了令人信服的敘述：

「在以投機方式建造的現代新唐樓內，條件往往與戰前唐樓或木屋區一樣惡劣，甚至更為糟糕。租戶入住先得預付鑰匙費，然後就是逐月高得不能再高的租金；另一方面，租戶看到社會對住房的需求日益迫切，此中有利可圖，於是便不顧建築物條例對於建築面積最低限度的規定，把自己租下的房間——一分隔——倘若房東原先還不曾分隔的話。分隔而成的小室光線和通風比之分隔之前自然更差。也有的租戶根本不必再去費心樹起隔板，因為在三室一套的房間裡擠迫地住入 60 或 70 人的情況決非絕無僅有。」

根據 1955 年的法規，不足 10 層的樓宇不一定要裝電梯，所以，當時的樓宇很多都是 9 層建築，式樣基本上依循

唐樓，有一道樓梯通每家住戶，一般的還有一道後樓梯。另有一些建築物在每一層設一條一端可供出入的走廊通達每家住戶。最後一種式樣則是基本上與政府的第一型徙置屋邨相同。

上述這些房屋存在了 10 年之久。1966 年的新規定（這些新規定是從 1963-1966 年分階段生效的）使房屋建築又變了樣，要麼是高層，要麼是稠密建築，而不再是既高又密。這樣的房屋，通風大大優於從前，還有了電梯。倘若是高層建築，內部結構不再採用走廊方式，而是代之以每戶門口的過道，直通中央電梯井和主樓梯。60 年代末期，政府還作出越來越多的具體規定，對於持租賃執照房屋的內部空間使用予以限制，但是對於私人樓宇的高密度租用情況卻是鞭長莫及。社會生活水準的日益提高更進一步促使新建住房在外觀和式樣方面不斷得到改進。

唐樓區別於洋樓的本質特點在於樓內的隔牆並不是原來建築的一部分。直到 60 年代，唐樓五花八門的使用方式以及分隔小房間的出租都還保存著社會民生的每一特徵。甚至到了今天，雖說整個的唐樓體系至少已開始搖搖欲墜，但舊日之情況在很大程度上仍是如此。這樣一種房屋頗為符合不斷改換職業但希望能夠盡量找一近便住處的工人的需要。這些人在家的時間極少，故而願意在一個餐廳林立、文康生活便利的鬧市裡以盡可能低廉的租金覓得一個住處。同時，這種房屋還切合社會上多種廠商的需要，這些廠商向各自的僱員，特別是單身男子，提供宿舍。早先，這種房屋當然首先是為了適應移民覓屋棲身的需要。另一方面，從以高昂租金牟利者的角度說，這樣的房屋顯然很對胃口；至於那些三房客，這類房屋使他們得以在土地昂貴的市中心附近覓得寸錐之地棲身，租金雖昂，總還在他們的財力可以應付的範圍之內。

60 年代，兩個因素綜合作用，使唐樓所承受的壓力有所減輕。一大因素便是公屋房源不斷擴大；另一因素則是人們，特別是年輕一代的父母，越來越有能力也更願意入住獨立單位。50 年代那種極度的擁擠狀況已有所緩解。唐樓一個樓層上住了超過 30 或 40 名成年人的情況，在西環和油麻地仍然可見，在那些出租床位給單身男子的唐樓內，也還有這種情況；但是，這類數字正在變成越來越罕見的例外。事實上，在住房問題上，就像在其他方面一樣，香港已經渡過最艱難的歲月，可以開始喘一口氣了。原來把住房分隔成小間的居民拆除隔板，把房客騰出的空間收歸自己使用。即使在唐樓，居住條件也開始改善，雖然改善速度仍然緩慢。

（資料來源：方國榮、陳迹著，《昨日的家園》，三聯書店〔香港〕有限公司，1993 年，第 28-37 頁。）

1960 年代香港普羅大眾居住條件惡劣的寫照。

缺的情況相當嚴重，「房荒」成為社會最矚目的問題之一。在供給嚴重不足的情況下，香港的房租、樓價、地價都持續攀升。尤其是租金，升幅巨大。據林友蘭在《香港史話》所引 1945年 12 月初的報道：「1941 年……普通民房每層月租 30 元，現已漲至 100 元至 150 元。」[2]租金水平已達到戰前的 3-5 倍。

當時，從內地移居香港的富商和有錢人家，為尋找居所，不惜爭相出重金高價租屋，而業主和二房東為達到索取高額「鞋金」（又稱「頂手費」，是獲取租權的額外代價或費用）及加租的目的，亦不惜千方百計迫令原租客遷徙。這一時期，「鞋金」金額之高，令人驚訝。有幾個實例可以說明：當時中環皇后大道一餐室將其舖位頂手給銀行，「鞋金」達 19 萬餘港元；中環一家銀行物色一行址，「鞋金」及其他活動費達 20-30 萬港元。當時中環一般商店舖位的「鞋金」動輒數萬港元，而普通住房的「鞋金」亦達數千港元。「鞋金」問題之嚴重可見一斑。

這一時期，香港有關租屋之糾紛可謂無日無之。1946 年，港府成立租務委員會，並在高等法院和九龍裁判署內附設租務法庭，以仲裁積壓如山的租務案件。這些案件中，九成以上屬迫遷事件，甚少關於違例徵收「逾額租金」的問題，原因是租客普遍寧願加繳房租都不願與業主或包租婆發生糾紛，租客即使不願繳「逾額租金」，另尋住所，租金亦同樣高昂，「蓋逾額收租已成普遍狀態」。基於問題的嚴重性，港府遂委任一個委員會調查屋租法例實施的情況。該委員會於 1946 年 11 月提出的調查報告，成為港府制定 1947 年租務管制法律的基礎。

1950 年代中期灣仔海旁的樓房，圖中空地為修頓球場。

嚴重的「房荒」，使香港普羅大眾的居住條件極為惡劣。他們即使能夠租住唐樓，亦需多戶人家擠迫在狹小的樓宇之中。當時，灣仔一幢古老的 3 層木結構唐樓，就居住了 90 人之多，其中多名居民睡的是 6 層「碌架床」。[3] 據統計，即使在 1956-1957 年間，仍有 35% 的私人住房，每人平均居住面積不超過 15 平方呎；在最擠迫地區，人均居住面積更少至 12 平方呎，比 1903 年的水平還低。如果以 1935年人均居住面積 35 平方呎計算，將有 60萬人居無定所。當時，露宿街頭和居住在木屋區的居民就有 25 萬人之眾。[4]

在這種情況下，大批遭迫遷的香港居民和內地新移民
被迫在唐樓天台上、在大街旁、在城區周圍搭建起大量的棚
屋、木屋，甚至是「紙皮屋」，形成了許多人口密集的木屋
區。當時，這些木屋區在香港島主要集中在大坑、銅鑼灣、
北角和筲箕灣一帶的小山頭，以及柴灣和港島南區的一些村
落；在九龍則分佈在獅子山一帶，起自九龍西區大埔道下
方，經過石硤尾、大坑西、九龍仔、九龍城、東頭邨、竹
園、鑽石山、牛頭角、觀塘和秀茂坪，一路向東延展；在新
界更深入鄉村地帶，包括許多小漁村和離島。[5]

木屋區的發展，形成各種奇觀，「天台木屋街」有之，
「紙皮屋」亦有之。1949 年以前，香港樓宇的天台，多數用
來作花圃或乘涼之用，然而 50 年代以後，香港房荒嚴重，
木屋區甚至發展到樓宇的天台上，位於灣仔和旺角的唐樓天
台，便僭建了大批木屋，其中有的是業主將天台租給客戶
搭建木屋，有的是惡勢力利用別人的天台搭建木屋出租。這
些木屋一間緊接一間，從街頭搭建到街尾，形成蔚為奇觀的
「天台木屋街」。由於搭建木屋在當時亦需花費好幾十港元購
買木材及鐵皮，一些貧民索性到街頭收集紙皮盒，搭建「紙
皮屋」。這些紙皮屋多用幾條木做屋架，以「瀝青紙」蓋屋
頂，四周釘上紙皮，形成木屋區的另一朵奇葩——紙皮屋。
這些木屋區、天台木屋區、紙皮屋往往成為惡勢力犯罪、藏
污納垢的地區，社會問題叢生。

戰後「房荒」成為香港社會的嚴重問題，圖為 1950 年代的木屋區。

1940 年代後期至 50 年代初期，香港地產業起步發展，並發生經營方式的革命，正是在
這種特定的歷史背景下展開的。

1.2「分層出售、分期付款」售樓制度的形成

1947 年 2 月，港府為遏止日趨猛烈地加租迫遷風潮，並鼓勵業主修復被戰火毀壞的樓
宇，制定及頒佈了新的租務管制法例。新法例對戰後樓宇租金實行管制，規定不得超過戰前
的租金水平，但有兩種情況不在管制之列，一是戰後新建的樓宇，二是業主以戰前該區租金
100 倍的資金重新修建的房屋。這兩類樓房都可按當時的市值收租。

吳多泰：我早期的地產生涯

1938 年底，我從廣州移居香港。當時，眼見內地大量移民湧入香港，住房成了新移民的迫切需求，我選擇從事房地產業。起初，我向朋友借了 300 港元作為定金，在深水埗福榮及福華街以每層 11 港元的價錢租了 20 幢（每幢 4 層共計 80 層）的舊屋，利用我在大學所學到的土木工程專業知識將這些舊屋修葺後分租給新移民。第一天，我將出租每層樓宇的「鞋金」定為 50 港元，結果租出了 10 多層；第二天我將「鞋金」增加到每層 300 港元，又租出了 10 多層；到第三天，「鞋金」已提高到每層 500 港元，但仍不能滿足市場的需求，這批舊屋已全部租出。當時，香港市民一般月薪在 60-70 港元，每月的伙食開支亦僅 6-7 港元，購買九龍塘的花園洋房也只需 2,500 港元左右。因此，賺到的這筆收入可以說是個相當大的數目。

當時，我在港島駱克道租了半層樓層居住，面積約有 300 多方呎，每月租金是 25 港元，過著比一般人舒適的生活，期間並結了婚。1939 年，我與岳父合資組織慎安有限公司，兩人合共出資 1 萬港元。慎安開業後即計劃收購普慶戲院，當時普慶戲院的售價是 21 萬港元，加上經紀佣金、律師費共計 24 萬港元，但岳父只同意借出 8 萬港元，我於是將普慶戲院抵押給地產商李寶椿（李陞的後人），借貸 15 萬港元，順利收購戲院。當時戲院每月租金 3,000 港元，扣除抵押借款利息每月 1,500 港元，還有 1,500 港元的收入。

後來，我在港島昭隆街租了兩層樓，每月租金 25 港元，成立「中國地產公司」，以 3,000-4,000 港元的資本開始從事地產代理。中國地產公司開張時本是「一人公司」，當時我有約 30 個朋友從廣州移居香港，我把他們招來公司暫住，教他們地產樓房的基本知識，帶他們上街去找「出租」樓房，他們找到吉屋回公司登記，再帶客去睇樓，若吉屋成功出租，公司與他們對分利潤。即使不能租出，每人每次也可賺到 20 港元（登記費）的收入，這在當時的香港已相當可觀了。結果，公司的業務越做越大，還在多份報紙刊登廣告，（其中《華僑日報》刊登最多，造成很大聲勢）；以及沿街張貼街招（內容大意是「如果要做生意發達或者居住健康，便要找中國地產公司」，結果大受歡迎）。可惜，好景

首創 "分層出售" 的地產商吳多泰

不常，1941 年日本軍佔領香港，中國地產公司也只好停業。

二次大戰後，我決定做回老本行，於是在 1947 年創辦「鴻星營造有限公司」，承攬香港戰後的維修工程，當時香港大學的重修工程、香港政府的工程及軍部建設工程等，也是鴻星承辦的。這時期，大批新移民從廣州、上海等內地城市湧入香港，對住房樓宇的需求急增，我看到物業市場方興未艾大有可為，決定自己買地建樓房出售。當時，香港的樓宇轉讓是以每幢作買賣單位的，全幢樓宇 3-5 層不等，每幢的售價二三十萬港元甚至更多，能買得起的人不多，故此物業交投並不活躍。

這時期，我根據三民主義「耕者有其田」的主張想到「居者有其屋」，這使我發明「分層出售」的辦法。我於是跑到平日替客戶簽租約、買賣合約的高露雲律師行，找到周建勳師爺，將我的計劃告訴他。「分層出售」的方法是各層業主都有業權，譬如 4 層樓宇的每層業主就有四分一地權，5 層便有五分一地權，另作分層契給購買者有權居住、買賣、按揭。後來周師爺向地政署申請是否可以這樣註冊，結果獲當局答允。

我於是向大業主張觀鳳商購九龍山林道 46、48 號一幅面積 4,500 方呎土地，張索價 26 萬港元，我首期先付 5 萬港元，並同意在 6 個月內交易。我在那裡建造起兩幢 5 層高的房子，每層三房兩廳，有兩個洗手間，售價每層 5-6 萬港元，由黃祖棠則師根據我的意見入則，我則開始印刷買賣樓房說明書。開盤第一天已有 40 餘人前來查詢，第二天增加到百多人，第三天已全部售罄。我有了訂金，就立即找張觀鳳交易，完成了一樁大買賣。當時，我嘗試為「分層出售」這種售樓方式申請專利，但由於當時政府並無知識產權的註冊專利，故未能如願。

1950 年，我購入尖沙咀柯士甸路 22-26 號 A 一列舊樓，拆卸重建成 6 幢 5 層高住宅樓宇，在 1951 年以 140 萬港元全數售出。後來這幾幢樓房由李兆基的恒基兆業用了近兩年時間一層一層地收購，1976 年再以 4,800 萬港元賣回給我建造「好兆年行」。50 年代，我又相繼在港島半山的麥當奴道 5、76、78 號、羅便臣道 23、25、95 號、堅道 7、9 號

等地購地建房，興建新式洋房出售，當時社會風氣已頗注重居所的地區，新洋房一推出即告售罄，市場反應良好。

1955 年，港府修訂 1935 年《建築物條例》，放寬樓宇高度的限制。放是我在 1961 年引進法國名則師的十字型設計，在窩打老道 86 號興建 26 層高的萬基大樓（內設升降機），率先將平面交通向垂直交通發展。其實此前，我已向工務局反映，香港屬赤道範圍，不像英國的情況，譬如彌敦道只許興建 5 層高樓宇，實在是浪費。

60 年代，我又另組建美華有限公司和兆富有限公司，分別在中區德輔道西、銅鑼灣波斯富街、灣仔莊士敦道、駱克道、九龍彌敦道以及界限街購地興建綜合性大廈。這時，樓宇高度限制已經放寬，大廈既有住宅也有商舖，還有工業大廈。這些大廈地點都在鬧市旺街。地產發展商的投資眼光和策略是要緊隨時代脈搏，適應經濟結構變化，滿足市場的需求和品味，若能做到這幾點，成功已經在望。

自 40 年代末開始，地產物業市道的興衰便逐漸與金融界的穩定密切相關。1948 年，銀行業開始同意貸款給地產發展商建造樓宇，1950 年以後又開始向房屋買主貸款，使其可分期付款購買住宅。當時從事這類業務的銀行主要有恒生銀行、廣安銀行、廖創興銀行等。50 年代初朝鮮戰爭爆發，銀行急於追回各行業發放的貸款，結果令地產市道緊張。1965 年初春，香港發生廣東信託銀行擠提事件，牽動到整個金融界動盪，首當其衝的是地產物業市道。當時我在九龍彌敦道建成的鴻星大廈因市道不景，銷路不好，唯有改為出租暫時作中期投資。1967 年，銀行風潮影響仍未消散，又發生新蒲崗事件，人心思變，紛紛賤價將物業拋售移民他方。新樓盤推出市場，無人問津，市道一再低落，形勢相當嚴峻。這段日子，我最後總算撐過去了，但留下的印象卻是相當深刻。投資地產，最重要的，就是要觀察關注地產市場的循環週期，並作出相應配合的策略。

（資料來源：根據 1999 年 7 月吳多泰接受作者訪問的錄音整理。）

　　新法例的頒佈實施，大大促進了戰後舊樓宇的維修重建和新樓宇的建設。較富有的業主紛紛斥資修復樓宇，以便獲得高額租金；而在戰爭中變得一貧如洗的業主，則將樓宇變賣出售，給地產發展商拆卸重建。這就有助推動地產業的交易。據統計，1950 年香港房地產交易已達 6,600 多宗，其中大部分是房屋買賣，交易宗數是戰前 1938 年的 1.8 倍。頻繁的房屋、地皮買賣，加速了戰後香港房地產市場的形成和發展。

　　1940 年代後期，香港地價已開始急漲。當時，位於港島中區大會堂舊址的一塊面積約 1.4 萬平方呎官地，以底價 277.8 萬港元開投。在參加競投的眾多人士中，怡和洋行買辦何東和中國銀行經理鄭鐵如兩人的叫價最為矚目，結果鄭鐵如以 374.5 萬港元投得，平均每平方呎地價 251 港元，比香港歷史上的最高紀錄每平方呎 50 港元，大幅增加了 4 倍。[6] 這次官地拍賣很能反映當時地價上升的情況。

　　然而，與地價、租金急升成鮮明對照的是，當時的樓價升幅緩慢，到 1950 年代初每平方呎樓價僅為 20-30 港元，市場呆滯。原因是當時的物業買賣全部以整幢樓宇為單位，能夠負擔的人極為有限，主要是從上海等內地城市移居香港的富商或俗稱「金山阿伯」的海外歸僑。這種情況，嚴重制約了戰後地產業的發展。

　　正如 1960 年代中出任香港地產建設商會首任會長的霍英東在後來的回憶中所說：「那時，香港人口激增至 200 多萬人，香港地產物業發展商都是小本經營，他們通常蓋建 2 間至 4 間屋出售，而行內則通稱這種方式為『炒四熱葷』。當年有一不成文的規定，蓋建的屋子不能超過 5 層，否則便要港督會同行政局批准。那時的建築條例非常保守，完全依照英國的一套模式。當年的物業發展公司只稱為置業公司，而不是稱作發展商。銷售方式都是整幢出售，一幢 4 層的樓宇約售 10 萬港元。那時位於深水埗一帶的物業頗為吃香，買家多是金山阿伯，他們置業的目的大都是為了收租。當年發展商如利希慎、何東、廣生行、陸海通等，都是很傳統的以建樓收租為主，通常建築期是 1-2 年，大約收租 6-7 年後，亦即是說，前後差不多要 8-9 年才可以歸本。」[7]

　　這種傳統的地產經營方式，實際上已經完全脫離了當時香港社會經濟發展的客觀需要，也不利於地產業的發展。在時勢的推動下，一些頭腦靈活的地產發展商開始率先衝破舊有經營方式的束縛，吳多泰、霍英東等就是其中的典範。

20 世紀初的大會堂，前方為正在興建中的最高法院大樓。

　　吳多泰，海南文昌縣人，1911 年出生於柬埔寨一個華僑家庭，他小學畢業後即返回內地繼續學業，曾就讀廣東省立工業專門學校、廣東省立勷勤大學工學院，專攻土木工程。1938 年 10 月 19 日，吳多泰移居香港。4 日後即 10 月 23 日廣州淪陷，陸續有大批內地難民逃來香港，其中，有「有錢的、窮苦的，有當官的也有帶兵的將軍，有當老闆的商人，也有打工的、教書的」。吳多泰在租房居住的過程中，發現香港的樓房開始越來越緊缺，租金和樓價必會上漲，他覺得機會來了，即在港島昭隆街租下兩層寫字樓，創辦地產代理公司——中國地產公司，代理租售樓房，業務很快穩定下來。當時，他還替有錢的岳父以 23 萬港元的價格買下位於九龍彌敦道的普慶戲院，每月收租 3,000 港元。[8] 可惜，好景不常，1941 年聖誕節日軍攻陷香港，吳多泰的地產代理公司只好停業。

戰前物業發展商置業的目的主要為了收租，圖為當時的代表人物——何東爵士。

　　戰後，受到日本侵略軍蹂躪的香港已滿目瘡痍，樓房殘舊，房屋短缺，而大批回內地避難的市民陸續重返家園，內地富商也紛紛前來香港開業，吳多泰把握機會，於 1947 年創辦「鴻星營造有限公司」，繼續經營建築及房地產代理業務。當時，吳多泰眼看地產市道方興未艾，發展潛力豐厚，而自己的資金有限，購地建屋後須將整幢樓宇售出，才可套現。他經過深思熟慮，找到平時有業務聯繫的律師行——高露雲律師行的師爺商量，結果首創了「分層出售」的售樓制度。

　　吳多泰晚年對此曾有這樣的回憶：「1947 年（我）常想起居者有其屋的計劃，故想到造房屋分層出售的方法，那時候很少人會購分層屋的，於是我就與相熟的高露雲律師樓的周建勳師爺商量分層出售房子的辦法，他也未曾做過這種契。我則向他解釋分層地契乃在土地契方面，若 4 層樓者各業主各佔四分一地權，5 層樓者則各業主佔五分一地權，另做一份屋契說明各業主之權益就可以，乃請周建勳師爺去信田土廳，問准是否可以註冊。在周師爺問得田土廳答允『可以』後，我就向張觀鳳老先生商購山林道 46-48 號 4,500 呎土地為辦分層出售房屋，由黃祖棠則師依照我的意見設計 5 層兩間共 10 層，兩廳三房、兩浴室、工人房、廚房等一應俱備。1948 年得到批准，便開始登報出售，頭一日有 40 餘人來公司詢問，第二日便有百多人，其中有些落定購買，第三日就全部售清，使我非常喜歡。」[9] 吳多泰首創的「分層出售」售樓制度，50 年代在地產界逐漸推廣開去。

　　對衝破傳統經營方式有重要貢獻的另一位地產發展商是霍英東。霍英東是廣東番禺人，1923 年出生於香港，早年曾就讀皇仁書院，1942 年協助其母經營有如雜貨店，1945 年自立門戶轉營駁運業發跡。1954 年，霍英東創辦立信置業有限公司，成為 50 年代著名的新興地產商。當時，霍英東正在籌建公眾四方街的樓宇，為向買家推介樓盤，他首創香港第一份售樓說明書——《九龍油麻地公眾四方街新樓分層出售說明書》，說明書為 16 開本，近 20 頁，詳細說明樓宇的地勢環境、建築材料、分層價格、訂購方法，另外還配有地盤圖、各樓

霍英東：香港房地產業的昨天、今天和明天

50年代初地產呆滯樓價低廉

談香港房地產業的展望，可先回顧該行業的歷史。現時香港市中心繁盛地區，如金鐘、銅鑼灣及利園一帶，50 年代還是冷清清的海軍船塢、渣甸倉和荒蕪的山崗。二次世界大戰結束日本投降時，香港人口只有 50 萬人，其後大量人口返回香港，50 年代初期，人口已增至 200 多萬人，戰時空置的樓宇，備受破壞，所有木製門窗、樓梯、地板、銅鐵喉管等一塊不留，需要大事修葺才能居住。那時置業公司建造樓宇，是以長期收租為目的，樓宇買賣以整幢為單位，樓價每平方英呎只售二三十港元，反而租賃樓宇居住，需要付出高昂的頂手費用，一層唐樓動輒六七千港元，幾乎相等於樓價之半數。急需樓宇的人雖多，但能夠購入整幢的為數有限，買家以美洲華僑——金山伯——為主要對象，那時地產市道，十分呆滯。

1954 年，九龍公眾四方街一幅廣達 17 萬方呎地皮，興建 100 多幢樓宇，共有 600 餘個單位，以樓花、分層、分期付款方式出售，這是戰後房地產業最大規模的一項發展。經過了長期考驗，這售樓辦法證明十分成功，時至今日，先進國家也樂於仿效採用。

五五年港府修改建築條例、地產業蓬勃發展

1955 年，由於地產業蓬勃，香港政府立刻修改建築物條例，將原來限起 5 層的樓宇高度放寬，地產商乘機將樓宇向高空發展，建成綜合式大廈，包括有住宅、寫字樓和商場，同樣以樓花、分層、分期付款方法出售，使樓宇變成商品化、大眾化。市民爭相訂購，打破了以整幢售樓的經營框架，一時地產商紛紛效尤，拆舊建新，不幾年間，港九大廈，如雨後春筍，一棟一棟地建立起來。

與此同時，不少工業家也將土瓜灣、紅磡的工廠遷往郊區，將原廠地皮建樓出售。一些擁有大幅土地的大公司紛紛投入地產行業，使工商業家賺到大筆金錢，間接加強了對工

戰後新興地產發展商代表——霍英東

商業的發展。不少紗廠在荃灣購買大幅土地建設新廠，從紗廠方面資料顯示，1959 年全港只有 30 萬錠，至 1966 年，已增為 90 萬錠；隨著地產的興旺，工商業也被帶動發展起來。

滄海桑田、樓價幾上幾下

香港戰後迄今，樓價每平方英呎由二三十港元升至超過 1,000 港元，升幅是這麼大。但經過的路程，並非一帆風順，也有出現衰退的時期。有不少經不起考驗的地產公司，早已受到淘汰。如 1957-58 年受到地產熱潮過份發展，1962-65 年受到大量官地拋售，那時每星期拍 10-12 幅，加上政府立例限制售賣樓花，而地產的過份發展也帶來了銀行風潮；到 1973 年受到股票暴跌的影響，恒生指數從 1,700 點回落到百幾點。其後石油危機和 1983 年，也導致香港房地產的衰退。不過，香港人口眾多，經過一段調整時期，香港房地產又能復甦起來。

香港進入10年過渡期、喜見局面安定繁榮

中英兩國關於香港前途問題協議正式簽署後，今日已踏入 10 年過渡的時期，喜見香港繁榮安定，這種趨勢已顯得十分明確。同時，在中英土地委員會組成及監督下調整賣地數量，而自從國內實行對外開放政策以來，國內機構和外商紛紛在港開設寫字樓，在港購置各類樓宇也很多，這對香港房地產業也起著一定的支持作用。加上工資的不斷上漲，銀行利率長期處於低水平，有利於分期付款，這都是房地產的利好因素。

但另一方面，港府積極發展居屋，售價較廉，已能緩和房屋的緊張程度。如樓價的不斷增高，與市民收入比例脫節，還有炒樓風氣仍然熾熱，未來港元利息回升，這是房地產業前途的陰影。

（資料來源：《房地產導報》1987 年 7 月 15 日。）

宇的透視圖和平面圖、騎樓剖面圖等。

很多年後，霍英東在被問到當年為何會發明售樓說明書時說到：「其實也很簡單，有了地，要起樓，關鍵是要有人買，但房屋並不像膠鞋之類的產品有個樣板，不同的樓宇，有不同的高低、結構面積和材料，所以要預先編印一本說明書，讓買家了解樓宇的情況。另外，那時的地產經紀不如現在這樣活躍，那些帶市民去看樓的人，個個都是『負氣賣樓佬』，因為他們每天都要帶一兩百人去參觀樓盤，一天來回奔走十幾二十次，腰酸骨痛，招待不過來，於是就負氣對客人說『你們自己上去看吧！』客人問多一句，他們都要罵人的。有感於此，我就想到編印一本售樓說明書，向買家推薦樓盤。」[10] 結果，說明書大受市民歡迎，對推動地產業的營銷發揮了積極作用。

1953 年底，霍英東為加快樓盤的銷售，亦找到高露雲律師樓的律師商討。而在此之前，他剛用「分層出售」的方法，賣掉了他投資興建的東安大廈。當時，他看到「分層出售」推行之後，樓宇的買主雖然多起來，但仍局限於一些富裕人家。當時的樓宇每層約 1,000 平方呎，每平方呎約 20 港元，總價約為 2 萬港元，普通打工仔每月工資約 200 港元，能一下子拿出 2 萬港元的畢竟不多。霍英東於是找高露雲律師樓的律師商討，有否比「分層出售」更好的售樓方法，使普通市民都能買樓做業主。他表示，在新樓正式動工興建前，我們公司可以先收取買家的一部分訂金，餘款分期支付，像交租那樣，到新樓落成時，才收齊買家的錢，買家也就擁有自己的物業，做業主。霍英東的設想得到律師的讚許。結果，公眾四方街樓宇尚未動工，霍英東就在售樓說明書上向市民推介「分期付款」的售樓新方式：「第一期先交訂金 50%，第二期落妥二樓樓面交 10%，……第六期餘款 10% 於領到入伙紙時繳清。」[11]

霍英東的立信置業在九龍公眾四方街一幅面積約 17 萬平方呎的地段上，興建 100 多幢樓宇，合共有 600 多個單位，在當時屬大型地產發展項目。霍英東以「分層出售」並首創「分期付款」的售樓方式，在開售的第一天就吸引了大批買家前往公司售樓部和高露雲律師樓洽購，繳交首期訂金，600 多個住宅單位很快就銷售一空。後來，霍英東在出售四方街其他樓宇時，又不斷完善這種出售樓宇的方法，把第一期訂金降低到總樓價的 10-30%，以吸引更多的市民前來買樓。在「分期付款」中，買家繳交首期訂金購買的，實際上只是施工期間尚未建成的樓宇，好比植物處在開花階段尚未結果，這些樓宇後來被稱為「樓花」。「分期付款」的售樓方式也就俗稱為「賣樓花」制度。

「分層出售、分期付款」的售樓制度在 50 年代中期以後很快盛行起來，並逐漸完善，分層出售發展到以單位出售，分期付款的年期也延伸到 10-30 年不等。這種售樓制度現在看來似乎簡單，在當時卻異常複雜，其中牽涉到法律和各種改革，殊不容易。

「分層出售、分期付款」制度的形成無疑是戰後香港地產經營方式的一場革命。從此，香

港的普羅大眾開始加入購樓行列，對房地產的需求倍增。霍英東後來回憶說：「賣樓花方法一公佈，整個香港彷彿瘋狂了似的，普羅大眾捲進了房地產的旋風裡。我們負責發展、興建的樓宇的售樓處，每天都有很多市民從港九各地蜂擁而來，隊伍排成長龍，售樓盛況空前。當中，有政府的小職員，有月入兩三百港元的教師和打工仔，有普通的家庭婦女，有那些終身不嫁人的『自梳女』……有些人排隊買到樓花後，隨即把樓花轉售給別人，一天之間就已經賺一筆。」[12] 由於貨如輪轉，地產發展商也大大加快了資金周轉的速度，增加了供應樓宇的能力，從供應和需求兩個方面推動了香港現代地產業的形成和迅速發展。

　　從這個意義來說，吳多泰、霍英東可謂居功至偉。誠然，很可能就在吳、霍首創「分層出售」、「分期付款」的同時，其他頭腦敏捷的地產商亦先後想到並採取這些方式，這是時勢所使然，也正是他們推動了香港地產業的一場經營革命。

（D）分層售賣價格

售價 / 項目	（一）	（二）	（三）	（四）	（五）（六）	（七）
位置（新樓）	海皮新街	四方街東莞街	四方新街	東莞新街	廣東道向山	廣東道向海
層數	六層	五層	五層	五層	五層	五層
面積	約八百七十五呎		約八百一十呎	約八百一十呎	約七百八十七呎半	約八百七十五呎
騎樓	有		無	無	有	有
地下（閣仔、地下樓邊仔）	三萬六千元		二萬八千元	二萬八千元	三萬六千元	三萬六千元
二樓（樓式）	二萬四千元		二萬元	二萬元	二萬五千元	二萬四千元
三樓	二萬二千元		一萬八千元	一萬八千元	二萬三千元	二萬二千元
四樓	二萬元		一萬六千元	一萬六千元	二萬元	一萬九千元
五樓	一萬八千元		一萬四千元	一萬四千元	一萬八千元	一萬七千元
六樓	一萬六千元					
企間（金）	十一萬二千五百元		九萬元	九萬元	十一萬五千元	十一萬元
註附	由山至二樓俱有，六樓十大樓駁火					

（左欄）單邊樓宇另議

1950 年代立信置業出售公眾四方街新樓的「分層售賣價格表」。

九龍油麻地公眾四方街新樓分層出售說明書

前　言

本公司為響應港府美化城市，解決屋荒之號召，因應實際環境之需要，特選關油麻地榕樹頭公眾四方街至東莞街一帶吉地，興建為優良住宅及商業地區，有水廁衛生設備。該地共有面積 17 萬餘呎，約建新樓 600 餘層，將見新宇林立，觀感一新；料於不久將來，必能一躍而恢復為半島精華所在。茲將其優點，及建築材料，分層價格，訂購辦法等，分別縷述於後：

（A）優　點

一、地勢環境：

該處面臨油麻地避風塘，海水清澈，深度為全避風塘之冠；潮退時，水深仍有 10 餘呎，絕無臭穢氣味，數萬水上居民，均以公眾四方街碼頭為上落孔道，日常所需，皆仰給於此。

二、商業關係：

九龍商業，在戰前向以榕樹頭一帶為繁盛中心地區，嗣彌敦道新樓次第完成後，方逐漸凌替，今一旦興建大量新樓，面目一新，其商業價值地位，必再提高無疑。

三、居住好處：

居住地址，應擇環境幽靜，交通便捷，而購買方便之處，此處均兼而有之，隔岸對望，港島景物，美不勝收！

四、衛生設備，積極改善：

現政府已進行將該處趕築糞渠，約半年內將完成水廁設備，在政府未完成糞渠之前，由公司計劃設備化糞池，以供水廁之用，為旺角油麻地區最先享用水廁設備之處。

（B）選用上等材料

一、鋼筋三合土，依照則師規定比例做妥。

二、外牆及圍牆，均用紅磚砌結九吋厚牆。

三、間牆砌結 3 吋及 4 吋半紅磚牆。

四、外牆向正面部分，用上海洗水批蕩。

五、全部內牆，用灰泥打底，以白沙灰光滑批面。

六、天花用上白灰紙根批蕩。

七、樓上廳房騎樓，用港製 8 吋階磚鋪面。

八、天面用廣州大階磚鋪面。

九、浴室以 4 呎英泥沙傍水，地台砌紙皮石，室內設 4 呎半英國浴缸一個，面盆一個。水廁一個。

十、廚房以 4 呎高英泥沙傍水，地台砌紙皮石，設灶床水圍基煙囪及食水龍頭各一個。

十一、樓梯口至半樓平台，全部做意大利批蕩梯級。

十二、梯口大門，用 2 吋厚英木門什木框，其餘廚房及浴室，俱用什木門及門框。

十三、各層鋼窗，用 1 吋輕料配以 18 安玻璃窗，用紅丹打底，油油兩次，樓下並加鐵花。

十四、室內外油灰水 3 次，衛生設備，依照工務局批准圖則做妥。

十五、所有其他設備，均照則做妥。

十六、如有更改，俱照則師規定做妥。

（C）訂購手續及付款辦法

一、洽購地址：

銅鑼灣利園山開平道 7 號，使館大廈右便（邊）地下，立信置業信託有限公司

電話：74598　78803

二、訂購手續：

請到上述地址向陳溢波君接洽及會同往高露雲律師樓周建勳師爺處交定簽約

三、付款辦法：

第一期先交訂金百分之 50

第二期落妥 2 樓樓面交百分之 10

第三期落妥 3 樓樓面交百分之 10

第四期落妥 4 樓樓面交百分之 10

第五期落妥 5 樓樓面交百分之 10

第六期餘款百分之 10 於領到入伙紙時清繳

以上如有錯漏更改俱照英文合約為標準

銅鑼灣利園山開平道 7 號使館大廈右便（邊）地下

立信置業信託有限公司啟

電話：74598　78803

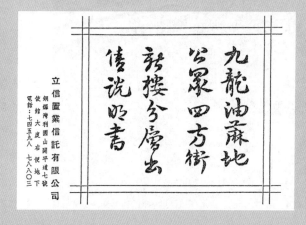

二、1950 年代初至 1960 年代中的地產繁榮

戰後，香港地產業的第一個循環週期起步於1945年，

到1952年，由於受到朝鮮戰爭爆發、聯合國對中國實行禁運的影響，

香港傳統的轉口貿易一落千丈，經濟不景迅速波及地產市場。

1953年，朝鮮戰爭結束，香港經濟也開始轉型，

邁向工業化道路，種種因素刺激了地產業的復甦。

戰後地產業的第2、3個循環週期分別在1954-1958年及1959-1968年。

這一時期，香港地產業呈現空前的繁榮景象。

2.1 1953-1957年地產業發展的原因

戰後香港經濟迅速復元，圖為當時九龍倉在尖沙咀的碼頭、貨倉。

　　朝鮮戰爭爆發後，以美國為首的聯合國對中國實施貿易禁運，港府跟隨英國執行「禁運」政策，使轉口貿易及各種商業普遍蕭條，無論是五金、洋紙、化工原料、西藥等行業，生意都大受影響，許多外資經營的傳統洋行被迫收縮業務甚至結業，商業資金沒有出路，社會上充斥著大量的游資。據統計，1954 年香港銀行體系的存款就有約 37 億港元，這還不計算存放在銀行保險箱的錢財、黃金、美元及各種外幣，以及在投機市場活動或被凍結的資金。

　　當時，西方國家都在擴軍備戰，國際形勢緊張，促使東南亞地區的資金，尤其是僑資，大量逃來香港。據估計，僅1953 年 6 月到 1954 年 5 月這一年間，從東南亞流入香港的資金就超過 6 億港元。其中，來自菲律賓的約 2 億港元，泰國 1.5 億港元，印尼 1 億港元，馬來亞、越南及緬甸合共約 1.5 億港元。社會上充斥的大量游資，除了部分外移，調往英國倫敦套息，部分轉向投資工業以外，相當大部分滲透進地產、股票市場，尤其是地產市場。這時期，「分層出售」開始盛行，只要動用一二萬港元就可做業主，結果房地產業在百

業蕭條下卻反常地繁榮起來。

　　這時期，港府也通過一系列立法或政策刺激地產業的發展，除了 1947 年頒佈的租務管制條例鼓勵業主對舊樓宇拆卸重建之外，1955 年又對舊建築條例進行修訂，新條例規定准許樓宇的高度從原來最高至馬路寬度的 130% 提高到 150%，每層樓宇高度又從原來的最低 10 呎 6 吋改為 9 呎 6 吋。新法例鼓勵興建更高層建築物，以減低樓宇供應的成本，買地皮建樓和拆建舊樓因此比以前划算，這就刺激了地產業的發展。與此同時，港府亦同意地產商以「分層出售、分期付款」的方式經營地產，又運用《官地回收條例》，對市區內一些混亂、擠迫或破舊的街區進行迫遷，大量收回官地，使「屋荒」加劇，進一步增加市民對樓宇的需求。

　　在種種有利因素的刺激下，朝鮮戰爭結束後香港地產業便迅速繁榮起來，投資大幅增加，大批新建樓宇相繼落成，其中，主要是普通住宅樓宇，但寫字樓、店舖、廠房和貨倉也開始林立。據港府差餉物業估價署在政府憲報公佈的數字，1954 年港九新界共建成新樓宇 938 幢，到 1956 年已增加到 2,817 幢，短短兩年間增長了 2 倍。從 1954-1958 年，地產發展商用於建築費及地基工程費的投資，從 9,542 萬港元增加到 25,860 萬港元，4 年間增幅達 171%。一般估計，當時香港普通住樓的建築費及地基工程費與地價的比率，約為 2：3，這一時期地產商的總投資約 21 億港元，這在當時是一個頗為驚人的數額。(表 2-1)

表2-1　　1954-1958年香港地產業發展概況					
	1954 年	1955 年	1956 年	1957 年	1958 年
新建樓宇 (幢數)	938	2,280	2,817	1,995	1,652
建築費及地基工程費 (萬港元)	9,542.4	14,751.1	16,176.4	17,528.7	25,859.6
總投資額 * (億港元)	2.4	3.7	4.0	4.4	6.5

* 是項為估計數

資料來源：《香港政府憲報》，1954-1958 年。

2.2 1953-1957年地產業發展的特點

　　這一階段，香港地產業的發展主要有以下特點：

　　(1) 地價、樓價，特別是地價飛漲。

　　從 1954 年起，商業旺區的地價即開始暴漲，有的甚至一年間上漲一倍以上。該年，一家外資洋行將其坐落在銅鑼灣的舊倉庫地段整幅售予一家地產公司，每平方呎售價為 40 多港元，該地產公司後來將這幅地段轉售，結果每平方呎售價達 110-140 港元，一年間升幅

左｜1950年代港島北岸風貌：
從左到右分別是水星大廈、香港
會所、高等法院、滙豐銀行大廈
及皇后行。

右｜1950年代的尖沙咀商
業區。

達1.5-2倍。在尖沙咀商業區，地點較佳的地段在一年間從每平方呎售價60-70港元上漲到每平方呎130港元。至於普通地段地價也從每平方呎40-50港元上漲到70-80港元。[13] 1955年，地價繼續上漲，以尖沙咀商業區較佳地段為例，一年間又從每平方呎售價130港元上漲到每平方呎190-200港元，升幅達45-50%。該區普通地段也從每平方呎80港元上漲到每平方呎120港元，升幅亦達50%。同年，尖沙咀一幅面積逾1萬平方呎的普通地段以每平方呎130港元轉售，而賣家在一年前買入時每平方呎售價僅60港元。1956年，地產市道開始進入高峰，當年尖沙咀商業區位置較好的地段每平方呎售價從200港元升至250港元，普通地段售價也從每平方呎120-130港元升至170港元。至於中環最繁盛的商業區，每平方呎售價更升到600港元。同年，面積約1萬平方呎的中區亞細亞行以每平方呎600港元售出，比一年前同區地價上升了約200港元。1957年，繁盛商業區的地價仍繼續上漲，但漲幅已大大放緩。

這時期，樓價也跟隨地價上漲，但升幅卻遠遠落在地價之後，原因是當時香港市民一般生活水平仍然偏低，買得起樓宇的主要是香港的富裕人家、中產階級和海外華僑的眷屬等。因此，樓宇的出售仍有一定困難，尤其是非繁盛地點的新樓。到1957年，地產市道進入高峰，大量新樓盤落成，租售更見困難。

（2）拆建成風，新建樓宇開始向高空發展，從商業旺區向邊緣市區擴散。

由於港府的一系列法例鼓勵業主將舊樓拆卸重建，故這時期地產業的一個顯著特點，就是拆卸成風。當時，樓價升幅遠低於地價升幅，購買地皮建樓成本太高，投資者便紛紛購買舊樓拆卸重建。由於港府的租務法例規定，業主不得迫遷租客，投資者最初收購的往往是交吉舊樓，後來連不交吉舊樓也吃香起來，因為投資者給租客補貼搬遷費，仍比購買地皮划算，一時間港九各個繁華商業住宅區拆建成風。拆建對地產商的好處，可以用一個例子說

明：當時銅鑼灣渣甸倉舊址興建的一幢面積約 1,200 平方呎
5 層高新樓，由於租金不受管制，月租底層 900 港元，二樓
380 港元，三樓 360 港元，四樓 320 港元，五樓 300 港元，
合共年租金收入約 2.7 萬港元；而該幢新樓對面的一排 4 層
高舊樓，面積亦約 1,200 平方呎，受到租金管制，每年租金
收入僅 4,800 港元。[14] 換言之，投資者只需花上數萬港元拆
卸重建，每年收益就會增加 4 倍以上。

　　地產發展的另一特點，是新建或重建樓宇均開始向天空
發展，1955 年建築條例修訂前，興建的樓宇一般以三四層居
多。1955 年後，新興樓宇普遍在五六層以上，11 層高的樓
宇也開始出現。1955 年地產商霍英東向利氏家族購買了利園
山一幅地皮（售價為 130 萬港元），興建了當時全香港最高的住宅大廈——樓高 17 層的蟾
宮大廈，這幢大廈今天仍然存在，只不過它的四周已全是林立的摩天大樓，正好見證了數十
年來地產業滄海桑田的巨變。

　　地產發展的另一個特點，就是新建樓宇從中區、銅鑼灣、北角等地區逐漸向尖沙咀、旺
角、大角咀、青山道、紅磡、筲箕灣、深水埗等地區擴散，主要是繁華商業住宅區的地價升
幅太高，發展商只好向邊緣地區擴展。這樣，香港城區規模便進一步擴大。

　　（3）工商企業和銀行等積極參與對地產業的投資，導致
置業地產公司急增。

　　地產業的蓬勃加上利潤豐厚，使許多投資者轉向地產
業發展，一時間地產置業公司激增。這一時期，不僅建造商
兼營房地產，而且很多工商業者和金融銀行家都兼營房地產
業，其中規模較大者有：先施公司、永安公司、康年銀行、
張錦記西藥店、廣興洋紙公司、協成行、恒生銀行、道亨銀
行、大生銀號、廣安銀行、永隆銀行、廖創興銀行、百興隆
錫莊、中南布廠、南針電筒廠等。另外，還有許多工商業
知名人士集資組成財團，從事房地產買賣。據估計，1956-
1957 年的繁榮時期，香港的地產置業公司，包括兼營的商
號約有 500-600 家之多，其中，資本在 10 萬港元以上的約
有 150 家，資本在 1,000 萬港元以上的約有 10 家，包括大
昌置業、大元置業、大生建業、錦興置業、立信置業、恒生

上｜戰後灣仔海旁一律 4 層高的
商住樓宇，日後多被拆卸重建。

下｜ 1950 年代的地產廣告。

1950 年代的地產廣告。

置業、希慎置業、華源置業、利東公司、廖創興銀行等。[15] 其餘大部分是小資本置業公司，甚至是被行內人士稱為「皮包公司」的個人經營置業公司。

這一時期，地產商的投資資金主要有兩大來源，一是運用自有資金，主要是一些大地產置業公司、大富豪、大炒家等，然而他們也多找銀行做靠山。當時的外資銀行，尤其是英資的滙豐銀行、渣打銀行都是大地產商的支持者。如大昌置業發生資金周轉困難時，滙豐就借給它 3,000 萬港元；二是向銀行、銀號按揭借貸。主要是中等規模的置業公司，向中小型華資銀行、銀號借貸。地產繁榮期，按揭貸款可達到物業地皮市值的六七成。這樣，地產按揭貸款逐漸成為銀行業的一項重要業務。

從 1950 年代初起步的地產循環，到 1957 年達到的高峰，1958 年卻開始從高峰跌落，繁華地區的地價儘管尚能維持，但邊緣地區的地價以及樓價已大幅下跌，樓花滯銷。如港島北角地區，其中一塊地皮拍賣，每平方呎成交價為 80 港元，比 1957 年每平方呎成交價 260 港元，下跌了近七成。當時，九龍漆咸道一幅規模較大的地皮拍賣，售價每平方呎不到 13 港元，結果也是無人問津。[16] 新落成的樓宇門前貼滿招客租屋的廣告，甚至中區一些新落成的大廈，也有過半面積未能租出，底層只好租給「夜冷」攤販售賣舊貨。究其原因，主要是前幾年動工的樓宇大量落成，但香港市民購買力仍然有限，而一度充斥社會的游資在畸形的物業繁榮中亦走到了盡頭。當時，地產發展商都相當熱衷於售賣樓花，香港政府為保障買家的利益，在 1957 年制定新條例，對售賣樓花進行限制，如規定發展商要投資一定數額的資金於發展中的樓盤，才可賣樓花給買家，賣樓花的錢必須專款專用，不得挪用作其他用途等等。新規定對那些資金不足的地產商構成打擊。

2.3 1960年代初中期地產業的繁榮盛況

不過，香港地產業經過短暫調整後，在 60 年代初中期再度繁榮起來。當時，香港的

工業化正以迅速的步伐邁進，從 1956-1966 年，香港製造業廠家從 2,944 家增加到 8,941 家，僱用工人從 12.9 萬人增加到 34.7 萬人，出口加工業的勃興推動了香港經濟的起飛，百業繁榮。60 年代初，香港人口激增至超過 300 萬人，市民收入開始提高，尤其是專業人士的收入激增，刺激了他們對自置住房的需求。這一時期，歐美資金開始流入香港，投資設廠辦公司，而印尼等地掀起的排華浪潮，又導致了大量南洋華僑資金逃入香港，其中相當部分是投入利潤較高的房地產市場。從 1960 年起，港府又先後修訂建築條例，制定管制加租法案，實施土地批約徵稅新辦法。種種因素直接或間接地刺激了房地產業的繁榮。

1960 年是戰後香港房地產業最繁榮的一年，該年香港新建樓宇達 1,800 幢，比 1959 年增加 366 幢，全年建築費（不包括地基工程費）3.83 億港元，當時樓宇建造費與地價之比約為 1：2，以此計算全年地皮投資額約為 7.65 萬港元，即地產業總投資應為 11.47 億港元，幾乎是 1958 年的 2 倍，創戰後房地產投資的最高紀錄。[17] 從 1960-1964 年，香港地產業異常蓬勃，大批新建樓宇落成，從佔最大比例的住宅樓宇看，1960 年度（從 1960 年 4 月至 1961 年 3 月）建成住宅單位有 7,860 個，到 1964 年度已增加到 30,133 個，增幅達 2.8 倍。隨著大量新建樓宇的落成，港九新界各地的城市面貌煥然一新。據港府差餉物業估價署的統計，1957 年 3 月底香港新樓與舊樓之比是 39：61，然而到 1964 年 3 月底，新舊樓之比已變為 75：21。當時，以地區劃分，香港島新樓佔 64%，舊樓佔 36%，其中維多利亞城區新舊樓各佔 50%，城區外為 88：12；九龍新樓佔 83%，舊樓佔 17%；新九龍新樓佔 85%，舊樓佔 15%。

這一時期，地產業發展主要有以下特點：

（1）物業交投暢旺，地價、樓價、租金均持續大幅上升。

1960 年代初中期，舊樓的買賣十分活躍，遍及香港的中環、西環、灣仔、筲箕灣，九龍的旺角、油麻地、深水埗等地區。就是以往少見成交的中環物業，買賣亦相當暢旺。1960 年，皇后大道中的太平行，雖然只是一幢 5,000 多平方呎的不交吉舊樓，卻以 350 萬港元售出，若將業主對租客的補貼費計算在內，每平方呎售價高達 600 多港元；如果連同業主對住客的補償費也計算在內，則每平方呎售價高達 800 多港元。同年，中環的高陞茶樓、啟明行、南屏酒店、愛群行、大成押店等一連幾家舊樓和裕華百貨公司現址的幾幢舊樓，均先後易主。1962 年，中區舊樓售價已上升到每平方呎 1,000-1,300 港元。年初，廖創興銀行售出的德輔道中一連 8 幢舊樓、富商馮秉芬售出的德輔道中一連 6 幢舊樓，平均每平方呎售價均超過 1,000 港元。該年底，德輔道中的爹核行、皇后大道中石板街口一連 5 幢舊樓亦先後易主，每平方呎售價分別是 1,300 和 1,350 港元，比年初又上升了 30% 以上。除中區外，西環、灣仔和九龍等地的舊樓買賣亦相當暢旺，灣仔駱克道、軒尼詩道、莊士敦道、謝斐道

上｜1960 年代中區的城市面貌已煥然一新，建築物紛紛向高空發展。

下｜1960 年代中區希爾頓酒店的商舖、酒樓租金曾創該區的最高紀錄。

和九龍彌敦道一帶的舊樓，每次三五幢成交的情況相當頻繁，售價亦節節上升。其中百老匯戲院的售價每平方呎逾 700 港元，創該區歷史之最高紀錄。

除了舊樓以外，新樓、地皮的買賣亦相當活躍，繁華商業區的新樓、地皮尤為搶手，售價也大幅上升。如銅鑼灣渣甸倉一帶的新樓，由於價格較高，過去租售均較困難，但到 1960 年，該區的新樓已有七八成以上租售出去。1961 年，銅鑼灣的新樓，年初每層賣 3.5 萬港元，到年底時已升至 4.2 萬港元，升幅達 20%。同年，港島北角、九龍尖沙咀、紅磡、深水埗一帶新樓樓價亦普遍上漲 15-20%。樓價上漲推動租金上升。同年，港九各區新樓租客普遍接到業主的加租通知書，一般租金升幅約 15-20%，有的地區甚至高達 50%。60 年代初中期，香港每年的物業交投平均在 1.2 萬宗以上，比 1950 年代的 8,000 宗，大幅增加 50%。

（2）商業樓宇、廠房、貨倉成為新興的地產市場。

50 年代，香港的地產市場以住宅物業為主，然而到 1960 年代初，隨著工業化的推進、經濟起飛，百業繁榮，商業樓宇、廠房貨倉的興建、租售亦日漸暢旺。1961 年，香港新建商業樓宇僅 5 幢，然而到 1962 年已增加到 16 幢，1964 年又增加到 20 幢。這些商業樓宇大部分位於中環等商業繁榮區，包括於仁大廈、廖創興銀行總行大廈、勵精大廈、恒生銀行新廈、太子行、鐵行大廈、聯邦大廈、國際大廈等，絕大部分在尚未落成時已租售一空。1962 年港府通過《1962 年租務（終止租約通知）條例修正案》以後，投資興建商業樓宇的做法更加普遍，因為該條例並沒有管制商業樓宇的租金。同年初，九龍彌敦道一幢新廈雖然在條例通過前 3 個月已動工興建，但投資者寧願停止工程，以便向政府申請更改建築物圖則，增加 6 層商業樓宇。這時期，商業樓宇租金上漲驚人。以中區為例，1962 年初商業樓宇每平方呎月租約 1.6-1.8 港元，到 1964 年高峰時已上升到約 3.5-4.0 港元，兩年間升幅逾倍。1963 年，中環希爾頓酒店地下商舖，每平方呎月租高達 25-30 港元，該酒店 2、3 樓每平方呎

月租高達 6 港元，創香港中區商業樓宇歷史之最高紀錄。

工廠、貨倉亦開始成為新興的地產市場。這時期，港府根據廠商對廠房貨倉的需求，相繼在香港仔、九龍大角咀、觀塘、新蒲崗、長沙灣、將軍澳等地區拍賣工業用地，興建大批廠房貨倉。據統計，從 1957 年度到 1963 年度，工廠貨倉的私人建築費從 1,202 萬港元增加到 6,162 萬港元，6 年間增幅達 4.1 倍。1960 年代初，工廠貨倉的租售曾一度呆滯，但到 1963 年已轉趨活躍，該年港府公開拍賣的工業地皮，每平方呎售價就從年初的 40 港元升至年底的逾 100 港元。工業地皮買賣活躍的原因，首先是製造業蓬勃發展，廠商紛紛投資興建或擴建廠房，其次是許多廠房被拆遷，廠家急於覓地另建廠房。

（3）地產置業公司持續增加，大型地產商開始崛起。

由於地產市道暢旺，經營地產業利潤豐厚，許多本地資本、南洋資本以及外國資本都投入房地產業。據估計，60 年代初，香港的地產置業公司已從 50 年代中期的五六百家急增到 1,500 家，60 年代中期更增加到超過 2,000 家。僅 1964 年，註冊登記的置業地產公司就多達 429 家，註冊資本 3.69 億港元。這 2,000 多家地產公司中，規模較大、資本較雄厚的地產公司約有 200 家，它們除了經營地產業外，一般亦兼營工程建築業務。[18] 不過，絕大部分乃小資本經營公司，「一樓一公司」的情況仍相當普遍。

三、戰後主要的地產發展商

二次大戰後，香港的地產業進入一個新紀元。

當時，香港房地產市場上，英資公司因為擁有大量廉價土地，佔有無可比擬的優勢。

早期崛起的華人家族亦在地產業大顯身手，而戰後新興的華商，

也開始將其經營的重心轉移到地產業，並逐漸取得了競爭優勢。

3.1 置地：香港地產「皇冠上的明珠」

當時，英資公司憑藉其在香港逾百年的經營，在港九各區擁有大量土地物業，其中英資四大洋行之首的怡和洋行及其附屬的置地公司，就擁有中環金融商業區大批貴重商廈及銅鑼灣渣甸倉大批土地；太古洋行擁有鰂魚涌至西灣河的太古船塢、太古糖廠、一系列工人宿舍及英皇道以南太古山谷龐大的土地儲備；黃埔船塢公司擁有紅磡黃埔船塢、香港仔船塢及附近大片土地；九龍倉則擁有尖沙咀海旁連片的貨倉碼頭等。

1950 年代中期拆卸重建後的歷山大廈。

歷史悠久的置地仍然是香港最大的地產公司。置地自 1889 年創建後便一直在港島中區展開擴張活動，只有在 1941 年日本侵佔香港才中斷了三年零八個月。幸運的是，在香港淪陷期間，置地的資產未如其他英資公司那樣受到嚴重破壞，它名下的物業大部分集中在中區，而這一地區在戰爭期間差不多完全未遭損壞。據置地一位資深職員回憶：他們在日軍撤退後回到置地公司，「發現股份登記冊、會計賬目及文件單據毫無異樣，看起來便像幾天前才放進去的一樣」。[19]1945 年 9 月 7 日，置地公司恢復營運，並於當天舉行戰後第一次董事局會議。會議中，公司秘書菲爾德在簡報中稱：「中區：物業狀況良好。若干電梯只需小型維修。告羅士打酒店：狀況良好：大部分舊設備得以保存，酒店仍存有若干數量的雜物用品。盤點工作現在進行，但尚未完成……」[20]1946 年，置地舉行戰後第一屆股東大會，估計戰爭帶來的「損失大約是 51 萬港元」，不算嚴重。

　　然而，1947 年頒佈的租金管制法例影響了置地收益的增加，因為它擁有的收租物業全部都是戰前建成的，上調租金受到法例的嚴格管制。因此，從 50 年代初到 60 年代中後期，置地在中區展開戰後以來首次的大規模重建工程。1950 年，置地斥資 700 萬港元，在皇后大道中 11-13 號地段建成公爵行。1956 年，置地將位於雪廠街、德輔道中和遮打街的原有亞歷山大行和皇室行，分兩期建成樓高 13 層的歷山大廈，又將皇帝行、沃行和於仁行重建為仁大廈（1976 年易名為「太古大廈」）。1958 年購入怡和大廈地盤（即今會德豐大廈）並完成改建。當時，香港因外來移民和資金湧入，成為一個商業及旅遊中心，置地看準時機，於 1961 年將告羅士打酒店租予新成立的聯營公司——城市酒店有限公司（City Hotels Limited），正式開始打造公司的酒店品牌，並於 1963 年在皇后行舊址建成「文華酒店」。同年 10 月 23 日，文華酒店正式開業，港督柏立基（Sir Robin Black）伉儷在酒店主持紅十字會 100 週年舞會。其後，城市酒店有限公司又在新加坡、馬尼拉、曼谷等地建成酒店網絡。同時，置地又建天橋將其所有物業相連，在中區黃金地段儼然自成一國。

　　大規模的重建和擴張，大大增加了置地出租物業的面積和租金收入。1965 年 3 月，置地董事局主席宣佈，公司在過去一年的盈利達 1,970 萬港元，這個數字是戰前 1941 年盈利 18.6 萬港元的 105 倍。同年，置地重估中區旗下物業價值，結果每平方呎賬面價值從 250

左｜ 1960 年代初期重建後的於仁大廈，後改稱太古大廈。

右｜ 1950 年代後期拆卸重建後的怡和大廈。

港元增加到接近 500 港元，即置地擁有的中區物業，其賬面價值達 6,100 萬港元。1966 年度，置地將新建成的太子大廈年租及附屬公司利潤計算在內，全年度盈利增加到 3,518 萬港元。[21]

到 70 年代初，置地在中區的「物業王國」已趨成形，隨著繁盛商業區向灣仔、銅鑼灣及尖沙咀等地區延伸，置地開始向中區以外發展。1968 年，正值香港政治騷亂之後，地產市道一片蕭條，華資地產商霍英東在尖沙咀海旁建成的商廈星光行，因港府阻攔以及其他種種原因無法出售，被迫以 3,000 萬港元低價售給置地，使置地獲得一次賺大錢機會。1970 年，置地將觸角伸向銅鑼灣，在昔日東角地段建成怡東酒店及世界貿易中心。兩年後，香港海底隧道通車，銅鑼灣成為最繁盛的商業區之一，置地的投資取得了成功。1975 年，置地進行資產估計，旗下可供出租商廈面積達 310 萬平方呎，資產高達 36 億港元，比 1922 年的 1.4 億港元增加 24.7 倍，比兩年前的估值 3.25 億港元亦增加 10 倍以上。這時，置地已成為香港最具規模和實力的地產商，被譽為香港地產「皇冠上的明珠」。

置地的經營方式，主要是在商業繁盛區興建高級商廈作地產投資。這種經營方式直到 70 年代初之前，一直頗受投資者的賞識。1965 年香港出現銀行擠提風潮，1967 年再出現政治騷動，地產市道持續調整了四五年，不少地產公司因而破產。但置地的重要盈利來自租金，利潤穩定，擁有的物業亦能隨地產市道的上升而不斷升值。不過，70 年代以後，隨著香港地產市道的急升，這種經營手段則顯得過於保守，盈利的增長遠遠比不上以地產發展為主的華資地產公司，導致置地日後漸漸被華資地產公司追上。

3.2 許愛周、張祝珊：戰後重要的華人地產商

就在置地積極擴建其中區物業王國的同時，香港一些老牌華商和世家大族亦開始在地產業大顯身手，在中環、灣仔、銅鑼灣、西環等地擁有大批物業，其中的大業主包括在銅鑼灣擁有龐大地皮物業的利氏家族，在港九各區擁有大量地產的何東家族、永安郭氏家族，以及在地產業相當活躍的廣生行、陸海通等。這一時期，積極投資地產業的還有著名的許愛周家族和張祝珊家族。

許愛周（1881-1966），祖籍廣東湛江，出生於富商家庭，早年在湛江開設福泰號商行，專營花生油等食品雜貨。1899 年，湛江（廣州灣）地區被法國強行租借，成為海外通往中國大西南的交通樞紐和土特產集散地，許愛周看準機會，先後在吳川、湛江赤坎、霞山等地開設福泰號、廣泰宏、天元號等，又在香港開設廣泰宏分號，一面將內地的黃麻、蒜頭等土特產批發出口，一面又從香港進口洋貨銷往雲南、貴州、廣西等內陸省份。許愛周又先後在湛

戰後重要的華人地產商——許愛周（1881-1966）。

江等地開設天和號、天泰號、廣源泰等油行，收購當地盛產的花生，榨製成馳名的「灣油」銷往香港、美國舊金山及內地城市。許愛周還在湛江開設福成號，代理美商德士古煤油，開設周泰號經銷水產品，生意越做越大，成為湛江有名的富商。[22]

　　20 年代初，湛江等廣州灣一帶已是粵、桂、滇三省貨物運銷的港口，城市日趨繁榮，許愛周把握商機，與友人合股向政府投標赤坎海灘的填海工程，展開大規模的填海工程，填出了今天民主路、民權路、民生路等大片商業用地，並將海岸線推到了赤坎區的鴨嫲港以外。填海工程完成後，許愛周在獲分配的 100 間舖位地皮自行發展，興建了商店和住宅樓宇達 40 多間，又在赤坎今日的中山二路興建當時廣州灣首座新型酒店「寶石大酒店」（即今天的紅寶石）。許愛周不僅投資房地產業，還涉足酒店業和租賃業，促進了赤坎城市的發展和商業的繁榮。他還帶頭捐資並積極協助建設廣州灣商會會館，成為當時地產建築界的名流及富商。

　　30 年代初，許愛周看見當時中國沿海及長江航運被英資太古、怡和洋行壟斷，遂決定創辦順昌航業公司，發展中國的航運事業。他首先購入一艘數百噸貨船，取名為「寶石號」，航行於湛江至香港之間。1937 年日本發動侵華戰爭，廣州淪陷，省港客貨輪全部停航，當時湛江仍屬法租借地，懸掛法國旗的商船仍可航行，湛江便成為了當時中國的主要港口，大批物資從海外經湛江運往大西南。許愛周見順昌航業生意興旺，先後再創辦大安航業、太平航業、泰豐航業、廣利航業等航運公司，大量購置輪船，組成龐大船隊航行於廣州灣至香港及東南亞各埠，成為了華南地區的航運鉅子。[23]

　　40 年代初，許愛周鑑於香港在航運業中的重要地位，舉家移居香港。戰後，許氏開始大舉向香港地產業進軍，在港九各地大量購入地產物業，情形就如當時的何東家族、永安郭氏家族、利希慎家族一樣。1957 年，許愛周與嘉年地產主席彭國珍等人合資創辦中建企業有限公司，斥資收購香港大酒店集團位於中環畢打街的香港酒店舊址，拆卸重建為著名的中建大廈。中建大廈毗鄰置地的中區王國，成為華商打入置地長期壟斷的中環核心商業區的重要建築。1959 年，許愛周再購入皇后大道中地段，改建為亞細亞行。其後，許氏家族還先後購入中環的遐寧大廈、灣仔的中怡中心、愛群大廈及司徒拔道的曉廬等。到 60 年代中期，許氏已成為當時香港著名的地產商。1966 年，許愛周逝世，家族生意遂由其子許岐伯、許士芬、許世勳等第二代主理，許氏家族以周興置業為控股公司，繼續以地產業為發展重點，但轉趨低調。

位於中環核心商業區的中建大廈。

左｜位於皇后大道中的亞細亞行。

中｜位於灣仔司徒拔道的曉廬。

右｜張氏家族在銅鑼灣擁有大片物業，圖為其中的商舖——「名店坊」。

張祝珊（1882-1936），祖籍廣東新會，早年隨父經營家庭手工藝生意，依靠編織竹蓆、籐籃、籐椅等出售謀生。其後移居廣州，開設張錦記商號，專營籐器批發零售。1936 年，張祝珊病逝，遺下生意由其妻郭庚及長子張玉階繼承。1938 年日軍侵佔廣州，張家遂結束張錦記生意，攜帶多年積累的 3,000 銀元移居香港。[24] 張家抵港後，在中環永吉街重開張錦記商號，改營華洋雜貨。1941 年香港淪陷後，郭庚攜幼子避居廣州灣，張玉階則與三弟張玉麟分別在廣州和澳門開設張錦記。戰後，張玉階在香港開設祝興洋行和泰和行，繼續經營華洋雜貨，又將張錦記改為張錦記洋雜西藥店，兼營西藥銷售。朝鮮戰爭爆發後，因聯合國實施對華禁運，張氏遂利用往來香港與內地的船隻，將藥品大批銷往中國，賺取豐厚利潤，成為富商。

50 年代，張氏家族開始重點投資地產，先後創辦錦興置業有限公司、興隆按揭地產公司、英德建築公司、香港代理有限公司、工廠代理有限公司以及聯錦公司等，[25] 在港九各地大量購入物業，興建樓宇。50 年代中期，張玉階透過錦興置業，向英資卜內門化工原料有限公司購入銅鑼灣百德新街大批貨倉用地，拆卸重建為商住樓宇。1960 年，百德新街的商廈和住宅樓宇先後落成，當時因市場疲弱、缺乏租戶，張家遂與日商合作成立大丸百貨公司（張家佔 49% 股權）。大丸百貨成為銅鑼灣地區首家百貨公司，亦是日資百貨集團進軍香港百貨業的先聲，當時誰也沒有料到日後這些日資百貨竟然成為華資百貨最強勁的競爭對手。後來，銅鑼灣發展成香港最繁華商業區，張氏家族的財富因而以幾何級數急增。

1959 年，張玉階病逝，家族生意遂由四弟張玉良主持。張玉良繼續投資地產，先後在中環建成聯邦大廈和國際大廈。70 年代初，華資公司紛紛在香港上市，張玉良亦先後將聯邦大廈和國際大廈注入上市公司聯邦地產，換取聯邦地產 77% 股權。後來，張玉良再以聯邦地產股份，加上半山梅道等物業，交換英資四大行之一的會德豐集團的股份，令張氏家族持有會德豐股份超過 40%，成為會德豐的最大股東，張玉良亦因而進入會德豐董事局。[26] 張氏家族遂成為當時香港著名的地產商。

張氏家族的四兄弟，前排左起為張玉麒、張玉階，後排左起為張玉麟、張玉良。

3.3 霍英東：戰後新興地產發展商的佼佼者

1950 年代初，香港的工業化才剛起步，市民生活水平還不高，一般居民都不敢奢望擁有屬於自己的住房，香港資金尚未大量投入地產業。儘管如此，一批新興的華人企業家已開始看好地產業前景，並將經營重心轉移到地產業，成為戰後香港地產業的拓荒者。與置地公司以及一些老牌華商家族不同的是，他們均以地產發展而非地產投資為經營重點，強調貨如輪轉，推動了香港現代地產業的起步。這批地產發展商數目眾多，其中的佼佼者首數霍興業堂置業有限公司的霍英東。

霍英東，原籍廣東番禺，1923 年生於一艇戶家庭，7 歲時父親在一次風災中沉船身亡，靠經營雜貨店及駁船業為生。早年曾就讀皇仁書院，18 歲開始打工生涯。1946 年，霍英東開始經營戰後剩餘物資生意，朝鮮戰爭爆發後，他從事轉口貨運，衝破海上封鎖將剩餘物資運往內地，在短短時間內積累了日後崛起的原始資本。

當時，香港地產業正起步發展。1947 年，中國銀行以每平方呎 251.44 港元的價格，投得中環一塊官地，創下當時地價的最高紀錄。霍英東看好香港地產業前景，決定把自己的資金全部投到地產業，大幹一場。對於霍英東的決定，他的不少朋友都表示反對，認為香港的地產市場一向由英資財團壟斷，華人很難與他們分一杯羹。不過，霍英東仍然執意實行，1953 年 6 月，他創辦霍興業堂置業有限公司，註冊資金為 465 萬港元，這在當時已是一個不少的數目。霍氏為建立他在地產界的形象，以現金 280 萬港元向利氏家族購入銅鑼灣一幢高級樓宇──使館大廈，又相繼創辦專營建造和樓宇買賣的立信置業有限公司、從事工程建築的有榮有限公司，以及福堂有限公司等，在地產建築界大展拳腳。

1953 年底，霍英東以每平方呎 20 多港元價格向猶太籍英商嘉道理家族購入九龍油麻地公眾四方街一幅面積達 17 萬多平方呎的地盤，計劃興建 100 多幢住宅樓宇，合共 600 多個住宅單位。當時，儘管「分層出售」方式已經開始流行，但有能力購買住房的市民仍然不多。

針對這種情況，霍英東與律師行師爺研究後，首創「分期付款」的「售樓花」制度，結果全部單位銷售一空，在當時地產界產生重大影響。就在興建公眾四方街樓宇的同時，霍英東又與牛奶公司合作，利用牛奶公司提供的一幅位於九龍彌敦道和佐敦道街角地皮，興建立信大廈。同時，霍氏又向何東家族購入位於九龍尖沙咀一幅地皮，興建樓高 10 層的香檳大廈。在銷售香檳大廈時，霍英東與律師研究推出分層分單位出售的大廈公共契約，進一步完善分層出售的制度。

1955 年，霍英東以 130 萬港元價格，再次向利氏家族購入銅鑼灣利園酒家對面一幅地皮，興建當時全港最高的建築物——蟾宮大廈。蟾宮大廈屬商住樓宇，地下是舖位，二樓作寫字樓，其餘各層是住宅。據霍英東後來的回憶，蟾宮大廈連地價，建築費總投資約 200 萬元，但他只動用了地價一成即 13 萬港元，其餘費用全靠賣樓花所得支付，最後以每平方呎 80 港元的樓價售出，利潤高達 100 多萬港元。在短短一兩年間，霍英東動用不足 100 萬港

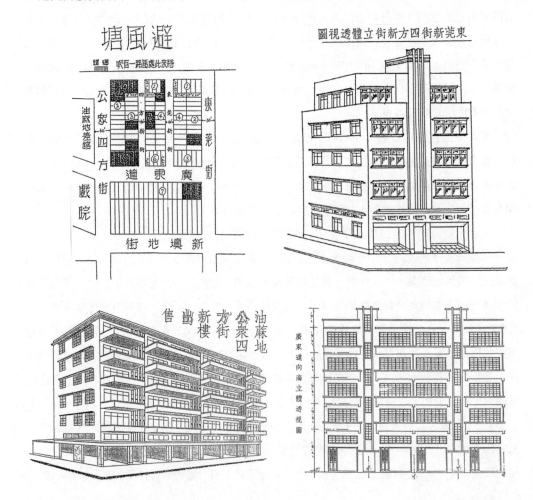

1959 年立信置業刊登的廣告。

1957 年立信置業刊登的廣告。

元的資金，售出公眾四方街唐樓、香檳大廈和蟾宮大廈，所賺利潤超過 1,000 萬港元。透過「分層出售、分期付款」的制度，地產發展相對於地產投資的優勢，明顯地表露無遺。[27]

　　1956 年以後，霍英東再接再厲，在銅鑼灣興建希雲大廈、禮頓大廈和加路連山大廈，又先後建成東廬大廈、禮加大廈、禮希大廈等。1958 年，港府推出限制樓花售賣措施，地產一度陷入危機，霍英東趁低大量吸納地產物業，資產急增。1960 年代初，地產市場再度上揚，霍英東於 1962 年與湯于翰合作，斥資 500 萬港元購入中環畢打街的畢打行，1963 年又投資興建港島淺水灣花園大廈、皇后大道西大樓、上海街西環大樓，1964 年再發展聯發街、汀九等地的一些樓宇。這一時期，霍英東成為香港最具影響力的地產發展商。

　　1965 年，在霍英東倡議下，當時香港地產界的華商中堅及活躍人士共 69 人發起創辦「香港地產建設商會」，加入商會的商號和個人多達 300 餘個，幾乎囊括了當時香港所有具影響力的華人地產商和建築商。在地產建設商會第一屆會董會議上，選出 25 名會董，他們是：霍英東、屈武圻、何鴻燊、胡漢輝、胡應湘、鄭翼之、曹紹松、楊志雲、李節康、王寬誠、方潤華、鍾明輝、吳多泰、歐陽森、香植球、李兆基、陳澤富、郭得勝、許達三、桂華山、湛兆霖、孫秉樞、嚴明、呂高華、陳曾熙。會議還決定聘任何善衡、何添、利榮森、邱德根、梁昌、梁銶琚、陳德泰、陳弼臣、廖烈文、關啟明等 32 名香港華人富商出任名譽顧問。霍英東被推舉為首任會長，副會長為屈武圻和何鴻燊，胡漢輝、胡應湘、鄭翼之、曹紹松、楊志雲、李節康、王寬誠、方潤華為常務會董。霍英東等成為戰後新興地產發展商的代表。

　　1965 年 7 月 15 日，香港地產建設商會在港島中環的香港大會堂舉行成立大會暨第一屆職員就職典禮。會上，時任港府行政局首席議員利銘澤為第一屆會董頒發就職委任證書。由出任首屆會長的霍英東發表演說，對香港地產業發展前景表示樂觀。他說：「香港是世界各地人口最稠密的地方，戰後本港由幾十萬人，增至三百多萬……，地產業與其他各行業有

香港地產建設商會個人會員及商號會員一覽表

名稱	通訊處	名稱	通訊處
泰商置業有限公司	香港太子大廈 1624 室	康民企業有限公司	九龍旺角榕慶大廈 901 室
球賢置業有限公司	香港於仁行 636 室	康達置業有限公司	香港中建大廈 424 室
利興置業有限公司	香港恒生大廈 1005 室	威信置業有限公司	九龍旺角榕慶大廈 903 室
元益置業有限公司	香港北角錦屏街 76 號	嘉榮置業有限公司	香港興瑋大廈 203 室
生發建築有限公司	九龍旺角弼街 41 號地下	建榮有限公司	香港大道中 177 號 2 樓
錦德置業有限公司	香港太子大廈 1624 室	永德置業有限公司	九龍旺角榕慶大廈 901 室
大強建築業有限公司	香港太子大廈 1624 室	瑞益有限公司	九龍旺角榕慶大廈 903 室
泰盛置業有限公司	九龍彌敦道 546 號 4 樓	傑源有限公司	香港恒生大廈 602 室
六基置業有限公司	香港中建大廈 802 室	康致置業有限公司	香港恒生銀行大廈 1005 室
美麗置業有限公司	香港文咸東街 5 號 2 樓	建福有限公司	香港萬宜大廈 223 室
高雲置業有限公司	香港恒生大廈 402 室	德美置業有限公司	香港萬宜大廈 223 室
景雲置業有限公司	香港文咸東街 5 號 2 樓	明泰置業有限公司	香港中建大廈 802 室
寶雲置業有限公司	香港大道中 16 號太平行 2 樓轉	友成有限公司	九龍彌敦道 482-484 號
智珍有限公司	香港恒生大廈 1006 室	德華有限公司	香港恒生大廈 1005 室
聯合置業有限公司	香港於仁街 635 室	安成有限公司	香港萬宜大廈 223 室
奮發置業有限公司	香港永樂西街 223 號地下	萬基有限公司	香港大夏行 309 室
俸爵有限公司	香港文咸東街 3 號地下	英利置業有限公司	香港干諾道中 15-18 號 16 樓
周大福珠寶金行有限公司	香港大道中 29 號 D 地下	建德豐有限公司	香港干諾道中 23 號 5 樓
成利有限公司	香港興瑋大廈 203 室	天泰置業有限公司	香港干諾道中 23 號 5 樓
福聯有限公司	香港中建大廈 924 室	建益隆有限公司	香港干諾道中 23 號 5 樓
亞洲商業投資有限公司	香港文咸西街 66 號	昌生有限公司	香港德成大廈 1407 室
天時建業有限公司	香港大道中 65 號 2 樓	聯盛投資企業有限公司	香港德成大廈 1407 室
鴻華有限公司	九龍旺角榕慶大廈 903 室	順昌企業有公司	香港興瑋大廈 203 室
捷泰企業有限公司	九龍旺角榕慶大廈 901 室	振英有限公司	香港興瑋大廈 203 室
致達置業有限公司	九龍旺角榕慶大廈 902 室	錦茂企業有限公司	香港興發街 84E 號 11 樓
偉華企業有限公司	九龍旺角榕慶大廈 902 室	麥當奴置業有限公司	香港力山大廈 444 室
致益有限公司	九龍旺角榕慶大廈 904 室	大元置業有限公司	香港太子大廈 1624 室
致業有限公司	九龍旺角榕慶大廈 904 室	保森置業有限公司	香港恒生大廈 1005-1007 室
大利南實業有限公司	九龍旺角榕慶大廈 903 室	德雄有限公司	香港恒生大廈 1005 室
安隆有限公司	九龍旺角榕慶大廈 902 室	大地置業有限公司	香港恒生大廈 402 室
紹松企業有限公司	九龍太子道 230 號 B12 樓	安樂置業有限公司	香港興緯大廈 203 室

會董劉錦茂　會董鍾明輝　常務會董楊志雲　常務會董胡漢輝

香港地產建設商會董事局成員

（續上表）

名稱	通訊處	名稱	通訊處
陳　蘇	九龍彌敦道 502 號 7 樓後座利豐	陳永忠	九龍鴻圖道 37 號
吳衍權	香港廣安銀行大廈 404 室	陳炳輝	九龍巧明街 111 號
唐學虞	香港皇后街 19 號地下裕泰置業	李耀中	香港皇后大道西 417 號德利塑膠廠
周君廉	九龍大埔道 246 號周生生金行	李達民	香港德成大廈 1106 室
仇　景	香港恒生銀行大廈 1601 室裕成置業	李昭漢	香港皇室行 115 號
簡萬全	香港恒生銀行大廈 7 樓	鍾石泉	香港中建大廈 1226 室
趙靄華	香港德輔道中中原電器行	Mr. Hari N. Harilela	九龍彌敦道 32-34 號
周桂根	香港恒生銀行大廈 804 室大興企業	區樹洪	九龍彌敦道 80 號 2 樓 E 座
劉江城	香港士丹利街 10 號長明大廈 601 室	盧玉樑	香港太子大廈 721 室
林國樑	香港中建大廈 1531 室順興建築	李志輝	香港麥當奴道 72 號 B 座 6 樓
蕭文焯	香港恒生銀行大廈 1602 室	黃錫文	香港於仁行 838 室
蕭傑勤	香港恒生銀行大廈 1602 室	周湘農	香港廣安銀行大廈 901 室
葉少銘	香港文咸東街 75 號利成銀號	李兆基	香港士丹利街 16 號 3 樓永業
黃展雲	香港駱克道 429 號地下	戚宗煌	香港士丹利街 16 號 2 樓永業
葉百祥	香港余道生行 706 室	周　桅	九龍大南街 117 號地下祥發鋼窗
陳清電	香港永樂西街 179 號地下建豐行	周立根	九龍大南街 117 號地下祥發鋼窗
梁端卿	香港灣仔菲林明道 22 號	雪達雲	香港軒尼詩道 269 號 4 樓 AB 座
蘇熊端	九龍亞皆老街 124 號	黎　安	香港恒生銀行大廈 7 樓
余榮業	香港余道生行 706 室	蔡國楨	九龍亞皆老街 32 號 4 樓福安置業
羅程萬	九龍旺角先施大廈 311 室茂業置地	吳紹璘	香港大道中 16 號宏興行 224 室
謝耀光	九龍加連威老道 55 號地下	邵振邦	香港連卡佛大廈 7 樓 12 室
馬清亮	香港文咸西街 50 號大生銀行	余耀堂	香港萬宜大廈 630 室
翟文耀	香港公爵行 306A 室	鄭宗樫	香港皇后大道東 181-183 號
鄭國才	香港公爵行 306A 室	莫子峰	香港中建大廈 1535 室
周炎昌	香港文咸西街 36 號 2 樓	陳廣就	香港永樂東街 57 號 3 樓仁德
彭垂裕	香港德輔道中占飛大廈 13 樓	袁耀鴻	香港富明街 1 號鴻益建築
陳炳新	九龍彌敦道 735 號 6 樓五聯置業	李文舉	香港干諾道中 23 號 5 樓建益隆
盧家騮	香港大道中娛樂行 17 樓富衡	張　基	香港勵精大廈 410 室
盧家聰	香港大道中娛樂行 17 樓富衡	致朗有限公司	九龍亞皆老街先施大廈 206 室
梁滿銓	香港都爹利街興發行 510 室	振華有限公司	九龍旺角榕慶大廈 904 室
陳永欽	香港高陞街 2 號地下陳萬昌	有雄有限公司	九龍旺角榕慶大廈 904 室

會董葉文山　會董吳多泰　常務會董牟康節　常務會董胡應湘

香港地產建設商會董事局成員

（續上表）

名稱	通訊處	名稱	通訊處
厚豐建築工程公司	香港德成大廈 302 室	宜安置業公司	香港灣仔菲林明道 22 號
永和置業有限公司	香港永吉街 28 號	常安有限公司	九龍柯士甸道 154 號
鄭翼之父子有限公司	九龍土瓜灣道 325 號	寶華置業有限公司	香港余道生行 706-708 室
寶泰置業有限公司	香港萬宜大廈 1101 室	利安建築有限公司	香港恒生大廈 1402 室
信義企業有限公司	香港都爹利街 8 號興發行 605 室	友興置業有限公司	香港占飛大廈 13 樓
新昌置業建築公司	香港華人行 610 室	裕群置業有限公司	香港占飛大廈 13 樓
鉅庭置業有限公司	香港灣仔堅尼地道 15A	志霖置業有限公司	香港文咸東街 5 號 2 樓
中天置業有限公司	香港德輔道中 25 號 3 樓	美麗宮企業有限公司	香港文咸東街 5 號 2 樓
中夏有限公司	香港德輔道中 25 號 3 樓	裕興企業有限公司	香港占飛大廈 13 樓
德源有限公司	香港太子大廈 1624 室	正泰置業有限公司	九龍大南街 1016-1018 地下
美義企業有限公司	香港興瑋大廈 203 室	益豐有限公司	九龍彌敦道 40 號重慶大廈 A1 四樓
恒興建築公司	香港萬宜大廈 327 室	基發置業有限公司	香港萬宜大廈 1035 室
安興企業有限公司	香港渣打銀行大廈 302 室	永業有限公司	香港士丹利街 16 號 3 樓
榮安置業有限公司	香港太子大廈 1624 室	鴻基有限公司	香港士丹利街 16 號 3 樓
中南置業有限公司	香港於仁行 706 室	新鴻基公司	香港士丹利街 16 號 3 樓
高剛置業有限公司	香港文咸東街 5 號 2 樓	麗昌有限公司	香港士丹利街 16 號 3 樓
葵涌企業有限公司	香港大道中 16 號太平行 2 樓轉	新禧有限公司	香港士丹利街 16 號 3 樓
百祥置業有限公司	九龍德成街 2 號地下	新基有限公司	香港士丹利街 16 號 3 樓
僑榮置業有限公司	香港大道中 92 號僑商大廈 704 室	友華有限公司	香港士丹利街 16 號 3 樓
僑光置業有限公司	香港大道中 92 號僑高大廈 704 室	友聯磁磚潔具公司	香港軒尼詩道 269-271 號 4 樓
僑冠置業有限公司	香港大道中 92 號僑商大廈 704 室	五洲置業有限公司	香港文咸西街 50 號
福寧有限公司	香港興瑋大廈 203 室	中原企業有限公司	香港中建大廈 810 室
敏興置業有限公司	香港余道生行 906 室	建僑企業有限公司	香港恒生大廈 402 室
民康企業有限公司	香港大夏行 713 室	志恒置業有限公司	香港文咸東街 5 號 2 樓
義興有限公司	香港大夏行 713 室	楊志誠置業有限公司	香港文咸東街 5 號 2 樓
翼基置業有限公司	香港興瑋大廈 203 室	美麗華酒店企業有限公司	九龍金巴利道 21-23 號
光和置業有限公司	香港興瑋大廈 203 室	陶記企業股份有限公司	九龍界限街 162 號地下
基利有限公司	香港恒生大廈 1804 室	東建置業有限公司	香港興瑋大廈 308 室
友聯置業公司	香港中建大廈 1111 室	大埔建築有限公司	香港連卡佛大廈 12-14 室
茂業置地建築公司	九龍旺角先施大廈 311 室	公和置業有限公司	香港德輔道西 314 號 2 樓
黃志強公司	香港德輔道西永基大廈 12 樓	豪華置業公司	九龍太子道 369 號 2 樓

會董歐陽森　常務會董王寬誠　常務會董鄭翼之　會董杳植球　常務會董方潤華　常務會董曹紹松

香港地產建設商會董事局成員

（續上表）

名稱	通訊處	名稱	通訊處
美和企業有限公司	九龍旺角榕慶大廈 901 室	百發有限公司	香港恒生大廈 7 樓
致國有限公司	香港力山大廈 446 室	建邦地產有限公司	香港恒生大廈 7 樓
九龍置地有限公司	香港恒生大廈 7 樓	永成企業有限公司	香港恒生大廈 7 樓
維大洋行	香港太子大廈 1624 室	恒茂置業有限公司	香港恒生大廈 408 室
英光企業有限公司	香港干諾道中 15-18 號 16 樓	澤氏置業有限公司	香港占飛大廈 13 樓
鴻星營造有限公司	九龍彌敦道 482-484 號	富氏置業有限公司	香港占飛大廈 13 樓
裕富有限公司	香港力山大廈 446 室	元記建築有限公司	香港中建大廈 714 室
萬和有限公司	香港力山大廈 446 室	中年有限公司	香港德輔道中 25 號 3 樓
都城地產有限公司	香港力山大廈 446 室	綸昌置業有限公司	九龍國賓酒店 2 樓
全美置業有限公司	香港於仁行 635 室	緯綸企業有限公司	香港占飛大廈 13 樓
萬康置業有限公司	香港於仁行 635 室	章記公司	香港德輔道中 25 號 3 樓
賢康置業有限公司	香港於仁行 635 室	永盛建築公司	香港於仁行 806 室
志賢置業有限公司	香港於仁行 635 室	建煌新記建築置業有限公司	香港萬宜大廈 223 室
豐賢置業有限公司	香港於仁行 635 室	星洲貿易有限公司	香港和興西街 19 號
裕興泰置業有限公司	香港於仁行 635 室	德美洋行地產部	香港中建大廈 419 室
立誠置業有限公司	香港永樂西街 138 號	安美置業有限公司	香港興瑋大廈 301A 室
泰記隆有限公司	香港恒生大廈 7 樓	裕泰置業有限公司	香港永樂東街 80 號
立信置業有限公司	香港恒生大廈 7 樓	傑文有限公司	香港恒生大廈 602 室
霍興業堂有限公司	香港恒生大廈 7 樓	協興建築有限公司	香港萬年大廈 1007 室
致商有限公司	香港恒生大廈 7 樓	中實建築有限公司	香港太子大廈 1606 室
致隆置業有限公司	香港恒生大廈 7 樓	利森置業有限公司	香港李寶椿大廈 312A 室
華利置業有限公司	香港恒生大廈 7 樓	美華建築置業按揭有限公司	香港廣安銀行大廈 706 室
興利置業有限公司	香港恒生大廈 7 樓	偉基置業有限公司	香港興瑋大廈 203 室
泰來置業有限公司	香港恒生大廈 7 樓	兆富有限公司	九龍彌敦道 482-484 號
美發企業有限公司	香港恒生大廈 7 樓	永基有限公司	九龍彌敦道 482-484 號
致平置業有限公司	香港恒生大廈 7 樓	天生置業有限公司	香港李寶椿大廈 312A 室
安惠企業有限公司	香港恒生大廈 7 樓	豐建置業有限公司	香港恒生大廈 7 樓
安耀企業有限公司	香港恒生大廈 7 樓	福堂有限公司	香港恒生大廈 7 樓
振國有限公司	香港恒生大廈 7 樓	新聯置業有限公司	香港文咸東街 71 號地下
信盛隆有限公司	香港恒生大廈 7 樓	威士企業有限公司	香港德成大廈 301 室
珠城地產有限公司	香港恒生大廈 7 樓	僑民有限公司	香港德成大廈 302 室

會董呂高華　會董桂華山　會董李兆基　會董陳曾熙　會董湛兆霖　會董陳澤富

香港地產建設商會董事局成員

（續上表）

名稱	通訊處	名稱	通訊處
莊道權	香港安潤街 1 華通建築公司	錢大忻	香港恒生大廈 901 室
周義中	香港怡和大廈 142 室建築營造公司	陳烈初	九龍旺角彌敦道榕慶大廈 901 室
蕭錦安	香港章記大廈 1204 正義	盧永和	香港廖創興銀行大廈 1309 室
楊之深	香港永樂西街 223 號奮發置業公司	陳振華	香港荷蘭街 1 號 6 樓 A 座
范文豹	香港怡和大廈 142 室建業營造公司	郭載華	九龍觀塘道 368 號
周　和	香港中建大廈 1111 室友聯	鄧展鵬	香港萬宜大廈 211 室
陳繼承	九龍窩打老道山明德園 C 座 5 樓	許　鴻	香港恒生大廈 1006 室
鄧樹椿	九龍旺角弼街 41 號地下	李　意	九龍旺角彌道榕慶大廈 901 室
屈崇浩	香港告羅士打行 606 室司徒活律師行	鍾立夫	香港干諾道中 15 號 16 樓英光公司轉
方漢華	香港於仁行 806 室協成行	陳之明	香港永樂西街 138 號
盧永廣	香港廖創興銀行大廈 1309 室	胡永輝	香港恒生銀行大廈 1005 室
林繼振	香港京華銀行大廈 4 樓林德利有限公司	利錦忠	香港恒生銀行大廈 1005 室
文洪磋	香港力士大廈 111 室南華建築	陳浩樑	香港恒生銀行大廈 1005 室
李賜豪	香港興瑋大廈 11 樓李眾勝堂	賴潤章	香港恒生銀行大廈 1005 室
劉志文	香港皇后大道中 65 號 2 樓	蔡國基	香港力山大廈 444 室
張子璇	香港力山大廈 219 室寶豐置業公司	鍾炳泉	香港力山大廈 444 室
范少朋	香港娛樂行金寶夜總會	張偉南	香港銀幕街銀宮大廈 5 號 8 樓
李兆忠	香港巴炳頓道 21 號	梁家鴻	香港恒生銀行大廈 408 室
張冠城	香港力山大廈 219 室寶豐置業公司	陳育華	香港萬宜大廈 232 室
李福兆	香港興瑋大廈 903 室	居師說	香港萬宜大廈 1134 室
呂超民	香港中國聯合銀行大廈 14 樓建南行	吳巖遜	香港萬宜大廈 1134 室
曾　正	香港華人行 301 室僑豐	陳　謙	香港中建大廈 810 室
香滌球	九龍何東道 6 號 8 樓	吳兆彪	九龍太子道 335 號地下
香棟球	九龍亞皆老街先施大廈 206 室	姜闓如	香港中建大廈 714 室
陳耀南	香港永樂西街 223 號	陸師績	香港堅拿道西 19 號高捷公司
陳錦源	香港永樂西街 223 號	吳仁守	香港興瑋大廈 301A 室
胡爵卿	香港文咸東街 3 號地下	蘇裕榮	香港德輔道中 25 號 3 樓章記
李惠利	香港皇室行 201 室	屈寧圻	香港德輔道中 25 號 3 樓章記
陳有慶	香港文咸西街 66 號	江德仁	香港萬宜大廈 223 室建煌新記
曾樹屏	香港德輔道中 84 號 705 室	盧海明	香港必打行 506 室
曾國屏	香港德輔道中 84 號 705 室	周君令	九龍大埔道 246 號周生生金行

會董葉正平　會董孫來樞　會董郭得勝　會董鄭桂生　會董嚴明　會董許達三

香港地產建設商會董事局成員

（續上表）

名稱	通訊處	名稱	通訊處
霍英東	香港恒生銀行大廈 7 樓	陳潤源	香港公主行大新銀行
何鴻燊	香港力山大廈 444 室	顧乾麟	香港怡和大廈 11 樓聯業紡織公司
屈武圻	香港德輔道中 25 號 3 樓章記	鄭裕彤	香港華人行地下周大福
胡漢輝	香港恒生銀行大廈 1005 室	關啟明	香港華人行 301 室僑豐
胡應湘	香港球義大廈 405 室中央建業公司	康同倜	香港余道生行 208 大隆
鄭翼之	香港干諾道中馮氏大廈 10 樓捷和製造廠	胡　忠	香港球義大廈 405 中央建業
曹紹松	九龍旺角榕慶大廈 901-4 室安華建築	潘錦溪	香港新顯利大廈地下藝林錶行
楊志雲	香港恒生大廈 402 室大地置業公司	陳澤恩	香港占飛大廈 13 樓澤氏公司
李康節	香港於仁行 634 室聯合公司	陳澤儒	香港占飛大廈 13 樓澤氏公司
王寬誠	香港太子行 1601 室維大洋行	左　詒	香港中建大廈 924 福聯
方潤華	香港於仁行 806 室協成行	康立卿	香港余道生行 208 大隆
鍾明輝	香港鐵行大廈 13 樓華源公司	崔雨川	香港華人行 301 僑豐
吳多泰	九龍彌敦道 482 號鴻星營造公司	江　忠	香港機利文新街 13 號永興行
歐陽森	香港力山大廈 446 室興雲公司	韓穗軒	九龍界限街 108 號 A
香植球	九龍彌敦道 546 號 4 樓 D 座泰盛公司	鄭鏡泉	香港中建大廈 1431 室
李兆基	香港恒生銀行大廈 1804 室	羅洪興	香港力山大廈 111 室永明
陳澤富	香港德輔道中占飛大廈 13 樓澤氏公司	林本典	香港李寶椿大廈 501 室
郭得勝	香港士丹利街 16 號永業公司	伍樹榮	香港永安大廈 1304 號通利有限公司
許達三	香港文咸西街 47 號 2 樓聯誠公司	林本固	香港李寶椿大廈 501 室
桂華山	香港文咸西街 30 號 2 樓華僑置業公司	何　昭	香港恒生大廈 7 樓
湛兆霖	香港永樂東街 6 號廣安泰	鄭翼雄	香港永樂街 123 號 2 樓
孫秉樞	香港力山大廈太平洋行	梁　燊	香港僑商大廈 701 室
嚴　明	香港中建大廈 802 室萬昌藤業	王紹成	香港德成大廈 1208 康賢置業公司
呂高華	香港德輔道西 12 號呂興合長記	余仲強	香港余道生行 1105 室
陳曾熙	香港恒生大廈 1307 室恒隆	陳曾燾	香港恒生大廈 1307 恒隆
葉正平	香港大廈行 713 室正興建築	徐培根	香港力山大廈 316 吉豐公司
鄭桂生	香港德成大廈 1407 號昌生有限公司	高慶餘	香港中建大廈 924 室
劉錦茂	香港興發街 84 號 E 座 11 樓致明	陳悅來	香港章記大廈 1204 號正義
葉文山	香港大夏行 713 室	許維楨	香港章記大廈 1204 號正義
凌達鎧	香港恒生大廈 1402 號利安公司	陳光中	香港德輔道中 25 號章記
方顯揚	香港恒生大廈 1402 號利安公司	林作輝	香港和興西街 19 號星洲貿易公司
興都置業建築公司	香港萬宜大廈 223 室	大雄建築公司	九龍彌敦道 324-326 百樂大廈 6 樓 B 座
遠興置業有限公司	香港恒生大廈 1305 室	永年企業有限公司	香港安瀾街 8 號地下
H & S. Enterprises Ltd.	香港大夏行 714 室	泰益置業有限公司	香港大夏行 713 室
泰民有限公司	九龍彌敦道 546 號 4 樓 D 座	祥樂有限公司	九龍彌敦道 546 號 4 樓 D 座
德兆企業有限公司	九龍彌敦道 546 號 4 樓 D 座	伯麟有限公司	九龍彌敦道 546 號 4 樓 D 座
泰仁有限公司	九龍彌敦道 546 號 4 樓 D 座	泰源有限公司	九龍彌敦道 546 號 4 樓 D 座
百新有限公司	九龍彌敦道 546 號 4 樓 D 座	致康有限公司	九龍彌敦道 546 號 4 樓 D 座
致力置業有限公司	九龍彌敦道 546 號 4 樓 D 座	永瑞有限公司	九龍彌敦道 546 號 4 樓 D 座

資料來源：香港地產建設商會「樓宇模型展覽會」場刊，1966 年。

不可分離的密切關係，比如工業，每每大部分資金先投資於購買地皮，及建築廠房；如經營旅遊業，亦必須投資於自建酒店及商場；其他如銀行業，投資於地產自置行址，大小百貨商業，亦自置舖位，以鞏固其生意前途。」在演辭中，霍英東還指出，香港地產行業有義務和責任，「使本港市民將節儉積蓄所得，自購屋宇，達到住者有其屋，使大家過著安居樂業的生活」。據説，在香港，這是第一次有人提出「住者有其屋」的計劃。而後來香港政府大力推行的照顧中低下階層的置屋計劃，其名稱「居者有其屋」也由此而來。[28]

可惜的是，60 年代中期，霍英東在地產業慘跌一跤。1967 年，霍氏興建的位於九龍天

上｜香港地產建設商會在 1966 年舉辦樓宇模型展覽會的墟冚場面。

下｜圖為 1965 年香港地產建設商會成立就職典禮合照。前排右起為方潤華、李康節、曹紹松、胡應湘、何鴻燊、霍英東（會長）、利銘澤（主禮人首席議員）、屈武圻、王寬誠、鄭翼之、楊志雲、胡漢輝，後排右起為葉文山、呂高華、湛兆霖、許達三、陳澤富、孫秉樞、歐陽森、吳多泰、香植球、李兆基、郭得勝、桂華山、嚴明、葉正平及劉錦茂。

星碼頭的星光行落成之際，香港發生政治騷動，左派與港府勢成水火，一向親中立場的霍
英東在租售星光行時，遇到意想不到的困難。有意租用的客戶都受到英資香港電話公司的滋
擾，言下之意是星光行的電話接駁可能遙遙無期，令星光行無法順利租售。

當時，整座星光行連建築費在內，約投資 3,500 萬港元，其中，霍英東投資 750 萬港
元，滙豐銀行貸款 1,000 萬港元，九龍置地公司出資 1,750 萬港元。星光行落成時，由於受
到多方面的滋擾，霍英東面對巨大的壓力。在此背景下，結果，英資置地公司瞄準機會，提
出以 3,750 萬港元的低價收購星光行，並且提出先付清霍英東的 750 萬港元和滙豐銀行的
1,000 萬港元貸款，剩下的 2,000 萬港元則以期票結算。對此，霍英東後來在接受記者採訪
時表示：「置地提出的條件非常不合理，只肯開一張支票作算。……再三思考後，我被迫收
下那張紙期票，決定讓出那四分之一的股權。」[29] 當時，香港騷動已接近尾聲，置地購入星
光後，在短時間內即將數百間辦公室成功租出，令霍氏遭受一次重大損失。自此，霍英東在
地產市場轉趨低調。

3.4 其他新興地產發展商：廖烈文、彭國珍、陳德泰

這時期，香港新興地產發展商中，頗有名氣的還有號稱「西環地產之王」的廖烈文、嘉
年地產創辦人彭國珍，以及「地產強人」陳德泰等。

廖寶珊，1905 年 8 月 28 日出生於廣東潮陽司馬浦鄉一家農戶家庭，父輩一代以耕田
及經營雜貨為生。1941 年，36 歲的廖寶珊偕同妻兒等移居香港，落腳在較多潮州同鄉聚集
的港島西環。初期，廖寶珊在一間油莊做夥計。不久，香港淪陷，油莊老闆為躲避戰火逃到
澳門。為了維持生計，廖寶珊找到幾位同鄉，商量做點生意。此時日本人統治香港，日常供

左｜香港地產建設商會會長霍英
東、副會長屈武圻。

中｜1966 年香港地產建設商會
舉辦的樓宇模型展覽會，右一為
副會長何鴻燊。

右｜位於尖沙咀海旁的星光行，
1960 年代霍英東在星光行一役
遭滑鐵盧。

應物資緊張，廖寶珊遂回到內地，將一些日常用品偷運到香港，從中賺取利潤。由於處事謹慎，判斷準確，廖寶珊很快賺了一筆錢，他盤下一個店舖，開設商行，經營布匹等生意。

廖寶珊早期主要在港島西環一帶經商，那裡原來就是碼頭和貨倉的集中地。據學者考察，西環在香港開埠的百年歷史中，曾佔有極重要的地位，因為西環毗鄰商業最繁盛的中環地區，是香港早期華人經商居住的主要區域。香港開埠幾年後，逐漸形成以皇后大道中和德輔道為中心的繁盛商業區，中環成為黃金地段，著名的英資洋行怡和旗下地產公司置地，坐擁中環主要商廈，成為中區的大業主。不過，隨著香港經濟發展，人口急劇增加，中環地區日漸飽和，繁華商業區逐漸向東擴展，帶動了東區的灣仔、銅鑼灣等地的興旺。

當時，唯獨西環一帶，開埠以來一直是底層人士居住的地方，聚集著木棚戶和貨倉，被香港人視為髒亂的地區。其後，因為人口增加至無地可容，西環則是貨倉、碼頭的聚集地，廖寶珊深明西環地區的巨大發展潛力，於發跡後在西環大量購買貨倉地皮，先後購入了公安、公源、源源、永源等大批貨倉土地，拆卸重建為「現代化之新型洋樓」。到 1950 年代，西環的面貌改觀，地價、樓價節節上升，廖寶珊的財富急增，成為西環有名的大業主和房地產發展商，被輿論稱讚為港島西區的「先行者」，是「眼光敏銳的潮籍大企業家」等。

1956 年 10 月 27 日，《星島日報》曾載文專門介紹廖寶珊在西環投資房地產的發展歷程，對他在西區發展的努力推崇備至。該文寫道：「西區在香港開埠百年史中，原佔有極輝煌之一頁，徒因貨倉繁多，該區平地面積幾被佔去百分之六七十，而人口繁殖，無地可容。當年盛況，乃漸東移。實則西區毗鄰商業最繁盛之上中環，具有先天之優越條件；倘善而為用，從事開拓，前途遠景，至無可量。惜因一般產業家，未深切加以注意耳。眼光銳敏旅港潮籍大企業家廖寶珊氏，盱衡全域，洞燭機先，竟能不惜高價，先後購得公安、公源、源源、永源各大貨倉，暨崑崙電器廠原址地基達十餘萬尺，拆卸興建，向天發展，築成現代化之新型洋樓，前後兩期共一十八座，果因供求所需，不旋踵而租售一空。」[30]

第一炮打響後，廖寶珊更加雄心勃勃，又將購入的貨倉，包括均益、祥發、泗合、成昌、富昌、均利、永發隆等，也拆卸重建為住宅大廈。其時，香港政府正積極推動西環的發展，將皇后大道西的巴士線，更改為經過德輔道西，與原有電車並駕驅行；巴士的班次也日趨繁密，使得該地區的交通更加便利，西環地區日趨興旺蓬勃，市容亦煥然一新，呈現出蓬勃向榮的朝氣，土地價格和房屋價格也隨之上漲。隨著該區房地產價格的大幅上升，廖寶珊的財富也以幾何級數膨脹，被譽為「西環地產之王」。當時的輿論，「莫不嘆服廖氏之高瞻遠矚，益己利人」。[31]

彭國珍亦是這時期重要的新興地產商。他於 1955 年創辦嘉年地產，在港九各區購入地皮或舊樓，興建住宅樓宇分層出售。當時，嘉年地產購入中華煤氣公司位於九龍油麻地渡

船街附近的一幅舊式煤氣廠地段，連同毗鄰物業一併發展，於 1961 年建成 8 幢高層住宅樓宇，命名為「文華新邨」，這是香港大型私人屋邨的雛形。當時，香港經濟開始起飛，大量移民源湧入，對住宅樓宇需求極大，文華新邨逾 3,000 個單位以接近 1.6 億港元售罄，嘉年地產因此賺取了豐厚利潤。[32]

其後，嘉年地產再接再厲，在銅鑼灣大坑道，以先進的沉箱技術成功在斜坡上建成高層住宅——豪園，當時每個住宅單位的售價達 20 萬港元左右，在地產界轟動一時。自此，嘉年地產奠定其在香港地產界的穩固地位。1972 年 5 月，彭國珍將嘉年地產在香港上市，成為香港最早上市的大型華資地產公司。嘉年地產在 1973 年全盛時期，規模比當時李嘉誠的長江實業和郭得勝的新鴻基地產還要大。可惜，70 年代中期以後，嘉年地產將發展重點轉向海外，投資策略出現嚴重失誤，實力逐漸削弱。

另一位重要的新興地產商是陳德泰，祖籍廣東新會，1950 年代初已活躍於香港地產界，50 年代中後期更成為香港較具規模的地產發展商。1956-1957 年間，陳德泰曾大量購入土地，以「分層出售、分期付款」的方式發展住宅樓宇，用售賣樓花的錢大規模擴張，到處搶購地皮。當時，另一較大的地產商李康節在北角大量購入土地，氣勢咄咄逼人，成為北角的「地王」，其他人無意到北角發展，但陳德泰連北角的土地亦一樣搶購，結果引起李康節的不滿。不過，1958 年地產低潮時，陳德泰受到很大衝擊，資金周轉不靈，公司瀕臨破產，後來得到滙豐銀行的支持才渡過難關，絕處逢生，而同樣大肆擴張的李康節則因負債太

1950 年代的北角地王李康節。

1970 年代後期的西環貨倉區，圖為屈地街毗鄰電車站的即將拆卸的工業大廈。

多而陷入困境。

　　此外，協成行也是這一時期的新興地產公司。協成行創辦於 1948 年，創辦人為方樹泉，早在 1927 年方樹泉已攜同長子方潤華到香港謀求發展，在當時筲箕灣開設一家「義德芝麻廠」。1948 年 4 月，方樹泉父子在中環永和街創辦「協成行」，50 年代初成為香港最大的桂皮出口商。1952 年，協成行投得香港仔黃竹坑 2 萬平方呎地段，1958 年出售集團發展的第一幢住宅物業「錦華大廈」。1965 年香港地產建設商會成立，方潤華成為 68 名創會成員之一，並出任常務會董。當時，協成行已成為華資地產公司的重要成員。協成行於 1972 年在香港掛牌上市，不過，1989 年方氏家族又將其私有化，以便更好地捐助行善。

　　踏入 60 年代，香港經濟起飛，各業繁榮，地產業呈現一派繁榮景象。這時期，又有一批新興華商相繼投入地產業，包括日後在地產業叱咤風雲的著名地產商，諸如郭得勝、李兆基、馮景禧的新鴻基企業，陳曾熙兄弟的恒隆，羅鷹石家族的鷹君，以及從製造業崛起的李嘉誠、王德輝、陳廷驊等，一時間群雄並起，各路諸侯，躍躍欲試。

四、1960 年代中期的地產危機

60年代中期，香港先後爆發銀行危機和政治騷動，

觸發了戰後最嚴重的地產危機。危機中，

部分看好香港長遠前景的新興地產商趁低大量吸納賤售的地皮物業，

一舉奠定日後在地產界大展鴻圖的基礎，形成戰後一次大規模的財富轉移。

4.1 地產危機的觸發

危機的觸發，最早可追溯到 60 年代初期港府對建築條例的修訂和管制加租法案的通過。1962 年，港府修訂 1955 年的建築條例，頒佈了《1962 年建築（計劃）（修正）（第二）條例》，新條例主要規定了各種用途的土地的地積比率（即地皮面積與在該地皮上興建的樓宇總面積的比例）。新條例比舊條例在樓宇建築面積方面有更嚴格的規定，一般估計要比以前減少 20% 左右。不過，這個條例在執行上有一個緩衝期，容許到 1966 年 1 月 1 日才正式實施。

姑且不論建築條例修訂者的主觀動機如何，實際的客觀效果卻是，地產發展商千方百計搶在條例實施前向當局申請批准發展計劃，並搶在此前動工，以便能在舊條例之下賺取更多的利潤。這亦是 60 年代初期香港地產業異常繁榮的原因。據統計，1962 年香港落成的私人住宅單位僅約 11,300 個，但到 1965 年高峰期已增加到超過 2.9 萬個，3 年間增幅達 1.6 倍。

左｜1966 年的地產廣告，該出售大廈的年期為 999 年。

中｜1966 年的地產廣告。

右｜1966 年的地產廣告。

這種異乎尋常的繁榮導致兩個結果，一是大批樓宇供應湧入市場，嚴重超出市場的實際
需求和承受能力；二是大量資金投入地產業，以支付地價和建築工程費用。當時，香港的銀
行條例並不嚴格，沒有存貸比例的規定。一批中小型銀行對地產業發展前景持過份樂觀的態
度，加上在高額利潤的引誘下，往往不惜超過本身的承擔能力向地產商貸款。這種情況在地
產市場繁榮時期問題還不大，然而一旦市場氣氛轉壞，地產商無法售出他們的樓宇，就無力
向銀行支付利息，更遑論及時還款，危機由是釀成。

當時，地產建築業非常蓬勃，舊樓買賣和拆卸重建蔚成潮流。地產發展商之所以熱衷於
舊樓拆建，原因是可以建築公司名義先售舊樓，然後再與舊樓租客洽談補償搬遷費，讓他們
遷出後拆建。這種方法屬私人物業發展，不須經法庭批准，也不受發展條件限制。這樣，地
產商往往願意收購舊樓而不以高價競投官地，直接影響了港府的賣地收入。據統計，1962
年度港府的賣地收入是 2.34 億港元，但到 1964 年度已下跌至 1.43 億港元。同期，舊樓拆
卸重建卻從每年 1,077 幢增加到 2,110 幢。

這種情況自然引起港府的不滿。1964 年 5 月，港府對賣樓花制度發表了一項《備忘
錄》，提醒市民在購買分層樓宇的樓花時，必須注意幾點：一是在官地拍賣時投得官地的地
產商，在售賣樓花時必須得到土地登記官批准；二是凡經法庭批准拆建的舊樓，在售賣樓花
時亦須得到土地登記官批准；三是土地登記官雖然批准前兩類樓宇出售樓花，但並非絕對保
證地產商有能力完成其計劃。這份備忘錄實際上是提醒市民，要重視地產商所售賣的樓花的
質素，以壓抑日漸熾熱的炒樓風。

1964 年 6 月 24 日上午，就在舊樓拆建達到高峰的時候，中環百子里 1 號一幢舊樓在拆
卸中倒塌，引致結志街、卑利街、文興里等 8 幢樓宇成為危樓。事件立即引起港府的干預，
並修訂建築條例（即《1964 年建築（修訂）條例》）。條例規定，凡申請拆建的舊樓，必須先

檢查其是否安全。該條例實施後，舊樓拆建立即從高峰滑落，到該年底，香港各區因建築條例規限和危樓事件而不能動工興建的地盤約有 350 個，平均以每個地盤價值 100 萬港元計算，積壓的資金即達 3.5 億港元。[33]

　　當時，地產發展商大部分資金是靠銀行信貸、賒賬籌集的，但銀行對地產貸款利息從過去的 5 厘半或 6 厘增加到 8 厘半，個別銀行甚至高收一分。利息的上升加上樓宇建造成本的增加，使靠貸款維持的地產商利潤下降，普遍降低 10-15%。而 60 年代，港府開始大規模興建徙置大廈和廉租屋邨，私營和公營兩個房地產市場的矛盾開始突出，部分地產商無法將建成的單位售出，大量樓宇單位空置，（圖 2-1）危機由此一觸即發。

左｜ 1966 年，同一個地產展覽場景。當時的地產商都喜歡邀請明星為旗下發展的物業招徠。

右｜ 1966 年，同一個地產展覽場景。

圖2-1　1958-1971年香港私人住宅樓宇發展概況

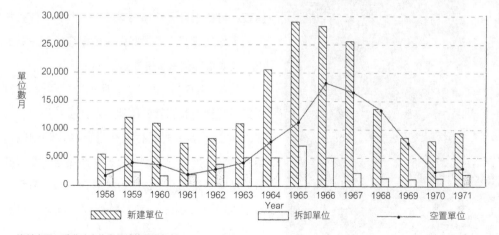

單位數月

新建單位　　拆卸單位　　空置單位

資料來源：香港政府物業差餉估價署年報。

4.2 過度投機於地產引發的銀行危機

　　二次大戰後，隨著香港經濟的轉型，香港的銀行業，特別是中小銀行獲得了一個快速發展的時期。然而，踏入 60 年代，正如香港金融學家饒餘慶教授所指出：「在房地產市場和證券市場上越演越烈的過度投機的背景下，在銀行業內部也有令人不安的發展」，「在 1960-64 年的前幾年間，成熟的金融危機的種子已經播下了」。[34] 這一時期，銀行體系的安全性明顯下降，主要表現在銀行的流動資產比率（這裡指銀行庫存現金總額和存放在其他銀行的淨餘額對存款總額的比率）持續下降和貸款對存款比率不斷上升。根據饒餘慶教授的分析，1955 年香港銀行體系的流動資產比率是 53%，但到 1965 年已降至 32.5%，1972 年更降至 23%。同期，銀行體系的貸款佔存款比率從 55.6% 上升到 72%。當然，在總趨勢相同的情況下，不同銀行的具體情況各有不同。素以經營穩健著稱的東亞銀行，其銀行的安全性就較高，而相比之下恒生銀行就較低。至於其他中小華資銀行，情況就更差，流動資產比率甚至低至 18-20%。實際上，當時銀行體系已面臨相當大的風險，一場震撼業界和整個香港經濟的危機已在醞釀。

　　最早受到衝擊的是廖寶珊創辦的廖創興銀行。當時，廖創興銀行的經營策略相當冒進，大量投資及貸款予房地產業。1960 年底，該銀行存款總額約 1.09 億港元，但貸款及投資於地產的款項就高達 8,200 萬港元，佔存款的比重高達 70-80%，使銀行經營的穩健性動搖。當然，導致廖創興銀行受到擠提的原因是多方面的。正如饒餘慶教授所指出：「擠兌之所以集中於廖創興銀行，僅僅部分起因於清償力狀況。」[35] 直接的導火線是當時市面上暗中

1960 年廖創興銀行分行開業致慶，左一為廖寶珊，左三為霍英東。

流傳著一則蓄意製造的有關銀行董事長廖寶珊的謠言，指「有一位知名之本港銀行家現成為警方偵查之對象，且已被通知離港」。[36] 另一個直接原因，是九龍巴士和怡和兩家公司發行新股票上市，造成銀行體系資金緊張。

　　1961 年 6 月 14 日（星期三），廖創興銀行受到不利傳聞和謠言的困擾，遭大批存戶擠提。當天早上，廖創興銀行與往常一樣按時開門營業，然而大批儲戶湧到銀行擠兌。不過，當天的擠兌額還不算太高，數額合共約 300 多萬港元。及至 15 日和 16 日，存戶擠提進入高潮，在港島德輔道西總行，以及銅鑼灣分行、九龍彌敦道旺

角分行、太子道九龍城分行、大埔道深水埗分行等，都擠滿通宵達旦在街頭露宿輪候提款的人潮。當時，香港生活環境困難，一般市民教育水平不高，因此一有謠言就很容易一傳十、十傳百地散播出去，不少市民遂抱著「寧可信其有，不可信其無」的心態加入擠兌行列。

面對突如其來的銀行擠提風潮，董事長廖寶珊及銀行管理層一方面動員全行力量極力維持局面，應對蜂擁而至的擠兌客戶，另一方面即向滙豐銀行、渣打銀行兩家發鈔銀行求助。6 月 15 日，廖寶珊及銀行管理層與滙豐、渣打兩家銀行會面，商討有關平息銀行擠提事宜。經過大約兩天的談判，雙方最終達成一項援助安排。當時，有關援助安排的詳情並沒有公佈。不過，據銀行界傳出的信息，是雙方達成了一項以廖創興銀行所持地產作擔保換取援助的秘密協定。據後來的透露，該協議的主要內容，是滙豐銀行、渣打銀行向廖創興銀行借出約 4,000 萬港元貸款，作為條件，廖寶珊本人將自己的物業地契抵押給滙豐、渣打，滙豐並派出多位職員作為接管人（Receiver）接管銀行，稽核賬目。

6 月 16 日下午，滙豐銀行和渣打銀行發表聯合聲明，表示廖創興銀行的資產多於負債，將「對廖創興銀行予以支持」，並向該行貸出 3,000 萬港元款項以應付擠兌。由於獲得滙豐、渣打兩家發鈔銀行的支持，整個風潮前後持續了大約兩三個星期終告平息。銀行擠提風潮平息後，滙豐、渣打兩家銀行委託羅兵咸永道會計師行派員到廖創興銀行稽核銀行賬簿，並要求拍賣其地皮和樓盤還債。數天後，廖寶珊被迫將旗下物業拍賣，以償還欠下滙豐、渣打銀行的債務。這次危機對廖創興銀行的業務發展造成沉重的打擊，對銀行董事長廖寶珊的身心都造成了相當大的影響，他於一個月後即因腦溢血病逝。

1961 年的銀行風潮，在當時曾被稱為「本港有史以來最大一次」，不過，它實際上不過是 60 年代中期銀行危機的序幕。

1964 年，港府根據英倫銀行專家就廖創興銀行擠提所作的《關於香港銀行體制的報告及重訂銀行條例的建議》，在立法局三讀通過《1964 年銀行條例》。該法例的主要內容是：（1）所有銀行至少要有 500 萬港元的股本，再加同額的儲備積累，股本不足的銀行必須在指定期限內收足法定股本；（2）規定銀行流動資金比率至少為 25%，以備付短期債務，所有銀行均須在新條例實施後 6 個月內調撥完成；（3）銀行投資股票不能超過股本加儲備積累的 25%；投資地產亦不能超過股本加儲備積累的 25%，若連同投資自用行址及行員宿舍，則合共不能超過 55%；凡不符合規定的銀行，必須在兩年內調整完畢；（4）銀行抵押貸款予每一個客戶的貸款額不得超過股本加儲備積累的 25%；（5）加強對銀行審計和年度賬目的監管。新銀行條例的宗旨，是要整固銀行的資本和財務狀況，以減低銀行風險。

不過，1964 年《銀行業條例》尚未來得及有效實施，一場規模更大的銀行危機旋即席捲而來。1965 年 1 月中旬農曆春節前夕，按通常情況市場對貨幣的季節性需求增加，銀行

上｜1965 年 1 月明德銀號被擠提情景。

下｜1965 年初廣東信託商業銀行被擠提情景。

的銀根開始緊張。當時，市面開始流傳有關明德銀號發生資金困難的謠言。1 月 23 日，明德發出的總值 700 萬港元的美元支票遭到拒付。3 天後，若干較大的客戶拿支票到中區明德銀號總行兌現，該行沒有足夠現款支付。消息傳出，大小客戶紛紛湧至銀號擠兌。當天下午，香港票據交換所宣佈停止該銀號的票據交換。第二天清早，明德銀號總行門前擠滿提款的人群。及至中午 12 時，港府銀行監理專員宣佈根據《銀行條例》第 13 條，接管明德銀號。2 月 4 日，香港高等法院批准明德的破產申請，但延期 40 日執行，使其能跟債權人洽商。

明德銀號停業後，更大的危機接踵而來。廣東信託商業銀行成為擠提風潮的第二個目標。1965 年 2 月 6 日，廣東信託商業銀行香港仔分行發生擠提，逾千人群等候提款，擠提從下午 2 時持續到晚上 9 時。當晚 8 時，香港銀行監理專員發表聲明，指明德事件決不會對香港其他銀行或銀行體系的安全造成任何影響。然而，翌日早晨，廣東信託商業銀行的元朗分行仍然出現擠提人龍。2 月 8 日上午，港府財政司郭伯偉根據《銀行業條例》簽發命令，指示銀行監理專員接管廣東信託商業銀行。當時，有關本地華資銀行資金困難的謠言四起，猶如一把野火燒遍整個市場。當天下午，驚恐萬狀的存戶開始大量提取存款，擠提風潮迅速蔓延到恒生銀行、廣安銀行、道亨銀行以及永隆銀行。由於擔心局勢逐漸失控，2 月 9 日中午，港府出版憲報號外，頒佈緊急法令：宣佈英鎊為法定貨幣，政府將從倫敦空運大批英鎊紙幣來港以應付貨幣的不足。港府下令，每一存戶每天提取的現金最高限額為 100 港元，直至有足夠數量的英鎊紙幣運抵香港為止。違例者政府將撤銷其銀行牌照。其後，港府進一步採取兩項措施：一是由財政司執行《銀行業條例》所賦予的權力，規定所有銀行每日營業結束時，必須將其所存現鈔額向銀行監理處處長報告；二是港督會同行政局授權銀行業監理專員，命令「各銀行將所存的剩餘鈔票交回發行鈔票的銀行」。在港府及銀行體系採取連串措施之後，2 月 10 日，擠提風潮暫告平息。

不過，市場的平靜只是暫時的。當時，恒生銀行仍然受到謠言的困擾。4 月初，擠提風潮再起，這次首當其衝的是香港最大的本地註冊銀行——恒生銀行。當時，大批市民爭相湧到恒生銀行總行提取款項，人潮從德輔道中一直延伸到皇后像廣場的香港會所。4 月 5 日，

恒生銀行在一天之內失去 8,000 萬港元存款，佔銀行存款總額的六分之一，到 4 月上旬總共失去 2 億港元。[37] 面對危局，恒生銀行被迫將其 51% 的股權售予滙豐銀行，取得滙豐銀行的支持，才最終渡過難關。

左｜1965 年恒生銀行被擠提的情景，提款人龍從總行伸延到香港會所。

右｜擠提風潮中恒生銀行總行大堂的情景。

4.3 銀行收緊信貸引發的地產危機

危機過後，銀行界重新調整投資策略，大幅收縮對房地產業的貸款，並加緊追討欠款，地產發展商在籌措資金方面立即遭遇到極大困難，許多冒進的地產商甚至因資金周轉不靈而倒閉。據《香港經濟導報》記者在 1965 年中的調查，因資金困難和「危樓」問題而停工的地盤就有 800 個，其中僅廣東信託商業銀行被港府接管後就有 100 多個地盤因受牽連而被迫停工。地產市道進入戰後以來最疲憊、最黯淡、最困難的年份。

1965 年，香港地價、樓價、租金開始大幅暴跌。該年度，香港政府賣地收入僅得 7,586 萬港元，比上年度的 1.43 億元，大幅下跌 47%。地價暴跌可以觀塘為例，1965 年初，觀塘商業住宅地皮每平方呎售價為 70 港元，比 1964 年底下跌了約 30%；觀塘工業地皮在 1964 年最高峰時售價曾達到每平方呎 120 港元，但到 1965 年底，每平方呎售價已跌至 40 港元，跌幅高達 67%。此外，筲箕灣、北角、柴灣、灣仔、尖沙咀、油麻地等各區地價亦顯著下跌。樓宇方面，花園洋房和高級住宅的市道尤為疲滯，無論是九龍塘、界限街、窩打老道、龍翔道、跑馬地、渣甸山、半山區以至淺水灣等各區的高級住宅大都價格大跌。銅鑼灣的高級住宅，原來每層售價在 20 萬港元，到年底已跌到 12 萬港元；原來每層售價在 10 萬

1960 年觀塘風貌，圖中可見大
量樓宇在興建中。

港元，到年底已跌到 6-7 萬港元。中區商業樓宇的租金也普遍下降 35-40%。[38]

1966 年，香港房地產業曾出現短暫的復甦，主要是港府為穩定樓價頒佈了一些措施，如減少出售官地、將建築逾期罰款期限延長一年等，加上旅遊業興起，銀行存款增加，股市上升，領導股市回升的藍籌股置地公司的股價，從去年的 50 多港元上升到 60 多港元。在這些因素刺激下，中小型住宅樓宇市道漸趨復甦。當時，位於九龍窩打老道新住宅區的中檔住宅，包括立信置業的德星樓、永業公司的麗苑、華源公司的冠華園、中央公司的德威一期等等，每層單位售價從四五萬到 10 萬港元不等，均全部售罄。

不過，由於受到 1965 年銀行危機的影響，加上銀行收緊信貸，地產商籌措資金困難，部分樓宇遲遲不能建成入伙甚至「爛尾」，致使買家心懷戒心，不敢購買「樓花」，使地產商在調動資金方面更加困難，一些實力小或作風冒進的置業公司相繼破產，有的則業務陷於停頓。這一年，港府的賣地收入減少至 5,062 萬港元，再跌去 33%。中區商業樓宇地價最高峰時每平方呎 2,000-2,500 港元，到 1966 年底已跌到 600-800 港元，跌幅達 70%；觀塘工業地價亦跌至每平方呎 30-35 港元。在樓價方面，許多置業公司急於資金回籠，不惜大幅削減住宅樓宇售價，特別是位於山頂、半山、淺水灣等地的高級住宅樓宇，由每個單位 15-20 萬降至 10 萬港元以下，仍乏人問津；分佈在跑馬地、銅鑼灣、尖沙咀、何文田、九龍塘等地的一些中價住宅樓宇，跌幅則在 25-45% 之間不等。至於寫字樓和商舖的租值亦大幅下跌，如中環新落成的寫字樓，從最高峰時的每平方呎 15-20 港元，下跌至每平方呎 6-10 港元，降幅達 50-60%，但仍然有不少空置面積。[39]

及至 1967 年 5 月，香港爆發空前規模的「反英抗暴」，港府出動軍警鎮壓左派群眾，一時間政局動蕩，經濟不景。許多洋行的高級外籍人員、達官富豪以至醫生、則師、律師等中產階級紛紛變賣物業，套取資金移居海外，大量資金外流。當時，新建成的高級住宅固然無人問津，就是已經入伙的樓宇也到處割價求售，半山區不少原值十三四萬港元的住宅，很多以四五萬港元的價格脫手。地價更是直線下降，8 月底，港島灣仔駱克道一幅地皮公開拍賣，成交價只有每平方呎 50 港元，比 8 月初的每平方呎 100 港元大幅下降了五成。地價

曾一度上升到每平方呎 1,000-1,200 港元的德輔道中較西部分，10月間有一幅較小地皮成交，每平方呎售價竟跌至 100 港元。[40] 這一年，港府的賣地收入進一步萎縮到 4,379 萬港元，僅及 1962 年度最高峰 2.34 億港元的 18.7%，（表 2-2）政府以公開拍賣方式售出的幾幅地皮，亦均以空前低價成交。這時期，對外貿易萎縮，外國客商停訂、退訂，大批中小型工廠倒閉，分層工業大廈空置面積高達 350 萬平方呎，新蒲崗、觀塘等主要工業區廠房租金已低至每月3.5-4.5 角。各行業生意亦告不景，其中尤以飲食業、旅遊業、百貨業為甚，商業樓宇亦大量空置，地產業陷於全面停頓。

　　不過，在這次地產低潮中，一批新興的地產發展商，如李嘉誠、郭得勝、李兆基、鄭裕彤、王德輝等，以其高瞻遠矚的戰略眼光看好香港整體經濟和地產業的長遠發展前景，在地產危機中及時把握時機，大量吸納賤價拋售的地產物業，在是次財富發生重大轉移的危機中，一舉奠定了他們日後在香港地產業大展鴻圖的基礎。

1967 年左派群眾到港督府抗議情景。

表2-2　從1851-1970年售賣官地所收取之地價*	
年期	總收入（港元）
1851-1900（50 年）	4,223,058.44
1901-1920（20 年）	5,655,048.87
1921-1941（25／12／1941）	29,989,868.03
1946.7-1955.6（10 年）	67,617,711.64
1956.7-1960.1（5 年）	177,375,655.35
1961-1962（1 年）	107,225,301.38
1962-1963（1 年）	234,402,780.18
1963-1964（1 年）	207,157,985.13
1964-1965（1 年）	143,295,983.24
1965-1966（1 年）	75,859,685.12
1966-1967（1 年）	50,623,349.27
1967-1968（1 年）	43,785,984.08
1968-1969（1 年）	43,757,254.32
1969-1970（1 年）	120,392,786.28
合計	$1,311,362,451.33

* 依據 1851 年 1 月 2 日英國國務大臣所發出二二二號指令，公開拍賣官批土地以收取地價之辦法，已於 1851 年開始。如地價乃分期繳付者，只有實除收得之賬目才被包括在每年總收入之內。
資料來源：《香港 1971》

註釋

[1]　Building Reconstruction Advisory Committee, "Final Report", Hong Kong, 1946, Appendix 2, p.13.

[2]　林友蘭著,《香港史話(增訂本)》,香港:上海印書館,1978 年,第 192 頁。

[3]　方國榮、陳迹著,《昨日的家園》,香港:三聯書店(香港)有限公司,1993 年,第 29 頁。

[4]　K. Hopkins, "Public and Private Housing in Hong Kong", in Dwyer, D. J. (ed.) *The City as a Centre of Change in Asia*, Hong Kong: Hong Kong University Press, 1972, pp. 201-202.

[5]　同註 3,第 48-49 頁。

[6]　元建邦編著,《香港史略》,香港:中流出版社有限公司,1988 年,第 202 頁。

[7]　盧永忠著,《霍英東再創高峰(霍英東訪問記)》,香港:《資本》雜誌,1995 年 5 月號,第 86 頁。

[8]　朱蓮芬著,《吳多泰與我》,北京:中國工人出版社,1994 年,第 60 頁。

[9]　吳多泰著,《分層出售的回憶》,吳多泰:《私語拾記》,香港:國際鴻星投資集團有限公司,1994 年,第 82-83 頁。

[10]　冷夏著,《霍英東傳》(上卷),香港:名流出版社,1997 年,第 117-118 頁。

[11]　同註 10,第 116-120 頁。

[12]　同註 10,第 12 頁。

[13]　《游資滲入地產物業》,香港《大公報》編印,《香港經濟年鑑》,香港:香港大公報社,1955 年版,第 65 頁。

[14]　《新樓增建下的地產物業市場》,香港《大公報》編印,《香港經濟年鑑》,香港:香港大公報社,1957 年,第 175 頁。

[15]　《房地產業》,《香港經濟導報》編:《香港商業手冊》,香港:香港經濟導報社,1960 年,第 215-216 頁。

[16]　同註 15,第 216-217 頁。

[17]　《香港經濟概況:房地產》,《香港經濟導報》編:《香港經濟年鑑》,香港:香港經濟導報社,1961 年,第 157 頁。

[18]　《房地產》,《香港經濟導報》編:《香港經濟年鑑》,香港:香港經濟導報社,1966 年,第 254 頁。

[19]　Nigel Cameron, *The Hong Kong Land Company Ltd.: A Brief History*, Hong Kong: Nigel Cameron, 1979, p. 34.

[20]　置地控股著,《香港置地 125 年》(*Hongkong Land at 125*),香港:置地控股官網,2014 年,第 131 頁。

[21]　同註 19,第 44 頁。

[22]　《許愛周家族發跡史》,香港:《資本》雜誌,1989 年 12 月期,第 86 頁。

[23]　同註 22,第 87 頁。

[24]　何文翔著,《香港家族史》,香港:三思傳播有限公司,1989 年,第 131 頁。

[25]　同註 24,第 133 頁。

[26]　何文翔著,《張祝珊家族發跡史》,香港:《資本》雜誌,1989 年第 6 期,第 120 頁。

[27]　同註 10，第 130 頁。

[28]　同註 10，第 255-256 頁。

[29]　杜輝著，《霍英東馳騁沙場不懼風浪》，香港：*Modern Magazine*，1995 年 6 月號，第 7 頁。

[30]　參閱《星島日報》，1956 年 10 月 27 日。

[31]　參閱《星島日報》，1956 年 10 月 27 日。

[32]　呂景里著，《嘉年地產清盤的前因後果》，香港：《經濟一週》雜誌，1984 年 1 月 23 日，第 5 頁。

[33]　《香港經濟概況：房地產》，《香港經濟導報》編，《香港經濟年鑑》，香港：香港經濟導報社，1965 年，第 243 頁。

[34]　饒餘慶著，壽進文、楊立義譯，《香港的銀行與貨幣》，上海：上海翻譯出版公司，1985 年，第 194-195 頁。

[35]　同註 33，第 197 頁。

[36]　《廖創興銀行擠兌事件及銀行管制問題》，《香港經濟導報》編，《香港經濟年鑑》，香港：香港經濟導報社，1962 年，第 284 頁。

[37]　恒生銀行著，《恒生銀行，永恒長生》，香港：恒生銀行，2008 年，第 75 頁。

[38]　《香港經濟概況：房地產》，《香港經濟導報》編，《香港經濟年鑑》，香港：香港經濟導報社，1966 年，第 256 頁。

[39]　同註 38，第 176-177 頁。

[40]　《香港經濟概況：房地產》，《香港經濟導報》編，《香港經濟年鑑》，香港：香港經濟導報社，1967 年，第 178 頁。

「香港為世界貿易之樞紐，亦為國際金融中心，向屬工商重鎮、旅遊購物勝地。

因其具有經濟之潛力，足夠之工源，低廉之稅率，及匯率之自由，

凡此皆足以造成其優越地位。」「由於萬商雲集、人口薈萃，加上戰後人口急劇膨脹之下，

頃已接近五百萬之眾，而全港土地僅約四百平方哩，

其中適宜發展、可供建屋者不及百分之二十。地狹人稠，寸金尺土，居住乃成生活重擔。

每年婚嫁覓居青年數以萬計，樓宇需求，有增無已。

加以市區可供發展土地日形短缺，當局雖有移山填海之方，

普建廉租屋宇之策，無奈緩急不克相應，預見數年內『房荒』仍然存在，

而地產業將必璀璨，樓宇價格，長遠著眼，應予看好。」

—— 恒基兆業主席李兆基

第三章

1970年代地產業的
證券化和集團化

一、1960 年代末至 1980 年代初的
地產熱潮

從1960年代末至1980年代初，

香港地產業又經歷了兩次循環週期。第一次從1968年起步，

受到熱錢流入、股市急升和新市鎮開發等利好因素的刺激，地產業再現繁榮，

可惜好景不常，1973-74年間接連受到股市崩潰、

中東石油危機的衝擊，地產業又陷入另一次低潮。第二次循環從1975年起步，

當時由於人口持續增長、經濟繁榮和中國的改革開放政策的影響，

地產業呈現了戰後以來空前繁榮景象，

並在1980年代初達到巔峰。這是香港地產業的快速發展時期。

1.1 1968-1974年的地產循環週期

1968 年，香港政局轉趨穩定，市民恢復對香港經濟前景的信心，那些在 1967 年政治騷動期間離開香港的人士紛紛回流香港。這時期，香港經濟迅速復甦，工業化進程亦趨完成，除紡織、製衣外，電子、玩具、塑膠及鐘錶業均迅速發展，旅遊、金融及商業服務等服務行業亦開始勃興。良好的投資營商環境吸引了不少海外資金，尤其是來自東南亞地區的南洋熱錢大量湧入，這些資金和熱錢大量投入股票、地產市場，為香港股票市場迎來戰後第一個繁榮高潮。

香港的股票市場，最早可追溯到 1891 年 2 月 3 日香港第一個證券市場 —— 香港股票經紀協會成立（該協會於 1914 年易名為「香港證券交易所」）。1921 年，香港第二個證券市場 —— 香港證券經紀協會成立。1947 年 3 月，這兩個機構合併，成為香港證券交易所有限公司，這就是後來四會時代所稱的「香港會」。長期以來，香港會一直壟斷了香港的股票市場，該會會員大部分是外籍人士和少數通曉英語的華人富商，而上市公司則主要是外資大行。

1960 年代後期，許多新興的華資公司已初具規模，對在股票市場掛牌上市籌集資金需求殷切。然而，當時香港會規定的上市條件極為嚴格，不少規模頗大的華資公司的上市申請都被拒諸門外。在這種背景下，1969 年 12 月 17 日，香港華商世家李冠春的公子，被喻

為「股市神童」的李福兆聯合多位財經界名人，創辦了遠東證券交易所有限公司，俗稱「遠東會」。遠東會打破了香港會的壟斷，吸納大批華資公司掛牌上市，結果開業僅一年，成交額已高達 29 億港元，佔當時香港股市總成交額的 49%。其後，遠東會更超過香港會而成為香港最大的股票市場，大部分成交活躍的上市公司均在遠東會掛牌買賣。

遠東會的成功，刺激了華商在證券業的發展。1971 年 3 月和 1972 年 1 月，由胡漢輝、陳普芬分別倡導的金銀證券交易所有限公司和九龍證券交易所有限公司相繼成立，形成所謂「四會並存」的局面。遠東會、金銀會、九龍會的相繼成立，一方面順應社會潮流，滿足新興工商企業對上市的殷切需求；另一方面也刺激了公眾人士投資股票的興趣，加上當時政治環境已趨穩定、外資金融機構介入以及大量海外熱錢的湧入，形成了 70 年代初期的股市狂潮。據統計，反映香港股市走勢的恒生指數在 1967 年 8 月底是 58.61 點（1964 年 7 月 31 日為基準日，該日指數是 100 點），此後節節攀升，到 1971 年底收市報 341.36 點，在不到 4 年半間升幅高達 4.8 倍。1972 年起，香港股市進入狂熱階段，升勢加速，1973 年 3 月 19 日達到最高峰的 1,774.96 點，短短一年多時間升幅高達 5.3 倍，每月複合增長率達 13%。[1]

在這種歷史背景下，香港地產業與股市呈同步發展趨勢，從 1968 年開始復甦，到 1973 年達到高峰。1968 年，房地產市場上供過於求的局面漸告結束。由於地產危機，發展商大幅減少投資，壓縮經營，新落成的住宅樓宇單位從 1966 年高峰期的 30,472 個逐年下降，到 1969 年跌至 7,618 個，僅及高峰時期的四分之一，不到 10 年來平均年住宅單位建成量的一半。在銷售方面，從 1967-1969 年期間，香港共售出私人住宅單位 48,673 個，遠超出同期建成的單位數目 34,626 個。這樣，以往積壓的樓宇便乘勢銷出，令空置單位從 1966 年

九龍證券交易所創辦人陳普芬。

高峰期的 16,389 個銳減至 1969 年的 2,342 個。這一時期,由於港元跟隨英鎊對美元貶值 14.3%,香港物價全面上漲,在建築成本中,工資普遍上漲 30% 以上,水泥、木材、圓鐵等各類建築材料分別上漲 20-50% 不等。加上 1966 年起實施新的建築條例,新條例下樓宇建築面積至少要比舊條例減少 20%,實際上增加了樓宇建築的成本。種種因素,推動了香港樓價、租金的上升。

　　首先回升的是在地產危機中被賤價拋售的花園洋房、高級住宅。從 1968 年起,位於港島半山區、淺水灣和九龍塘的高級住宅,租售價均開始急升。1969 年初,高級住宅樓價每平方呎已回升到 60-80 港元,其後節節上升,到 1970 年底已普遍升至每平方呎 160-200 港元,兩年間升幅逾 1.5 倍。高級住宅租售價格上升的原因,是 60 年代中後期樓宇供應量大幅減少,期間,隨著經濟的復甦繁榮、股市的急升,大批外資公司尤其是美日的跨國公司前來香港開設分支機構,派駐香港的高級職員增加,對高級住宅、花園洋房的需求自然殷切。

　　在高級住宅的帶動下,中低檔住宅樓價亦於 1969 年春夏之間開始上揚。每層面積在 500-900 平方呎的唐洋樓混合形式中價樓宇,每平方呎售價從 1969 年初的 55-70 港元上升至 1970 年底的 120-160 港元;每層面積在 300-500 平方呎的低價唐樓同期亦從每平方呎 50-65 港元上升到 100-120 港元,升幅約 1 倍左右。[2] 這一時期,由於港府已開始大規模興建廉租屋邨,吸引了不少低下層市民入住,故中低檔樓宇的售價升勢則略為緩慢。

　　樓價的上升帶動租金的全面上漲,港府於 1970 年 6 月頒佈租金管制條例,不過並未能遏止租金的升勢。據估計,在其後的 3 年間,非管制樓宇的租金將逾倍飆升。其中,唐樓平均飆升 130%,小型洋房飆升 200%,大中型洋房升幅接近 300%。結果,港府於 1973 年 6 月再頒佈一項臨時租金管制法例,規定從 7 月 1 日起,凡未受現行租金管制條例約束的所有戰後住宅樓宇的租金均暫時凍結;被凍結租金的業主,均不得對住客加租或迫遷,否則將予以處罰。

　　在商業樓宇方面,由於供不應求,租售價格亦全面上升,以甲級寫字樓租金為例,1968 年月租每平方呎 1.24 港元,到 1973 年已上升到月租每平方呎 4.97 港元,5 年間升幅約 3 倍。港島中區一些新建成的甲級寫字樓,月租甚至高達每平方呎 6-7 港元。由於中區租金昂貴,部分公司商號逐漸將寫字樓遷往灣仔、銅鑼灣、上環,甚至九龍。商業舖位的價格亦從 1970 年起大幅上升,尤其是繁盛地區的商舖,升勢更為凌厲。當時,普通地區商舖月租每平方呎約 5-6 港元,繁盛地區 15-30 港元,而尖沙咀旅遊區則高達 100 港元,出售價格多以月租的 100 倍計算,即月租 5,000 港元的舖位要價 50 萬港元。

　　這一時期,分層工業大廈在興建、租售方面亦相當暢旺,這是香港工業化的結果。據統計,從 1970-1973 年的 4 年間,新建成的分層工業大廈面積平均每年達 600 萬平方呎,

租售出去的面積亦達平均每年555萬平方呎，這個數字是60年代後6年平均每年租售266萬平方呎的1倍。不過，由於供應超過需求，租售價格升幅遠不如其他樓宇，空置量亦從1970年的190萬平方呎增加到1973年的224萬平方呎。

　　樓價、租金的上漲亦刺激了地價的飆升。這一時期，土地拍賣價格屢創新高，其中最矚目的，要數置地高價投得中區海旁的一幅地皮。1970年6月，置地在官地拍賣會上，以2.58億港元的高價，投得中區海旁一幅佔地5.3萬平方呎的新填海地（後興建康樂大廈，現改名為怡和大廈），平均每平方呎地價4,868港元，創香港有史以來最高地價的紀錄。當時，置地在競投該幅土地時，美資財團曾虎視眈眈，擺出勢在必得的架勢，事後又揚言要控告拍賣官，說下槌太快。這個地價是1954年香港一幅酒店地價每平方呎504港元的8.6倍，而後者在當時亦打破了香港有史以來地價的最高紀錄。

　　1973年春地產高峰時期，地價、樓價、租金受到股票投機狂潮的影響，不斷攀升，樓花炒賣異常活躍。當時，不少地產商均延遲樓宇銷售，寧願空置以待更高售價，甚至保存樓宇收租；而買家的要價更漫無標準，出現了有買家無賣家的局面。這時期，股市亦瀰漫著一片狂熱情緒，股民「只要股票不要鈔票」，一窩蜂地投機於股市。當時，滙豐銀行大班桑達士（Sir John Anthony Holt Saunders）曾提醒市民，股價已升到嚴重脫離實際的高度，投資者應持謹慎態度。可惜，桑達士的忠告瞬即淹沒在

股市的喧囂之中。

　　地產的過度發展和股市的過度膨脹，終於釀成股市危機。1973 年 3 月以後，以發現假股票事件為導火線，觸發股民恐慌性拋售，大市終於從 3 月 9 日恒生指數 1,774.96 點高峰掉頭下跌。其後港府採取連串措施，包括向股票交易徵稅，實施租金管制、收緊信貸等，更使跌勢一發不可收拾。到 4 月底大市在短短一個多月內跌至 816.39 點，到年底再跌至 433.7 點。到 1974 年 12 月 10 日，恒生指數跌至 150.11 點低谷，已不及高峰時期的十分之一，股市損失慘重。緊接著，1974 年中東石油危機爆發，受世界經濟衰退影響，香港經濟不景，銀行進一步收緊信貸，地產業遂再次陷入另一個低潮。

　　1973 年，港九新界各區有一大批年期為 75 年的土地租借期期滿，需重新續約換契。其中，僅新九龍就多達 4,800 多幅，上蓋樓宇逾萬幢。[3] 根據法例規定，這些土地的續約換契，須按市值補交地價。然而，當時香港的地價在投機熱潮中已升至相當不合理的水平，若按此市值補交地價不僅使業主負擔沉重，對當時香港不景的經濟亦將造成打擊。1973 年 12 月 12 日，港府制定官契條例，規定土地年期屆滿而可續期的土地均可自動續期，重估地稅為「每年應課差餉租值」的 3%。這一措施無疑有利於減輕當時地產業面臨的壓力。

1.2 1970年代中至1980年代初的地產熱潮

　　中東石油危機過後，香港經濟經過短暫的調整，於 1976 年全面復興，該年香港本地生產總值增幅高達 17.1%。這主要因為香港經濟具有高度的彈性和靈活性，能迅速因應國際市場的轉變而作出調整。況且，香港的製造業屬輕紡工業，對能源需求較小，故能較快度過能源危機，比世界其他地區更快復甦。

　　這一時期，香港經濟開始轉型，成為亞太區國際性金融中心。1970 年以前，香港金融業差不多全是由經營零售業務的商業銀行構成。70 年代初，隨著股市勃興，大批跨國金融機構，主要是商人銀行、國際投資銀行紛紛到香港開設分支機構，本地中小型財務公司、證券公司更如雨後春筍般湧現。其後，港府相繼放寬外匯、黃金管制，使石油美元東移，香港逐漸成為國際貸款的重要中心和世界四大黃金市場之一。股市也逐步回升，形成「金股齊鳴」的繁榮景象。1978 年，港府宣佈「解凍」對銀行牌照的發放，大批國際銀行進入香港。到 80 年代初，香港已從單純以經營銀行業務為主的模式，演變成世界第三大金融中心（以外資銀行數量計算），僅次於紐約和倫敦。[4] 大批跨國公司在香港開設分公司，大大增加了對香港商業樓宇和高級住宅的需求。

　　這時期，香港的人口持續膨脹，社會結構亦發生轉變。1970 年，香港人口尚不足 400

左 | 1970 年代末港島中區、灣仔新建的高級商廈。

右 | 1970 年代末香港與內地聯繫加強，不少港商均前赴內地設廠經商。

萬人，但到 1980 年已超過 500 萬人，大量新移民源源不斷的湧入，對房屋需求造成了持續的壓力。而且，五六十年代是香港人口出生的高峰期，這批人在 70 年代後期和 80 年代初均進入適婚年齡。據統計，80 年代平均每年約有 5 萬對青年人結婚。香港的家庭結構亦發生重大轉變，核心家庭正逐漸取代家族大家庭，因此，每年 5 萬對的新婚夫婦令住房的需求驚人。到 1981 年地產高峰時期，中小型住宅單位每平方米售價被推高到 1 萬港元，即每平方呎售價超過 1,000 港元。[5]

刺激地產業蓬勃發展的還有一個重要因素：中國政治、經濟形勢的轉變。1976 年，中國一舉粉碎了「四人幫」，結束了為期 10 年的「文革」動亂，並開始推行四個現代化計劃。1978 年底，鄧小平復出，中共召開十一屆三中全會，決定將工作重心轉移到經濟建設的軌道上，並推行舉世矚目的改革開放路線。其後，廣東、福建兩省在毗鄰港澳的深圳、珠海、汕頭和廈門設立 4 個經濟特區，以吸引外資，香港與內地的經貿聯繫因而獲得全面性的發展。香港頓時成為中國內地與國際經濟的樞紐和橋樑，大量外資流入，準備以香港為跳板進軍內地市場。時局的驟然轉變，給投資者帶來極大的鼓舞，香港經濟遂呈現戰後罕見的繁榮，1975-1981 年間，香港本地生產總值平均每年的實質增長都在 10% 以上。

人口的膨脹、社會經濟結構的轉型以及中國改革開放所帶來的繁榮，推動了香港地產市場從 1975 年開始復甦，並於 1981 年達到空前高潮。這期間，地產發展商大規模投資興建各類樓宇，包括住宅樓宇、商業樓宇尤其是寫字樓，以及工廠貨倉等，地價、樓價、租金大幅攀升，樓花炒賣盛行，投機之風熾熱，地產市道呈現空前的繁榮盛況。

在住宅樓宇方面，長期以來一直在地產市道扮演重要角色的唐樓已被逐漸淘汰，代之

新界換地權益書（Letter B）

換地權益書始於 1960 年代初期，當時政府為著加速發展新界建設，需向業權人收回土地，但收地往往涉及敏感政治問題，雖云官地收回條例已賦予政府權力及賠償辦法，但政府為避免官民磨擦，遂給予業權人現金補償外，同時創立換地權益書，訂明他們有權換取政府開發後之土地，致可「分享」將來土地升值的成果。按照政府之規定，換地比率是農地 5:2，建築地 1:1，另從換地權益書發行時的地價計算，減去換地權益書本身註明之價值，補償給政府作為開發土地及土地價值獲得額外提升之實用，至 1982 年，估計政府因發出換地權益書而欠下的地債高達 3,700 多萬呎。

由於自 1960 年以來，地價不斷上升，故此持有發出日期越久之換地權益書，和政府商議換地時所須付出的補價就越少，加上由 1974 年起，政府實施一項計分方法來決定換地權益書的優先次序，使年代越久之換地權益書，成為地產發展商逐鹿的對象，由於這些換地權益書沒有轉讓的限制，在地價不斷上升的日子裡，便使持有換地權益書之人士，亦一朝致富，而政府推行之大規模收地及發展行動，亦以比較經濟的補償辦法，得以順利展開。

唯至 1982、83 年期間，地產市道向下調整，而新界樓價之跌幅尤為顯著，新界地盤發展無利可圖，換地權益書便失去了它的價值，而身價大幅下跌，（附表一）甚且在一段期間，有價無市，屢次私人之換地權益書拍賣亦被迫收回。同

附表一　換地權益書在1980-1983年間的平均市值（單位：港元*）

換地權益書年份	3/80	12/80	9/81	11/81	1/82	7/82	1/83	4/83	10/83	3/84
1964	1,100	2,000	1,150	1,000	800		300	350		
1965	950	1,900	1,100	950						
1966	850	1,800	1,050							
1967	800	1,700	1,000	900						
1968	750	1,600	950	850						
1969	700	1,500	900	800						
1970	680	1,400	850	750						
1971	600	1,300	800	700		550				210
1972	500	1,200	750	650		480			200	
1973	450	1,100	700	600					160	
1974	410	1,050	650	550	500	300	200	160	140	180
	430	980	600	500	450					
1975	390	870	520	450	400	250	100	130	130	200
	370	820	470	400	380					
1976	350	750	420	350	350	200	90	120	100	130
	300	700	380	300	300					
1977	260	650	340	280	280	150	80	110	70	100
	220	550	290	220	220			80		
1978	170	500	260	180	170	110	65	70	65	100
	130	460	230	160	140					70
1979	110	400	210	140	130	90	55	40	40	30
	90	280	190	130	120					
1980		200	170	115	110	70	50	40	40	40
		180	150							
1981			130	100	95	60	30	40	40	45

* 每平方呎價格

資料來源：梁錦豪測量師行，《房地產導報》，1987 年 8 月 12 日，第 11 頁。

時間政府亦發覺換地權益書已失去了它的吸引力，而另一方面，換地權益書經過多年的不斷發行，政府欠下的地債可能至下一世紀仍不能清償，故此於 1983 年 3 月 10 日，政府毅然宣佈停止發行新換地權益書，日後的收地賠償，全部皆以現金計算，而舊有的特惠補償金，即提高百分之 20 去平衡取銷頒發換地權益書之損失。與此同時，政府亦與擁有大量換地權益書之持有人磋商，以便研究加速贖回已發行之換地權益書之辦法。（附表二）

附表二　在1984年6月5日未贖回之換地權益書		
年份	建築地（方呎）	農地（方呎）
1960 前	—	27,878
1961	—	175,037
1962	13,282	73,589
1963	944	230,286
1964	1,197	180,512
1965	5,938	41,731
1966	2,729	16,421
1967	—	139,390
1968	151	35,902
1969	3,149	31,303
1970	1,290	39,453
1971	1,769	213,319
1972	—	91,100
1973	5,300	27,654
1974	79,298	1,832,944
1975	15,066	213,193
1976	34,322	1,089,110
1977	48,718	6,680,524
1978	445,898	11,099,073
1979	32,248	1,988,469
1980	174,335	2,929,524
1981	119,594	4,309,014
1982	436	357,363
1983/3	—	44,872
共計	985,664	31,867,661

終於在 1984 年 3 月，政府實行換地權益書幣值化，根據一個簡單的統計學概念，以荃灣屯門及沙田等的各類用途地價為基本，估計某年份發行的換地權益書的兌換價值，而經幣值化後的換地權益書，可以以政府每年公佈兩次的價值，當作現金支付各類土地收費。此外，政府更曾推出 4 幅非新界區的貴重土地，包括金鐘舊兵房地段，廣東道中港碼頭地段及尖沙咀東部兩幅地段，供競投者用幣值化換地權益書支付地價。這個新的制度實行初期，確有不少換地權益書持有人，把積囤已久但有價無市的換地權益書交還給政府，可是自從 1984 年中英簽署聯合公佈以來，地價已逐步攀升，而換地權益書已漸漸得回它的換地價值，其市價亦從官定幣值的七成至八成之間，升至現時官定幣值的數倍。

從以上所見，換地權益書的市值變動極之龐大，它可以從 1981 年之高峰，隨著地產市道回落至有價無市，及在幣值化推行初期，只值官價之一分數，但由於地價近一年來大幅上升，即使連 1981 年上一次地產高峰時發出的換地權益書，也享有換地的優惠補價價值，以至市價大大高於官價，甚至乎如恒生指數能節節上升。政府曾期望換地權益書幣值化後，能加速收回市面上的換地權益書，但除初期取到些少成績外，地價上升使換地權益書持有人抱著觀望態度，期望以更高的價錢賣給地產發展商或日後賬面升值之機會；此外，由於政府的幣值化估計每半年才做一次，其結果往往落後大市的升幅，以至定出來之官價根本不能反映換地權益書的實際價值，現時的幣值化兌算表，只是一隻白象而已。

話說回來，現存的換地權益書，大部分都落在三數華資地產商之手，即使當年太古地產成功以 7 億 300 萬元取得金鐘舊兵房地段的發展權，它亦只能交出 2,800 萬幣值之換地權益書，其他的地產發展商，可謂無從與此三數華資地產商以換地權益書競投土地，而現時換地權益書之市值，其實也由這三數地產商之需求所控制，所以但凡有新界貴重地段出投時，如果這三數地產商都表示有興趣，換地權益書的市值，才大幅飆升，其他的日子裡，換地權益書的市場非常平淡，如果作一大膽假設，這三數地產商對土地權益書的需求取得默契，土地權益書將立刻失去了它的市場價值。

而起的是高層住宅大廈和大型私人屋邨。私人住宅的建成量逐年大增,從 1976 年新建成
15,425 個單位,增加到 1981 年高峰時期的 34,475 個,5 年間增幅高達 124%。新建成的
住宅樓宇中,以 100 平方米以下的中小型樓宇所佔比例最高,每年均在 90% 以上,其中 40
平方米以下的小型住宅樓宇約佔 50% 左右。住宅樓宇價格大幅飆升,以最受歡迎的小型住
宅單位為例,1976 年每平方呎售價是 265 港元,到 1981 年高峰期已上升到每平方呎 1,050
港元,5 年間升幅接近 3 倍。(表 3-1)

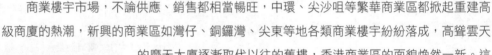

表3-1 1976-1981年香港私人住宅樓宇發展概況						
	1976	1977	1978	1979	1980	1981
新建成住宅單位(個)	15,425	20,870	26,230	27,795	27,145	34,475
A 型單位(40 平方米以下) (港元 / 每平方呎)	265	354	432	725	938	1,050

資料來源:香港政府差餉物業估價署

遠東金融中心地段 1980 年拍賣時,曾創下最高成交價紀錄。

商業樓宇市場,不論供應、銷售都相當暢旺,中環、尖沙咀等繁華商業區都掀起重建高級商廈的熱潮,新興的商業區如灣仔、銅鑼灣、尖東等地各類商業樓宇紛紛落成,高聳雲天的摩天大廈逐漸取代以往的舊樓,香港商業區的面貌煥然一新。這時期,大批商業樓宇建成,以寫字樓為例,1976 年,香港寫字樓落成面積僅 217 萬平方呎,到 1981 年新建成面積已增加到 338 萬平方呎,1982 年更增加到 396 萬平方呎,接近 1976 年的 1 倍。對商廈需求的殷切亦刺激了租售價格的急升,以甲級寫字樓為例,1974 年甲級寫字樓平均每平方呎月租約 6 港元,但到 1981 年已上升到 21 港元,7 年間升幅達 2.5 倍。其中,中環部分甲級寫字樓每平方呎月租升至接近 30 港元。80 年代初,地產炒風蔓延到商廈,大炒家甚至整幢樓宇進行炒賣,一時街知巷聞的金門大廈就在一年內轉手了 3 次,售價從 7.15 億港元上升到 16.8 億港元,炒風之盛,令人咋舌!

在工廠貨倉市場,情況也大致相似。由於製造業繼續蓬勃發展,加上港府取締使用商業樓宇或住宅樓宇作工場的所謂「山寨廠」,廠商對分層工業大廈和貨倉的需求仍然殷切,分層工業大廈和貨倉市場在供求兩方面都創下新紀錄。在工業大廈方面,1976 年新落成面積 290 萬平方呎,到 1979 年高峰時期增加到 1,375 萬

平方呎，4 年間增幅達 3.7 倍。由於仍然供不應求，廠廈租金節節上升，1976 年市區樓上工廠平均年租是每平方米 171.6 港元，到 1979 年已上升到 355.1 港元，3 年間升幅逾倍。市區部分地區如紅磡等，每平方米年租高達 723.6 港元。不過，踏入 80 年代，香港製造業發展步伐放緩，加上大量新廠房落成，開始出現供過於求的局面，空置單位大增，1982 年分層工業大廈空置面積達 122 萬平方米，空置率已高達 10.5%。這也是後來地產崩潰中工業用地、廠廈跌幅最大的原因。

　　房地產業的異常繁榮亦刺激了港府大量拍賣官地的興趣以及地價的急升。1976 年，港府在官地拍賣會上售出土地的面積是 54.36 萬平方呎，土地收益 4.4 億港元；但到 1980 年，售出土地已增加到 151.48 萬平方呎，增幅達 179%，土地收益則增加到 39.3 億港元，增幅接近 8 倍。（表 3-2）這些數字仍未能反映出地價升幅之巨，原因是 70 年代末 80 年代初，港府在賣地中大量推出工業用地，所佔面積比例從 1979 年的 47% 逐年上升到 1981 年的 79%。如果剔除工業用地，商業、住宅用途的土地售價升幅更加驚人。

表3-2　　1976-1981年香港官地拍賣概況						
	1976	1977	1978	1979	1980	1981
官地拍賣幅數	37	45	41	30	43	47
拍賣官地面積（萬平方呎）	54.36	93.36	68.41	51.94	151.48	118.76
土地收益（億港元）	4.4	10.0	29.2	15.4	39.3	24.6

資料來源：香港經濟導報編，《香港經濟年鑑》，1976-1981 年。

　　地價的急升，反映在官地拍賣上是投標價屢創新高。1970 年 6 月 1 日康樂大廈現址拍賣時，每平方呎平均地價是 4,868 港元，到 1978 年 8 月 4 日金鐘道一幅地皮拍賣時，每平方呎售價已躍升至 13,643 港元。1980 年 7 月 18 日夏慤道遠東金融中心現址拍賣時，每平方呎售價更進一步升至 26,247 港元，升幅是康樂大廈現址拍賣價的 4.4 倍。然而，這些拍賣成交價與後來的紅棉道地皮和中區新「地王」相比，僅是小巫見大巫而已。

　　1981 年 4 月 2 日，香港地鐵公司以公開招標的形式出售紅棉道一幅地皮，面積為 13,825 平方呎，結果以 4.8 億港元售出，平均每平方呎地價高達 34,720 港元，創香港最高地價紀錄。如果説紅棉道因面積小所以涉及資金數額不大的話，那麼 1982 年 2 月 12 日港府售出的中區新「地王」，則震動整個地產界。早在 1981 年 11 月，港府就宣佈以公開招標形式售出中區位於康樂大廈以西一幅面積多達 14.4 萬平方呎的地王，當時是中巴及小巴在中環的總站，可以説是港島中環商業核心區的中心，是地王中的地王。當時，參加投標的財團包括置地、長江實業、新鴻基地產等大型地產集團。事前有人預測，這幅地王可售出

70 億港元價格，置地常務董事鮑富達也曾估計，這幅地皮的價值將在 75 億港元之上。[6] 後來，地產市道從高峰滑落，結果到 1982 年 2 月 12 日開標時，置地以 47.55 億港元的高價投得，而長江實業和新鴻基地產分別以 43 億港元和 38 億港元落敗。這幅地王平均每平方呎地價是 32,964 港元，雖稍低於紅棉道地段，卻創下港府官地拍賣成交額的歷史新紀錄，並成為全球最大宗地產交易。（表 3-3）這座後來被命名為「交易廣場」的地產計劃分兩期進行，先後建成 3 幢高級商廈，建築面積達 200 萬平方呎，總投資逾 80 億港元。

表3-3　香港中區非工業用地拍賣成交價紀錄			
拍賣日期	面積（平方呎）	成交價（萬港元）	每平方呎平均價（港元）
1970 年 6 月 1 日	53,000[①]	25,800	4,867.92
1976 年 1 月 19 日	4,000	660	1,650.00
1976 年 2 月 13 日	4,700	950	2,021.28
1976 年 3 月 5 日	2,100	340	1,619.05
1976 年 4 月 23 日	4,090	610	1,491.44
1976 年 9 月 24 日	3,112	495	1,590.62
1977 年 4 月 29 日	19,055	5,300	2,781.42
1977 年 5 月 11 日	1,044	2,200	2,107.28
1977 年 6 月 7 日	6,350	1,600	2,518.09
1977 年 7 月 25 日	2,270	500	2,202.64
1978 年 4 月 25 日	6,700	2,500	3,731.34
1978 年 6 月 21 日	7,868	3,075	3,908.24
1978 年 8 月 4 日	42,878[②]	58,500	13,643.36
1980 年 7 月 18 日	34,595[③]	90,800	26,247.00
1981 年 4 月 2 日	13,825[④]	48,000	34,720.00
1982 年 2 月 12 日	144,250[⑤]	475,500	32,963.60

說明：①康樂大廈現址；②金鐘道地皮；③夏慤道遠東金融中心現址；④紅棉道地皮；⑤中區新「地王」。

資料來源：香港政府地政署

二、商廈重建和大型私人屋邨興建

60年代後期以來，香港市區的商住土地日漸短缺，

地價節節躍升，建築樓宇的土地成本日益昂貴。地產發展商為「地盡其用」，

紛紛向高空發展，在繁榮商業區內策動大規模的商廈重建、興建計劃，

大批貴重的摩天商廈相繼落成。部分發展商更瞄準市區內一些大幅非商住土地，

向港府申請更改土地用途，興建大型私人屋邨。

一時間，重建商廈、興建大型私人屋邨蔚成潮流，

成為這一時期香港地產業發展的一個顯著趨勢。

2.1 高級商廈的重建和興建熱潮

1970 年代商廈重建、興建熱潮首先從港島中環商業區興起。長期以來，中環一直是香港商業經濟活動的心臟，它的脈搏跳動代表了香港整體社會的動力、活力，是香港繁榮的最高象徵。70 年代以前，中環商業核心區的貴重物業，基本上被著名的英資地產公司置地所壟斷，這種情況直到 70 年代中後期新興華資地產商崛起後，才逐漸發生變化，形成各據一方的局面。不過，置地始終在核心區自成王國，成為香港地產「皇冠上的明珠」。

70 年代以後，中區商廈的重建熱潮亦首先由置地掀起。1970 年，置地以 2.58 億港元的歷史新高，高價投得港島中區面積達 5.3 萬平方呎的新填海地段，於 1973 年建成樓高逾 50 層，總面積逾 75 萬平方呎的康樂大廈。新大廈以破紀錄的時間建成，從 1971 年 10 月動工，到 1973 年 4 月舉行隆重「平頂」儀式，前後歷時僅一年半。康樂大廈連地價總投資額 4 億港元，這是當時香港及亞洲最高的建築物，雄視整個維多利亞海港。翌年，怡和將總部遷入康樂大廈。當時置地在競投康樂大廈地段時，美資財團虎視眈眈，擺出勢在必得的架勢。事後又揚言要控告拍賣官，說下槌太快。事實上，

1973 年落成的康樂大廈，是當時香港最高的建築物。

上｜置地廣場的前身——連卡佛大廈。

下｜1980 年代中環的「自然心臟」——置地廣場。

置地亦是志在必得，因為該地段如讓其他財團奪得，興建的大廈將不會像現時的樣子，有可能遮擋了文華酒店和於仁大廈，令其看不到海景，價值大貶。

1974 年，置地宣佈將斥資 6 億港元，展開為期 10 年的雄心勃勃的中區重建計劃。第一期是重建歷山大廈，於 1976 年完成。置地曾建議以舊歷山大廈換取港府的郵政總局（當時位於今日環球大廈），遭到拒絕，只好自行重建。新歷山大廈樓高 36 層，樓宇總面積 35.7 萬平方呎，比舊歷山大廈多出 11.9 萬平方呎。[7] 第二期工程是拆卸重建告羅士打大廈及皇室行。為了將物業連成一體，以便興建一流的高層商廈及有廣闊平台的商場，置地以畢打街對面的怡和大廈及畢打行與會德豐公司的連卡佛大廈交換，1979 年建成告羅士打大廈及與之相連的置地廣場。第三期工程是拆建毗鄰的公爵行和公主行，建成公爵大廈。整個計劃於 80 年代中前期完成，如今它們成為了中區的心臟地帶。

置地廣場面積達 2 萬餘平方呎，共有 5 層平台；其中兩層是地庫，全部平台單位均闢作精品店和風格各異的飲食店，廣場中央可舉辦各項表演——時裝表演、音樂會及展覽等，四周設有咖啡廊、茶座，上蓋蓋有可透光的玻璃纖維，成為中區的高級購物娛樂場所。與之相連的告羅士打大廈樓高 47 層，全幢大廈可供出租面積 60 萬平方呎，其中寫字樓面積 46.5 萬平方呎，其餘為商舖。該大廈最大的特色是其疏格式的外牆結構，窗門深深凹入，利用大廈的結構遮蔭窗門，材料則採用鋁質窗框和有色玻璃，以減少室內所受熱量。大廈內所有設施均採用先進電腦系統控制，包括報警、空氣強度調節、供水、照明、保安及通訊系統等。公爵大廈亦與置地廣場及告羅士打大廈連通，樓高 47 層，可提供樓宇出租面積 60 萬平方呎。兩幢大廈重建後，可提供面積比原來增加 79.6 萬平方呎。[8]

　　規模浩大的 10 年重建計劃完成後，港府規劃處更在各大廈之間架設空中行人天橋，將置地旗下的多幢貴重物業，包括康樂大廈、太古大廈、文華酒店、太子大廈、歷山大廈、告羅士打大廈、公爵大廈以及置地廣場相貫，並直通區內各處如郵政總局、天星小輪碼頭等，儼然自成一國，成為中環的「自然心臟」。

　　就在 10 年計劃即將完成之際，置地又策動更矚目的拓展計劃，先是將位於雪廠街的荷蘭行和有利銀行拆卸重建，該項計劃在 90 年代初完成，即著名的大道中 9 號物業。1982 年 2 月 12 日，置地更以 47.55 億港元的破紀錄價格，投得中區毗鄰康樂大廈的新「地王」。根據合約規定，置地須在地面興建一全新巴士總站，其上則為一座兩層平台，香港證券市場將設於此。這座後來被命名為「交易廣場」的發展計劃分兩期進行，總投資逾 80 億港元。第一期是兩幢 52 層高商廈，於 1985 年落成；第二期在毗鄰再興建一幢 32 層高獨立商廈，於 1988 年完成。3 座交易廣場總樓面面積達 154.5 萬平方呎，其富有動感的外形和大幅有色玻璃幕牆令維多利亞海港的景色迥然改觀。

　　受中區商廈拆建熱潮影響，連有悠久歷史的香港會所也不能幸免。香港會所坐落在皇后像廣場毗鄰，是區內碩果僅存的維多利亞風格建築。拆建該會所的決定，曾遭受眾多會員的反對而擱置。然而 70 年代後期，地產市道空前暢旺，引起不少地產商的垂涎。結果，這座有百多年歷史、古色古香的建築物終於難逃被淘汰的歷史命運，取而代之的是一幢設計別出心裁，外形獨特而富有藝術色彩的新香港會所大廈。該大廈於 1984 年建成，樓高 21 層，另有兩層地庫，樓宇面積 28 萬平方呎。全部建築費由負責興建的置地支付，約 2 億港元。置地將與香港會所平分租金收入（以當時樓價估計，該大廈每月租金平均可達 600-700 萬港元），但 25 年後權益將歸還香港會所。[9]

左｜雄踞中環、氣勢宏偉的交易廣場（中），其租金的上落已成為中區高級商廈租金的走勢指標。

右｜富有維多利亞建築風格的舊香港會所。

　　幾乎就在置地大規模重建商廈的同時，新興地產發展商亦不甘後人，相繼在中區掀起投資熱潮。其中，最矚目的是李嘉誠旗下的長江實業。1977 年，長江實業以逾 3 億港元標價與地鐵公司達成協議，奪得中區舊郵政總局及金鐘地段上蓋物業發展權，建成樓高 28 層的環球大廈和兩幢樓高 32 層和 33 層的海富中心。這一時期，新興地產商在中區、金鐘一帶重建的商廈，犖犖大者計有華人行、中建大廈、環球大廈、新世界大廈、歐陸貿易中心、海富中心、統一中心、勵精大廈、鱷魚恤大廈、永恒商業中心、馮氏大廈以及威亨大廈等等。

　　隨著中區金鐘地價、樓價的日漸昂貴，這一時期出現了高層商業樓宇向灣仔、銅鑼灣、上環以及九龍尖沙咀擴散的趨勢，有所謂「繁榮東移」的說法。毗鄰金鐘的灣仔區，開埠初期是著名的春園所在地。在一段相當長的時期中，灣仔曾以紅燈區聞名，區內遍佈各種夜總會、酒吧、舞廳等娛樂場所，夜店繁多，是燈紅酒綠、夜夜笙歌的煙花之地。尤其是駱克道、謝斐道一帶，更是五步一樓、十步一閣，成為夜遊人士的集散地。

信德中心興建前的風貌。

　　不過，這種情況自 1970 年代中後期起已開始發生顯著變化。在 20 年代和 50 年代相繼進行填海工程之後，港府於 60 年代在灣仔區再次展開大規模填海工程，將海岸線從 20 年代的莊士敦道、50 年代的告士打道推至港灣道以至碼頭沿岸，獲得大片的商住用地。70 年代以後，商廈興建熱潮擴散到灣仔，一大批商業樓宇紛紛建成，包括香港大東電報局大廈、伊利沙伯大廈、華潤大廈、鷹君中心、新鴻基中心、合和中心等。其中，新鴻基中心和合和中心更相繼超越康樂大廈，成為香港最高的建築物。

　　1972 年，香港海底隧道通車後，銅鑼灣也逐漸成為繁華的商業區，區內開始興建寫字樓，其中最矚目的是置地在該區的發展。銅鑼灣原本就是置地母公司怡和在香港的發源地，1972 年置地成功兼併具有悠久歷史、在港島各處特別是銅鑼灣一帶擁有大片土地的牛奶公

司。1973年,置地將牛奶公司在銅鑼灣的冰廠——一塊面積達5.3萬平方呎的地盤,改建為氣派豪華的溫莎公爵大廈(即現今的皇室大廈)。該大廈樓高41層,建築面積逾81萬平方呎,可供租用面積60萬平方呎,是區內最龐大的商業大廈。從樓頂遠眺,維多利亞公園及海港景色一覽無遺。1976年,置地又利用牛奶公司在港島薄扶林的牧牛場地皮興建「置富花園」,包括26幢高層及低層的住宅大廈,約4,000個住宅單位,這是置地首次發展的私人屋邨。這些發展計劃,都為置地股東(包括牛奶股東)帶來不菲的利潤。

在60年代之前的30年間,港島區的基本發展方向是所謂的「繁榮東移」——先是灣仔、銅鑼灣,後來是北角、鰂魚涌、筲箕灣、柴灣。相對而言,上環及西區發展較緩慢。這時期,西環基本上是「南北行」的大本營,區內商號林立,貨倉眾多,是海產品的集散地。時至今日,德輔道西一段仍是有名的「鹹魚欄」。60年代中期,港府決定發展葵涌為貨櫃碼頭,西區海旁的舊式碼頭、貨倉逐漸失去存在意義。因此,70年代以後,隨著地產市道的蓬勃,區內將貨倉拆卸興建商業或商住樓宇之風漸起。到80年代初,已經動工或建成的商廈,計有信德中心、時峰大廈,以及億利、威勝、承德、紀德、聯發、成基、富港、昆保、香港等商業中心或商業大廈。不過,與中環甲級商廈相比,這些商廈的檔次較低,規模亦大為遜色。

在九龍,商廈重建、興建浪潮亦在尖沙咀臨海地段、尖東、彌敦道尤其是旺角地段此起彼伏。其中,最矚目的當數英資公司九龍倉在尖沙咀海旁策劃的大規模重建工程。50年代初期,朝鮮戰爭爆發,以美國為首的聯合國向中國實行貿易禁運,香港的轉口貿易自此衰落,進出香港的船隻銳減,九龍倉的業務深受影響。為了穩定公司利潤,九龍倉開始推行業務多元化政策。到60年代初,香港的對外貿易再度蓬勃,九龍倉於是決定興建一座現代化的客運大樓。1962年,九龍倉取得港府的資助,將原第一號碼頭重建為樓高4層的海運大廈。1966年3月3日,海運大廈落成,由瑪嘉烈公主剪綵揭幕,第一艘巨輪「坎培拉號」首先停泊在海運大廈碼頭。海運大廈還設有兩層面積寬廣的商場,給公司帶來了可觀的租金收入。1965年,九龍倉再接再厲,與華商許世勳及陳德泰合作,建成香港酒店和海運戲院。這是九龍倉從事地產投資的開端。1970年,九龍倉盈利1,800萬港元,比10年前增加10倍以上。

進入70年代,隨著香港貨運方式的革新,九龍半島

1966年尖沙咀風貌,圖中可見剛落成的海運大廈。

上｜ 1990 年代後期的海港城，
曾被譽為「亞洲最龐大及成功的
綜合商業中心」。

下｜海港城模型。

沿岸的面貌迅速發生巨變。在 60 年代以前，九龍半島沿岸主要的是碼頭、貨倉和船塢。當
時，尖沙咀一帶是九龍倉的舊式碼頭貨倉，主要為客貨輪服務，沿岸而上，在尖沙咀與大角
咀之間是眾多的碼頭泊位，供貨船和躉船使用，各停泊區之間，有無數的駁船等候接貨。
從尖沙咀向東伸延，是著名的藍煙囪輪船公司的貨倉，而尖東紅磡一帶，則是龐大的黃埔船
塢，與港島鰂魚涌的太古船塢遙遙相對。沿岸街道上，是各種為航運服務的店舖，充斥著麻
繩、機械及各種船舶用品，此外就是專為水手服務的酒吧、餐館。

　　然而，70 年代期間，香港的航運業已進入貨櫃化時代，葵涌貨櫃碼頭相繼建成使用，
九龍倉原有的功能日漸式微。1971 年，藍煙囪貨倉停業，其地段出售給華資地產商鄭裕
彤，鄭氏在原址上建起雄踞尖東的新世界中心和著名的麗晶酒店。黃埔船塢和太古船塢合併
後亦遷到青衣，其龐大地皮日後矗立起兩座現代化的居民屋邨——黃埔花園和太古城。尖沙
咀地區更發展成繁盛的商業中心區。這時，受到早期地產發展成功的鼓舞，九龍倉遂訂下發

展大計，通過在股市集資等各種方式獨立進行規模宏大的重建計劃，計劃在原有的海旁碼頭、貨倉地段上，建成海洋中心、海港城等綜合物業。

海港城地段毗鄰九倉早期興建的海運大廈、香港酒店及海洋中心，地盤面積廣達43萬平方呎，計劃興建 5 幢豪華住宅、3 幢高級寫字樓、兩座豪華酒店、3 層龐大的購物商場和完善的康樂設施。該地段由於受到香港機場條例的管制，建築物高度不能超過 61 米，因而地盤面積與建築物高度不甚對稱。為解決這個外觀問題，九倉將海港城在設計上相對劃分為 3 組不同形狀的樓宇，分別是沿海岸的扇形大廈和近廣東道的長方形建築，所有樓宇均樓高 17 層，坐落在一個龐大的 3 層高平台上，每座大廈雖各自獨立，實際上彼此連成一體。

1980年代的尖沙咀海旁。

海港城計劃總發展費用超過 20 億港元，分 5 期進行，歷時 10 餘年，在原來的海旁碼頭貨倉地段上興建了被譽為「亞洲最龐大及成功的綜合商業中心」。其中，3 幢高級寫字樓從南到北分別被命名為環球航運中心、世界商業中心和環球金融中心，可提供約 80 萬平方呎出租樓面。5 幢豪華住宅從南到北分別命名為班桃閣、桂芝閣、秀棠閣、品蘭閣和仙桃閣，共提供 375 個住宅單位，設計高尚清雅，外形呈扇形狀，瀕臨海港，維多利亞港海景一覽無遺。兩幢豪華酒店分別是馬哥孛羅酒店和太子酒店，擁有逾 800 間客房，均由著名的半島集團管理，橫貫 11 幢大廈的 3 層平台是一個可提供約 35 萬平方呎出租面積的龐大商場，內設逾 600 間精品店、約 50 間酒樓餐廳，以及有 669 個車位的停車場，儼然自成一國。自此，九龍倉蛻變成尖沙咀地區赫赫有名的地王，旗下大批美輪美奐的高級商住大廈和酒店矗立在尖沙咀海旁，令該區的面貌煥然一新，它與港島中區置地旗下的物業王國並駕齊驅，在維多利亞海港兩岸遙相輝映。

這一時期，地產商在港九各繁榮商業區掀起大規模商廈重建、興建熱潮，究其原因，主要是區內土地日漸短缺，地價昂貴，香港經濟繁榮，大批跨國公司進駐香港，對繁榮地段的

寫字樓形成龐大需求，供求的不平衡導致樓價、租金飆升，而港府對商業樓宇的租金升幅，始終堅持不干預政策，不加管制。地產商在有利可圖之下，遂掀起了這場空前的商廈重建熱潮。

2.2 大型私人屋邨的興建蔚然成風

就在商廈重建的熱潮中，香港大型私人屋邨的興建同樣蔚然成風。其中，開啟這一先河的，當數當時被稱為「世界最大私人樓宇發展計劃之一」的美孚新邨。

美孚新邨地段坐落在西九龍風光明媚的荔枝角灣畔，原是一幅土地面積龐大的美孚油庫，業主是在香港已有數十年歷史的美孚石油公司。其母公司是美國一家規模龐大的跨國公司——美國紐約標準石油公司。1893 年，紐約標準在中國開設美孚石油公司，取名「美孚」，即美麗可靠之意，在中國銷售火水及火水燈。1906 年，美孚進入香港，其推銷的美孚燈曾名噪一時。60 年代中期，美孚眼見香港市區地價昂貴，於是與美國地產公司 Galbreath Ruffin Corporation 及建築公司 Turner Construction Co. 合組美孚企業有限公司，計劃發展香港最大的私人屋邨，定名為「美孚新邨」。

美孚新邨遠眺。

美孚新邨地段佔地面積多達 40 畝，美孚計劃將原油庫遷往青衣，然後在該地段上發展 99 幢 20 層高住宅大廈，共計 13,110 個住宅單位，每個單位實用面積從 450 平方呎到 1,400 平方呎不等，形成包括休憩花園、娛樂場所、商業店舖，滿足全部生活需求的一個「城中城」。這個計劃在 1965 年提出時，被認為是香港樓宇發展史上最具創造性的概念。

美孚新邨的總投資近 7 億港元，分 8 期工程進行，從 1966 年底開始動工，到 70 年代中期全部完成，可為 7 萬人提供居所，其規模之大，可謂空前。美孚企業為將美孚新邨發展為一個完善的獨立社區，十分重視屋邨內環境和設施的配套。8 期大廈中，每期均有一個完善的商場，包括銀行、酒樓食肆、雜貨店、肉食店、餅店、藥房、診所、裁縫店、洗衣店等，供應居民生活所

美孚新邨——開拓香港大型私人屋邨發展之先河。

需。第四期更有一龐大的商業中心，內設 4 層百貨商場；第七期的商業中心內設中西式酒樓、大型超級市場及 35 所商店。屋邨內還設有 6 所幼稚園、兩間私立中學及 3 所中小學校，以及戲院、保齡球場等各種娛樂設施。

　　美孚新邨還在區內各幢住宅之間設立花園平台，不但解決了從前人車爭路的紛亂，而且也為居民提供了一個休憩的場所。美孚新邨各期的平台花園上均有名家設計的造型。首期美新園入口處，是一幅由意大利名家設計的壁畫，上刻一條栩栩如生的龍及美孚之燈，配以一座噴泉，清麗可人。第二期平台設有一噴水池，池上建有一個以青銅和不鏽鋼鑄成的圓球，上面鑄有十二生肖圖。第三期九如台把各式陶瓷和不鏽鋼造成的魚放在人工湖上，襯以彩燈，獨具特色。第四期飛馬廣場設有一匹以不鏽鋼管造成的飛馬，昂首闊步，意欲騰空千里，而飛馬正是美孚的標誌。此外，美孚其餘各期均有不同造型，構成「美孚八景」，為區內居民平添生活色彩。美孚企業還成立美孚新邨管理處，保安嚴密，每一幢樓宇均有電閘及戶外對話機，護衛隊員 24 小時巡邏，確保住客安全。邨外與港九各地交通網絡連接，四通八達，深受住戶歡迎。

　　誠然，從現在的眼光看，美孚新邨的興建年期較早，加上位於飛機航線，樓宇高度受到限制，導致樓宇的密度較高，空間不甚足夠，設計上著重方便購物，商場、濕貨市場較多，

位於鰂魚涌的太古城，是香港最具規模的大型私人屋邨之一。

且距垃圾焚化站不遠，環境較後來的私人屋邨差。然而，無論如何，美孚新邨已超越了一個單純的地產發展計劃，它開啟了香港大型私人屋邨發展的先河，實際上成為香港房地產業發展的一個里程碑。自此，大型私人屋邨如雨後春筍般湧現，成為日後數十年間香港房地產業發展的一個潮流。

在美孚新邨興建的過程中，另一個後來聞名港九的高級大型私人屋邨也開始策劃興建，策劃者是英資太古集團旗下的地產公司。太古集團的前身是太古洋行，主要業務是航運、貿易，1950 年代收購國泰航空，將業務擴展至航空業，但對地產則一直未有沾手。60 年代期間，太古還不斷出售所擁有的土地，包括鰂魚涌太古宿舍地段，後來建成「海山」、「海景」、「福昌」等擠迫不堪的白鴿式住宅樓宇，70 年代初又將華蘭路東側土地脫手，結果建成皇冠車行、仁孚工業大廈、寶峰苑及惠安苑等樓宇。

1972 年，太古集團眼見地產業日漸興盛，而世界航運業則開始不景，遂創辦太古地產有限公司（Swire Properties Ltd.），向地產業進軍，計劃關閉太古船塢，將其所擁有的龐大土地用作地產發展。初期，太古集團首腦因感到集團缺乏地產發展專才，計劃以聯營合作的方式發展，太古看中華資地產公司大昌地產，為了吸收經驗及利用大昌地產在地產方面的專業知識，1973 年太古與大昌聯合收購了小型地產公司健誠置業，改組為太古昌發展，並將太古城第一期地盤注入。其後，大概太古高層發覺太古船塢再發展的規模實在太大，沒有必要與大昌分享，遂於 1977 年收購太古昌發展全部股權，並將太古地產在香港掛牌上市。

太古地產創辦後即著手籌劃著名的高尚大型私人屋邨太古城發展計劃。1974 年，太古地產宣佈，將在面積達 230 萬平方呎的太古船塢地段興建商業中心、學校、戲院和住宅樓宇等綜合發展屋邨，該屋邨命名為「太古城」，全部共建 50 幢 28-32 層高的高尚住宅大廈，逾 1 萬個住宅單位，可供 4.5 萬人居住，以及興建一個規模巨大的商業購物中心——太古城中心。整個計劃預計需時 8 年，總投資約 13.5 億港元。

　　但由於對地產發展尚未建立信心，太古城興建初期，太古集團的經營手法相當保守，在資金籌集方面主要通過將太古地產上市以及售賣土地，先後將賽西湖和太古山谷部分土地出售，售得 1.2 億港元現金，作為發展太古城初期所需資金。結果，購買土地的長江實業和南豐集團都從後來發展的賽西湖大廈及南豐新邨中，賺取巨利。太古城發展初期，太古地產仍然採取與其他財團合作的形式進行，如與怡和合組太古施利亞發展，由該公司向太古地產以市價購入地皮，建成後將利潤分成，這種發展方式一直維持到完成首 4 期 18 幢樓宇才告結束，無形中被其他財團分享厚利。太古城住宅樓宇的售價，從 1976 年售出首期的每平方呎 200 港元，上升到 1981 年每平方呎 1,200 港元，其盈利之豐厚可想而知。

　　隨著太古城計劃的推進，太古地產的實力迅速增強。上市後的第二年，即 1979 年底，太古地產市值達 18.7 億港元，已躋身香港十大地產上市公司之列，僅次於置地、新世界發展、長江實業、新鴻基地產而名列第 5 位。1983 年，太古地產躍升至第 2 位，市值達 40.1 億港元，排名僅次於置地。當時，太古地產已擁有可供出租樓宇面積 380 萬平方呎，同年租金淨收入 1.69 億港元，成為香港地產大集團。1984 年，太古趁地產、股市低潮，遂將太古地產私有化，成為旗下的全資附屬公司。

　　太古城計劃從 1975 年動工，分 5 階段 10 期進行，整個工程從鄰近英皇道地段由東而西、由南到北進行，故每期新建成樓宇均有海景，這是太古地產精明之處。首 5 期及第十期是 28-30 層高的雙十型大廈，使每個單位可獲充足陽光和空氣，又能縮短走廊長度，住宅單位面積由 600-900 平方呎不等，屬中型住宅樓宇。第六至第九期是 30-32 層高的鑽石型大廈，俯視海港，故稱為「海景花園」。每幢大廈中央核心都設有公共設施，包括剪式樓梯、垃圾槽、水電錶房和電梯。絕大部分住宅大廈都坐落在寬敞的平台上，平台花園貫通城內各幢樓宇，人車分道，安全方便。太古城中部還設有一個全港規模最大的購物商場，總面積達 300 萬平方呎的「太古城中心」，商場內是數百家的精品店、百貨公司、超級市場、酒樓餐廳、電影院以及滾軸溜冰場等各種娛樂設施，並有一幢高級寫字樓，包羅萬象，應有盡有。由於太古城的建築比例（即覆蓋率）僅 25%，即約有 40 畝土地闢作花園、娛樂場和休憩場地，居住環境堪稱一流。

　　太古城整個發展計劃，到 1985 年大體完成，歷時 10 年。經過 80 年的滄桑，佔地宏大、遠東著名的太古船塢，轉眼間發展成居住 5 萬人口的自給自足社區、港島著名的高尚住宅區及全港規模最大的私人屋邨之一。區內的太古城中心，成為港島東區一個極具潛力的展覽和購物娛樂中心，到 90 年代該中心每日人流量高達 7 萬人次，假日或周末更達 15 萬人次，這個數目在外國大型商場差不多是一週的總人數。

　　太古城住宅單位首期在 1976 年推出，最早兩幢大廈「洞庭閣」及「鄱陽閣」的售價是每

左｜太古城的一角。

右｜鰂魚涌地區的大型購物商場
——太古城中心。

平方呎 200-230 港元。當時，太古地產擔心銷售不佳，優先讓太古集團和金門建築公司的僱員享折扣認購，以造成「短期內售清」的效應，吸引市民注意。不過，洞庭閣入伙後，太古城住宅即以其高級住宅形象吸引了不少買家，售價輾轉上升，1977 年第四期「唐宮閣」、「元宮閣」公開發售時，售價已升至每平方呎 300 港元，買家和炒家提前 48 小時排隊，要勞動警方派員維持秩序。到 1981 年地產高峰期，太古城住宅售價甚至上升到每平方呎 1,300 港元。當時，即使以平均價計算，太古城因為土地成本低，每平方呎樓面地價成本僅 70 港元，每平方呎樓面毛利高達 700 港元。[10] 這還不包括可供出租的 260 萬平方呎商場等，其盈利之豐厚可想而知。太古城成為太古地產引以為傲的傑作。自此，太古地產的實力和經營手法深受行內人士的賞識和稱讚，聲譽日隆。

　　70 年代中後期，大型私人屋邨的興建從市區開始擴展到新界新市鎮和離島等地區，就在太古城計劃進行得如火如荼之際，由四大新興地產商——恒基地產、長江實業、新鴻基地產和新世界發展合組的百得置業有限公司（各佔 25% 股權）亦開始策劃興建新界的大型私人屋邨——沙田第一城。70 年代中，港府著手開發沙田新市鎮。1979 年，港府開標競投沙田海床逾 600 萬平方呎填海工程，結果由百得置業以 2,000 萬港元標價投得。百得置業以驚人魄力，移平兩座山丘，填得約 14 幅土地，其中 70% 交還港府發展公屋和社區設施，其餘約 250 萬平方呎土地即用作發展沙田第一城。

　　沙田第一城位於沙田地段一號，坐落在沙田新市鎮的東南部，前臨沙田海和城門河，背靠翠綠群山，環境幽靜，自成一角。部分住宅單位可遠眺吐露港，或俯瞰沙田馬場。整個計劃包括 52 幢住宅大廈，合共 1.1 萬個住宅單位，可容納約 5 萬人居住。為配合整體發展，

沙田第一城參照早期的大型屋邨如太古城等，在城區心臟地帶建有 3 座獨立多用途購物中心，分別是樓高 6 層的第一城中心以及銀城商場、金城商場。場內亦是各類商店、生活設施，一應齊備。天台闢為花園廣場，方便居民休憩及作各種戶外活動。

　　沙田第一城從 70 年代末動工，到 80 年代末完成，前後亦歷時 10 年，實現了滄海蛻變成現代化社區的理想。第一城首期在 1981 年 4 月推出時，正值地產高潮，首 7 幢逾 1,000 個單位旋告售罄，發展商於是加推 7 幢，但因供應量太大，不久便滯銷，部分炒家「炒燶」樓花，蝕本回吐，對發展商銷售形成阻力。因此，在不少炒家心目中，沙田第一城的推出，是 80 年代初地產炒風步入調整的標誌。70 年代期間，相繼發展的私人屋邨還有置富花園、置樂花園、綠楊新邨、黃埔新邨、健威花園、德福花園、荃灣花園以及愉景灣等。這一時期，香港經濟蓬勃發展，市民收入水平不斷提高，對居住環境的要求越來越高。是以規模龐大、設施齊全，檔次較高的私人屋邨越來越受買家歡迎。自此，私人屋邨的興建逐漸成為香港住宅市場的主流。

左｜爭購沙田第一城的排隊人龍。

右｜置富花園的前身——位於港島薄扶林的牧牛場。

世外桃源——愉景灣

70年代後期，大型私人屋邨的興建已漸成主流。不過，將住宅、度假、康樂三者融為一體的屋邨則以香港興業策劃的愉景灣最為矚目。愉景灣遠離市區甚至新市鎮，它坐落在香港最大的離島大嶼山的東北沿海地段，與港島中區西岸相距約10里，佔地7,000萬方呎，約等於香港島的8%。該處三面群山環抱，前臨大白灣沙灘，風景優美。愉景灣的天然環境，自成一角，與其英文名稱 Discovery Bay 異常配合。香港興業擁有這塊土地的發展權益，無疑成為香港最大的土地儲備銀行。

香港興業成立於1973年5月，當時的目標就是要發展愉景灣計劃。初期，公司的策略是在新界地區大量購入地產權益，以便在大嶼山愉景灣能換取更多土地。1976年9月，該公司根據換地條件向港府交出面積達660萬方呎新界土地權益，從而換取愉景灣6,620萬方呎土地。其後再經多次交易，總地盤面積擴展至7,000萬方呎。為獲取港府批地，該公司須支付6,200萬港元地價及一份不少於6億港元的建築契約。當時，香港興業的策略是在愉景灣發展一個自給自足的度假村，包括4家酒店、其他類型的度假村及有關康樂設施。

不過，香港興業很快陷入財政困難，並遭遇清盤危機。1977年5月，香港富商查濟民與中央建業公司合組豐利有限公司，收購香港興業80%股權，1978年2月再購下剩餘的20%股權。1979年初，查氏家族收購豐利全部股權。查濟民接管愉景灣發展計劃後，修改原來的構想，將目標定為發展一個可容納最少2.5萬人口的，與香港其他地區相連接的豪華型私人屋邨，新構思大大提高了整項計劃的可行性，並獲得港府批准。1979年3月，規模宏大的愉景灣基建工程正式動工。

查氏家族當年肯接手這一龐大計劃，一切幾乎都需從頭做起，可說頗具眼光和膽識。愉景灣佔地647公頃（約7,000萬方呎），包括大白灣、二白灣、蟹地灣及其背後的山地，其中住宅用地面積僅92公頃，是總面積的14%，而休憩康樂場地所佔面積達544公頃，佔84%，整個計劃是一個人口低密度，融居住、度假、康樂於一體的發展概念，區內除興建住宅度假中心外，將設有多種康樂度假設施，包括高爾夫球場、遊艇會、鄉村俱樂部、酒店等，可以說是新一代私人屋

圖為愉景灣最初的構想。

邨的標誌。當時整個預算投資超過50億港元。

第一期工程從1979年3月動工，1982年中首批住宅單位可供入伙，到1983年4月全部竣工，包括分佈大白灣畔別致舒適的低座洋房、位於大白灣及二白灣山脊末端的4幢「Y」型大廈共504個單位，以及依山脊蜿蜒而建的97座花園別墅，總建築面積達110萬方呎。鑑於遇上1982年地產低潮，香港興業修減了第二期發展規模，該期包括313個高層單位及68個低座洋房，總建築面積40萬方呎，於1985年中入伙，1986年11月全部完成。第一、二期均為香港興業獨立完成，當時據該公司營業總監查懋成透露，香港興業投下的資金，包括建造中的第三期，已超過50億港元。

香港興業為減低風險，從第三期起邀請新世界發展為合作夥伴，由新世界負責全部建築費用，香港興業任工程策劃經理，售樓利潤由新世界與香港興業按65：35的比例攤分。第三期分三階段進行，包括143座花園別墅、172個低座及882個高層住宅單位，總建築面積110萬方呎，於1988年中入伙。

及至第四、五期，香港興業乾脆將整個發展權益售予新世界，作價2.54億港元，條件訂明樓價每方呎超過650港元，香港興業可有三成半分賬。第四、五期均為高層住宅大廈和低座洋房，總建築面積分別為140萬方呎和100萬方呎，先後於1990年中至1994年中入伙。其間，愉景灣樓價大幅飆升，新世界及香港興業都皆大歡喜。可惜香港興業穩字當頭，無端被攤薄了利潤。其後，香港興業再獨立發展第六、七期，而第八至第十二期則在90年代中期以後逐漸展開。1992年初，港府決定在大嶼山興建新機場後，愉景灣樓價進一步飆升，已從1986年第三期的每方呎平均670港元，升到1994年第五期入伙時的每方呎4,800港元。1994年，愉景灣發展計劃擴大，香港興業將整個計劃的五成權益售予中信泰富，套現資金34億港元。

經過十數年的發展，愉景灣這個遠離塵囂繁世的大型私人屋邨，以其具濃烈歐陸風情的建築風格，糅合現代化及自然恬靜生活方式而獨樹一幟。愉景灣所倡導的這種高尚生活方式，成為了日後眾多私人屋邨仿效的樣板或參照。參與策劃的查氏第二代，即香港興業總經理查懋聲，就常以愉景灣引為自豪。

三、新興地產集團的崛起

70年代初，香港證券市場進入有史以來的大牛市，

呈現空前繁榮，大量地產公司紛紛藉股市高潮在香港各證券市場掛牌上市，

並充分發揮股市功能，透過發售新股、配股，將股票在銀行按揭貸款，

以籌集大量資金發展業務。其中，

以「地產五虎將」為首的一批新興地產集團及時把握良機，實力作三級跳，

逐漸成為香港股市中光芒四射的藍籌股。

一時間，香港地產業形成群雄並起的局面。

3.1 地產業的證券化：1970年代地產公司上市熱潮

20世紀60年代後期，香港經濟已經開始「起飛」，工業化進程接近完成，房地產價格穩步回升，工商業活動漸趨正常，許多公司都準備將股票上市以籌集資金。這些公司不僅包括歷史悠久的老牌英資公司，也包括許多新成立及有潛質的華資公司。然而，當時香港證券交易所訂定的上市條件仍相當嚴格，不少規模頗大的華資公司的上市申請都被拒諸門外，於是有人倡議創辦新的證券交易所，這就導致了遠東交易所（1969年12月）、金銀證券交易所有限公司（1971年3月）和九龍證券交易所有限公司（1972年1月）等證券交易所的誕生，形成了四會並存的局面，各證券交易所面對激烈的同業競爭，均不同程度地降低對公司上市的標準和要求，為大批發展中的地產公司提供了上市的良機。

1970年代「四會時代」證券交易所中繁忙的交易情景。

　　在這種背景下，大批初具規模的地產公司紛紛申請在各證券交易所掛牌上市。這一熱潮在 1972 年下半年至 1973 年 3 月期間達到了高峰。據不完全統計，1972 年 7 月至 1973 年 3 月 9 日香港恒生指數達到 1,774.96 點歷史性高位的 9 個月間，在香港上市的地產公司至少有 65 家，其中，1972 年下半年上市的有 34 家，日後在香港地產業大展鴻圖的新興地產集團，幾乎都在這一時期上市，包括信和地產（7 月 20 日）、合和實業（8 月 21 日）、新鴻基地產（8 月 23 日）、恒隆（10 月 21 日）、鷹君（10 月 26 日）、長江實業（11 月 1 日）、永泰建業（11 月 6 日）、廖創興企業（11 月 13 日）、新世界發展（11 月 23 日）及大昌地產（12 月 11 日）。踏入 1973 年，地產公司上市更呈現空前的熱潮。據不完全統計，從 1 月 1 日至 3 月 19 日短短兩個多月中，在香港上市的地產公司至少有 31 家，幾乎相當於 1972 年下半年的總和。

　　大批地產公司在香港掛牌上市，得以充分利用股市功能，它們透過公開發售新股、配股，或將股票向銀行按揭貸款，籌集大量資金以拓展業務，或在股市中收購兼併，迅速壯大公司的資產規模，實力作三級跳。這是香港地產業繼 40 年代末 50 年代初首創「分層出售、分期付款」售樓制度之後，所取得的又一次空前大發展。將股市的功能發揮得淋漓盡致的，當數被譽為香港「地產五虎將」的長江實業和新鴻基地產。

　　長江實業自 1972 年 11 月 1 日在香港上市後，即利用股市進入大牛市、股價上升的時機大量發行新股集資。1973 年，長實就五度公開發售新股，總數達 3,168 萬股，用以收購地產物業，以及泰偉、都城地產等公司的股權。其中，1973 年 12 月，長實以每股 6.30 港元價格（比上市時每股 3 港元上升逾倍），發行新股 1,700 萬股，集資逾 1 億港元收購都城地產其餘 50% 股權，即以 1,700 萬股新股換取皇后大道中勵精大廈和德輔道中環球大廈，使每年租金收入增加八九百萬港元。1975-1983 年間，長實又先後公開發售新股 8 次，總數達 32,072 萬股，相當於公司上市時總發行股數的 7.6 倍，藉以籌集大量資金去收購地產物業或公司股權。其中，1981 年 1 月，長實透過發行新股 664.64 萬股，取得利興發展 39.3% 股權。透過連串供股、發行新股，長實的資產規模迅速壯大。1972 年 11 月長實剛上市時，市值僅約 1.26 億港元，但到 1981 年底，市值已增加到 78.77 億港元，在香港股市中成為僅次於置地的第二大地產公司。（表 3-4 ）

　　新鴻基地產上市後，亦極為重視利用發行新股這一犀利武器，迅速擴大公司資產和規模。新地上市後，即利用上市集得的 1 億港元，再加上 900 萬股新發行股票，以及向銀行貸入的 1 億多港元，購入了 29 個地盤，共 43.8 萬平方呎土地，此舉令新地的土地儲備一下子增加了一倍以上。其後，新地多次開動印刷機印刷股票，透過發行新股換取其他上市公司股票，包括以 200 萬新股換取大昌地產 250 萬股股票，以 800 萬股新股換取利獲家海外 140

表3-4　長江實業上市初期發行新股概況

年	月	發行原因	新發行股數	總發行股數
1973	2	收購物業	2,115,000	44,115,000
		交換新鴻基地產有限公司股份 2,200,000 股	2,200,000	46,315,000
1973	3	五送一	9,263,000	55,578,000
1973	4	收購泰偉有限公司百分之一百權益	1,100,000	56,678,000
1973	12	發行予 Slater Walker Securities（Hong Kong）Limited 以收購該公司尚未擁有都市地產有限公司之權益，使後者成為該公司之全資附屬公司	17,000,000	73,678,000
1975	3	以每股港幣 3 元 4 角發行予該公司主席兼董事經理李嘉誠以換取現金（該等新股不能享有截至 1975 年 12 月 31 日止年度及 1976 年 12 月 31 日止年度之任何股息；李嘉誠另外將其私人擁有該公司當時已發行股份 20,000,000 股同樣以每股港幣 3 元 4 角予以配售，獲得款項全數用以購入該等新股）	20,000,000	92,678,000
1976	12	以每股港幣 5 元 6 角發行，予以配售換取現金	20,000,000	113,678,000
1979	4	五送一	22,735,600	136,413,600
1980	4	一送一	136,413,600	272,827,200
1980	10	交換香港九龍貨倉有限公司每股面值港幣 1 元股份 14,840,000 股	5,000,000	277,827,200
		收購利興發展有限公司每股面值港幣 1 元股份 39,324,000 股（即其 39.3% 權益）		
1981	1	十送三	6,646,400	284,473,600
1983	5	以每股港幣 9 元 2 角 5 仙發行予青洲英坭有限公司之一附屬公司以收購聯合發展用地	24,580,000	394,395,680

資料來源：《長江實業（集團）有限公司年報》，1973-1983 年。

萬股股票、利獲家倫敦 60 萬股股票以及套取現金 3,000 萬港元。新地再趁股市高潮將所換取股票高價拋售，從中賺取鉅額利潤以支持地產發展。1972 年 8 月 23 日新地上市時，市值約 4 億港元，到 1981 年底已增加到 43.77 億港元，在香港股市中成為僅次於置地、長實、新世界發展的第四大地產公司。

　　這一時期，隨著大批地產公司在香港股市掛牌上市，並透過公開發售新股、配股、收購、兼併去擴大公司資產規模，拓展業務，香港地產業與股票市場的關係日益密切，相互影響大增，逐漸形成了香港經濟中的一個特殊現象──「股地拉扯」。當經濟好景時，地產市道暢旺，地價、樓價節節攀升，大多數上市公司的資產市值也隨之上升，帶動股價上漲，上市公司便利用發售新股或將股票按揭以籌集資金，發展地產業務，形成地產與股市互相扯動上漲的局面。一旦經濟不景，地產市道轉淡，地價、樓價下跌，上市公司資產市值下降，拖累股價下挫，上市公司籌資轉趨困難，部分資金周轉不靈，就被迫拋售地產物業套現，加劇地價、樓價跌勢，形成地產與股市互相扯動下跌的惡性循環。

　　「股地拉扯」的形成，無疑給一部分深刻認識香港經濟、地產循環週期的地產發展商提供了廣闊的發展空間。當市道高漲時，股市亦被推高，這正是地產公司上市或發行新股的良機，時機把握得準，可在股市高潮中籌得大量資金用以發展，並趁地產低潮時大量購入地盤

物業，幾個回合，實力和資產即可膨脹數倍。這一時期，一批新興地產集團藉此崛起，其中
包括早期被譽為「地產五虎將」的長江實業、新鴻基地產、合和實業、恒隆、大昌地產，後
來躋身「地產五虎將」的新世界發展、恒基地產，以及華懋、南豐、信和、希慎、鷹君等其
他一些實力雄厚的地產發展商。

　　誠然，「股地拉扯」亦加深了地產和股票兩個市場，以及香港整體經濟的投機性、週期
性，令一些蚊型公司可以在三幾年間膨脹成地產大集團，而三幾年以後又倒閉清盤，其中典
型的例子就是佳寧集團。80 年代初香港地產、股市的大崩潰亦是在這種背景下形成的。

3.2 長江實業：擊敗置地聲名鵲起

　　「地產五虎將」中，影響力最大的首數李嘉誠創辦的長江實業。李嘉誠祖籍廣東潮安，
1928 年在家鄉出生，11 歲時因日寇侵華，隨父母舉家南遷香港，15 歲時因父親病逝被迫
輟學外出謀生，很快成為出色的推銷員。1950 年，李嘉誠以 5 萬港元創辦長江塑膠廠。「長
江」的取名，以李氏的解釋，是「長江不擇細流，才能納百川歸大海」。50 年代末，李嘉誠
因經營有方，成為香港有名的「塑膠花大王」。

　　李嘉誠早在 1958 年已開始看到香港地產業前景，當年他在港島北角購地興建了一幢 12
層高的工業大廈，命名為長江大廈，作為進軍地產業的第一步。此後，李嘉誠將製造業賺取
的利潤陸續投入地產，相繼在北角、柴灣、新界元朗等地區興建工業大廈，規模越來越大。
當時，投資房地產者大多以「孖展」（Margin）的方式進行，花錢購地只付 30% 現金，其餘
70% 向銀行按揭借貸，風險頗大，地價一下跌就支撐不下去。然而，李嘉誠持有充裕資金，即不用向銀行借貸，亦可從容發展、趁低吸納。60 年代中期，香港先後爆發銀行危機和政治騷動，地產市道陷入空前低潮。當時很多人賤價拋售所持有的樓宇，尤其是富裕人家的高級樓宇，半山區一些原值十三四萬港元的住宅，

上｜長江實業創辦人李嘉誠。

下｜李嘉誠策劃發展的第一項物
業──長江大廈。

很多以四五萬港元脫手。這時,李嘉誠看準香港地產業的無限量前景,並不為一時的調整而憂慮,反而利用這千載一時良機,大量吸納被賤價拋售的地皮物業,一舉奠定日後在地產界大展鴻圖的基礎。

右｜長江實業在中區華人行內的辦公室。

右｜長江實業出售「賽西湖大廈」的現場。

　　70年代初,李嘉誠決定全力發展地產,遂於1971年6月創辦長江地產有限公司,1972年8月改名為「長江實業(集團)有限公司」,走上集中經營房地產業務的軌道。當時,正值香港股市進入大牛市時期,李嘉誠把握良機,及時將長實上市。長實法定股本為2億港元,實收資本8,400萬港元,分4,200股,每股面值2港元,以每股3港元價格公開發售1,050萬股新股,集資3,150萬港元。1972年11月1日,長實正式在香港掛牌上市,當時即受到股民熱烈追捧,股價飆升逾倍。其時,長實已擁有樓宇面積達35萬平方呎,每年租金收入390萬港元,並擁有7個發展地盤,其中4個地盤為全資擁有。上市第一個年度,長實獲純利4,370萬港元,比起預算利潤1,250萬港元,超出2.5倍。[11]

　　長實上市後即利用發行新股作為工具大規模集資,並趁地產低潮大量購入地皮物業,先後購入及興建軒尼詩道8幢舊樓、觀塘中匯大廈、皇后大道中勵精大廈和德輔道中環球大廈等,並擁有皇后大道中聯成大廈一半權益。1974年,長實與加拿大帝國商業銀行合作,組成加拿大怡東財務公司,第一次將外資引入香港按揭市場。同年,長江實業向李冠春和馮平山家族旗下的華人置業購入位於中區畢打街的華人行,並與滙豐銀行合作重建華人行,作為集團的總部所在地。這時候,長實的實力已深受滙豐銀行、加拿大帝國商業銀行的重視。

　　1975年,長實趁香港經濟不景、地產市道低迷再次作重要擴展。當年它以8,500萬港元的低價,向太古地產購入北角寶馬山道賽西湖地盤。賽西湖佔地86.4萬平方呎,長實在該地盤興建925個1,260-1,640平方呎的大型住宅單位以及商場、停車庫等,總樓宇建築面

上｜環球大廈商場的發售廣告。

下｜李嘉誠為地鐵金鐘站上蓋物業海富中心落成剪綵。

積達 132 萬平方呎，平均每平方呎地價成本僅為 64 港元，十分便宜。1977 年長實趁地產市道轉旺，將賽西湖大廈推出發售，每平方呎樓面售價達 279-344 港元，長實及加拿大帝國商業銀行共賺得毛利 1.3 億港元。[12] 此次成功，奠定了長實以後一連串的發展機會。

1977 年，長實的聲譽達到高峰。同年 1 月地鐵公司宣佈地鐵中環站和金鐘站上蓋物業發展權接受招標競投。由於兩地段均處於香港中區最繁華地區，競投激烈，參加投標的財團多達 30 多個，其中，又以老牌英資地產公司置地奪標的呼聲最高。長實針對地鐵公司債務高企、急需現金回流的困難，提出了一個極其吸引力的方案，將上蓋物業完工時間與地鐵通車日子配合。結果在眾多財團中突圍而出，擊敗置地，奪得地鐵中環站、金鐘站上蓋物業發展權。消息傳出，香港輿論為之轟動，此舉被譽為長實「擴張發展之重要里程碑」，是「華資地產界的光輝」。[13]

1978 年 5 月，地鐵中環站上蓋物業環球大廈開售，總值達 5.9 億港元的物業在 8 小時內全部售罄。同年 8 月，地鐵金鐘站上蓋物業海富中心開始售賣，首日成交額逾九成。兩項交易均破香港地產紀錄。是役，長實不僅賺取厚利，而且聲名鵲起。它在香港地產界的崇高地位，被正式確認。當時，資深的股評家已經預測，長實的實力有可能超過置地。

這一時期，長江實業還利用其享有的聲譽及擁有的雄厚資金，與一些「有地無錢」的上市公司合作，發展這些公司擁有的土地。早在 1976 年，長實就曾先後與亨隆地產、銓利基業等公司合作，先後發展壽臣山的高級豪華別墅及灣仔堅尼地道鳳凰台的高級住宅大廈，雙方均分得可觀利潤。1979 年，長實又與廣生行合作，興建位於灣仔告士打道、謝斐道及杜老誌道之間一幢 25 層高商業大廈。1980-1983 年間，長實更先後與南海紗廠、南洋紗廠、怡南實業、廣生行、會德豐系的信託置業、聯邦地產，以及港燈集團等，合組聯營公司，發展對方所擁有的土地或買賣對方所擁有的物業。這些合作對長實極為有利，因為它不需要付出一大筆資金購買土地，只需支付少量做地基工程的錢，並透過「賣樓花」以戰養戰，就可與合作公司分享可觀利潤，長實的實力因而進一步增強。到 1981 年度，長實年利潤高達 13.85 億港元，相當於上市第一年度的 31.7 倍。該年底，長江實業的市值達 79.14 億港元，在香港上市公司中排名第 5 位，僅次於滙豐銀行、置地、恒生銀行及和記黃埔。

3.3 新鴻基地產：「樓宇製造工廠」

　　與長江實業齊名的是新鴻基地產，新地的前身是新鴻基企業和永業有限公司，由郭得勝、李兆基、馮景禧等 3 人聯手創立，商界將 3 人並稱為「三劍俠」。郭得勝（1911-1990）原籍廣東中山，早年隨父經營洋雜批發，抗戰爆發後避居澳門，開設信發百貨商行。戰後移居香港，在上環開設一間「鴻昌合記」雜貨店。後來，郭氏取得日本 YKK 拉鍊的獨家代理權，當時適逢香港製衣業崛起，生意源源不絕，其銷售網絡擴展到東南亞各地，贏得「洋雜大王」稱號。郭氏藉此賺取他日後在香港地產界大展拳腳的資本。

上｜創辦新鴻基的「三劍俠」：郭得勝（中）、馮景禧（左）和李兆基（右）。

下｜新鴻基地產創辦人郭得勝（1911-1990）。

　　1958 年，郭得勝與馮景禧、李兆基等 3 人合組永業有限公司，開始向地產業發展。1963 年，郭、馮、李「三劍俠」為了擴大經營，將永業結束，各投資 100 萬港元創辦新鴻基企業有限公司，郭任董事會主席，馮、李分任副主席，當時員工僅 10 餘人，規模不大。[14]「新鴻基」的命名，則分別取自馮景禧的新禧公司的「新」，郭得勝的鴻昌合記的「鴻」及李兆基的「基」。60 年代，正值香港中小型工廠蓬勃發展之際，新鴻基成立後，郭氏等人憑藉其經營日本拉鍊時與工業界建立的聯繫，了解到中小廠商對多層工業樓宇的殷切需求，遂將「分層出售、分期付款」的售樓方式移植於工業樓宇，重點發展多層工業大廈，此舉受到山寨式廠家的歡迎。這一時期，新鴻基不僅在地產業站穩了腳跟，而且雄霸多層工業大廈市場，從 1965-1972 年，新鴻基售出的樓宇總值約 5.6 億港元，換言之，平均每年的售樓營業額就高達 7,000 萬港元。

　　70 年代初，新鴻基企業的規模日漸擴大，郭得勝、李兆基、馮景禧 3 人遂於 1972 年 7 月 14 日將其改組為「新鴻基（集團）有限公司」，計劃在香港上市。不過，正所謂「天下無不散之筵席」，不久「三劍俠」分道揚鑣，其中，馮景禧早在 1969 年已創辦新鴻基證券有限公司，轉向證券業發展；李兆基亦另立門戶，成立恒基兆業有限公司；郭得勝則繼續主持新鴻基（集團）的大局。1973 年 3 月 16 日，郭得勝為了避免公司與馮景禧的新鴻基證券混淆，遂改名為「新鴻基地產發展有限公司」，並於同年 8 月 23 日在香港上市。新地上市時，實收股本 1.2 億港元，分 6,000 萬股，每股面值 2 港元，以每股 5 港元公開發售 2,000 萬股新股，集資 1 億港元，結果獲超額 10 倍認購。當時，新地已頗具規模，擁有 23 個發展地盤，佔地面積達 30 萬平方呎。上市首年，新地的純利為 5,142 萬港元，比預測利潤高出五成以上。[15]

北角富澤花園開售時市民排隊爭購的情景。

新鴻基地產上市後，充分利用發行新股這一強力武器，迅速擴大公司資產和規模。首先，是以上市集資所得資金，加上向銀行借貸，先後購入 29 個發展地盤，約 43.8 萬平方呎土地，令新地的土地儲備一下子急增一倍以上；其次，是以發行新股換取其他上市公司股票，包括大昌地產、利獲家海外、利獲家倫敦、長江實業及利興等地產公司的股票，再趁股市高潮拋售，將所賺取資金用於支持地產發展。1973 年 4 月後香港股市暴跌，地產市道亦盛極而衰，但新地興建的大部分樓宇已售出，大量現金回流，故在 1974-1975 年的地產低潮中仍能迅速發展。1976-1977 年度，新地擁有的地盤面積已增加到 82 萬平方呎，可建樓宇面積 695 萬平方呎。

新地極為重視維持龐大的土地儲備，以地產發展為主，強調貨如輪轉。郭得勝曾表示：「新鴻基的經營方式，不是計市道的好與淡，而是計算售出樓宇價錢比購入地盤有化算，便決意購地，所以，在低潮時買地，或會比好市時購進更佳，利潤更好。」[16] 新地每年都購入多個可供發展樓盤，每年亦能依據既定程序完成若干發展計劃，記錄中最少有 6 項(1973-1974 年度)，最多有 26 項(1979-1980 年度)，即使在 1982-1983 年度和 1983-1984 年度香港地產市道低迷期間，新地也分別完成了 9 項和 12 項地產發展計劃。有人形容新地就像一家「樓宇製造工廠」，源源不斷地將「原料」(地皮)「加工」(興建上蓋)為「成品」(各類樓宇)。[17] 正因為如此，新鴻基地產的利潤逐年上升，到 1980-1981 年度已增加到 5.54 億港元，相當於上市首年度的 10 倍。

新地的成功很大程度上得益於其主持人郭得勝高瞻遠矚的目光，及其緊扣市場循環盛衰的投資策略。郭得勝是香港地產界有名的「大好友」，他看好香港房地產業的長遠發展前景，因而往往能在地產危機中以低價購入大量土地，發展物業，然後在市道復甦時高價出售，獲得厚利。[18] 他這種「人棄我取」的投資策略早在新鴻基企業時代已運用自如，1965-1967 年期間，香港先後發生銀行擠提及政治騷動，觸發了資金外流和移民潮，地產市道一落千丈。這期間，郭得勝等人趁低價購入不少土地，並建成 22 幢總值約 7,000 萬港元的物業，為日後發展奠下基礎。1974 年，香港經濟因中東石油危機的衝擊而陷入低潮，地產市道再度回

落，郭得勝看準香港人口膨脹、日後必然
向新界新市鎮發展的趨勢，遂運用手上
資金大量購入新界土地和換地權益證書。
1978年香港經濟轉趨繁榮，刺激地價樓市
飆升，新地也進入收成期，所推出的樓盤
都獲利豐厚。

　　70年代後期，新地的業務從地產發展
擴展到地產投資。1977年，新地先後在港
島灣仔海旁和九龍尖沙咀東部購入地皮，
興建新鴻基中心和帝苑酒店。新鴻基中心
樓高53層，樓面面積達83萬平方呎，
大廈全部鑲嵌茶色玻璃幕牆，外形巍峨壯
觀，富有現代氣息，與置地的康樂大廈
遙遙相對，在設計上則比康樂大廈高出1
呎，微妙地反映出新地超越置地的意圖。
新鴻基中心落成後，即成為公司的總部所
在地和「招牌大廈」。1980年底，新鴻基

上｜新鴻基地產總部所在地——
位於灣仔的新鴻基中心。

下｜合和實業創辦人胡應湘。

地產市值已達到70.2億港元，躋身香港十大上市公司之列，成為香港著名的大型地產集團。

3.4 合和實業：興建灣仔合和中心

　　華資「地產五虎將」中，長實和新地的光芒，幾乎蓋過了其他3家公司。不過，合和實
業卻是五虎將中最早上市的地產公司，1972年秋至1973年春，合和實業的股價更凌駕於其
他公司之上，儼然成為「老大哥」。合和實業創辦於1972年6月23日，創辦人胡應湘祖籍
廣東花縣，1935年在香港出生於一富商家庭。

　　胡應湘父親胡忠（1902-1991），早年隨父從家鄉赴港，在港島薄扶林村養豬，1924年
到香港當時唯一的的士公司——紅邊的士學開車，考上車牌。1926年，香港的士公司國民
公司結業後一年，胡忠看準經營紅牌車大有可為，拿出僅有的450港元儲蓄，再由另一位
朋友合資150港元，然後以每位150港元包考車牌的學費，招收了4名學徒，再以這1,200
港元的資金，以分期付款的方式，購入一部價值2,000港元的1926年新款佳士拿，胡忠先
付1,000港元首期，把其餘200港元留作周轉資金，開始展開其個人事業。

不過,他的第一次創業以失敗告終。胡忠後來回憶這段經歷時曾說:「很多人都說我運氣好,所以在一生的事業中並沒有遇到多大的波折,就算我的至親子女中,也有人無法體會到我當時的辛酸。假如我運氣好,就不會購入第一部紅牌車後,雖然每天努力不懈地工作10 多個小時,亦無法戰勝艱苦的經營環境,只短短撐持了一年多的時間。這還能說我運氣好嗎?假如我當時就意氣消沉,又哪能獲得以後的成就,所以我個人一直認為,運氣只是開創事業的次要因素,主要還是受個人堅毅努力所影響。」[19] 在他的努力下,加上機緣巧合,到 1941 年太平洋戰爭爆發前,胡忠開辦的中央的士公司,已擁有 40 多部紅牌及 10 多部白牌車,奠定了個人事業的基礎。戰後,胡忠憑藉以往在的士行業的豐富經驗,迅速重張旗鼓,成為香港著名的「的士」商,號稱「的士大王」,60 年代中期曾擁有 500 輛的士,幾乎佔香港的士車輛的一半,同時兼營地產、酒店、電影院、製造業等,成為著名的商人。

1967 年,胡忠解散車隊,把所有車輛連牌照售予的士司機,轉營地產業,並支持其子胡應湘創辦合和實業。胡應湘早年曾赴美國普林斯頓大學攻讀土木工程學,1958 年學成返港,曾在政府工務局任職建築師和土木工程師,1963 年加入家族的中央建業公司,協助父親管理家族生意。1972 年,胡應湘在父親協助下向滙豐銀行貸款 1,500 萬港元,創辦合和實業有限公司。同年 8 月 21 日,合和正式在香港掛牌上市。合和實收資本 2 億港元,分為 1 萬股,每股面值 2 港元,以每股 5 港元公開發售 2,500 萬股新股,集資 1.25 億港元,用作減輕債務及地產發展。當時,香港地產市道蓬勃,股市飆升,合和的股價亦於 1973 年 3 月衝上每股 30 港元水平,比認購價急升 5 倍,整間公司市值高達 36 億港元,成為規模最大的華資地產上市公司。上市首年,合和純利達 6,070 萬港元,比預測利潤高出四成半。

合和與恒隆合作發展的地鐵九龍灣車輛維修廠上蓋──德福花園。

可惜,好景不常,1973 年 3 月恒生指數攀升至 1,774.96 的歷史性高位後即急轉直下,當時股市早已脫離客觀經濟情況,潛伏嚴重危機,股市暴跌的導火線是發現假股票,而最早發現的假股票就是合和。合和即被證券交易所勒令停牌以便調查。期間,合和持有 25% 股權的保利建築公司又宣佈破產清盤,令合和遭受損失,故合和復牌後股價一瀉不止。1974 年底,合和股價跌至每股 0.65 港元,比最高位時下跌 97%,而同期恒生指數的跌幅亦達 91%。遭此打擊,1974 年度合和純利僅 2,179 萬港元,大幅下跌六成四,以後各年度雖逐步回升,但直至 1979 年才超越 1973 年度水平。這一時期,合

和側重於地產發展，相繼完成了協威園、康麗園、東威大廈、山光苑、雲景台、荃灣花園、健威花園、德福花園等多處物業。

70年代合和最重大的物業發展項目是位於灣仔皇后大道東的合和中心。合和中心既是身為建築師的胡應湘引以為傲的得意之作，亦是合和實業的招牌大廈。合和中心在設計上頗具特色，它包括2個內筒牆和一個直徑150呎的外筒牆，第一個內筒牆內是電梯通道，內筒牆之間作洗手間、儲物室及管理通道之用，第二個內筒牆和外筒牆之間，是寫字樓和商場。合和中心的圓筒形設計，據說可抵受時速194哩的負載風速，這一極限承載的風力，足以應付香港有史以來所能遇到的最大風暴。胡應湘設計的合和中心原計劃於1976年完成，後因建築圖則拖延批出，至1980年才完工。該中心樓高66層，是當時香港最高的建築物，比康樂大廈（今怡和大廈）還高出139呎，可供出租面積達80萬平方呎，頂層是旋轉餐廳，中低層是寫字樓，底層和地庫是商場和停車場。合和中心的建成，為合和實業在香港地產界奠下重要的基礎。1980年底，合和實業的市值達19.56億港元，在香港上市公司中排名第22位。

上｜合和中心的剖視模型。

下｜恒隆創辦人陳曾熙（1923-1986）。

可惜，80年代以後，合和的業務重心逐漸轉移到中國內地、泰國、菲律賓的基礎設施工程，其作為「地產五虎將」的地位亦逐漸被其他新興地產集團取代。

3.5 恒隆集團：積極發展地鐵沿線物業

恒隆集團創辦於1960年，創辦人陳曾熙（1923-1986）原籍廣東台山，出身於一富有家庭。陳曾熙戰前曾留學日本，攻讀土木工程學，與日本有密切淵源。回港後，陳氏曾在伍宜孫家族的永隆銀行任職，擔任外匯、樓宇按揭業務，認識到香港地產業的潛力。50年代初，陳曾熙離開永隆銀行，與友人合夥創辦大隆地產，開始涉足地產業。其弟陳曾壽早年畢業於上海復旦大學，曾在婆羅洲一帶經營建築生意，回港後協助兄長承包建築工程，生意逐漸做大。1960年，陳氏兄弟自立門戶，創辦恒隆有限公司，初期在九龍太子道一帶發展過不少住宅樓宇。恒隆的起步，得益於60代初期與香港政府的一次換地交易，當時，港府需要恒隆擁有的九龍荔園後面的一個山頭興建瑪嘉烈醫院，於是以何文田山與恒隆交換，後來恒隆在何文田發展起恒信苑私人屋邨，奠定了公司日後在地產業發展的基礎。

位於銅鑼灣的恒隆中心。

1972 年 10 月 21 日，恒隆在香港上市，公開發售 2,400 萬新股，每股面值 2 港元，以每股 8.5 港元價格發售，集資逾 2 億港元。恒隆上市時共擁有 5 個發展地盤，包括港島半山區列提頓道 1 號的豪宅大廈恒柏園、北角雲景道的恒景閣、恒英樓，另有 6 個已建成或正建築中的收租物業，包括銅鑼灣的恒隆中心，九龍的柏裕商業中心、港島南灣道的寶勝樓，已初具規模。

恒隆上市後，將所籌集的資金進行了一項重大投資，它耗資 1.15 億港元以高價購入九龍旺角的邵氏大廈和新華戲院，而這兩項物業都須到 1973 年底才能交吉。由於出價遠遠拋離當時旺角的地價，這項交易成為當時轟動一時的新聞。[20] 後來，遇上香港股市暴跌，地產市道低陷，恒隆的大部分資金被凍結，以致錯過了 1975-1976 年香港地價跌至谷底時廉價購入大量土地的良機。在把握地產市道循環走勢方面，恒隆可說比長實、新地等稍遜一籌。

恒隆上市後第一年綜合純利達 6,500 萬港元，比新鴻基地產的 5,142 萬港元幾乎高出三成，其股價亦一度衝上每股 29.2 港元水平，市值達 35 億港元，高於新地的 31 億港元。不過，由於恒隆看錯地產循環市道，翌年純利大減，直至 1978 年度才再度超過 1973 年度的水平。恒隆與長實、新地等一個明顯不同的特點，是它相當重視地產投資業務。1972 年恒隆上市時，它的租金收入僅 500 萬港元，佔公司經營收入的 10%，但到 1979 年度，租金收入已增加到 2,880 萬港元，佔公司綜合純利的比重已超過 45%。

恒隆的發展，可說與地鐵站沿線上蓋物業的發展有著極為密切的關係。1977 年，恒隆連環出擊，它與合和組成的財團投得了地下鐵路九龍灣車輛維修廠上蓋的物業發展權，該項物業包括 41 座住宅樓宇約 5,000 個住宅單位，命名為「德福花園」，發展利潤由地鐵公司佔 50%，恒隆和合和各佔 25%，當時平均每個單位的銷售價達 22 萬港元，超過原本的估計，恒隆賺取了可觀的利潤。1979 年，恒隆又與長實、新世界、恒基兆業及置地公司等公司合組財團（恒隆佔 37.5%），再投得地鐵旺角站上蓋物業的發展權，興建一幢 22 層高的商業大

左｜九龍灣德福花園的發售
廣告。

右｜淘化大同在九龍牛頭角擁有
大片土地，圖為淘大花園興建前
的面貌。

廈旺角中心。80 年代初，旺角中心推出之際，正值地產高潮，故扣除給予地鐵公司的盈利
和建築費，總利潤仍高達 4.3 億港元，恒隆賺得其中的 1.6 億港元。這時期，恒隆的聲譽達
到了頂峰，成為香港一家實力雄厚的華資地產集團。

3.6 大昌地產：與英資公司合作發展地產

「地產五虎將」之末大概要數大昌地產。大昌地產的創辦人陳德泰祖籍廣東新會，早在
1950 年代初已活躍於香港地產界，1950 年代中後期已成為香港較大的地產商。1972 年 8
月，陳德泰創辦大昌地產（集團）有限公司，同年 12 月 11 日在香港掛牌上市，將面值 2 港
元的股票共 1,250 萬股新股，以每股 4 港元的價格公開發售，集資 5,000 萬港元。當時，
大昌地產除直接擁有地皮物業外，還擁有若干重要發展工程的少數股東權益，包括和記大廈
25% 權益、禮頓道一幢面積 41 萬平方呎商場寫字樓組合 40% 權益等。

大昌地產上市後，充分利用股票市場狂熱的機會，發行新收購物業或其他地產公司的少
數股東權益及聯營公司權益。1973 年，大昌就先後 15 次發售新股，發行的股數高達 1.5 億
股，先後用於與新鴻基地產、泰盛發展、利興發展、嘉年地產及和記國際等公司換股，又購

入大批物業及地產投資公司，如購入喜來登酒店 35% 股權、都城地產 25% 股權及太古昌 25% 股權等，頗具氣勢。

不過，大昌地產較少獨立自主地發展地產，也缺乏魄力獨力承擔大型投資項目。上市不久，大昌地產就依附英資財團，協助其地產發展。當時，陳德泰與英資和記洋行的祁德尊（Sir John Douglas Clague）關係密切，大昌地產與和記集團屬下的黃埔船塢合組都城地產有限公司，以大昌的資金及由建築到銷售的系統去發展黃埔船塢在紅磡、大角咀及灣仔 3 座船塢的土地。但後來和記集團陷入財政危機，控制權被滙豐銀行所奪，繼而派「公司醫生」韋理（Bill Wyllie）入主整頓，安排和記與黃埔合併，形勢遂發生變化。韋理認為香港地產市道蓬勃，無須與大昌分享，因而推翻雙方往日的許多口頭合約，導致雙方關係破裂，對簿公堂，後來庭外和解。1979 年，大昌地產以 3.1 億港元向和記黃埔購回都城其餘 55% 股權，同時以 1.1 億港元價格將中區和記大廈 25% 業權售回和記黃埔，雙方合作由此終止。

上｜紅磡黃埔船塢。

下｜黃埔船塢在紅磡擁有龐大土地儲備。

1973 年，大昌地產還和英資太古洋行合作，聯合收購小型地產公司健誠置業，改組為太古昌發展，當時太古集團剛涉足地產業，試圖借助大昌的經驗發展規模龐大的太古船塢。後來，太古集團亦覺得沒有必要讓大昌地產分享，遂於 1977 年收購太古昌發展全部股權。大昌兩次與英資洋行的合作都半途夭折。後來大昌又和希慎合作，興建希慎大廈及禮頓中心。1981 年 9 月，利氏家族組成希慎興業在香港上市，大昌地產變成持有少量股票的小股東，亦不成氣候。大昌地產這種依附於他人的經營方式，雖不致吃大虧，但卻失去大事擴展的良機。

1981 年，大昌地產創辦人陳德泰病逝，公司主席一職遂由其長子陳斌接任。陳斌，1974 年畢業於美國麻省理工學院，學成後返港協助父親管理家族生意，出任公司主席時年

僅 38 歲，成為香港最年輕的集團公司主席。不過，由於大昌地產經營作風較保守，缺乏大氣魄，此時已逐漸落後，被擠出五虎將之列。1981 年底，大昌地產市值為 16.24 億港元，在香港上市公司中排名第 28 位。

3.7 新世界發展：興建尖東新世界中心

　　新世界發展有限公司創辦於 1970 年 5 月，創辦人鄭裕彤（1925-2016），原籍廣東順德，1925 年出生，幼年曾在家鄉讀過幾年私塾，15 歲時從順德到澳門投靠父親的世交周至元，在其經營的周大福金舖作練習生。周大福戰前已在廣州創辦，由於戰亂關係從廣州遷到澳門。鄭裕彤進入周大福 3 年後晉升為主管，並娶了老闆周至元的女兒為妻。1945 年，鄭裕彤奉岳父之命前往香港皇后大道中開設分行，自此逐漸接掌周大福生意，1956-1960 年期間已持有周大福大部分股權。1960 年，鄭裕彤將周大福改組為周大福珠寶行有限公司，當時該公司持有由南非發出的約 500 個批購鑽石牌照的 10 多個，每年進口的鑽石數量約佔香港鑽石進口量的三成，鄭裕彤遂成為有名的「珠寶大王」。

　　60 年代初，鄭裕彤看好香港地產業前景，及至 1967 年地產低潮期間，鄭裕彤聯同其好友楊志雲等，趁地價急跌之機大量購入土地物業。1970 年 5 月，鄭裕彤、楊志雲等聯手創

新世界發展創辦人鄭裕彤。

辦新世界發展有限公司，並於 1972 年 11 月 23 日在香港上市。當時，公司法定股本為 7.5 億港元，實收股本 6.74 億港元，除擁有新世界中心地盤外，還擁有 4 幢商住樓宇、4 家電影院及部分店舖與寫字樓單位，總樓面面積 74.6 萬平方呎，每年租金收入 2,130 萬港元。此外，還擁有 6 幢興建中的商業樓宇，具有一定規模。

新世界發展上市後，最重要的地產發展項目，就是雄踞於尖東海旁的新世界中心。1971 年，新世界發展以 1.31 億港元的高價，向英資太古洋行購入尖東沿海的「藍煙囪」貨倉舊址，面積達 19.9 萬平方呎。當時，港府希望新世界能在該地段興建一幢世界一流的建築物，以作為香港的標誌，因此陸續將鄰近土地批予新世界發展，令該地段面積增加到 43 萬平方呎。這座日後被命名為「新世界中心」的工程共分兩期進行，首期工程包括一幢 14 層高寫字樓、5 層商場及擁有 800 多間客房的新世界酒店，於 1978 年完成。第二期工程包括一幢有 700 多個單位的豪宅大廈及擁有 650 間客房的著名的麗晶酒店，全部工程於 1982 年竣工，總投資約 14 億港元。

鄭裕彤對這項投資極為重視，1977 年正值新世界中心進入緊張施工之際，香港《南北極》雜誌記者曾採訪鄭氏，該篇特稿中有這麼一段文字：「鄭裕彤談論著自己的過去，自己建立的事業和自己最關心的東西，他是快樂的，尤其當他提到『新世界中心』那地方時，整張臉孔都被一種光采所照耀了，並將他的快樂傳染給我們。」可說興奮之情溢於言表。這項重大地產發展項目一舉奠定了新世界發展在香港地產界的地位，無疑是鄭裕彤一生引以為傲的得意之作。

70 年代期間，新世界發展還單獨投資或與其他地產公司合作發展了一系列大型地產項

左｜雄踞尖東海旁的新世界中心和麗晶酒店。

右｜圖為新世界發展有限公司七八十年代發展的部分項目售樓書。

目。1973年，新世界發展購入港島薄扶林道一幅面積達80萬平方呎的地皮，興建了擁有1,300個高級住宅單位的「碧瑤灣」。新世界發展在經營策略上，是興建寫字樓、商廈作出租用途，興建住宅樓宇作出售之用，兩者相互配合，相得益彰。正因為如此，新世界的綜合純利逐年上升，從1973年度的7,200萬港元上升至1981年度的2.46億港元，8年間大幅增長了2.42倍。進入80年代，新世界發展還與查濟民家族的香港興業合作，發展規模宏大的愉景灣大型屋村。

80年代可説是新世界發展在香港地產業務的高峰期，其時新世界發展已躋身香港華資「地產五虎將」之列。1981年底，新世界發展市值達43.71億元，在香港股市中成為僅次於置地、長實、新地的第四大地產上市公司。

3.8 恒基兆業：「小型住宅之王」

另一家迅速崛起的地產集團是恒基兆業，創辦於1973年11月。創辦人李兆基祖籍廣東順德，1928年出生，早年曾在其父開設於廣州的一家銀號當學徒。1948年，年僅20歲

興建中的高級住宅——碧瑤灣。

的李兆基隨身攜帶 1,000 港元，從廣州南來香港，在金舖做外匯黃金買賣，1958 年起與郭得勝、馮景禧合夥從事地產發展，並創辦新鴻基地產。1972 年新地上市後不久，「三劍俠」即分道揚鑣，李兆基辭去新地總經理一職（仍保留副主席職位），自立門戶，創辦恒基兆業有限公司。當時，恒基兆業約有資產 5,000 萬港元，發展地盤約 20 來個，職員四五十人，已有一定規模。

　　恒基兆業與新鴻基地產同出一系，淵源深厚，其投資策略也相當接近，如看好香港地產發展前景，緊扣地產市道循環週期盛衰，重視維持龐大的土地儲備，重視住宅樓宇的發展等。不過，與新地相比，恒基特別重視小型住宅樓宇的發展，故有「小型住宅之王」的雅稱。主席李兆基認為，由於香港人口增長迅速，而且隨著經濟發展，市民收入增加，置業觀念日濃，但土地供應有限，小型住宅樓宇的發展前景大有可為。[21] 早期，恒基的地盤多集中在市區，主要發展 300-500 平方呎單位面積的小型住宅，銷售對象為廣大的受薪階層，由於住宅和工作地點不遠，加上交通方便，因而深受置業者歡迎。

　　恒基兆業經營地產的方式，與新鴻基地產一樣，強調貫徹「貨如輪轉」的宗旨，「只做樓宇供應，不做收租業主」，因此，恒基十分重視增加土地儲備。恒基成立 3 年後，旗下的發展地盤已增加到 140 多個，成為土地儲備最多的地產公司之一。[22] 不過，恒基增加土地儲備的方式相當特別，它極少參與競投港府公開拍賣的官地，而主要是長期派人遊説舊樓的業主售樓，以逐個擊破的方式，説服業主出售他們所擁有的單位，然後將整幢樓宇拆卸重建。恒基又長期在美國和加拿大的中文報刊登廣告，收購香港的舊樓，這既方便老華僑將香港的物業脫手，更令恒基在無競爭對手的情況下以低價購入地皮。這確是李兆基經營地產的「絕招」。即使到了 1980-1990 年代，恒基仍堅持早年在市區收購舊樓的策略，以最大的耐心，

左｜恒基兆業創辦人李兆基。

右｜由恒基兆業策劃發展的沙田第一城。

經長年累月，將逐層樓、逐寸土地收購回來。恒基還發明「袖珍樓」、「袖珍舖」，將市區內狹小的地盤建成袖珍式的住宅和店舖，表面上看總體樓價不高，但每平方呎的價格及利潤卻相當驚人。

　　早期，恒基的物業發展主要是收購舊樓重建，故主要集中在港九市區。不過，隨著時間的推移，市區內可供發展或重建的地盤可謂買少見少，恒地看準新界必定成為地產商日後爭奪的對象，於是開始大量吸納乙種公函換地證書，以保證日後在新界有足夠的土地發展。1981 年，李兆基就明確表示：「我們既然是以地產發展為主的公司，但是眼看到的是，港九市區可供發展或重建的地盤所餘無幾，相信 5 年之後便無法可以再在市區內找到『拼樓』式的地皮，而政府官地則價奇昂，數量也有限，屆時新界的土地必定成為大家爭奪的對象。我們與其在未來幾年後跟其他公司競出高價爭投新界土地，倒不如先行未雨綢繆吸納大量換地公函，確保日後在新界有足夠的土地可供發展。」[23] 李兆基的這種高瞻遠矚的戰略眼光，可說是恒基成功的重要因素。

　　其實，早在 70 年代早期，李兆基已看好新界，尤其是沙田和屯門兩個新市鎮的發展潛質。1975 年，港府開標競投沙田新填海區，李兆基作為發起人，由恒基地產聯同長江實業、新鴻基地產和新世界發展組成百得置業有限公司（各佔 25% 股權），投得沙田新市鎮第一號地段，自行填海 600 萬平方呎土地，從而取得其中 174 萬平方呎土地發展權，發展沙田第一城計劃。整個龐大地產發展計劃由恒基地產參照早期的大型屋邨如太古城、置富花園、賽西湖等統籌策劃，經 10 餘年的發展，至 80 年代末期完成，包括 50 幢 30 多層高的住宅大廈、30 萬平方呎商場面積，可容納居民 6 萬人。沙田第一城可說是李兆基及恒基集團的精心傑作。

　　1982-1984 年期間，在中英兩國談判僵持不下、香港前途尚未明朗、地產市道低迷之際，恒基即以「反潮流」的姿態乘機大舉購入土地，為日後公司的發展奠定基礎。1987 年 10 月股災後，新界的換地證價格下跌了三成，恒基便在 1988 年 5 月動用超過 5,000 萬港元，以平均每平方呎 1,000 港元價格，大手購入新界換地證書，加強了日後在屯門和葵涌商住地皮的投資實力。1989 年北京風波後，地產市道再次下跌，恒地於 1990 年再斥資 3.2 億港元購入一批換地權益證書，使公司的換地證賬面值超過 7.6 億港元。1991 年政府拍賣換地證書而乏人問津時，恒地以 8,300 萬港元全數購入，成為香港擁有最多換地權益證書的地產公司之一。

　　恒基創辦初期，李兆基就有意將其在香港上市，當時有關上市條件及招股書已全部準備好，可惜遇上股市暴跌，有關計劃被迫取消。[24] 後來，李兆基選擇永泰建業實行「反收購上市」。永泰建業原是一家規模較小的地產公司，1972 年在香港上市，其時實收股本僅 2,532

萬港元。1975 年，李兆基以恒基名下物業換取永泰建業 1,900 萬股新股，控制了永泰建業 42.9% 股權，成為最大股東。1977 年，李氏再以名下 6 個地盤換取永泰建業 4,200 多萬股，將控制權增至 70.8%。到 1979 年，永泰建業的市值已由初上市時的約 4,000 萬增至 9 億港元，短短 4 年間擴大 20 多倍，成為一間擁有 26 個發展地盤的中型地產公司。

　　然而，永泰建業始終無法替代恒基，前者只及後者的 20% 左右規模。1981 年 8 月，正值香港股市牛氣沖天之際，李兆基將恒基大部分資產注入旗下一家成立於 1976 年 1 月 26 日的附屬公司 —— 恒基兆業地產有限公司，並將其在香港掛牌上市。恒地上市時，法定股本 30 億港元，實收股本 21.38 億港元，分 10.69 億股，每股面值 2 港元。恒地以每股 4 港元價格公開發售 5,000 萬單位新股，每單位包括繳足股本 1 股及未繳足股本 4 股，未繳足股本新股東申請時每股先付 1 港元，其餘款項分兩期繳付，每股 1.5 港元，分別於 1981 年 12 月 31 日及 1981 年 6 月 30 日繳付。全部繳付後恒地將集資得 10 億港元。恒地上市後即躋身香港十大地產上市公司之列，該年底恒地市值達 35.2 億港元，在地產上市公司中排名第 7 位。

3.9　其他新興地產集團：華懋、南豐、信和和鷹君

　　這一時期，新崛起的大型地產集團還有華懋、南豐、信和以及鷹君等。

　　華懋集團創辦人王德輝，原籍浙江溫州，1934 年生於一富商家庭，父親早年在上海創辦華懋公司，經營化工生意。1949 年王德輝舉家移居香港，朝鮮戰爭爆發那年，王德輝剛好完成中學學業，適值父親生意失敗，王德輝遂停止學業，協助父親東山再起。其後，王氏與青梅竹馬女友龔如心共偕連理。在王德輝夫婦的悉心經營下，華懋逐步恢復元氣，生意蒸蒸日上。1960 年，王德輝看好香港地產前景，遂創辦華懋置業有限公司，開始投資地產。當時，王德輝對地產建築一竅不通，但卻肯虛心學習，每晚公餘時間都拿著一疊圖則，向鄰居一位建築老行尊請教，直到摸清路向，才購地建樓。1967 年地產低潮時，王德輝憑獨到眼光，抓住良機購入大量新界乙種公函換地權益證書，其後人心回穩，百業待興，王德輝在荃灣、葵涌一帶大量發展每單位三四百平方呎的小型住宅樓宇，深受市場買家歡迎，逐步奠定了華懋日後在香港地產界的地位。

　　華懋置業的名字首次在香港引起注意，是 70 年代初期。1972 年，英資置地公司看準牛奶公司徒擁大量具潛質發展地皮但管理久佳、現金不足的弱點，在報刊登全版廣告，宣佈收購牛奶公司。當時，華懋曾應牛奶公司董事局主席周錫年之請，與牛奶公司合組牛奶地產公司，向置地展開反擊。華懋注資 1.24 億港元換取牛奶地產 24.9% 股權，而牛奶公司則以

華懋集團創辦人王德輝。

旗下地皮換取新公司 75.1% 股權。其後雖然反擊失敗，牛奶公司被置地吞併，但王德輝及華懋集團卻開始在業內打響名堂。當時，華懋已頗具規模，王德輝在接受記者訪問時表示，華懋置業已擁有 40 多個發展地盤，經營業務以地產為主，並涉及化學工業、建築及金融等，共持有附屬公司 30 餘家，1971-1972 年度公司純利達 2,500 萬港元。70 年代以後，華懋繼續在荃灣、葵涌、新蒲崗、觀塘等市區邊緣大量購入住宅用地，1975 年公司純利已達 7,000 萬港元，規模已達華資「地產五虎將」水平。70 年代中期，華懋響應政府「衛星城市」的政策，在沙田新市鎮進行龐大投資，1982 年，華懋在沙田推出首個大型商住項目「好運中心」，其後華懋在沙田的大型住宅物業陸續推出，被譽為沙田地區最大的地產發展商。[25]

　　華懋集團的地產發展策略有兩個明顯的特點：第一，是走中低檔路線。華懋發展的住宅樓宇，一般以中下階層市民為銷售對象，因此樓宇所處位置，往往為市區邊緣勞工密集地區，樓宇多屬中小型住宅單位，以樸素馳名，用料不甚講究，因此其質素往往被外界批評。1977 年，剛建成的荃灣工業大廈，就被地政工務司列為危樓，令小業主驚惶失措，幸而華懋同意出資，與小業主合資修葺。正因為如此，華懋集團的樓宇價格往往比同區內其他地產商的低一成，這種情況一直延續到 90 年代。第二，華懋集團同時兼營樓宇按揭，將集團發展的樓宇交由旗下財務公司辦理按揭業務，按揭率為樓價的七成，所謂「肥水不流外人田」，除賺取利息外，更可於供樓者無力償還貸款時收回樓宇再售。此外，集團還兼營樓宇維修、管理、保安等業務。一般估計，在 90 年代，華懋的規模與新地等相比至少相去不遠。

　　與華懋齊名的另一新興大型地產集團是從製造業起家的南豐。南豐集團的創辦人陳廷驊（1923-2012），祖籍浙江寧波，1923 年出生於一布商家庭。他秉承寧波傳統，中學畢業後便立志經商，20 多歲已成為上海及寧波 3 家商業機構的總經理。1949 年陳廷驊從上海移

左｜華懋集團策劃發展的物業廣告。

右｜華懋致力在市區邊緣發展中低檔住宅樓宇，圖為華懋發展的地盤之一。

居香港，在中環愛群行設立辦事處，初期從事棉紗、布匹等貿易生意。1954 年，陳廷驊投資 60 萬港元，在荃灣創辦南豐紗廠有限公司，兩年後正式投產，每月生產棉紗 400 包。據香港棉紡工業同業公會 1958 年 3 月的統計，當時南豐紡織僅擁有紗錠 8,360 枚，僱用工人 280 人，是該公會中一家小型紡織廠。為了打開國際市場，陳廷驊設計了一種 4-6 支的粗棉紗，可用以製造各種毛巾產品。該產品推出後深受國際市場歡迎，南豐紗廠因而闖出了名氣。到 1960 年，南豐紗廠已擁有紗錠逾 5 萬枚，資本額增加到 600 萬港元。1969 年，陳廷驊將南豐紡織改組為南豐紡織聯合有限公司，並於 1970 年 4 月在香港上市，向公眾發售 475 萬股新股，每股面值 2 港元，以每股 6 港元上市，藉此集資達 2,850 萬港元。其時，南豐紡織法定資本 4,500 萬港元，旗下擁有南豐紗廠、南豐二廠、錦豐製衣廠等 3 家全資附屬公司，成為縱式企業集團。

70 年代中期以後，陳廷驊鑑於紡織業已漸走下坡，開始積極推動集團多元化策略，將相當部分資金轉移到地產發展和證券投資。其實，早在 1965 年，南豐已發展集團首個地產項目福祥苑。1967 年香港地產低潮時，陳廷驊更大量購入廠房地皮和乙種公函換地證書，為集團日後的地產發展奠定堅實基礎。1970 年南豐上市時，已擁有工業及住宅樓宇 41.3 萬方平方呎，乙種公函換地證書 32 萬平方呎，農地 12.8 萬平方呎，是製造業中的地產大集團。1976 年，南豐透過旗下南豐發展以 4,000 萬港元向英資太古洋行購入鰂魚涌太古山谷英皇道一幅土地，發展為南豐新邨，由於需求殷切，由 12 幢物業組成的南豐新邨一共 2,800 多個住宅單位一售而空。當時，銀行利率較低，南豐為取得更大利潤，還自行經營按揭業務。自此，南豐亦成為香港重要的地產集團。

信和地產創辦於 1972 年，創辦人是新加坡富商黃廷芳、黃志祥父子。黃廷芳（1929-2010），祖籍福建新興，早年遠赴新加坡謀生，初期經營雜貨店，50 年代開始涉足地產業，在新加坡烏節路一帶興建了大批商廈，被稱為「烏節地王」。70 年代初，黃廷芳開始進軍香港地產，1972 年 6 月籌組信和地產投資股份有限公司，同年 7

月在香港上市。

　　70年代中期，香港地產受中東石油危機及世界經濟衰退的影響而陷入低潮，但黃廷芳父子卻在香港作出重大投資決策，購入尖東大片土地。當時，他們出價之高，令行內人士側目，有人甚至譏為瘋狂。不過，後來事實證明，尖東的發展潛力極佳，黃氏家族和信和地產不僅沒有買貴了土地，反而賺取了鉅額利潤。當時，尖沙咀區的發展，只局限在以金馬倫道方圓一哩的地區內，這裡早已商戶林立，十分擁擠，明顯已不足應付發展中的新需求。港府為使尖沙咀的經濟發展得以持續擴大，遂在60年代末70年代初在尖東進行大規模填海工程，共填得土地約17.4公頃。這些土地全部以拍賣方式售出，其中以黃氏家族及信和所購入的最多，估計接近一半。

信和集團創辦人黃廷芳、黃志祥父子。

　　信和地產購入這些土地後，即推行連串龐大發展計劃，一名曾在信和工作10年的高級行政人員事後回憶說：「我在七九年加入信和工作，當時主要負責尖東的發展，我記得當時的尖東是一大塊填海土地，要發展它，一切從無到有，必須具有卓越的遠見和魄力。公司參與發展的工程多達8項，計有：尖沙咀中心、帝國中心、好時中心、永安廣場、南洋中心，及已經易名為明輝中心的尖沙咀廣場，這些龐大的發展，不但將紅磡和尖沙咀連成一片，而且將尖東發展成一個現代購物旅遊中心，奠定了信和集團的根基。」[26]尖東區這一系列美輪美奐的商業大廈，是信和集團在香港的代表作和象徵。如果說置地雄踞中環、九龍倉稱雄尖沙咀、希慎割據銅鑼灣的話，那麼信和則在尖東獨領風騷，「尖東地王」可謂當之無愧。正因為這樣，信和地產後來亦易名為「尖沙咀置業」。

　　不過，信和與置地、九龍倉、希慎等老牌地產集團相比，在投資策略上有兩點明顯的區別：第一，信和地產以地產發展為主、地產投資為輔，因此除保留尖沙咀中心、帝國中心及幸福中心之外，其餘均推出發售。當時，信和推出的尖東物業甚受市場歡迎，永安廣場更創造推出當日即告售罄的紀錄，轟動一時。第二，信和發展地產物業，往往是配合大股東黃氏家族的私人公司進行，如尖沙咀中心，信和地產佔四成半權益，其餘五成半權益則由黃氏家族持有。

　　到80年代初，信和地產已頗具規模。1981年3月，黃廷芳將信和地產部分物業，以

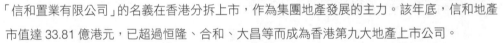

「信和置業有限公司」的名義在香港分拆上市，作為集團地產發展的主力。該年底，信和地產
市值達 33.81 億港元，已超過恒隆、合和、大昌等而成為香港第九大地產上市公司。

　　另一家頗具實力的地產集團是鷹君。鷹君集團原名「鷹君有限公司」，創辦於 1963 年。
創辦人羅鷹石（1913-2006），祖籍廣東潮州，生於 1913 年，7 歲時隨父赴泰國，啟蒙後，假
日在店幫忙學做生意，15 歲曾回家鄉讀書，不久因社會動蕩，再度回到父親身邊，從此棄學
從商，跟隨父親學習經營土產、洋雜貨生意。1938 年，羅鷹石轉到香港繼續為家族開拓港、
泰貿易，而本身另自調查買地建屋業務，當時籌得 18 萬港元，買入吉地 4,000 平方呎，按地
向銀行貸款，興建 4 幢 5 層住宅樓宇，數月後以建築期內分期付款辦法，預沽樓花，趕快建
築完成。交樓後收清屋款，利潤優厚。50 年代中期，羅鷹石眼見大量中國移民湧入香港，房
地產市道日見興旺，便致力經營房地產業，賺取了他個人的第一桶金。1963 年，羅鷹石創辦
鷹君。鷹君一名，取自羅鷹石的「鷹」及其妻杜莉君的「君」，英文譯作大鷹（Great Eagle），
寓意振翅高飛，鵬程萬里。[27] 1972 年 10 月，鷹君在香港上市，以每股 2.25 港元價格公開發
售 1,375 萬股新股，集資約 3,000 萬港元。當時，鷹君尚屬一家中型地產公司，1972-1973
年度公司純利僅 1,200 萬港元，1975-1976 年純利還跌至 397.5 萬港元。

　　鷹君崛起的關鍵，是 70 年代中期以後積極發展市場急需的工業樓宇。1975 年，鷹君
看準時機，將自身資金約 1,500 萬港元及向銀行舉債大量購入工業用地，1976 年後香港經
濟復甦，對工廠的需求大增，鷹君把握良機全力推出廠廈樓花，僅 1977 年就售出工業樓宇

280 萬平方呎，價值 4 億港元。1978 年，大量內地移民湧入香港，對住宅樓宇需求增加，鷹君適值大量資金回籠，正好用作購買住宅用地。該年，鷹君購入地盤多達 11 個，其中包括機場附近一幅興建酒店用地及尖東富豪酒店地段，後來地價、樓價急升，鷹君的資產大增。

踏入 80 年代，鷹君的擴張步伐加快，1980 年，羅鷹石電召在美國從醫的兒子羅嘉瑞回港協助公司業務，並與其兄羅旭瑞協同策劃將鷹君旗下的富豪酒店集團上市，以每股 1.9 港元的價格公開發售 1.6 億股新股，集資逾 3 億港元用於興建位於機場和尖東的兩間富豪酒店。稍後，鷹君又透過富豪酒店以 1.06 億港元價格收購小型上市公司永昌盛 61.68% 股權，並易名為「百利保投資有限公司」。1981 年 1 月，百利保以現金及發行新股方式向富豪酒店收購一批物業，包括沙田麗豪酒店地皮及中華巴士、九龍巴士若干股權，向地產業進軍。這時，羅鷹石控制的上市公司已增至 3 家，包括鷹君、富豪酒店及百利保，市值達33.5 億港元。其中，鷹君的市值在 1981 年底達到 9.63 億港元，成為香港第二十大地產上市公司。而在上市的華資地產集團中，鷹君一系則僅次於李嘉誠的長江實業、郭得勝的新鴻基地產、鄭裕彤的新世界發展、李兆基的恒基地產及陳曾熙的恒隆地產而排第 6 位。[28]

上｜鷹君集團總部所在地——位於灣仔的鷹君中心模型。

下｜興建中的富豪機場酒店。

四、1980 年代初地產市道的大崩潰

香港地產市場自70年代中後期起大幅攀升，到1981年中達巔峰狀態，

地價、樓價、租金相繼創歷史紀錄，投機熾熱。這時，

地產業的種種利淡及不穩定因素實際已相繼浮現：世界經濟衰退令香港經濟不景，

利率持續高企，港元不斷貶值，內部消費萎縮，公司利潤下降，

其後更爆發銀行危機，而香港前途問題亦已逐漸提上議事日程。

在這一系列因素的衝擊下，徘徊不前的樓市終於掉頭下跌，

釀成80年代初期的地產崩潰。

4.1 地產市道崩潰的基本原因

80 年代初，香港地產市道崩潰的原因，主要有以下幾點：

（1）地價、樓價迅速大幅上升，投機熾熱。

自 1978 年起，香港的地產市道已開始脫離正常的發展軌道，如火箭般上升。以尖沙咀東部為例，地價在 3 年內上升了六七倍，樓價亦上升了 3 倍。地價、樓價的攀升，刺激了大

左｜位於中區的聯邦大廈。

右｜金門大廈（即今美國銀行大廈）把炒樓熱潮推向高峰。

量熱錢的湧入，南洋資金更是大舉入市。當時，香港「賣樓花」制度大行其道，只要繳付 5-10% 的訂金，便可購得樓花以作投機，而炒家對政府限制樓花的種種建議，諸如對樓花轉讓加重抽稅等，並不理會，投機炒樓風空前熾熱。

70 年代末 80 年代初，炒樓風最熾熱時，炒家索性整幢大廈炒賣，形成「炒大廈」、「炒酒店」熱潮。當時中環、灣仔、尖東等各繁華商業區頻頻傳出整幢商業大廈以高價易手的消息，其中最為人津津樂道的就是炒賣金鐘的金門大廈，以及中環的聯邦和國際兩幢大廈。金門大廈在 1978 年 12 月至 1980 年 9 月期間 3 次轉手，售價從 7.15 億港元增加到 16.8 億港元，短短不到兩年時間升幅高達 135%。聯邦、國際兩幢大廈在 1980 年 8 月至 1981 年 1 月期間兩次轉手，售價從 10.89 億港元升至 22.35 億港元，短短半年間升幅逾倍。

熾熱的炒樓風進一步推動地價、樓價上升，已遠遠脫離當

時香港市民的實際承受能力。據統計，1975 年香港中小型住宅樓宇每平方呎約 230 港元，一個 400 平方呎的住宅單位售價約 9.2 萬港元。當時，香港市民家庭平均月入 1,300 港元，購買一小型住宅單位的款項相當於市民 70.8 個月（即約 6 年）的工資。然而，1981 年地產高峰時，小型住宅單位每平方呎售價已升至約 1,000 港元，一個 400 平方呎的住宅單位售價增加到約 30 萬港元，而市民家庭平均月入約 3,000 港元，即購買一小型住宅單位的款項已相當於市民 101.5 個月（即約 8 年半）的工資。

　　當時，香港的樓價並非建立在經濟發展水平和一般市民的支付能力上，當消費者的工資收入遠遠追不上樓價升幅時，樓價下跌便勢所難免。1981 年，香港地產市道已轉趨呆滯，空置單位大增，1980 年新建住宅樓宅中，空置率已高達 41.3%，大量單位滯留在大小炒家手中。地產市道的下調，只是遲早的問題。

　　（2）利率持續攀升，銀行和財務公司信貸收縮。

　　70 年代後期，香港經濟開始過熱，通貨膨脹率已達到 15% 以上，但 1978 年香港的優惠利率平均只有 6.68%，而樓宇按揭利率平均為 10.62%，形成市場對資金的需求有增無減。這期間，港元匯率因外貿赤字增加（地產狂潮中，香港建築材料進口大增，亦令貿赤增加）而偏軟，刺激利率上升。1980 年美國總統列根（Ronald Wilson Reagan）上台，實施緊縮貨幣政策打擊通脹，更推動香港利率大幅急升。1981 年 10 月 7 日，香港最優惠利率升至 20% 的歷史高位，樓宇按揭利率更升至 21%，對置業者產生巨大的阻嚇力。（表 3-5）這時期，港府又修訂賣地政策，取消「分期付款買地」，令發展商購買土地的成本（利息）更形沉重。

表3-5　　1978-1985年銀行利率變動表				
日期	優惠利率	按揭年息	按揭月息	按 10 年每萬月供
1978 年 5 月 1 日	4.75%	10%	0.833%	132.15
1978 年 7 月 17 日	6%	10%	0.833%	132.15
1978 年 10 月 30 日	7.25%	11%	0.916%	137.75
1978 年 11 月 9 日	8.75%	11.5%	0.9583%	140.02
1979 年 1 月 2 日	9.5%	12%	1%	143.47
1979 年 2 月 19 日	10.5%	12%	1%	143.47
1979 年 3 月 30 日	11%	12.5%	1.041%	146.38
1979 年 4 月 10 日	11.5%	13%	1.083%	149.31
1979 年 4 月 20 日	13%	14%	1.167%	155.27

日期	優惠利率	按揭年息	按揭月息	按 10 年每萬月供
1980 年 3 月 14 日	16%	16.75%	1.395%	172.20
1980 年 5 月 26 日	14.5%	15.5%	1.291%	164.41
1980 年 6 月 2 日	13%	14%	1.167%	155.27
1980 年 6 月 23 日	13%	13%	1.083%	149.31
1980 年 7 月 28 日	10%	12%	1.00%	143.47
1980 年 9 月 9 日	10.5%	12%	1.00%	143.47
1980 年 10 月 6 日	10.5%	13.5%	1.125%	152.27
1980 年 11 月 4 日	13%	14.5%	1.208%	158.28
1980 年 11 月 11 日	14%	15.5%	1.291%	164.41
1980 年 11 月 25 日	16%	17%	1.416%	173.79
1980 年 12 月 9 日	17%	18%	1.5%	180.18
1981 年 7 月 22 日	18%	19%	1.583%	186.67
1981 年 10 月 7 日	20%	21%	1.75%	199.93
1981 年 11 月 9 日	19%	20%	1.66%	193.26
1981 年 11 月 16 日	18%	19%	1.583%	186.67
1981 年 11 月 30 日	17%	18%	1.5%	180.18
1981 年 12 月 7 日	16%	17%	1.416%	173.79
1982 年 5 月 31 日	15%	16%	1.333%	167.51
1982 年 7 月 26 日	14%	15%	1.25%	161.33
1982 年 8 月 23 日	12.5%	13.5%	1.125%	152.20
1982 年 8 月 31 日	12%	13%	1.083%	149.31
1982 年 11 月 29 日	11%	12%	1.00%	143.47
1982 年 12 月 30 日	10.5%	12%	1.00%	143.47
1983 年 4 月 19 日	11.5%	13%	1.083%	149.31
1983 年 5 月 24 日	13.5%	15%	1.25%	161.33
1983 年 7 月 6 日	12.5%	14%	1.167%	155.27
1983 年 7 月 25 日	11.5%	13%	1.083%	149.31
1983 年 9 月 9 日	13%	14.5%	1.208%	158.28
1983 年 9 月 27 日	16%	17.5%	1.458%	176.97
1983 年 10 月 27 日	15%	16.5%	1.375%	170.64
1983 年 11 月 2 日	13.5%	15%	1.25%	161.33
1984 年 1 月 23 日	12.5%	14%	1.167%	155.27
1984 年 1 月 30 日	11.5%	13%	1.083%	149.31
1984 年 2 月 15 日	10%	11.5%	1.9583%	140.02
1984 年 3 月 12 日	8.5%	10%	0.833%	132.15

日期	優惠利率	按揭年息	按揭月息	按 10 年每萬月供
1984 年 3 月 26 日	10%	11.5%	0.9583%	140.02
1984 年 4 月 9 日	11%	12.5%	1.041%	146.38
1984 年 5 月 10 日	12%	13.5%	1.125%	152.20
1984 年 5 月 28 日	12.75%	14.25%	1.1875%	156.78
1984 年 6 月 27 日	13.75%	15.25%	1.2708%	162.87
1984 年 7 月 7 日	17%	18.5%	1.5416%	183.42
1984 年 8 月 3 日	15%	16.5%	1.375%	170.64
1984 年 8 月 23 日	14%	15.5%	1.291%	164.41
1984 年 10 月 1 日	13%	14.5%	1.208%	158.28
1984 年 10 月 29 日	12%	13.5%	1.125%	152.20
1984 年 11 月 26 日	11.5%	13%	1.083%	149.31
1984 年 12 月 24 日	11%	12.5%	1.041%	146.38
1985 年 1 月 14 日	10.5%	12%	1%	143.47
1985 年 1 月 28 日	10%	11.5%	0.9583%	140.02
1985 年 4 月 1 日	9.5%	11%	0.916%	137.75
1985 年 4 月 23 日	9%	10.5%	0.875%	134.80
1985 年 5 月 20 日	8.5%	9.5%	0.792%	129.40
1985 年 6 月 24 日	8%	9%	0.75%	126.70
1985 年 7 月 15 日	7%	8%	0.666%	121.35
1985 年 7 月 19 日	6%	8%	0.666%	121.35
1985 年 9 月 2 日	7%	8.25%	0.69%	122.50

資料來源：香港政府統計處

　　隨著利率的持續高企，銀行和財務公司的信貸亦收縮。1981 年，銀行和財務公司貸款買樓的增長率相當驚人，分期付款買樓的貸款達 155.56 億港元，比上一年度增加 30%。然而，到了該年第 4 季，銀行在分期付款方面的貸款已經幾乎沒有增加，對地產貸款轉趨審慎，有的銀行借出貸款時，除了要看所按樓宇是否物有所值之外，還要看貸款人的償還能力。有的銀行還訂出新的樓宇估值辦法，即樓宇面積不再按建築面積計算，而是以實用面積計算，按揭成數亦壓低至六成。1981 年 7 月，港府實行金融三級制，加強對財務公司的管制，結果令財務公司的短期存款大減，加速信貸收縮。1982 年 11 月，大來信貸財務公司突然宣佈屬下財務公司無法還款，被迫清盤，導致後來恒隆銀行被擠提，並觸發 80 年代初中期持續不斷的銀行危機，包括恒隆、海外信託等 8 家銀行先後被接管或收購，進一步對地產市場造成衝擊。

　　（3）世界經濟衰退令香港經濟不景。

　　70 年代末，以西方先進工業國為首的世界經濟，因第二次中東石油危機的爆發而再次出現衰退，通貨膨脹居高不下，失業人數大幅增加，當時，香港因中國內地的改革開放而尚未受到明顯的打擊，但 1981 年後，世界經濟衰退加深，國際貿易保護主義抬頭，香港的出口面臨日益困難的市場環境。在這種形勢下，香港內部經濟急速放緩、整體消費下降，到

中英兩國舉行關於香港前途問題會談情景。

圖3-1　1980年代初香港經濟、地產、股市因果關係

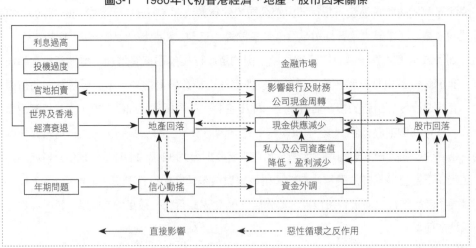

資料來源：許錦和著，《地產和股票市道的回顧和展望》，載香港《信報財經月刊》，第 6 卷第 11 期，第 59-60 頁。

1982 年全年經濟增長僅 2.9%，比 1981 年的 9.4% 大幅放緩。經濟的不景，令投資者、消費者裹足不前，地產市道無可避免地大幅滑落。

（4）香港前途問題表面化。

香港前途問題其實早在 70 年代後期已經浮現。1982 年 9 月，英國首相戴卓爾夫人（Margaret Thatcher）乘福克蘭群島一役大勝之勢訪問北京，正式提出了香港前途問題。她向中國領導人鄧小平提議，以主權換治權，遭到拒絕，結果在人民大會堂前階梯歷史性地跌了一跤。稍後，中國政府隨即宣佈將在 1997 年 7 月 1 日恢復在香港行使主權，中英兩國展開關於香港前途問題的 22 輪艱苦談判。這一系列消息傳到香港，早已疲備不堪的股市、地產應聲下跌，開始了長達數年的地產低潮。（圖 3-1）

4.2 1980年代初地產大崩潰：恒隆、鷹君、置地的危機

其實，是次地產市道大調整，甫踏入 80 年代已初露端倪。1980 年第 4 季，地產市道已呈現呆滯，1981 年初工業用地已經下跌，但商業用地價格仍維持上升，及至 1981 年 7 月以後，地產市道便全面轉入調整。1981 年 8 月，港府的兩宗土地交易已傳出了市道調整的清晰信號：第一宗是港府宣佈與發展商巍城公司達成協議，以 22.58 億港元價格，收回面積達 488 公頃的元朗天水圍土地。一個星期後，港府再宣佈與中國銀行洽商，以 10 億港元價格

港府以 10 億港元出售新中銀大廈地盤，顯示地產市道調整在即。圖為新中銀大廈地盤。

售出中區美利道停車場，即新中銀大廈現址地盤。消息傳出，市場大吃一驚，真實的土地價格顯示地產調整已無可避免。1982 年 9 月戴卓爾夫人訪問北京後，地價、樓價跌勢加劇，地產市道崩潰。

　　1982 年，是香港地產業過去七八年間最暗淡的一年，地價、樓價、租金全面大幅下跌，官地拍賣會上投資者競投興趣普遍低落，冷落場面迭現，很多時拍賣官在無可奈何之下都被迫將官地收回。據統計，1984 年港府共推出 50 幅官地，上半年佔 30 幅，其中 6 幅因無人承價而收回，而下半年則有 20 幅，其中 7 幅收回。

　　地產市道崩潰，首當其衝的自然是地價。1982 年，香港地價普遍下跌 40-60% 不等，跌幅最大的是工業用地和高級住宅用地。九龍灣工業用地的售價按樓面面積計算，從 1980 年 12 月每平方呎 360 港元的最高水平，跌至 1982 年 10 月的每平方呎 25 港元，跌幅高達 93%。港島南灣道一帶的高級住宅用地，亦從 1980 年 9 月每平方呎 1,502 港元的最高水平，跌至 1982 年 5 月的每平方呎 540 港元，跌幅為 60%。地價大跌，導致港府財政收入大減，1982-1983 年度港府財政收支即出現 39.35 億港元赤字；售地收入佔政府財政收入的比重，亦從 1980-1981 年度的 35%，降至 1981-1982 年度的 29%，及 1982-1983 年度的 15%。

　　地價大跌帶動樓價、租金大幅下挫。1982 年，住宅樓價普遍比高峰時期下跌三至四成，如北角住宅樓價就從 1981 年底每平方呎 1,067 港元跌至 1982 年底的每平方呎 664 港元，跌幅達 38%。中區甲級寫字樓月租亦從 1981 年中最高峰期的每平方呎 28-30 港元，跌至 1982 年底的每平方呎 21-24 港元，跌幅約 20-25%。

　　市道低迷，令成交量萎縮，樓宇空置增加。1982 年各類契約（包括樓宇及私人土地買賣）登記總數為 16.5 萬宗，總金額為 994.7 億港元，分別比 1981 年下跌 13% 和 21%。1982 年底，香港私人住宅空置單位為 3.17 萬個，空置率達 6%，其中大型住宅單位更達 9.1%；商業樓宇空置面積達 586.6 萬平方呎，空置率為 10.7%，其中辦公室更達 17.6%；工業大廈空置面積達 1,312.1 萬平方呎，空置率達 10.5%，都處於歷史上最高或極高水平。據一個研究小組的調查，當時香港地產業積壓的資金，可能高達 500 億港元。

　　隨著地產市道的崩潰，首當其衝的是那些採取冒進投資策略的地產公司，其中包括恒隆、鷹君等新興地產集團，以及老牌地產公司置地，部分甚至遭受滅頂之災，令人矚目的有嘉年地產、益大投資、佳寧置業等等。

　　地產危機中，首遭衝擊的是「地產五虎將」之一的恒隆。恒隆集團的發展，與興建香港地鐵及發展地鐵沿線車站上蓋物業有著極為密切的關係。1977 年及 1979 年，它就曾與合和實業、長江實業等合組財團，分別投得九龍灣車輛維修廠上蓋及旺角地鐵站上蓋的物業發展

權，因而聲名大噪，然而亦因此而重重跌跤。

　　1981 年，正值恒隆各項投資收成在望，業務進入高峰期之際，恒隆集團雄心萬丈，先後與新世界發展、凱聯酒店、華懋集團、信和地產、華光地產、怡華置業、益新置業、萬邦置業、廖創興企業及淘化大同等華資地產公司組成 3 個財團，競投地鐵港島沿線 9 個地鐵站上蓋物業發展權，全部發展計劃包括興建 8 幢商業大廈和擁有 8,000 個住宅單位的屋邨，總樓面面積達 700 萬平方呎，估計建築成本超過 70 億港元，售樓總收益高達 183 億港元，其中恒隆可獲利逾 40 億港元。[29] 結果，地鐵公司宣佈，9 個地鐵站上蓋物業發展權，包括中區金鐘二段、灣仔站、銅鑼灣站、炮台山站及鰂魚涌太古站等，全部均被以恒隆為首的 3 個財團奪得。消息傳出，全港轟動。這時，恒隆集團的聲譽達到了高峰，主席陳曾熙更打破一貫低調的作風，對記者暢談恒隆的發展大計，喜悅之情溢於言表。據陳曾熙透露，當時恒隆擁有的土地儲備，足夠發展到 1987 年，全部完成後擁有的總樓面面積接近 1,000 萬平方呎。[30]

　　可惜，其時香港地產市道已處於危險的高位，恒隆為看錯地產市道的循環週期而付出代價。1982 年 9 月，英國首相戴卓爾夫人訪問北京，拉開了中英兩國關於香港前途問題談判的序幕，已進入瘋狂境地的香港地產市道借勢急跌，其中九龍灣工業用地跌勢最慘，跌幅逾九成。恒隆所面對的沉重壓力可想而知。當時，恒隆所奪得的 9 個地鐵站上蓋物業中，中區美利道地段的紅棉大廈已接近完工，正計劃興建金鐘二段的香山大廈。香山大廈佔地 6.9 萬平方呎，總樓面面積 104.3 萬平方呎，根據港府的要求，需補地價 18.2 億港元，且限於 28

圖為金鐘二段兵房，後改建為奔達中心（後再改名為力寶中心）。

日內完成。由於地價急跌，恒隆唯有向港府建議將地價減至 14 億港元水平，然而不為港府接納。在此關鍵時刻，原已答應向恒隆財團貸款 15 億港元最高信貸額的日資銀行臨時撤回承諾，到 12 月，恒隆向港府再申請延期補地價不遂之後，唯有宣佈「撻訂」，退出金鐘二段上蓋發展，其餘 7 個地鐵站上蓋工程，亦需押後進行。

　　這一役，恒隆為首的財團不僅「如入寶山空手回」，還平白損失了 4 億港元訂金，所遭受的打擊委實不輕。1984 年 12 月，中英兩國簽訂聯合聲明，香港地產市道迅速走出谷底，港府趁勢再將金鐘二段地鐵站上蓋發展權推出競投，結果被信和集團為首財團奪得，發展為

香港炒樓滄桑史

戰後,香港的物業投資可以用一句話概括「信心不足,唔見間屋」。香港地少人多,經濟增長和通脹都比西方國家高,形成樓市向上的大勢。樓價急促上升,難免引來炒家,加上 1950 年代地產商發明「分層出售、分期付款」的售樓方式,大大減輕了炒家的成本,香港樓市遂出現了一群以炒樓為生的人。

其實早在五六十年代,香港已有人炒樓、炒地皮,不過當時「分層出售、分期付款」尚未盛行,有能力炒樓的只是限於有錢佬。1960 年代中銀行風潮爆發,這批人炒樓、炒地炒得焦頭爛額。香港炒樓成為一個行業,大概從美孚新邨開始。1960 年代中,美孚石油公司眼見大批新移民湧港,加上經濟起飛,市場對房屋需求日大,便將荔枝角油庫改建成龐大的私人屋邨。可惜當屋邨第一期落成時,恰好遇上香港政治動亂,樓價暴跌,當時剛落成的位於尖沙咀中間道的何鴻卿大廈,每個逾千呎單位只售 5 萬港元也乏人問津,九龍塘和渣甸山的別墅則 7 萬港元任揀,美孚公司只好以低價推出屋邨單位。動亂過後,樓價急速反彈,買了美孚新邨的人賺了大錢,其中不少炒家就是早期低價入貨的家庭主婦。

1970 年代,置富花園、太古城等大型私人屋邨相繼推出,更造就了一批炒家,其中不少就是從美孚新邨移師的師奶大嬸。1976 年,置地推出薄扶林置富花園,當時正值地產低潮剛過,發展商要動腦筋去打開銷路,置地在中區設置示範單位,大登廣告並且以每方呎樓價 200-230 港元低價促銷,結果引起轟動。不少市民提前一兩天去售樓處排隊。當時地產經紀及炒樓集團尚未崛興,排隊者多屬置業自住市民,由於人龍太長,發展商開始派籌。

到太古城推出銷售時,由於樓價節節上升,炒樓者趨之若鶩,賺個不亦樂乎。太古城在出售北海閣的前 5 天,便有「髮型仔」一類人馬在售樓處前輪候。正式發售的那一天早上 8 時,前六七名排隊者以 5,000 元的代價讓出位置,平均每輪一天便有報酬 1,000 港元。到了早上 9 時臨近正式發售時,出讓位置的代價上升到 1 萬港元。據說有一位師奶,以 5 萬港元做本,在 1977-1979 年間共賺了 70 萬港元,純利是本金的 14 倍。

1980 年代初地產高潮時,最哄動的排隊買樓事件要數在尖沙咀新世界中心售樓處輪購沙田第一城了。當時正是青衣美景花園、愉景灣第一期發售前後,排隊買樓已不是新聞了。但輪候沙田第一城的人實在太多,場面極為「墟冚」,有人早一個星期前已露宿街頭,有人更帶備木棒、鐵管自衛。「代人排隊買樓」,大概就從那時開始,而集團式炒樓活動亦應運而生。那時期,大炒家整幢、整幢的商廈進行炒賣,一時街知巷聞的金門大廈就在短短一年左右時間 3 次轉手,售價從 7.15 億港元上升到 16.8 億港元,炒風之盛令人咋舌!

不過,1982 年地產市道崩潰時,炒樓者樂極生悲,不少人做了「大閘蟹」,損失慘重。那時期,愉景灣早期的別墅、沙田第一城的住宅單位、青衣島的美景花園、太古城第十期的星輝台以及和富中心,都成了炒家的滑鐵盧。據說有一炒家,原來住在太安樓一個 400 多呎單位,炒樓賺錢後搬到太古,一度還擁有 4 個單位,他在 1981 年地產高峰期買入太古城星輝台幾個單位,結果樓價急跌四成,連老本也蝕光,最後只好搬回太安樓居住。這時期,《星島日報》的物業出售分類廣告常見有「貼 × 十萬元出售」。當時,炒家為了拋售早已跌去半價的樓宇,被迫向買家倒貼數十萬港元。

然而,在 1982-1984 年地產低潮中「甩難」的炒家,其後能夠捲土重來的話,不少已經「風生水起」。以 1984 年第 3 季推出的康怡花園為例,當時每方呎樓價不過 560 港元左右,但到 1986 年初樓宇建成入伙時,平均每方呎樓價已升至 800 港元,一年半內售價升幅達 40% 以上。在樓價大幅上升時期,炒樓者利潤之高是其他生意所無法比擬的。

1985 年炒樓風潮再起,在金鐘廊一個大型地鐵上蓋物業發售時,幾乎釀成暴動。黃埔花園只不過登廣告說何時開放其示範單位(並非公開發售),便已有滿口粗言、手臂紋花人士排隊,以致要勞動警察派人去登記身份證及拍照。1986 年大埔海寶花園發售時,更發生輪候人士打鬥,以致釀成命案事件。1989 年大埔寶湖花園發售,大約 20 人企圖「打尖」,結果發生炒樓集團僱用的「職業排隊人士」和維持秩序的警方人員之間衝突,事件中數人受傷,55 人被捕。

及至 1990 年代,炒樓風越演越烈,黑社會勢力介入或是以威嚇甚至武力「打尖」事件不時發生。炒風最熾熱時,一個輪候購買豪宅的籌碼轉手,居然動輒獲利一兩百萬港元。

將軍澳東港城首期推出 300 多個單位發售，居然獲超過 2.7 萬個登記。「九七回歸」前，炒家除炒樓外，尚炒的士牌、炒郵票、炒磁卡，整個社會瀰漫著一股投機思潮。

香港的樓宇炒家大致可分為 4 類：第一類是小型地產公司。1970 年代後期香港樓價急升，小型地產公司在完成物業發展後，所得資金往往不能再買地發展，原因是地價上升太快。於是這些地產公司轉而炒樓花或樓宇。他們由於是行內人士，與發展商有一定聯繫，往往可以整幢樓宇或批量買入，然後再自行出售或經代理出售。

第二類炒家是所謂炒樓集團，他們一部分來自小型地產公司，大部分屬本地或外地非經營地產的集團，在本行經營中賺取利潤之後看到地產業興旺，便轉而加入炒樓行列。這些炒樓集團有時可以賺到盤滿缽滿，但有時亦蝕得蕩然無存。像昔日花園道的愛都大廈，炒家在 1980 年買入，結果捱到 1983-1984 年便被迫以蝕去三四成的價格賣掉。炒樓集團往往是炒家中最具實力的一群。

第三類是為數眾多的地產代理和物業經紀。他們除了在地產樓宇買賣中充當中介人之外，亦以自有資金參與炒賣。每逢樓價急升、市道暢旺時，地產代理和物業經紀往往最為活躍。一有升值潛力的新樓盤開售，他們便會蜂擁而至或僱人排隊輪購，形成蔚為奇觀的炒樓熱潮。

第四類是業餘的炒樓者。他們多數有正常職業，憑著自己的判斷去買樓花，等待升值然後沽售獲利。其中，不少是「投資變投機」的炒家，他們原本已有自置物業，希望「細樓換大樓」而購入較大面積的樓花，但購入後看到樓宇升值可觀，遂改變主意賣掉即將落成的樓宇，賺取利潤。1980 年代後期至 1990 年代中，這類人數目眾多，成為炒家的一個重要組成部分。

「炒」是香港這個高度發達的商業社會所長期存在的現象，資訊發達、資金充裕以及供求不平衡，投機活動便十分普遍。炒家的存在，再加上銀行及其金融機構的高度信貸，

從 1980 年代報章廣告，可見炒風甚熾。

杏花邨發售時炒家搶購的墟冚場面。

往往使市場的真正供求被這些投機行為所蒙騙。1980 年代初樓價已上升到市民無法承受的地步，但銀行提供九成樓宇按揭，大小炒家只要動用 1 億港元，便在市場形成 10 億港元的購買力，造成虛假繁榮。其後的地產市道崩潰就是這樣形成的。

不過，沒有炒家的樓市又似乎比較沉寂。1985 年康澤花園推出時，發展商採取交銀行本票需填寫申請書等候抽籤的辦法售樓，結果炒家裹足不前，售樓處因為少了排隊輪候的「墟冚」場面，更顯得冷冷清清。炒風收斂之餘，樓市也沉寂了幾個月。炒家與樓市的關係，確實非常微妙呢。

財經廣場（即後來的奔達中心），賺取豐厚利潤。

　　經此一役，恒隆對地產循環的戒心大大增強，投資策略轉趨保守。1984 年 10 月至 1987 年 3 月期間，香港地產市道開始回升，恒隆便急不及待地將地鐵沿線發展物業出售，鰂魚涌太古站上蓋的康怡花園、康澤花園及柏景台等 8,000 個住宅單位便是在此期間，以樓花方式全部售罄，絕大部分單位以每平方呎 500-800 港元分期售出，而這批住宅在其後 3 年價格升幅逾倍，恒隆白白少賺了不少錢。也正因為對地產循環持有戒心，恒隆的土地儲備亦逐漸維持在低水平，與長江實業、新鴻基地產、恒基地產等相距日遠，若干很有潛質的物業，如太古水塘（現時的康景花園）、樂活道地段（現時比華利山等）均先後將半數權益售予恒基地產，並由對方策劃發展及代理銷售，此舉亦削弱了恒隆的盈利。自此，恒隆與長實、新地、恒地等「地產五虎將」的距離逐漸拉遠。

　　在 1982 年地產市道崩潰中，比恒隆遭受到了更嚴重的衝擊的是鷹君集團。鷹君集團於地產、股市均處於巔峰期間急速擴張，分拆富豪酒店，又收購百利保，早已潛伏下嚴重危機。當時，富豪酒店主要業務是發展及經營機場及尖東兩間酒店，而該兩間酒店僅建築費就約 4.6 億港元，富豪酒店集團的長短期債務已高達 7.05 億港元。富豪旗下的百利保，亦是在地產高峰期進軍地產，其間又籌劃轟動香港的中巴收購戰，以高價購入中華巴士公司大批股權，收購失敗後仍持有中巴 14.7% 股權，後來股市暴跌，百利保僅在持有中巴、九巴股權方面的損失就高達 1.7 億港元。1982 年 9 月，英國首相戴卓爾夫人訪問北京後，香港前途問題觸發危機，地產市道崩潰，鷹君一系由於前期擴張過急，陷入困境。到 1983 年 9 月上半年度，鷹君、富豪酒店及百利保 3 家上市公司合共虧損約 20 餘億港元，其股價與最高峰時相比，亦下跌八九成。這時，鷹君集團已陷入嚴重的財務危機。

　　1984 年 7 月出版的《南北極》雜誌，曾刊登一篇題為「鷹君一門三『傑』」的文章，詳細談及鷹君當時的困境：「……羅鷹石的鷹君系公司，即鷹君、富豪及百利保，並非大公司，至少銀行的債務較置地的 130 億港元（另欠政府 19 億港元）低得多，但 1983 年虧損的數字，卻比置地不遑多讓。先看一下這 3 家上市公司所宣佈截至 1983 年 9 月止年度的業績吧：鷹君──經常性虧損 9,560 萬港元，非經常性虧損 4.436 億港元，合共虧損接近 5.4 億港元。富豪──經常性虧損 3.555 億港元，非經常性虧損 8.502 億港元，合共約 12 億港元。百利保──經常性虧損 3.993 億港元，非經常性虧損 2.475 億港元，合共約 6.5 億港元。3 家公司合共虧損之數，接近 24 億港元，幾乎是『債主』置地虧損的兩倍。……作為羅氏公司股東的投資者，所堪告慰的，是比佳寧、益大或其他正在清盤公司的股東幸運，雖然現時（三傑）股價，與最高時比較，已下跌了九成至九成半。」

　　這段文字，確切反映了鷹君集團當時所面對的極大困難。面對危機，羅旭瑞和父親羅鷹

石在處理公司的問題上產生歧見，羅旭瑞認為富豪和百利保是長期投資，堅持無須作出有關撇賬準備，而羅鷹石則令其三子、心臟專家羅嘉瑞主持大局，為鷹君系各公司「把脈診治」。1984年初，鷹君系計劃重組，並委託專業人士對富豪酒店作出估值，得出每股資產淨值3.7港元，而在此之前，富豪酒店已以此原值較低的售價，將尖東富豪酒店售予羅氏家族的私人公司，以獲得資金緩解危機，唯富豪酒店集團有權於1984年6月23日之前購回該酒店。

　　同年3月22日，正當鷹君集團接受「心臟醫生」治療的時候，前和記黃埔行政總裁、亞洲證券有限公司主席韋理向鷹君發動敵意收購，以9,041萬港元向鷹君購入所持富豪酒店33.4%股權。由於富豪酒店持有百利保投資，鷹君實際上亦間接將百利保出售。鷹君所持有的33.4%富豪股份，賬面原值4.66億港元，是次交易以9,041萬港元售予亞洲證券，虧損高達3.756億港元。據說，是次交易遭到羅鷹石等人的極力反對，因為他認為富豪手上的物業項目絕對是價值很高的投資。雖然短期來看富豪是虧損很嚴重的公司，但該公司一旦在市場復甦後便會有利可圖。而且，羅鷹石並不想外人涉足家族生意，以低價出售富豪股份，無異於將家族資產拱手相讓。

　　但是，在債權銀行的強大壓力下，鷹君被迫售出富豪股權。據說，羅鷹石對大力促成這宗交易的羅旭瑞極為不滿。當時，曾有傳聞說新聞界在韋理宣佈收購富豪酒店後的一個晚上收到羅鷹石的緊急通知，他要與羅旭瑞劃清界線，以後各不相干。姑且不論這個傳聞是真是假，有一點卻是肯定的，交易完成後，羅旭瑞即離開鷹君，成為韋理的「親密戰友」，出任由韋理擔任主席的富豪酒店及百利保兩家公司的董事總經理。外間亦傳出羅鷹石和羅旭瑞父子「不咬弦」的消息。是役，鷹君所受打擊不言而喻，幸而地產市道逐漸復甦，而鷹君亦成功完成債務重組，5年後轉虧為盈。羅鷹石看錯一次地產循環，為此付出了沉重代價。

　　另一家在地產危機中受到重大衝擊的是老牌英資地產公司置地。在1960-1970年代，華資地產商利用地產市道低潮大量吸納廉價土地，再趁市道復甦、繁榮時推出樓花，在一買一賣當中賺取厚利，令以租金收入為主的置地相形見絀。隨著華資地產公司的急速冒起，置地「唯我獨尊」的地位逐漸不再，這才意識到地產發展的重要性。因此，自1976年起置地開始加強地產發展業務。同年，置地利用牛奶公司的薄扶林牧牛場地皮，發展「置富花園」計劃，總共興建26幢高層及低層住宅大廈，約4,000個住宅單位，在1978-1981年間陸續落成。可是，置地對香港當時的地產熱潮估計不足，將所建樓宇以樓花形式在1976年底至1978年中陸續全數推出，每平方呎售價從200多港元升至600多港元。置富花園的樓花出售期與入伙期相差約3年，期間，樓市不斷飆升，令炒家賺取的利潤遠遠超出地產發展商。反觀當時的華資地產商，往往在市道繁榮期延遲發售，或等樓宇主體結構接近完成時才出售，即使是推出樓花，也將售價先行提高，以賺取更多利潤。置地發展置富花園的手法，連

太古地產也不如，更遑論華資「地產五虎將」。

　　不過，進入 80 年代以後，隨著香港地產市道逐漸逼近巔峰，置地的投資策略卻迅速轉趨冒進，先後與遠東發展、佳寧集團、恒隆、長江實業、僑光置業、油麻地小輪等約 30 家公司合作發展超過 70 個地產項目，並大肆展開投資、收購活動，舉舉大者計有置樂花園、綠楊新邨、旺角中心、銀高計劃、梅窩大偉園、大潭住宅、地利根德豪華住宅、荃灣工業村、會德豐及馬登大廈重建、旺角地鐵站上蓋物業發展、半山區皇后花園、香港會所、海軍會所以及猶太會所的重建計劃等等。這期間，置地的盈利確實也大幅增長，1980 年度因出售金門大廈及九龍倉股票，置地盈利高達 6.1 億港元，比 1979 年度增長 1 倍，1981 年度置地盈利增至 14.3 億港元，再比 1980 年度增長逾倍。其中，來自物業銷售的利潤超過了租金收入。

　　這兩年出色的業績更增強了置地管理層大肆擴張的決心，到了 1981 年，置地的投資開始失控，投資策略更加冒進。年初，置地與信和地產合組財團（置地佔 40% 股權），以 13.08 億港元購入港島大潭道白筆山一幅面積達 145 萬平方呎地段，計劃興建別墅式豪華住宅約 400 個單位。由於白筆山實際上是一個小小半島，有私人海灘，發展商需自行興建道路系統，整項計劃規模龐大，預計 5 年時間才能完成。同年 8 月，置地再與佳寧集團合組財團（置地佔 35% 股權），以 28 億港元購入尖沙咀旅遊中心區美麗華酒店舊翼一幅約 8.6 萬平方呎地段，計劃發展「置地廣場」式高級商廈，該宗交易成交價創下世界紀錄，一時受國際矚目。

　　1982 年 2 月 12 日，置地在香港的投資達到高潮，同日，置地宣佈以 47.55 億港元遠遠超過競爭對手的高價，投得港島海旁位於康樂大廈西側一幅面積達 14.4 萬平方呎的「地王」。該「地王」平均每平方呎地價達 32,964 港元，創香港官地拍賣的歷史新紀錄，並成為全球最大宗地產交易。這座被命名為「交易廣場」的地產發展計劃將分 3 期進行，先後建成 3 幢高級商廈，建築面積預計達 200 萬平方呎，總投資逾 80 億港元。置地在大規模展開一系列龐大地產發展計劃的同時，又將投資的目標轉向公用事業，1981 年 12 月及 1982 年 4 月，置地先後兩次發動所謂「破曉突擊」行動，斥資約 35 億港元分別收購了兩家公用事業上市公司——香港電話及香港電燈公司各 34.9% 股權。由於未達到 35% 的收購觸發點，無須向股東提出全面收購。

　　這一時期，怡和、置地管理層明顯放棄了一貫奉行的保守、穩健、持重的投資策略，轉向冒進、急躁、投機。置地不但成為當時香港地產界的「超級大好友」，而且迅速膨脹成一家業務遍及地產投資與發展、酒店、零售貿易、電訊、電力供應等多元化的綜合性企業集團。這種投資策略的急劇轉變，充分反映出怡和及置地高層在九龍倉一役受挫後，試圖將置

地扶植成一家超級「大行」，與華資大亨一決雌雄的決心。

　　可是，由於置地決策層對香港政治、經濟形勢的判斷已與客觀現實嚴重脫節，導致置地為此付出高昂代價。事實上，自1981年下半年開始，世界性經濟衰退已令香港經濟不景，利率高企，港元貶值，內部消費萎縮，公司利潤下降，再加上香港前途問題逐漸提上議事日程，種種利淡與不穩定因素相繼浮現。其時，香港地產市道經過七八年的輾轉攀升，已達巔峰狀態，所謂位高勢危，相當危險。然而，怡和主席紐璧堅與置地常務董事兼總經理鮑富達當時對香港經濟前景仍然相當樂觀，對置地在香港地產業的影響力過於自信，迫切希望利用這段時期充分擴張，以彌補九龍倉一役的損失。這時，怡和內部的權力鬥爭已轉趨表面化，結果加速了兩人的輕率、冒進。在對待1982年9月英國首相戴卓爾夫人訪華問題上，紐、鮑似乎相信有機會透過續約方式解決香港前途問題，這種近似賭博的心態導致了置地日後的嚴重財政危機。當時，《信報》資深股評家思聰就曾尖銳地指出置地盲目擴張的危險性，一旦中英雙方會談不理想的話，置地便十分麻煩。[31]

　　1982年9月，英國首相戴卓爾夫人乘福克蘭群島一役大勝之勢訪問北京，提出了以主權換治權的建議，遭到鄧小平拒絕、批駁，結果她在人民大會堂歷史性地跌了一跤；稍後，中國政府即宣佈將在1997年收回香港主權。這一系列消息傳至香港，早已疲憊不堪的股市、樓市應聲下跌。隨著地產市道的崩潰，當時香港數個「超級地產大好友」相繼出現問題：10月27日，置地的主要合作夥伴佳寧集團宣佈出現短期資金周轉問題，稍後更被銀行清盤；11月2日，另一「地產大好友」益大投資亦宣佈債務重組，只剩下置地孤軍作戰，其困境可想而知。據估計，在地產低潮中，置地僅中區交易廣場、美麗華酒店舊翼、白筆山發展計劃等三大投資項目，損失就超過30億港元。

　　1983年，置地首次出現高達15.83億港元的鉅額虧損（包括出售物業虧損、聯營公司虧損及利息支付），該年度置地除稅後盈利僅1.68億港元，比1982年度的8.14億港元大幅減少八成。總債務則急增到150.7億港元，其中長期債務133.53億港元，短期債務23.17億港元，債務比率（借貸總額與總資產的比值）從1982年的26%急升到1983年的56%，置地成為香港最大的負債公司，被稱為「債王」。正如置地在1983年度業績報告書中所說：無論是1983年，還是1984年，對置地來說，都是一個困難的年度。[32] 置地的錯誤投資策略不僅觸發集團高層的權力鬥爭，更因而遭到新興地產集團的覬覦，其在地產界的「大哥大」地位亦逐漸被取代。

左│美麗華酒店舊翼。

右│改建後的美麗華酒店模型。

4.3 1980年代初地產大崩潰：嘉年地產與佳寧集團的覆滅

　　老牌的地產公司中，遭受最慘重打擊的莫如嘉年地產。嘉年地產的倒閉最早可追溯到 1972 年上市後投資策略的嚴重失誤。1973 年 3 月香港股市在創下 1,774.96 點的歷史性高峰後即急速下跌，香港經濟轉趨不景，嘉年地產即將發展的重點轉向海外，首個目標是馬來西亞首都吉隆坡。1973 年 5 月，嘉年地產以發行新股方式收購了馬來西亞兩家投資公司，取得了吉隆坡市中心一幅佔地 66 萬平方呎的土地，用以興建規模巨大的綜合商業樓宇「首邦市」。可惜，1973 年中東石油危機爆發後，世界經濟衰退，馬來西亞的橡膠、大米出口大減，首邦市的銷售差強人意，進展計劃緩慢，耗時多年。投資策略的失誤，導致嘉年地產盈利連年下跌，1977 年度僅錄得 440 萬港元，而當時長江實業、新鴻基地產等紛紛把握香港地產低潮大量低價購入土地，待嘉年地產回師香港時，實力已大大削弱。

　　70 年代後期，香港經濟轉趨繁榮，地產建築業異常興旺，嘉年地產遂捲土重來，企圖再展鴻圖，但闊別香港多年後，嘉年的財勢已不可同日而語。當時，香港的地產集團林立，發展計劃動輒以 10 億港元計，嘉年是以無緣參與，只能經營較小型的地盤。1978 年，嘉年地產將資金抽調來港大舉發展，先後購入金巴利道嘉新大廈、北角春秧街嘉寶大廈、荔枝角嘉業大廈、香港仔嘉寧大廈以及西貢、薄扶林、筲箕灣等地段地盤，到 1980 年度，嘉年地產盈利開始回升，達 1,655 萬港元，比 1977 年度大幅增加 2.8 倍。不過，這個數字在當時上市地產公司而言，仍屬微不足道，非嘉年的理想目標，於是隨之而來的便是一連串的急速擴張。

從 1981 年開始，雖然有置地、佳寧財團以 28 億港元高
價購入美麗華酒店舊翼等重大事件，表示有人仍極度看好香
港地產前景，但明眼人從官地拍賣結果及樓宇完成後的空置
情況等，已看到地產調整實不可避免。然而，嘉年地產一來
錯誤估計形勢，二來早期的投資相繼回流，因而繼續大規模
擴張，以高價購入地盤或與其他機構合作大型建設，包括與
基督教叢林達成協議，發展位於沙田道風山的逾百萬平方呎
地盤，與港府合作在山頂道、吉列山道興建 14 幢別墅式住
宅，以遞延付款方式購入淺水灣福慧大廈部分物業等等。

佳寧集團創辦人陳松青被捕。

踏入 1982 年，世界經濟已呈嚴重衰退，加上香港前途
問題日漸浮現，地產、股市急跌，嘉年地產的發展計劃開始
出現虧損，如屯門的嘉熙大廈，每平方呎成本價為 550 港元，但僅能以每平方呎 380 港元
價格出售。[33] 嘉年地產眼看形勢不妙，即作重新部署，一方面減少對地產業務的依賴，另方
面則加強財務、保險、印刷等其他多元化業務。董事局對附屬的億萬財務抱有很大的期望，
可惜事與願違，當時香港已開始實施金融三級制，大大限制了億萬財務吸納存款的能力。同
一時期，嘉年的保險業務也受到經濟衰退的拖累，發出的保單漸減，申請賠償的數目日增。
所謂禍不單行，自 1982 年，嘉年地產在地產發展、建築、財務、保險等各個方面，都遭到
接二連三的打擊。

在此關鍵時刻，1983 年 3 月，嘉年集團創辦人、主席彭國珍病逝，家族生意落入年輕
而缺乏經驗的女兒彭思梅手中。其時，益大、佳寧集團相繼倒閉，銀行界已高度警惕，不再
輕易向嘉年地產貸款。同年 8 月，嘉年的財務危機顯露端倪，即尋求注資，當時，由馮秉芬
公子馮慶炤代表的美國財團曾計劃向嘉年注資 1 億港元，以換取其 34% 股權。不過，有關
計劃後來觸礁，原因是嘉年地產的大股東嘉年企業無力償還向嘉年地產借貸的一筆 3.8 億港
元款項。至此，嘉年已無轉寰餘地。[34] 1984 年 1 月 16 日，嘉年地產在香港股市停牌，宣佈
清盤，一家老牌的華資地產集團就此遭滅頂之災。

比嘉年倒閉更具震撼性的，是曾經名噪一時的佳寧、益大集團的覆滅。佳寧集團創辦於
1977 年，是 70 年代後期至 80 年代初香港股壇上光芒四射的新星。其創辦人陳松青，祖籍
福建，1935 年在新加坡出生，早年曾赴英國倫敦大學攻讀土木工程學，返回新加坡後曾從
事小規模的土木工程生意，後來破產。1972 年，陳松青到香港發展，初期在鍾氏兄弟的家
族公司任職，其時，鍾氏兄弟已是香港的大地產發展商，旗下公司包括凱聯酒店、益新集團
等。陳松青的崛起，可以說與鍾氏有莫大關係。

　　1975 年，陳松青自立門戶，與鍾氏家族一名僱員鍾鴻生合組公司，以 250 萬港元購入一幢住宅樓宇，翌年以 620 萬港元轉售給政府，首宗交易即旗開得勝，獲利甚豐。[35]1977 年 11 月，陳松青在香港註冊成立佳寧集團有限公司，初期註冊資本 500 萬港元，1980 年底增至 1,388.88 萬港元。佳寧集團成立初期，很快將經營的重點轉向地產業。

　　1979 年 9 月，佳寧以每幢售價 800 萬港元的高價向市場推出 8 幢赤柱複式豪華別墅，該售價比當時市場價格高出兩倍，結果銷售一空（事後證實大部分由其附屬公司購買），在香港引起轟動效應。同年 12 月 29 日，佳寧宣佈以每股 6 港元的價格，斥資 43.78 億港元收購黃子明家族的寶光實業旗下上市公司美漢企業 52.6% 股權。當時，美漢企業在過去兩年的大部分時間裡，股價都停留在 1.5 港元水平，但在停牌前已急升到每股 3.8 港元，即使如此，佳寧開出的價格仍讓市場大吃一驚。當時，香港證監處裁定佳寧需向美漢股東提出全面收購。到 1980 年 3 月底，全面收購結束時，佳寧集團持有的股權已增加至 75%，仍保留其在香港的上市地位。同年 7 月，美漢企業易名為「佳寧置業有限公司」，成為佳寧集團在香港股市的旗艦。該年底，佳寧置業市值已急增至 32.8 億港元，成為香港第十五大上市公司。

　　令佳寧集團名震香江的是著名金門大廈的交易。1980 年 1 月，佳寧集團宣佈透過旗下一家附屬公司 Extrawin（佳寧佔 75% 股權，另鍾氏家族的鍾正文佔 25% 股權），以 9.98 億港元價格向置地購入位於金鐘的金門大廈。金門大廈由著名的金門建築公司興建，1975 年怡和收購金門建築後，金門大廈成為怡和的物業。1978 年 12 月，置地以 7.15 億港元價格向怡和購入該幢物業。是次轉售，令置地在短短一年間獲利 2.83 億港元。[36]1979 年底，置地因要籌資金增購九龍倉股票，遂有意把該大廈「以高於一年前的購入價」出售。陳松青遂立即與置地展開洽商。1980 年 1 月 10 日，陳松青、鍾正文與置地簽訂買賣合約，透過 Extrawin 以 9.98 億港元價格向置地公司購入金門大廈。這項交易令置地在短短一年間獲利 2.83 億港元。這是香港有史以來金額數最大的一宗地產交易，消息傳出，震動香港內外。

　　當時，傳媒把金門大廈交易和幾乎同時進行的收購美漢企業聯繫起來，紛紛對陳松青的背景作出猜測。1980 年 1 月 11 日《亞洲華爾街日報》發表評論說：「這兩宗數以億元計的交易把佳寧投射到香港地產業的前列，代表東南亞資金進入地產市場最大規模的一次。」[37] 佳寧的兩宗矚目交易，亦引起了香港證監處的注意，要求佳寧的律師行提供陳松青及其集團更多的資料。1 月 14 日，陳松青在律師的陪同下，前往證監處。陳松青宣稱：佳寧由他和一個大家族控制及擁有重大權益，該大家族散居於新加坡、馬來西亞、印尼等地。他又自稱原籍福建，和潮州商人有密切關係。佳寧的資金大部分來自紐約市場，有一筆大貸款，年期限為 15 年，利息 9 厘。

　　1980 年 7 月 11 日，佳期寧集團證實已「如期」支付購買金門大廈的最後一筆款項。7

月15日，佳期寧集團宣佈將所持金門大廈75%的權益，以象徵式的1港元代價轉讓給佳寧置業，由佳寧置業承受金門大廈的權益和債項。當時，佳寧置業表示，該集團有意對金門大廈作「長期投資」。然而，言猶在耳，到7月底，佳寧置業突然宣佈，有關出售金門大廈的談判已進入「深入階段」，售出價約為15億港元。受到有關消息的刺激，佳寧置業股價進一步急升至9港元。8月14日，佳寧置業宣佈與恒生銀行創辦人林炳炎公子林秀榮、林秀峰兄弟持有的百寧順集團達成初步協議，以11.8億港元出售所持金門大廈75%權益，買家已支出訂金，交易將於9月13日完成。不過，初步協議很快就被另一聲明取代，佳寧置業與鍾正文將以16.8億港元價格，將整幢金門大廈售予百寧順，交易將於10月底之前完成。換言之，佳寧及鍾正文在不到一年時間透過買賣金門大廈，所賺取的利潤竟高達近7億港元（事後證明該項交易從未完成）。這時，佳寧置業成為香港股市的追捧對象，股價一再大幅飆升。

從1980年中後期起，陳松青充分利用過去兩年所建立的聲譽，透過發行新股及向銀行借貸大規模展開收購。1980年9月，佳寧置業以6,100萬港元購入一艘貨船，成立佳寧航運公司，稍後又將佳寧航運注入上市公司維達航業並取得其控制權。1981年6月，佳寧置業又以1.91億港元收購上市公司其昌人壽保險40.65%股權。此外，佳寧置業又先後收購捷聯企業35%股權（該公司後轉售予鍾正文，易名「益大投資」）、香港友聯銀行逾10%股權、日本日活電影公司21%股權、泰國Rama Tower公司25%股權。與此同時，佳寧置業還先後與鍾正文的益大投資、邱德根的遠東發展、馮景禧的新景豐合組僑聯地產，借遠東發展的上市空殼港九海運在香港上市；與置地、新景豐、美麗華酒店等合組財團（佳寧佔55%股權）以創紀錄的28億港元購入美麗華酒店舊翼，計劃興建一座置地廣場式的大型商廈。到1982年中巔峰時期，佳寧已儼然成為香港一家規模龐大的多元化企業集團，旗下附屬公司多達100家，包括佳寧置業、維達航業及其昌人壽3家上市公司，涉及的業務遍及地產、建築、貿易、航運、旅遊、保險等領域。

這一時期，佳寧可說是一個成功的借貸人。到1981年，連香港最大、信譽最佳的滙豐銀行，亦成為佳寧集團經常貸款的銀行之一。佳寧向銀行貸款，通常是以其股票或物業作抵押。一般而言，銀行貸款只限於股票市價的50%，假如股票跌價，貸款人便要拿出更多的股票，或者清還部分貸款。陳松青深明此中道理，因此他極注重佳寧股票的升跌。為此，不惜採取各種手法「托市」，或不斷發表大動作的聲明，或「洩漏」有利於己的消息，或高價購買本公司的股票，以使他的公司的股份不斷上揚，令人覺得這些股票有非常活躍的市場。這樣，申請貸款時，用股票作抵押才會為銀行所接受。

不過，佳寧集團在經歷了暴風驟雨式的發展之後並未能及時鞏固已有成績，或許它在商

業交易中涉及太多欺詐成份所致，1982 年，佳寧集團開始因外部經濟環境的轉變而逐漸陷入困境。這時，它的主要合作者，益大集團主席鍾正文比陳松青更早醒覺，試圖抽身脫離，不理會這樣會對他的合夥人造成什麼樣的後果。他還發現陳松青用他的股份謀取私利，損害他的利益。於是，他決定與陳松青攤牌，令陳氏以優厚條件讓他脫身。鍾正文派人調查陳松青早期的活動，由於他可以把整件事情揭發出來，陳松青不得不向這件實際上是商業勒索的行為屈服，與鍾正文和解。和解的條件對佳寧集團造成了更大的傷害，結果也令兩集團的處境更加惡化。[38]

1982 年 9 月，英國首相戴卓爾夫人訪問北京後，佳寧集團的困難迅速表面化。同年 10 月 26 日，佳寧突然罕有地宣佈取消派發中期息，改以十送一紅股代替，同時發行 5 億股優先股集資 5 億港元。此舉實際上暴露了佳寧的困境，股份即時暴跌，一天之內瀉去三成，由每股 1.52 港元跌至 1.02 港元。受此影響，香港股市亦大幅急跌 9.48%，被視為「堅固防線」的 800 點大關輕易跌破，股市損失總值 132 億港元。

首遭厄運的是鍾正文的益大投資。1982 年 11 月 1 日，益大投資宣佈清盤，公司主席鍾正文倉皇潛逃離港，留下 21 億港元債務和其他貸款擔保 16 億港元。益大投資被清盤後，佳寧的困境迅速表面化。因此，證監處否決了佳寧供股集資的計劃，並對佳寧的財務進行調查。1983 年 1 月 2 日，佳寧集團宣佈旗下 3 家上市公司佳寧置業、維達航運及其昌人壽暫停上市買賣，重整債務，取消發行 5 億港元優先股的計劃，改為建議由母公司佳寧集團注資 2.5 億港元，以及由滙豐銀行在有條件情況下，向佳寧提供有抵押活期透支 2.5 億港元。同年 2 月 6 日，佳寧宣佈委任亨寶財務及獲多利為代表，向包括逾 70 家銀行、財務公司在內的債權人商討重組計劃。[39] 當時，佳寧甚至以 10 萬港元的月薪從英國聘請滙豐銀行前任副主席包約翰為債權銀行代表，入主佳寧董事局。佳寧的債務重組按經典的以股代債原則來擬定，並透過出售旗下附屬公司來減輕債務。不過，有關計劃的成功希望始終不大。

就在這期間，突然發生的一宗命案徹底粉粹了佳寧的重組希望。1983 年 7 月 18 日，香港裕民財務公司助理經理伊巴拉希，在香港麗晶酒店一間客房被人勒死，並被偷運到新界一蕉林拋棄。由於兇手遺下明顯的線索，警方很快就拘捕了一名麥姓男子。該名男子後來招認他只負責棄屍，並指兇手是一名在逃的朝鮮人，姓冼，受陳松青指使行兇。伊巴拉希的死導致警方對裕民財務的搜查，結果發現佳寧旗下公司對裕民財務的負債龐大，有關債項高達 5.4 億美元，而且與佳寧的賬目不符。至此，佳寧龐大的資金來源真相大白，它主要來自馬來西亞的一家財務公司——裕民財務。裕民財務是馬來西亞政府銀行裕民銀行的一家全資附屬公司，該銀行是一家有國際業務的大銀行。由於港府凍結發出銀行牌照，裕民銀行便以附屬公司形式在香港成立一家接受存款的公司，名為「馬來西亞裕民財務有限公司」。1979

年，裕民財務已與佳寧建立合作關係，而佳寧正是在得到裕民財務的全力支持下展開大規模擴張活動的。

1983年9月18日，警方再次出動，對佳寧集團展開全面搜查行動，取得了逾百萬份文件。10月3日，佳寧集團主席陳松青在家中被捕。警方再拘捕多名有關人士，包括律師行的合夥人，有數名核心人物在此前逃離香港，獲多利的約翰‧溫巴思知道自己會被控，主動從倫敦回到香港。1984年4月13日，就在伊巴拉希謀殺案開審前一日，他在泳池自殺。警方的行動徹底粉碎了佳寧的重組計劃，就在陳松青被捕後6日，債權人美國信孚銀行向香港高等法院申請將佳寧清盤。至此，顯赫一時的佳寧王國正式瓦解。

事後警方調查證實，佳寧集團破產時，有關債務已高達106億港元，其中僅欠裕民財務的債項就達到46億港元；而且，導致佳寧迅速崛起的關鍵——佳寧置業向百寧順出售金門大廈的交易從來沒有完成，佳寧的物業在無法出售時就轉售名下的私人公司，由此換取紙上贏利。而就在佳寧倒閉的同時，林秀峰旗下的百寧順集團亦被東亞銀行申請清盤，林秀峰兄弟希望重振其父雄風的大計亦成泡影。

滾雪球式炒樓創巨富

近年樓價升多跌少，物業炒家大都獲利甚豐。小部分炒家更以滾雪球炒樓方式，賺取近億元財富。這種滾雪球炒樓方式，至少要兩人合作，所需的本錢，只是買進第一個住宅單位的首期，以後便藉著銀行提供的「資助」，不斷增購單位，使所持有的住宅單位數量像雪球般越滾越大。

滾雪球的運作方式，以下一個例子可資說明。

甲與乙合作炒樓，他們在港島東區物色了一個放盤中，約 800 平方呎住宅單位。先由炒家甲與業主洽商，經一番議價後，雙方同意以 160 萬港元交易。炒家甲先繳付了 2 萬港元臨時訂金，一星期後再繳付相當於樓價一成的「大訂」，買賣協議正式達成。

雖然餘款待個半月後才繳清，但炒家甲此時已有權以「確認人」（Confirmor，又俗稱「中間人」）身份，將該單位再轉手。其後，炒家甲以 210 萬港元價格，將該單位轉讓給炒家乙。後者持著與炒家甲達成的買賣協議書，四出找銀行做按揭貸款。

各家銀行對住宅單位的估價，有高有低。作風保守的銀行，估價通常偏低；進取型銀行，為了爭取生意，估價便盡可能會與交易價接近。為了容易獲得貸款及爭取較高的估值，炒家乙最好是一名有穩定收益的高級「打工仔」。對於有優良還款能力的申請者，銀行會放心作出較高的估值。

假設有一家銀行，對該單位估值為 200 萬港元，據此估值再做九成貸款，即炒家乙可套入 180 萬港元，減去向原業主購入該單位的 160 萬港元，以及期間兩次交易所花的律師費及釐印費 9 萬港元，兩名炒家反有 11 萬港元的淨額進賬。（見附表）

利用銀行提供的 10 萬港元額外資助，加上原來的本錢 16 萬港元，兩名炒家便以同樣手法購入另一個單位，又套入另一筆「額外資助」，再用作購入另一個單位。理論上，如無差錯，循此方法可無限量增購單位。

誠然，炒家購入住宅單位，需要守一段時間，待物業升值後再沽出套現。因此，從銀行獲得的「額外資助」，需要預留一部分作供樓之用。不過，若購入的是連租約物業，或購入後隨即將單位出租，便可補貼供樓支出。

一年後，假若樓價上升了三成，甲乙炒家最先購入的單位，實際市值亦由 160 萬港元升至 210 萬港元，兩名炒家便將單位沽出套現，資本增值上賺了 50 萬港元，減去當初購入該單位所花的 9 萬多港元費用，以及期間一年供樓淨額支出（每月供款 2 萬港元減每月租金收益 1.4 萬港元）約 7 萬港元，實賺約 33 萬港元。

假設甲乙炒家以滾雪球方式置入 10 個單位，樓價一年內又有三成升幅，以每個單位實賺 33 萬港元計，一年內合共賺 330 萬港元，相當於原先本錢 16 萬港元的 20 倍。

據地產界人士透露，部分炒家集團以滾雪球方式購入逾百個單位，以樓價一年升幅三四成計，每年可賺取數以千萬港元。

對炒家來說，此種滾雪球炒樓方式，人為的製造創新高成交個案，對樓市起推波助瀾作用，使炒家所持物業可以更快地到價而可沽售套現。

法律界人士指出，滾雪球式炒樓，法理上不算是欺詐，故此道不是犯法行為。誠然，道義上銀行應謹慎地估價，以避免「資助」投機者炒樓。

在樓價節節上升之時，滾雪球式炒樓無疑可帶來滾滾財源。然而，萬一樓價下挫，即使很有實力的炒家，也難以長期負擔數以 10 個單位的供款，唯一解決方法是一走了之。

鑑於此種滾雪球式炒樓的心理負擔太大，幾個早期精於此道的炒家已「金盆洗手」，利用炒樓所得的資金購入地皮發展物業，規規矩矩地當個地產發展商。

（資料來源：《資本雜誌》，1991 年 5 月號。）

附表 滾雪球炒樓運作說明

步驟一	炒家甲的支出費用	備註
炒家甲以 160 萬港元價格購入一個 800 平方呎的單位	相當於樓價的 10% 訂金：160,000 港元 買賣合約律師費：1,750 港元	欠原業主餘額：1,440,000 港元——①
	161,750 港元——②	
步驟二	**炒家乙的支出費用**	**備註**
炒家甲以 210 萬港元價格將單位轉售給炒家乙	買賣合約律師費：1,750 港元 樓契律師費：15,500 港元 按揭契律師費：15,000 港元 印花稅：55,000 港元	由於炒家甲與炒家乙合作，因此，在轉售過程中，炒家乙實際無需支付訂金。
	87,250 港元——③	
步驟三	**炒家乙從銀行套入資金**	
炒家乙持著與炒家甲達成的買賣協議，找銀行做按揭，結果有一家銀行願意以 200 萬港元估價做九成按揭。	2,000,000 港元 ×90% ＝ 1,800,000 港元——④	
套入資金餘額：④－①－②－③ 　　　　＝1,800,000 港元－ 1,440,000 港元－ 161,750 港元－ 87,250 港元 　　　　＝111,000 港元		

註釋

[1] 呂汝漢著,《股票市場》,香港:商務印書館(香港)有限公司,1992年,第28頁。

[2] 《香港經濟概況:房地產》,《香港經濟導報》編:《香港經濟年鑑》,香港:香港經濟導報社,1971年,第176頁。

[3] 同註2,第177頁。

[4] SRI國際公司著,《共建繁榮:香港邁向未來的五個經濟策略》,香港:香港經濟調查有限公司,1989年,第7頁。

[5] Thomas N. T. Poon, *Real Estate Development in Hong Kong*, Hong Kong: Pace Publishing Limited, 1998, p.8.

[6] 金波著,《中區新「地王」開標售出的前前後後》,香港:《經濟導報》雜誌,總1757期,1982年2月22日,第5頁。

[7] Nigel Cameron, *The Hong Kong Land Company Ltd.: A Brief History*, Hong Kong: Nigel Cameron, 1979, p. 56.

[8] 同註7,第60頁。

[9] 吳文心著,《香港會137年滄桑史》,《香港掌故》(第7集),香港:廣角鏡出版社,1984年,第61頁。

[10] 缸雲著,《透視太古洋行全面收購太古地產》,香港:《經濟導報》雜誌,1984年5月21日,第19頁。

[11] 康恒著,《地產界最強人——李嘉誠雄霸商場五個階段》,香港:《南北極》雜誌,第127期,1980年12月16日,第24頁。

[12] 呂凱君著,《上市公司分析:著著先機的長江實業》,香港:《每週經濟評論》雜誌,1982年12月12日,第10-11頁。

[13] 方式光、李學典著,《李嘉誠成功之路》,香港:香江出版有限公司,1992年,第49頁。

[14] 齊以正著,《香港式桃園三結義——馮、李、郭》,齊以正等著:《香港商場精英榜》,香港:龍門文化出版有限公司,1984年,第43頁。

[15] 郭峰著,《「樓宇製造工廠」:新鴻基地產》,齊以正、郭峰等著:《香港超級巨富列傳》,香港:文藝書屋,1980年,第55頁。

[16] 李忠著,《郭得勝談新鴻基地產策略》,香港:《香港地產》雜誌,1986年7月1日,第5頁。

[17] 同註15,第55-56頁。

[18] 香植球著,《投資策略緊扣市道盛衰的新鴻基地產》,香港:《信報財經月刊》,第9卷第8期,第73頁。

[19] 黃惠德著,《胡忠先生的傳奇——事業又稱流言風語惹煩惱,妻賢子肖得心應手耀門楣》,香港:《信報財經月刊》雜誌,第3卷第9期,第23-26頁。

[20] 郭峰:《恒隆集團雄霸旺角》,香港:《南北極》雜誌,第123期,1980年8月16日,第9頁。

[21] 郭峰:《李兆基經營地產的秘訣——兼談恒基兆業與永泰建業的發展》,香港:《南北極》雜誌,第124期,1980年9月16日,第9頁。

[22] 同註21。

[23]　陳憲文、方中日著，《兆業恒基享永泰，財來有方長順景——李兆基處世之道在於順勢應時》，香港：《信報財經月刊》雜誌，第 5 卷第 2 期，第 23 頁。

[24]　同註 23，第 22 頁。

[25]　華懋集團著，《發展歷程》，香港：華懋集團官網。

[26]　衛忻灝著，《信和集團三大發展目標》，香港：《經貿縱橫》雜誌，1989 年 7 月號，第 32 頁。

[27]　袁國培著，《鷹君有限公司創辦人羅鷹石細心地產市道，漫談兩代人心》，香港：《信報財經月刊》雜誌，第 3 卷第 6 期，第 33 頁。

[28]　思聰著，《鷹君——一個財團的興起》，香港：《信報財經月刊》雜誌，第 5 卷第 2 期，第 43 頁。

[29]　梁道時著，《地車站上蓋建費逾七十億，恒隆透露毋須向股東集資》，香港：《經濟一週》雜誌，1981 年 7 月 13 日，第 8-9 頁。

[30]　齊以正著，《陳曾熙兄弟在地鐵上蓋跌了跤》，香港：《南北極》雜誌，第 151 期，1982 年 12 月 16 日，第 14-16 頁。

[31]　思聰著，《置地——地產界的大好友》，香港：《信報》，1982 年 3 月 16 日。

[32]　參閱《香港置地有限公司 1983 年度業績報告書》。

[33]　凱君著，《嘉年集團的崛起和覆亡》，齊以正等著：《上岸及未上岸的有錢佬》，香港：龍門文化事業有限公司，1984 年，第 89 頁。

[34]　呂景里著，《嘉年地產清盤的前因後果》，香港：《經濟一週》雜誌，1984 年 1 月 23 日，第 4 頁。

[35]　黃耀東著，《佳寧帝國的一千零一夜》，香港：《信報財經月刊》雜誌，第 7 卷第 8 期，第 16 頁。

[36]　海語譯：《佳寧的崛起與陳松青的經營手法》，香港：《財富月刊》雜誌，1991 年 2 月 15 日，第 13 頁，譯自《亞洲華爾街日報》，1983 年 1 月 20 日。

[37]　霍禮義著，《危機與轉變》，香港：三思傳播有限公司，1992 年，第 25 頁。

[38]　同註 38，第 83 頁。

[39]　思聰著，《細説佳寧置業的盛衰歷程》，香港：《信報財經月刊》雜誌，第 6 卷第 9 期，第 75 頁。

「當香港人口日漸膨脹，

市區及市郊附近可供發展的用地日益短缺之際，

華富邨的經驗，

有著『先驅者』的價值，

它成為日後香港大型屋邨設計，

以至城市發展的主導模式。」

——梁美儀：《家——香港公屋四十五年》，1999 年

第四章

公屋的大規模興建
與香港城市發展

一、1950-1960年代公屋的大規模興建

1953年12月24日晚發生的一場慘烈的「石硤尾大火」，

成為香港公屋大規模興建的導火線。

自此，公屋成為香港房地產市場的一個重要組成部分，

並影響著香港地產業的發展。

1.1 1953年聖誕前夕的「石硤尾大火」

二次大戰結束後，大量在戰時逃難回鄉的香港居民重返家園，然而他們面對的卻是一片頹垣敗瓦的居屋、無處容身的窘局。與此同時，大量內地居民源源不斷地湧入香港。人口的激增造成嚴重的房屋問題。當時，要住上極為擠迫的唐樓，亦要付出不菲的租金。大批城市貧民和新移民只好居住在用簡單材料胡亂搭建的木屋，又稱「寮屋」。這些木屋首先在城區附近鄉村疏落地出現，逐漸沿著山坡向四周蔓延，連片湧現。1956年，在木屋區居住的人數已佔到香港人口的10%，而在1964年達到最高峰，人數約55萬人，佔香港總人口的20%。當時，這些木屋區主要分佈在市區，在港島主要分佈在大坑、銅鑼灣、北角和筲箕灣一帶的小山頭；在九龍則主要分佈在獅子山一帶，從九龍西區大埔道下方，經石硤尾、大坑西、九龍仔、九龍城、東頭邨、竹園、鑽石山、牛頭角、觀塘和秀茂坪，一路向東延伸。

這些木屋區，居住條件極為惡劣，普遍是用鐵皮和木材依城區附近的山坡地勢而搭建，一間緊挨一間，連成一片，全是一二層高的矮小房屋，土地使用率極低，它們佔據了大批鄰近當時市中心區的極具發展潛力的土地，嚴重阻礙了戰後香港城市發展的可能和土地的供應。與唐樓相比，木屋的居住面積較大，亦不用繳付昂貴的租金。然而，木屋區的供電、排水、衛生以至治安情況都極為惡劣。區內沒有街燈，可能幾百人共用一條街喉；沒有電力供應，各戶唯有偷電，往往令電線負荷過重，引起觸電爆炸和火災。其實，從1950年起，木屋區的大火災已接連不斷，實際上正醞釀著極嚴重的社會問題。可惜，這種危機並未引起港府的高度重現，終於爆發「石硤尾大火」慘烈的一幕。

在遍佈港九各地的木屋區中，有一個人口特別密集的木屋區，它坐落在九龍深水埗附近的大埔道山腳，包括大埔道村、白田村、石硤尾村和窩仔村等。1953年12月24日晚9時30分的聖誕前夕，一場空前的大火終於發生。火災首先從白田村燃起，在強烈的北風下火乘風勢迅速蔓延到白田上中下村、石硤尾村、窩仔上下村，以及大埔道村，一發不可收拾，

火場之廣縱橫 3 方里，一時間大火吞噬木屋的聲音、災民的哭叫聲震天動地。當時，正值風高物燥，港九消火局開動 20 多條水喉掃射仍不能遏止火勢，大火一直燃燒了 5 個小時之久。據災後的統計，這場大火令 1.2 萬多戶，合共約 5.8 萬人喪失家園，為香港有史以來所罕見。

石硤尾大火後一年內，香港又發生 5 宗木屋區大火及若干次小火，再有逾 4.2 萬人喪失家園。換言之，從 1953 年 12 月 25 日到 1954 年 12 月 25 日的一年間，以整個市區人口計算，香港每 20 個人中約有一人因木屋火災而無家可歸。當時，大批災民塞進唐樓暫時居住，有些則在深水埗沿街或躲進建築物拱廊棲身，政府需要提供救濟食品和其他物資，耗費極昂。據 1954 年估計，每日費用達到 5 萬港元之巨。為安置這批災民，港府在兩個月時間內在災場附近以水泥及磚塊興建一批樓高兩層的房舍，港府稱之為「符合最起碼標準的臨時安置居所」。這些房舍後來以當時工務局局長名字稱之，即鮑寧平房（Bowring bungalows）。香港公屋的大規模興建，由此發端。

1.2 大規模的徙置計劃

1954 年初，香港市政局委任一個緊急小組委員會研究應變計劃，委員會主席由立法局非官守議員祁德尊出任。該委員會的建議主要有兩點：一是由於土地缺乏，必須把木屋區居民徙置到永久性的多層大廈；二是此種建屋事業不會吸引充足的私人資金，因此建築工程應

左｜ 1950 年代中期香港各區寮屋分佈圖。

右｜ 1953 年聖誕前夕發生的石硤尾大火。

上左│安置石硤尾火災災民的鮑
寧平房。

上右│石硤尾災民領取急賑會衣
物銻煲的情景。

下左│石硤尾大火後的現場,約
5.8 萬人痛失家園。

下右│石硤尾災民輪候登記的
情景。

直接由政府使用公帑進行。該委員會又建議將清拆僭建寮屋及徙置的行政辦法改革,建立一
個臨時的徙置事務處,以專責處理有關防止蓋搭非法建築物及清拆安居等工作。

　　是年,港府接納委員會的全部建議,成立徙置事務處,並收回災區約 8.5 英畝的土地,
在原址開始興建徙置房屋,臨時安置無家可歸的災民。當時,徙置計劃的目標極低,主要是
解決木屋及徙置問題。徙置事務處首任署長在報告中表示:「對我們的要求,主要的並不是
改進這一違法社會階層的居住條件,⋯⋯我們的任務是設計一種快速見效而又切實可行的方
法,以至少並非昂貴得令人卻步的代價,根據全社會的利益,去消除那些環境最為惡劣的木
屋區給我們造成的火災危險以及對公共衛生和公共秩序的威脅。」

　　1954 年,港府在石硤尾興建了 8 幢 6 層高的「第一型」徙置大廈及大批兩層高房舍,
為逾 5.4 萬人提供徙置住所。其中,約 3.5 萬人入住兩層高的臨時房舍,其餘 1.9 萬人入住

徙置大廈。這批徙置大廈每幢共有 384 間房，每間面積 11.2 平方米，每幢樓設有兩條食水管及 6 個公共廁所。樓宇是設計成可以改建的，每兩個房間可以改建成一個普通的廉租單位，有自用水管、廁所及陽台。根據港府的釐定，每間住房每月租金是 14 港元，這與當時市面同樣樓宇的租金相比，已經是一個很低的數目。1954 年底，以政府公帑興建徙置大廈，已經顯示出比政府的緊急賑災費用更合乎經濟效益。徙置事務處在第一個年報中就指出：「石硤尾大火後，15 日緊急賑災支出的款項，就足夠興建一幢容納 2,000 多人的徙置大廈。」

　　第一年的試驗成績對港府是一種鼓舞，港府於是展開正式的有系統的徙置計劃。首先是從 1954 年 8 月起「凍結」木屋區，將之前建成的木屋統稱為「容建物」，給予特別標識並登記備案。這些容建物被允許繼續存在直到改建為永久性房屋而必須遷拆為止。之後興建的僭建木屋或違法擴展「容建物」，經規勸無效後由徙置事務處派員拆毀。不過，港府的政策並未能遏止木屋區的擴展、蔓延，到 60 年代高峰期，木屋區居民人數仍高達 60 多萬人，佔人口總數比例增加到約 20%。

上｜石硤尾 7 層高的徙置大廈。

下｜港督葛量洪到石硤尾視察的情景。

　　港府決定以更快的速度和更高的效率拆卸木屋，從 1957-1963 年，每年平均拆卸木屋約 9,000 間，到 1963-1967 年則上升到每年平均拆卸約 1.6 萬間。[1] 政府將清拆木屋所騰出的空地皮用於興建多層徙置大廈，早期的徙置大廈基本設計為「H」型，亦有少數因應地勢而建作「I」型，兩者的內部設施大致相同。從 1954-1964 年的 10 年間，港府相繼在石硤尾、大坑東、李鄭屋邨、紅磡、老虎岩（樂富）、黃大仙、佐敦谷、觀塘及柴灣等地區，建成 115 幢「H」型及 31 幢「I」型的第一型徙置大廈。

　　1961 年，港府正式推出「廉租屋計劃」，提供較徙置屋邨質量為佳的租住房屋。從這年起，港府開始興建第二型徙置大廈，這些大廈的特點，是每層的兩端，均建有 4 個面積 310 平方呎，有獨立廚房、自來水及陽台設備的單位，主要分配給受清拆影響、擁有地契的原村

上｜ 1960 年代初位於觀塘的
「H」型徙置大廈。

下｜ 1970 年代後位於樂富的
「日」型徙置大廈。

民。第二型大廈平面呈「日」字型，外觀上與第一型明顯不同。1961-1964 年，港府興建的第二型大廈達 94 幢，分佈在大窩口、黃大仙、橫頭磡、老虎岩及柴灣等地。[2] 據統計，石硤尾大火發生 10 年後，港府興建的徙置大廈已為約 50 萬居民提供了固定居所。

　　1964 年，港府又推出「臨時房屋計劃」，為暫時未合資格入住永久公共房屋的人士提供居所。1965 年，政府興建的徙置大廈向高空發展，設施逐步改善；由「第四型」徙置大廈開始，單位內設有獨立衛生間和露台。這一年，在公共屋邨的住戶人口達 100 萬人。

　　無可否認，港府最初 10 年的徙置計劃，主要是建設屋邨以安置火災災民以及木屋遷拆戶，所以建造標準極低，每個成年人可使用面積只有 2.2 平方米，10 歲以下兒童減半。這些徙置大廈內部均不加裝修，牆的四壁不塗泥灰，地板是粗糙水泥地，屋內沒有電，僅在中央走廊設有公用的洗衣、廁所和淋浴設備。居民的居住條件儘管已比木屋區大為改善，但相對仍然是原始和簡單。徙置事務處在早期的年報中亦承認此等大廈在「標準以下」，並承諾一旦經濟條件許可，政府便會將居室前後相連的單位打通，加建廚廁，成為設備齊全的獨立單位。不過，這些承諾直到 70 年代初才在少數徙置大廈中實現。絕大部分早期徙置大廈，都在公屋的重建中被拆卸。

1.3　廉租屋邨的建設

　　幾乎就在徙置計劃推出的同時，港府又決定大規模地興建廉租房屋。1954 年 4 月，港府頒佈《1954 年房屋事務管理處法例》，委任市政局全體議員為當然委員，另加港督指派的 3 人，組成半獨立的「香港房屋建設委員會」（簡稱「屋宇建設委員會」，英文名為 Hong Kong Housing Authority），負責統籌興建廉租屋，提供設備齊全的居所予中下收入家庭，具體工作則交由市政事務處屬下的屋宇建設處執行。屋宇建設委員會與徙置事務處有明顯的區別，一是兩者成立目的不同，徙置事務處的目的是要即時解決僭建木屋所造成的危機，屋宇建設委員會的目的則是要較長遠地改善低下層收入市民的居住條件，紓緩住屋的緊張局面；二是兩者的運作方式不同，徙置事務處隸屬政府，由政府直接控制和撥款，屋宇建設委員會則相對獨立，以商業原則經營，自負盈虧，即透過其管轄的廉租屋邨的經營，賺取營運經費，但可獲得政府以半價撥地和低息貸款的支持。[3]

　　屋宇建設委員會成立初期，原計劃由政府工務署負責屋邨的規劃、設計和建造，但後者忙於徙置大廈工程，結果改由聘請私人建築師負責。這使屋邨造價上升，但設計形式卻較徙置大廈多變化。後來，屋宇建設委員會成立了自己的建築設計部門，因應社會的進步去改進屋邨的設計。

　　1957 年 11 月 25 日，耗資 3,300 萬港元的北角渣華道廉租屋邨 —— 北角邨落成。這是屋宇建設委員會興建的第一個廉租屋邨。當日，港督葛量洪（Sir Alexander Grantham）親自為屋邨主持啟用儀式。北角邨大廈樓高 11 層，有升降機設備，每個住宅單位都有獨立的廚廁設備、陽台和房屋間隔，空氣流通，光線充足，人均面積達 3.9 平方米（42 平方呎）。屋邨內還配有休憩場地、社區大堂、商店，附近設有巴士總站、渡輪碼頭，交通方便，極受符

左｜甚見規模的彩虹邨，屋邨四周仍見連片的木屋區。

右｜1958 年建成的大坑東邨。

左｜北角渣華道廉租屋邨，落成
於 1957 年。

右｜建成於 1971 年的華富邨，
成為日後香港大型屋邨設計的主
導模式。

合資格市民的歡迎。[4] 當時，北角邨的平均成本是每平方呎 2,600 港元，造價不低。

　　繼北角邨後，屋宇建設委員會又相繼興建了蘇屋邨、馬頭圍邨、觀塘的和樂邨、荃灣的福來邨及華富邨等 8 個屋邨。其中，以華富邨規模最大，亦最值得稱道。華富邨位於港島西南岸薄扶林與香港仔之間的一個海角，三面環海，遠離市中心。該屋邨的設計由當時任主任建築師的廖本懷負責，據廖氏回憶：「政府通知我們，説準備在港島南面撥地給屋宇建設委員會興建屋邨。我覺得地點實在太遠，只抱著姑且一看的心情到那裡觀察，誰知竟對那地方一見鍾情。那裡環山面海，景色秀麗，視野遼闊，空氣清新。一看之下，我就下定決心，盡我所能，利用風景和地勢的優勢，建一個最好的屋邨給香港居民居住，那就是後來的華富邨。」[5]

　　華富邨的興建，從 1966 年動工，到 1971 年完成，包括 25 幢多層大廈，由 8-24 層不等，近海的建築物稍低矮，稍遠的則是樓高 24 層的大廈，合共提供 9,259 個居住單位，可容納 64,833 人。居住單位的設計，以每人 3.25 平方米為依據，分為中央走廊式和陽台相連式兩種，並設有廚房、廁所、浴室及獨立陽台等，適合一般中下家庭居住。

　　由於華富邨遠離市區，在設計上引入了城市規劃的概念，目標是發展成一個自給自足的社區。因此，華富邨建成後，邨內擁有商業、文教和各類社區設施，並配有交通網絡與市區聯繫，儼然一獨立式小市鎮。正如梁美儀博士在《家——香港公屋四十五年》一書中所指出：「當香港人口日漸膨脹，市區及市區附近可供發展的用地日益短缺之際，華富邨的經驗，有著『先驅者』的價值，它成為日後香港大型屋邨設計，以至城市發展的主導模式。」[6]

　　60 年代後期，屋宇建設委員會又規劃在九龍遍佈石屋及木屋的何文田平房區發展一大型廉租屋邨——愛民邨，這是屋宇建設委員會興建的最後一個屋邨。愛民邨在 70 年代中期落成，共有 12 幢大廈，樓高 7-24 層不等，包括面對公主道的雙塔型大廈，以及若干幢

屋宇建設委員會興建的最後一個
屋邨——愛民邨。

16-18 層高中央走廊式大廈，可容納 4.6 萬人居住。愛民邨繼續沿用華富邨的設計模式，社
區設施包括有售賣鮮果蔬菜攤位的市場、兒童遊樂場、商場、幼稚園、多層停車場等，交通
方便，廣受市民歡迎。第一期居住單位於 1974 年 4 月入伙，至 1975 年 9 月全部租出。

1.4 公屋政策的推出

　　60 年代初中期，港府先後推行的徙置計劃、廉租屋計劃並未能遏止木屋區的蔓延和木
屋居民人數的增長。原因主要是，徙置計劃的對象只是受災或因市區發展而搬遷的木屋居
民，港府透過屋宇建設委員會以及早於 1948 年成立的「香港房屋協會」所興建的廉租屋數量
亦有限，遠未能滿足香港不斷急速膨脹的人口需求，尤其是低收入市民的需求，因為即使入
住廉租屋，當時亦有最低入息限制，低於此水平者，根本沒有申請資格。因此，長期潛伏、
醞釀的社會危機實際並未得到解決。

　　在社會輿論的壓力下，加上早期推行徙置、廉租計劃的成功經驗，港府終於在 1964 年
根據一個特別委派的工作小組的調查報告，正式推出《管制權宜住所居民、徙置及政府廉租
屋宇政策之檢討》白皮書，實際上制定了香港的公屋政策。新政策主要有 3 點內容：第一，
嚴格管制現有木屋區並嚴防新木屋的搭建，凡 1959 年之前所搭建木屋的居民可獲准徙置，
其餘將遷往指定的特許地區搭建臨時居所。第二，加快徙置大廈和廉租屋邨的建設速度，爭
取 10 年內建成 190 萬個徙置單位和 29 萬個廉租屋。每一成年人在徙置單位的居住面積是

1963 年黃大仙徙置區。

24 平方呎（2.23 平方米），在廉租屋是 35 平方呎（3.25 平方米）。第三，放寬入住徙置大廈的資格，危樓及因市區重建而搬遷的住戶獲優先徙置，部分受天災影響的災民、在徙置大廈擠迫居住的住戶，以及被認可的街邊臨時建築物住戶等，也可獲得徙置。

　　新政策的核心實際上是要加快徙置大廈、廉租屋的興建速度，解決木屋區所潛伏的危機。因此，從 1964 年起，港府先後在葵涌、秀茂坪、慈雲山、油塘、石排灣、藍田、元朗、石籬、牛頭角、白田、興華、青山等地區推出了第三、四、五、六型徙置大廈，向更高空發展，以求容納更多的住戶。第三型徙置大廈樓高 8 層，設有中央走廊，每戶都有私人騎樓，但仍需每兩三戶共用一個廁所。從第四型徙置大廈起，一般樓高 16 層，設有電梯，每戶騎樓設有廁所，成人人均居住面積也逐步增加到 35 平方呎。[7]

　　從 1964 年新政策推出到 1971 年間，港府興建的各種類型徙置大廈達 255 幢，主要是第三至第五型大廈，第六型大廈則於 1970 年開始興建。從 1964-1973 年徙置事務處與屋宇建設委員會合併為房屋署的 10 年間，香港居住在徙置大廈的人口從 54 萬人增加到 118 萬人，廉租屋居民亦達 40 萬人以上，合共佔香港總人口的約 37%。

　　短短數年間，香港出現了一些擁有逾 10 萬居民的徙置區，如慈雲山、秀茂坪等。據 1973 年的統計，慈雲山徙置區居民超過 14 萬，秀茂坪徙置區居民超過 11 萬，黃大仙公屋區（包括徙置大廈和廉租屋）居民亦超過 10 萬。[8] 然而，這些地區由於居住人口龐雜，黑社會爭地盤、打群架、非法聚賭、偷竊、衛生條件甚差等各種問題叢生，曾一度被稱為香港的

「紅番區」。

1962 年迅速發展中的慈雲山
新區。

　　無論如何，公屋的大規模興建，畢竟對遏制寮屋區的擴散、對解決部分中下層市民的住
房需求，對紓緩私人房地產市場住宅樓宇的樓價和租金的升勢，發揮了積極的作用，並為港
府在 70 年代初提出的「十年建屋計劃」奠定了基礎。

二、新市鎮開發和「十年建屋計劃」

踏入70年代，香港人口進一步增加到接近400萬人，

經濟的起飛、各業的繁榮、市民收入的增加，都對土地開發和房地產的發展形成巨大的需求。

這一時期，儘管私人地產發展商生產供應各類樓宇的能力已前所未有地提高，

然而，「屋荒」問題仍然嚴重存在，尤其是中、下層市民的居住問題，仍然困擾著整個社會。

在這種歷史背景下，港府提出了「十年建屋計劃」的藍圖，

並加快新市鎮的開發，為香港地產業的發展，提供了更廣闊的發展空間。

2.1 戰後香港城市規劃的發展

戰後，香港致力於重建工作。當時，港府已開始認識到制定一個長遠及整體的城市規劃的重要性。1947 年 8 月，港府聘請了英國著名的建築規劃師柏德‧阿拔高比（Sir Patrick Abercrombie）爵士負責為香港制定長遠城市發展規劃。1948 年 9 月，《阿拔高比報告書》公佈。阿拔高比在報告書中，認為香港城市發展模式應走「分散發展」的道路，他並提出多項建議，包括興建海底隧道、填海以增加土地供應、更改鐵路位置、搬遷軍部設施、劃出工業及住宅用地，以及在新界發展新城鎮等。此外，阿拔高比並建議成立一個特別部門，專責擬備及落實執行詳細規劃。[9]

阿拔高比報告書無疑為香港城市的長遠發展訂下了主要方向，可惜有關提議卻因朝鮮戰爭爆發、聯合國對中國禁運、香港經濟出現衰退而被擱置。然而，港府已確認了中短期地區規劃的重要性。1951 年，港府根據 1939 年通過的《城市規劃條例》正式成立城市設計委員會（後改稱「城市規劃委員會」）。為協助城市設計委員會執行法定職能，港府早在 1947 年 4 月 1 日已在工務署轄下的地政測量處設立一個城市設計組，專責協助城市設計委員會制定各類法定的地區發展規劃圖則，透過對土地利用的分配以協調及均衡各地區在公共設施、休憩用地、公營及私營房屋比例等各方面的發展。地區發展圖則分為法定圖則和政府內部圖則兩類，前者根據城市規劃條例制定，由城市設計委員會批准，具法律效力；後者是較為詳細的設計藍圖，沒有法律效力。這兩類發展圖則的分類，一直沿用至今。[10]

1951 年，城市設計組解散，其後於 1953 年在工務司署轄下的地政測量處設立城市設計科。城市設計科在城市規劃委員會的監督下展開工作，到 1958 年底，已對香港市區七成以上地區展開分區規劃，並擴展到地區背景資料研究或調查工作。1953 年的石硤尾大火，促

1960 年代中期的荃灣新市鎮一角，當時工廠與住宅區混在一起。

使港府展開大規模的安置工作。50 年代中期，港府檢討工業及房屋對土地的需求情況，決定為荃灣、葵涌、沙田、屯門、大埔及將軍澳等 6 個地區展開初步研究工作，作為發展新市鎮的對象。這些研究為日後進行的大規模新市鎮發展計劃奠定了基礎。[11]

　　1960 年 2 月，港府宣佈決定在葵涌醉酒灣進行首個新市鎮填海計劃。翌年，涵蓋整個荃灣、葵涌、青衣區的發展大綱草圖正式公佈。1961 年，沙田的法定發展大綱圖獲核准，而在屯門、大埔、粉嶺、上水和元朗區興建新市鎮的工作亦同時展開。為了配合新市鎮的發展，當局亦著手為馬灣擬備首份發展大綱圖，指定這個小島的發展以鄉郊康樂用途為主，以滿足荃灣和屯門兩個新市鎮的需要。此外，港府並決定在新界設立郊野公園，以作靜態康樂及環境保護用途。[12]

　　與此同時，港府也開始致力擴展市區中心的規劃，研究將鐵路總站從尖沙咀遷往紅磡，以及發展海底隧道計劃。這些研究對九龍尖沙咀、紅磡以及港島灣仔區的發展模式產生重大影響。1960 年，港府制定東北九龍的發展藍圖，所規劃的面積約 1,350 畝（540.8 公頃），由窩打老道至清水灣道，可容納 65 萬人。該區除重點發展公共屋邨之外，更在新蒲崗預留土地發展工業大廈。1961 年，港府又公佈中環全面重建發展大綱草圖，嘗試以立體概念規劃中區的整體發展。1968 年，港府完成西區首個「試驗性重建區」計劃的可行性研究。該計

劃覆蓋皇后大道中、皇后大道西、荷李活道和城隍街所圍繞的 5 公頃土地範圍。1969 年，港督會同行政局核准並公佈該發展大綱圖。

這一時期，香港的城市規劃工作開始發生重大變革。隨著人口的迅速增長，以及市區範圍不斷擴展至新界，政府需要制定一個全面的規劃大綱，以便為未來的土地用途、人口與就業分佈模式，乃至全港的基礎建設發展提供指引。為此，1962 年，港府決定編製「土地利用計劃書」，由規劃署設計科成立的「土地利用發展設計部」，依據「土地發展設計委員會」（後改名為「土地發展政策委員會」）的指示負責制定，以便為香港制定長遠土地使用架構、發展策略和土地發展計劃。該計劃書於 1970 年完成，1971 年獲「土地發展設計委員會」通過，並於 1972 年知會行政局。

為拓展新界新市鎮，港府於 1973 年在工務司署轄下成立新界拓展署，負責規劃和協調新市鎮的發展，首先發展荃灣、沙田和屯門 3 個新市鎮。同時，將設計科升格為工務司署轄下一個獨立機構 ——「地政、測量及城市設計處」，專責處理市區和新市鎮的法定規劃、新界鄉郊地區和市區的地區性規劃等事宜。1974 年，港府對「土地利用計劃書」進行深入檢討修訂，並重新定名為《香港發展綱略》。這份綱略將香港的城市規劃提高到一個更宏觀的水平。自此，香港城市規劃發展至 3 個層次，分別是全港整體網絡、法定地區圖則規劃和非法定的政府內部地區規劃詳圖。

這一年，港府還採取了一項重要而影響深遠的行動，首次修訂《城市規劃條例》（即《1974 年城市規劃（修訂及認可）條例》），設立規劃申請制度。新條例規定，在法定圖則所涵蓋的地區內某些發展項目須事先向城市規劃委員會申請，條例並訂明申請程序。這一制度成功引入了一個較靈活和務實的發展管制機制，一方面既可保存法定規劃圖則所提供的明確指引，另一方面又提供了一個更切實可行的發展管制制度。至此，香港的城市規劃已漸具雛形。

2.2 新市鎮的早期發展：觀塘與荃灣

據考察，香港新市鎮計劃的意念，最早可追溯到奧雲（W. H. Owen）在 1935 年所做的房屋報告。當時，他在報告中已提出，可考慮在新界的沙田、大埔、荃灣、元朗、粉嶺等地設立安置區，作為清拆舊市區時安置大量被遷徙人口之用。[13] 所謂新市鎮，根據港府拓展署助理署長潘國城博士的解釋是：「在香港，新市鎮是指那些有計劃的，由多個專業隊伍策劃、協調及推廣，用以供 20 萬甚至更多人口居住的都市發展。這些計劃是獲得特別財政支持的。」[14]

香港城市發展的模式

香港城市發展可以劃分作兩個階段——1973 年以前的單一中心周邊延伸階段和 1973 年以後的多核心發展階段。但是,不管在哪個階段,商業中心區和港口區的商業核心地帶始終佔著支配地位。這一中心區的發展其至在英國統治正式確立之前已經開始。

1841-1860 年最初的居民點出現在港島北岸,沿濱水線並向南朝太平山上擴展。1861 年,九龍半島割讓與英國政府,隨之,半島內港的一些狹長沿岸地帶開始發展。大戰之後,受大陸移民大批湧到的刺激,港口兩側的地區開始變得過份擁擠。1954 年以來,九龍新區邊緣以及港島新開發地區所興建的公屋始把人口的增漲疏導至周邊地帶。

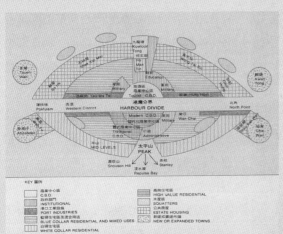

香港地區土地使用示意圖。

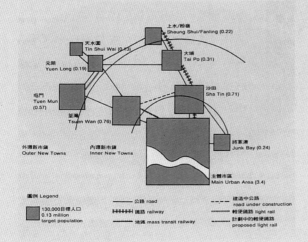

1990 年代香港城市發展模式。

麥琪和德萊卡基斯一史密斯二人在 1974 年曾生動地描述了 70 年代早期香港土地使用的模式,顯示包括現代化和老式商業中心區的維多利亞港的樞紐作用。在老式的商業中心區,土地使用模式類乎其他亞洲城市,零售商店、工廠、小販攤檔、倉庫和住宅混合並存,在形態上簡直不辨彼此,從而形成一個緊湊的市中心複合體。從整體看,香港的城市形態顯示,在土地使用方面,既有中心輻射也有扇形輻射的模式。藍領和白領階層的住宅區從市中心向外輻射;高級住宅區像一個個楔子,分別插入大批的低值住宅區;而成簇成群的木屋區則散佈於郊外或市區周邊。與此同時,新興或經擴建的市鎮中心開始出現。

1973 年之後,市區周邊及新界的城市發展逐漸加速。鑑於市區範圍內發展用地已經有限,而為建房屋和廠房又迫切需要開闢新的土地,便採取了一種以新市鎮計劃為主的人口分散政策。1973 年開始推行的十年建屋計劃加快了新市鎮建設的進度。到了 1982 年,新界已有 8 座市鎮處於不同的發展階段。這些新市鎮,按照計劃,應容納從 12.7 萬到 76.1 萬不等的居民。新市鎮全由公路與市中心連結,主要的幾座更有地鐵和電氣化火車等集體運輸設施。但是,交通運輸的發展總是落在飛速發展的房屋建設之後,因而凡在高峰時間總造成瓶頸阻塞,以致交通不暢。

新市鎮約三分二的人口都是公屋居民,屬於中下和低收入家庭。雖說在某些新市鎮(如沙田和荃灣)亦成功地建造了中等和中上標準的房屋,這些市鎮基本上都還是社會經濟地位低下的勞工階層家庭聚居之地。新市鎮的發展使香港的階級分隔傳統得以維持不變,而由於新建市鎮一直無法吸引高級的商業活動,所以主要只能作為市中心經濟活動和住宅不足的補充。由此看來,新市鎮計劃並未充分達到分散市區發展的原旨,而只是把人口從市中心向外圍疏散而已。這一疏散政策始終支配著城市發展,直到 80 年代中期。1984 年 6 月批准的長期發展策略由於制定了兩種供選擇的發展策略——或將重點放在新界西北,或集中發展維多利亞港——而標誌著城市發展中可能出現的變化。1988 年 4 月宣佈的都會計劃顯示政府已決定採取「回到港口」的策略。

(資料來源:方國榮、陳迹著,《昨日的家園》,香港:三聯書店〔香港〕有限公司,1993 年,第 116-120 頁。)

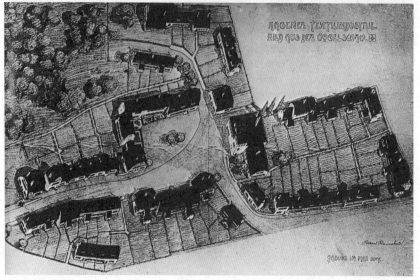

上｜英國始於 1904 年的「花園城市」，現在習稱的衛星城市。

下｜「花園城市」在歐洲受到普遍的歡迎，圖為理查‧李門史密特的模式。

香港新市鎮的概念，其實與英國 19 世紀提出的「花園城市」一脈相承，其主導思想亦是遵循「自給自足」和「均衡發展」兩大原則，但規模則更龐大。所謂「自給自足」，是指一個新市鎮在房屋、就業、教育、康樂及其他社區設施方面均能滿足其居民的基本需要，從而減低其對舊社區中心的依賴和壓力；所謂「均衡發展」，是指所建立的社區應該是由一個具備各種社會經濟背景和技能的人士構成的和諧社會。具體方法是在遠離市區的一個未開發地區，透過完善的規劃，定下土地的各種用途、交通網絡，以及不同的居住密度，從而發展出一個新的相對獨立、自給自足的市鎮，以快捷的交通與原來的母體相連，以減輕母體城市的人口密度及各種發展壓力。

其實，早在 20 世紀 20 年代，港府已根據英國「花園城市」的概念，在九龍塘規劃興建一個交通便利、自給自足的中型工商業市鎮，使其既接近農業區，但又把工商業與民居分隔開來，並發展為一個低密度的英式住宅區。1922 年，港府將九龍塘城市花園計劃批給「九龍塘及新界發展公司」（Kowloon Tong and New Territories Development Co.）負責興建，東主為前立法局議員義德（Charles Montague Ede），計劃在 80 畝土地上興建 250 幢獨立或半獨立、附有小花園的兩層平房別墅，並建有學校、遊樂場等設施。不過，1925 年，該工程遇上省港大罷工及義德病逝而面對清盤危機，由怡和買辦何東協助，組成「九龍塘花園會所」，繼續完成未完成的工程，該計劃於 1929 年完成。這是香港開埠以來港府首次以城市規劃為原則的市鎮開發計劃。九龍塘是香港市區罕有的低密度豪華住宅區，區內以平房和別墅為主，環境優雅，名校林立。區內並有頗多以英格蘭的郡

名或地方名命名的街道，如歌和老街、森麻實道、律倫街等，也有一條以何東名字命名的何東道。

　　戰後，香港致力於重建工作。當時，港府已開始認識到制定一個長遠及整體的城市規劃的重要性。1947 年 8 月，港府聘請了英國著名的建築規劃師柏德・阿拔高比（Patrick Abercrombie）爵士負責為香港制定長遠城市發展規劃。1948 年 9 月，《阿拔高比報告書》公佈。阿拔高比在報告書中，認為香港城市發展模式應走「分散發展」的道路，他並提出多項建議，包括興建海底隧道、填海以增加土地供應、更改鐵路線位置、搬遷軍部設施、劃出工業及住宅用地，以及在新界發展新城鎮等。此外，阿拔高比並建議成立一個特別部門，專責擬備及落實執行詳細規劃。阿拔高比報告書無疑為香港城市的長遠發展訂下了主要方向，可惜有關提議卻因朝鮮戰爭爆發、聯合國對中國禁運、香港經濟出現衰退而被擱置。

　　不過，到了 1954 年，港府基於沉重的人口及房屋壓力，並為解決香港廠家工業發展土地不足的問題，決定重新考慮新市鎮計劃。當時，港府已著手研究新界區的發展，決定優先發展荃灣和葵涌，但考慮到觀塘鄰近牛頭角寮屋區，有利吸引寮屋居民遷入，從而有效清拆寮屋，加上該地區方便夷山填海以發展新工業區，於是選擇發展觀塘為香港第一個新市鎮。[15]

　　觀塘位於維多利亞海港東北部，距市中心僅 3 英里。觀塘舊稱「官塘」，在明朝之前為鹽場，這個鹽場為該地區帶來「官富」一名，亦有居民稱之為「官塘」（即「官富鹽塘」之意）。1925 年左右，港府劃定官塘海灣為傾倒市區垃圾的處所，並修建築海堤以防止垃圾流入海裡。1947 年，港府以 20 萬英鎊代價將該地帶約 200 萬平方呎土地批租給亞細亞火油公司用於興建油庫，於是遷移垃圾堆填區至官塘灣鄰近茶果嶺位置。其後，亞細亞火油公司投資 100 萬英鎊將鄰近山地削平，以填塞部分官塘灣。由於連年傾倒廢物，該區海岸一帶逐漸變成一片淺灘。從 1953 年起，港府在觀塘分 3 期展開填海工程，取得約 90 公頃土地，連同原來堆填垃圾所得土地，發展觀塘新市鎮。港府填海所得土地主要售予私人發展商興建工業大廈，鄰近山坡則用作建造徙置屋邨。觀塘新市鎮的發展相當迅速，到 1970 年，已有約 1,280 間工廠設於該區，聘用 38.8 萬名勞工，佔香港當時工業勞動人口的 15%。[16] 因此，在很多政府的文獻中，觀塘被稱為工業衛星城市。

　　觀塘雖然是香港新市鎮的鼻祖，不過，從嚴格的意義上說它並不是真正的新市鎮。觀塘的開發，缺乏整體社區規劃的概念，過份偏重工業用地的開闢，居民區和工廠區太貼近，工業污染包括污水排洩、煙塵、噪音等，都使居民受到莫大傷害，生活環境極不理想，加上缺乏獨立的社區設施，到 70 年代初，學校、診所、醫院、電影院、商場中心以及各種康樂設施均嚴重不足。[17] 因此，它既無法自給自足，亦難以均衡發展。有學者認為：「這個計劃

上｜ 1953 年觀塘垃圾堆填區，
後遭填海並發展成工商業市鎮。

下｜ 1960 年代中期的觀塘新市
鎮一角。

的最大成就，是透過公共屋邨疏散了市區過剩的人口及提供了工業地段，解決了廠商一時之急。」[18] 儘管如此，觀塘的發展成為香港新市鎮的起端。

　　1960 年 2 月，港府決定在葵涌醉酒灣進行首個新市鎮填海計劃。翌年，港府正式刊憲，宣佈發展新界首個新市鎮——荃灣。荃灣古稱「淺灣」，據說因此地海灣水淺而得名。荃灣與觀塘不同，早在 50 年代已發展成為香港的紡織工業中心，當時全港最大的紗廠和染廠都設在荃灣，其後更帶動輕工業的發展，紡織、漂染、搪瓷及熱水瓶製造等各類工廠已相繼在德士古道、楊屋道和柴灣角一帶開設，開發前已是一個擁有 8 萬人口、由內地新移民和原居民混雜組成的市鎮，有「小曼切斯特城」之稱。荃灣新市鎮涵蓋荃灣、葵涌和青衣島等 3 個地區，總發展面積 2,460 公頃，三面環山，高達 958 米的大帽山高踞其上。其中，青衣島與荃灣及葵涌遙相對望，闊達 400 米的藍巴勒海峽介於其間。

　　1959-1967 年期間，港府在荃灣沿岸及醉酒灣展開大規模的填海工程，發展工業用地，興建大型公共屋邨。新市鎮共劃分為 58 個設計區，荃灣及葵涌各有 35 個，青衣島 25 個，各區均包括一個由交通幹線組成的道路網絡，市鎮中心設於北荃灣發展區，預計將容納 90.4 萬人口。[19] 1970 年代初中期，荃灣臨海地帶 1-5 號貨櫃碼頭相繼落成，使原料來源和產品出口更形方便，荃灣的發展更加顯著。1968-1977 年，港府又在葵涌沿岸及青衣島南岸展開填海工程，以建設油庫、船塢等設施。到 80 年代初，荃灣已發展成一個以製衣、紡織、塑膠、金工、電子為主要支柱的工業重鎮，其中，約有 70% 人口居住在區內的大型公共屋邨。

　　與同為第一代新市鎮的沙田和屯門規劃有固定的市中心地帶不同，荃灣市中心範圍大約在港鐵荃灣站一帶，最重要的公共設施都設在該區，包括位於荃灣站巴士總站旁的荃灣政府合署、位於荃灣大河道旁的荃灣大會堂和沙咀道遊樂場等，而荃灣大河道亦是連接幾個重要交通設施荃灣站和荃灣西站的道路。至於市中心的主要的商業區，則包括川龍街和眾安街一帶以售賣金飾店成行成市而得名「荃灣珠寶金飾坊」，以及後來興建的大型商場和商業大廈，如荃灣廣場、荃灣新天地、如心廣場、有線電視大樓等等。新市鎮開發早期，連青衣、葵涌徙置區居民的購物、商業和娛樂活動設施等，都設在荃灣市中心，故荃灣

1980 年代初荃灣發展成一大型新市鎮。

1973 年葵涌貨櫃碼頭一景。

又有「商場之城」之稱。

　　然而，荃灣與觀塘一樣，由於缺乏周詳的城市規劃，存在著同樣的問題：住宅區與工業
區雜陳其間，新型大廈與舊式唐樓相映成趣，繁華熱鬧中又顯得雜亂擠擁。不過，與觀塘相
比，荃灣的社區建設已有所改善，包括設有各種康樂設施的醉酒灣公園，以及提供各種文娛
活動的大會堂，又加建了學校、圖書館等。因此，從「自給自足」、「均衡發展」的原則看，
許多人將荃灣視為香港第一個新市鎮。

2.3 港督麥理浩的「十年建屋計劃」

　　港督麥理浩（Sir Murray MacLehose）推行的「十年建屋計劃」，可追溯到 1967 年香港
釀成的社會動亂。60 年代初，香港經濟起飛，然而，隨著經濟的蓬勃發展，各種社會問題
亦日漸暴露，尤其是貧富懸殊，中下層市民居住的環境惡劣等。1967 年香港爆發政治騷動
後，港府已經意識到當時徙置區存在的種種問題，並認為惡劣的居住環境是構成社會不安的
根源。

　　1972 年 10 月，剛上任不久的麥理浩宣佈推行一項空前龐大的公共房屋計劃，要在

1973-1982 年的 10 年間，為香港 180 萬名居民提供設備齊全、有合理居住環境的住所，使香港 3 人以上家庭都有本身的居住單位，每人居住面積不少於 35 平方呎，每個居所都配有獨立的廚房和廁所。為實現這一目標，港府預計要興建 72 個公共屋邨，其中 53 個是新建屋邨，12 個是由舊屋邨改建，另外 7 個為鄉村屋邨。預期計劃完成後，香港將再無人居住於過份擠迫、設施不足的住所。這就是著名的「十年建屋計劃」。

為實現這一計劃，港府於 1973 年將原有的屋宇建設委員會改組，成立新的香港房屋委員會，並將徙置事務處和市政事務署轄下的屋宇建設處合併為房屋署，作為香港房屋委員會的執行機構，以統籌管理原屬不同系統的各類公屋，並統稱為「公共房屋」。香港房屋委員會和房屋署的成立，標誌著香港政府公屋政策的方向，已從過去分散的、權宜性質的「對策」，走向有全盤發展目標的「政策」，並成為港府穩定其對香港管治的一個重要基礎。當年，第一型和第二型徙置大廈的重建工作率先在石硤尾邨展開。

推行「十年建屋計劃」的港督麥理浩。

事後證明，「十年建屋計劃」並非一件輕而易舉的事情，港府除了要撥出龐大資金外，還要尋找發展地盤，建設道路、交通網絡，鋪設電力供應、水務、渠務等工程，以及興建學校、商場和社區設施等。由於港九市區可供發展土地日形缺乏，整個計劃還需與新界新市鎮開發的龐大工程相配合。香港房屋委員會決定採用兩條腿走路的辦法，一方面將五六十年代興建的舊式徙置大廈清拆重建，另方面在新市鎮大量建造新型公共屋邨。

1974 年，香港房屋委員會建成位於九龍城的首個公共屋邨美東邨，這是十年建屋計劃的開端。其後，愛民邨、瀝源邨（1975 年），荔景邨、興華邨二期、麗瑤邨（1976 年），漁灣邨、長青邨、南山邨、禾輋邨、大興邨（1977-1978 年度），富山邨、彩雲邨、順利邨、象山邨、順安邨、華富邨擴建部分（1978-1979 年度），環翠邨、鴨脷洲邨、三聖邨、沙角邨、梨木樹邨擴建部分、龍田邨、大元邨、大窩口邨（1979-1980 年度）重建相繼完成或落成，使約 54 萬居民得以入住公共屋邨。由於這些公屋租金低廉，香港中下層居民因而獲得環境稍微改善的居所。（表 4-1）到 70 年代末，連同早期入住徙置區、廉租屋的居民，已有 200 萬名香港市民獲分配公共房屋。[20]

上｜1979 年興建中的沙田沙
角邨。

中｜位於火炭的公共屋邨——穗
禾苑。

下｜位於荔景的公共屋邨——祖
堯邨。

表4-1　各時期公屋的代表性租金（1986-1987年）				
屋邨類型與落成年份	代表性單位面積 （包括工作間平方米）	單位數目	每月租金（港元）	每平方米／港元
前徒置屋邨				
第一／二型 1954-1964 年	14.1	1,006	144	10.21
第三型 1964-1966 年	18.8	1,911	207	11.01
第六型 1972-1974 年	26.9	1,474	326	12.12
前政府廉租屋邨新型屋邨 1967-1973 年	34.8	521	507	14.57
前屋宇建設委員會屋邨新型屋邨 1966-1973 年	36.5	1,234	576	15.78
房屋委員會新屋邨（1973 年以後）：市區	35.9	806	583	16.24
新市鎮	42.2	1,014	800	18.96

資料來源：香港房屋委員會，《公共房屋面對的問題》，1988 年，第 33 頁。

　　70 年代下半期，港府又將公屋政策的側重點，轉向那些既不夠條件入住公屋、又缺乏足夠經濟能力自置樓宇或繳付昂貴租金的「夾心階層」。1976 年港府推出「居者有其屋計劃」，以資助並鼓勵公屋居民及中下層入息家庭自置居所。同年 7 月，香港總督委任一個工作小組，由財政司擔任主席，專門負責居屋計劃的策劃和實施工作，並研究合適的建屋地點、出售「居屋」的條件和甄選購樓人士辦法等。其後，工作小組建議立法局成立「居者有其屋」基金，由政府撥款，支付計劃所需費用。當時，最初計劃目標是在 6 年內，建造 3 萬個居屋單位，即平均每年建造 5,000 個單位。

　　居屋計劃的宗旨，是由政府提供一些較市值低廉的住宅單位，使一般中下收入階層家庭，有機會購置居所自住。中下收入階層的定義，是指家庭每月總收入不超過 3,500 港元的家庭。這類夾心家庭因不符合申請人入住公屋的資格（2 人家庭每月總收入 1,800 港元至 10 人以上家庭每月總收入 2,600 港元）。居屋售價因不計地價所以遠低於市值（約低 30-50%），為防止投機，居屋購買者在頭 5 年內只可以原價售回房委會，不得私自轉售。所有居屋單位只限售給兩類人士，即公屋住戶及住私人樓宇而總收入不超過特定限額的家庭。港府還透過主要財務機構為居屋購買者安排特別按揭貸款，貸款額可高達樓價的九成半，利息為 7.5-9 厘，還款期可長達 20 年。

　　居屋計劃仍由香港房屋委員會負責推行，資金來自每期售樓所得款項而輪迴使用的居者有其屋基金。1978 年 2 月，首期「居者有其屋計劃」的 6 個屋苑共 8,440 個單位推出，房委會接獲約 3.6 萬張申請表格，最後要以攪珠方式決定入選者。不過，由於 6 個居屋屋邨中，漁暉苑的建築合約尚未簽妥，所以計劃需要「縮水」。當時，第一期居屋出售時，售價便宜的是東九龍順緻苑一個 49.1 平方米的單位，只售 8.09 萬港元，最貴的何文田俊文苑一個

66.5 平方米的單位，也只售 16.59 萬港元。當年的每月總收入限額為 3,500 港元。[21] 當時，這一居屋計劃的最大特點，是首期少，僅為樓價的一成或 1 萬港元；而且日後分期付款時，貸款利率僅為週息 7.5-9 厘。

為加快建屋速度，1978 年港府又推出「私人參建居屋計劃」，政府以投標形式把土地賣給私人發展商，由發展商按政府規定的標準興建樓宇，並以政府批准的價格售予經房委會甄選的家庭，樓價與申請者資格亦與居屋計劃相同。1979 年，首期「私人參建居屋計劃」推出約 1,500 個單位，獲超額認購 38 倍。這時期，居屋質素已可媲美私人樓宇，大部分設有兩三間睡房、客廳、廚房、浴室、現代裝置及保安系統。到 1982 年，受惠於「居者有其屋計劃」及「私人參建居屋計劃」的家庭已達 3.2 萬個以上。[22] 到 1988 年，居屋單位增加到 10.52 萬個。（表 4-2）

十年建屋計劃在推行期間，雖然因移民潮、中東石油危機、通貨膨脹以及土地缺乏、地盤面積過小等種種原因而受阻延，但公屋建設一直發展迅速且效率較高。從 1973-1982 年的 10 年間，香港房屋委員會共興建了 22 萬多個住宅單位，其中包括 18 萬多個出租單位和 2.3 萬個居屋單位。1981 年，香港房屋委員會轄下公共屋邨住戶人口達 200 萬人。儘管，十

表4-2　1978-1988年居者有其屋出售單位概況

年份	期數	名稱	單位數目	建築面積（平方米）	售價（萬港元）
1978	1	順緻苑、俊文苑、漁暉苑一期、穗禾苑一期、悦麗苑、山翠苑	8,373	42.7-77.9	8.09-16.59
1979	1	油塘中心、置樂花園	1,506	44.2-64.0	8.24-15.93
1980	2A、2B	愉城苑、漁暉苑二期、穗禾苑二期、翠瑤苑、清麗苑、汀雅苑	1,657	44.6-66.7	15.68-27.14
1981	3A	兆安苑、怡翠苑、康田苑、怡閣苑一期、宏德居	3,859	43.3-63.6	16.83-37.59
1982	3B、4A	安基苑一期、兆康苑一期及二期、瓊山苑一期、愉田苑、啟泰苑、旭浦苑	6,612	46.0-88.0	11.97-29.64
1983	4B、5A	瓊山苑二期、宏福苑、美樂花園、兆山苑、怡閣苑二期、樂雅苑、景田苑、茵翠苑、	10,509	41.3-65.1	11.60-37.02
1984	5B、6A、6B	兆康苑三期及四期、安基苑二期、祥和苑、彩蒲苑一期、美城苑、大埔廣場、麗晶花園	15,760	41.5-91.8	9.81-34.06
1985	7A、7B、7C、8A	彩蒲苑二期、豐盛苑、青盛苑、景峰花園、海福花園、新麗花園、康翠台、兆禧苑一期及二期、明雅苑、新興花園、天馬苑、青華苑一期、樂翠台	19,634	43.0-66.6	8.11-45.05
1986	8A、8C	康山花園、龍蟠苑、寶麗苑、富安花園一期、康華苑	9,588	45.0-77.1	14.23-44.37
1987	9A、9B、9C	青華苑二期、嘉田苑、錦鞍苑、富安花園二期、青泰苑、錦明苑、錦禧苑、漁安苑	12,242	44.3-76.8	17.79-40.78
1988	10A、10B、10C	康盛花園、英明苑一期及二期、澤豐花園一期及二期、寶雅苑一期及二期、翠竹花園一期及二期、富嘉花園、廣林苑一期及二期、新圍苑一期	15,437	44.3-76.8	18.19-53.67

資料來源：《居者有其屋計劃》，香港：《建築業導報》，第 14 輯第 7 期，第 98 頁。

年建屋計劃的預定目標未能如期完成，但其所代表的公屋政策方向，卻普遍獲得社會各方的
肯定。

2.4 新市鎮的大規模開發：沙田、屯門

　　十年建屋計劃的推行，無疑大大加快了計劃中的新市鎮開發，以獲得興建公屋所需要
的大量土地。在此背景下，第一代新市鎮荃灣、沙田、屯門的開發步伐提速，原屬墟鎮的大
埔、粉嶺／上水、元朗等也被列入新市鎮發展計劃。第一代新市鎮最主要的特點，就是強調
實行「自給自足」和「均衡發展」的原則。

　　沙田位於九龍北面的沙田谷，與九龍半島僅相距數公里，涵蓋火炭以南、大圍以北的城
門河兩岸土地，原稱「瀝源」。1911 年，九廣鐵路（英段）建成通車，並在沙田村附近設立
一個火車站。從 1950 年起，沙田站附近的大塊農地（即現在新城市農場一帶）被發展為沙
田墟，並於 1956 年落成。1967 年獅子山隧道通車後，交通更加方便，是發展新市鎮的理
想地點。70 年代初，沙田的人口不足 3 萬人，大體上是一個充滿鄉村氣息的市集。沙田的

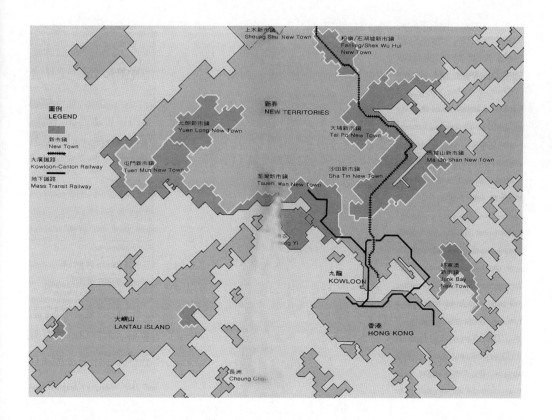

香港新市鎮的分佈。

開發，始於 60 年代初期。1961 年，香港城市規劃委員會制定出沙田第一份城市規劃圖。根據這份圖則，沙田的人口可達約 36 萬人。不過，1965 年，當時的工務局擬備一個綜合發展計劃，建議在沙田發展一個新市鎮，人口約為 100 萬。根據這個計劃而擬備的分區計劃大綱草圖最後於 1967 年獲得通過。到 70 年代初，當局再擬備一份經修訂的發展計劃草圖，把沙田發展完成時的人口定為 50 萬人。[23]60 年代末 70 年代初，沙田展開大規模的移山填海工程。沙田海灣南北兩旁的山坡夷成平地後，將沙石堆填在淺海區，整個海灣最後成為今日的「城門河」。沙田新市鎮即以此為基礎發展形成。

　　與觀塘、荃灣相比，沙田新市鎮無疑是城市規劃的典範，整個發展計劃事先經過周密的規劃。沙田拓展計劃（包括馬鞍山）總面積約 3,587 公頃，其中 800 公頃土地是填海所得。市鎮中心設在白鶴汀、沙田火車站與城門河之間，建有綜合商業物業、大會堂、劇院、禮堂、圖書館、運動場、體育場，以及中央公園等。高密度的住宅區主要集中在城門河兩旁沙田谷開闢的土地上，而低密度的樓宇則建在新市鎮外圍較高的地勢上，包括香港房屋委員會興建的公共屋邨，諸如瀝源邨、禾輋邨等，以及私人地產商發展的私人屋邨，如世界花園、沙田第一城、富豪花園、碧霞花園等。新市鎮的郊區則是火炭一帶的工業區和著名的賽馬場。

　　沙田新市鎮的開發，從 1973 年開始進行到 1983 年的 10 年間，共完成土地發展 834 公頃，其中 257 公頃土地建有私人商住樓宇（包括居屋），首先發展的是恒基等四大地產商建設的沙田第一城，已入住約 2 萬名居民，此外還有銀禧花園，以及世界花園、富豪花園、碧霞花園等；118 公頃土地建有公共屋邨，包括瀝源邨、美林邨、博康邨、沙角邨、新翠邨、新田圍邨、禾輋邨等 7 個公共屋邨，容納近 12 萬名居民；64 公頃土地建作工業大廈，包括 4 個工業區，分別在火炭、大圍和小瀝源谷等地；其餘 395 公頃土地發展成公共設施和綠化休憩地區，主要在城門河一帶，其重點是市中心毗鄰的中央公園。城門河貫穿新市鎮中央，將新市鎮分割成東、西兩區 —— 河東區、河西區，河面分別建立 5 座橋樑，將兩區連接起來，河的兩岸遍立高樓大廈，入住人口達到 28.5 萬人。其中的主要商業中心，是新鴻基地產旗下的新城市廣場，坐落於沙田地鐵站，由一、三期和 Home Square 組成，總面積合共約 200 萬平方呎，連同第二期的商業大廈及帝都酒店，成為全港最大商場之一。經過 10 年的拓展，沙田已成為一個各類型設施最齊備的社區，不少曾參觀過沙田建設的外國專業人士，都對它給予極高的評價。[24]

　　70 年代後期，沙田新市鎮發展迅速，港府為擴大沙田新市鎮的發展範圍，於 1979 年批准發展馬鞍山以作為沙田的擴展部分。馬鞍山位於新界東部大埔海南岸地段，佔地約 818 公頃，其中逾 100 公頃來自填海造地，西接沙田原區。馬鞍山首份發展大綱草圖於 1980 年制

定，1982 年獲得通過。整個發展計劃分 4 期進行，計劃在 2000 年發展成可容納 20 多萬人口的新型市鎮。其中，六成人口居住在公共屋邨、居者有其屋苑及私人機構參與屋苑，四成人口居住在私人樓宇。

馬鞍山的發展雖然歷史較短，但到 90 年代後期已漸見規模，區內屋苑林立，人口急增，社區設施一應俱全，設有休憩公園、圖書館、中小學校、室內運動場、單車徑等，且交通網絡直通港九市區，包括吐露港公路、西沙公路、大老山隧道、城門隧道、輕軌鐵路等等，儼然成為沙田區的新焦點、新市鎮發展的典範。其中，房委會在區內已建有超過 11 個屋邨，包括公共屋邨恒安邨、耀安邨、利安邨，居者有其屋屋苑錦禧苑、錦英苑、錦龍苑、錦安苑，以及私人參建居屋的富安花園、福安花園、富輝花園等。此外，私人發展商亦在區內發展多個大型私人屋邨，包括新鴻基地產的雅典居、恒基的新港城、長江實業的海柏花園，以及南豐的馬鞍山中心等。

與沙田同屬第一代新市鎮的屯門亦在 70 年代初動工開發。屯門位於新界西部，與九龍半島的尖端相距約 32 公里。60 年代之前，屯門居民大多以捕魚和務農為生，屯門新墟便是這時期的市集。60 年代初，港府計劃在屯門發展第一代衛星城市（後改稱新市鎮），當時名為「青山新市鎮」。1973 年，港府正式宣佈發展為新市鎮，並在青山灣展開大規模的填海工程，將大部分海灣收窄為屯門河，新市鎮亦改名為「屯門新市鎮」。1974 年人口約 4 萬人，總發展面積為 2,250 公頃。屯門區的規劃及設計，基本上是在青山山脊與大欖山麓之間的谷地上的「走廊」地帶，建設一個「市區核心」，以容納大部分的房屋、工業、商業及附連的康樂及社區設施；位於該「走廊」地帶兩端的藍地及掃管笏，則進行近郊式發展，作為鄉郊地區與市區發展之間的發展轉型地帶。[25] 與其他早期的新市鎮一樣，屯門亦劃有大量工業用地，主要集中在屯門河道西岸及海港北面和西面一帶，主要為分層工廠大廈，適合輕工業、倉庫及貿易公司之用，以提供足夠的就業機會予區內居民。市內的住宅，則多數是房屋委員會興建的公共屋邨，包括新發邨、大興邨、三聖邨、安定邨、友愛邨等，每座屋邨內都設有商場大廈、學校和其他社區設備。

屯門市鎮中心是屯門區經濟、社交及文化活動的總匯，提供逾 11 萬平方米的商業樓面面積，設有百貨公司、商店、辦公室及娛樂設施（如戲院和遊樂場等）。市鎮中心亦設有一個文娛廣場，內設政府辦公室、屯門大會堂、裁判法院、公共圖書館及可供表演及展覽的場地。市鎮公園位於市鎮中心毗鄰，公園內廣植花草樹木，綠茵處處，並闢有不同形式的花園、遊樂場及可供划艇的人工湖等。

屯門最大的問題，就是遠離市區、交通不便，即使是 1978 年建成並啟用連接屯門與荃灣的屯門公路，情況仍然明顯存在。部分市民要往市區上班，被迫輪候數十分鐘搭油麻地小

屯門新市鎮的風貌，近景為興建中的安定及友愛邨，沿河左面將劃為工業用地。

輪，或以高昂代價乘搭的士或公共小巴，先往元朗，再經荃錦公路出荃灣。不過，輕便鐵路建成通車後，情況已有所改善。此外，屯門居民多數是中下層入息市民，區內社會問題叢生，諸如治安不靖、家庭糾紛和虐待兒童個案日增，影響區內的生活質素和樓價水平。

70 年代後期，港府在發展沙田、屯門第一代新市鎮的同時，亦開始策劃大埔、粉嶺／上水、元朗等第二代新市鎮的發展。第二代新市鎮發展最主要的特點就是屬於「鄉村改良」型的。與沙田、屯門不同，大埔、粉嶺／上水、元朗在發展為新市鎮之前已經是墟鎮。大埔古稱「大步」，在清朝初期已有大規模的發展，1892 年，以泰亨文氏為首的大埔七約創建太和市（即今大埔墟），其後更一度成為新界東第一大墟市。1898 年英國租借新界時，接管儀式就在大埔墟舉行。20 世紀 60 年代，大埔墟鎮開始擴展，到 70 年代初人口已增加到近 7萬人。1974 年，港府決定在大埔興建全港第一個工業邨，該工業邨的填海工程於 1976 年展開，並同時開始在大埔興建公共房屋。1979 年，港府將大埔提升為新市鎮，到 90 年代中期

獲得約 300 多公頃的填海土地，計劃發展為一個基本自給自足的社區，總規劃面積 2,480 公頃，主要目標是按照鄉郊工程計劃或小型工程計劃的改善工程，以提供必要的基礎設施，使鄉村式發展得以持續進行，並具備完善的工商業和社區設施，為約 30 萬人口提供居所。[26]

粉嶺／上水位於新界北部，靠近深圳，發展前已有多條鄉村，當時區內的商業中心是石湖墟和聯和墟。1976 年，港府開始規劃發展粉嶺／上水新市鎮，預計可容納的設計人口約為 8.4 萬人。1978 年，港府為了對這個地區不同的土地用途進行綜合性規劃，採取了一項重要措施，就是把粉嶺和上水的墟鎮合併為一個新市鎮。新市鎮首先發展的是上水市中心石湖墟一帶。第一個項目是上水鐵路站以南的公共屋邨彩園邨，於 1981 年落成入伙。到 80 年代初，位於上水東北部的天平村一帶開始發展，大批村屋被清拆以興建公共房屋和居屋，包括 1986 年入伙的公屋天平邨，居屋屋苑安盛苑、翠麗花園，私人住宅奕翠園等。石湖墟東南方一帶被規劃為市鎮中心，相繼興建了上水廣場、新都廣場、上水中心、上水名都等商業設施。80 年代，新市鎮開始發展粉嶺鐵路站以北一帶地區，而 90 年代則重點發展聯和墟和粉嶺南一帶地區。粉嶺／上水新市鎮除了與深圳有毗鄰的優勢之外，最大的問題是遠離香港市區，交通不便。

元朗位於新界西北部，由大橋、水邊圍、雞地、水牛嶺等地區發展而成，距離九龍市區 20-25 公里。1978 年，港府規劃發展元朗新市鎮，以建設一個均衡發展的新市鎮，且發展為新界西北的區域中心。元朗新市鎮的市區發展形式，基本上是以青山公路兩旁進行的高建發展為「核心」，發展密度朝周邊地區漸次降低，工業發展則位於新市鎮北部。新市鎮的南部、東部及西部，可經元朗公路、三號幹線（郊野公園段）、朗天路及朗屏路直達。新市鎮的南面及東面為擴展區，作為新發展計劃的用地。東部的擴展區會進行高質素的商業及住宅發展。新市鎮包括警署、消防局、醫院及診所、運動場、表演場地、戲院及公園等設施，為約 15 萬人口提供服務。新市鎮也劃出住宅及工業用地，發展成朗屏邨及元朗工業邨（現稱「元朗工業園」）。元朗的問題與粉嶺／上水一樣，仍然是遠離市區、交通不便。然而，隨著九港鐵路電氣化、吐露港公路及大老山隧道的通車、元朗至屯門的輕便鐵路啟用，以及整個新界區內交通網絡的日漸完善，粉嶺／上水及元朗交通不便的情況已有明顯的改善。（80 年代廠商對新市鎮觀感，見圖 4-1）

這一時期，新市鎮的大規模開發，不僅大大減輕了港九市區的擠迫程度，紓緩了市區在社區設施、基礎建設、環境衛生、交通運輸，尤其是房屋需求方面的沉重壓力，緊密配合了港府的十年建屋計劃，而且為香港地產業的發展，開闢了更廣闊的空間。

圖4-1　1980年代初市區廠商對新市鎮的觀感

	優點	缺點	
租金和樓宇便宜			現有工人上班不方便
容易找到合適廠房			難找到熟練／管理員工
優良環境			難找到普通勞工
容易找到廉價勞工			離供應廠商、長包廠商及其他有業務來往的廠商的距離太遠
避開高人口密度及交通擠塞			欠佳的道路貨運系統
容易找到普通勞工			離客戶的距離太遠
其他			欠佳的鐵路及公共交通
			離東主／廠長的住所太遠
			其他

等級次序分數（%）　60　50　40　30　20　10　0　10　20　30　40　50　60　等級次序分數（%）

資料來源：Hong Kong Productivity Centre, 1983, p.18.

大埔廣福邨。

三、1980 年代城市發展模式和
公屋政策轉變

長期以來，

香港城市發展模式是以維多利亞海港為核心密集發展，並逐漸向四周伸延。

不過，70年代初港府為紓緩市區人口壓力而大規模推行新市鎮開發計劃，

香港的城市發展出現了多等級的體制和多核心的模式。

然而，80年代以後，隨著中國對外開放擴大，香港製造業大規模北移廣東珠江三角洲，

香港經濟結構向服務經濟轉型，香港作為國際大都會的地位日趨重要。

當時，香港主要市區房屋需求的壓力日益沉重，

舊市區長期積累的問題日益尖銳，種種因素迫使港府重新檢討城市發展的各項政策，

這導致了香港城市發展模式及公屋政策的轉變，形成所謂「回到港口」的發展策略。

3.1「都會計劃」

進入 80 年代，隨著香港作為國際城市的地位日益凸顯、城市面積日益擴大，港府決定制定「全港發展策略」，以便建立一個長遠的土地－運輸規劃架構，並據此制定更加詳細的規劃圖則和計劃。為此，港府於 1980 年先後在工務司署轄下成立「市區拓展署」及在布政司署轄下環境科成立「發展策略組」。前者負責統籌市區，特別是九龍東北部的發展；後者負責制定全港土地發展的策略。1986 年 4 月，地政、測量及城市設計處被納入新成立的屋宇地政署，並改名為城市規劃處，負責擬備次區域發展綱領。[27] 同時，將市區拓展處和新界拓展處合併成拓展署。這一時期，港府經過多次架構重組，形成一個三層架構的規劃制度，即全港策略性規劃、次區域規劃（涵蓋五大次區域）和地區層面的法定及非法定規劃。

1983 年，港府完成了「海港填海及市區發展研究」，就進一步填海、新闢土地，以及評估重建市區等方面所帶來的發展潛力，報告考慮了保留啟德機場和搬遷機場兩種方案下的多個發展模式，同時建議進行多項填海大型工程，包括中環灣仔填海、西九龍填海、紅磡灣填海等，以擴展市區土地。該研究為「全港發展策略」提供了基礎。與此同時，港府還展開多項次區域研究，包括新界西北、新界東北、北大嶼山和將軍澳／西貢等。在此基礎上，港府於 1984 年完成制定第一份「全港發展策略」。[28] 當時，港府確認了兩個可供選擇的發展方

案：第一個是以新界西北（元朗及天水圍）及海港西部（油麻地及青洲填海區）為發展重點，第二個是以海港西部為發展重點。從後來的實踐看，香港城市的發展基本上是朝著第一個方案發展。

　　1985 年，港府地政科對未來地產發展作出評估，發現當時部署中的新市鎮建設（當年部署中只有將軍澳和天水圍兩處），以及現有屋邨的拓展，至 20 世紀末只能容納 630 萬人口，而屆時香港人口預計將增加到 700 萬人。因此，必須部署新的屋邨建設。當時，地政工務科一位官員大膽設想，在喜靈洲、周公島和坪州 3 個小島之間的淺海進行堆填，以獲得大量土地，作為繼將軍澳和天水圍之後的一個大型新市鎮。1986 年，合和主席胡應湘提出「人工島新機場」計劃，而選址則正好在這 3 個小島之間。[29] 自此，港府再度展開對新機場興建的研究。

　　1986、1988 及 1990 年，港府又多次檢討「全港發展策略」。這一時期，香港逐漸成為亞太區著名的金融、貿易及旅遊中心，香港製造業大規模內遷亦強化了它作為中國內地最重要貿易轉口港的地位，葵涌貨櫃碼頭已成為全球最繁忙的港口之一，而啟德國際機場亦已漸趨飽和及不敷應用。在這種背景下，港府於 1988 年展開「港口及機場發展策略研究」，該項研究建議在大嶼山北岸對開的赤鱲角興建一個新的國際機場以取代啟德機場，並在大嶼山東北端興建新的貨櫃碼頭，以及在屯門和大嶼山北部增建大型的內河航道碼頭，以維持香港作為主要轉口港的地位和競爭力。

興建中的赤鱲角國際機場。

1989 年，港府採納「港口及機場發展策略研究」的建議，並隨即構思了整套全面的機場核心計劃項目，包括東涌新市鎮第一期、北大嶼山快速公路、青嶼幹線、三號幹線（葵涌及青衣段）等。鑑於這份策略研究將會對包括市區和荃灣的整個都會區造成深遠影響，加上港府日益關注到都會區城市發展所積累的各種尖銳問題，於是決定制定「都會計劃」，為整個都會區的重建確立一個全面性的總綱規劃和指引。

都會計劃於 1987 年啟動研究，經過多次諮詢後於 1991 年 9 月獲港府正式通過。根據都會計劃，香港市區面積將會從原來約 6,500 公頃擴大到 8,600 公頃，主要的發展地區將集中在與赤鱲角國際機場有關的各主要填海區，包括西九龍填海區、青洲填海區、中環至灣仔填海區、荃灣填海區、九龍角填海區等，以及啟德機場搬遷後的舊址，而目標人口則定在 420 萬人左右。（表 4-3）在主要的新發展區和綜合重建區內，公私營機構將提供各類型的房屋以及各種社區設施和商業用途。在較舊的地區內，適合重建的殘舊樓宇將由土地發展公司、房屋委員會、房屋協會以及私人機構重新發展。所有這些發展或重建計劃，都應與其毗鄰已發展地區的重整計劃相配合，從而協助這些地區降低人口密度和改善環境。

表4-3　「大都會計劃」的市區土地負責及重建策略類別

類別	主要工程	地區
第一類	重建工程	葵涌、油麻地、慈雲山、土瓜灣、黃大仙、港島西區、柴灣
第二類	選擇性改善工程	何文田、香港仔、半山、尖沙咀、跑馬地
第三類	限制發展、保護現有環境	薄扶林、山頂、赤柱
第四類	無重大工程	太古城、尖沙咀東部
第五類	開發新發展區	西九龍、紅磡灣、青洲、中環至灣仔填海區、愛秩序灣
第六類	提供休憩地方，限制發展	小西灣市區邊緣、沿海地帶

資料來源：大都會計劃，轉引自香港《經濟日報》，1989 年 9 月 14 日。

都會計劃為市區未來發展提供了 3 個可供選擇的方案，分別就市區重建的大小，新住宅區、新商業區、新工業區的土地面積大小及分佈作出取捨。不過，這 3 個方案並非互相排斥，而是互相兼容、相輔相成。總體而言，中環、灣仔及九龍南部等地將會繼續發展成主要商業區，提供大規模的商業和旅遊設施，西九龍和灣仔、銅鑼灣一帶海旁地區將會發展豪華住宅及相應的商業用途，而各主要交通交匯處，如鰂魚涌、九龍塘、旺角及葵芳等，也將發展成為寫字樓的核心地帶，香港仔、柴灣、荃灣、長沙灣、葵青和觀塘等地區會發展成主要工業區。

都會計劃還建議在市區增闢約 390 公頃的休憩用地，連同現有和已落實的新計劃，總面積將增至 1,080 公頃。市區內將遍設互相連接的公共休憩用地和大型公園，把不同用途的土

地結合起來。此外，海旁地區將建有綿延 33 公里的海濱走廊。在一些主要的交通交匯處、一些重要的海旁地點和進出市區的主要地段，將建設獨特的標誌，以樹立地方形象，而原有的建築、歷史和文化傳統亦將會加以保存。都會計劃並就改善環境設定下列目標：（1）降低極度擠迫地區的人口密度和工人密度；（2）淘汰或遷移與都會區不配合的用途；（3）藉著填海工程和實施污水排放策略，消除水質黑點地域；（4）隨著機場搬遷，將九龍大部分地區的飛機噪音消除；（5）廣闢風景區，作為住宅區和主要公路之間的緩衝區；（6）重整受採礦業破壞的地區，作美化環境用途或合適的市區發展；（7）整理市區邊緣地區。

都會計劃和新機場計劃的相互配合，無疑有助於改善整個香港都會區的面貌、環境、生活質素和交通，並為地產業的發展提供更多的土地資源。不過，需要指出的是，都會計劃並不是一個由政府投資的計劃，不像十年建屋計劃和新市鎮開發計劃那樣主要由政府投資推動，它的目的主要是為所有參與城市發展的機構，不論是公營機構還是私人發展商，提供一個廣泛的基礎和指引。

3.2 市區重建：土地發展公司的創立與運作

80 年代期間，港府重新檢討香港城市發展的模式和方向，形成所謂「回到港口」的策略。其中的重要組成部分之一，就是推行市區重建計劃。當時，香港市區老化問題已相當嚴重，由於早期缺乏城市規劃而形成的土地混合使用、建築凌亂、社區設施不足、交通阻塞，再加上樓宇的殘舊（表 4-4、4-5）和非法建築物的普遍存在，已嚴重影響了市區寶貴的土地資源的合理利用，以及作為國際商業大都會的健康發展，成為社會輿論關注的重大問題。

其實，市區重建早在 1890 年代已經展開。二次大戰前的市區更新工作，主要針對居住環境擠迫、公眾衛生及防火需要。如 1894 年，香港西環地區，尤其是太平山區一帶（即荷李活道以南、太平山街一帶）發生鼠疫，港府意識到需要改善舊區的環境，於是採取措施，頒佈《太平山收回條例》，先後在太平山、摩囉下街和九如坊等地區進行「清拆破落區」計

戰前興建的舊樓，成為市區重建計劃中優先考慮的對象。

表4-4　港九市區殘舊樓宇分佈情況#

港島			九龍		
地區	數目	百分比（%）	地區	數目	百分比（%）
上環	855	30.3	大角咀	648	20.7
灣仔	555	19.6	馬頭角	506	16.2
西營盤	344	12.3	油麻地	471	15.1
北角	336	11.9	紅磡	407	13.0
堅尼地城	195	6.9	長沙灣	279	9.0
銅鑼灣	112	4.0	尖沙咀	249	8.0
筲箕灣	110	4.0	東頭邨及橫頭磡	245	7.8
黃泥涌	90	3.3	何文田	168	5.5
半山區	88	3.1	旺角	130	4.1
香港仔及鴨脷洲	73	2.6	鑽石山	14	0.5
大坑	22	0.8	觀塘	7	0.3
中環	19	0.7	九龍塘	4	0.0
鰂魚涌	11	0.4			
其他地區	13	0.5			
小計	2,830*	100	小計	3,128	100

總數（港九）：5,958

\# 根據房屋協會 1983 年的一項調查。該項調查的範圍包括港九 38 個城市規劃區大約 4.4 萬幢樓宇。

* 港島區總數有誤。

資料來源：《香港的市區重建》，載《瑞安季刊》，1987 年 9 月號。

表4-5　1988年西區、灣仔樓宇年齡概況

地區 建樓年代	西區		灣仔	
	數目	百分比（%）	數目	百分比（%）
戰前	385	14.0	116	7.5
1946-1956	204	7.5	235	15.3
1957-1966	560	20.4	464	30.2
1967-1976	892	32.5	343	22.3
1977-1988	601	21.9	333	21.7
空地	101	3.7	46	3.0
總計	2,743	100.0	1,537	100.0

資料來源：香港政府城市規劃處

劃，總投資 121.5 萬港元。[30]

　　二次大戰後，香港面臨著嚴峻的居住環境擁擠、公共衛生條件差、火災隱患突出等問題，城市更新逐漸成為社會各界廣泛關注的議題。但早期的城市更新運動依然僅限於局部地區的更新改造。1959 年，香港當局為大坑村部分地區制定了發展藍圖，試圖合併小地塊，重新劃定界限，並配建街市、學校、休憩用地等設施，但因當地居民反對而最終擱置。及至 1960 年代，港府鑑於當時市內住宅區人口擠迫、環境骯髒、建築物大都殘舊頹毀等問題，於 1964 年由港督委任一個「貧民區清拆工作小組」，並選定上環為「試驗性重建區」，展開重建計劃。該計劃在被皇后大道西、荷李活道和城隍街包圍的一塊 5.2 公頃土地範圍內展開重建試點。不過，由於缺乏經費，試點內的收購和清拆工作都比原定時間遲，結果整個計劃需時 10 多年才完成。[31]

　　上環被選定為都市重建區後，港府開始考慮其他地區。鑑於要重建整個地區相當困難，所耗費資金龐大，港府於是在 1973 年提出了「環境改善區」的構想。這個構想的主要目的並不是要像上環試驗區那樣重建整個地區，而是希望提供更多土地興建政府和社區設施，以改善區內環境。被確定為「環境改善區」的除上環外，尚包括灣仔、油麻地、石硤尾、大角咀、長沙灣和堅尼地城。當時，港府成立「市區重建和環境改善統籌委員會」，專責環境改善區的整體統籌和規劃。「環境改善區」的典型個案是「油麻地六街重建計劃」。

　　為配合環境改善區政策，港府又將部分市區土地劃為「綜合性重建區」，進行整體重建，以避免小規模的零星重建，並鼓勵私人發展商參與。被列為綜合重建區的地方，其土地租約往往即將期滿且不能續期，藉以減低收地成本。其中，「尖沙咀四街」就是其中個案。不過，「綜合性重建區」往往因業權人在費用和利益分攤上出現分歧，而承租人又不願意接受現金補償，以致在收回物業方面困難重重，有關計劃往往進展緩慢。

　　就在「環境改善區計劃」推行的同時，香港房屋協會（Hong Kong Housing Society）於 1968 年獲得政府財政資助執行個別資助房屋項目，包括 1970 年代的郊區公共房屋計劃、「市區改善計劃」等。當時，市區改善計劃的目標是：（1）重建業權分散或業主不在的物業，以改善舊區環境；（2）在同一地點為受影響的家庭提供新住所，在售價／租金方面給予優惠，以協助政府在提供房屋方面的努力；（3）維繫舊區固有的社區關係。該計劃始於 1974 年，到 1986 年止，共完成 13 個項目，建成 1,133 個單位，包括西環的美新樓、賴思樓，西營盤的西園、源輝閣、高宏閣，灣仔的愛群閣、永豪閣，以及堅尼地城的曦皇台等。[32] 不過，所有種種計劃都因規模過小而未能作綜合性重建。到 1996 年，房屋協會先後完成 28 項計劃。

　　市區重建面對的困難中，最棘手的就是物業業權由多人擁有。很多時，有些業主拒絕出

市區重建個案研究：六街和四街

市區重建的困難之處，從油麻地六街和尖沙咀四街兩個個案中可以見得到。

六街個案

油麻地是香港最早發展的地區之一，不但遍佈殘舊樓宇，而且極為缺乏社區設施及遊憩場地。城市設計處於1970年在該區進行綜合性研究，希望改善環境。該區的地契大多不能續期，並於1971-75年間期滿。某些地段有潛力發展為遊憩場地或社區設施。

在油麻地區，以東莞街、眾坊街、利達街、祥瑞街、澄平街和廣東道圍繞的一帶尤具重建潛力。在1971年，油麻地分區發展大綱在憲報公佈，上述六街的土地用途由「住宅」改為「遊憩場地」及「政府、團體及社區用地」。六街佔地1.4公頃，包括120幢主要是5層高的建築物。

在1972年8月，油麻地分區發展大綱所包括的地區被劃定為市區改善區，政府代表公眾利益，可以透過磋商或引用收地條例來收樓。

城市設計委員會收到大約110項書面反對，其中88項來自六街業主。他們的反對理由是他們1971年前接到政府的續約通知，因此以為他們的契約會得到續期，而其中部分契約已於1965年續期，其他無續期條款的官契約有百分之九十八亦獲續期。業主抗議政府對他們不公。

可是政府方面的理由是，政府早在1952年已表明，如果土地需要作公共用途，契約便不會續期 *。由於六街位於市區改善區，故政府有權收回作市區改善。法律上來說，業主雖然可以得到特惠賠償，但契約到期後，無權續約。

六街重建計劃在1976年終獲通過。對於六街的官契，政府決定不予續期，並在官契到期後，直接管理該區所有物業。六街業主在1980年向兩局非官守議員辦事處請願，但無補於事。

業主鑑於續約無望，於是轉而用另一方法保護本身權益。他們在1980年5月，以「六街業主聯會」名義，向城市設計委員會提交一項綜合性的住宅發展計劃，但是遭受拒絕。

被政府列入重建計劃的玉油麻地六街。

在1984年，六街重建交由房屋協會負責。政府在1985年9月原則上同意房屋協會根據市區改善計劃來重建六街的建議。為了方便綜合性重建，該地的用途在1986年9月由「遊憩場地」及「政府、團體及社區設施」改為「其他用途／綜合性重建區」。

六街314項物業的業主再次提出反對，表示政府此舉對他們不公，因為他們也曾提出類似的綜合性重建計劃，但卻遭受政府拒絕。但政府表示，六街業主的建議遭受拒絕，是因為600多個業主要聯合進行重建，未免不切實際，但房屋協會卻較有資格統籌和執行整項重建計劃。

房屋協會的六街重建總綱最近獲得政府通過。根據計劃，六街將發展5幢共有1,589個單位的住宅大廈和一個包括一間戲院的商場和一個中央遊憩場地。該計劃獲得批准後，經過10年，終於取得進展，並可望於1991年完成。

四街個案

鄰接碧桃仙路、加拿芬道、河內道和麼地道的一塊土地，持有於1978年到期的無續期條款官契。在1976年，佔地0.92公頃的四街區域根據當年7月2日公佈的尖沙咀分區發展大綱草案，被列為綜合性重建區。城市設計處原來有意將該地發展成為一個購物及旅遊點，備有公眾設施，空間寬敞。

但是受影響的業主對該計劃提出強烈反對。城市設計委員會只好邀請他們參與重建計劃。「四街業主聯會」遂告成立，與政府磋商。

在1979年，一項發展總綱原則上獲得批准，作為重建的依據，大約三分之一的地區劃作行人用地。可是業主對於成本和分潤問題，意見不一。如何安置舊住客成為另一道主要障礙。有些業主毋須為他們的住客安排住所，他們的住客亦不願意接受現金賠償。由於這些複雜問題，重建計劃雖然在八〇年獲得通過，但至今仍未施工。

政府最近批准將四街的官契續期至2047年，原因不明。由此看來，就算四街重建計劃未被完全放棄，也要等很久才能成事。

以上兩個個案顯示市區重建的部分難處，因為這是政府與市民容易發生磨擦的地方。雙方對於重建，難以達到一致意見，而且當中牽涉極為費時的程序。政府的市區重建策略迄今未能有效應付市區重建的複雜問題，故此需要某種新的建制來處理。

* 在1952年，港府宣佈，為都市規劃著想，租期75年的無續期條款官契到期後，有權不予續約。

（資料來源：《專題研究：香港的市區重建》，《瑞安季刊》1987年9月號。）

售物業，或物業業權人不知所蹤，往往令有關收地工作需要經數年時間的談判才能達成協議。即使收地成功，安置原有住客亦是一個問題。有些時候，住客由於眷戀他們生活了很久的社會環境而不肯搬遷，市區貧民更因收入低微而無法在其他地區找到居所。此外，資金、統籌等問題都對市區重建構成壓力。

有鑑於此，港府在 80 年代初委任顧問公司就市區重建作專題研究，研究報告於 1983 年完成，建議港府以私營機構形式組織「土地發展公司」，以專責推行大規模的市區重建計劃。1987 年，港府頒佈《土地發展公司條例》，同年 12 月 10 日，法定機構「土地發展公司」宣告成立，並於 1988 年 1 月 15 日開始正式運作，以全面推動市區的重建工作。（表 4-6）

根據法例，土地發展公司是一家不隸屬於港府的獨立公共

人口擠迫、建築物殘舊的灣仔舊區，攝於 1987 年。

表4-6　政府的市區重建活動

計劃	年份	地點	目的
木屋清拆計劃	1884 及 1905 1959	太平山 摩囉下街 九如坊 大坑村部分	清拆市區木屋，防止鼠疫再度蔓延。
市區重建試驗計劃	1969 年展開	上環	改善居住環境、交通配套及提供更多社區設施。
環境改善區	1972	上環 灣仔 油麻地 石硤尾 大角咀 長沙灣 堅尼地城	提供更多土地作政府／團體／社區設施和休憩場地發展之用，以改善環境。
綜合重建區	1970 年代中期	舊市區幾個試點	綜合重建。發展商必須在發展計劃中提出規劃總綱。
房屋署重建第一、二型徙置屋邨	1972 年展開	全部 12 個第一、二型徙置屋邨	改善公屋住客的居住環境
房屋協會市區改善計劃	1974 年展開	在殘舊的市區	重建舊樓，提供設備先進、管理完善的新樓以改善舊區環境。
海港填海及市區拓展研究	1982-1983	－	有關市區發展潛力的 5 個分區計劃的最後一個
市區重建統籌小組	1984	－	由地政署城市設計科設立，擬訂和協調市區重建計劃。
都市發展總綱	1986	－	都市發展總綱是一個行動計劃，確保都市區所有的發展和重點互相配合。
土地發展公司	1987	－	作為法定團體的土地發展公司借私人發展商的資源，進行市區重建。

資料來源：《專題研究：香港的市區重建》，載《瑞安季刊》，1987 年 9 月號。

法定機構，即半官方組織，實行自負盈虧。公司最初的運作，由政府提供 3,100 港元計息貸款作為營運資金，並根據土地發展公司所訂條例，以審慎商業原則運作。因此，土地發展公司在推行重建計劃時，除了要考慮有關區域的重建價值之外，亦需顧及有關計劃能否為公司帶來利潤，以便在沒有外來財力的支持下仍可繼續營運。換言之，沒有得到港府財政司司長的准許，公司就不能推行虧損的項目。

土地發展公司成立的目的，是透過重建計劃去改善市區的居住環境，並配合城市規劃大綱的發展及動用法例去收回繁複的舊樓業權。其運作程序，是先從規劃地政工務司選定的重建區中找出有發展潛質的部分，訂出發展大綱，然後提交城市規劃委員會審批，經行政局通過後，由土地發展公司負責收地，為期一年。倘若超過期限，公司可要求政府引用《官地收回條例》將土地收回，而收地賠償則由法例及土地審裁署決定。（圖 4-2）完成收地程序後，土地發展公司將擔任項目經理，並邀請私人發展商參與發展。

土地發展公司成立後，即根據第一個五年計劃推行首批 8 個重建計劃，分別是位於中環的永樂街、租庇利街，灣仔的李節街，旺角的奶路臣街、西洋菜街、彌敦道，油麻地的雲南里及西環的第三街，可發展樓面面積約 400 多萬平方呎，動用資金接近 120 億港元，其中以商業用途為主，約佔 70%。8 個重建計劃中，以由長實負責發展的中環租庇利街重建項目最貴重，總投資達 40 億港元，其餘 3 個較重要的重建計劃分別是由鷹君負責的旺角奶路臣街重建計劃、新世界發展負責的中環永樂街重建計劃，以及由新鴻基地產負責的油麻地雲南里重建計劃，投資總額分別是 36 億、27 億及 4 億港元。其中，長江實業負責的中環租庇利街重建項目最為成功。該項目位於中區皇后大道大約港島地鐵上環站和中環站之間，建成樓高 346 米、共 78 層（連地下 5 層）的「中環中心」，於 1998 年落成，成為香港排行第 4 高的摩天大廈。該大廈佔地 10 萬平方呎，提供甲級寫字樓樓面面積逾 140 萬平方米，並實踐高智能商廈的要求，其設施包括提升式活動平台、地面裝置式活動空調系統、香港首台全自動外牆清洗系統，以及全自動電腦操控的外牆燈光系統等。為了配合舊區重建計劃，大廈的地面設計成一個供公眾享用的開放式廣場，廣場擁有面積達 1,500 平方米的前庭花園。中環中心巍峨高聳，盡覽璀璨海景，儼然成為維港兩岸的新地標。

當時，土地發展公司的條例內並未有清楚地說明「保育」是否「市區重建」的職能，但土發公司的一項明確政策，是要盡可能保留香港的建築文物，而土發公司亦「視保留有歷史或建築價值的樓宇為其主要的角色之一」。不過，這一時期，土發公司所作出的努力卻很有限，主要包括：保育西港城（建於 1906 年）；複製灣仔李節街建築物門面，以模擬原有舊建築物的獨特建築門面；計劃保留衙前圍村的天后廟（不是圍村），作為表達重視廟宇多年來的宗教和歷史價值的一種姿態；保留窩打老道／雲南里項目中，現存最古老、有 100 年歷史

圖4-2　土地發展公司的收土地程序

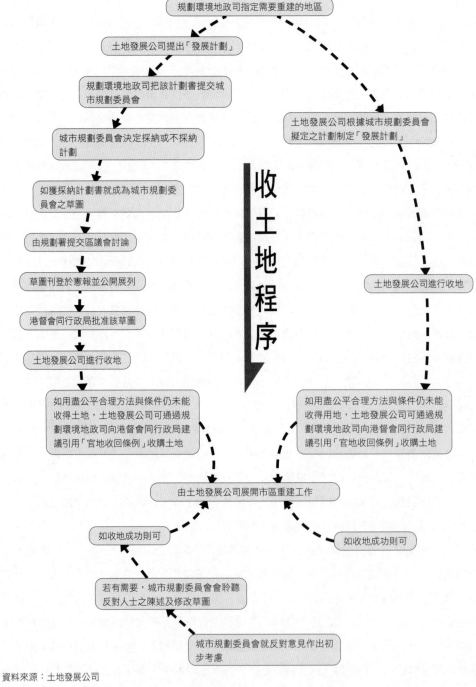

資料來源：土地發展公司

筲箕灣道
Shau Kei Wan Road

櫻桃街
Cherry Street

第一街 / 第二街
First Street/Second Street

觀塘市中心
Kwun Tong Town Centre

卑利街 / 嘉咸街
Peel Street/Graham Street

利東街 / 麥加力歌街
Lee Tung Street/McGregor Street

莊士敦道
Johnston Road

福榮街 / 福華街
Fuk Wing Street/Fuk Wa Street

保安道 / 順寧道
Po On Road/Shun Ning Road

青山道 / 昌華街 / 順寧道
Castle Peak Rd/Cheung Wah St/Shun Ning Rd

必發道 / 洋松街
Bedford Road/Larch Street

杉樹街 / 曼架街
Pine Street/Anchor Street

洋松街 / 松樹街
Larch Street/Fir Street

新填地街
Reclamation Street

青山道 / 元州街
Castle Peak Rd/Un Chau St

永利街 / 士丹頓街
Wing Lee Street/Staunton Street

西灣河街
Sai Wan Ho Street

洗衣街
Sai Yee Street

青山道 / 興華街
Castle Peak Rd/Hing Wah St

邨嘉圍
Baker Court

皇后大道東
Queen's Road East

元州街 / 福榮街
Un Chau Street/Fuk Wing Street

90 年代中後期土發公司規劃中的項目。

的政府抽水站建築物（「紅磚屋」）等。[33]

　　從 1988-1998 年，土地發展公司在前後 10 年間共開展了 52 個重建項目，其中，15 項已告完成、5 項正在施工、9 項在積極進行中、23 項在規劃中，全部完成後總共可提供超過 2 萬個面積合共 1,270 萬平方呎的住宅單位、915 萬平方呎的商業／寫字樓面積、97 萬平方呎政府、團體及社區設施，以及 82 萬平方呎休憩用地。

3.3 公屋政策的轉變：「長遠房屋策略」

　　1973 年，港府推行「十年建屋計劃」，原擬在 10 年內興建足夠的房屋安置 180 萬人，以徹底解決香港市民的住屋問題。無奈 70 年代中香港受到中東石油危機的衝擊而出現經濟衰退，加上中國內地的非法移民大量湧入香港，到 80 年代初，香港的住屋問題仍然嚴重存在，僭建寮屋一直未能清除，輪候公屋的人數有增無減。1982 年，港府宣佈將「十年建屋計劃」延長 5 年。1986 年，港府通過實施「公屋住戶資助政策」，削減經濟條件較佳的住戶的房屋資助。到 1987 年，港府總共建成居屋及租屋的單位，可供 150 萬人居住，算是與當初預定的目標大致接近。[34]

　　然而，1987 年港府在重新評估香港住屋情況時發現，香港每個家庭若要在 2000 年之前都能擁有設備齊全的居所，至少仍需額外增加 96 萬個住宅單位，才能達致目標。港府在評估中並發現，到 90 年代，「租住公屋有可能供過於求，而居屋／私人參建居屋則求過於供，至於私人機構的資源，則可能未有充分運用」。[35] 這項評估，導致了港府公屋政策重點的轉變，它無疑與「回到港口」的都會計劃互相配合。

　　1987 年，港府發表《長遠房屋策略》，制定 1987-2001 年香港的房屋政策綱領。「長遠房屋策略」的目標包括：（1）確保以市民能負擔的樓價或租金，為所有住戶提供適當的房屋；（2）鼓勵住戶自置居所，並滿足他們在這方面日益增加的需要；（3）確保能按照既定的優先次序，盡快滿足居民對各類房屋的需求；（4）重建不合現今標準的較舊型公共屋邨，並鼓勵重建較舊型私人樓宇，以改善居住環境；（5）盡量有效地運用公營及私人機構方面的建屋資源；（6）確保每個住戶所享有的房屋資助是根據需要而給予，使撥作房屋經費的公共資源得到最有效的運用。

　　《長遠房屋策略說明書》表示，鑑於香港經濟的發展、市民入息增加及對住房要求的提高，在未來一段時期內市民對房屋結構的需求將發生變化。因此，為適應市民對住房需求的改變，長遠房屋策略將鼓勵市民自置居所，以作為長遠解決香港房屋問題的方法。為達致這個目的，政府將在加快發展「居者有其屋」及「私人機構參建居屋計劃」的同時，推出「自置

居所貸款計劃」。

　　根據港府的解釋，「自置居所貸款計劃」是為那些符合有關入息限額及其他資格規定而可以申請購買居屋或私人參建居屋的市民，提供另一個置業途徑，即由政府給予免息首期貸款，讓他們在私人樓宇市場上購買合適居所，從而協助眾多有意自置居所的家庭解決首期款項不足的問題。免息貸款額為樓價的 10%，但最多不能超過 5 萬港元，一俟所購的私人樓宇落成，借款人便須交還所租住的公屋單位，日後亦無資格申請政府公屋。

1980 年筲箕灣後山一帶，仍見寮屋問題嚴重。

　　《長遠房屋策略》的發表，標誌著港府公屋政策的重點從出租公屋轉向居屋和資助市民自置居所。其後，房屋策略的主要政策目標逐步明確為政府的多項公開承諾，具體包括：（1）為輪候公屋登記冊上所有申請人提供居所；（2）最遲在 1997 年使全港的自置居所住戶所佔比例接近 60%；（3）最遲在 1996 年將市區內位於政府土地上的所有寮屋全部清拆，並最遲在 1997 年前遷置四分之三的現有臨屋居民。[36]

　　為貫徹實施長遠房屋策略，1988 年 4 月，香港房屋委員會改組，脫離政府而成為財政獨立的公營機構。改組後，房委會主席不再由政府房屋司出任，改由政府委任的非官方人士出任，成員包括房屋司 6 位官守議員，以及來自立法局、市政局、區域市政局、鄉議局等 14 位非官守議員。新成立的房委會財政獨立，職權亦進一步擴大，除負責統籌公屋發展外，還包辦居屋、貸款自置居所及監察私人樓宇供應、防止及管制僭建寮屋等。房委會並設立多個小組委員會以提供參考建議，包括：財政、建築、管理、行動、居者有其屋、上訴等委員會。

　　1988 年 6 月，房委會推出「自置居所貸款計劃」，協助符合資格的家庭在私人市場自置居所。凡有資格以綠色表格（即公屋住戶、公屋輪候冊登記人、低薪公務員、清拆區居民），以及有資格以白色表格（即每月入息少於 1 萬港元而又沒有擁有物業及有兩名成員或以上家庭）申請「居者有其屋計劃」的人士，均有資格參加「自置居所貸款計劃」。該計劃首期推出 2,500 個單位，每個單位最高貸款限額為 13 萬港元，1993 年再提高到 20 萬港元，但申請

長遠房屋策略：改變方針的需要

根據統計處對未來人口趨勢的推算和 1986 年的房屋供求檢討結果，估計至 2001 年為止，約需要 96 萬個新房屋單位，才能完全滿足需求。

需求來源	所需的額外單位數目
1985 年尚未滿足的需求	380,000
新組成家庭的需求淨額	550,000
拆卸私人樓宇所造成的需求	30,000
合計	960,000

所需的單位可分為 3 類：即租住公屋、資助自置居所和無資助自置私人樓宇。這 3 類單位的需求數量將視下列因素而定：

（甲）需要居所家庭的入息情況；

（乙）租住公屋、居屋 / 私人參建居屋計劃及其他政府資助自置居所計劃的入息限額；

（丙）各類房屋的供應量和供應的時間，以及住戶按照當時所得的機會而可能作出的選擇。

倘若直至 2001 年，現行策略、建屋計劃和其他因素都維持不變，則可能會產生下列結果：

（甲）至 1995 年時，因清拆及重建非獨立租住公屋而產生的公屋需求，大致上當可獲得滿足；

（乙）到 1996-1997 年度，輪候公屋申請人在租住公屋方面的需求，大致上已可滿足。至於在 1996 年以後新租住公屋的需求，便主要來自新組成的家庭，但每年所需的數目估計不會超過 1 萬個，因此當局無須繼續每年興建 3 萬個單位；

（丙）居屋 / 私人參建居屋的需求，可能日漸增加，但大部分卻無法滿足。估計至 2001 年為止，約有 10 萬個家庭希望自置居所（其中半數以上為現時的公屋租戶），但未能如願以償。

（丁）同時，1990 年以後，在滿足那些不用資助也能夠自置居所家庭的需求之餘，私人機構的資源，如建屋能力、發展商所持土地和資金等，仍未能用罄。

總括而言，租住公屋有可能供過於求，而居屋 / 私人參建居屋則求過於供，至於私人機構的資源，則可能未有充分運用。

由現在至 2001 年期間，若單靠居屋計劃及私人參建居屋計劃應付所有未滿足的資助自置居所需求，政府機構難免又要進一步擴大，隨而帶來人手和經費的問題。在私人機構方面仍有資源和人才閒置不用的情況下，公營機構卻要不斷加建樓宇，顯然未符理想。此外，還會對有限土地資源的運用，產生不良影響。由於需求量不足，發展商便不會拓展那些面積過小、不宜建築公營房屋而只適合興建私人樓宇的土地，同時也不會有興趣去重建市內的破舊地區。因此，當局須訂出辦法，確保能充分運用私人機構的資源，以便有意但仍未獲得資助自置居所的市民，可以如願以償。

調查結果顯示，房屋委員會（房委會）轄下大部分較舊型公共屋邨（即第一至第六型公屋大廈和前政府廉租屋邨）的單位，如根據現時的配屋標準來衡量，其居住面積只適合單身者或二人家庭住用。邨內的單位面積細小，加上從前的配屋政策准許住戶的新增成員加入戶籍，使單位本身和整個屋邨擠迫不堪，人口密度往往超過每公頃 3,000 人（現時新屋邨的設計標準平均約為每公頃 2,700 人）。人口擠迫，使原來已經有限的輔助設施，如空地和其他設施等，更有不敷應用的感覺。由於新屋邨輔助設施的標準不斷改進和提高，新建及較舊型屋邨的差距越形顯著，而且從社會角度看來，更難為人接受。

此外，較舊型公共屋邨每月的例行維修費用，在 1985-86 年度每單位 61 港元，到 1990-91 年度，預計會增至 163 港元。在較近期建成的屋邨，同一期間的費用僅為 57 港元和 69 港元。再者，即使大事修葺及維修，這些屋邨的居住環境仍然較差。

大部分較舊型公共屋邨都位於市區旺地，而且具備重建的上佳條件。此外，這些缺乏適當設施的大型廉租屋邨實不宜永遠存在，尤其是在同一區域，就更不適宜。

根據現行策略，當局只重建第一至第三型公屋大廈和前政府廉租屋邨的非獨立單位。然而，上文已有說明，基於社會和財政上的理由，大部分較舊型的公共屋邨都極應重建，以便提供美好的居住環境及平衡各類房屋的發展。

（摘自《長遠房屋策略政策說明書》）

左｜1988 年起新實施的申請租住公屋的入息限額。

右｜圖為 1980 年代輪候公共房屋的登記申請表。

者月收入標準也相應提高，並推出一項新措施，即合資格申請人士可選擇按月領取按揭還款補助金 2,000 港元，為期 36 個月，無須償還。

　　與此同時，基於社會和財政理由，考慮到大部分舊式屋邨（包括第三至第六型公屋及前政府廉租屋邨）都必須進行重建，以配合房屋的發展，政府將透過房委會展開「整體重建計劃」，逐步拆卸和重建 566 幢在 1973 年以前落成的大廈。至 1991 年，房委會完成「第一型」和「第二型」徙置大廈的重建及有關安置計劃。1992 年，房委會的首批「和諧式」大廈落成，成為新一代公屋設計的標誌。

　　為配合「自置居所貸款計劃」，房委會又先後推出「雙倍租金」政策和「富戶政策」。房委會規定，若長期在公屋居住的家庭，其總收入超過輪候公屋登記冊入息限額的兩倍，須從 1988 年 4 月 1 日起繳交雙倍租金。1993 年 4 月，房委會進一步規定，凡在公屋住滿 10 年而經濟狀況較佳的住戶，必須繳交倍半至兩倍淨額租金加差餉，繳交滿 3 年後可以第二優先資格購買居屋。1996 年，房委會再規定，凡在公屋住滿 10 年而入息又超過公屋資助入息上限的租戶，都必須申報所有資產，資產淨值超過指定限額或選擇不申報資產的住戶，就必須繳交十足市值租金。

　　長期以來，香港公屋政策的重點在低下階層市民，然而從 1992 年起開始轉向中等收入

1952 年由香港房屋協會興建的公屋。

階層，即「夾心階層」方面。當時，香港私人住宅樓價急升，港府和銀行為抑制樓價先後採取提前徵收釐印稅並將樓宇按揭成數收緊至七成，令中等收入階層市民在置業方面遇上巨大困難。這時期，香港立法局已引入直選，中等收入階層市民成為必爭的「票源」，社會上呼籲幫助這一階層市民置業的聲音不斷湧現。在這種背景下，港府於 1992 年 10 月推出「資助夾心階層置業計劃」，從 1993-1994 年度起另批撥出額外土地，興建房屋，以樓價折扣形式資助那些家庭月入在 1.8-4 萬港元的「夾心階層」購買居屋，而在短期未能興建居屋之際，用「以地換樓」的方式向私人發展商換取 1,000 個現成空置單位，以夾心階層能負擔的價格出售，直至首批居屋單位在 1995 年落成為止，到 1997 年總共約 1.3 萬個「夾心階層」家庭受惠。「資助夾心階層置業計劃」由香港房屋協會負責推行，政府向房屋協會先撥出首期 20 億港元啟動資金。

　　港府數十年來推行的公屋政策，無疑取得了矚目的成績。據統計，到 1997 年中，港府建成的出租公屋單位已達 70 萬個，出售居屋單位 26 萬個（其中私人參建居屋 84,404 個），港府並在「自置居所貸款計劃」中向中低入息家庭貸款 20,048 宗及補助金 1,282 宗，共收回出租公屋單位 11,914 個；在「資助夾心階層置業計劃」中向中等入息家庭貸款 4,500 宗，貸款額達 21 億港元。在全港 650 萬居民中，居住在出租公屋以及政府補助出售單位的人口達 331.38 萬人，佔全港總人口的 50.97%。[37]

　　不過，綜觀港府自 1987 年推出「長遠房屋策略」以來的政策，其政策的重點實際上是從出租公屋轉向出售居屋，並強化私人發展商在房地產市場所扮演的角色，有評論認為這個策略所強調的，基本上是私營部門優先策略。它實際執行的結果，是公營房屋供應量的減少。據統計，從 1991-1996 年內，公營房屋的實際建屋量比長遠房屋策略所評估的建屋量共減少了 8,972 個。（表 4-7）值得指出的是，這一時期，房委會將公屋租金和居屋售價與市場掛鈎，形成水漲船高的局面。這實際上成為 90 年代中期香港私人樓宇市場樓價大幅攀升的一個重要間接原因。

　　1993 年 10 月，港府發表《長遠房屋策略中期檢討報告》，對房屋供求進行評估。根據評估，香港的公屋建設仍面對不少問題和困難，主要包括：房屋資源的分配不足以解決居民

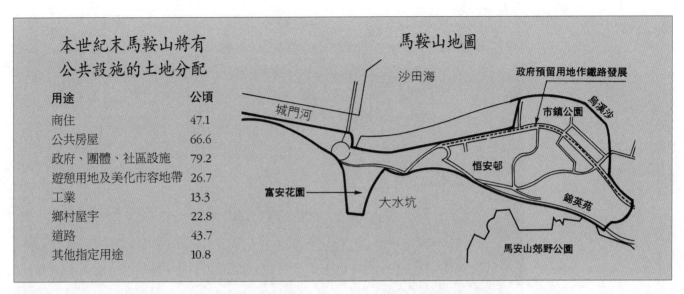

本世紀末馬鞍山將有
公共設施的土地分配

用途	公頃
商住	47.1
公共房屋	66.6
政府、團體、社區設施	79.2
遊憩用地及美化市容地帶	26.7
工業	13.3
鄉村屋宇	22.8
道路	43.7
其他指定用途	10.8

馬鞍山地圖

新市鎮馬鞍山的土地分配及發展簡圖。

的需求；公屋住戶自置居所的進度緩慢；自置居所貸款計劃成效欠佳等。在房屋資源的分配方面，報告預計到 20 世紀末，香港仍有 61 萬個家庭需要住所，在扣除留居新界寮屋的居民及私人樓宇內居住環境欠佳但沒有申請公屋的家庭後，公共及私人房屋的實際需求估計為 52.7 萬個單位。

　　根據該報告的估算，按照政府當時 5 年整體重整計劃、臨屋或寮屋清拆計劃，以及「淨化」後的輪候登記冊的假設實際需求計算，香港在 1993-1994 年度至 1997-1998 年度各類人士對公屋的總需求每年平均為 39,100 個單位，而這一時期每年平均可編配的單位僅為

表4-7　1985-1986年度至1995-1996年度公營房屋出售／租住單位的比較

年度	公營房屋出售單位	公營房屋租住單位	單位供應量總額
1985-1986	18,687	29,605	48,292
1986-1987	14,784	27,073	41,857
1987-1988	4,639	20,997	25,636
1988-1989	12,322	40,368	52,690
1989-1990	19,600	34,915	54,515
1990-1991	15,612	34,773	50,385
1991-1992	16,024	22,307	38,331
1992-1993	15,960	22,852	38,812
1993-1994	25,212	20,274	45,486
1994-1995	4,158	24,440	28,598
1995-1996	20,904	14,828	35,732
上述年間的年平均數	15,264	26,585	41,849

資料來源：房屋署《公營房屋發展計劃》（PHDPs）的評估，1985-1986 年度至 1995-1996 年度的 3 份報告，以及房屋委員會多年的年報。

位於荃灣的祈德尊新邨。

表4-8　1993-1994年度至1997-1998年度租住公屋供求情況

	1993-1994	1994-1995	1995-1996	1996-1997	1997-1998	平均數量
供應						
新建單位	23,466	23,739	14,176	17,160	17,914	19,290
空置單位	21,500	23,150	12,050	13,350	12,650	15,500
總數（以最接近 100 的數字計算）	45,000	46,900	26,200	30,500	30,600	35,800
需求						
重建	13,000	12,700	10,600	11,900	11,900	12,000
清拆	12,000	10,500	10,500	4,000	4,000	8,200
輪候公屋登記冊	14,000	14,000	14,000	14,000	14,000	14,000
初級公務員	1,300	1,300	1,300	1,300	1,300	1,300
體恤安置及緊急安置	2,000	2,000	2,000	2,000	2,000	2,000
其他	2,000	1,500	1,500	1,500	1,500	1,600
總數	44,500	42,000	3,990	34,700	34,700	39,100
結餘（供求差額）						累積總數
	+500	+4,900	-13,700	-4,200	-4,100	-16,600

資料來源：香港特區政府，《長遠房屋策略中期檢討報告》，1993-1998 年，第 55 頁。

35,800 個，換言之，在至 1997-1998 年度，港府共欠缺 16,600 個單位，即香港中下層市民輪候公屋的時間將更加長。（表 4-8）[38]

3.4 新一代新市鎮開發：將軍澳、天水圍、東涌

1980 年代以來，港府在確立「回到港口」的發展策略，將城市發展的重點轉向市區重建的同時，並沒有放緩新界新市鎮的開發。這一時期，繼荃灣、沙田、屯門、大埔、粉嶺／上水、元朗之後，港府又積極開發第三代新市鎮，包括將軍澳、天水圍、東涌等。第三代新市鎮不再刻意強調「自給自足」，而是強調興建集體運輸系統的重要性，以此吸引更多的市民到此定居。第三代新市鎮基本靠填海造地，或通過地盤平整工程提供發展用地，因而其建設可説是沒有任何依託而從零建起，受高度及周圍環境的限制很少，致使成片的高密度住宅樓宇拔地而起，整個市鎮建設向高空發展，猶如「水泥森林」，故有評論者將其稱為「水泥森林」的一代新市鎮。

將軍澳位於新界東南西貢區南部一狹長水灣，北面、東面和西面均被陡峭山丘包圍，在地理上與東九龍和清水灣半島分隔，自成一角。早期，將軍澳為一漁村，坑口曾是整個清水灣半島人口最多及最繁榮的地方，並發展為一個墟鎮。到 20 世紀 60 年代，製造業在將軍澳蓬勃發展，主要是造船、修船、拆船及軋鋼等工業，而其他的工業則包括鑄造非鐵金屬，以及生

產工業氣體，其中有多種工業須依靠水路交通。1982 年，港府決定把將軍澳發展為新市鎮之後，這些工業便日漸式微或遷往其他地方。[39] 當時該區沿海一帶盡是舊式船塢，漁鄉居民以嵌砌舊船為生，人口僅 1.5 萬人。根據規劃，將軍澳新市鎮佔地約 1,716 公頃，整個發展計劃分 3 期進行，原計劃到 2010 年發展成可容納超過 44 萬人口的新市鎮，新的目標是擴展到 52 萬人。將軍澳大部分土地將由填海而來，新市鎮西南面劃為與港口有關並具危險性的工業用地，而東南面則作為香港第 3 個工業邨用地。為改善新市鎮和都會區的交通，政府正研究將地下鐵路延伸至將軍澳及興建西岸公路，將軍澳地鐵支線於 2002 年完成。

根據規劃，將軍澳新市鎮佔地約 1,716 公頃，整個發展計劃分 3 期進行，第一期發展於 1983 年開始，包括發展翠林、寶琳和坑口 3 個住宅區，以及小赤沙和大赤沙兩個工業發展區域，預計初期可容納人口約 17.5 萬人。第二期發展於 1987 年開始，主要發展將軍澳市中心，並計劃把該區的人口增至 32.5 萬人。第三期發展計劃於 1991 年展開，主要的發展地區為將軍澳市中心南部、調景嶺和大赤沙，主要的發展項目包括有將軍澳工業邨、碼頭、海濱休憩用地、避風塘、彩明苑和維景灣畔。全部工程完成後原計劃到 2011 年發展成可容納超過 44 萬人口的新市鎮，新目標是擴展到 52 萬人。

將軍澳作為第三代新市鎮，一個很大的特點在於依託交通發展市區，尤其是對軌道交

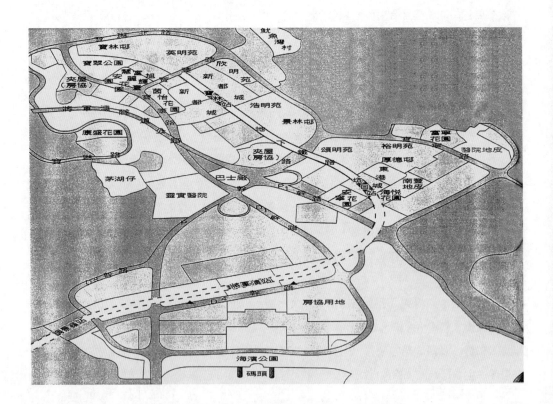

新市鎮將軍澳的發展規劃簡圖。

通的依託遠遠大於前兩代。高密度住宅及地區中心均設在區內 5 個港鐵站（即寶琳、坑口、將軍澳、調景嶺及將軍澳南）附近，而低密度住宅則設在市區邊緣。將軍澳市中心俗稱「尚德」，位於西貢區將軍澳新市鎮中部，調景嶺以東，坑口西南，寶琳以南，是政府規劃中的將軍澳新市鎮之中心地帶，除了發展商業及住宅外，市中心亦設有政府設施、市鎮公園及文娛廣場。將軍澳新市鎮東南面佛堂門一帶則發展為香港第三個工業村，佔地 95 公頃。這個工業邨主要是用作發展一些採用嶄新或改良科技和工序，但又不能在多層工業大廈運作的工業。另外，在將軍澳最南面的佛堂澳規劃為特殊工業地區，計劃發展深水或具潛在危險的工業。

將軍澳的發展模式，與其他新市鎮一樣，亦是以公共屋邨的興建帶動開發。到 1997 年中期，將軍澳新市鎮人口已增加到 16.1 萬人，其中 60% 居住在公共屋邨。已興建的公共屋邨有翠林邨、寶林邨、景林邨、厚德邨，居屋屋邨有景明苑、英明苑、欣明苑、浩明苑、裕明苑、頌明苑，私人參建居屋有康盛花園、富寧花園及安寧花園等。到 90 年代中期，將軍澳更成為私人發展商角逐的戰場，已興建的私人屋邨包括南豐的慧安園、恒基的富麗花園、新都城，以及新鴻基的東港城等。

天水圍位於新界西北，在元朗和屯門兩個新市鎮之間，原為一片廣闊的魚塘。1916 年，趙姓族人透過「聯德信託」名義收購全部天水圍魚塘。1978 年，李嘉誠旗下的長江實業聯同會德豐取得了聯德信託 52% 權益，並於 1979 年將其中八成權益轉售於中資的華潤集團及大寶地產。1980 年，華潤（佔 51% 權益）聯合大寶（25%）、長實（12.5%）、會德豐（5%）等組成巍城公司，制定天水圍的發展計劃，並呈交給港府，其後被港府拒絕。這對華潤造成相當大的財務損失。事後港府表示，拒絕的原因是不希望整個社區的發展計劃均由私人發展商控制，從而令社區發展不健全。

1982 年 7 月，港府以 22.58 億港元向巍城公司購入天水圍 488 公頃土地，但批予巍城公司 40 公頃土地（價值 8 億港元）作私人發展用途，減去 8 億港元後，港府實際向巍城支付 14.58 億港元。自此，港府開始正式構思天水圍新市鎮的發展計劃，制定發展大綱。根據規劃，天水圍新市鎮佔地超過 460 公頃，分兩期工程進行，首期工程集中在南面的 220 公頃土地，是一個典型的新市鎮開發計劃，計劃容納約 14 萬人口，其中半數居住私人屋邨，其餘一半居住公屋和居屋。北面的 200 多公頃土地將作為新市鎮日後的發展用地。

1985 年，港府對天水圍開始展開收地清拆行動，以及龐大的地盤平整工程。其中，魚塘填整工程於 1988 年 6 月展開，1990 年 7 月完成，共用 1,900 萬立方海沙，耗資約 12 億港元。天水圍新市鎮的發展，總投資約 100 億港元，三分之二來自政府，其餘三分之一來自私人發展商。到 90 年代中期，天水圍已建成一系列公共設施，包括學校、社區中心、警

署、救護站、消防局、街市、巴士站及輕軌鐵路車站，以及一個佔地 17 公頃的市鎮中央公園（第一期由私人發展商投資興建）等。天水圍新市鎮發展計劃完成後，預計可容納 32.5 萬人口。

天水圍新市鎮有兩大特色：首先，它基本上是由私人發展商和政府攜手合作開發的，與其他新市鎮由公屋帶動不同，私人發展商巍城公司在其中發揮重要作用。1986 年 9 月，大寶地產發生財政困難，以 1.6 億港元向長實出售所持巍城公司 25% 權益。1987 年 3 月，巍城入稟法院控告政府延遲交地，令公司損失 15 億港元。1988 年，長實所持巍城權益增加到 49%，而華潤則仍持有 51% 權益；同時，長實向華潤提出逾 7.5 億港元利潤的保證協議。1989 年 5 月，港府向巍城交出第一幅土地。[40] 其次，天水圍接近是一個純住宅用途的新市鎮，區內沒有劃出工業用地，反而綠化園林地帶面積居各新市鎮之冠。到 1997 年中期，新市鎮人口已增加到 13.5 萬人，分別居住在由長江實業發展的全港最大的私人屋邨嘉湖山莊，以及公共屋邨天耀邨、天瑞邨和居屋屋苑天祐苑、天愛苑等。

東涌新市鎮最初稱為「北大嶼山新市鎮」，位於大嶼山北岸。1989 年，港府制定「港口及機場發展策略」，首此提出發展北大嶼山新市鎮作為機場支援社區的規劃構想。1992 年，港府完成「北大嶼山發展研究」，為北大嶼山新市鎮的規劃及發展制定大綱，並建議新市鎮的人口容量為 26 萬人。其後，北大嶼山新市鎮計劃的東涌發展計劃第一期被納入香港赤鱲角國際機場十項核心工程之一，正式落實了該新市鎮的發展計劃。北大嶼山新市鎮由兩個位於東涌及大蠔的市鎮發展區組成，故又稱為「東涌／大蠔新市鎮」，佔地約 830 公頃。新市鎮發展計劃將分 4 期進行，首期工程是機場核心工程的其中一項，主要包括建設富東邨、裕東苑兩個公共屋邨，警署、消防局及東涌新發展碼頭等公共設施，已在 1997 年中大致完成。第二期計劃於 1996 年展開，包括填海工程、地盤平整及基礎建設工程，建設逸東邨等，於 2001 年完成。第三、四期計劃亦相繼於 2003 年和 2007 年展開。

到 1997 年，香港政府總共投資 2,220 億港元（不包括土地費用）於新市鎮及相關建設，共開拓了 9 個新市鎮，包括：荃灣、沙田（包括馬鞍山）、屯門、大埔、粉嶺／上水、元朗、將軍澳、天水圍，及北大嶼山東涌／大蠔，原定計劃可容納 180 萬人口，但實際上已擴展到可容納 370 萬人口。在回歸前後，9 個新市鎮已居住接近 270 萬人口。其中，荃灣人口已達到 80 萬人，沙田人口達到約 59 萬人，屯門人口約 46.5 萬人，天水圍人口 15 萬人，將軍澳人口 16.1 萬人。另外，大埔和粉嶺／上水以前都是舊式墟市，人口分別為 26 萬人和 20.1 萬人，當新市鎮計劃發展完成後，人口分別增加到接近 30.1 萬人和 23 萬人。[41]

註釋

[1] 方國榮、陳迹著，《昨日的家園》，香港：三聯書店（香港）有限公司，1993 年，第 59 頁。

[2] 梁美儀著，《家——香港公屋四十五年》，香港：香港房屋委員會，1999 年，第 51-52 頁。

[3] *Annual Report of the Hong Kong Housing Authority 1954-1955*, Hong Kong: Hong Kong Government, paragraph 9.

[4] B. F. Will, "Housing Design and Construcion Methods", in Luke Wong S. K. (ed.), *Housing in Hong Kong: A Multi-Disciplinary Study*, Hong Kong: Heinemann Educational Books, 1978, pp.112-115.

[5] 同註 2，第 128 頁。

[6] 同註 2，第 127 頁。

[7] 見《徙置事務處 1972 / 73 財政年度年報》，香港：香港政府，1973 年，第 12-13 頁。

[8] 同註 2，第 92 頁。

[9] 香港政府屋宇地政署、城市規劃處著，《香港城市規劃》，1986 年，第 6 頁。

[10] 盧惠明、陳立天著，《香港城市規劃導論》，香港：三聯書店（香港）有限公司，1998 年，第 151 頁。

[11] 同註 9。

[12] 規劃署城市規劃組著，《五十週年紀念》，香港：規劃署，1997 年，第 43 頁。

[13] Roger Bristow, *Hong Kong's New Towns: A Selective Review*, Hong Kong: Oxford University Press, 1989, p. 38.

[14] Pun Kwok Shing, "New Towns and Urban Renewal in Hong Kong", in David R. Phillips and Anthory G. O. Yeh (ed.), *New Towns in East and South-east Asia: Planning and Development*, New York: Oxford University Press, 1987, p. 4.

[15] 同註 13，第 52-54 頁。

[16] 胡文龍著，《新市鎮發展》，《香港城市與房屋：城市社會學初探》，香港：三聯書店（香港）有限公司，1996 年，第 117 頁。

[17] 王賡武主編，《香港史新編》（上），香港：三聯書店（香港）有限公司，1997 年，第 237 頁。

[18] 同註 2，第 147 頁。

[19] 參閱《新市鎮發展計劃之：荃灣》，《香港建築地產年鑑》，香港：香港建築地產年鑑出版社，1980 年。

[20] 見《首二百萬公共屋邨居民》，香港：香港房屋委員會，第 4-5 頁。

[21] 參閱《居者有其屋計劃》，香港：《建築業導報》，第 14 輯第 7 期，第 98 頁。

[22] 同註 2，第 189 頁。

[23] 香港特區政府規劃署，《新界規劃小冊子：沙田》，香港：香港特區政府規劃署官網。

[24] 見《特輯：今日沙田》，香港：《建築業導報》雜誌，第 9 輯第 5 期，第 67 頁。

[25] 香港特區政府規劃署，《新界規劃小冊子：屯門》，香港：香港特區政府規劃署官網。

[26] 香港特區政府規劃署，《新界規劃小冊子：大埔》，香港：香港特區政府規劃署官網。

[27] 同註 9，第 7 頁。

[28] 同註 12，第 50 頁。

[29]　楊其匡著,《都會計劃三個發展策略評估》,香港:《房地產導報》,1990 年 2 月,第 7 頁。

[30]　E. G. Pryov, *Housing in Hong Kong*, Hong Kong: Oxford University Press, 1983, p.16.

[31]　同註 9,第 22 頁。

[32]　見《香港的市區重建》,香港:《瑞安季刊》雜誌,1987 年 9 月號,第 44 頁。

[33]　羅致光等著,《香港市區更新的成就與挑戰(行政撮要)》,香港:香港大學,2010 年 3 月,第 8 頁。

[34]　同註 2,第 202 頁。

[35]　香港政府著,《「長遠房屋策略」説明書》,1987 年,第 2-3 頁。

[36]　香港政府著,《長遠房屋策略中期檢討報告》,1993 年 10 月,第 3 頁。

[37]　香港政府著,《香港——邁進新紀元》,1998 年,第 152-155、387 頁。

[38]　同註 36,第 4-5 頁。

[39]　香港特區政府規劃署,《新界規劃小冊子:將軍澳》,香港:香港特區政府規劃署官網。

[40]　陳婉姍著,《天水圍計劃港府作繭自縛》,香港:《香港政經週刊》,1990 年 5 月 26 日,第 55 頁。

[41]　香港特區政府拓展署,《香港便覽:新市鎮》,1997 年。

「對 1997 年新界租約問題，或地契年期問題，我們全不理會，也不用擔心，
因為這是（中國）政府與港府的問題，而有關政府必會為照顧我們而作出最圓滿的決定。
做地產商的，只要積極去幹，為市民提供更理想的居所，就已盡了地產商的責任。」

「除了在內地投資之外，新地不會考慮將資金調往海外。
我們的方針，依然是立足香港，在這裡發展。」

——新鴻基地產主席郭得勝，1981 年

第五章

過渡時期地產經營的
集中性與「泡沫」形成

一、過渡時期的地產週期性大升浪

1984年12月，中英兩國政府經過長達22輪的艱苦談判之後，

終於在北京正式簽訂了關於香港前途問題的《中英聯合聲明》。

自此，香港步入1997年回歸中國的過渡時期。

隨著政治前景的明朗化、經濟的蓬勃發展，

香港地產業進入新一輪循環週期的上升階段，時間長達逾10年之久，

實際上已打破了戰後數十年來香港地產市道每八九年經歷一次週期性的舊有規律。

1.1 《中英聯合聲明》關於香港土地契約的安排

中英簽署的《中英聯合聲明》於 1985 年 5 月 27 日正式生效。聲明規定，英國政府將於 1997 年 7 月 1 日把包括港島、九龍及新界在內的整個香港交還中國，中國政府將恢復對香港行使主權，並根據「一國兩制」的方針，在香港設立特別行政區，實行「港人治港」、高度自治，維持香港現行社會經濟制度和生活方式 50 年不變。《中英聯合聲明》附件三，對香港的土地契約作出明確規定，這些規定後來都寫入《香港特別行政區基本法》，其要點是：

（1）香港特區成立前已批出、決定或續期的超越 1997 年 6 月 30 日年期的所有土地契約和與土地契約有關的一切權利，均按香港特區的法律繼續予以承認和保護。

（2）從 1985 年 5 月 27 日至 1997 年 6 月 30 日期間批出的，或原沒有續期權利而獲得續期的，超出 1997 年 6 月 30 日年期而不超過 2047 年 6 月 30 日的一切土地契約，承租人從 1997 年 7 月 1 日起不補地價，但須每年繳納相當於當日該土地應課差餉租值 3% 的租金。此後，隨應課差餉租值的改變而調整租金。

（3）原舊批約地段、鄉村屋地、丁屋地和類似的農村土地，如該土地在 1984 年 6 月 30 日的承租人，或在該日以後批出的丁屋地的承租人，其父系為 1898 年在香港的原有鄉村居民，只要該土地的承租人仍為該人或其合法父系繼承人，原定租金維持不變。

（4）香港特別行政區成立以後滿期而沒有續期權利的土地契約，由香港特區自行制定法律和政策處理。

此外，《中英聯合聲明》附件三又規定，在過渡時期港英政府每年批出的土地，限於 50 公頃，不包括批給房屋委員會建造出租公屋所用土地。港府賣地所得，在扣除開發土地的平均成本之後，與日後的香港特區政府平分。中英兩國並設立土地委員會監督有關規定的執行。

上｜1984 年 12 月中英兩國正式簽署關於香港前途問題的《中英聯合聲明》儀式。

下｜中英聯合聲明的附件三。

　　《中英聯合聲明》以附件形式，明確規定了至 2047 年香港土地契約的安排，使困擾多時的新界土地租約問題明朗化。當年，中英兩國關於香港前途問題談判的觸發點，就是新界批地契約日漸減短，所有租約將同時於 1997 年到期，這對投資者的信心造成了損害。《中英聯合聲明》及附件三，在肯定了香港長期以來一直作為土地政策基礎的這個土地批租制度的同時，就制度本身及香港特定歷史背景所引發的年期問題，提出了明確的解決方案，使得絕大部分的土地契約，包括可續期和新批出的土地契約，其年期均可跨越 1997 年而延續到 2047 年，並毋須補地價。這種安排無疑有力修復了投資者的信心。1984 年 9 月 27 日，即中英公佈《中英聯合聲明》草簽翌日，香港一位地產專業人士——高德測計師行高級合夥人杜家麟就表示：「中英協議內容中有關土地契約的最重要一項，便是承認現行土地契約及新界土地毋須補地價，續期至 2047 年。這項決策當可增強各界對地產市道的信心，並有利地產業的發展。」香港地產業藉此進入新一

左｜新界土地租約問題明朗化，
推動地產市道回升。

右｜新界原居民的村屋。

輪地產循環週期。

這次循環週期的上升階段，基本上由 3 次升浪組成，第一次升浪自 1985-1989 年，第二次升浪自 1991-1994 年，第三次升浪自 1995-1997 年，呈現一浪高於一浪的發展態勢。整個階段長逾 10 年，貫穿整個過渡時期，成為這一時期香港經濟的一個鮮明特色。

1.2 第一次升浪：1985-1989年

香港地產業經過兩年多的沉寂，終於在 1984 年第 4 季度開始復甦。踏入 1985 年，地產市道轉趨活躍，樓價、租金開始回升，各地產發展商亦積極增加土地儲備，擴大供應。從 1985-1989 年中，地產市道持續暢旺，各類物業交易頻繁，期間雖遇上 1987 年 10 月全球性股災，恒生指數暴跌及香港聯合交易所停市 4 天，然而，樓市經短暫休整之後即企穩，隨後更戲劇性地大幅攀升。到 1989 年第 1 季，香港許多地區的樓價普遍比 1981 年地產高峰期的歷史最高水平高出 30%。這次升浪的主要特點是：

（1）賣地成績理想，地價屢創新高。

1983 年，港府地政署署長杜迪就曾指出，該年是香港戰後以來地產市道最差的一年。這年，港府透過官地拍賣和招標的收益，僅得 5.85 億港元，其中官地拍賣僅 1.14 億港元；1984 年，情況稍有改善，全年官地拍賣收入達 10.67 億港元，但所推出拍賣的 20 幅土地中，仍有 3 幅被迫收回。

踏入過渡時期，港府首次拍賣的土地，是金鐘道域多利兵房地段，即佔地 11.5 萬平方呎的金鐘地王。該地段曾於 1982 年 11 月推出，當時地產市道沉寂，只有 3 個財團入標，

其中，長實出價 6 億港元，新世界發展出價 4 億港元，港府以出價過低將其收回。1985 年 4 月 18 日，港府將金鐘地王推出拍賣，底價為 5 億港元，這次拍賣被地產界視為市場的寒暑表。拍賣過程中，香港的各大地產財團，包括長實、新世界、新地、恒地、信和、太古等都參與競投，結果被太古地產以 7.03 億港元的價格奪得，比底價高出四成。

這次賣地，參加者包括香港各大地產公司高層、各大銀行要員以及世界各大通訊社駐港記者共 700 多人，其中包括親臨督戰的黃廷芳、黃志祥父子、郭得勝、郭炳聯父子、鄭裕彤、李兆基、陳曾熹、陳廷驊、王德輝和葛達禧等，場面之壯觀、競投之激烈，以及出價之多、耗時之長，被拍賣官形容為「史無前例」。競投過程中，叫價接近 6 億港元時，拍賣官失覺將槌掉下桌子，引致全場愕然，成為一段小插曲。及至叫價到 7 億港元時，全場鼓起熱烈掌聲，宣告持續數年的地產衰退終於結束。

1987 年 5 月 29 日，港府再將另一幅地王推出拍賣，即中區消防局舊址地段，佔地 2.26 萬平方呎，底價為 4.8 億港元，結果，恒生銀行先後擊退長實、新世界、愛美高、世紀城市、信和，以及日本財團，以 8.4 億港元價格奪得，該幅土地的拍賣價比底價高出七成半，每平方呎地價為 37,200 港元，比 1982 年交易廣場地皮的成交價高出 13%，創下香港中區賣地的最高紀錄。

（2）物業交投暢旺，樓價、租金節節攀升。

踏入 1985 年，香港物業交投已趨活躍，據土地註冊處的登記，該年各類房地產買賣契約，達 26.3 萬宗，比 1984 年的 17.7 萬宗增加 49%，其中，樓宇買賣契約的數目，創下歷年最高紀錄，達 5.4 萬宗，比 1984 年的 3.0 萬宗大幅增加 82%。到 1988 年高峰期，各類房地產買賣契約更達 35.6 萬宗，其中樓宇買賣契約 6.7 萬宗，分別比 1984 年增加 101% 和 125%。香港登記業主人數亦從 1984 年的 46.8 萬人增加到 1988 年的 65.9 萬人，增幅達 41%。（表 5-1）

上｜1985 年金鐘道域多利兵房地段的成功拍賣，宣告持續數年的地產衰退終告結束。圖為《文匯報》的有關報道。

中｜新恒生銀行大廈的前身——中區消防局。

下｜1987 年另一幅成交價破紀錄的地王——舊中區消防局，呎價比交易廣場高一成多。圖為《文匯報》的有關報道。

表5-1   1980年代香港樓宇物業交易概況

	1980 年	1981 年	1982 年	1983 年	1984 年	1985 年	1986 年	1987 年	1988 年	1989 年
各類房地產買賣契約宗數	193,092	189,745	165,226	160,383	176,625	262,934	292,796	336,347	355,576	350,393
整座樓宇或整幅土地的轉讓	886	968	530	448	418	594	635	968	992	760
分層樓宇或其他居住單位的轉讓	48,174	51,547	48,015	48,264	52,358	73,791	80,487	94,436	90,486	87,676
買賣分層樓宇或其他居住單位的契約	31,943	24,998	17,436	24,447	29,959	54,405	56,549	55,504	67,270	61,896
樓宇及其他按揭 / 合法抵押	57,101	57,104	49,828	41,075	43,903	64,654	76,053	100,323	97,478	90,882
全港登記業主人數	383,091	407,621	424,364	444,871	468,015	498,843	536,017	600,624	659,447	709,485

資料來源：香港政府土地註冊處

這一時期，過去數年間積聚的購買力爆發，形成對房地產需求大於供給的局面，樓宇空置率迅速回落，刺激樓價、租金飆升，其中最顯著的要數私人住宅樓宇。1985 年，私人住宅樓價平均升幅已達兩三成，大型住宅樓宇售價升幅更接近五成。1987 年 10 月股災後，樓宇市道一度轉淡，但隨著港府於 1988 年 3 月寬減印花稅及銀行減息，住宅樓宇市道戲劇性地再次轉趨蓬勃。1988 年全年平均升幅接近四成，市區新樓平均每平方呎升至 1,500 港元，已超越 1981 年地產高峰期每平方呎 1,300 港元的水平，比 1984 年的每平方呎 630 港元大幅上升 138%。

雄踞中環海旁的交易廣場一、二、三期。

寫字樓方面，由於受到香港經濟結構轉型、服務業急速發展的影響，需求不斷攀升，致使空置率從 1983 年高峰期的 20% 左右回落到 1989 年初的 2.2%。短缺情況最嚴重的首推中區甲級寫字樓，期間雖有交易廣場、奔達中心、太古廣場等多幢高級商業大廈相繼推出，中區甲級寫字樓空置率仍跌至 0.5%。寫字樓的嚴重供不應求刺激租金、樓價急升。以中區交易廣場為例，1987 年底每月每平方呎租金約 31-35 港元，到 1988 年底已升至 55-62 港元，1989 年上半年更創下每月每平方呎租金 85 港元的歷史最高紀錄。當時，中區甲級寫字樓租金經過持續 3 年攀升，已位列全球第 3 高位，僅次於東京和倫敦。高租金迫使非金融性行業從中區向灣仔、銅鑼灣及尖沙咀等傳統商業區遷移，進而推動這些地區租金的上升。1989 年初，灣仔區甲級寫字樓每月每平方呎租金亦已上升到 40 港元的水平。

工業樓宇方面，由於 1982-1984 年地產衰退期間興建量銳減，1986 年工業樓宇供不應求現象已表面化，樓價、租金借勢急升。到 1987 年 10 月股災前，各區工業樓價均創下歷史最高水

平，其中紅磡區每平方呎售價從 380 港元升至 600 港元，升幅近六成；九龍灣從 420 港元升至 600 港元，升幅達 43%；荃灣及葵涌從 280 港元升至 450 港元，升幅亦達六成，沙田從 260 港元升至 400 港元，上升 54%。可惜，好景不常，到 1988 年，隨著香港經濟結構逐漸向服務行業轉型，部分廠商將生產工序轉移到內地，工業樓宇需求不振，市道轉淡。部分發展商開始在傳統工業區拆卸工業樓宇，改建寫字樓。港府亦開始接納「綜合工業及辦公室樓宇」的新概念，准許工業地業權持有人向城市規劃委員會申請更改土地用途，興建工業及辦公室兩用大廈。

（3）地產炒風死灰復燃。

1985 年以後，沉寂多年的炒樓風死灰復燃。最初開始的是城市花園、黃埔花園等新樓盤推出所形成的炒樓風。到該年 7 月，港島柴灣大型私人屋邨杏花邨首期推出 448 個單位，開盤前 8 天，已有大批買家，包括代人排隊者、炒家和公司經紀大排長龍、日夜輪候，人數多達數百人，群情洶湧，打破了香港有史以來排隊買樓時間最長的紀錄。這期間更有身刺紋青的黑社會分子「打尖」，險些釀成暴動，部分炒家甚至以每張 5 萬港元價格出售申請表，又出現假售樓回條。

現代化新型工業中心——荃灣工業中心。

到了 9 月，恒隆與新世界旗下的屋邨康澤花園推出，引發數以千計的市民前往看樓，排隊抽籤，期間有「龍頭大哥」、「惡少」打尖插隊，導致申請抽籤的人龍秩序大亂，近乎爆發騷亂，需要動用軍裝警員前來維持秩序，發展商被迫暫停派發申請表，並於翌日在報章刊登申請表格，申請人士可用郵寄方式將申請表連同 1 萬港元本票寄回，隔數日之後才進行抽籤，希望用這種方式遏制日漸熾熱的炒風。[1] 及至 1986 年大埔海寶花園發售時，再發生排隊人士打鬥事件，導致一名 50 多歲男性居民死亡。炒風熾熱，成為這一時期地產市道的一道風景線。

（4）地產市場趨向國際化發展。

長期以來，香港地產市場一直由本地的英商和華商主導，1980 年代初地產高峰期，東南亞資本亦一度大舉進軍香港。不過，80 年代中後期，澳洲、日本及中國台灣等地區的資金紛紛湧入香港，香港地產市場的國際化進程明顯加快。其中，以澳、日資本最為活躍。澳洲財團以奔達和輝煌太平洋為主力，1987 年 2 月奔達集團以 19 億港元購入中區財經廣場（即後來的奔達中心），轟動一時。日資財團則傾向在香港黃金地段發展龐大地產計劃，尤其

被評為 1980 年代最具代表性的
五大建築之一的奔達中心。

看重高級商業樓宇和酒店。1986-1989 年間，日資在香港地產的投資額就超過 200 億港元。80 年代後期，台灣財團也加強了在香港物業市場的投資活動，購入不少酒店、寫字樓和高級住宅大廈。據估計，這一期間，海外投資者參與交易的物業，以數額計已佔總額的三四成。[2] 這種情況構成了這一時期香港地產物業市場的最新特色。

這一時期，推動香港地產業蓬勃發展的因素主要是：

第一，香港前途明朗化。中英簽訂《中英聯合聲明》以後，香港政治前途明朗化。這一時期，中國擴大對外開放，香港作為亞太區國際金融貿易中心，以及國際資本進軍內地市場的橋頭堡地位進一步加強，刺激外商來香港投資或設辦事處，增加了對高級寫字樓和住宅的需求。

第二，經濟增長強勁。1985 年以後，港元跟隨美元貶值，帶動香港產品出口大幅增加，並刺激香港經濟恢復強勁增長，各業繁榮。1986-1988 年香港本地生產總值平均年實質增長率超過 10%，人均生產總值更從 1984 年的 5,900 美元增至 1989 年的 1 萬美元以上，高踞「亞洲四小龍」首位。經濟的蓬勃發展刺激了內部消費，市民置業慾望和能力均大大提高。

第三，利率持續回落。香港銀行利率和物業按揭利率在經歷了 80 年代初期的高峰之後持續回落，1985 年以後已降至 10 厘以下。1987 年 10 月股災後，香港銀行公會曾 5 次減息，令最優惠利率從 8.5 厘減至 5.25 厘。樓宇按揭利率也一度低至 6.5 厘，而樓宇按揭還款期又延長到 20 年。這期間，銀行競爭激烈，放寬了樓宇按揭的條件，這為置業人士和地產炒家提供了良好的融資環境。

第四，海外資金大量流入。80 年代中期以後，香港逐漸成為國際資本進入中國內地最重要的跳板，海外跨國公司紛紛在香港設分公司或辦事處，增加了對香港高級寫字樓和大型住宅的需求。1988 年，海外投資香港物業達到歷史高峰，全年上億港元的物業交易逾 100 宗，涉及金額超過 200 億港元。據置地和仲量聯行的一份調查報告指出，置地公司寫字樓物業的租戶中，70% 是來自香港以外的海外國際性機構，外資公司成為支持香港寫字樓租金最高水平的基礎。[3]

樓宇按揭手法大觀

80年代中後期，隨著物業市道的興旺，銀行樓宇按揭業務發展迅速，競爭相當激烈，推出的按揭方式也越來越多、五花八門，為置業者提供了多種選擇。

樓宇按揭的競爭性發展要追溯至80年代初期。1982-1983年，中英就香港前途問題開始展開談判，因信心問題導致樓價暴瀉、物業市道一蹶不振，大部分人不敢置業。為安定置業人士，中資銀行特別推出長達20年、橫跨九七的樓宇按揭計劃。1984年《中英聯合聲明》簽署後，香港物業市道露出曙光，再加上銀行利率亦由高位逐漸回落，在供樓勝於交租的心理下，物業市道轉趨活躍，銀行界大幅度提高按揭比例至九成，1987年更將樓宇按揭年期延至25年，由此亦帶起銀行在按揭貸款業務方面的競爭。

樓宇按揭貸款高達九成和年期最長至25年這兩項決策，目前已廣泛被各銀行採用，幾乎成為了貸款的最基本條件。為更加吸引客戶，銀行界又不斷推出五花八門的方法，較為特別的有如下數種：

兩星期還款方式——由滙豐銀行新創，兩星期供款一次，每次款額為一般按月供款的半數，一年52個星期，供款次數增加，使置業者能更迅速地清還本金，從而減少利息支出。

慳息慳年還款計劃——配合置業者每年的薪金增長，供款數目每年自動遞增5%，助置業者節省更多利息，縮短還款時間，此外，置業者可隨意要求改換還款計劃，終止此項每年遞增計算方法。

分段式定額供款計劃——將還款期均分為3個階段，在第一、二階段內，即使遇上加息，置業者的供款額仍保持不變，而在第三階段期間，置業者的供款額將根據餘款及隨利息升降而作調整，如此便可保證置業者在預定的年期內完成貸款。

遞減供款方式——置業者每月供款額將按月遞減，使置業者能更快清還供款。

可變通的供款方法——置業者可以在供樓期內按自己需要，隨時變通還款方式，例如，增加供款額，減少供款額，延長還款期，縮短還款期，部分還款或暫停供款。

按揭預先批核服務——是項預先評核樓宇按揭計劃，由銀行根據還款能力，釐定貸款額，並發出有效期60天的貸款證明書，因此客戶在選擇樓宇之前，可以更有效地對財政負擔能力有一預算，客戶在選購適合自己還款能力的物業後，便可持證明書向銀行進行按揭。

樓宇轉按減息——目前一般銀行均將按揭業務集中在新落成的樓宇或仍在興建中的樓花，所有優惠亦集中在這些樓宇。二手物業，特別是一些樓齡較長的物業，通常只可按五至七成。但第一太平銀行較早前推出的樓宇轉按減息，都主要針對二手物業，如果轉按到該銀行，可獲減息優待。

十足貸款——目前普通銀行的按揭成數均是九成，但部分銀行如渣打銀行、滙豐銀行及南洋商業銀行等，更以私人貸款形式，向置業人士提供首期貸款，換言之，無需繳付首期便可以供樓。

裝修貸款——置業者可向銀行申請一筆裝修供款，這筆貸款可分期清還，月息優惠。

利率優惠——例如廣安銀行所定的利率比市面低四分一厘，更有一些銀行專為專業人士及公務員設立特惠按揭服務。

供樓送禮券——供樓送家庭電器、傢俬和燈飾禮券，是美國大通銀行首創的一種優惠辦法，已經推行了兩年，但並非全年推行，而是由該銀行選定一個或兩個月作優惠月，在這期間向銀行貸款置業，則可獲由銀行送出的禮券。

做按揭有多項優惠——太平洋亞洲銀行為貸款人免費提供整個還款期的個人意外保險，而且客人在購買旅行支票、匯單及銀行本票時可獲付較低的手續費優待，定期存款可獲高利息，介紹朋友到該銀行成功申請樓宇按揭，還可獲得十分一安士楓葉金幣一個。

外幣供款——供樓一直以港幣作為計算單位，但金城銀行為方便一些擁有外匯的人士，特別推出以外幣作為供款貨幣的外幣供款。

除了以上較為特別的按揭優惠方式外，還有其他如免收手續費、送首年火險、提早還款免付補償利息等等手法，為置業者提供了各種類型的選擇。

（摘自何潔霞，《樓宇按揭手法大觀》，《經濟導報》，1990年4月30日，總2167期，第3-5頁。）

1.3 第二次升浪：1991-1994年

　　1989 年中，受到北京風波和緊縮經濟的影響，香港經濟陷入疲弱局面，從 1985 年起步的樓市升勢受阻並掉頭下跌，平均跌幅約三成。當時，香港移民潮驟起，中小型住宅樓價普遍被看淡。然而，經過半年多的調整，到 1990 年中，香港樓價絕大部分已回升至「北京風波」前的水平。及至同年 8 月，伊拉克入侵科威特，中東海灣戰爭爆發，市場轉持觀望態度。不過，受到港府批出第一期公務員置業計劃及銀行公會兩度減息的刺激，樓市應跌未跌。1991 年 2 月底，海灣戰爭結束，時局從緊張轉向平和。當時，通脹高企加強了市民的預期通脹心理，加上二三月份股市表現優良，引起財富效應。種種原因終於觸發積累多時的購買力爆發，香港地產市道遂進入第二次升浪。

　　1991 年 3 月，香港樓市蓄勢而發，升勢凌厲，尤其是設備齊全的大型私人屋邨更成搶手貨，包括黃埔花園、太古城、康怡花園、杏花邨、德福花園、華信花園等，黃埔花園和太古城的樓價在短短一個月時間即從每平方呎約 2,300 港元急升至約 3,300 港元。由於樓市活躍，地產發展商在港九新界推出的多個樓盤瞬即售罄，樓價急速攀升，甚至尚未進行登記及公開發售的樓盤，售樓處便已出現輪候人龍，唯恐機會稍瞬即逝。

　　期間，長實推出的匯景花園更掀起新一輪的炒樓熱潮。匯景花園因為是地鐵沿線最後一期的大型私人屋邨，倍受歡迎。3 月下旬，市場傳聞匯景花園將於日內推出，長實總部中區華人行的售樓處瞬即大排長龍，長實多次貼出告示勸喻市民離去不果，最終要警方出面驅散人群。及至 3 月 26 日，長實推出匯景花園 750 多個中小型住宅單位，平均售價為每平方呎 2,400 港元，結果發售第一天已售出九成。當時，炒風熾熱，一名炒家在一日內與用家達成轉售協議，賺取了 8 萬港元；另一炒家購入匯景一個單位，在一個月內成功轉手，獲利 25 萬港元。[4]

　　當時，地產市場交投活躍。社交場所，人人都在大談樓價、交換炒樓經驗。銀行按揭部、律師行、地產代理均忙得不可開交，一些地產代理更是從早上 9 時忙到翌日凌晨 1 時，以求賺取更多佣金。據業內人士估計，當時地產市場上現貨樓炒家約佔 55%，而樓花炒家所佔比例更高達 70%。[5] 通常，物業買賣合約總值與物業轉讓契約總值之比可用作粗略衡量投機活動程度的指標，因為在樓花買賣中，投機活動把同一個尚未入伙的住宅單位轉手多次，這將使物業買賣合約的總值相對於最終屋契的價值為高。據土地註冊處的統計，這個比例在 1990 年是 0.8，到 1991 年已急升到 1.2。（圖 5-1）

　　1991 年 7 月，中英雙方就新機場問題達成協議，延誤多時的新機場計劃終於可以啟動。受此利好消息刺激，香港樓市再度飆升，結果全年累積升幅超過 55%，與市民的實際承

圖5-1　樓價變化和物業買賣合約總值
與物業轉讓契約總值的比例

物業買賣合約總值相對
物業轉讓契約總值①

樓價②

① 四季移動平均。② 四季移動平均年增長率。
資料來源:《恒生經濟月報》,1999 年 5-6 月。

長江實業推出的大型私人屋
邨——匯景花園。

受能力逐漸脱節。據統計,1991 年底香港供樓負擔比率已達 93%,是 1983 年以來的最高水平。樓價的急升,一時成為社會輿論關注的焦點。在社會輿論的壓力下,港府於 1991 年 8 月頒佈了 7 項打擊炒樓活動的措施,內容包括規定臨時訂金為樓價的 5%、在樓盤登記時每人只可登記一次且限購一個單位、禁止使用授權書登記、設立抽籤揀樓程序等。措施推出後,售樓程序雖有改善,但炒風並未受到明顯壓抑,樓價繼續急升。同年 12 月,港府再推出 6 項打擊炒樓措施,包括向買賣樓花者徵收樓價 2.75% 的印花稅、禁止內部轉讓樓花,登記買樓需交本票,以及促使銀行按揭貸款最高比率從過去的九成降低到七成。

踏入 1992 年首季,香港樓市承接上年升勢繼續上揚,港九各區主要大型私人屋邨的成交價在 3 月底升至每平方呎 4,000 港元以上。然而,進入第 2 季後,港府連串打擊炒樓的措施,尤其是限制七成樓宇按揭政策的效果逐漸浮現,樓市承接力漸弱,成交量大幅減少,炒風收斂,市場轉趨淡靜,價格亦開始下調。

不過,就在中小型住宅樓價疲軟之際,1992 年第 2 季度起,大型豪華住宅價格開始大

幅上升，短短半年間升幅達兩三成。帝景園、寶馬山花園平均每平方呎升到 5,000 港元以上，九龍塘又一村、又一居亦升至接近 5,000 港元。踏入 1993 年，在中英兩國恢復外交接觸、共商香港 1994-1995 年的選舉安排的這種背景下，市場氣氛轉趨樂觀，加上豪華住宅帶動，樓價再度攀升，到年中已上升約 25%。隨著豪華住宅價格的急升，中小型住宅亦不甘後人，但受到七成樓宇按揭的制約，升勢已大為遜色。

有鑑於此，地產發展商開始批評這一政策。1993 年 2 月，香港地產建設商會代表會晤港府財政司麥高樂，反映地產商的憂慮和要求。部分地產商甚至自行將按揭比率提高到七成半至九成，即在銀行提供七成按揭的基礎上，由發展商屬下的財務公司再提供半成至兩成的額外按揭貸款，但還款期較短，息率亦較高。這一做法最初由大地產商牽頭，如恒基、南豐、華懋、信和、新地、長實等，後來逐步擴展到中型地產商。這一措施刺激了呆滯的樓市，促進了樓盤銷售，例如新地推出的元朗加州花園、南豐推出的將軍澳慧安園、長實推出的嘉湖山莊三期，反應都相當熱烈。

1993 年 12 月，港府推出被視為後市信心指標的畢架山龍坪道住宅地王拍賣，經過激烈競投，最後以信和置業為首，包括新加坡發展銀行、南豐、華懋、中國海外 5 間公司組成財團，以 39.4 億港元投得，這是港府在官地拍賣中所錄得的最高售價。(表 5-2) 該幅土地面積 46.84 萬平方呎，地積比率為 1.55 倍，可建樓面面積 72.60 萬平方呎，即每平方呎樓面地價 5,400 港元，加上每平方呎 1,300 港元的建築費，連同利息在內每平方呎建築費高達 8,194 港元，發展商要賺得兩成利潤，至少要以每平方呎 1 萬港元推出。

左｜港府七項打擊樓花的措施。

右｜新鴻基地產推出的元朗加州花園。

港府將實施的七項抑制炒賣，處理貼有關作內部認購的單位讓樓花措施包括——

一、把購樓臨時訂金定於樓價百分之五。若買家中止交易，發展商有權沒收相當於樓價百分之三的款項。

二、樓花開售時，每人只准登記認購一次，並須親身進行，不得以代理人代行。

三、每名登記人士只能購入一個單位。

四、推出售樓廣告時，地產商須同時公布公開發售和內部認購的單位數目；在進行登記和揀樓時，發展商也須在地盤和售樓處實施的七項抑制炒賣，處理貼有關作內部認購的單位讓實數目：

五、買家的登記先後次序須經電腦或其他方法重新編排；換言之，最先排隊登記的人士未必也是最先揀樓的人士：

六、供發展商的僱員、私人客戶和其他人士作內部認購的單位。

訂金提升至 5% 每人限購一單位

內部認購入伙前不准轉售

產權轉戶契約上註明期間該單位不得在完成履行地契條款前轉售，不得在完成履行地契條款前轉售，上述規定將於本年十一月生效：

七、發展商須在最終移交的產權轉戶契約上註明期間該單位不得在完成履行地契條款前轉售，有關規定規定於本年十一月生效。*

表5-2　1980年代以來香港地王售賣紀錄

推出日期	地址	用途	面積（平方呎）	成交價（億港元）	出售形式	買家
1981	中環交易廣場現址	商業	107,642	47.55	公開招標	置地
1996/3	紅磡灣填海區九龍內地段 11084 號	非工業	162,246	47.25	拍賣	恒基（50%）、新地（50%）
1988	葵涌 7 號貨櫃碼頭	貨櫃碼頭	3,444,544	43.9	公開招標	香港國際貨櫃碼頭
1993/12/15	九龍 5924 段畢架山龍坪道	住宅	468,449	39.4	拍賣	信和置業（50%）、新加坡發展銀行（20%）、南豐（10%）、華懋（10%）、中國海外（10%）
1993/2/3	鑽石山龍蟠街新九龍內地段 6160 號	工業（商－住）	280,510	35.3	拍賣	會德豐系
1995/7	金鐘添馬艦 C37 號地塊內地段 8822 號	非工業（商業）	37,458	33.51	公開招標	中信集團
1989/1/25	灣仔港灣道內地段 8643 號	非工業（商業）	77,824	33.5	拍賣	信和－新鴻基地產
1993/3/30	又一村達之路 6181 號	非工業（住宅除外）	222,384	28.5	拍賣	中信泰富（50%）、太古地產（50%）
1989/10	花園道內地 8888 號	商業	91,494	27.0	公開招標	鷹君為首財團
1994/3/1	土瓜灣農圃道與馬頭圍道交界	私人住宅、兒童及青年中心	75,982	22.6	公開招標	信和、黃氏家族
1991	葵涌 8 號貨櫃碼頭	貨櫃碼頭	6,350,878	20.0	私人協議	香港國際貨櫃碼頭、中國遠洋－現代貨櫃碼頭
1992/1/15	尖沙咀暢運道與科學館道交界九龍內地段 10999 號	非工業（商業）	59,579	12.5	拍賣	長實（40%）、信和（20%）、南豐（20%）、大昌（20%）
1991/10/9	沙田 30A 區沙田市地段 301 號	住宅	229,811	12.5	拍賣	信和（44%）、隆豐（44%）、中國海外（12%）
1992/2/25	九龍衛理道與京士柏道交界九龍內地段 11002 號	住宅	94,842	11.9	拍賣	新鴻基地產
1991/11	沙田市中心 100 區沙田市地段 983 號	商－住	185,360	11.28	公開招標	長實集團
1989/12/28	又一村達之路新九龍內地段 382 號	住宅	293,857	10.65	拍賣	聯邦地產
1986/5/27	金鐘法院道內地段 8582 號	非工業（貨倉除外）	16,150	10.05	拍賣	太古地產

資料來源：香港政府地政署

圖為《文匯報》有關畢架山地王拍賣現場的報道。

拍賣創最大額紀錄

信和星商中海華懋南豐聯手投得

每呎樓面地價達五千四比預期高

信和以完整陣容出戰，成功投得地王。

在地王拍賣成績理想的刺激下，香港豪華住宅售價再創新高。其實，早在 1993 年初，豪宅樓價已穩步上揚，五六月份交投更見暢旺，售價在兩個月間升幅達到兩成。其後，銀行宣佈將 400 萬港元以上豪宅按揭收緊至六成，市場氣氛一度轉淡，但 10 月下旬以後，港股大幅飆升，市場購買力再度凝聚，結果全年售價升幅達三四成。在豪宅住宅的帶動下，中小型住宅單位價格再度飆升，到 1994 年第 1 季，平均每平方呎售價已升至 5,000 港元水平。

這次升浪，基本上是以住宅樓宇為主力，帶動寫字樓和商場、店舖市場上升。香港寫字樓租金在 1989 年初達到頂峰後因供應量大增而回落，1990-1992 年一直處於低潮。這令發展商對興建寫字樓的興趣大減，甚至將部分商住地盤改建為住宅大廈。1992 年底，寫字樓的空置率再次降到低點，租金蓄勢待發。1993 年，寫字樓市場交投暢旺，無論是租金、售價均大幅攀升，中區和灣仔甲級寫字樓的租金在短短一年間升幅分別達四成及三成，1994 年初，中區交易廣場每月每平方呎租金已升至 90 港元，直逼全球冠軍東京。寫字樓售價亦迭創新高，1993 年 12 月，中區皇后大道中 9 號優質物業 19 樓就創出每平方呎售價 1.37 萬港元的天價。

隨著繁榮商業區從核心地帶向邊緣地區擴散，香港的商場、店舖市道亦有不俗表現，尤其是港島的灣仔、銅鑼灣、北角及九龍尖沙咀表現最為理想。從銅鑼灣區看，自從崇光百貨公司開幕及時代廣場落成後，該區人流量急增，吸引了不少大型連鎖集團在附近開設分店，令該區店舖租金急升。1994 年初，香港商舖租金在全球 12 個主要城市中已高踞榜首。其中，銅鑼灣一店舖每月每平方呎租金高達 3,429 港元。（表 5-3）銅鑼灣香港大廈一個商舖，有買家出價每平方呎 19 萬港元，後因業主惜售而擱置。

這一階段，香港地產市場需求暢旺，價格大幅攀升的原因，主要有以下幾點：

第一，香港經濟持續繁榮，市民收入不斷增加。踏入 90 年代，在亞太經濟，尤其是在

表5-3　1994年初十大舖王租金一覽表

地址		實用面積（方呎）	每月租金（港元）	每平方呎租金（港元）	租客
銅鑼灣	景隆街 2 號地下 0A1 號舖	10.5	36,000	3,429	生果店
銅鑼灣	怡和街 1-11 號香港大廈 A1 號舖	150 閣樓 150	280,000	1,867	人造首飾店
尖沙咀	北京道 53-63 號國都大廈地下 C 舖	100	148,000	1,480	人造首飾店
銅鑼灣	怡和街 2-6 號英光大廈地下 1 號舖	273	280,000	1,026	金店
尖沙咀	北京道 16A 地下	314	305,000	971	影音店
銅鑼灣	記利佐治街金堡商場地下 1 及 2 號舖	1,155	1,039,500	900	時裝店
尖沙咀	彌敦道 54-64A 美麗都大廈地下 4 號舖部分	90	80,000	889	一
銅鑼灣	記利佐治街香港大廈地下 S2 號舖	167 閣樓 259	141,290	846	影音店
銅鑼灣	怡和街 9-15 號廣旅大廈地下 1 號舖位	200 閣樓 200 一樓 200 二樓 200	168,000	840	傳呼店
銅鑼灣	東角道 22-24 號怡東商場地下 21 號舖	183	150,000	820	皮具店

資料來源：喜來登旺舖代理有限公司

1992 年春鄧小平南巡、中國全方位對外開放的推動下，香港經濟保持持續繁榮，增長率平均每年達 5%。1994 年香港人均本地生產總值已達 21,800 美元，已超過英國、加拿大、澳洲，在亞洲僅次於日本及汶萊。經濟的持續繁榮令香港實現全民就業，市民的收入不斷增加，置業及改善居住環境的慾望和能力大大提高。香港的房屋問題正逐漸從「有沒有」的問題過渡到「由小而大」的問題。[6] 然而，受到地少人多的基礎條件制約，香港私人住宅單位大部分屬於七八百平方呎或以下的單位。（表 5-4）市民「細屋換大屋」的行動使香港住宅房屋結構性問題凸顯，對大中型住有更大的需求，這就是 90 年代大型私人屋邨備受歡迎、售價持續攀升的重要原因。

　　第二，外資公司和中資機構大量來港投資。中國擴大對外開放，香港作為國際資本進軍內地跳板的戰略地位更形重要，日本、美國及歐洲等地區投資者看好香港經濟前景，海外資金和僱員注入，早期外流的資金和移民亦源源不斷回流，對香港樓市造成龐大需求。以寫字樓為例，1984-1990 年期間，香港寫字樓吸納量平均每年約 20 萬平方米（215.28 萬平方呎），到 1992-1993 年期間，每年吸納量猛增到 50 多萬平方米（538.20 萬平方呎）。這一時期，中國擴大對外開放，內地駐香港的中資機構發展相當快，中資在地產市場大舉投資，亦推動了市場暢旺。1992 年，中資背景財團以 38 億港元價格向置地購入中區皇后大道中 9 號全幢，掀起了中區甲級寫字樓樓價迭創新高的熱潮。

表5-4　　1990年香港私人住宅單位面積分佈情況		
單位面積（實用平方米）	1990 年存量（單位）	所佔比例（％）
小於 20	11,030	1.47
20-29.9	104,055	13.83
30-39.9	183,365	24.38
40-49.9	142,570	18.95
50-59.9	110,575	14.70
60-69.9	71,295	9.48
70-79.9	35,440	4.71
80-89.9	19,145	2.55
90-99.9	16,085	2.14
100-119.9	19,765	2.63
120-139.9	11,680	1.55
140-159.9	7,265	0.97
160-199.9	9,315	1.24
200-239.9	5,495	0.73
240-279.9	2,065	0.27
大於 279.9	3,025	0.40
總數	752,170	100

資料來源：香港《明報月刊》，1992 年 1 月號。

　　第三，銀行存款利率偏低和通貨膨脹高企，負利率情況嚴重。自 1983 年香港實行港元聯繫匯率制度以來，銀行利率跟隨美元利率走勢，節節下調，期間通貨膨脹偏高，90 年代初一度高達 13%。因此，自 1987 年以來，香港銀行的負利率情況開始出現並越趨嚴重。以 1994 年初為例，3 個月定期存款利率僅 3.5 厘，最優惠利率 6.75 厘，住宅按揭利率 8.5厘，而通脹率則高達 8.5%，換言之，存款人的存款每年實質虧蝕 5%，貸款的實質利率接近零。負利率驅趕銀行存款流向股市、樓市，買樓或「細樓換大樓」不僅可改善家居環境，而且成為保值、增值的理想投資工具。

　　第四，市場的預期心理和投機因素。在需求的推動下，香港樓價連年上升，且升勢越來越猛，反映供求問題已進一步惡化。市場的真正買家和投機者均認同樓價將繼續上升的走勢，真正的置業者擔心其未來的置業能力將進一步下降，只好利用銀行貸款提前實行購樓計劃，投機者更乘機大肆「炒樓」賺取利潤，從而形成非正常的市場需求，進一步推高樓價。

1.4 第三次升浪：1995-1997年

　　1994 年第 1 季，香港地產市道走勢已與市場的實際承受能力脫節，社會上要求政府加

1993 年香港地產建設商會新會址開幕典禮合照。前排右起為楊嘉仁、梁榮江、李憲武、龔如心、李兆基、鄭裕彤、何鴻燊（會長）、李嘉誠、方潤華、薩秉達、鄭翼之、梁志堅、李澤鉅，後排右起為張漢傑、鄭燦焜、文禮信、梁滿銓、林建岳、羅嘉瑞、黃志祥、陳曾熙、陳偉能、吳多泰、郭炳江、黃建華、周年茂及簡基富。

以干預的呼聲日高，1994 年 3 月 30 日，港府在輿論的壓力下推出 4 項旨在壓抑樓價的措施，並委任一個跨部門小組來擬定具體實施細則。該 4 項措施是：（1）加快發展天水圍 200 公頃政府土地的基礎設施建設，以配合新建房屋；（2）加快發展私人機構的土地庫存，邀請私人發展商提交計劃，對其土地庫存提供基礎設施；（3）加快香港房屋委員會的建屋速度，包括提供足夠的額外土地及基礎設施；（4）為土地發展公司和房委會提供貸款，改善其資金流動，使它們可以將更多商住單位推出市場。

　　1994 年 6 月，港府正式公佈遏制樓價首階段措施，內容主要包括增加土地供應、房屋供應、綜合檢討規劃及發展程序，繼續打擊投機活動、保障消費者等。當時，港府聲明，這僅是第一階段措施，若不奏效，將在第二階段實施更嚴厲措施，結果，居高不下的樓市應聲下調。這一時期，香港經濟亦因內地經濟實施宏觀調控而疲弱，從 1994 年第 2 季至 1995 年第 3 季，香港樓市從高峰回落，作為房地產市場上升動力的住宅樓宇，其售價平均下跌約三成，個別地區跌幅更大。寫字樓售價亦大幅下跌三成至四成六，商舖市道因內部消費疲弱、零售業不景氣且呆滯，租售需求均呈下降，不少店舖在空置後很長時間才覓得新戶，部分大型商場甚至有五成商舖空置。工業樓宇更因經濟轉型、製造業大規模內遷而無人問津，不少發展商已擱置工業樓宇發展計劃，申請改為工商用途的個案不斷增加。

　　經過一年半的調整，到 1995 年第 4 季，香港地產市道開始復甦。這一時期，香港經濟表現漸趨好轉，銀行利率，尤其是樓宇按揭利率大幅下調。1996 年香港特區候任行政長官

表5-5　1991-1994年政府及銀行界實施之壓抑樓宇炒風措施

實施日期		措施內容
1991/5	滙豐：	①按揭貸款申請人除提供入息證明外，並須提供稅務文件及公司證明；而限制供款佔入息最多四成，收入要求由每月 1 萬港元增至 2 萬港元 ②申請人須填寫申請書，證明沒有向其他銀行貸款 ③提早還款罰息期限由 3 個月增至 6 個月，罰款 5,000 港元或貸款餘額之 1%
1991/8	渣打：	①申請按揭貸款收取 600 港元手續費
1991/8	政府：	①買家須付樓價 5% 按金，撻訂扣除樓價 3% 作手續費 ②設抽籤揀樓程序 ③發展商須公佈供內部認購單位數目 ④調高提早還款罰息，由 6 個月內還款罰一個月供款額或貸款額之 1%，提高至一年內還款罰貸款額之 1.5%
1991/10	滙豐：	①申請按揭貸款收取 1,000 港元手續費 ② 5 年樓齡以內之新樓，樓價 100 萬港元以下者最高可按 9 成；樓價 100-200 萬港元者最高只按 85%
1991/10	滙豐及恒生：	①新造樓宇按揭成數由最高 9 成，減至最高 85%；恒生對樓花按揭由最高 9 成降至 8 成 ② 5 年樓齡以下，樓價低於 200 萬港元單位，最高按 85%；5 年樓齡以下，樓價逾 200 萬港元單位，最高按 8 成；逾 20 年樓齡單位最高按 7 成
1991/11	滙豐及恒生：	樓宇按揭成數由 8 成減至按銀行估值之 7 成
1991/12	政府：	①限制內部認購單位比率低於 5 成，並限制轉售時間 ②樓花轉售須繳交樓價 2.75% 印花稅 ③登記買樓須繳交本票
1992/12	滙豐及恒生：	所有樓宇最高按揭成數為 7 成
1993/7	滙豐： 渣打：	①樓價 500 萬港元以上單位，最高只按 6 成 ①樓價 400 萬港元以上單位不接受按揭申請 ②取消對公務員優惠貸款息率，最高按揭成數一律為 7 成 ③申請人供款佔入息比例由 5 成降至 4 成
1993/8	滙豐及恒生：	①提早還款罰息提高至 5 萬港元，或貸款額之 3% ②不為出租物業提供按揭 ③不為 6 個月以上樓花提供按揭
1993/9	東亞：	①提早於一年內還款者，罰息由貸款額之 1.5% 增至 3%；最低罰款由 1 萬港元增至 5 萬港元 ②提高申請按揭貸款手續費至 3,000 港元，收租物業則收 5,000 港元
1993/9	渣打：	申請手續費由 1,500 港元增至 2,500 港元
1994/1	滙豐及恒生：	①新落成樓宇（發入伙紙未滿一年）按揭估值按發展商訂價、銀行估價及成交價三者中最低者 ②以公司名義申請貸款者，收取手續費最低 5,000 港元，或貸款額之 0.5% ③樓價 500 萬港元以上樓宇，按揭利率提高至按優惠利率加 2.25% ④滙豐對樓價 500 萬港元以上樓宇，按揭成數由最高 6 成減至 5 成；500 萬港元以下樓宇最高維持 7 成 ⑤滙豐對家庭月入在 3 萬港元以上者，規定供款佔入息比例不逾 5 成；月入 3 萬港元以下者，比例不逾 4 成 ⑥恒生對樓價 700 萬港元以上樓宇只按 5 成；500-700 萬港元之樓宇按揭成數由 5 成至 7 成，按價值增加而遞減；500 萬港元以下樓宇維持 7 成
1994/6	政府：	①限制內部認購單位比率由 5 成降至 1 成 ②禁止購買樓花者在未辦妥正式交樓手續前將單位轉售 ③規定不可預售逾 9 個月的樓花 ④首次訂金由樓價 5% 增至 10% ⑤撻訂罰手續費由樓價之 3% 增至 5% ⑥除連同物業一併出售外，不得預售車位 ⑦將重建計劃項目納入受同意方案限制範圍內

董建華選出,特區政府班子組成,香港政治前景趨向明朗,投資者已逐漸從對 1997 年回歸的懷疑、恐懼,轉變為一種對新投資機會的憧憬,在種種利好因素的刺激下,海外資金以及內地中資資金再次大規模湧入香港房地產市場,香港地產業藉此開展過渡時期的第三次升浪。

這次升浪的動力是豪華住宅。踏入 1996 年,樓市表現尚見平穩,然而從下半年起,豪華住宅的交投轉趨暢旺,一些豪宅名廈,諸如帝景園、會景閣、嘉富麗苑、地利根德閣,以及陽明山莊等,均成為市場追捧對象。其中,帝景園一宗交易創下每平方呎逾 2 萬港元紀錄,而新鴻基地產安排作示範單位的港景別墅,亦以每平方呎逾 1.7 萬港元易手,成為同區分層豪宅成交的指標。

在樓市交投暢旺的氣氛下,部分發展商乘勢以低價推出豪宅新樓盤,包括火炭駿景園、元朗加州豪園系列、將軍澳新都城、北角港運城、荃灣愉景新城和京士柏帝庭園、屯門恒豐園和怡峰園以及大埔御峰苑等,結果市民蜂擁認購,發展商乘勢加推及加價,仍無礙認購熱潮,炒風再度轉盛。其中,京士柏帝庭園一個排隊輪購的籌價高達 130 多萬港元。據統計,1996 年,豪宅售價的平均升幅達 30-40%,其中,港島半山一些熱門豪宅升幅甚至超過 50%。在豪宅的帶動下,各類樓宇售價均告上升,中小型住宅樓宇升幅約 20-25%,甲級寫字樓約 20%,商舖約 10%,而工業樓宇則持續處於消化、調整階段。

踏入 1997 年,在經濟蓬勃發展(首兩季經濟增幅分別是 5.9%、6.8%)、股市節節攀升(恒生指數從 1996 年底的 13,203 點升至 1997 年 8 月 7 日的 16,673 點)的整體形勢下,香港地產市道更見熾熱,年初尖沙咀區豪宅嘉文花園發售,傳聞當日一個 4 號籌以 203 萬港元的價格轉售,約值樓價的兩成。1997 年上半年,豪宅售價平均再攀升約三成。豪宅樓價的飆升亦帶動了整體物業市場。1997 年初,新鴻基地產推出將軍澳東港城首批 304 個住宅單位,在 3 日內竟獲 27,132 單登記,打破新樓盤登記有史以來的最高紀錄,超額登記 88.2 倍,凍結市場資金 94.96 億港元。在寫字樓方面,1996 年 11 月,地產商希慎興業以 36.4 億港元向華人置業購入中區優質寫字樓娛樂行,創下每平方呎樓價 1.7 萬港元的紀錄。1997 年中,位於金鐘的遠東金融中心每平方呎樓價升至 17,500 港元,比 1996 年同期大幅上升六成以上。

這一時期,港府在賣地方面亦屢創佳績。1996 年 3 月,新地、恒基合組財團,以 47.25 億港元奪得紅磡灣填海區內地段一幅非工業用地。1997 年 3 月,信和置業聯同大股東黃氏家族,以 118.2 億港元的高價奪得柴灣小西灣一幅非工業用地,創下香港官地拍賣史最高金額紀錄。其後,面臨撤退的港府再分別以 55 億港元和 60.6 億港元的價格,售出赤柱黃麻道和九龍環海街兩幅土地。

位於中環的優質商廈——娛樂行
（右）。

左｜位於港島灣仔區山頂的陽明
山莊。

右｜著名的豪華住宅——帝景園。

　　根據港府差餉物業估價署的統計數據，從 1987-1997 年的 11 年期間，香港各類私人物業價格都大幅飆升。其中，私人住宅售價指數從 65 升至 420（最高升至 433），升幅高達 5.46 倍；同期租金也有 1.85 倍的升幅。其中，在港島區，小於 39.9 平方米的小型住宅平均售價在 1997 年第 2 季度達到每平方米 7.08 萬港元，比 1995 年第 4 季度的 4.70 萬港元，上升了 50.64%；而大於 160 平方米的大型住宅平均售價則從 6.91 萬港元，上升至 14.39 萬港元，升幅達 1 倍以上。

　　這一時期，私人寫字樓售價平均指數從 1987 年的 41 升至 1997 年的 206，升幅達 4.02 倍，而核心地區甲級售價平均指數的升幅達 4.53 倍；租金也有 1.40 倍的升幅。其中，港島中環核心商業區，甲級寫字樓平均售價在 1997 年第 2 季度為每平方米 20.83 萬港元，比 1995 年第 4 季度的 12.32 萬港元上升了 69.07%。同期，私人零售物業售價指數的升幅更高達 5.70 倍，是各類物業售價中升幅最高的類別，其中，港島區私人零售物業樓宇平均售價在 2017 年第 4 季度達到 25.09 萬港元，比 1995 年第 4 季度的 13.53 萬港元，在短短兩年內升幅達 85.44%；而私人分層工廠大廈售價指數亦有 1.49 倍的升幅，（表 5-6）其中，港島區分層工廠大廈樓宇平均售價在 1997 年第 1 季度達到每平方米 2.11 萬港元，比 1995 年的 1.94 萬港元上升了 8.76%。

　　這次地產升浪至 1997 年中達到高峰，由此所形成的地產「泡沫」正面臨隨時爆破的危機。

表5-6　1987-1997年香港各類私人物業售價、租金指數（1989年＝100）

	1987 年	1991 年	1993 年	1994 年	1995 年	1996 年	1997 年	1997 年對 1897 年升幅（%）
私人住宅								
所有類別售價指數	65	153	237	293	272	298	420（433）*	546.15
租金指數	68	119	140	170	174	171	194（200）*	185.29
整體空置率（%）	——	——	3.9	4.7	4.1	3.7	3.8	——
整體落成量（萬單位）	3.44	3.34	2.77	3.42	2.26	1.99	1.82	2.88（11 年期間平均每年落成量）
私人寫字樓								
售價指數	41	97	159	222	188	184	206（217）*	402.44
甲級售價指數	41	91	155	224	187	186	210（223）*	412.20
核心地區 # 甲級售價指數	36	83	139	208	166	168	199（216）*	452.78
租金指數	48	95	110	134	132	112	115（117）*	139.58
甲級租金指數	54	93	108	136	134	112	116（118）*	114.81
整體空置率（%）	——	——	6.7	9.8	9.4	11.2	11.5	——
整體落成量（萬平方米）	——	——	41.28	50.18	35.45	26.87	45.61	39.88（1993-1997 年期間平均每年落成量）
私人零售物業樓宇								
售價指數	57	143	244	285	277	287	382（413）*	570.18
租金指數	69	126	167	192	192	192	203（206）*	194.20
商業樓宇整體空置率（%）	——	——	6.1	6.8	7.8	9.1	8.9	
私人分層工廠大廈								
售價指數	57	114	177	189	166	143	142	149.12
租金指數	55	109	129	133	131	118	118	114.55
整體空置率（%）	——	——	6.1	6.3	7.9	11.9	10.0	

\# 核心地區：上環／中區及灣仔／銅鑼灣及尖沙咀。

* 當年最高值月份／季度的指數值。

資料來源：香港特區政府差餉物業估價署，《香港物業報告》，相關年份。

二、地產業十大上市財團

在過渡時期的地產大升浪中，

隨著市區土地資源的日漸短缺，地價、樓價的不斷上漲、

地產發展項目的規模越來越大，經營房地產所需要的資金也日見龐大，

大批早年從事地產業的中小型地產發展商逐漸被淘汰。

經過激烈的競爭、收購、兼併，為數約10個規模宏大、

實力雄厚的地產上市集團逐漸成為左右市場的主要力量。

其中，著名的大地產發展商有：

長江實業、新鴻基地產、恒基地產、新世界發展、恒隆／淘大置業、信和集團等，

而大地產投資商則有九龍倉、太古地產、希慎興業、置地等。（表5-7）

這一時期，香港地產業寡頭壟斷的局面正逐漸形成。

2.1 長江實業：「大型私人屋邨之王」

從 70 年代末至 80 年代中期，李嘉誠領導的長江實業進入了一個急速發展的新時期。當時，李嘉誠以高瞻遠矚的戰略目光為長實制定新的發展策略，即動用大量現金收購那些潛質優厚的英資上市公司，這些公司的共同特點就是擁有龐大的土地儲備、因經營保守而股價

排名	公司	實收股數（億）	收市價（港元）	市值（億港元）
		表5-7　1996年香港10大地產上市公司排名、市值		
1	新鴻基地產	23.895	94.75	2,264.089
2	長江實業	22.976	68.75	1,579.570
3	恒基地產	16.992	78.00	1,325.407
4	新世界發展	18.340	52.25	959.304
5	九龍倉	22.599	38.60	876.921
6	希慎興業	10.288	30.80	316.862
7	淘大置業	28.112	11.15	313.452
8	信和置業	27.514	9.45	262.432
9	恒隆	13.481	17.00	229.177
10	明珠興業	46.521	4.825	224.464

註：太古地產尚未分拆上市，置地公司已撤離香港股市，明珠興業屬「物業炒股」，詳見第六章。

資料來源：香港《信報財經新聞》，1997 年 1 月 2 日。

長期偏低、大股東對公司的控制權不穩。1977 年，李嘉誠首戰告捷，他以 2.3 億港元收購了擁有港島中區著名的希爾頓酒店的美資永高公司。李嘉誠收購永高後，於 1994 年將希爾頓酒店拆卸，連同鄰近的花園道停車場和拱北行一併發展，於 1999 年建成樓高 283 米、總樓面面積 125 萬平方米的「長江集團中心」，作為長實集團的總部所在地。

1978 年，李嘉誠再接再厲，收購了英資上市公司青洲英坭 25% 股權，並進而取得該公司的控股權。青洲英坭的主要業務是生產及銷售水泥等建築材料，與長實的業務相配合，更重要的是它持有紅磡鶴園街的龐大廠址，為長實日後的地產發展提供了大量的廉價地皮。與此同時，長實又將收購目標轉到在九龍尖沙咀海旁擁有大量土地儲備的九龍倉。九龍倉是置地的聯營公司，與置地同屬英資怡和旗下的兩大主力。李嘉誠看準置地對九龍倉控制權不足的弱點，大量吸納九龍倉股份。其後，由於收購消息外洩，李嘉誠審時度勢，終於決定鳴金收兵，將所持全部九龍倉股票轉售予「世界船王」包玉剛，賺取了約 6,000 萬港元，全身而退。

踏入 1979 年，長實集團的實力更加雄厚，聲勢更加浩大。這年，長實擁有的樓宇面積已達 1,450 萬平方呎，超過了置地的 1,300 萬平方呎，成為香港名副其實的「地王」。長實先後與會德豐、廣生行、香港電燈、利豐、香港地氈等擁有大量廉價地皮的老牌公司合作，發展它們手上的物業；又與中資公司僑光置業合組地產公司，取得沙田火車站上蓋物業發展權，並與中資公司在屯門踏石角興建大型水泥廠。李嘉誠覺得時機已經成熟，他將收購的目標指向英資四大行之一的和記黃埔。和記黃埔的前身是和記國際和黃埔船塢，全盛時期旗下的附屬及聯營公司達 360 家，經營的業務極為廣泛，包括地產、財務、保險、酒店、船務、船塢、貨倉、棉毛紡織、汽車、洋酒、汽水、藥品、進出口貿易以至新聞事業及廣播事業，是為香港最龐大的商業機構之一。不過，和記國際於 1975 年陷入債務危機，被迫將控股權出售給滙豐銀行。當時，滙豐銀行曾承諾，待和記國際轉虧為盈後，滙豐將在適當時候出售和記。這就埋下了李嘉誠入主和記的伏線。其後，滙豐邀請被譽為「公司醫生」的韋理出任和記董事局副主席兼行政總裁，負責整頓和記國際。韋理上任後對和記國際大肆整頓革新，制止虧損，改善集團管理制度，並於 1977 年底將和記國際與旗下最主要的附屬公司黃埔船塢合併，成立和記黃埔。業務逐漸走上正軌。[7]

李嘉誠很清楚，滙豐控制和黃不可能太久。根據香港的公司法、銀行法，銀行不能從事非金融性業務。債權銀行可接管陷入財政危機的企業，但當企業經營走上正軌，就必須將其出售予原產權所有者或其他投資者。汲取收購九倉消息外洩的教訓，李嘉誠在高度保密的情形下與滙豐展開了收購洽談。同年 9 月 25 日，李嘉誠終於就收購和黃與滙豐達成協議，成功從滙豐銀行手中購入和記黃埔 9,000 萬股普通股，完成了這宗被著名的《遠東經濟評論》

長實入主和黃後，即發揮其地產專長，將黃埔船塢舊址發展成規模宏大的黃埔花園。

稱為「使李嘉誠直上雲霄的一宗交易」，[8] 一舉為順利入主和黃鋪平道路。1985 年，長實再透過和黃收購香港電燈集團。至此，長實一舉控制了 4 家上市公司，市值達 353.9 億港元。而且，這些公司旗下都擁有大量的廉價土地物業。

長實入主和黃後，即發揮其地產方面的專長，著手籌劃將黃埔船塢舊址發展為規模宏大的黃埔花園。其實，80 年代初，和黃已開始與港府商討重建黃埔船塢補地價問題，不過，當時地價高企，港府要求的補地價金額高達 14-19 億港元，雙方一直無法達成協議。後來，香港前途問題浮現，樓市崩潰，談判一度中止。1984 年 9 月，中英雙方就香港前途問題草簽《中英聯合聲明》，投資者信心開始恢復，和黃即與港府展開談判，同年 12 月達成協議，和黃補地價 3.91 億港元，另加道路建築費 2.1 億港元。當時，港府之所以肯接受這個低價，是希望藉此刺激香港樓市復甦，港府註冊總署署長紀禮遜（Noel Martin Gleeson）在接受和黃支票時表示：「該項斥鉅資重建計劃乃有益和有建設性，顯示地產商對地產及香港將來充滿信心。」

和黃把握良機出擊，大大減低了土地成本。整項龐大計劃，是在黃埔船塢舊址約 19 公頃（約 200 萬平方呎）土地上興建 94 幢住宅大廈，共 11,224 個單位，總樓面面積 764 萬平方呎，另有商場面積 169 萬平方呎，計劃在 6 年內分 12 期發展，總投資 40 億港元。這是香港進入過渡時期以後首項龐大地產發展計劃。黃埔花園從 1985 年 4 月推出第一期，到 1989 年 8 月售出最後一期，歷時 4 年半，每平方呎樓面售價從最初的 686-717 港元上升到 1,490-1,755 港元，平均每平方呎樓價約 1,220 港元。粗略估計，和黃的總收益高達 92 億港元，扣除 40 億港元成本，黃埔花園至少為和黃帶來 52 億港元的鉅額利潤，這還不包括約 169 萬平方呎的收租商場面積，難怪和黃總經理馬世民說：「It is a wonderful investment」。

在整個 80 年代，長實集團先後共完成 60 多項地產發展計劃，除黃埔花園外，尚有城市花園、和富中心、嘉雲臺、樂信臺、瑞峰花園、銀禧花園，以及麗城花園，所提供的住宅單位超過 5.25 萬個。期間，長實集團發展的物業，約佔香港整個物業市場的 20%，[9] 長實已成為香港地產業的領導者。

踏入 90 年代，長實的氣勢更形宏大，它利用所收購公司的龐大土地儲備，策劃四大私人屋邨的發展計劃，包括藍田地鐵站的匯景花園、茶果嶺的麗港城、鴨脷洲的海怡半島，以及元朗天水圍的嘉湖山莊，這都是香港地產發展史上僅見的大型發展計劃，四大屋邨共佔地 747 萬平方呎，可提供樓面面積 2,953 萬平方呎，其中住宅單位 4 萬個，總投資超過 185 億港元。

四大屋邨中，藍田匯景花園地段於 1988 年 4 月由長實聯同中信集團投得，該財團向港府補地價 10 億港元，在藍田地鐵站上蓋興建 20 幢 28-34 層高住宅樓宇，約提供 4,100 個單位，從 1991 年起陸續建成。茶果嶺的麗港城和鴨脷洲的海怡半島，則是由和黃聯營公司聯合船塢，以青衣的船廠用地，與蜆殼石油公司在茶果嶺及鴨脷洲的油庫用地交換，以及香港電燈集團將電廠從鴨脷洲遷往南丫島後所得，其中麗港城計劃興建 55 幢住宅樓宇，提供逾 8,000 個住宅單位，可容納 2.5 萬名居民，從 1990 年起陸續建成。海怡半島則計劃興建 35 幢住宅樓宇，提供逾 1 萬個住宅單位。

四大屋苑中，以嘉湖山莊規模最大，是香港有史以來最大的私人屋苑，佔地 38.8 公頃，計劃興建 58 幢 28-40 層高的住

左｜黃埔花園遠眺。

右｜長實策劃發展的樂信台。

下｜長實策劃發展的麗港城。

左｜位於天水圍的嘉湖山莊。

右｜香港有史以來規模最宏大的
私人屋邨——嘉湖山莊。

宅樓宇，約 1.5 萬個住宅單位。嘉湖山莊發展計劃由長實策劃，擁有 49% 權益，其餘 51%
由中資華潤集團擁有。根據 1988 年雙方達成的協議，長實保證華潤至少獲利 7.5 億港元，
但若售樓價超過特定水平，則長實所分得利潤份額將從 49% 提高到 75%。

　　嘉湖山莊於 1991 年 11 月推出首期，當時售價已達每平方呎樓面面積 1,850 港元，超
過長實與華潤協議中 1997 年每平方呎 1,700 港元的指定價格。其後，嘉湖山莊樓價隨香
港地產大潮節節飆升，1996 年 4 月複式單位御景軒推出時，每平方呎售價已升至 2,936 港
元，到 1997 年地產高峰期時，每平方呎售價更升至 4,000 港元左右，估計整項計劃為長實
帶來超過 130 億港元的鉅額利潤。這一時期，長實成為了香港地產市場大型私人屋邨的領導
者，被稱為「大型私人屋邨之王」。

2.2 新鴻基地產：「地產巨無霸」

　　與李嘉誠的長實相比，郭得勝的新地在對外擴張方面遠沒有前者矚目。新地唯一發動的
一次策略性收購行動，是 1980 年 11 月向公用事業上市公司九龍巴士（一九三三）發動收購

戰，同年 11 月 11 日，新地宣佈將以每股 14.2 港元價格收購九巴 3,550 萬股份，約佔九巴已發行股票的 33.5%。不過，新地策動的收購戰最終並未取得成功，新地最後才購得九巴 26% 股權。九巴是一家歷史悠久的公用事業公司，全稱「九龍汽車（一九三三）有限公司」，創辦於 1933 年，其前身是九龍汽車公司，於 1921 年成立，當時與中華汽車公司及啟德汽車公司分別經營九龍半島的巴士業務。1933 年，華商鄧肇堅、雷瑞德、譚煥堂、雷亮和林明勳等人獲港府發出九龍巴士經營專利權，遂組成九巴，並接管上述兩家公司在九龍的巴士業務。九巴於 1961 年在香港上市，在九龍擁有不少廉價地皮，新地收購九巴，亦正基於此原因。

新鴻基地產的發展策略側重的是「內部擴張」。70 年代以後，新地圍繞地產發展向上下游拓展業務，除收購原有的建築、管理服務公司外，還相繼開設保安消防設備工程、設計工程（則師樓）、機械電機工程部門等，又增設財務公司、保險公司、混凝土公司、石屎生產廠、建築機械供應公司等附屬機構。到 80 年代中期，新地已擁有附屬及聯營公司超過 100 家，包括本身擁有的附屬公司 47 家、聯營公司 28 家，旗下上市公司新城市（新界）地產有限公司又擁有附屬公司 30 家、聯營公司 5 家，形成從投資控股、地產發展及投資、樓宇建築、機械、工程及混凝土生產及供應、物業管理及代理、財務金融及保險等一條龍服務的垂直式發展集團，令集團的業務，從購入地盤開始，以至圖則設計、建築（包括建築材料的生產、供應）、部分裝修、電器及消防設備、樓宇銷售及管理，甚至樓宇按揭及保險，均無需外求，成為一家龐大的縱式生產集團、典型的「樓宇製造工廠」。

新地主席郭得勝，是香港地產業有名的「大好友」。80 年代初，香港前途問題浮現，投資者信心不足，但郭得勝則明確表示：毋須擔心「九七」問題。他對記者指出：「對 1997 年新界租約問題，或地契年期問題，我們全不理會，也不用擔心，因為這是（中國）政府與港府的問題，而有關政府必會為照顧我們而作出最圓滿的決定。做地產商的，只要積極去幹，為市民提供更理想的居所，就已盡了地產商的責任。」[10]1989 年爆發「北京風波」，香港地產市道低迷，郭得勝明確表示：「除了在內地投資之外，新地不會考慮將資金調往海外。我們的方針，依然是立足香港，在這裡發展。」[11] 進入過渡時期以後，郭得勝更明確表示：「香港人勤奮努力，思想敏銳，無論從經濟發展或歷史的角度看，1997 年後的香港都是一片光明。」[12]

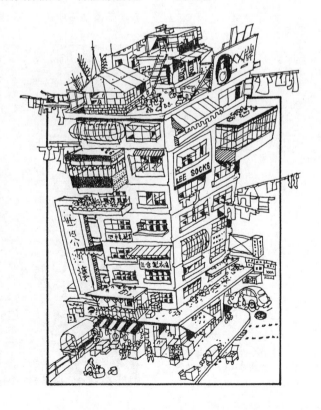

物業管理及代理是新鴻基地產的主要業務。

由於看好香港地產業長遠前景，新地往往能在形勢不利時期，以「人棄我取」的投資策略，緊扣地產市道循環，將每次危機視作趁低吸納土地的良機，結果在地產高潮中賺取厚利。1982-1984 年間，香港地產崩潰，新地擁有的地產物業價格亦大幅下挫三四成，然而，新地在此期間仍大量吸納廉價土地，到 1984 年 6 月，新地的土地儲備已達到 1,140 萬平方呎樓面，估計每平方呎樓面地價低於 200 港元。[13]1985 年，地產業復甦，新地即動用 10 億港元購入 8 幅可建 285 萬平方呎樓面面積的土地。新地抱著「貨如輪轉」的宗旨，不計較個別地盤的成敗得失，致力於資產負債平衡，在維持龐大土地儲備的同時，又保持大量現金，因而往往處於進可攻、退可守的主動位置。

長期以來，新鴻基地產基本上是一家以地產發展為主要業務的公司，售樓所得收入在公司每年總收益中所佔比重曾高達七成以上。因此，它極重視增加土地儲備，在整個 80 年代，新地的土地儲備從約 1,340 萬平方呎增加到 3,250 萬平方呎，1999 年更達到 5,060 萬平方呎，一直穩居香港地產公司的榜首。新地大部分土地並非在官地拍賣場競投，亦非在市區收購舊樓得來，反而多數是早期在新界區不斷購得，如馬鞍山、深井、元朗等地，成本不高。1980 年代以後，香港市區土地幾已發展殆盡，新界遂成為發展首選，其時新界新市鎮已逐步開發，交通網絡亦日趨完善，地價因而上升。新地由於早著先機，已持有相當理想地段，故樓宇落成後，不獨景致、交通理想，售價也不太昂貴，自然深受買家歡迎。

新鴻基地產是香港最大地產發展公司，圖為新鴻基策劃發展的雅典居。

　　新地發展出售的物業，在地區上非常廣泛，遍佈港九新界各個角落，在品種上包括寫字樓、商場、住宅和廠廈，在面積上大中小兼顧。由於擁有龐大土地儲備、物業發展所需的一切人才，以及準確的市場調查，新地無論在任何時期都有適合市場需求的樓宇出售和供應。不過，新地在 80 年代發展的主力是中小型住宅樓宇。郭得勝曾在新地 1989-1990 年度年報中表示：「本集團一向主力發展中小型住宅樓宇，未來的政策將繼續於各發展中之新市鎮內進行大規模住宅計劃，提供中小型住宅，以適應不斷之需要。」這種策略明顯是為了配合港府自 70 年代中期起大規模發展新界新市鎮的城市發展規劃。

　　新地的地產發展計劃頗能迎合市民需要。踏入 90 年代，由於經濟繁榮、市民收入增加，人們對居住環境及面積的要求亦提高，以往兩三百平方呎的小單位已不能滿足置業者的要求。針對這一轉變，新地逐步轉向發展高質素的大型屋邨，單位面積在 500-1,000 平方呎之間，並設有住客俱樂部，極力塑造高質素、高品味的形象。新地還重視以另類生活文化來包裝所推出的屋邨，如雅典居、加州花園、加州豪園等，設計風格上配合移民的回流，結果大受歡迎。新地推出的樓宇，往往成為市場中的名牌。

　　80 年代初，新地為配合新市鎮大型住宅屋邨的發展，開始在各新市鎮中心興建大型綜合商場，作投資物業之用。首個大型綜合商場是矗立在沙田市中心的新城市廣場。新城市

新地成功策劃發展的大型商場——沙田新城市廣場。

上｜新地旗下的另一大型商場——新屯門中心。

中｜位於葵芳的新都會廣場。

下｜新鴻基地產擁有及管理的商場面積堪稱全港之冠，圖為位於荃灣新市鎮的荃灣廣場。

廣場第一期工程總樓面面積 100 萬平方呎，耗資逾 10 億港元，80 年代初動工，至 1984 年落成，是沙田新市鎮最龐大的商業建設，廣場內包括大型百貨公司、各類店舖、迷你電影院、中西式菜館、滾軸溜冰場及各類文娛康樂設施，還有一個巨型的電腦音樂噴泉。新城市廣場開業後，瞬即吸引大批海外及本地旅遊人士前來遊覽購物，成為香港最受歡迎的商場之一。新地接著在毗鄰地段展開新城市廣場二、三期工程，第二期工程於 1988 年落成，第三期工程則於 90 年代初竣工。

受到沙田新城市廣場成功的鼓舞，新地相繼在新界各新市鎮及大型住宅屋邨中心興建大型綜合商場，以擴展集團的投資商場網絡。據統計，到 1992 年度止，新地擁有的已建成收租物業樓面面積達 1,260 萬平方呎，租金收入已佔集團盈利的四成，其中重點是商場物業，面積共 520 萬平方呎，佔物業投資組合的四成，著名的包括沙田新城市廣場、屯門新屯門中心、葵涌新都會廣場，以及上水廣場、荃灣廣場等，總數逾 30 個。新地擁有及管理的商場和停車場面積可謂全港之冠，所有商場均位於港九新界各區最優越位置，極具發展潛力。新地這種以新市鎮商場為主力的物業投資策略，與以新界新市鎮中小型住宅為主力的地產發展策略相配合，可謂相輔相成，相得益彰。從 1992-1998 年，新地一直穩居香港股市市值十大地產公司榜首，堪稱香港的「地產巨無霸」。

1990 年 10 月 30 日，新鴻基地產創辦人郭得勝因心臟病發逝世，享年 79 歲。郭得勝喪禮上，參加扶靈者包括李嘉誠、包玉剛、邵逸夫、霍英東、鄭裕彤、李兆基、何添、利國偉等工商界鉅子，當時報刊評論，這 10 位扶靈者「就已掌握了半個香港的經濟命脈」，[14] 郭老先生地位之顯赫，由此可見一斑。郭得勝逝世時，新地的年度純利已高達 24.6 億港元（1989-1990 年度），比上市初期約 5,000 多萬港元，升幅接近 50 倍，可說是業內的表表者。其時，新鴻基地產的市值已達 253.3 億港元，比 1972 年上市時的 4 億港元增長 62 倍，

在香港地產上市公司中僅次於長江實業（279.1 億港元）而居第 2 位。

郭得勝逝世後，新鴻基地產遂轉由郭氏家族第二代掌舵，長子郭炳湘出任公司董事局主席兼行政總裁，二子郭炳江、三子郭炳聯則出任副主席兼董事總經理。郭氏兄弟繼承父業後，攜手合作，不但順利接班，而且令新地再上一層樓，成為市場公認子承父業最成功的家族企業之一。新鴻基地產在 1992 年被評為地產業「最佳管理公司」的榜首，該年底，新地市值超越長實而成為香港市值最高的地產公司，並且長居此位。

2.3 恒基地產：收購美麗華，自成一系

踏入 80 年代，恒基集團的一個重要戰略就是重組集團架構，使集團所持資產合理化。李兆基家族財團的控股公司是創辦於 1973 年 11 月的恒基兆業有限公司，是一家私人公司，由李兆基持有 90% 以上股權。李兆基透過恒基兆業持有兩家上市公司——永泰建業和恒基地產。1981 年恒基地產上市後，李兆基曾表示，將在上市後的半年到兩年內，將恒基地產與永泰建業合併。然而，有關合併的工作遲遲未能完成，1982 年以後，香港地產市道崩潰，有關計劃更被迫擱置。

1985 年，李兆基趁地產市道復甦，開始籌劃集團重組事宜。同年 12 月，恒基地產斥資 5.9 億港元，以每股 4.75 港元價格分別向恒基兆業和李兆基購入 46.7% 和 24.1% 永泰建業股權，永泰遂成為恒基地產的附屬公司。恒基地產收購永泰後，旗下擁有的發展地盤從 67 個增加到 105 個，可供發展樓面面積高達 981.6 萬平方呎，成為規模宏大的地產集團。不過，收購行動結束後，恒基地產和永泰兩家上市公司的業務仍然重疊，予人混淆不清的感覺。

1988 年 8 月，恒基地產再次進行業務重組，由恒基地產購入永泰的發展物業和換地權益證書共 31.63 億港元，永泰建業則改名為「恒基發展」，購入恒基地產所持有的 25.91% 中華煤氣股權和 19.6% 香港小輪股權，以及價值 7.76 億港元的 4 項物業，恒基發展以新股支付交換資產淨代價，並發行新股集資，而恒基地產所持恒基發展股權則減至 65.1%。[15] 集團重組後，恒基地產成為集團控股公司和上市旗艦，並專責集團的地產發展業務，恒基發展則以地產投資和投資控股為主，持有中華煤氣和香港小輪兩家公用事業上市公司股權。重組後，恒基地產和恒基發展的分工趨向清晰明確，所持資產亦相對合理化。

恒基集團的對外擴張，其實早在 70 年代已經開始，當時李兆基的主要目標，是中華煤氣和香港小輪兩家公用事業上市公司。1981 年恒基地產上市時，該集團已持有中華煤氣 29.83% 股權及香港小輪 21.64% 股權。中華煤氣是香港第一家公用事業公司，於 1862 年在

英國註冊成立，1960 年在香港上市，1982 年將其註冊地從倫敦遷返香港，1984 年與港府達成協議，購入大埔工業邨 11.71 公頃土地，建立 4 條新煤氣生產線，日產煤氣 600 萬立方米，透過總長度 1,500 公里的煤氣管供應全港家庭、商業及工業用戶，而其騰出的馬頭角煤氣廠舊址則成為極具發展潛力的廉價土地。香港小輪原名「香港油麻地小輪公司」，創辦於 1923 年，專利經營香港、九龍及離島的小輪服務，1981 年該公司與中國政府達成協議，合作開辦香港至蛇口、洲頭咀等航線服務。踏入 80 年代，香港小輪受海底隧道及地下鐵路相繼建成的影響，業務日漸式微，幸而公司拓展多元化業務，包括地產投資、貿易及服務、旅遊等，並持有大嶼山銀礦灣酒店及一批廠廈商店物業。

不過，恒基集團最矚目的擴張，當數 1993 年恒基發展暗渡陳倉收購美麗華酒店集團一役。美麗華酒店在楊志雲掌舵的時代可說是一隻傳奇性的股份，1981 年美麗華將酒店舊翼以 28 億港元高價售予以佳寧、置地為首財團，曾轟動香港。可惜該項交易在 1984 年正式成交時，佳寧已經破產，置地亦泥足深陷，結果該項交易告吹，但美麗華除收取早期 9 億多港元訂金之外，還獲置地賠償 3.7 億港元款項，令股東一再分紅，這是美麗華酒店最幸運的時代。然而，自 1985 年楊志雲逝世後，美麗華酒店的經營作風日趨保守，業務漸走下坡路，引起董事局對管理層的不滿。楊志雲長子、出任公司董事總經理的楊秉正對此解釋說：他本人由於缺乏先父的威望，故備受壓力和掣肘，公司不僅不能向股東集資，期間更需多次派發鉅額紅利，甚至在物業擴建期間，每年亦要保持八成或以上的派息率，作為上市公司，無法以發行新股集資拓展業務，管理層遂不能不保守。[16]

1993 年，在美麗華董事局個別董事及楊氏家族個別成員的穿針引線下，同年 6 月 9 日，李嘉誠的長江實業和榮智健的中信泰富聯手宣佈，向美麗華酒店提出全面收購建議，收購價每股 15.5 港元，涉及資金總額達 87.9 億港元。事件發展初期，基本上是長實和中信泰富收購恒昌企業（大昌貿易行）的翻版，贏面可說相當之大。不過，事態很快便急轉直下，6 月 14 日，美麗華酒店董事總經理楊秉正發表公開聲明，直指是次收購「並非一次善意收購行動，亦非應美麗華大股東的邀請而作出」，[17] 並認為美麗華每股價值至少 20 港元。

6 月 17 日，正當長實和中信泰富宣佈將收購價提高到每股 16.5 港元之際，李兆基透過旗下的恒基發展介入收購戰，並宣佈已從大股東楊氏家族手中購入美麗華酒店 34.78% 股權，每股作價 17 港元，涉及資金 33.57 億港元。由於未達到 35% 的全面收購點，恒基無須提出全面收購。其後，儘管長實、中信泰富二度提高收購價至每股 17 港元，然而大勢而去，被迫於 7 月 17 日宣佈失敗，恒基發展偷襲成功，一舉奪得市值近百億港元的美麗華集團控制權。當時，香港財經界相信，大股東楊氏家族成員對家族基業的處理存在不同意見，而最終導致控制權轉手別人的局面，[18] 楊氏之所以首肯出讓股權予恒基發展，因為李兆基答

應讓楊秉正繼續保留管理權，公司管理層可基本不變。可惜，經受此打擊，楊秉正於兩年後心臟病發逝世，楊志雲創立的家族基業，就此易手。

恒基發展收購美麗華酒店控股權，明顯是看中該集團所擁有物業的重建價值。據分析，美麗華在尖沙咀的 3 項重要物業中，美麗華酒店和基溫大廈均具重建價值。這兩項物業興建時，由於處於啟德機場飛機航道附近而受政府高度限制，致使地積比率未能用盡，而高度限制已於 1989 年放寬，故此兩項物業重建後，美麗華酒店的資產值可從 16.26 億港元增加到 38.85 億港元，基溫大廈資產值亦可從 12.26 億港元增至 21 億港元，扣除 9.5 億港元重建費用，實際增值可達 22.33 億港元。事實上，自李兆基接管美麗華酒店後，該公司的物業重建已按部進行，第一步是將基溫大廈拆卸，興建一座數層高的商場，與柏麗廣場二期接連，然後將柏麗廣場二期商廈從 18 層加建到 24 層。很明顯，在恒基集團的管理下，美麗華的發展潛力正逐步得以發揮。

恒基與新鴻基地產淵源深厚，投資策略亦相當接近，如看好香港地產業發展前景，緊扣地產市道循環盛衰，以「人棄我取」的策略趁低吸納土地，維持龐大土地儲備等等。1982-1984 年期間，在中英談判僵持不下、香港前途尚未明朗的時候，地產市道低迷，恒基即「反潮流」地乘機大舉購入土地，為日後公司的發展奠定基礎。1987 年 10 月股災後，新界的換地證價格下跌了三成，恒地便在 1988 年 5 月動用超過 5,000 萬港元，以平均每平方呎 1,000 港元價格，大手購入新界換地證書，加強了日後在屯門和葵涌商住地皮的投資實力。1989 年「北京風波」後，地產市道再次下跌，恒地於 1990 年度再斥資 3.2 億港元購入一批換地證書，使公司的換地證賬面值超過 7.6 億港元。1991 年 3 月，當政府拍賣換地權益證書而乏人問津之時，恒地以 8,300 萬港元悉數購入。因此，恒地成為香港擁有最多換地權益證書的地產公司之一。

由於採取「反潮流」、「人棄我取」的投資策略，恒地得以用低成本維持龐大的土地儲備。從 1990-1996 年，恒基的土地儲備從 1,650 萬平方呎增加到 2,420 萬平方呎，其中尚未包括 1,340 萬平方呎農地，成為香港僅次於新地的第二大土地儲備銀行。由於土地成本低，恒地的邊際利潤相當高，以 1993 年度為例，該年度恒地共完成及售出 160 萬平方呎樓宇，獲得利潤約 30 億港元，即平均每平方呎純利 1,800 港元，比新地的平均每平方呎 1,400 港元還高出接近三成。

恒地與新地一樣，亦極重視「貨如輪轉」，強調資產負債的平衡。尤其是在市道不景時期，恒地會不斷地將樓盤的售價調低，以測試樓價底線，以保持貨如輪轉。如 1989 年「北京風波」後，恒地即將樓價下調 20%。1994 年中市道不景，恒地即在一個月內三度減價推出單位，從初期的每平方呎 5,576 港元減至 5,090 港元。恒地還將百貨商場零售促銷的手法

恒基地產策劃發展的豪華住宅大廈慧豪閣。

運用到地產市場，諸如以車位配售半山慧豪閣，並以先到先得的方式認購，向買家提供九成按揭及對加按的兩成提供首 3 年免息供款優惠等等，甚至用抽獎送黃金（頭獎黃金 100 兩）展開促銷，結果引起買家輪候或市場超額認購，取得滿意的效果。恒基的算盤可說打得相當精細，即使到了八九十年代，它仍堅持早年在市區收購舊樓的策略，以最大的耐心，經長年累月，將逐層樓、逐寸土地收購回來。恒地還發明「袖珍樓」、「袖珍舖」，將市區內狹小的地盤建成袖珍式的住宅和店舖，表面上總體樓價不高，但平均每平方呎的價格及利潤都相當驚人。

　　恒基在理財方面更是業內有名的高手，號稱「密底算盤」。1992-1993 年度，香港地產市道暢旺，恒地盈利急升 64%，李兆基眼見集團股份長期偏低，不利於在股市集資以加速集團發展，遂一反傳統「密底算盤」的作風，採取連串矚目行動。1993年 9 月，恒地在公佈年度業績時，大派現金紅利，每股恒地獲派 1 港元紅利，涉及現金 16 億港元，給股東帶來意外驚喜，恒地股價當日即急升 18%。不久，恒地又宣佈集團資產重估，每股資產淨值達 42.69 港元，比市場預期的 25-30 港元高出三成以上。翌日，恒地股價從每股 24.2 港元大幅升至 59 港元，短短 3 個多月股價升幅高達 1.44 倍。恒地的市值亦升至超過 600 億港元，成為這一時期香港股市的藍籌明星股。

　　1993 年第 4 季度，恒地趁公司業績理想，連環出擊，先是發行 4.6 億美元（約 35.7 億港元）的可換股債券，將投資中國內地的恒基中國分拆上市，帶頭掀起分拆中國內地業務的分拆旋風；繼而發行 3 億美元（約 23.38 億港元）歐洲美元債券，並取得 13.8 億港元銀團貸款；而旗下的恒基發展亦以先舊後新的方式配股集資 20 億港元，短短 3 個月間恒地共籌得資金超過 90 億港元。受此影響，恒地股價節節飆升，到 1996 年 11 月 20 日已升至每股 74.72 港元水平。恒地不失時機地配股籌資，先後於 1995 年 12 月和 1996 年 9 月兩次以先舊後新方式配股集資 22 億港元和 35.2 億港元，集資總額達 57.2 億港元。就在第二次配股當日，恒地又宣佈發行武士債券，集資 300 多億日元（約 23.4 億港元）。從 1993-1996 年，恒基集團集資額超過 170 億港元，其頻率之高、數額之大，業內公司無出其右。香港有評論認為，派高息、借貸、集資已成為恒地的「財政商標」了。[19]

　　1995 年，港府批地給地鐵公司興建中環總站至大嶼山赤鱲角新機場之間的機場鐵路，地鐵招標發展沿線各站上蓋物業，結果，擁有龐大資金的恒地及旗下的中華煤氣聯同新地、

恒基地產聯同新鴻基地產投得中環機場鐵路總站上蓋物業發展權，圖為興建中的機鐵上蓋。

中銀集團所組成財團擊敗了置地，奪得中環機鐵總站上蓋物業發展權。中環機鐵總站上蓋發展項目佔地約 4 公頃，發展工程包括 3 幢高級商廈、零售商場，以及兩間酒店或服務式住宅大廈，總樓面面積預計達 447.7 萬平方呎，總投資 400 億港元，分 6 期進行，1997 年動工，至 2004 年全部完成。該發展計劃不僅是機鐵沿線各站中最負盛名及最昂貴的發展項目，而且也是香港有史以來最大的單一地產項目，屆時完成後，置地的中區王國將黯然失色，中區地產霸主地位無疑將屬新地、恒地兩大集團。

　　1996 年底，李兆基旗下的恒基地產一系，共持有 6 家上市公司，包括恒基地產、恒基發展、中華煤氣、香港小輪、美麗華酒店、恒基中國等，總市值達 2,239.18 億港元，在香港上市財團中排名第 3 位，僅次於李嘉誠的長江實業集團、郭氏兄弟的新鴻基地產集團。其中，恒基地產市值 1,325.407 億港元，居地產上市公司的第 3 位。(表 5-7)

2.4 新世界發展：地產為主，多元發展

　　80 年代初，鄭裕彤領導的新世界發展在成功完成位於尖東海旁的新世界中心發展計劃後，其在香港地產界的實力地位正式確立，市值更一度超越長實、新地而成為華資地產公司的龍頭股。踏入 80 年代，新世界發展再接再勵，展開一系列龐大地產發展計劃，包括 1981

上｜香港會議展覽中心的延伸部分，落成於 1997 年。

下｜雄踞灣仔海旁的香港會議展覽中心，成為新世界發展在香港地產界地位的標誌與象徵。

年與恒隆集團合作發展港島地鐵沿線 8 個地鐵站上蓋物業，1984 年與香港貿易發展局合作興建香港會展中心，1985 年分別與九廣鐵路和美國加德士石油公司合作，發展屯門輕鐵總站上蓋的海翠花園和荃灣舊油庫的海濱花園，1986 年與查濟民家族的香港興業聯手發展大嶼山愉景灣第三期，1989 年與港府土地發展公司合作發展港島西營盤第三街、上環永勝街、灣仔李節街及九龍登打士街等 4 個地盤的重建計劃。

其中，最矚目的就是興建香港會展中心。1984 年 12 月，就在中英兩國正式簽署《中英聯合聲明》之際，鄭裕彤與香港貿易發展局達成協議，由新世界投資 27.5 億港元在灣仔海旁興建香港最大規模的會議展覽中心。這是踏入過渡時期以後香港首個大型的商住綜合物業發展計劃。根據協議，新世界毋須補地價，在計劃完成前，新世界代香港貿易發展局支付租金，每年不多於 600 萬港元，並付該局 7,500 萬港元營運費，計劃完成後將展覽中心若干部分交予貿發局辦公，其餘物業業權則屬新世界擁有。[20]

香港會展中心佔地 33.5 萬平方呎，包括作為底層基座的 7 層高、具國際先進水平的會展中心，以及設於基座之上的兩幢高級酒店、一幢寫字樓，以及一幢酒店式豪華住宅大廈，總樓面面積 440 萬平方呎，規模比 3 幢交易廣場加起來還大一倍，或相當於近 6 幢滙豐銀行大廈，堪稱香港最巨大的建築物。香港會展中心從 1985 年初動工，到 1988 年 11 月完成，歷時 3 年 9 個月。1989 年 11 月，英國王儲查理斯（Charles Philip Arthur George）攜同夫人戴安娜王妃（Diana Frances）訪港，為香港國際會議展覽中心揭幕。香港會展中心是 80 年代香港最具代表性的五大建築之一（其餘分別是滙豐銀行大廈、中國銀行大廈、交易廣場及奔達中心），它與尖東的新世界中心隔海相望，不但為維多利亞港增添瑰麗的色彩，而且成為新世界屹立在香港地產界的標誌和象徵。

左｜新世界發展旗下的協興建築，是香港著名的建築公司。

右｜新世界發展從第三期起參與策劃發展的大型私人屋邨愉景灣，位於大嶼山東北沿海地段，環境優美。

與新鴻基地產相似，新世界的業務擴張亦首先從集團內部開始，由地產業帶動起來的業務，首先是集團的建築工程，包括建築、打樁、冷氣工程等。該集團屬下的協興建築有限公司，是香港著名的建築集團公司，創辦於 1960 年，包括協興、大業、華經等建築公司，惠保打樁公司及港興混凝土公司，該集團自創辦以後先後完成數百項建築工程，代表作包括九龍麗晶酒店、新世界酒店、美麗華酒店、富麗華酒店、奔達中心、陽明山莊、香港會議展覽中心等。新世界屬下的景福工程有限公司則是香港最大的冷氣、防火、水管及電器綜合安裝工程企業之一，其業務廣泛涉及香港、澳門和中國內地的許多大型工程。此外，集團的配套附屬公司還包括松電工程、佳定工程、富士（中國）裝飾工程、統基、精基貿易、翼冠，因而對現代化建築物包括酒店、商業中心及高尚住宅，可以由工程策劃、設計、繪圖、機電工程施工、建築工程及室內裝飾工程施工、工程管理及協調提供全面性服務。

1989 年 1 月，鄭裕彤有感於好友馮景禧突然病逝，遂從一線退下，僅擔任董事局主席一職，而董事總經理則由其長子鄭家純出任。這一時期，新世界採取了急進式的投資策略，連環出擊，在短短一年間收購並投資了一系列非地產業務，包括將亞洲電視的持股量增至 47.5%、透過換股取得香港興業 16% 股權、收購基立實業、敵意收購永安集團、將新世界酒店集團私有化，以及斥鉅資收購虧損中的美國華美達酒店集團等，迅速發展為多元化的地產大集團。然而，連串大規模投資令新世界的負債從三四十億港元急升至近 90 億港元，而盈利增長則大幅放緩，截至 1990 年 6 月的年度盈利僅得 11.2 億港元，比上年度減少近 10%，主要原因是所收購的項目，大多不是虧蝕就是增長未如理想。這時期，新世界發展逐漸陷入低潮，其股價亦被拋離大市。

1991 年，鄭裕彤眼看形勢不妙，決定重出江湖，他首先展開一系列減債行動，將部分收益低或價格合理的資產出售，包括將所持永安集團 27% 股權以 7 億港元的價格售出，又

將旗下物業如美孚商場舖位、車位及部分物業以及梅道 12 號部分權益售出，甚至將被喻為鄭氏「皇冠上的寶石」的香港會議展覽中心會景閣豪華住宅也變賣套現。鄭裕彤表示：「我時常跟年輕一輩說：欠債就不是家財，我比較保守，不喜歡揹太高的債。」1992 年，新世界又先後發行零息債券及認股證，集資逾 8.5 億港元，這樣，新世界發展的債務從最高峰時期的約 90 億港元逐漸降至三四十億港元的合理水平。

在具體發展策略上，新世界發展亦作出調整，以地產為主，但同時繼續多元化發展，尤其是電訊、基建及酒店方面；以香港為基地，但亦重視在中國內地及海外的投資。前段時期，新世界發展由於大舉投資非地產業務，錯失了兩年趁低大量吸納地產物業的良機，這時亦決心重返老本行，加強地產發展及投資，如與香港興業合作重建荃灣中國染廠舊址，發展大型私人屋邨；與地鐵公司、灣仔循道會教堂、花園道聖約翰教堂等機構合作，改建或發展新地產項目；以及興建香港會展新翼等。這期間，新世界發展更大舉投資中國內地地產業，尤其是在基建、安居工程和舊城重建方面佔據戰略性優勢。[21]

經過數年努力，新世界發展終於走出低潮，再度取得發展。鑑於鄭氏的卓越表現，1993 年 DHL 和《南華早報》向鄭裕彤頒發商業成就獎，1995 年新世界發展再度躋身香港四大地產上市公司之列。1996 年 12 月底，鄭裕彤家族共持有兩家上市公司，包括新世界發展和新世界基建，總市值達 959.30 億港元，在香港上市財團中排名第 4 位。（表 5-7）不過，經過是次挫折，新世界與長實、新地、恒地三大地產公司的距離已逐步拉開。

2.5 恒隆／淘大：穩中求勝

80 年代初，以恒隆為首的財團曾連奪港島地鐵沿線 9 個地鐵站上蓋物業的發展權，恒隆因而聲名大噪。可惜，後來遇上地產崩潰，恒隆被迫放棄金鐘二段的發展權，其他地鐵站上蓋發展權亦被迫押後。是役，恒隆備受打擊，股價亦一度跌至低點。

不過，恒隆與地鐵公司的合作關係並未中斷。踏入過渡時期，隨著地產市場的復甦，雙方著手修訂原來計劃，將地鐵沿線各站上蓋從原來的商業用途修改為住宅用途，並減低補地價金額。1984 年 5 月，太古地鐵站上蓋康怡花園動工，補地價 3 億港元，另投資 37 億港元，興建 9,500 個住宅單位，其中 2,200 個為居屋單位。這個佔地 17 公頃的大型屋邨開售時適逢地產市道好轉，首批逾 3,000 個住宅單位立即售罄。受此鼓舞，1985 年 7 月恒隆再與新世界、廖創興企業、萬邦投資及中建企業重組財團（恒隆佔 60％），繼續與地鐵公司合作，斥資 20 億港元發展港島剩餘的 5 個地鐵站上蓋物業，其中補地價僅 6.14 億港元。是項計劃包括上環果欄、海事處，灣仔修頓花園，以及天后站和炮台山站上蓋物業，總建築面積

270 萬平方呎，其中住宅樓宇 160 萬平方呎。[22] 這是恒隆在 80 年代最大的地產發展項目。

　　不過，恒隆在 80 年代的發展，始終受金鐘二段一役的影響，對地產循環的戒心大增，投資策略亦漸趨保守。1985 年以後地產市道逐漸回升，恒隆即迫不及待將地鐵沿線發展物業出售，太古站上蓋的康怡花園、康澤花園及柏景台等 8,000 個住宅單位，即在 1984年 10 月至 1987 年 3 月期間以樓花方式售罄，絕大部分單位以每平方呎 500-800 港元分期售出，而這批樓宇在其後 3 年價格升幅逾倍，恒隆白白少賺了不少。也正因為對地產循環抱有戒心，恒隆的土地儲備亦逐漸維持在低水平，與長實、新地、恒地等相距日遠，若干很有潛質的物業，如太古水塘（現時的康景花園）、樂活道地段（現時的比華利山等）均先後將半數權益售予恒地，並由對方策劃發展及代理銷售，此舉亦削弱了恒隆的盈利。

恒隆集團策劃發展的大型私人屋邨──康怡花園。

　　1986 年恒隆主席陳曾熙逝世，遺下龐大恒隆股份，指明舊屬殷尚賢作為遺產信託人，其弟陳曾燾則擔任恒隆主席。陳曾燾時代，恒隆進行了連串集團架構重組。早在 1980 年 8月，恒隆已購得上市公司淘化大同 75.6% 股權，淘大以其食品加工業務為恒隆的盈利作出貢獻，同時亦為恒隆提供了牛頭角龐大的土地儲備。淘大被恒隆收購後地產業務比重加大，與母公司恒隆業務日漸重疊。1987 年 8 月，恒隆與淘大重組，恒隆成為集團控股公司，並專注地產發展，而淘大則易名為「淘大置業」，成為恒隆旗下地產投資公司，持有恒隆中心、柏裕商業中心、雅蘭酒店、康怡廣場、金鐘廊等一系列投資物業。1988 年 4 月，恒隆透過淘大收購樂古置業，並再度重組，將樂古改名為「格蘭酒店」，專責酒店業務。自此，恒隆集團自成一系，系內各上市公司業務清晰，便於發展。不過，亦有人批評恒隆將過多精力浪費在業務重組方面，錯失這一時期積極增加土地儲備的良機。[23]

　　1991 年 1 月，陳曾燾退任董事，由陳曾熙長子陳啟宗接任恒隆主席，恒隆進入家族第二代管理時期。陳啟宗上任後，一方面表示將繼續遵循父親陳曾熙及叔父陳曾燾的穩健發展路線，同時亦採取了一系列矚目行動，包括親赴英、美、日等國進行全球巡迴，推介恒隆集團；引進先進管理技術，如最早發行可換股債券吸引外國資金、推行「C 計劃」以打破銀行收緊樓宇按揭的僵局等等，獲得投資者的好評。陳啟宗並表示：恒隆會繼續積極擴大投資物業組合比重，同時在增加土地儲備方面亦將更加活躍，爭取 5 年後與其他地產集團看齊。[24]

　　不過，90 年代恒隆系發展策略的重點，似乎仍集中於擴大投資物業方面，由淘大置業擔任這方面的主角。1992 年 6 月，淘大宣佈 10 股供 3 股計劃，集資 27.9 億港元，其後在

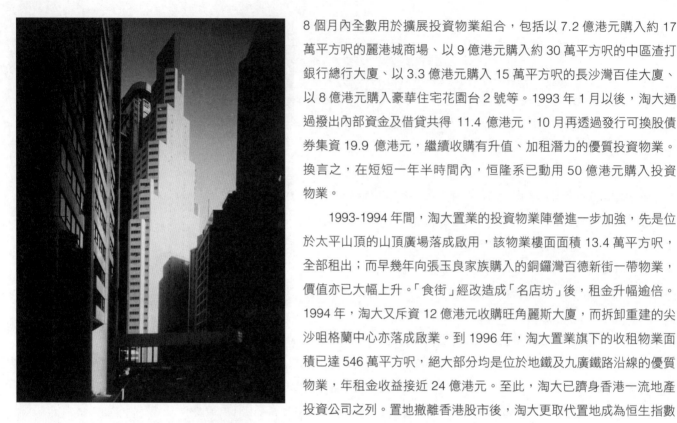

渣打銀行大廈是恒隆集團投資的
優質物業。

8 個月內全數用於擴展投資物業組合，包括以 7.2 億港元購入約 17
萬平方呎的麗港城商場、以 9 億港元購入約 30 萬平方呎的中區渣打
銀行總行大廈、以 3.3 億港元購入 15 萬平方呎的長沙灣百佳大廈、
以 8 億港元購入豪華住宅花園台 2 號等。1993 年 1 月以後，淘大通
過撥出內部資金及借貸共得 11.4 億港元，10 月再透過發行可換股債
券集資 19.9 億港元，繼續收購有升值、加租潛力的優質投資物業。
換言之，在短短一年半時間內，恒隆系已動用 50 億港元購入投資
物業。

　　1993-1994 年間，淘大置業的投資物業陣營進一步加強，先是位
於太平山頂的山頂廣場落成啟用，該物業樓面面積 13.4 萬平方呎，
全部租出；而早幾年向張玉良家族購入的銅鑼灣百德新街一帶物業，
價值亦已大幅上升。「食街」經改造成「名店坊」後，租金升幅逾倍。
1994 年，淘大又斥資 12 億港元收購旺角麗斯大廈，而拆卸重建的尖
沙咀格蘭中心亦落成啟業。到 1996 年，淘大置業旗下的收租物業面
積已達 546 萬平方呎，絕大部分均是位於地鐵及九廣鐵路沿線的優質
物業，年租金收益接近 24 億元。至此，淘大已躋身香港一流地產
投資公司之列。置地撤離香港股市後，淘大更取代置地成為恒生指數
33 隻成份股之一。

　　1996 年底，陳啟宗旗下共持有 3 家上市公司，包括恒隆、淘大置業（後改名為「恒隆地
產」）和格蘭酒店，總市值達 377.32 億港元，在香港上市財團中排名第 9 位。其中，淘大置
業和恒隆市值分別為 313.452 億港元及 229.177 億港元，分別居地產上市公司的第 7 及第 9
位。(表 5-7)

2.6 信和：香港地產的「超級大好友」

　　黃廷芳、黃志祥父子領導的信和集團，包括上市旗艦和控股公司尖沙咀置業，以及專責
地產發展的信和地產，可以説是香港地產界赫赫有名的「超級大好友」。即使在 1983-1984
年地產低潮期間，信和仍是香港最活躍、最富進取性的地產商之一。這一時期它購入的地皮
就多達 10 餘幅。不過，正因為如此，信和所受的衝擊尤為嚴重，從 1981 年 6 月到 1984 年
6 月的 3 個財政年度裡，信和集團所遭受的損失估計超過 10 億港元，幾乎面臨破產的局面。

　　幸而，香港前途問題在 1984 年底塵埃落定，投資者信心逐步恢復，地產市道重新納入

左｜信和集團策劃發展的「城市中的城市」——中港城。

右｜信和集團策劃發展的中環廣場，曾是香港最高的建築物。

上升軌道，加上大股東黃氏家族的財政支持，信和安然渡過難關。就在中英談判顯露曙光之際，信和已開始恢復大好友本色。1984 年 2 月，信和聯同中資光大集團及其他南洋財團以 3.8 億港元投得港府再度推出的金鐘二段，興建成著名的財經廣場。1985 年，信和再接再厲，以 3.89 億港元投得尖沙咀海旁中港城地皮，建成擁有一個設備現代化的中國客運碼頭的「城市中的城市」——中港城。這兩項投資都為信和及黃氏家族帶來可觀利潤。1989 年 1 月，信和聯同新鴻基地產、菱電集團，先後擊敗華人置業、長江實業、世紀城市、新世界發展等，以 33.5 億港元高價投得灣仔地王。其中，黃氏家族佔四成，信和佔一成，新地佔四成半，菱電佔半成股權。該幅土地佔地 7.78 萬平方呎，每平方呎地價高達 4.3 萬港元，已超過中區消防局地王地價，再創香港賣地的最高紀錄。

這幅灣仔地王後來發展成著名的中環廣場。中環廣場樓高 78 層，樓面面積達 140 萬平方呎，總投資超過 50 億港元，於 1989 年動工，1992 年落成。中環廣場不僅是香港及全亞洲最高的建築物，而且也躋身全球十大名廈。中環廣場頂部裝有創新的幻彩時計——「麗光時計」，它可說是綜合了先進的科技、變幻的色彩、燦爛的燈光、活力的動感、創新的意念，以及強勁的魄力於一體，實為香港的寫照。從港九各區都可清楚看到中環廣場的麗光時計，它成為國際公認的香港標誌。中環廣場可以說是黃氏家族、信和及新地引以為傲的代表作。

1989 年 5 月，中國正值「北京風波」期間，港府推出 3 幅官地作該財政年度的首次拍

左｜信和主席黃志祥在畢架山
「地王」拍賣會上競投情景。

右｜信和黃廷芳父子經常出現在
拍賣會上。

賣，信和及黃氏家族連奪兩幅工業用地，涉及資金 2 億港元。1991 年 10 月，信和聯同隆豐
國際及中國海外，以 12.5 億港元奪得沙田住宅地王，信和所佔股權為九分之四。在激烈競
投中，信和置業主席黃志祥眼見隆豐國際代表與信和一直爭持至 12.3 億港元時仍無退意，
使出一招「飛象過河」，彎腰向前與隔數排的隆豐代表磋商合作，引來全場嘩然，拍賣官為
求更高成交價，亦開聲阻攔，一時間成為行內人士茶餘飯後的笑談。信和集團競投土地之
勇，由此可見一斑，而黃志祥本人自此亦獲「飛將軍」的雅號。

　　1993 年 12 月，在備受矚目的畢架山龍坪道住宅地王拍賣中，信和再次顯露「超級大好
友」本色，它聯同華懋、南豐、中國海外及新加坡置業，擊敗約 10 個財團的激烈競爭，以
39.4 億元的高價奪標，這個價格比底價 18 億港元高出一倍以上。地產界人士分析，該幅
土地每平方呎樓面面積成本至少為 8,000 港元，發展商要獲兩成利潤，每平方呎樓價至少要
1 萬港元，數額之高確實令人咋舌。難怪新地的郭氏兄弟聞訊後亦一度錯愕，後來更笑著說
要計算一下自己的「身家」。這次賣地所引起的震撼，超過了會德豐系投得鑽石山地王所引
起的轟動。

　　信和集團的積極進取作風可說始終如一，它在官地拍賣中買入的土地，不少創出歷史新
高，當時往往被人譏笑，然而事後又證明它甚具眼光。事實上，黃氏家族早在 80 年代初已
相當看好香港經濟前景，認為香港地理位置優越，為東西方的經貿通道，來自世界各地的商
旅絡繹不絕，並以香港為基地拓展對中國貿易，故此對物業需求很大，再加上港府的積極不
干預政策，房地產業前景光明。當時，信和置業主席黃志祥已表示「香港對我極具吸引力」，
「我們已完全投入香港的生活模式」。[25]

　　1995 年，黃氏家族將信和置業旗下的酒店業務以信和酒店的名義分拆上市，令黃氏家
族旗下在香港上市的公司增加到 3 家。信和酒店主要持有及管理多家酒店，包括港島北角電
氣道城市花園（100% 權益）、尖沙咀皇家太平洋酒店（25% 權益）、香港上海大酒店（4.3%
權益），以及以 Foryurne Court Chinese Restaurant 品牌經營的 3 間酒樓的全部權益，以公

佈當日市值計算，總市值約 25 億港元。到 1996 年底，黃氏家族控制的上市公司，包括尖沙咀置業、信和置業及信和酒店，市值總額達 489.49 億港元，在香港上市財團中排名第 11 位，次於郭鶴年家族。其中，旗下的信和置業更成為香港股市中十大地產公司之一，排名第 8 位。（表 5-7）

2.7 會德豐 / 九龍倉：用盡地積比率

會德豐 / 九龍倉集團形成於 80 年代初中期，是香港大型綜合性企業集團，大股東是「世界船王」包玉剛及其女婿吳光正夫婦。包玉剛，原籍浙江寧波，1949 年舉家南遷香港，1955 年創立環球航運有限公司。環球航運發展快速，到 1978 年步入巔峰時期，成為世界航運業中最具規模的私營船東集團，而包玉剛本人亦因「世界船王」之名而享譽全球。不過，70 年代後期，包玉剛敏銳地察覺到國際航運業即將步入低谷，因而作出了一項後來令所有人都敬佩不已的果敢決定——「棄舟登陸」，將家族的投資作重大的戰略轉移。

1978 年 9 月，包玉剛從李嘉誠手中購入逾 1,000 萬股九龍倉股票，即是他實施「棄舟登陸」的重要步驟。九龍倉是置地的聯營公司，在尖沙咀海旁持有龐大物業。1980 年 6 月 20 日，置地乘包玉剛遠赴歐洲參加國際獨立船東會議之際搶先發難，宣佈增購九龍倉股份至 49%，意圖奪回控制權。面對置地的偷襲，6 月 22 日，包玉剛取消了星期一與墨西哥總統的約會，兼程從倫敦趕返香港，與其二女婿吳光正部署反擊，最後以每股 105 港元價格增購九龍倉 2,000 萬股股份，以迅雷不及掩耳之勢一舉取得九龍倉的控制權。[26]

會德豐是英資四大洋行之一，其歷史最早可追溯到 1857 年在上海創辦的會德豐洋行。到 20 世紀 60-70 年代，會德豐已發展成香港最龐大的商業機構之一，旗下擁有的附屬及聯營公司逾 200 家。80 年代初中期，會德豐大股東之一的約翰‧馬登（John Marden）因對香港前途缺乏信心，轉而全力發展航運業，企圖以流動性高的艦隊躲避政治風險，結果在世界航運業大蕭條的襲擊下陷入困境，並觸發與另一大股東張玉良家族之間的矛盾。約翰‧馬登在意興闌珊之餘，將股權售予新加坡富商邱德拔。

為此，邱德拔向會德豐提出了全面收購建議。這一突如其來的轉變為包玉剛帶來了一個極其重要的契機。包玉剛隨即透過九龍倉提出反收購建議，並最終擊敗邱德拔，成功控制了會德豐。九龍倉收購會德豐後，包玉剛旗下的上市公司多達 10 家，包括九龍倉、會德豐、置業信託、聯邦地產、夏利文發展、連卡佛、聯合企業、寶福發展、香港隧道等，成為足以與長實、和黃及怡和、置地並重的大型綜合企業集團，成功建立其家族在香港的陸上商業王國。

包玉剛的女婿吳光正。

　　1986 年，包玉剛發覺身體不適，遂宣佈正式退休，開始部署向家族第二代交班計劃，將其龐大商業王國，分交 4 位女婿掌管，其中，陸上王國隆豐國際（會德豐注入）、九龍倉系由二女婿吳光正主理。80 年代中後期包氏集團交接班期間，隆豐國際及九龍倉系一度頗為沉寂。這一期間，隆豐國際及九龍倉側重進行連串的內部資產和架構重組，先後將被全面收購的會德豐及其旗下的上市公司連卡佛、置業信託、聯邦地產及夏利文發展的控制權從九龍倉轉移到隆豐國際，又將夏利文發展私有化，形成以隆豐國際為控股公司，以九龍倉為主力的企業集團。不過，自 1988 年吳光正開始獨立領導隆豐國際及九龍倉之後，該集團的投資策略迅速轉趨活躍，並形成以地產發展及投資為主，以電訊和基建為兩翼重點拓展的多元化發展策略。

　　1993 年 9 月，隆豐國際集團主席吳光正宣佈將集團易名，從隆豐國際投資易名為「會德豐有限公司」，以配合集團投資策略的重新釐定，令該公司從過去的控股公司轉變為商行。為配合投資策略的轉變，會德豐自 1994 年以來進行結構重組，將旗下業務劃分成三大類：會德豐全資持有的會德豐發展持有上市公司新亞置業（前身是置業信託）及聯邦地產，分別專責發展亞太區及香港的地產業務；會德豐全資持有的會德豐亞太，則持有連卡佛，專責香港及亞太區的金融、零售、服務及貿易，是會德豐重塑大商行的主力；而會德豐旗下的九龍倉則作為綜合企業，重點發展香港的地產、酒店、電訊及基建。

　　會德豐及九龍倉集團主席吳光正看好香港經濟前景。1988 年，即吳氏出任該集團主席後不久，吳光正已明確表示：「香港是一個很特別的地方，其經濟增長率非常之高，在過去 30-35 年間，平均每年增長率以複息計亦達 17%，因而三五年內投資就可以收回成本。香港的競爭非常激烈，但卻是融洽競爭，到處充滿賺錢機會。」[27] 踏入 90 年代，他又指出：「香港可以憑著其戰略位置，作為中國南部的金融和經濟首府」，並表示「我們願意對香港作出承諾，深信香港仍將存著大幅增長的機會」。[28]

　　基於這種信念，會德豐以九龍倉為主力，以「創建明天」為旗號，積極展開一系列令香港矚目的投資活動，在地產方面，重點是透過改建或重建旗下原有物業，盡用地積比率，擴大集團的優質資產規模。首個大型地產發展項目便是雄踞於銅鑼灣繁盛商業區的時代廣場。時代廣場舊址是位於銅鑼灣霎東街的香港電車公司車廠，早在 70 年代已納入發展之列，初時的計劃只是在原址發展一座小型住宅樓宇，由香港電車公司與會德豐旗下的聯邦地產合作進行。1979 年吳光正隨包玉剛加入九龍倉董事局，被委派接手電車廠址的重建發展，吳氏發現該廠址位於銅鑼灣極具發展潛力的地盤，故要求公司重新檢討該項重建計劃。吳光正的

左｜吳光正精心策劃的銅鑼灣時代廣場。

中｜時代廣場內景之一。

右｜時代廣場內景之二。

下｜時代廣場前身，位於銅鑼灣的電車總站。

這項革新建議，在當時並未被看好，加上適逢中東第二次石油危機爆發，故怡和、九龍倉主席紐璧堅亦贊同押後此重建計劃。至 1980 年及 1985 年，包氏集團先後收購九龍倉及會德豐，該項計劃便落入吳光正手中，成為吳氏入主九龍倉的首項大型地產發展計劃。

時代廣場於 1988 年開始動工，至 1993 年落成，歷時 5 年。整座建築物包括兩幢分別樓高 46 層和 36 層的辦公大樓蜆殼大廈和西敏寺大廈，以及一座 16 層高的商場，共容納逾 300 間商店、18 間食肆、4 間戲院和 700 個泊車位，總面積達 240 萬平方呎。建築外牆以花崗岩及無框玻璃建成，牆上最矚目處設有全港第一部巨型室外電視幕牆，大廈四周是 3.3 萬平方呎的開放式庭園廣場，廣場一角設有大型鐘樓。時代廣場落成後，即以其恢宏的氣勢、美輪美奐的外觀傲視同儕，成為銅鑼灣地區最優質的商廈和該區的標誌，出租率高達 100%。由於不須補地價，整項投資的建築成本僅 24 億港元，而每年為集團帶來的租金收入就超過 9 億港元。時代廣場可說是吳光正確立其在集團地位的首項大型計劃，取得圓滿的成功。

就在時代廣場興建的同時，九龍倉亦展開對尖沙咀海港城的龐大重建計劃。海港城一期重建計劃是將兩幢住宅物業重建為兩幢樓高 36 層的港威大廈。一期重建工程於 1994 年完成，為集團提供了 113 萬平方呎的寫字樓物業。海港城二期重建工程隨亦已於 1994 年展開，將原址 3 幢住宅物業拆卸重建為 3 幢甲級寫字樓，全部工程於 1999 年陸續完成，為集團再增加 270 萬平方呎的寫字樓和商場面積，進一步鞏固九倉作為「尖沙咀地王」的地位，而尖沙咀海旁的面貌也因而煥然改觀。據統計，到 1998 年，九龍倉旗下的投資物業組合已高達 950.7 萬平方呎，超過置地而成為與太古地產並駕齊驅的大型地產投資集團。

1989 年，會德豐系亦開始加強地產發展的業務，初期以旗下的聯邦地產作先鋒，與信和等集團合作，在九龍亞皆老街、京士柏道、沙田等地購地建屋。1990 年及 1992 年，九龍倉及會德豐又先後投得土地發展又一居和倚龍山莊，地產發展業務漸見活躍。1993 年，會德豐系大舉出擊，當年會德豐與九龍倉、置業信託合組財團以 35.3 億港元的高價擊敗南豐、新世界、長實等財團，奪得鑽石山地王。該幅土地面積約 28 萬平方呎，計劃建成 5 幢面積達 120 萬平方呎的住宅大廈和 65 萬平方呎的荷里活廣場，總投資近 55 億港元，平均每平方呎樓價約 3,000 港元，整個計劃於 1997 年 8 月完成。1994 年，會德豐系再接再厲，以 35 億港元高價再下一城，奪得深井海旁生力啤酒廠址，該地段將發展 250 萬平方呎住宅樓宇。

到 90 年代中，會德豐／九龍倉系已成為香港活躍的地產發展商。1996

1986 年《文匯報》關於金鐘道域多利兵房 2 號地段拍賣的報道。

香港有史以來最高拍賣金
太古十億得投金鐘地
另斥十二億元發展
拍賣反映順利發展型大對商展興感投資趣

長江實業率先承價
五地產商參與角逐
開價八億五千萬
拍賣官許士元對此結果表滿意

金鐘兵房外遺的大榕樹

年底，九龍倉市值為 876.921 億元，在香港十大地產發展商中排名第 5 位，僅次於新地、長實、恒地、新世界。（表 5-7）

2.8 太古地產：金鐘、鰂魚涌建地產王國

太古地產是香港地產業的後起之秀，創辦於 1972 年，1977 年在香港上市。當時因為成功發展太古城，實力迅速增強，到 1979 年底，太古地產的市值已達 18.7 億港元，躋身香港十大地產上市公司之列。1983 年底，太古地產市值升至 40.1 億港元，已成為香港僅次於置地的第二大地產上市公司。當時，太古地產擁有可出租樓宇面積 380 萬平方呎，同年租金收入 1.69 億港元。1984 年，股市低迷，太古地產被私有化，成為太古集團旗下的全資附屬公司。

踏入過渡時期以後，太古地產在地產市場上日趨活躍。1985 年 4 月，就在中英雙方簽署《中英聯合聲明》不久，太古旗下的全資附屬公司太古地產即以「氣吞牛斗，志在必得」的姿態，在官地拍賣會上擊敗眾多華資及南洋財團，包括信和地產、新鴻基地產、新世界發展、南豐、華懋、恒隆、鷹君等，以 7.03 億港元價格投得面積達 11 萬多平方呎的金鐘域多利兵房一號地段。1986 年 5 月，太古地產再接再勵，以 10.05 億港元價格，擊退新世界發展、新鴻基地產、長江實業、南豐等華資集團，投得毗鄰的金鐘域多利兵房二號地段，面積

左｜太古地產透過對金鐘太古廣場的龐大投資，建立起在該區的領導地位。

右｜太古把鰂魚涌太古糖廠的原址，改建成商廈，原因是看好該區未來的發展前景。圖為改建後的規劃圖。

達 17.2 萬平方呎。

太古地產共動用 17.08 億港元購入金鐘黃金地段 28.7 萬平方呎土地，計劃在該地段上發展兩幢商業大廈、3 間一流酒店、豪華公寓及全服務式酒店住宅，以及中區最龐大的購物中心，總樓面面積達 500 萬平方呎，命名為「太古廣場」。太古廣場的發展計劃分兩期進行，第一期從 1985 年動工，到 1989 年完成；第二期則在 90 年代初相繼完成，旋即成為中區新的商業樞紐。整個計劃的總投資達 50 億港元。太古地產透過對金鐘太古廣場一、二期的龐大投資，建立起其在金鐘地區的領導地位，為集團在地產業的發展奠定了堅實的基礎。

80 年代末期，太古地產又在鰂魚涌銳意發展，策劃大型地產發展計劃。太古對鰂魚涌一帶的物業情有獨鍾是可以理解的。追溯到一個世紀以前，太古糖廠就在鰂魚涌糖廠街 28 號製糖（糖廠街就是以此命名的），難怪太古對這塊發跡之地特別眷戀。不過，太古地產銳意發展鰂魚涌更重要的原因，是看好該區未來的商業發展潛力。有說香港每 10 年就有一幅旺地誕生，百多年前，西環一帶極旺，之後中環、灣仔、銅鑼灣相繼蓬勃發展，鰂魚涌極可能是下一站。

其實，早在 80 年代，太古地產已在鰂魚涌積極收購物業，1992 年 12 月，太古地產以 5 億港元價格購入糖廠街南華早報大廈，相隔 3 個月再斥資 7.5 億港元購入華蘭路 22 號凸版大廈。至此，太古地產在鰂魚涌擁有物業已達 8 幢之多，包括德宏大廈、香港電訊大廈、多盛大廈、和城大廈、常盛大廈、康和大廈，以及南華早報大廈和凸版大廈，總樓面面積接近 400 萬平方呎。其中，1993 年和 1994 年先後完成重建的德宏大廈、多盛大廈已相繼出租，每幢新廈均以行人天橋或通道與其他大廈相連，日後再與太古城連接，整個發展計劃跨越九七。太古地產總經理詩柏（Stephen Spurr）表示，太古地產將為這個升格的鰂魚涌商業城堡建立一個新名字——太古坊。他表示，太古坊管理比之太古廣場亦毫不

上｜位於鰂魚涌重建後的德宏大廈。

下｜太古地產在鰂魚涌的另一物業——凸版大廈。

遜色，其租客將是那些在中環保留一個小型辦公室，但希望在鰂魚涌找到一流辦公樓的機構。太古坊鄰近地鐵站和東區海底隧道出口，交通便利，因而極具商業發展潛力。可以預料，1997 年之後太古地產將在鰂魚涌太古城地區建立起其無可匹敵的地產王國。

1994 年 1 月，太古與香港中信的合作擴展到地產業，兩集團首次在官地拍賣會上聯手，以 28.5 億港元購入又一村達之路商業地王，各佔 50% 股權。兩集團計劃斥資 50 億港元，將該地皮發展成大型商場，總樓面面積達 120 萬平方呎，整個工程預計於 4 年內完成，由太古地產擔任發展經理。這項合作無疑將有利於進一步加強兩個集團的多方面合作。

到 90 年代中期，太古地產已成為香港有數的大型地產集團。據 1994 年度太古洋行的年報，太古地產擁有的投資工商住宅物業，總面積達 912 萬平方呎；其中商業樓宇 646 萬平方呎，包括太古廣場一、二座及購物商場，太古城中心，太古城中心三、四座，太古城一至十期商業單位，太古坊德宏大廈及多盛大廈等；工業樓宇 183 萬平方呎，包括太古坊和城大廈、康和大廈及常盛大廈；住宅樓宇 83 萬平方呎，包括太古廣場曦暹軒和柏舍等。太古地產發展中或有待發展的投資物業則有 243 萬平方呎，包括太古城中心一座、太古坊南華早報大廈、凸版大廈以及又一村新九龍內地段等。換言之，太古地產在未來 4 年內，投資物業樓面面積將高達 1,155 萬平方呎，僅次於新鴻基地產和九龍倉而排名第 3 位。太古地產已成為太古集團的重要收益來源。

1994 年度，太古公司營業溢利總額達 81.67 億港元。其中，地產 38.49 億港元，佔 46.3%；航空 36.5 億港元，佔 44%；實業 5.08 億港元，佔 6.1%；貿易 2.36 億港元，佔 2.8%；海洋服務 0.61 億港元，佔 0.7%；保險 0.08 億港元，佔 0.1%。地產和航空已成為太古集團的兩大重要支柱。到 1997 年香港回歸前夕，太古地產的盈利貢獻進一步拋離航空業，佔全集團收益近六成，遠超只佔近三成的航空業，成為帶領集團發展的火車頭。[29]

2.9 希慎興業：「銅鑼灣地王」

利氏家族的希慎集團是香港老牌的地產商，早在 1920-1930 年代已是銅鑼灣的大業主，戰後更開闢利園山，先後建成波斯富街、利園山道、恩平道、新會道、新寧道上的許多住宅樓宇。1981 年 9 月，香港股市牛氣沖天，恒生指數第二度衝破 1,700 點大關，利氏家族將位於銅鑼灣的 5 幢收租物業，包括希慎道 1 號、禮頓中心、興利中心、新寧大廈及新寧閣等組成希慎興業有限公司，並在香港上市，集資 5 億港元。當時，希慎興業可謂一家純地產收租公司，擁有出租物業約 123 萬平方呎。

當年希慎興業上市，在市場上曾引起一些猜測，因為利家向來作風保守，極少容許外

希慎興業旗下的投資物業──銅鑼灣禮頓中心。

人「分享」祖業，即使在 70 年代初期股市瘋狂時，利家也沒有上市套現的想法。但踏入 80 年代，情形卻有了轉變，除上市集資外，還多次出賣物業，如銅鑼灣恩平道一些舊樓，就從利家轉到其他發展商名下。當時有人懷疑利氏家族在轉移風險，但執掌家族生意的利澤銘生前一直極力否認，聲明利家仍以香港為根基所在，「每一分錢利潤都留在香港」。或許由於這種猜測，希慎興業上市後股價表現曾長期落後於大市。不過，誰都不會否認希慎興業是一家優質的地產公司。其名下擁有的收租資產，全部均為甲級寫字樓和高級住宅，甫上市便贏得「小置地」稱號，1984 年更被列為 33 隻恒生指數成份股之一。

希慎興業上市後，即著力加強旗下的投資物業陣營，向大股東利氏家族購入地產物業及重建發展地盤，計有 1984 年以 4,600 萬港元購入港島淺水灣寶山閣；1986 年以 4,500 萬港元購入銅鑼灣兩個地盤，發展成今日的友邦中心及禮頓道 111 號，同年又以 8.5 億港元購入花園台 2、3 號及樂源道 38 號柏樂苑；1987 年以 4.45 億港元購入恩平道 2-38 號及渣甸坊 19 號等。到 80 年代末，希慎的銅鑼灣王國已發展至擁有 270 多萬平方呎樓面面積，比上市初期增加逾倍。

踏入 90 年代，希慎興業的投資策略明顯轉趨積極，除繼續擴大集團的土地儲備之外，更展開多項物業重建計劃，包括興建嘉蘭中心，重建利舞台及利園酒店等，以便用盡土地的地積比率，擴大和鞏固希慎在銅鑼灣的地產王國。嘉蘭中心位於銅鑼灣恩平道，是希慎透過收購整條街的舊樓地皮重建而成的，於 1992 年底落成，樓高 31 層，樓面面積 62 萬平方呎，是該區的高級商廈，希慎總部就設於此。

利舞台的重建計劃始於 1991 年 3 月，希慎斥資 4.5 億港元向大股東利氏家族購入波斯富街 99 號利舞台地皮。利舞台落成於 1925 年，整個建築沿用 19 世紀末法國和意大利式歌劇院的設計，外西內中，裡面的穹窿圓頂，繪有飾以金箔的 9 條金龍，舞台頂層精雕著丹鳳

上左｜舊利舞台，曾經歷燦爛風華 66 載。

上右｜重建後的新利舞台。

下左｜舊利園酒店，70 年代曾有過輝煌歷史。

下右｜重建後的新利園酒店，成為「銅鑼灣地王」的標誌。

朝陽，下層為二龍爭珠，極盡豪華瑰麗。兩旁對聯為：「利擅東南，萬國衣冠臨勝地；舞徵韶護，滿台簫管奏鈞天。」當中擁有能旋轉 360 度的自動轉景舞台，是當年香港最豪華的劇院。然而，經歷了 66 載燦爛風華的利舞台終於未能阻擋香港地產大潮，1991 年希慎斥資 8.5 億港元拆卸重建利舞台，計劃建成一幢日本銀座式的戲院和購物商場。重建後的利舞台於 1995 年落成，成為毗鄰時代廣場的另一高級購物娛樂中心。該物業 70% 股權屬希慎興業，另外 30% 權益由先施公司購入。

利園酒店的重建計劃亦於 1993 年展開。利園酒店在 70 年代曾有過輝煌歷史，當時它是香港少數由華人管理的豪華酒店，每年香港小姐選美例必在利舞台舉行，然後在利園酒店彩虹館設宴招待佳麗和嘉賓，利舞台和利園酒店一時衣香鬢影、艷光四射，成為傳媒焦點。然而，利園酒店亦未能阻擋歷史潮流而風流雲散。1993 年，希慎展開利園酒店重建計劃，以配股形式集資 12.9 億港元，由大股東利氏家族行使認股證再集資 16 億港元，以 24.5 億港元向利家購入利園酒店物業，該項重建計劃總投資 42 億港元，計劃發展成金鐘太古廣場式大型綜合物業，總樓面面積達 90 萬平方呎。利園重建計劃於 1997 年完成。

1996 年 11 月，希慎興業更斥資 36.4 億港元向華人置業購入中區優質商廈娛樂行，將投資觸覺伸向中區。1998 年，希慎旗下擁有的投資物業已達 478 萬平方呎，實際上已可與中環的置地、尖沙咀的九龍倉分庭抗禮，稱雄一方。

2.10 置地：「地產皇冠明珠」失色

70 年代末 80 年代初，英資的和記黃埔、九龍倉先後被李嘉誠、包玉剛收購，置地成為新興華商覬覦的目標。面對收購威脅，置地大股東怡和的主席紐璧堅採取了「連環船」方式，即透過怡和與置地互持對方四成股權的策略去保衛置地。然而，在隨後掩至的地產崩潰中，置地虧損嚴重，負債纍纍，並且累及怡和，令整個集團困守危城之中。

1983 年怡和新主席西門‧凱瑟克（Simon Keswick）上任後，隨即採取了一系列救亡措施，首先是出售置地的非核心業務以減低負債，其次是使「連環船」脫鉤。1986 年底，置地宣佈先後將旗下經營零售業的牛奶國際和經營酒店業的文華東方分拆上市；1987 年 2 月，怡和宣佈成立一家名為「怡和策略」的控股公司，將怡和與置地互控轉變成怡和與怡策互控，再由怡策持有置地、牛奶國際、文華東方 3 家上市公司股權。經過連串重組，置地被打回原形，從一家大型綜合性企業集團重新變成一家純粹地產投資公司。

怡和集團結構重組後，置地成為系內唯一沒有遷冊的重要上市公司，而且當時怡和策略僅持有置地 26% 的股權，控制權並不牢固。因此，怡置的「脫鉤」行動被市場理解為怡

左｜典雅宏偉的皇后大道中九號。

右｜置地在中環的優質投資物業——太子大廈。

和有意對置地善價而沽。這種情況再次激起華資財團覬覦置地之心。當時身兼置地主席的西門‧凱瑟克亦曾說過：「The door is always open」（大門總是打開的）、「Everything has a price」（問題在於價格），顯示怡和有段時間確曾考慮過出售置地的問題。

　　這種情形，再次激發了華資大亨覬覦置地的雄心。1987年10月股災前數個月，隨著股市的大幅上揚，有關收購置地的傳聞不絕如縷，繼而甚囂塵上。此後，置地收購傳聞不斷在市場上廣為流傳，被傳收購的財團包括李嘉誠的長江實業、鄭裕彤的新世界發展、李兆基的恒基地產、郭得勝的新鴻基地產，以及一些美資和日資財團。據傳言，李嘉誠等人並未曾正式向怡和提出收購置地的建議。不過，在10月19日香港股災發生前一個星期，港督衛奕信設宴招待官商名流。宴席間，李嘉誠試探西門‧凱瑟克是否願意以每股17港元接受收購置地的股份，凱瑟克當時僅報以微微一笑，似乎盡在不言中。據說，當時包偉仕在計算了置地1988-1989年租金調整等收益後，認為每股17港元已可接受，但西門‧凱瑟克則表示對置

地有感情，且管理了不少時間，要求給予一個溢價，即每股 18 港元。[30]

收購置地的傳聞在 1987 年 10 月股災前達到高潮。不過，正當雙方緊張角力之際，一場全球性股災已悄然奄至。1987 年 10 月 19 日，因美國杜瓊斯工業平均指數急跌 108 點，當天亞太區股市一開，沽售壓力有如排山倒海，香港恒生指數暴跌 420 點，東京日經平均指數亦急挫 620 點，一時間市場風聲鶴唳。翌日，美國杜瓊斯指數更大瀉 508 點，觸發全球性股災。香港聯合交易所宣佈停市 4 天，10 月 26 日香港股市復市，恒生指數暴跌 1,120 點。在突如其來的巨大衝擊下，各華資財團自顧不暇，有關收購計劃被迫暫時擱置。

置地收購傳聞在沉寂了一段時間之後，於 1988 年 3 月間再度冒起。4 月初，李嘉誠在廣生行週年股東大會後（李氏亦是廣生行董事），首次向記者透露長實持有置地股份，但表示無意出任置地董事。1988 年 5 月初，即香港收購及合併守則規定的 6 個月時間過去後（根據該守則，全面收購需以 6 個月內最高購入價進行），李嘉誠等華資大亨決定與西門·凱瑟克攤牌。5 月 4 日傍晚，在曾任職怡和集團的和黃董事總經理馬世民的安排下，怡和主席西門·凱瑟克、怡和常務董事包偉仕、怡富常務董事史密夫等應李嘉誠的邀請前往和記大廈和黃會議室，與李嘉誠、鄭裕彤、李兆基、榮智健等召開會議。會議有接近 30 人出席，場面鼎盛。

5 月 6 日，香港《明報》曾以「30 風雲人物午夜和記大廈開會，李嘉誠先求買後求賣」為題，對這次英、華資財團兩大營壘對撼作出詳細報道：「據可靠消息來源對本報透露……李嘉誠在會上很坦白地向西門·凱瑟克表示，他名下的長江實業與其他 3 名合夥人，均希望能盡快解決有關置地控制權誰屬的問題，並出價每股 12 元，要求購入怡策手上 25.3% 置地股權，卻為西門·凱瑟克所拒絕，雙方才轉為洽商一個可行途徑，以解決當前爭持不下的死結。怡和最初對李嘉誠所提出把股權售予怡策的建議，反應並不熱烈，但華資財團方面堅持，如果不能全身而退，將會爭取派遣兩名代表加入置地董事會，不惜演變成兩敗俱傷的局面，怡和的態度才見軟化，並開始就交易的條件進行洽商。在談論轉售價格的過程中，包偉仕堅持要 3 個華資財團 7 年內不得購入怡和屬下任何上市公司的股份，爭取一段緩衝時間，以免華資財團利用解凍的資金，再度威脅怡和的控制權，最終獲得李嘉誠、李兆基及鄭裕彤的同意，以後的進展就極為順利，在不到 15 分鐘內就決定以八元九角五仙為轉讓價。」[31]

結果，怡和斥資 18.34 億港元鉅資，成功擊退華資財團的挑戰。事後，怡和主席西門·凱瑟克表示：「怡和視置地為一項長期投資，希望此舉掃除各種猜測，及展開怡和長期投資的旗幟。」這次事件反映怡和高層對香港前景的看法，與 1984 年遷冊時有一定程度的改變，決定穩守香港核心業務，保持香港大行地位及集團內最驕人的資產。這種轉變顯然與香港經濟的改變有關。自 1984 年中英兩國簽署《中英聯合聲明》後，香港前途明朗化，投資者信

心恢復。中國的改革開放更令香港經濟於 1986-1988 年間連續數年高速增長，增幅達兩位數字，顯示香港仍然是最賺錢的地方，此時撤出香港，將百年基業拱手讓人，實在可惜。在置地公司於 2014 年出版的《香港置地 125 年》一書中曾這樣描述當時的情形：「西門‧凱瑟克表示，怡和也曾經計劃出售置地公司，但每次看到出價，他與兄長亨利總認為，置地公司應該『多值一元』。現在回想起來，他們實在難以想像，若沒有被稱為『怡和骨幹』的置地公司，集團將會是怎樣的光景。」[32]

在 80 年代期間，置地的大型地產發展計劃主要只有兩項：即交易廣場發展計劃和雪廠街 9 號重建計劃。交易廣場地盤是置地於 1982 年 2 月以 47.55 億港元的高價向港府投得。該地盤佔地 14.4 萬平方呎，投資總額高達 80 億港元，是置地在最困難時期展開的最龐大的工程。整項發展計劃分兩期進行。第一期工程包括兩幢 52 層高的甲級商廈，即交易廣場一、二座；第二期工程包括一幢 33 層高的甲級寫字樓，即交易廣場三座，以及一座可與交易廣場一、二座相連接的 3 層高富臨閣購物商場和一個大型公眾花園。

交易廣場一、二期工程分別於 1985 和 1988 年落成，總共可提供約 150 萬平方呎的出租寫字樓面積，供超過 300 家大型國際機構開設辦事處。交易廣場坐落於中環核心商業區，建有行人天橋與置地旗下其他貴重物業相連，並直通地鐵、渡輪及巴士站，交通便利。因此，交易廣場一開業即成為香港的商業樞紐，及中區甲級寫字樓租金的指標。1994 年初地產高峰期間，交易廣場每月每平方呎租金曾創下 110 港元的紀錄。

置地的雪廠街 9 號重建計劃前後歷時逾 10 年。1980 年，置地宣佈展開雪廠街 9 號重建計劃，當時置地僅擁有雪廠街荷蘭行及有利銀行舊址地段，地盤狹小。其後，置地先後於 1982 年及 1987 年購入廣東銀行大廈（德輔道中 8 號）及球義大廈地皮，將原來只有 1 萬平方呎地盤合併成 3 萬多平方呎地盤。當時，置地有意一併連毗鄰的恒昌大廈也買下來，可惜未能如願。雪廠街 9 號重建計劃最終於 1991 年 12 月落成，命名為「大道中九號」。該物業樓高 38 層，總樓面面積 35.8 萬平方呎，在設計上採用了濃郁的古典風格和獨特的幾何設計模式，匯聚了中西精粹的建築特色，給人以精雕細琢之感，彰顯出卓爾不凡的氣派。大道中九號的建成，為置地從 70 年代起策劃的中區重建計劃畫上句號。

踏入過渡時期，隨著大股東怡和的遷冊、逐步淡出香港，置地的投資策略亦轉趨消極，其重要標誌就是逐步將旗下的非核心物業出售。1987 年，置地將銅鑼灣皇室大廈和灣仔夏慤大廈兩幢高級寫字樓以 23.8 億港元價格售予華人置業，又將價值 13.5 億港元的一批土地儲備賣給新鴻基地產。1988 年，置地將半山區的地利根德閣豪宅出售給澳洲奔達集團，套現 20 多億港元；1990 年再將銅鑼灣世界貿易中心出售，作價 17 億港元。1991 年，置地又先後向新地出售 4 項商場物業，向華人置業出售怡東商場、新港中心商場及海運大廈。

　　1992 年 5 月，置地的「減磅」策略又有突破性的發展，它宣佈以 38 億港元高價將剛完成重建的大道中九號高級商廈售予一個中資財團。消息傳出，全港矚目。市場傳出消息，即時已有多家華資財團，包括長江實業、恒基地產、華懋集團，以及華人置業等相繼向置地試探，企圖收購置地旗下的歷山大廈和太古大廈。[33] 不過，置地表示，無意再進一步出售中區核心物業，出售大道中 9 號的主要原因，是買家出價有吸引力。據報道，置地重建大道中九號成本只有 23 億港元，1991 年新鴻基地產曾向置地洽購，出價 27 億港元，被置地拒絕。這次中資財團出價 38 億港元，置地的出售利潤高達 65%。完成上述交易後，置地已成為一家坐擁鉅資的地產公司。

　　置地在大量出售旗下非核心資產的同時，即加緊在海外，尤其是英國物色收購對象，以配合集團的國際化戰略部署。經多年搜索，置地將收購目標指向英國上市公司特法加集團（Trafalgar House）。特法加集團由英商布洛克斯爵士（Sir Nigel Broackes）於 1956 年在英國倫敦創辦，1964 年在倫敦上市，是英國一家頗具規模的綜合性上市公司，經營的業務包括工程和建築、房屋興建和地產、航運及酒店業等，而以建築工程聞名。該集團曾於 1992 年 5 月奪得香港新機場核心工程的青馬大橋建造合約，轟動一時。長期以來，特法加集團與怡和集團一直有密切的合作關係，兩集團是香港最著名的建築工程公司 —— 金門建築的兩大股東，各佔 50% 股權。90 年代初，特法加集團深受英國經濟衰退的打擊，地產業需大幅撤賬，債務高企，虧損嚴重，1992 年其股價從每股 400 便士急跌至每股 50-60 便士，短短半年間股價下跌超過三分之二，正好成為怡和理想的收購對象。

　　1992 年，特法加的情況進一步惡化，股價大跌，凱瑟克家族見時機成熟，便直接向特法加展開狙擊行動。同年 10 月 1 日，置地在倫敦發動「拂曉行動」，透過英國華寶證券以迅雷不及掩耳的手法，斥資約 8,750 萬英鎊（約 11.8 億港元），以平均每股 85.7 便士價格，成功購入特法加 14.9% 股權。1993 年 3 月 2 日，置地根據協議以 3,064 萬英鎊（約 3.4 億港元）增購特法加股權至 20.1%，成為該公司最大股東。4 月 14 日，置地提前再行使餘下認購特法加股權，令所持特法加股權增加到 25.1%。根據英國法律，25% 的控股權已是具防範性股權（Blocking Stake），沒有置地首肯，特法加不能有任何重大變動。

　　1993 年 5 月 5 日，特法加董事局宣佈改組，置地主席西門·凱瑟克出任該公司主席，加入特法加董事局的還有 3 名置地高級管理人員。至此，置地已全面控制了特法加集團，整個收購行動歷時 7 個月，動用資金約 25.43 億港元。幾經艱辛，置地終於如願以償，在英國倫敦建立起一個拓展海外市場的橋頭堡。

　　到 1994 年底置地撤離香港股市時，置地擁有的位於中區黃金地段的甲級商廈僅剩 7 幢，包括歷山大廈，交易廣場一、二、三座及平台、富臨閣，香港會所大廈，怡和大廈，

置地廣場（告羅士打大廈、大堂及公爵大廈）、太子大廈及太古大廈，可供出租樓面面積達 486.2 萬平方呎。該年底，置地市值 406.7 億港元，已落後於新鴻基地產、長江實業、恒基地產、九龍倉而排第 5 位。

　　不過，90 年代中期以後，怡和系海外發展屢遭挫折，置地對香港地產的投資又轉趨積極。1995 年置地控股重組，旗下分別成立掌管香港業務的置地中港（Hong Kong Land China Holdings）和負責海外投資的置地國際（Hong Kong Land International）。與置地關係密切的瑞銀華寶曾發表研究報告，指置地有意藉分拆為日後置地中港在香港重新上市鋪路，以免受特法加的拖累。置地自 1993 年增購英國特法加公司股權至 25.3% 以後，特法加一直虧損嚴重，1993 年度虧損 3.5 億英鎊（約 42 億港元），1994 年度再虧損 3.21 億英鎊（約 38 億港元），按置地已投資特法加 36 億港元計算，置地的虧蝕已超過一半。受特法加的影響，1995 年度置地盈利大幅下跌三成。在連年嚴重虧損之下，1996 年 3 月 4 日，置地宣佈已接納挪威公司 Kvaerner AS 的收購建議，將其所持特法加 25.8% 股權及 25.1% 可換股優先股股本出售，套現 2.24 億英鎊。據估計，置地在特法加的投資成本，整體淨虧損達 12.1 億港元。特法加的出售，無疑是怡和海外發展戰略的重大挫折。

　　海外發展的屢受挫折，令置地對原有的策略作出調整，加強了在香港的投資。置地 1982 年投得中環交易廣場地皮後，多年來一直未有公開投地。1995 年底，置地罕有地派出代表參與競投港府推出的司徒拔道一幅豪宅用地，且與淘大置業競逐到最後一口價，可惜無功而返。其間，怡和常務董事文禮信（Alasdair Morrison）亦親臨現場觀戰，反映出置地在香港的地產投資轉趨活躍。在此之前，置地又與新鴻基地產達成合作協議，各佔五成權益合作發展元朗牛潭尾一幅面積約 100 萬平方呎的地皮作住宅項目。1996 年初，置地更自組財團積極參與機場鐵路中環站上蓋物業發展項目，但再次敗落於由新鴻基地產、恒基地產、中華煤氣及中國銀行所組成的財團。稍後，怡和參與新鴻基地產、和記黃埔及中遠太平洋所組成財團（怡和佔 15% 股權），成功奪得屯門內河貨櫃碼頭的發展權，而以怡和、置地為首的青衣貨櫃碼頭集團在取得九號貨櫃碼頭發展權的問題上亦已展露曙光，中英兩國外長已達成共識，要求貨櫃碼頭經營商透過重組一號至九號碼頭權益，以解決九號貨櫃碼頭的僵局。

三、1997年：地產「泡沫」形成

香港的地產市道自1985年進入過渡時期以來，便進入一個長週期的上升階段。

特別是自1991年起由住宅樓宇帶動，其價格連年大幅跳升，

香港輿論曾形容為「像裝上一級方程序引擎馬達般一發不可收拾」。

據香港著名的測量行——仲量聯行的住宅指數計算，

從1984年1月到1997年7月的13年半間，香港住宅樓價整整上升了3倍，

升幅之大令人咋舌！（表5-8）

在住宅樓價的帶動下，寫字樓、商舖等市場均有可觀升幅。

地產市道的價格水平已日漸與市場的實際承受能力脫節。

3.1 地產「泡沫」形成的原因

1994 年初，著名的美國摩根士丹利公司已發表研究報告指出：香港地產市道的「泡沫」正漸漸形成，雖無即時爆破的危機，但要提防兩種可能：一是某些事件或環境令香港經濟急轉直下，又或引起極大的政治或經濟不安；二是利率突然飆升。不過，當時該研究報告仍認為：香港地產市道最可能出現的情況，是「泡沫」慢慢洩氣。結果，從 1994 年 4 月到 1995 年第 3 季，在港府推出一系列壓抑樓價措施以及美國連續 7 次調高息率等因素的影響下，香港樓市曾一度進入調整期，住宅樓價下跌約三成。

不過，自 1995 年第 4 季度起，香港地產市道再度從谷底回升。到 1996 年第 4 季度，市場掀起豪華住宅炒風，價格急升，並帶動中小型住宅樓宇價格大幅上升。踏入 1997 年，香港的「回歸因素」被迅速炒起，樓價在此因素推動下短短半年內再大幅上升三至五成，並形成空前熾熱的投機炒賣風潮。在樓價的帶動下，香港股市也從 1995 年初的低位止跌回升，恒生指數從 1995 年初的 6,967.93 點大幅上升到 1996 年底的 13,203.44 點，升幅達 89.5%。1997 年香港股市繼續大幅攀升，恒生指數於 8 月 7 日創下 16,673.27 點的歷史高位，比年初再飆升 26.3%。其間，紅籌股掀起炒賣狂潮，北京控股的超額認購倍數高達 1,000 倍，光大控股的市盈率亦高達 1,000 倍，已達到極不合理的地步。

踏入 90 年代以來，在多種複雜因素的推動下，香港的地產、樓市大幅飆升，帶動香港股市的大幅上漲，地產、股市的異常繁榮又刺激銀行金融業的空前景氣，形成港元資產的急

速膨脹，進而產生整個經濟中的泡沫成份。香港經濟中的這種「大起」，實際上已為 1997 年第 4 季度以後經濟的「大落」埋下伏線。整體而言，導致地產「泡沫」形成的原因主要有：

表5-8　仲量聯行物業指數（1984年1月＝100）						
		辦公室			私人住宅	
年份／月份	整體	中環	灣仔／銅鑼灣	尖沙咀	大宅及豪宅	豪宅
84／01	100.0	100.0	100.0	100.0	100.0	100.0
84／04	98.2	97.9	98.4	98.9	99.7	97.5
84／07	93.2	94.1	98.4	84.9	97.5	90.3
84／10	90.1	91.7	93.6	85.2	98.0	94.1
85／01	95.1	98.2	93.7	88.5	97.8	106.7
85／04	102.1	103.7	101.5	100.0	111.7	123.3
85／07	113.2	113.3	110.1	119.9	120.7	138.2
85／10	121.8	121.7	118.6	129.0	127.4	145.6
86／01	124.4	123.2	119.0	138.3	127.8	143.2
86／04	125.3	122.6	119.4	145.4	131.3	144.9
86／07	123.3	116.0	125.8	150.2	128.5	141.8
86／10	127.8	118.2	137.8	154.6	130.2	141.9
87／01	143.0	139.7	144.4	157.5	130.1	141.6
87／04	149.4	146.3	145.7	169.1	137.2	148.8
87／07	167.5	160.4	176.6	187.1	144.4	152.5
87／10	176.4	168.5	186.6	198.5	155.8	160.5
88／01	186.7	177.7	197.6	212.1	154.8	157.5
88／04	200.2	185.0	232.9	224.4	157.5	162.4
88／07	233.9	222.5	246.0	267.5	173.4	187.9
88／10	280.8	262.2	300.8	334.1	189.0	205.9
89／01	320.9	288.7	377.5	371.2	200.7	217.3
89／04	368.9	341.7	425.1	419.2	228.7	247.3
89／07	426.5	394.4	531.2	440.6	225.6	244.8
89／10	376.1	339.1	445.6	429.3	195.2	220.4
90／01	386.6	349.2	458.7	444.4	196.8	215.8
90／04	390.1	354.4	457.9	444.9	202.2	213.9
90／07	370.0	343.7	429.0	414.2	210.1	210.7
90／10	345.0	322.5	369.8	412.3	217.1	210.9
91／01	314.7	299.6	342.1	361.8	237.5	214.0
91／04	302.5	270.5	343.1	359.7	259.0	232.7
91／07	301.4	263.7	333.5	360.6	299.4	249.6
91／10	338.8	312.3	398.1	381.7	342.2	299.6
92／01	370.5	321.6	419.8	434.8	365.2	330.2

年份 / 月份	整體	辦公室			私人住宅	
		中環	灣仔 / 銅鑼灣	尖沙咀	大宅及豪宅	豪宅
92 / 04	405.4	350.7	473.7	452.2	418.6	384.1
92 / 07	482.2	413.5	596.7	488.3	465.9	417.0
92 / 10	497.1	427.5	597.6	532.0	486.2	449.1
93 / 01	504.5	432.4	602.1	554.3	468.8	436.6
93 / 04	516.6	445.2	605.5	579.6	486.8	462.2
93 / 07	603.0	524.7	722.7	627.5	560.8	539.4
93 / 10	644.9	562.3	772.4	667.4	573.3	571.1
94 / 01	701.8	614.5	830.0	736.9	708.7	713.2
94 / 04	977.8	863.2	1,185.6	944.5	886.2	899.7
94 / 07	975.9	862.4	1,184.7	937.4	853.9	870.8
94 / 10	897.4	792.2	1,087.0	857.5	852.8	877.4
95 / 01	802.1	696.7	968.0	810.4	801.0	824.3
95 / 04	759.1	650.7	955.7	730.2	804.6	823.5
95 / 07	694.2	592.8	861.3	694.3	739.2	755.3
95 / 10	640.0	549.0	786.2	645.8	676.1	695.7
96 / 01	608.6	519.0	757.5	608.0	683.4	702.5
96 / 04	622.4	543.6	771.9	589.2	745.2	761.6
96 / 07	650.2	571.4	813.1	590.2	829.9	853.9
96 / 10	664.7	585.4	834.8	594.3	894.0	917.7
97 / 01	862.3	808.6	1,013.7	728.1	1,103.0	1,144.5
97 / 04	883.1	816.6	1,046.4	754.7	1,152.8	1,184.9
97 / 07	910.4	845.8	1,087.7	759.6	1,325.6	1,373.8
97 / 10	848.1	776.6	1,011.1	730.8	1,360.6	1,412.0
98 / 01	705.4	619.6	856.3	638.1	1,032.0	1,064.6
98 / 04	605.2	528.9	739.9	545.8	921.6	943.2
98 / 07	506.3	453.5	599.2	459.1	703.5	705.9
98 / 10	407.7	363.2	492.0	360.6	620.0	622.0
99 / 01	348.3	330.3	392.1	301.4	670.9	671.8
99 / 04	339.9	321.8	377.9	301.8	687.8	695.6
99 / 07	354.7	335.9	406.9	296.9	723.7	737.5
99 / 10	365.5	348.2	427.0	291.6	715.8	729.7
00 / 01	386.7	375.0	457.5	289.2	747.3	764.7
00 / 04	390.3	377.8	463.4	291.3	753.6	769.9
00 / 07	391.1	378.5	465.5	291.0	730.0	745.7

資料來源：仲量聯行

（1）香港房地產市場供求嚴重失衡。

從供應看，自 1985 年香港進入過渡時期以後，受到《中英聯合聲明》附件三的制約，港府每年賣地不得超過 50 公頃，這項規定對香港的土地供應產生了深遠的影響。在實際執行中，中英土地委員會也觀察到 50 公頃批地上限的問題，因此在執行初期已作彈性放寬。如 1985-1986 年度放寬至 58 公頃，1986-1987 年度放寬至 55 公頃。不過，前者包括批予和記黃埔集團用以興建葵涌貨櫃碼頭的海床 28 公頃，後者亦包括作為貨櫃碼頭後勤使用的海床 3.5 公頃，可見放寬的幅度不但很小，而且更只是針對特定的發展工程而制定。及至 1994 年，土地供應已明顯短缺，中英土地委員會才有限度放寬供應，其中僅 1997 年上半年的土地供應量已超過 50 公頃。[34]（表 5-9）

表5-9　過渡時期香港政府的土地供應（單位：公頃）

年份	工業	商業	商住	住宅	總數
1991	4.33	0.83	5.60	33.09	43.84
1992	13.73	0.89	0.32	23.03	37.97
1993	4.10	0.13	8.45	28.20	40.88
1994	8.26	0.90	2.69	27.99	39.84
1995	2.64	0.85	2.27	66.65	72.41
1996	0.92	0.35	5.13	63.40	69.81
1997 上半年	1.20	0.77	0.00	53.86	55.84

資料來源：香港政府統計處

香港的土地供應中，住宅土地的供應尤其嚴重不足。1995 年以後放寬的土地供應中，絕大部分是住宅用地，以彌補過去多年的嚴重短缺。（表 5-9）然而，一般而言，從土地拍賣到建成樓宇出售通常需時 3 年，因而 1995 年增加的住宅用地要到 1998 年才能在市場發揮調節需求的作用。換言之，這段時期香港住宅市場的供應仍相當緊絀。這期間港府的公屋建設又因長遠房屋策略的實施而長期滯後，趕不上需求。

從需求看，90 年代以來香港人口增加速度遠遠超過港府原來的估計，截至 1996 年中，香港人口總數已達 631 萬，按照港府 1992 年時的估計，這將是 2006 年以後才達到的數字。由於人口急增，香港的住戶數目從 1991 年的 158.2 萬增加到 1996 年的 185.6 萬，其中約 78% 的增幅是基於 13% 的人口增長，主要源於中國內地的合法移民和海外勞工的湧入，以及較早期移民海外人士的回流。此外，住戶的平均人數也趨下降，從 1991 年的平均每戶 3.4 人下降到 1996 年的 3.3 人，（表 5-10）這也加速了住戶數目的增加。這一時期，新落成住宅供應量明顯未能追上新增住戶數目。據統計，1991-1996 年期間，新落成住宅單

位共 163,164 個，而新增住戶數目則達 273,176 戶，前者只及後者的六成。90 年代中期，港府發現住宅樓宇供應嚴重短缺之後並未即時採取有效措施，致使樓宇供求出現嚴重失衡狀況。

表5-10　香港住戶數目及平均住戶人數變化情況

年份	住戶數目 （單位：1,000）	平均住戶 人數（人）	5 人或以下家庭 佔總數（%）
1961	687	4.4	—
1966	757	4.7	—
1971	857	4.5	65.8
1976	999	4.2	70.8
1981	1,245	3.9	77.5
1986	1,453	3.7	84
1991	1,582	3.4	89
1996	1,856	3.3	—

資料來源：香港政府統計處

（2）香港地產業逐漸形成經營高度集中的局面。

在香港特定的土地管理制度下，經過多年的競爭與發展，香港地產業已逐漸形成經營高度集中的局面，為數約十數個大型地產發展商控制了香港地產市場的絕大部分份額。根據港府的統計，以樓面總面積計算，從事地產發展的最大規模的 10 家集團[35] 在 1994-1996 年的市場佔有率分別是 52.4%、55.9% 和 63.0%，其中在住宅樓宇市場的佔有率更分別高達 60%、63% 和 76%，數字顯示這種經營集中性的趨勢有日漸明顯之勢。（表 5-11）

這種經營集中性在香港新落成的住宅市場中表現得更明顯。根據香港消費者委員會在

表5-11　1994-1996年香港地產業十大集團的經營集中性

用途	發展計劃（數目及比率）			樓面總面積（千平方米及比率）			增加價值（億港元及比率）		
年份	1994	1995	1996	1994	1995	1996	1994	1995	1996
住宅樓宇	112 （27.8%）	95 （27.1%）	120 （35.9%）	6,399.5 （60.3%）	5,883.0 （62.7%）	7,833.4 （75.5%）	231.6 （56.3%）	141.3 （46.9%）	320.7 （78.1%）
商業大廈	46 （22.1%）	40 （19.6%）	45 （22.3%）	1,407.9 （38.5%）	1,908.1 （48.4%）	1,734.3 （45.0%）	113.1 （42.3%）	85.0 （44.1%）	89.6 （44.3%）
工業大廈	36 （35.6%）	37 （37.0%）	34 （37.4%）	839.5 （37.6%）	965.6 （41.0%）	1,210.3 （42.2%）	24.8 （47.6%）	24.2 （41.4%）	14.4 （37.9%）
總數	194 （27.2%）	172 （26.3%）	199 （31.7%）	8,646.9 （52.4%）	8,756.7 （55.9%）	10,778.0 （63.0%）	369.5 （50.6%）	250.6 （45.3%）	424.6 （65.3%）

資料來源：《香港統計月刊》，1997 年 10 月、1998 年 11 月。

1996 年 7 月發表的調查報告《香港私人住宅物業市場：「安得廣廈千萬間？」》，1991-1994 年間香港最大規模的 11 家地產發展商合共建成的樓宇住宅單位，佔每年私人房屋單位總數的 60-80%，以住宅樓面面積計算，他們所佔的相當於樓面總面積的 63-89%。其中，首 5 名地產發展商每年興建的住宅單位約佔總供應量的 51-71%，而在這 51-71% 的供應量中，首 3 名地產發展商約佔去 75%。[36]（表 5-12、5-13）這些調查數據顯示了香港新落成私人住宅樓宇市場的高度集中性。

　　根據香港消費者委員會的調查，新經營者在進入房地產發展市場與原有的大地產商競爭時，必須面對以下不利因素：（1）高昂的地價。1993-1995 年間，香港具有優秀潛質發展住宅物業的土地，每幅價值高達 20-25 億港元。原有的地產商因在 1985 年之前購入換地權益

表5-12　1991-1994年11家發展商的新樓宇單位的市場佔有率

發展商	1991 年	1992 年	1993 年	1994 年	1991-1994 年（平均數）
A	30%	30%	15%	28%	26%
B	12%	9%	11%	8%	10%
C	5%	7%	10%	16%	10%
D	10%	17%	3%	7%	9%
E	6%	4%	5%	11%	6%
F	2%	3%	4%	4%	3%
G	1%	0%	0%	0%	0%
H	0%	0%	0%	2%	1%
I	1%	3%	0%	1%	1%
J	3%	6%	3%	9%	5%
K	3%	5%	9%	0%	4%
合共	72%	82%	60%	86%	75%

資料來源：香港消費者委員會，《香港私人住宅物業市場：「安得廣廈千萬間？」》，1996 年 7 月。

表5-13　1991-1994年首5家發展商的新樓宇單位的市場佔有率

次序（高至低）	1991 年	1992 年	1993 年	1994 年	1991-1994 年（平均數）
1	A	A	A	A	A
2	B	D	B	C	B
3	D	B	C	E	C
4	E	C	K	J	D
5	C	J	E	B	E
首 5 間發展商的市場佔有率	61.5%	68.1%	51.0%	70.8%	60.3%
首 3 間發展商的市場佔有率	51.5%	55.0%	37.0%	54.7%	45.2%

資料來源：香港消費者委員會，《香港私人住宅物業市場：「安得廣廈千萬間？」》，1996 年 7 月。

書和擁有土地儲備，他們的土地成本均遠低於新經營者。原有地產商以高價競投土地，其結果是提高新經營者的入市成本。（2）高財務成本。新經營者在安排財務信貸方面，所得到的條件不能與原來有業績可循的大地產發展商相比。大地產商除可獲得較低的貸款利息外，還可從其他管道，諸如在股市集資取得資金。（3）較弱的議價能力。大規模的發展商享有規模經濟，在聘用專才和承建商方面擁有較大的議價能力。（4）購地途徑有限制。新經營者大多數依賴政府每年有限的土地供應，手上沒有甲種及乙種換地權益書的新發展商，未能參與某些土地投標。

　　根據香港消費者委員會的調查，香港雖然沒有法律障礙阻止任何人士加入樓市成為地產發展商，但是，新經營者進入地產發展市場與原有大地產商競爭時，卻面對著有限的土地供應、高昂的地價、高財務成本、較弱的議價能力等一系列不利因素。因此，香港的地產市場不算屬於具高度「競爭威脅」的市場，[37]自1981年以來，沒有新的大型地產商能夠打入市場（這是指每年供應量有能力達5%或以上的新私人住宅樓宇發展商）。[38]

　　香港消費者委員會在研究1990-1995年間將軍澳、馬鞍山、藍田3個地區新落成住宅樓盤的銷售情況時，發現大地產商的市場行為有兩個特點：一是樓盤的開售時間各不相迭，二是樓宇單位分成小批推出。消委會的研究報告認為：「這種供應樓盤的方法，會減少消費者的選擇，推高了樓價，及減低消費者比價的機會。」對於有發展商稱這種方法「實際上是發展商之間激烈競爭的結果」，該研究報告認為：「這種激烈的競爭最有可能是市場結構的結果（市場由少數參與者佔大比數的市場比率，又稱「寡頭壟斷」〔Oligopoly〕）。若如此，這反映市場上的不完全競爭（Imperfect Market Competition），市場上缺乏『完全競爭』，並不符合消費者的最佳利益。」[39]

　　香港消費者委員會在研究中還發現，由發展商持有的新落成住宅樓宇單位的長期空置率（建成後兩年的單位）較市場整體空置率為高。1995年的數據顯示該年新落成的單位，有11%仍在發展商手中，而整體市場的樓宇總空置率為4%。此外，數據顯示，1994年1月至1996年5月，經政府批出銷售樓花許可的住宅樓盤有57個，可提供的住宅單位共4萬多個，但截至1996年5月，只有40%在市面推出，其餘60%的單位或是未曾推出，或留作內部認購。消委會研究報告認為：「這種情況很少會在高度競爭的市場出現。」[40]

　　由此可見，經營的高度集中、市場的低度競爭威脅、價格歧視的存在，以及部分地產商囤積樓宇牟利等因素，都加劇了樓宇供求的不平衡。

　　（3）在港元與美元掛鉤的聯繫匯率制度下，因美國減息、利率偏低以及通貨膨脹高企，使銀行負利率情況嚴重，刺激大量資金湧向地產、股票市場，形成「資產通脹」。

　　自1983年10月實行港元聯繫匯率制度以來，香港的銀行利率被迫跟隨美元利率的走

勢。從 1989 年 6 月至 1994 年 3 月期間，美國因為經濟衰退或不景連續多次宣佈減息，最優惠利率從 11 厘減至 6 厘，香港因受制於聯繫匯率被迫跟隨減息。這期間，香港通脹率因經濟過熱而大幅上升，據統計，1989-1992 年的 4 年間，香港的通脹率年均高達 10.35%。通脹率對利率的差距形成銀行的負利率。自 1987 年以後，香港銀行的負利率情況開始出現並趨嚴重。以 1994 年初為例，3 個月定期存款利率僅 3.5 厘，最優惠利率 6.75 厘，住宅按揭利率 8.5 厘，而通脹率則達 8.5%。換言之，當時存款人的存款每年實質虧蝕 5%，樓宇按揭貸款的實質利率接近零。在負利率的環境下，大量資金從銀行體系流入地產、股票市場，大幅推高地產、股票價格，形成「資產通貨膨脹」。

1994 年 4 月以後，負利率因素開始消失。港府採取了一系列措施壓抑樓價，樓市一度進入調整期。但是，港府未能抓緊時機及時增加土地供應和公屋建設，造成兩三年後樓宇供應量減少。及至 1997 年，投資者將「九七回歸」從負面因素轉而視為正面因素，預期「九七」後香港經濟將進入一個新的發展時期，因而紛紛入市投資。這期間，有大量資金（包括港商從內地賺取的利潤和內地資金）從不同渠道流入香港，進入地產、股票市場。這一時期，樓宇已從居住用途轉變為投資工具，而且被視為一種看漲的投資工具。大量資金的投機加劇了樓宇供求的不平衡。

1994 年 5 月 27 日《文匯報》報道關於香港逾十大地產發展商結成大聯盟，競投官地的現場情景。

3.2 地產「泡沫」對香港經濟造成的隱患和危害

1997 年的地產「泡沫」，對九七後香港的整體經濟發展造成了嚴重的隱患，主要表現在：

第一，社會投機風氣猖獗，積極參與投機、不務正業的社會思潮泛濫。在地產、股市炒風的帶動下，香港在 1997 年前後相繼掀起炒的士牌、炒郵票、炒磁卡熱潮。社會上炒風瀰漫，市民普遍存在三種心態：一是不務正業，認為炒樓比打工好，炒樓一轉手便可賺二三十萬港元，甚至炒一個買樓籌碼就可賺逾 200 萬港元；二是賭徒心態，形成講膽識、一鋪定輸贏，贏了就發達的賭徒心態；三是不少人有挫敗及失落感，認為「辛苦工作賺錢，不及投機者多」。當時，社會上普遍流傳一句話：「High Tech 就揩（發展高科技就蝕錢），Low Tech 就撈（炒樓就賺錢）」，反映了社會上普遍存在著認為經商獲利不如炒樓投機的思潮，不少人紛紛轉而參與地產投機等活動，社會上存在著一種不務正業的傾向。長此以往，香港經濟勢

將倒退。

第二，形成地產業的超高利潤，推高香港整體的經營成本，嚴重削弱香港經濟的競爭力。隨著地價、樓價的急升，香港的寫字樓租金大幅飆升，到 1996 年底，香港甲級寫字樓租金平均已達每年每平方呎 105.56 美元，在全球主要商業城市中高居榜首，遠高於排第二、三位的莫斯科（78.79 美元）和東京（74.32 美元）。高昂的經營成本嚴重削弱了香港經濟的國際競爭力。正如美國學者恩萊特教授（Michael J. Enright）在其著作《香港優勢》一書中所指出：「影響香港目前和未來競爭力的各種問題中，最廣受議論的是成本問題。眾所周知，香港的住宅和辦公室租金之高，在全世界數一數二。香港購物天堂的美譽已經被零售業的租金影響了，因為昂貴的租金已經轉嫁到零售商品之上。」[41] 同樣道理，昂貴的樓價、租金也轉移到服務業以至香港經濟的各個行業，香港正逐漸形成地產業一枝獨秀而百業蕭條的局面。

「高地價、高樓價、高租金」導致了當時地產業的超高利潤。據統計，1996 年，香港 177 家製造業上市公司一年的純利總和，還不及三大地產公司其中任何一家的年利潤。（表 5-14）王氏港建已是香港一家較具規模的跨國企業集團，在東南亞很多國家都設有分公司，當時它一年的利潤是 3,000 萬港元，而非經常性利潤（主要是地產）就佔了三分之一。就連當時的香港行政局議員陳坤耀教授亦表示，他發現一家國際成衣公司在香港的總部只有一個人，秘書也是聘兼職的，若租金再繼續上升，那些跨國公司便支撐不下去。他認為，一旦昂貴的租金驅走外國公司後，租金將回落，但那些跑掉的公司並不會馬上回來，香港因此將付出沉重的代價。

表5-14　1996年香港上市公司市值、純利、派息比較（單位：億港元）			
公司	市值	純利	派息
新鴻基地產	2,264.09	110.39	44.45
長江實業	1,579.57	111.25	28.26
恒基地產	1,325.41	83.62	34.49
177 家製造業上市公司	1,575.47	50.98	43.32

資料來源：《1996 年底本港上市公司實收股數、收市市值一覽表》，香港《信報財經新聞》，1997 年 1 月 2 日。

當時，香港中華總商會名譽會長霍英東更嚴厲抨擊港府的高地價政策，他認為樓價已「高得離譜」，高得脫離實際，高到一般市民無力承擔的地步，而高昂的租金亦已經影響到正當的工商經營，令其出現困難。他指出，1996 年香港已有 1,000 多家店舖清盤破產，若這種情況持續下去，肯定會影響社會穩定。當時，香港經濟增長的火車頭和動力已經不再是傳

統的出口加工業，轉口貿易亦已放緩，內部消費疲弱，而公共投資亦因新機場核心工程的高峰期已過而回落，因此，房地產業成為經濟增長的主要動力。這種一枝獨秀、百業蕭條的局面若發展下去，勢將嚴重影響香港的經濟增長和整體競爭力。

第三，加劇社會的貧富懸殊，成為香港社會不穩定的重要因素。高地價、高樓價、高租金以及地產業的高利潤，加劇了香港社會貧富懸殊的局面。據統計，1996 年香港社會達四成二的收入落入首一成人口的口袋裡，而在底部的一成人口，只拿到社會總收入的 1.1%。當時，月入 10 萬港元或以上的家庭有 18 萬戶，而月入僅 5,500 港元的家庭則達 60 萬戶，41 萬人口處於赤貧，比 4 年前上升了四成，香港的貧富差距已達到近 20 年來的最高水平。這種現象，過去只出現在拉丁美洲，而不是東亞地區。由於香港缺乏有效的社會保障制度，那些沒有退休金保障、自行為老來積穀防飢的人，他們的儲蓄正逐步被高租金、高通脹吃掉。

這種情況正逐漸成為香港社會不穩定的重要因素。1997 年，香港就發生多宗與房屋有關的恐嚇事件。2 月 12 日，香港立法局外發現寫上打倒房屋司的可疑物品，要動用拆彈專家到場「引爆」。3 月份，幾家傳媒機構收到匿名信，聲稱要下毒對付時任房屋司首長及其他享有房屋津貼特權的人士。4 月份九龍尖沙咀巴士總站一輛巴士內發現寫有「沙林毒氣」及「抗議港府高地價政策」字條的玻璃瓶。凡此種種，都是社會醞釀動盪的先兆。

上｜美聯物業於 1995 年在香港聯合交易所掛牌，是本港唯一上市的地產代理公司。圖為該集團主席黃建業。

下｜全港最具規模的地產代理公司之一——中原地產，位於嘉湖山莊的分行，攝於 2000 年。

註釋

[1]　區士敏著，《康澤花園開盤動亂事件始末》，香港：《香港地產》雜誌，1985 年 10 月 1 日，第 4-6 頁。

[2]　茹惠潤著，《香港地產市場國際化的特點和原因》，香港：《經濟導報》雜誌，總 2014 期。

[3]　《全港最高租金寫字樓區，主要租戶為國際性機構》，香港：《經濟日報》，1989 年 5 月 11 日。

[4]　李秀娟著，《炒家蜂擁入市，地產升勢凌厲》，香港：《信報財經月刊》雜誌，1991 年 5 月號，第 22 頁。

[5]　同註 4，第 25 頁。

[6]　梁振英著，《香港房屋問題的第二波？》，香港：《明報月刊》雜誌，1992 年 1 月號，第 26-27 頁。

[7]　黃惠德、趙國安著，《和記黃埔行政總裁韋里：「我如何挽救一家瀕臨破產的公司」》，香港：《信報財經月刊》雜誌，第 2 卷第 1 期，第 29-30 頁。

[8]　雙慶譯：《使李嘉誠直上雲霄的一宗交易》，香港：《財富月刊》雜誌，1988 年 10 月 3 日，第 22 頁。

[9]　《積極建設發展，繪畫香港新貌——長江實業九十年代物業發展計劃》，長實小冊子。

[10]　梁道時著，《郭得勝先生——毋須擔心 1997》，香港：《經濟一週》雜誌，1981 年 6 月 25 日，第 2 頁。

[11]　唐守著，《郭得勝成功之道：人棄我取》，香港：《政經週刊》雜誌，1990 年 2 月 17 日，第 53 頁。

[12]　同註 11。

[13]　吳小明著，《李兆基神機妙算顯財技》，香港：《資本》雜誌，1996 年 12 月號，第 68 頁。

[14]　《十位掌握香港經濟命脈人士扶靈》，香港：《信報》，1990 年 11 月 6 日。

[15]　方元著，《李兆基的五千五百萬元大製作》，香港：《南北極》雜誌，1988 年 8 月 18 日，第 16 頁。

[16]　《楊秉正指出價偏低更非善意》，香港：《信報財經新聞》，1993 年 6 月 15 日。

[17]　同註 16。

[18]　《恒基集團快刀斬亂麻，成功收購美麗華控股權》，香港：《文匯報》，1993 年 6 月 19 日。

[19]　同註 13，第 71 頁。

[20]　歐陽德著，《新世界發展前景秀麗趁低吸進》，香港：《經濟一週》雜誌，1985 年 6 月 10 日，第 18 頁。

[21]　馮邦彥著，《香港華資財團（1841-1997）》，香港：三聯書店（香港）有限公司，1997 年，第 462-466 頁。

[22]　呂景里著，《恒隆決續發展地鐵港島線物業》，香港：《經濟一週》雜誌，1985 年 7 月 8 日，第 6 頁。

[23]　呂凱君著，《恒隆投資策略轉趨積極》，香港：《每週財經動向》雜誌，1992 年 3 月 23 日，第 18 頁。

[24]　《陳啟宗明言增添土地儲備》，香港：《信報財經新聞》，1991 年 6 月 5 日。

[25]　林惠瑩、方中日著，《黃志祥談信和「生仔」》，香港：《信報財經月刊》雜誌，第 5 卷第 1 期，第 30 頁。

[26]　馮邦彥著，《香港英資財團（1841-2019）》，香港：三聯書店（香港）有限公司，2019 年，第四章第三節。

[27]　冷夏、曉笛著，《世界船王包玉剛傳》，廣州：廣東人民出版社，1995 年，第 238 頁。

[28]　《會德豐「商行夢」前路漫長》，香港：《經濟日報》，1996 年 11 月 6 日。

[29]　鍾寶賢著，《太古之道：太古在華一百五十年》，香港：三聯書店（香港）有限公司，2016 年，第 181 頁。

[30]　《令人費解的「收購置地」內情》，香港：《信報財經月刊》雜誌，1988 年 6 月號，第 28 頁。

[31]　參閱《30 風雲人物午夜和記大廈開會，李嘉誠先求買後求賣》，香港：《明報》，1988 年 5 月 6 日。

[32]　置地控股著，《香港置地 125 年》（*Hongkong Land at 125*），香港：置地控股官網，2014 年，第 199 頁。

[33]　《歷山太古大廈受覬覦，置地控股仍無意出讓》，香港：《明報》，1994 年 2 月 8 日。

[34]　規劃署城市規劃組，《五十週年紀念》，香港：規劃署，1997 年，第 52 頁。

[35]　這裡所指的集團不一定是上市公司，它指一組在營運上相關的機構，其中包括母公司及其附屬公司。

[36]　香港消費者委員會著，《香港私人住宅物業市場：「安得廣廈千萬間？」》，1996 年 7 月，第 A3-1 頁。

[37]　經濟學家 Domsetz、Baumol、Willing 和 Panzare 把市場「競爭威脅」（Contestability）定義為：（1）「自由」入市；（2）退出時不費成本；（3）新經營者能否迅速加入市場競爭。

[38]　同註 36，第 4-5 頁。

[39]　同註 36，第 6 頁。

[40]　同註 36，第 7 頁。

[41]　恩特萊等著、曾憲冠譯，《香港優勢》，香港：牛津大學出版社，1997 年，第 175 頁。

「對政府來說，要達到這些目標，是莫大的挑戰。

困難之處在於我們不止要興建更多房屋，更要確保每年有穩定的樓宇供應，

以及更加準確預測日後的供應量，才可以把物業價格維持在合理水平。

為此，我們需要一個較長遠的 10 年規劃大綱，從中再逐年訂出往後 5 年的具體批地計劃。

此外，政府內部的規劃和統籌工作，也需要徹底改革。」

——董建華，《施政報告》，1997 年

第六章

金融危機衝擊下
地產業大調整

一、特區政府的政策目標：「八萬五」

1997年7月1日，香港在全球注目之中回歸中國，進入嶄新的發展時期。

新成立的特區政府首先面對的重大挑戰，就是如何制定合理、平衡的房屋政策，

逐步除去「地產泡沫」這一重大隱患。毋庸置疑，高地價、高樓價、高租金，

已對香港經濟的競爭力及社會發展構成相當大的危害，不能等閒視之。但是，

由於地產市場牽動著香港經濟的各個行業、各個環節、各大財團，以至數十萬小業主的利益，

一旦採取過激的政策或措施，則可能危及香港經濟，並造成社會不穩定的因素。

因此，房屋政策的制定，成為特區政府所面對的一個相當棘手的問題。

1.1 特區政府的土地政策

「九七」回歸以後，無論是香港特區政府的土地與房屋政策，還是香港的地產業本身，都發生了重要而深刻的變化。

回歸後，香港特區政府即時廢除了《中英聯合聲明》附件三所規定的，有關每年新批土地不得超過 50 公頃的限制。1997 年 7 月中旬，特區政府規劃環境地政局宣佈了新的土地政策，具體包括：（1）新批土地一般年期為 50 年，從批出日期起計算；（2）除特別土地類別（如批予新界原居民）外，每年的土地租金為當時差餉估值的 3%；（3）每年政府出售的土地，均依照所頒佈的計劃、未來兩年預算出售土地詳情（如地段號碼、地點、用途、覆蓋率、拍賣或招標日期等），在每年的財政年度全公佈。批地計劃包括隨後的 3 年（即共 5 年）的土地供應。

在新的土地政策下，新批土地一般年期為 50 年，從批出日期起計算，同時在過渡時期執行的相關限制即時廢除。至此，困擾香港整體經濟多年、在地產政策方面的不確定性終於消除。

1.2 特區政府的房屋政策

1997 年 7 月 1 日，香港特別行政區成立當天，董建華在就職演辭中，就表明解決房屋問題是特區政府面臨的首要任務，他並宣佈未來 10 年的房屋計劃，希望在 10 年後全港 70% 的家庭可以擁有自置居所。同年 10 月 7 日，董建華在他的首份題為「共創香港新紀元」的施政報告中，公佈了「建屋安民」的三大目標，即：（1）從 1999 年起，每年興建的公營和

私營房屋單位不少於 8.5 萬個；（2）在 10 年內使香港七成的家庭可以擁有自置居所；（3）於 2005 年將輪候租住公屋時間從現在的 6 年縮短至 3 年。

董建華表示：「對政府來説，要達到這些目標，是莫大的挑戰。困難之處在於我們不止要興建更多房屋，更要確保每年有穩定的樓宇供應，以及更加準確預測日後的供應量，才可以把物業價格維持在合理水平。為此，我們需要一個較長遠的 10 年規劃大綱，從中再逐年訂出往後 5 年的具體批地計劃。此外，政府內部的規劃和統籌工作，也需要徹底改革。」[1] 這就是著名的「八萬五」房屋政策，即透過每年供應 8.5 萬個住宅單位去扭轉房地產市場供不應求的局面，其中 3.5 萬個為私營房屋單位，5 萬個為公營房屋單位。

據後來披露的信息，所謂「八萬五」計劃，並非空穴來風。2001 年 5 月，當時身陷房委會短樁醜聞的香港房屋委員會主席王葛鳴，在立法會專責委員會曾表示，「八萬五」建屋構想早在彭定康港督任內已經提出，而房委會只是在執行政府制定的長遠房屋策略。她還提交兩封在 1994-1996 年間致彭定康的信件，其中一封在 1996 年 12 月寫的信件中表示，房委會最多只可建到 8.2 萬個單位，而不能達到政府要求的 10.6 萬個單位。[2]2006 年 8 月，時任行政會議召集人的梁振英亦指出，「八萬五」建屋計劃是彭定康任港督的時期（1992-1997）開始研究的，但由於受制於《中英聯合聲明》附件三批地條款而未能付諸實行。[3]

其實早在 1987 年，香港政府已制定至 2001 年的「長遠房屋策略」，為未來 10 多年定下政策方向。到了 90 年代中期，「長遠房屋策略」作中期檢討，將前瞻時間延伸至 2006 年，並發展出一套推斷房屋需求的計算模式。根據該電腦程式的推算，從 1995／1996 年計起的 6 年，每年平均有 5.4 萬個公營房屋和 3.1 萬個私人住宅的房屋需求，兩者加起來恰好是 8.5 萬個單位，與董建華提出的 10 年建屋計劃的數目不謀而合。[4] 當年，香港每年的房屋供應只有 5 萬多個，遠遠落後於電腦推算的「八萬五」需求。1997 年 1 月，港府發表題為「群策群力、建屋安民、共拓前路」的長遠房屋策略評議諮詢文件，再次提出未來 10 年房屋需求將高達 8 萬個，並提出了 41 項具體建議。其時，社會輿論主要關注政府有否足夠土地去滿足如此龐大的住屋需求，並質疑政府能否一下子大增建屋數量五成。但時任香港房屋司司長黃星華則宣稱，政府已有足夠的土地，只需重新規劃和增加密度即可應付需求。

董建華出任行政長官後，在原有港英政府計劃的基礎上，提出了雄心勃勃的「八萬五」建屋計劃。綜觀他的整份施政報告，特區政府的「建屋安民」政策，實際上是建基於一個總體發展思路，即致力維持香港在國際經濟中的競爭力、改善香港工商業的營運環境，並推動香港經濟結構向高增值產業轉型。為實現這個目標，董建華表示已由財政司司長成立房屋用地供應督導委員會，專責解決房屋問題，該督導委員會已按照特區政府訂立的 3 個目標，就有關工作進行界定及部署，並將制定一個長遠發展的 10 年規劃大綱；同時，負責修訂土地

和房屋發展程序，以確保與房屋有關的問題獲得優先處理。與英國管治時代香港政府著重從抑制需求、打擊投機方面去解決房屋問題迥然不同，由於回歸後已消除了每年批地 50 公頃的限制，特區政府的政策轉而從擴大供應著手，透過每年供應 8.5 萬個住宅單位，去扭轉房地產市場供不應求的局面，試圖從根本上解決香港市民的住屋問題。

事實上，踏入 1990 年代以後，香港房屋市場供求不平衡的情況已日益嚴重。從供應層面來看，《中英聯合聲明》附件三所規定每年 50 公頃售賣土地的限制，基本上是根據 70 年代土地交易量而制定的，在實際執行中已被突破。根據政府從 1985-1997 年土地分配的數字顯示，住宅土地供應量每年在 40-80 公頃之間不等，[5] 並未能滿足社會發展和人口急劇增長的需要。實際上，在 90 年代無論是公營房屋還是私人住宅的供應量都在減少。根據香港政策研究所的一項研究，從 1985／1986 年度到 1995／1996 年度，公營房屋的實際建屋量比長遠房屋策略所評估的建屋量少了 8,697 個單位；而從 1987-1997 年，私人住宅的供應量亦比政府差餉物業估價署的估計少了 28,458 個單位。[6]（表 6-1、6-2）

從需求層面來看，90 年代以後香港人口增加的速度明顯加快，已遠遠超過港府原來的估計，其中回流移民佔 60%，政府亦額外增加新移民數目至每天 150 人。截至 1996 年中，香港人口總數已達到 631 萬人，如按照港府於 1992 年的估計，這將是 2006 年以後才達到的數字。此外，香港的家庭結構亦正發生變化，從大家庭趨向核心家庭，1966 年香港每戶平均人口為 4.7 人，但到 1996 年已減少至 3.3 人。種種因素都增加了對住宅的需求。由於

表6-1　1985／1986至1995／1996年度香港公屋實際供應量（單位：個）					
年度	房屋委員會	房屋協會 *	總數	長遠建屋指標	總數
1985／1986	47,976	316	48,292		
1986／1987	41,477	380	41,857		
1987／1988	24,145	1,491	25,636		
1988／1989	50,464	2,226	52,690		
1989／1990	53,256	1,259	54,515		
1990／1991	48,231	2,154	50,385		
1985／1986-1990／1991	265,549	7,826	273,375	273,100	+275
1991／1992	34,888	3,443	38,331		
1992／1993	37,898	914	38,812		
1993／1994	44,591	895	45,486		
1994／1995	28,444	154	28,598		
1995／1996	33,887	1,845	35,732		
1991／1992-1995／1996	179,708	7,251	186,959	195,931	-8,972

* 未包括夾心階層房屋

資料來源：1985／1986 至 1995／1996 年間的公營房屋發展及長遠房屋策略檢討文件。

表6-2　1987-1997年期間私營房屋單位的實際估計建屋量（單位：個）

年份	實際供應量（a）	估計供應量（b）	差異（a-b）
1987	34,375	38,600	-4,225
1988	34,470	37,700	-3,230
1989	36,485	37,655	-1,170
1990	29,400	27,415	1,985
1991	33,380	32,545	835
1992	26,222	33,510	-7,288
1993	27,673	37,326	-9,653
1994	34,173	33,361	812
1995	22,621	26,164	-3,543
1996	19,875	19,095	780
1997	18,200	21,961	-3,761
1987-1997 總數	316,874	345,332	-28,458

資料來源：各期《香港物業檢討報告》、《香港統計年刊》及《競爭政策研究報告：香港私營住宅物業市場》。

各種制約因素，港府在發現住宅樓宇嚴重失衡之後，未能即時採取有效措施，這實際成為90年代香港住宅樓價持續大幅飆升的重要原因。

　　為了實現每年建屋「八萬五」的目標，董建華在其施政報告中強調將採取兩項措施：一是擴大建屋用地供應，二是加快和精簡土地供應及樓宇建造的審批程序。在供應建屋用地方面，特區政府公佈了一項5年賣地計劃，在1999年3月前提供120公頃土地興建私人樓宇，並在其後的3個財政年度再供應260公頃土地。同期，政府還將供應約285公頃土地興建公營房屋。為此，特區政府決定在未來10年大力發展將軍澳、東涌及大澳、新界西北部和九龍東南部等策略性發展地區，進行荃灣海灣和青洲填海計劃，並把合適的農地和工業用地重新規劃，興建房屋。

　　為配合增加土地供應，特區政府決定重新檢討興建房屋的架構和程序。事實上，繁冗的批地和建築審批程序已成為影響公、私營房屋建設的一個重要因素。根據港府的資料，當時房委會屬下公屋和居屋的平均籌建時間為62個月，已經比1994年前的72個月加快速度。（表6-3）董建華在施政報告中提出，要通過對房屋委員會和房屋協會在規劃和發展程序方面的檢討，縮短公屋建設所需時間，其中，房委會的建屋時間從62個月縮短至47個月，而房屋協會的建屋時間則從52個月縮短至46個月。

　　至於私營房屋方面的興建，情況更加複雜。根據香港政策研究所的研究，在私人發展商的整個建屋過程中，建築期通常只佔一小部分，而審批程序則佔最長時間。一般而言，最短的發展期為5年，而最長的可延誤達10年或以上。[7] 因此，董建華在施政報告中亦指出，政

圖6-1　90年代香港公營房屋建築最短時間個案

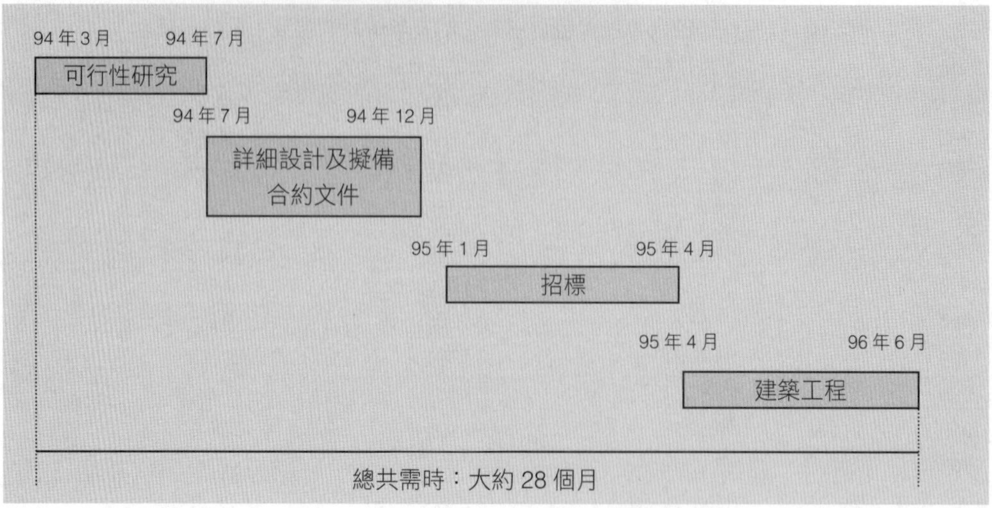

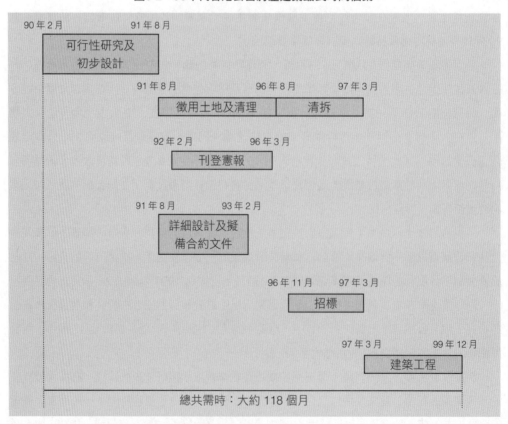

資料來源：劉騏嘉，《香港的土地供應》，香港：香港房屋委員會，1997年，第49頁。

圖6-2　90年代香港公營房屋建築最長時間個案

資料來源：劉騏嘉，《香港的土地供應》，香港：香港房屋委員會，1997年，第50頁。

領展的香港旗艦商場——樂富廣場。

表6-3　房屋署興建公營房屋的各個主要階段及其平均所需時間

	自 1994 年起的籌建時間 （以月計）	1994 年前的籌建時間 （以月計）
進行可行性研究和擬備規劃大綱，供政府的規劃及土地發展委員會審批（地政總署負責）	6	11
擬備基本藍圖、設計綱要和工程預算，供房委會屬下的建築小組委員會 * 審批	6	4
擬備計劃設計和工程預算，供建築小組委員會審批	6	10
擬備設計藍圖，供房屋署的設計詳圖檢討小組審批	3	3
進行招標，並交由建築小組委員會審批	4	4
展開建築工程至工程竣工（包括 9 個月時間進行打樁，和 28 個月時間興建一幢樓高 41 層的標準和諧式大廈）	37	40
總計	62	72

* 此委員會乃房委會轄下的一個內部委員會，其成員均為政府委任的專家。

資料來源：Eva Liu et.al. (1997), *Supply of Flats*, Legislative Council Secretariat, Table 9.

府將訂定一系列具體措施，簡化政府在住宅樓宇方面的規劃、土地和建造審批程序。（圖 6-3）

董建華亦表示，為了實現在 2007 年底前香港七成家庭能夠自置居所的目標，以及從 2005 年起將輪候公屋的平均時間縮短至 3 年，政府還將採取一系列措施，包括在未來 10 年至少讓 25 萬居住在租住公屋的家庭以合理價格購買所住單位，興建更多的居屋和夾心階層住屋單位，並設立首次置業貸款計劃，協助市民自置居所，以及興建更多的租住公屋。董建華並承諾，將在 1999 年前將土地發展公司改組為市區重建局，以加快市區重建。

1.3 長遠房屋策略白皮書：《建屋安民：邁向21世紀》

1998 年 2 月，香港特區政府房屋局發表題為「建屋安民：邁向 21 世紀」的長遠房屋策略白皮書，以貫徹落實行政長官在首份施政報告中提出的解決房屋問題三大目標。該白皮書勾劃了香港未來的房屋政策藍圖和目標，並奠定公營和私營房屋策略的基礎。

白皮書表示，根據政府設立的評估房屋需求量的電腦模式的推算，在 1997 年 4 月至 2007 年 3 月期間，香港人口平均每年增加 1.6%，因而未來 10 年對房屋的總需求量為 80 萬個單位，其中公營房屋 45.7 萬個，私營房屋 34.3 萬個；即每年平均房屋需求量為 8 萬個單位，其中公營房屋 4.57 萬個，私營房屋 3.43 萬個。基於這種預計的房屋需求量，特區政府定下長遠目標：由 1999／2000 年度開始，每年提供不少於 85,000 個新建單位，這個數字包括了每年多出 5,000 個單位的「容差」量，即較預計的房屋需求量多出 6%。[8]

為實現每年建屋 8.5 萬個單位的政策目標，白皮書將原擬定的 10 年房屋發展計劃延長至 13 年（分 3 期展開），令其更具前瞻性。為確保 13 年內的建屋目標，政府已將頭 3 年（1998 年 4 月至 2001 年 3 月）的發展房屋土地批出，涉及土地 442 幅，建屋目標是 227,900 個單位，已進行建造工程；至於其後 5 年（2001 年 4 月至 2006 年 3 月）的土地，白皮書表示：「政府已物色了可供興建 480,000 個房屋單位的土地（即平均每年 96,000 個單位）」，其中，「已在現有城市規劃圖則內劃定預留的房屋用地，以及在公營和私營機構現有可用作重建的房屋用地的發展，共可提供約 290,000 個單位，即平均每年約 58,000 個」；其餘所需的 19,000 個單位，則會採取多種方法增闢土地，包括：開闢新的策略性發展區，包括在西九龍、啟德─九龍灣、將軍澳和東涌─大蠔的新發展區；在基建容量許可和符合環保要求的情況下，重新規劃現有和已規劃的工業用地、農地和其他合適的土地，作建屋用途；透過改善有關的基礎設施和靈活應用規劃指引，增加房委會屬下房屋的發展密度；物色其他合適的地區增加發展密度；以及選擇房委會一些合適的舊型分層工廠大廈，進行重建。[9] 至於最後的 5 年（2006 年 4 月至 2011 年 3 月）建屋用地，則會加速規劃，以確保達成

圖6-3　私營房屋興建程序

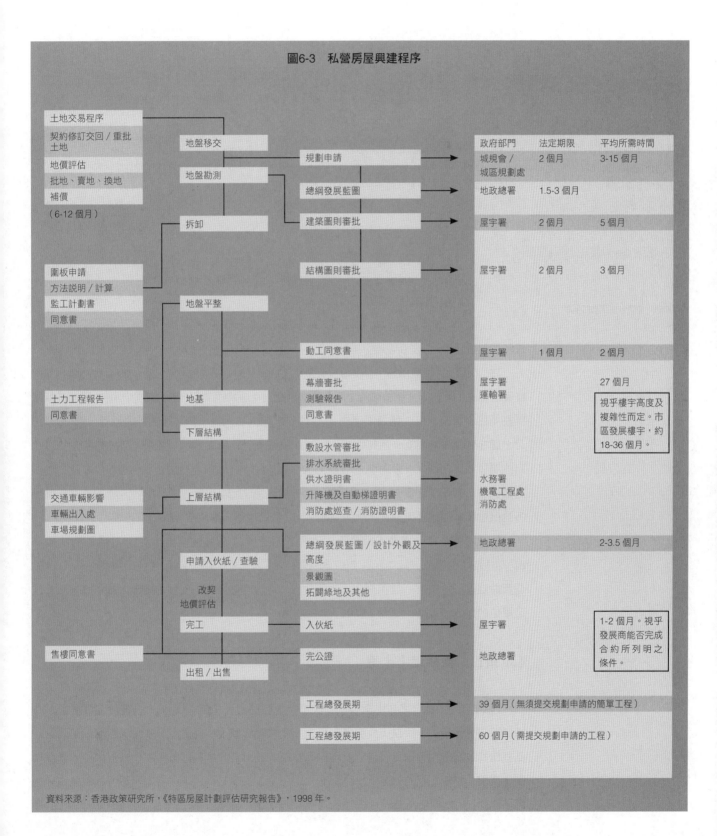

	政府部門	法定期限	平均所需時間
規劃申請	城規會 / 城區規劃處	2 個月	3-15 個月
總綱發展藍圖	地政總署	1.5-3 個月	
建築圖則審批	屋宇署	2 個月	5 個月
結構圖則審批	屋宇署	2 個月	3 個月
動工同意書	屋宇署	1 個月	2 個月
幕牆審批 測驗報告 同意書	屋宇署 運輸署		27 個月 視乎樓宇高度及複雜性而定。市區發展樓宇，約 18-36 個月。
敷設水管審批 排水系統審批 供水證明書 升降機及自動梯證明書 消防處巡查 / 消防證明書	水務署 機電工程處 消防處		
總綱發展藍圖 / 設計外觀及高度 景觀圖 拓闊綠地及其他	地政總署		2-3.5 個月
入伙紙	屋宇署		1-2 個月。視乎發展商能否完成合約所列明之條件。
完公證	地政總署		
工程總發展期	39 個月（無須提交規劃申請的簡單工程）		
工程總發展期	60 個月（需提交規劃申請的工程）		

左側流程：

土地交易程序
契約修訂交回 / 重批土地
地價評估
批地、賣地、換地
補價
（6-12 個月）

圍板申請
方法說明 / 計算
監工計劃書
同意書

土力工程報告
同意書

交通車輛影響
車輛出入處
車場規劃圖

售樓同意書

中間流程：
地盤移交
地盤勘測
拆卸
地盤平整
地基
下層結構
上層結構
申請入伙紙 / 查驗
改契 地價評估
完工
出租 / 出售

資料來源：香港政策研究所，《特區房屋計劃評估研究報告》，1998 年。

表6-4　特區政府的長遠建屋量預測								
房屋類別	97 / 98	98 / 99	99 / 2000	2000 / 01	01 / 02	02 / 03	03 / 04	04 / 05
租住公屋和資助自置居所	36,500	20,900	51,200	94,600	42,300	47,100	45,000	37,300
一房委會建屋量	32,200	20,900	51,200	93,400	40,700	42,500	45,000	37,300
一房協建屋量	4,300	—	—	1,200	1,600	4,600	—	—
私人機構參建居屋	1,800	12,900	7,700	23,000	5,200	5,000	6,300	11,000
夾心階層住屋	4,000	5,400	1,100	12,400	3,200	3,200	10,000	10,000
私人樓宇發展（土地來自賣地 / 以私人協約方式批地）	20,800	29,000	17,600	11,600	19,500	18,800	28,000	29,600
私人樓宇重建（土地來自換地 / 契約修訂等）			19,000	25,100	17,000	19,600	15,700	15,600
總數	63,100	68,200	96,600	166,700	87,200	93,700	105,000	103,000

資料來源：香港特區政府房屋局

每年的建屋目標。（表 6-4）

　　在「八萬五」目標指導下，1997 年香港共批出 19 幅住宅用地（包括位於柴灣、淺水灣、紅磡及赤柱的土地），總面積為 24 公頃；另批出 7 幅總面積為 16 公頃的土地作居者有其屋計劃用途；以及售出 3 幅總面積為 5 公頃的土地供私人機構參建居屋計劃用途。1998 年 6 月，即在特區政府成立一週年之際，房屋局局長黃星華撰文表示，經過一年的實踐，特區政府的房屋政策已確立 4 個基本的發展方向，即：（1）有計劃地增加房屋供應；（2）建立一個更加公平、合理的制度去分配有限的公共房屋資源；（3）為低入息和中等入息的家庭提供更多的機會和選擇以實現自置居所的意願；（4）使房地產市場繼續發展並維持穩定。[10]

　　及至 2000 年，首批「八萬五」政策下興建的住宅單位推出市場，當年香港共建成 85,710 個住宅單位，其中包括 25,790 個私營住宅單位、42,500 個租住公屋單位和 17,420 個資助自置居所單位。[11] 其時，香港剛經歷了亞洲金融危機的衝擊，樓市大幅下跌，該批住宅單位的建成、推出，加大了樓市下調的壓力。

1.4 批出「數碼港」土地

　　「數碼港」的概念最初由李嘉誠的次子李澤楷提出。1997 年亞洲金融危機襲擊香港，香港的股市、樓市連番暴跌，經濟進入衰退，產業結構的不合理性充分暴露。當時，董建華在其首份施政報告明確提出香港經濟面向高增值、高科技的發展趨勢。在這一背景下，李澤楷開始構思「數碼港」（Cyberport）計劃——一個雲集科技與數碼內容業務租戶的創意數碼社區。不過，「數碼港」計劃一波三折。初期，李澤楷向特區政府高層提出建設「數碼港」的構

想，但當時有關官員正忙於應付金融風暴，而拒絕他的建議。1998 年 6 月，李澤楷向特區政府正式提交建議書，政府為此聘請顧問公司研究。然而，政府向 50 多家香港及國際資訊科技公司查詢，竟沒有一家公司對該計劃有興趣，「數碼港」計劃因而擱置。

1998 年 10 月，董建華發表第二份施政報告，明確提出香港要發展資訊科技和高增值產業的目標和一系列具體政策。他表示，政府的目標是致力將香港建成發展及運用資訊科技的首要城市。施政報告期望，發展資訊科技可以使香港從亞洲金融風暴中盡快復元，借助數碼港的基礎平台吸引資訊服務公司匯聚香港。李澤楷的「數碼港」概念符合董建華的總體思路，於是獲得肯定。1999 年 3 月，特區政府公佈將與盈科集團合作發展「數碼港」的計劃。根據計劃，「數碼港」位於香港薄扶林鋼線灣，佔地 26 公頃，將分 3 期發展，成為香港發展資訊科技的主要基地。合作的模式是政府提供土地，盈科出資並負責興建。整個計劃完成後盈科預計可獲利 37 億港元。

2000 年 5 月 17 日，特區政府透過 3 家在財政司司長法團之下成立的全資擁有的私人公司——香港數碼港發展控股有限公司、香港數碼港管理有限公司及香港數碼港（附屬發展）有限公司，與盈科數碼動力旗下的全資附屬公司「資訊港有限公司」（Cyber-Port Limited）正式簽署數碼港計劃協議書。協議書訂明：香港數碼港發展控股有限公司獲得批地，以發展數碼港計劃。港府豁免數碼港 78 億港元地價，以及投資 10 億港元於鋼線灣興建基建，其餘建築費用需由電訊盈科負責，整個項目耗資約 158 億港元。協議並訂明，當數碼港落成啟用後，除住宅部分之外，數碼港商業部分的所有業權及管理權，需交回香港特區政府旗下的數碼港管理有限公司負責管理。

數碼港的商業部分由 4 座寫字樓、數碼港商場及數碼港艾美酒店組成，先後於 2002-2004 年分批落成，提供合共逾 10 萬平方米的甲級寫字樓，以容納超過 100 家資訊科技及有關產業的公司。數碼港附設的商場部分——零售及娛樂中心面積為 27,000 平方米，設施包括商場、戲院、酒店、科技中心、網絡操作中心、香港移動體驗中心、會議及展覽中心及公共交通交匯處等。數碼港艾美酒店是一間提供 173 間房間的 5 星級酒店。

負責數碼港的電訊盈科則可從數碼港的住宅部分——貝沙灣（Residence Bel-Air）項目取得利益。貝沙灣由盈科集團旗下的盈科大衍地產有限公司分 6 期發展，第一期及第二期各有 8 幢樓宇，其中第二期命名為「南岸」（South Towers），第三期（Bel-Air Rise）由 18 間獨立屋組成，第四期則共有 8 幢樓宇，命名為「南灣」（Bel-Air on the Peak）。第五期由 29 間獨立屋組成（Villa Bel-Air），而第六期則由 8 幢呈波浪形的住宅（Bel-Air No.8）組成。

特區政府與盈科簽署關於數碼港協議的消息傳出後，全港轟動，國際上亦相當矚目。當時正在香港訪問的美國微軟集團首腦蓋茨曾高度評價該計劃，認為可以推動香港走上資訊科

技高速公路，提升形象。不過，「數碼港」計劃在香港引起了頗大爭議，尤其是「數碼港」的批地方式（沒有經過任何的拍賣或招標的程序）和其中的地產發展項目，受到香港主要大地產發展商的猛烈批評，認為「數碼港」實際上僅是一個「地產項目」，指責政府「私相授受」。對此，政府資訊科技及廣播局局長鄺其志解釋說，數碼港是一個策略性基建計劃，而非地產發展項目，其中附屬的住宅發展只是籌資的一個途徑，如果其他地產發展商有興趣，可購買政府在住宅發展的部分權益。

二、亞洲金融危機衝擊下的地產危機

可惜的是，就在特區政府制定並開始實施雄心勃勃的新房屋政策之時，

一場醞釀已久的金融風暴悄然掩至，並四度衝擊香港，處於巔峰狀態的股市、地產連番暴跌，

香港經濟經歷了戰後以來最嚴重的衰退。

特區政府希望使地產市場實現「軟著陸」的種種努力，亦就此化為烏有。

2.1 亞洲金融危機對香港經濟的衝擊

1997 年 7 月 2 日，泰國政府被迫宣佈放棄維持了 13 年來，主要與美元掛鈎的一籃子貨幣固定聯繫匯率制度，轉而實行浮動匯率制。7 月 11 日以後，菲律賓、印尼、馬來西亞等國亦先後屈服於國際投機勢力，相繼採取浮動匯率制度，導致本國貨幣大幅貶值。一場席捲東亞諸國的金融危機就此驟然而起。

踏入 10 月下旬，在東南亞金融市場獲取巨利的國際機構投資者開始將目標轉向香港。10 月 21 日，美國摩根士丹利全球首席策略員巴頓·碧斯表示，將減持環球投資組合中已發展亞洲市場所佔比重，從原來的 2% 減至零。他並認為：亞洲股市已處於危險的下跌週期，其第二階段的跌勢已經開始，並將由香港股市率領。當日，港元在香港、倫敦、紐約等市場遭受重大拋售壓力，數額高達 40-50 億港元，其後兩日，港元遭到更大規模的拋售，港元現貨兌美元一度達 1：7.80 的低水平，港元一年期兌美元匯價更一度跌至 1：8.50 的歷史低位。受此壓力，香港股市應聲下挫並連番暴跌，揭開了香港金融風暴的序幕。

金融危機期間，作為香港貨幣金融政策的基礎和核心的聯繫匯率制度首當其衝，曾先後於 1997 年 10 月、1998 年 1 月、6 月及 8 月受到多次嚴重的衝擊，其中以 1997 年 10 月和 1998 年 8 月所受到的兩次衝擊最為猛烈。1997 年 10 月 23 日，香港銀行同業隔夜拆息率從 6 厘急速上揚至 100 厘、200 厘，最終達到 280 厘的歷史高位。這個驚人紀錄遠高於 1983 年所創下的 60 厘的紀錄，一時震驚整個銀行體系。其後，銀行同業隔夜拆息利率雖然大幅回落，但在相當一段時間仍高企在 10 厘以上並大幅波動，對銀行業造成嚴重衝擊。在這種情況下，銀行普遍採取「現金至上」政策，以高息吸引港元存款並審慎放款，尤其是對中長期貸款採取審慎政策，逐漸形成整體經濟中的通貨緊縮。

對港元的衝擊以及利率高企，令香港股市迅速從高位暴跌。1997 年 8 月 7 日，恒生指數曾創下 16,673 點的歷史高位，其後輾轉下跌，從 10 月 20-23 日的短短 4 天中，恒生

指數暴跌約 3,200 點，股市總值損失約 8,000 億港元。其中，僅 10 月 23 日恒生指數就暴跌 1,211.47 點，以點數計創下歷來最大跌幅。當日，中國有史以來最大規模的境外集資股份——中國電信以「特別交易」掛牌上市，收市價比招股價急跌一成。10 月 28 日，香港股市引發全球股市下跌，反過來又影響香港股市下跌 1,438.31 點，再創歷史紀錄，以點數計創歷史最大跌幅。

1998 年 1 月中旬，受印尼盾大幅貶值及聯繫匯率再受狙擊的衝擊，香港股市進一步下挫至 7,904 點的低位。其後，恒生指數曾於 3 月份反彈至 11,926 點水平，但在 12,000 點關口前又反覆向下。到 6 月中旬，受日圓大幅貶值影響，恒指再跌破 8,000 點大關，6 月 14 日報收 7,462 點。1998 年 8 月，聯繫匯率第 4 次受到嚴重衝擊，影響所及，恒生指數於 8 月 13 日跌至 6,600 點水平。據統計，從 1997 年 8 月 7 日恒生指數創 16,673 點歷史高峰到 1998 年 8 月 13 日報收 6,600 點，短短一年間恒生指數跌去約 10,000 點，跌幅高達 60%，期間港股總值損失逾 2 萬億港元，可謂損失慘重。

香港股市的暴跌直接拖累樓市急挫。據恒生銀行的經濟報告，到 1998 年 5 月，香港住宅樓宇價格已較 1997 年第 2 季最高峰時回落約三成半，私人住宅單位總存量的價值從高峰期的 38,710 億港元跌至 25,160 億港元，損失價值高達 13,550 億港元，相當於本地銀行體系總存款額的五成，香港本地生產總值的實質增長被拖低最少 2%。其中，豪華住宅樓價的

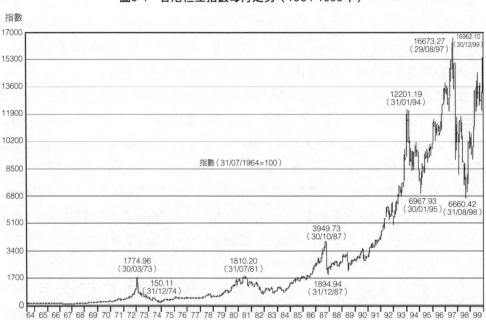

圖6-4　香港恒生指數每月走勢（1964-1999年）

資料來源：香港交易所，《1999 年股市資料》，第 8 頁。

跌幅高達四至五成，商業樓宇也有三至四成的跌幅。面對低迷的地產市道，不少大型地產商紛紛透過減價促銷的方式推出新樓盤，以套現資金。激烈的減價戰進一步推低樓市。到1998 年 8 月，香港大型屋村住宅樓宇的價格，與高峰期相比估計平均下跌 55% 左右。

金融風暴期間，港元匯率雖然沒有下跌，但包括股票、地產在內的港元資產，實際上已大幅貶值，形成整體經濟中的「負財富效應」。在銀行高息和「負財富效應」的壓力下，香港的投資、消費急速萎縮，香港經濟的各個重要環節，包括零售百貨、飲食、酒店以至旅遊等，均受到嚴重影響，導致香港經濟急轉直下，從 1997 年中的空前繁榮迅速步入戰後最嚴重的衰退之中。1997 年第四季，香港經濟雖受金融風暴影響，本地生產總值實質仍增長2.7%，全年增長 5.3%。然而，踏入 1998 年，形勢急轉直下，第一季度本地生產總值以實質計算比一年前下跌 2.6%，第二、三季度下跌加速，分別是 5.1% 和 6.9%，第四季度跌幅收窄至 5.7%，全年本地生產總值則實質下降 5.9%。香港經濟進入了戰後以來最嚴重的衰退期。

隨著整體經濟的收縮，香港各大小公司的財務狀況普遍惡化，部分過度冒進的公司被迫清盤、倒閉或大幅收縮業務。典型的個案包括港基銀行被擠提，香港八佰伴、百富勤、正達證券、正達財務、福權證券，以及明豐旗下的集本證券等連串公司的清盤，給香港的投資者造成相當大的心理震撼。其中，最具震撼力的是百富勤的倒閉，百富勤在 1988 年成立以來的短短 10 年間，一躍成為香港最著名的證券公司，是亞洲區內（不包括日本）最大的商人銀行之一。百富勤因大規模投資印尼債券，在金融風暴中泥足深陷，終因無法籌措資金清償一筆到期債務而被迫清盤，其倒閉在香港引起強大的心理震動。

2.2 金融風暴下的地產危機

1997 年，香港的樓市可謂「冰火兩重天」。上半年，住宅市場一片熾熱，呈現空前繁榮景象，物業價格錄得約 30% 的升幅。這熾熱的現象除了是受強勁的用家和投資需求帶動外，還有多項原因，包括活躍的市場投機活動、銀行為加強競爭而堆出優惠的按揭借貸條款，以及供應量於短期內趨於緊張所引致。成交量在這時期刷新了紀錄。到第三季度，市場轉趨淡靜，市場等待董建華在首份施政報告宣佈新的房屋政策，投機活動減退。該季中，香港所有物業買賣合約數目及總成交價，分別回落了 17% 及 8%，而住宅市場方面則分別回落了 18% 及 8%。10 月 14 日，即董建華發表施政報告後的一星期，特區政府首次推出 3 幅分別位於屯門、大埔和九龍灣的土地拍賣。其中，大埔地段面積 9.12 公頃，是香港紀錄中最大的拍賣地段。在戰戰兢兢的氣氛中，在場參與人士的出價顯得十分謹慎，結果以 56 億港元成交，每平方呎樓面地價約 4,811 港元，成交價僅屬一般。[12]

　　及至 10 月下旬金融風暴掩至，香港股市暴跌，地產市道隨即大幅下挫，炒樓活動近乎絕跡，「撻訂」情況十分普遍。在金融風暴襲擊下，銀行收緊按揭借貸政策及大幅調高利率，物業市場因此而飽受向下調整的壓力。結果價格急速下滑，成交量亦顯著萎縮，在短短不足兩個月時間內，若干較受歡迎屋苑的價格下跌了 14%。[13] 數據顯示，到 1998 年 1 月，香港各區的大型私人屋邨，包括港島的太古城、杏花邨、海怡半島，九龍的黃埔花園、麗港城、美孚新邨，以及新界的沙田第一城、綠楊新邨、嘉湖山莊等，其售價均已從 1997 年第二季度的高位大幅回落，跌幅普遍超過三成，大部分已返回 1996 年初水平，即等同於 1994 年首季的高峰位。

　　1998 年 1 月，大地產發展商新鴻基地產突然宣佈將旗下 10 個地盤停工或放緩發展。消息傳出後在香港地產、股票市場上產生極大的心理震撼。面對樓市的大幅調整，特區政府開始軟化在 8.5 萬個建屋目標的立場，彈性處理賣地及房屋政策。按董建華後來的講法，在 1998 年實際上已擱置了 8.5 萬個建屋目標。1998 年 2 月財政司司長曾蔭權在財政預算案中，宣佈將中環添馬艦的商業用地，由原計劃推出市場拍賣改為用作興建政府總部，並提出減免差餉、按揭物業稅項寬免，以及鼓勵市民自置居所等一系列措施，又諮詢各大地產發展商意見，彈性處理每年 8.5 萬個住宅單位的建屋目標，令地產市場在 2-3 月間出現短暫的「小陽春」。

　　然而，地產市場仍然面對沉重的壓力，這在政府賣地方面暴露無遺。其中最矚目的，就是馬鞍山一幅酒店地段和廣東道前警察宿舍的住宅用地的招標。馬鞍山酒店用地，佔地約 8.6 萬平方呎，原計劃在 1997 年 3 月推出拍賣，但由於城市規劃委員會需要處理反對該地段興建酒店的意見，有關計劃被迫推遲。到了 1998 年 1 月，地產市道不景，特區政府為避免影響市場氣氛，轉而採取較低調的招標方式出售，結果被長江實業以 1.2 億港元的標價奪得，以可建樓面面積約 60.28 萬平方呎計算，每平方呎樓面地價僅 200 港元，成為香港地產拍賣史上的「經典」。

　　另一幅土地是廣東道前警察宿舍地皮，佔地約 11.1 萬平方呎，預計可建成 1,100 個住宅單位。出售前據測量師的估計，每平方呎地價約值 4,000 港元，即總值超過 40 億港元。港府以招標形式再推出該幅土地，事前各大發展商均表示有意角逐，但其後受到馬鞍山酒店地段低價出售的影響，加上當時市場上的多項不利消息，各大發展商均以低價入標，結果被長江實業為首的財團以 28.93 億港元標價再奪一城，每平方呎樓面地價僅 2,840 港元。該幅土地若連發展成本及兩成利潤，在 3 年後建成則每平方呎樓價 6,500 港元，較當時同區位置較次的爵士花園每平方呎售價 8,800 港元，足足低了兩成半。這次售地向市場傳達信息：已經下跌了三成多的樓市，可能再跌三成。結果，2 月份出現的樓市「小陽春」瞬即煙消雲散。

到了 1998 年 5 月，樓市呈現出一浪低於一浪的跌勢，整體經濟日漸惡化，首季本地生產總值錄得 2% 的負增長。特區政府鑑於香港內外經濟環境的劇烈波動，針對香港樓市以及資金短缺的問題，推出了一系列救市措施，其中包括：將樓花預售期由完成前的 15 個月延長到 20 個月，價值超過 1,200 萬港元的豪宅可豁免需抽籤的規定，暫時取消 4 項針對樓花轉售及公司買家的限制炒賣樓花措施，簡化購買住宅樓宇按揭計劃以使銀行確切知道，可以得到多少流動資金去擬定貸款計劃。特區政府表示，這些措施的目的，是要避免樓市「硬著陸」。

然而，樓市情況仍然沒有好轉跡象。6 月 23 日，政府原計劃有兩幅新界土地推出拍賣，但當時市道疲弱，地產界人士普遍要求政府凍結賣地，結果當日政府突然宣佈推出 9 項紓解民困的措施，包括將 1998 / 1999 財政年度預留「首次置業貸款」的 36 億港元增加到 72 億港元，希望藉此將合資格家庭從 6,000 戶增加到 1.2 萬戶；提供「置業貸款」的名額從 4,500 名增加到 1 萬名；免繳當年第四季度差餉等等。其中最矚目的，就是即時停止賣地 9 個月。據業內人士估計，僅此一項決定，政府庫房將少收 190 億港元。

特區政府的一系列措施，對中小型住宅樓宇市場開始產生穩定作用。顯而易見，政府的目的一方面是要穩住樓市，另一方面亦要防止樓市的崩潰拖垮銀行業，並對港元聯繫匯率造成不穩定的影響。正如香港大學金融專家饒餘慶教授所指出：「如再讓其（地產市場）暴跌，便會危及銀行和港元，這一點國際投機家是求之不得的。他們明知直接狙擊港元無法得逞，乃轉而採取『搞垮樓市，拖垮銀行』的迂迴策略，最後推翻聯匯制，這一陰謀是相當毒辣的。」

1998 年 8 月，國際機構投資者第四度狙擊港元聯繫匯率，恒生指數於 8 月 13 日下試 6,600 點的低位，股市的進一步急跌勢必拖累樓市的下挫，進而危及銀行體系和港元的穩健性。有鑑於此，特區政府前後動用 1,181 億港元的外匯儲備，積極入市干預，並成功擊退國際炒家，穩定了股市。10 月 8 日，董建華在他的第二份施政報告中宣佈，政府將全力以赴穩定樓價。這時期，外部經濟環境逐漸轉趨穩定，美元由強轉弱，美國聯邦儲備局宣佈減息四分一厘，刺激恒生指數回升，香港地產市道終於暫時穩定下來。

1998 年，香港地產業可謂經歷了嚴重的危機。統計數據顯示，該年全年在政府土地註冊處登記的樓宇物業買賣合約，累計達 11 萬宗，涉及金額約 3,400 億港元，分別比 1997 年大幅下跌約四成半及六成。登記的金額跌幅遠超過登記宗數的跌幅，顯示了 1998 年樓價嚴重下挫。該年，香港大型私人屋邨售價平均再下跌約 35-40% 不等，比 1997 年第二季高峰期平均下跌約 50%，已回落到 1995 年低潮時的水平。1998 年，政府賣地收入僅 122 億港元，比 1997 年大幅減少七成。1999 年 4 月，特區政府恢復賣地，在 4 月和 6 月的兩次

土地拍賣會上，所推出的地段均能以比市場預期高出兩成的價格成交。到 12 月，政府推出
1999 年最後一次賣地，各大發展商出價謹慎，最後由長江實業以 13.4 億港元投得西九龍填
海地段，平均每平方呎樓面地價 2,759 港元，反映樓市前景並未樂觀。

2.3 大型地產發展商的減價促銷戰

地價、樓價的節節大幅下挫，對擁有大量樓宇現貨、期貨以及大批地皮的地產發展商形
成沉重的財政壓力，各大地產發展商唯有以減價及各種形式促銷新樓盤，以減低持有量套現
資金。結果，新樓盤的減價戰成為這次地產危機中的一大特色。業內人士表示，其慘烈程度
為近年所罕見。

其實，早在 1997 年 10 月金融風暴驟至不久，地產發展商之間的減價戰已經展開。當
年 11 月底，會德豐趁長江實業推出大埔鹿茵山莊開售前 3 天，突然將同區的倚龍山莊剩餘
單位以減價兩成半推出傾銷，結果一舉清貨，迫令長實破例臨時減價及延遲開售日期以作應
付。及至 12 月底聖誕前夕，會德豐再趁長實的聽濤雅苑認購超額 3 倍時，宣佈以每平方呎
5,888 港元的震撼低價，推出其在鑽石山地鐵站上蓋的星河明居，迫使長實再次臨時改變銷
售策略。會德豐兩次減價對撼長實，不但令同區樓價即時下跌，而且燃起了發展商之間的減
價戰火。

1998 年初農曆新年後，香港各大發展商紛紛減價出售旗下新樓盤或剩餘單位，引發
1998 年首輪減價戰。當時，新鴻基地產在推出帝琴灣時帶頭減價，持貨沉重的信和置業即
時跟隨，將海悅豪園和泛海軒、峰華軒兩個新樓盤分別減價一成半及三成，令呆滯的樓市轉
趨活躍。到 5 月，新地的曉峰園和長實的盈翠半島對撼，將減價戰推上高潮。當時，新地推
出青衣曉峰園 160 多個單位，每平方呎樓面售價為 4,280 港元。新地的減價初促銷隨即遭
到長實的截擊，長實以比市價低兩成的「超震撼價」——每平方呎樓面 4,147 港元推出青衣
機鐵站上蓋盈翠半島對撼，該價格與 1997 年樓市高峰期同區的住宅樓價相比，跌幅接近五
成，結果造成轟動效應，開售當天已將 1,300 個單位全部售罄，而新地的曉峰園則只售出約
80 個單位。新地隨即部署減價反擊，將曉峰園售價大幅減少一成七，並委託地產代理大規
模促銷。結果發生曉峰園地產代理大批匯聚中區和記大廈門口，截擊盈翠半島買家的不愉快
事件，要勞動長實副主席李澤鉅致電新地副主席郭炳江投訴，由新地下令撤離。此後，地產
代理因搶客而發生的爭執屢見不鮮。

繼新地、長實相繼低價促銷新樓盤之後，香港各大地產發展商均先後加入減價行列，
並形成一浪接一浪的減價骨牌效應。在將軍澳，恒基地產的新都城、新寶城及南豐的南豐

廣場相繼加入戰團；在大埔，新地的雍怡雅苑和長實的盈峰翠邸對撼，而麗新亦以減價推銷聚豪大廈迎戰；在元朗，南豐的翠峰山莊、恒基地產的合益廣場、百利保的御豪山莊均減價促銷。

各大發展商在減價促銷的同時，還推出各種方法加以配合。如新地在 1997 年底銷售卓爾居一期時，首創息口保障計劃，即買家的樓宇按揭息率若超過發展商規定的上限時，多出的利息由發展商承擔，令買家對利息及供樓負擔更有預算，免卻後顧之憂。恒基在銷售將軍澳新都城時，推出「跌價兩成補償計劃」，規定如果買家在規定日期內所購單位市值低於購入價，就不用承擔該差價，可向發展商索取該差價用作支付二按部分還款之用，但以購入價兩成為上限，條件是要求買家多付 8% 樓價，但同時可取得兩年免息免供之二按。長實在推銷天水圍嘉湖山莊美湖居剩餘單位時，更推出「110% 信心計劃付款方法」，採取期權的概念以「包升值」來包裝促銷。

在以往的很長一段時期中，香港的地產發展商在銷售新樓盤上，似乎都有默契，盡量避免「撞盤」，彼此之間輪流推銷，程序井然。然而，在是次地產危機中，有關遊戲規則似乎已遭破壞，各大地產商爭相出貨，形成互相對撼、樓價大跌的骨牌效應，這從一個側面反映危機對地產商的沉重打擊。據中原地產研究部發表的報告，1998 年香港地產發展商的一手私人住宅買賣合約登記宗數是 3.14 萬宗，涉及金額 1,199 億港元，分別比 1997 年大幅上升五成二及下跌 1%，反映出各地產商互撼所造成樓價暴跌的局面。當時有地產評論認為，減價戰若持續下去，香港整體經濟勢必受到傷害，後果可能十分嚴重。

在股市、地產市場大幅貶值、低迷的背景下，再加上激烈的減價促銷售戰，地產公司的利潤大幅下跌。據統計，1997 年度香港 12 家主要上市地產公司的純利總值為 686.28 億港元，到 1999 年度下降到 395.02 億港元，兩年間跌幅高達四成以上。其中，以新世界發展的跌幅最大，年度純利從 1997 年度的 53.12 億港元下降到 12.67 億港元，降幅高達 76.15%；同期，位列三大地產公司的長江實業的純利從 176.02 億港元下降到 61.12 億港元，恒基地產純利從 96.16 億港元下降到 54.23 億港元，新鴻基地產純利從 141.60 億港元下降到 92.78 億港元，兩年間跌幅分別達 62.25%、43.60% 及 34.48%。合和實業因為受到公司在泰國、菲律賓等東南亞國家投資業務虧損的影響，1997 年度虧損高達 16.95 億港元。12 家地產公司中，以九龍倉的表現最好，由於該公司以地產投資為主，旗下物業租金穩定，年度純利仍然穩步增長。（表 6-5）

這一時期，受到最大衝擊的，是一批專以炒賣地產物業為主的公司，其中的典型是黃坤旗下的上市公司明珠興業。黃坤原名黃煜坤，出身於廣東寶安一貧民家庭，1966 年偷渡到香港，初期在茶餐廳做侍應，後到酒店學廚，因為廚藝精湛，在多家五星級大酒店擔任大

廚，人稱「大廚坤」。80 年代中期，黃坤轉戰商界，以 15 萬港元資本創立明珠興業集團，專注短期物業炒賣，業務發展快速。到 90 年代初，評論認為：「1993-94 年這段時期，個人炒樓方面，黃坤應該穩坐首位，唯一可以和他比高下的，似乎只有皇爵集團的主席羅兆輝。」[14] 1994 年，明珠興業在香港掛牌上市，是一隻典型的「炒物業股」，該公司在招股書上美其名為「利用重新發展或修葺以增加物業的價值」。上市後，明珠興業佳訊頻頻，1995 年底市值達 59.20 億港元，1996 年底更衝上 224.46 億港元的高位，躋身香港十大上市地產公司之列，排名第 10 位，一躍成為香港二十大上市財團。

表6-5 香港主要地產公司年度純利變化 （單位：億港元）

	1997 年度	1999 年度	2001 年度	2002 年度	2003 年度
長江實業	176.02	61.12 （-65.25）	194.36 （+218.00）	72.91 （-62.49）	88.76 （+21.74）
和記黃埔	122.66	87.06 （-29.20）	341.18 （+291.89）	120.88 （-64.57）	143.78 （+18.94）
新鴻基地產	141.60	92.78 （-34.48）	83.30 （-10.22）	85.19 （+2.27）	65.84 （-22.71）
恒基地產	96.16	54.23 （-43.60）	43.94 （-18.97）	22.42 （-49.01）	30.59 （+36.44）
新世界發展	53.12	12.67 （-76.15）	2.21 （-82.56）	12.75 （+476.92）	-48.11 （虧損嚴重）
九龍倉	18.82	19.22 （+2.13）	24.80 （+29.03）	25.19 （+1.57）	30.30 （+20.29）
恒隆集團	25.20	12.65 （-49.80）	7.45 （-41.11）	6.92 （-7.11）	4.88 （-29.48）
淘大置業（恒隆地產）	25.77	18.96 （-26.43）	13.83 （-27.06）	12.07 （-12.73）	10.10 （-16.32）
信和置業	18.48	14.54 （-21.32）	5.01 （-65.54）	2.63 （-47.50）	0.51 （-80.61）
希慎	13.49	9.00 （-33.28）	8.50 （-5.56）	6.00 （-29.41）	5.44 （-9.33）
鷹君集團	11.92	11.37 （-4.61）	6.23 （-45.21）	5.07 （-18.62）	5.89 （+16.17）
合和實業	-16.96	1.42 （扭虧為盈）	3.06 （+115.49）	3.40 （+11.11）	6.18 （+81.76）
合計	686.28	395.02 （-42.44）	733.87 （+85.78）	375.43 （-48.84）	344.16 （-8.33）

註：（）裡的數字是對前一框格年度的增長率（＋）或虧損率（-）
資料來源：香港《信報財經新聞》

　　1997 年 2 月，黃坤以 3.75 億港元，大手筆購入前滙豐董事沈弼擁有、後轉售予八佰伴集團主席和田一夫的山頂豪宅「天比高」；該年底再以 5.4 億港元向香港股壇名人香植球購入位於山頂施勳道 23 號、被譽為「山頂第一屋」的「創世紀」，這項交易的成交價被列入健力士世界紀錄，成為當時全球最昂貴的獨立住宅，黃坤因而風頭一時無兩。黃坤購入天比高後，將該物業分拆為 5 間獨立豪宅，未興建已將其中 C 屋以 1.85 億港元出售。受到一系列利好消息刺激，明珠興業股價一度突破 300 億港元。黃坤也被稱為「股壇大廚」。可惜，亞洲金融危機襲來，香港股市、地產暴跌，買家紛紛「撻訂」，導致明珠興業股價急瀉，黃坤被迫將兩幢豪宅賤賣給藝人周星馳和商人許榮茂。其後，黃坤將明珠興業轉型為當時時興的科網公司，誰料 2000 年科網泡沫破滅，到 2000 年底公司市值已跌至 3 億港元左右，比最高峰時下跌 99%。2001 年，黃坤被迫將明珠興業控股權出售，辭去集團主席職位，淡出地產業，從而結束明珠興業作為香港一個地產炒賣「奇跡」的故事。

2.4 樓市崩潰下的「負資產」人士

　　1999 年香港經濟信心重現，地產市場一度暫時穩定下來，當年 4 月，特區政府在暫停賣地 9 個月後恢復賣地，成績理想。2000 年，香港經濟錄得 10.5% 的實質增長，是 1987年以來最高。不過，經濟的好轉並未在地產市場完全表現出來，各類物業價格仍持續下跌，跌至低於 1999 年度的水平。由於顧慮失業問題和擔心樓價進一步下跌，住宅物業市場的購買意欲依然薄弱，但大型住宅單位和甲級寫字樓的租金則開始回升。然而，到 2001 年，隨著美國發生「9.11」事件、全球經濟不景，香港經濟增長大幅回落至 0.1%，失業率則升至6.0% 以上，通縮持續，導致各類物業價格再度大幅下跌。在住宅市場，發展商為了加快推銷樓盤，紛紛推出更多優惠，包括高達 16% 的現金回贈、零首期，以及其他特別貸款計劃即變相的折扣優惠等。[15] 2003 年初，香港受到非典型肺炎（SARS）的襲擊，疲弱不堪的樓市終於跌至這一輪週期的低谷。

　　從 1997 年 10 月開始的這一輪樓價下跌，前後整整持續了 6 年之久，到 2003 年 7 月終於跌至谷底，下行時間之久也創下歷史紀錄。根據香港政府差餉物業估價署的統計，私人住宅售價指數從 1997 年的 163.1，下跌至 2003 年的 61.5，跌幅達 62.3%，當年最低點更跌至 58.4，跌幅達 64.2%；而私人大型住宅售價指數從 169.7 下跌至 71.8，跌幅達 57.7%。其中在港島區，小於 39.9 平方米的小型住宅，平均售價在 2003 年 7 月跌至最低谷的每平方米 2.34 萬港元，比 1997 年第 3 季度最高峰時的 7.37 萬港元，大幅下跌了 68.25%；而大於160 平方米的大型住宅平均售價則跌至 5.43 萬港元，比 1997 年第 2 季度最高峰時的 14.39

萬港元，大幅下跌了 62.27%。

　　在私人寫字樓方面，售價指數從 1997 年的 213.1，下跌至 2003 年的 62.1，跌幅達 70.9%；其中，核心地區甲級寫字樓售價指數更從 231.7 下跌至 63.7，最低點更跌至 57.9，跌幅高達 72.5%。其中，在中環核心商業區，甲級寫字樓平均售價在 2003 年 8 月跌至每平方米 4.47 萬港元，比 1997 年最高峰時的 20.83 萬港元，大幅下跌了 78.54%；平均租金則下跌至 2003 年 11 月的每平方米 217 港元，比 1997 年最高峰時的 704.1 港元，下跌了 69.18%。同期，在私人零售業樓宇和私人分層工業大廈指數，跌幅也分別達到 52.5% 和 57.6%。（表 6-6）其中，在港島區，私人零售物業樓宇和私人分層工廠大廈平均售價分別跌至每平方米 6.54 萬港元和 5,599 港元，分別比 1997 年最高峰時的 25.09 萬港元和 2.11 萬港元，下跌七成以上。

表6-6　1997-2003年香港各類私人物業售價、租金指數（1999年＝100）

年份	1997 年	1998 年	1999 年	2000 年	2001 年	2002 年	2003 年	2003 年對 1997 年跌幅（%）
私人住宅								
所有類別售價指數	163.1	117.1	100.0	89.6	78.7	69.9	61.5（58.4）	-62.29
大型住宅屋苑售價指數	169.7	115.6	100.0	95.4	84.4	77.9	71.8（67.4）	-57.69
租金指數	134.5	112.6	100.0	98.1	95.4	83.4	73.5	-45.35
整體落成量（萬單位）	1.82	2.23	3.53	2.58	2.63	3.11	2.64	2.65（平均每年落成量）
私人寫字樓								
售價指數	213.1	134.5	100.0	89.9	78.7	68.4	62.1（56.9）	-70.86
甲級售價指數	157.2	138.3	100.0	100.8	105.0	86.0	73.4（69.7）	-53.31
核心地區甲級售價指數 *	231.7	129.4	100.0	95.3	86.7	70.2	63.7（57.9）	-72.5
租金指數	156.8	135.9	100.0	98.5	101.0	85.4	74.6（71.6）	-52.42
甲級租金指數	157.2	138.3	100.0	100.8	105.0	86.0	73.4（69.7）	-53.31
整體落成量（萬平方米）	45.61	73.67	42.70	9.56	7.62	16.56	29.88	37.6（平均每年落成量）
私人零售物業樓宇								
售價指數	177.3	128.3	100.0	93.6	86.8	85.0	84.2（79.4）	-52.51
租金指數	123.5	111.2	100.0	101.3	99.4	92.9	86.5（83.9）	-29.96
私人分層工廠大廈								
售價指數	168.9	131.8	100.0	91.2	82.0	74.8	71.7（68.9）	-57.55
租金指數	132.5	118.1	100.0	95.4	90.3	82.7	74.8（71.7）	-43.55

* 核心地區：上環／中區、灣仔／銅鑼灣及尖沙咀

（　）當年最低值月份的指數值

資料來源：香港特區政府差餉物業估價署，《香港物業報告》，1997-2003 年。

受此影響，香港地產市場各類樓宇的空置率大幅上升。私人住宅空置率從 1997 年的 3.8%，上升到 2003 年的 6.8%，上升了 3%；其中，當年落成私人住宅樓宇空置率從 72.9% 上升到 86.7%，上升了 13.8%。同期，在私人寫字樓方面，空置率從 11.5% 上升到 14.0%，年內落成寫字樓空置率從 57.9% 上升到 73.9%，上升了 16%；私人商業樓宇空置率從 8.9% 上升到 10.8%，其中，當年落成私人商業樓宇的空置率從 1997 年的 29.8% 大幅上升到 2002 年的 88.6%，大幅上升了 58.8%，至 2003 年才稍回落至 76.8。（表 6-7）

受到股市、地產大幅下調及波動激烈的拖累，香港主要上市地產公司的股價和市值也呈現大幅下調和大起大落的動盪態勢。從 12 家主要的上市地產公司的總市值來看，跌幅最大的年份是 1997 年和 2002 年，分別為 37.66% 和 32.07%，前者主要是受到亞洲金融危機的衝擊導致股市、地產大跌，後者是美國「9.11」事件發生後股市、地產的暴跌影響。這個階段，從具體公司來看，跌幅最大的是新世界發展，從 1996 年的 959.30 億港元下跌至 2002 年的 84.49 億港元，跌幅高達 91.19%。同期，鷹君從 143.66 億港元下跌至 27.40 億港元，跌幅為 80.93%；希慎從 316.86 億港元下跌至 60.01 億港元，跌幅為 81.06%。合和實業則從 1996 年的 219.00 億港元跌至 2000 年的 26.50 億港元，跌幅高達 87.90%。（表 6-8）其間，新世界發展、恒隆、希慎、鷹君、合和實業先後被剔出恒生指數 33 隻成份股之列，地產公司所受到的重創，由此可見一斑。

2003 年，新世界發展的市值儘管有較大幅度的回升，但該年度新世界發展的股東應佔虧損高達 48.11 億港元。（表 6-5）對此，新世界董事總經理鄭家純在年報中表示：「對本集團來說，2003 財政年度實在是困難重重的一年。3 月突然爆發非典型肺炎，對各階層人士均造成重大影響，亦對集團帶來沉重打擊。旗下酒店的入住率跌至歷史低位，新世界第一巴士和新渡輪（澳門）乘客人數亦銳減。我們的物業價值驟減，物業銷售和租務業務亦不能倖

表6-7　1997-2003年香港各類樓宇的空置率（單位：%）

年份	私人住宅		私人寫字樓		私人商業樓宇	
	整體	年內落成樓宇	整體	年內落成樓宇	整體	年內落成樓宇
1997 年	3.8	72.9	11.5	57.9	8.9	29.8
1998 年	4.5	64.1	15.9	73.5	9.4	59.9
1999 年	5.9	76.1	14.0	66.5	9.2	83.2
2000 年	5.4	63.8	10.2	73.5	7.5	85.8
2001 年	5.7	68.4	11.1	76.2	8.2	62.8
2002 年	6.6	85.6	12.6	63.6	10.7	88.6
2003 年	6.8	86.7	14.0	73.9	10.8	76.8

資料來源：香港特區政府差餉物業估價署，《香港物業報告》，1997-2003 年。

表6-8　1996-2003年香港主要地產公司的市值變化*

截至年底	1996 年	1997 年	1998 年	1999 年	2000 年	2001 年	2002 年	2003 年
長江實業	1,579.57	1,166.01	1,280.89	2,268.84	2,310.37	1,876.09	1,157.45	1,430.23
		（-26.18）	（+9.85）	（+77.13）	（+1.83）	（-18.80）	（-38.31）	（+23.57）
和記黃埔	2,196.98	1,882.59	2,121.89	4,379.64	4,146.13	3,208.19	2,080.52	2,440.78
		（-14.31）	（+12.71）	（+106.40）	（-12.52）	（-22.62）	（-35.15）	（+17.32）
新鴻基地產	2,264.09	1,290.35	1,351.14	1,944.73	1,866.71	1,512.57	1,109.22	1,542.58
		（-43.01）	（+4.71）	（+43.93）	（-4.01）	（-18.97）	（-26.67）	（+39.07）
恒基地產	1,325.41	632.33	690.58	859.35	683.69	606.19	402.98	622.40
		（-52.29）	（+9.21）	（+24.44）	（-20.44）	（-11.34）	（-33.52）	（+54.45）
新世界發展	959.30	511.80	387.06	372.37	199.78	145.11	84.49	153.35
		（-46.45）	（-24.37）	（-3.80）	（-46.35）	（-27.37）	（-41.78）	（+81.50）
九龍倉	876.92	391.30	259.35	423.71	463.71	466.06	359.78	526.20
		（-55.38）	（-33.72）	（+63.37）	（+9.44）	（+0.51）	（-22.80）	（+46.26）
恒隆集團	229.18	145.80	110.28	116.93	91.91	91.29	84.74	128.71
		（-36.38）	（-24.36）	（+6.03）	（-21.40）	（-0.67）	（-7.17）	（+51.89）
淘大置業 （恒隆地產）	313.45	195.59	164.38	189.56	251.53	232.59	218.14	287.49
		（-37.60）	（-15.96）	（+15.32）	（+32.69）	（-7.53）	（-6.21）	（+31.79）
信和置業	262.43	143.97	129.93	160.82	149.44	119.73	96.99	172.71
		（-45.14）	（-9.75）	（+23.77）	（-7.08）	（-19.88）	（-18.99）	（+77.25）
希慎	316.86	159.14	118.62	102.07	113.28	80.96	60.01	125.23
		（-49.78）	（-25.46）	（-13.95）	（+10.98）	（-28.53）	（-25.88）	（+108.68）
鷹君集團	143.66	59.06	51.90	75.40	73.14	50.79	27.40	54.34
		（-58.89）	（-12.12）	（+45.28）	（-3.00）	（-30.56）	（-46.05）	（+98.32）
合和實業	219.00	84.53	37.01	40.51	26.50	40.51	44.68	104.87
		（-61.40）	（-56.22）	（+9.46）	（-34.58）	（+51.56）	（+10.29）	（+134.71）
合計	10,686.85	6,662.47	6,703.03	10,933.93	10,376.19	8,430.08	5,726.40	7,588.89
		（-37.66）	（+0.61）	（+63.12）	（-5.10）	（-18.76）	（-32.07）	（+32.52）

*（ ）裡的數字是對上年底市值的增長率（+）或下降率（-）

資料來源：香港《信報財經新聞》

免。」「集團為物業項目和其他投資計提撥備，拖低業績表現：集團的物業發展項目和酒店項目錄得物業銷售虧損和減值撥備達 42.15 億港元，電訊、媒體和科技業務因為發展和推廣費用及撥備，亦錄得 11.25 億港元虧損。」[16] 新世界的困難反映當時香港地產公司面對的嚴峻挑戰。

　　此輪地產的大崩潰，不僅對地產公司，對香港整體經濟及其他各行各業，乃至社會民生都構成嚴重打擊。其中，最矚目的就是「負資產」問題。所謂「負資產」，指物業估值低於按揭額的樓宇。1997 年亞洲金融危機前，由於香港樓市一直處於長期升勢，相當部分的香港人均以為樓價有升無跌，於是紛紛向銀行貸款七成或以上購買物業，期望短炒獲利。然而，

亞洲金融危機襲來後，香港的樓價大幅下跌六至七成，令大批炒樓人士、業主及首置客資不抵債。當時在香港被套牢的股民，通常被稱為或自稱為「大閘蟹」、「蟹民」；而在樓市上被套牢者，手裡的樓房變為負資產，這些人士則被稱為「負資產一族」或「負資產人士」。其間，部分業主不幸因為經濟低迷而失業或被大幅減薪，無法承擔供款而被銀行收回拍賣，不但變成「無殼蝸牛」，還要償還銀行所欠的樓價餘款，一時成為社會不穩定的因素。

　　據當時的一項市場代理調查，港島十大知名豪華公寓有相當部分均為負資產，最嚴重的是位於舊山頂道的帝景園，該區業主負資產比例達三比一之強；除帝景園外，負資產最多的豪宅區還有地利根德閣和雍景台。根據香港地產代理行屋之島就港島區 10 幢交投最活躍豪宅作出的追蹤調查，2000 年上半年成交的 4,370 個單位中，有超過五成的豪宅 52% 的單位現市值低於業主的買入價。[17] 當時，據地產代理的市場估計，最嚴重時負資產單位接近 20 萬個。根據香港地產代理美聯物業的推算，全香港負資產單位數目達 17 萬個。不過，這個資料受到香港行政會議召集人梁振英的質疑，指該公司有「報大數」之嫌。他表示，根據金融管理局樓宇抵押統計資料，自 1998 年初每月住宅貸款相對於住宅價值而言，實際負資產戶數應不足 17 萬戶。[18] 根據香港金融管理局的資料，香港負資產問題最嚴重的時期為 2003 年 6 月，當時共有約 105,697 宗負資產按揭，佔所有按揭的 22%，涉及金額達 1,650 億港元，按揭金額與抵押的比例為 128%，估計這些貸款的無抵押部分約值 360 億港元，意味著香港銀行單在按揭市場便需承擔 360 億港元的壞賬風險。[19]

　　這些負資產人士中，不少人花費一生努力工作，就是為了完成物業的供款，退休後可以有屬於自己的物業安享晚年。然而，樓價大跌使他們花了數十年才累積得來的財富轉眼間化為烏有。如果在負資產期間失業，或被大幅減薪，而無法供款，銀行會收回物業拍賣，業主不但變成「無殼蝸牛」，更要在失去物業後設法向銀行還債，銀行也承受龐大壞賬風險。據報道，一位做了 6 年地產代理的徐先生，在 1997 年 3 月樓價最高峰時入市，在天水圍嘉湖山莊用 330 萬港元買下一個 700 平方呎的單位自住，到 2001 年住宅單位只值 160 萬港元，仍欠銀行 210 萬港元。[20]

　　至於購入多個物業作投資之用的業主損失更大。其中的典型是號稱「神童輝」的地產大亨羅兆輝。羅兆輝，出生於廣東潮州，移居香港後第一份工是地產經紀，憑藉其獨有的膽識和眼光「炒樓」賺取了不少錢。1988 年，羅兆輝自立門戶，成立皇爵集團，與人合夥買下 10 個商舖，然後分拆出售，賺取了第一桶金——700 萬港元。1991 年，他在劉鑾雄等人的指導下，以 1.4 億港元購入遭遇火災的尖沙咀重慶大廈商場，隨後投入 2,000 多萬港元裝修後，更名為「意法日廣場」，一年後將其出售予力寶公司和明珠興業，賺取利潤高達 5.4 億港元。1994 年，羅兆輝成功購入著名中藥集團東方紅股權，一躍而成為上市公司主席。

其後兩年間，羅兆輝接連參與多宗大型地產交易，數額據報道高達 33 億港元，他個人財富一度超過 20 億港元。1997 年，羅兆輝向「殼王」陳國強購入其旗下上市地產公司國際德祥 30% 股權，作價 5.2 億港元，希望藉此將旗下地產「借殼」上市。然而，當時羅兆輝因為炒樓規模過大，已經負債纍纍，他將東方紅股權抵押給銀行，還計劃將國際德祥分拆出售，可惜遇到金融風暴襲來，股市地產大跌，買家紛紛「撻訂」。到 1997 年底，羅兆輝終於支撐不住，被迫將所持東方紅 34% 股權和國際德祥 30% 股權，以 3 億港元的低價全數售回給陳國強。其後，羅兆輝加入「負資產」行列，欠債 3 億港元，被恒生銀行申請破產。為此，羅兆輝曾一度在遊艇上燒炭自殺，後被搶救過來，最終於 2011 年猝死在東莞常平。

另一個知名的例子是著名影星鍾鎮濤，他在 1996 年地產高潮期間購入多個豪宅，總值超過 1.5 億港元，在金融風暴中成為負資產人士，據報道，到 2000 年他的債務本息累計高達 2.5 億港元。及至 2001 年一度穩定下來的樓市再度下跌，房價回漲遙遙無期，苦熬幾年的鍾鎮濤終於捱不下去，被迫於 2002 年宣佈破產。另外，著名歌星王菲於 1997 年以七成按揭、分 20 年供款方式，並以 4,800 萬港元購入沙田寶松苑豪宅，每月供款額高達 29 萬港元，其後香港地產市道大跌，王菲曾不惜壯士斷臂，試圖以約半價，即 2,500 萬港元放盤出售，可惜仍乏人問津，被迫勤奮工作以償還銀行貸款。

一般的「打工仔」情形更加彷徨，導致跳樓、燒炭等自殺案件時有出現。據報道，典型的例子如青山醫院心理治療訓練師曾耀光，曾經收入可觀，受人尊敬，在 1993 年斥資 800 萬港元買房，其中向銀行借貸 300 多萬，結果亞洲金融風暴襲來，成為負資產人士，除了房子虧損，還負債 300 多萬。他在接受中新社記者採訪時表示：最難過的時間是 1999 年、2000 年，全家五口人兩年未買一件新衣服，囊中羞澀不敢請朋友吃飯，買最便宜的車，過最簡單的生活，並同時在報章開 5 個專欄，每星期寫 1.5 萬字賺錢。後來經傳媒報道，曾先生成為港島知名的「逆境大使」。[21]

不過，曾耀光還不是負資產人士中最慘者。據報道，一位公司車隊主管黎先生，在 1997 年在香港深水灣購入一套價值 722 萬港元的住宅，面積為 927 平方呎，即每平方呎約 8,000 港元，因為「二按」，黎先生連稅費加一起總共繳付了不到 80 萬港元，其餘從銀行貸款 667.8 萬港元，但該住宅到 2003 年只跌剩 250 萬港元，即每平方呎跌至 2,700 港元左右，跌幅高達七成。此時，黎先生又收到公司人事部發來的離職信和補償金，然而更可怕的事情接踵而來，銀行打電話要求黎先生補交 330 萬港元現金或者抵押。結果，黎先在萬念俱灰下選擇了自殺。其後，他購買的住宅被銀行收回拍賣後，還欠下銀行 200 多萬港元的鉅額款項，由家人陸續償還。據報道，黎先生的自殺案例，成為引發 2003 年 7 月 1 日香港街頭大遊行的 32 個自殺案例之一。[22]

三、特區政府房屋政策的調整及其成效

鑑於在亞洲金融危機衝擊下香港地產市道的崩潰，

董建華政府推出的「八萬五」政策一時成為社會輿論抨擊的焦點。

期間董建華及相關政府官員一直並無表明政策改變，即使政府在1998年宣佈暫停賣地時，

董建華仍然表示「八萬五」計劃不會受暫停賣地影響。[23]不過，到2000年6月29日，

董建華在禮賓府接受無線電視新聞專訪，被問及會否修訂「八萬五」目標時，

董建華首次明言「從98年就再沒有說過『八萬五』這個字眼，那你說還存不存在」？[24]

言下之意，特區政府的「八萬五」計劃在1998年金融危機襲擊時已經名存實亡。

3.1 房屋政策的調整：「孫九招」

　　為了挽救樓市，香港特區政府從 1998 年起推出多項的措施，這些措施雖然對樓價的下跌發揮了抑制作用，但並未扭轉樓市下跌趨勢。然而，就在市場仍未穩定之際，國際上又相繼出現 2000 年美國互聯網股熱潮泡沫破滅、2001 年美國發生「9.11」事件，進一步打擊香港經濟，並導致香港樓市持續下跌。2002 年 11 月 13 日，新上任的香港房屋及規劃地政局局長孫明揚在立法會就特區政府的房屋政策發表聲明表示：「目前，香港的整體樓價已由 1997 年下調超過六成，成交量亦大幅減少。私人住宅樓宇的淨資產值下滑，阻礙經濟復甦。過去數年，置業者手上的物業亦變為負資產。」

　　為振興深受通縮打擊的香港經濟，特區政府就香港的房屋政策進行全面檢討，並重新訂定房屋政策的三大方向，即：(1) 政府的資助房屋政策，應著重幫助那些沒有能力租住私人樓宇的低收入家庭，為他們提供租住公屋；(2) 政府今後的主要角色應集中於供應土地及提供租住房屋資助兩方面，並應盡量退出其他房屋資助計劃，把干預市場的程度減至最低；(3) 政府必須維持一個公平和穩定的環境，讓房地產市場能夠持續健康發展。政府應根據市場需求供應土地，並提供有優良配套的基建設施。至於私人樓宇的建成量，則應由市場按需求決定。換言之，特區政府將從「八萬五」政策的積極干預的角色退回到原有積極不干預的傳統中。

　　根據這三大方向，特區政府特提出 9 項救市措施，具體包括：

　　(1) 土地供應：為了紓緩現時私人住宅單位供求嚴重失衡的情況，政府決定停止定期拍賣土地，並取消本財政年度內餘下的兩次土地拍賣。同時，政府亦會暫停「勾地表」制度至

2003 年底。之後，新土地只會以勾地方式提供。

（2）鐵路土地：政府為確保房地產市場能夠持續健康發展，會加強與兩間鐵路公司（地鐵及九鐵）的聯繫，協調有關土地招標的步伐和時間。政府已經與兩間鐵路公司達成共識，由現在至 2003 年底將不會有土地招標，進行鐵路沿線物業發展項目。

（3）租住公屋興建計劃：為維持輪候公屋時間在平均 3 年的水平，政府預計未來數年內，每年將需要興建約 2 萬多個租住公屋單位。當然，實際的建屋量必須視乎低收入家庭的住屋需求、公屋住戶的流通量，以及租金津貼計劃是否獲得市民普遍接受。政府會密切監察各項因素的發展，制定一個逐年延展的建屋計劃，每年作出調整，以落實政府對有真正需要人士的承諾。

（4）居者有其屋計劃：政府應盡快退出私人房地產市場，讓市場回復平衡。因此，政府將會向房委會建議，除了出售少量剩餘及回購的單位給綠表申請者之外，應由 2003 年起無限期停售居屋，同時停建居屋。

（5）資助置業貸款計劃：房委會仍會推行置業貸款計劃，幫助符合資格的低收入家庭置業。房委會將按每年的實際需求調整資助名額，避免出現供求錯配時不能靈活調配資源的情況。

（6）混合發展等計劃：全面停止推行混合發展計劃和房協的資助自置居所計劃，並向房委會建議終止私人參建計劃。政府會與房委會和房協研究可否將已經和將會落成的單位改作其他用途。

（7）租者置其屋計劃：政府將向房委會建議，除已經發售和已宣佈將於 2003 年推出的第六期計劃外，應該終止租者置其屋計劃。有意置業的公屋居民，可利用房委會提供的置業貸款計劃在私人市場購買居所，或在居屋第二市場購買不用即時補地價的居屋單位。

（8）租住權管制：為使私人租務市場回復自由運作，給業主應有的彈性及自主權，減少收樓及轉租的難度，政府會全面檢討《業主與租客（綜合）條例》，目的是盡量全面放寬私人樓宇的租住權管制，減少干預私人合約的情況。

（9）控制樓宇炒賣措施：取消內部認購限制，取消限購一個單位及兩個車位限制。[25]

由於該 9 項政策由房屋及規劃地政局局長孫明揚提出，故有關政策又被稱為「孫九招」。該政策出台後，對樓市發揮暫時的刺激作用：2003 年 1 月，香港的樓宇買賣合約共有 7,293 份，總值為 146 億港元，分別比 2002 年 12 月上升 19.3% 及 13%，是自 2002 年 11 月以來連續第二個月上升。不過，到了 2 月，有關政策的刺激開始消退，加上 2003 年香港爆發非典型肺炎，樓市再次急跌，非典型肺炎重災區淘大花園創出一套住宅單位以 55 萬港元成交的低價，樓宇成交量亦大幅萎縮。

　　至此，董建華政府雄心勃勃的「八萬五」房屋計劃，被正式宣佈放棄，特區政府退出其在公屋市場的發展商角色，即放棄多年以來行之有效的公共房屋政策，讓地產市場回歸市場主導，借用市場無形之手，讓樓市自行調節，政府避免直接參與私人物業市場的投資及供求活動。「八萬五」計劃在出台的時機上不幸遇上席捲亞洲的金融風暴的襲擊，而被迫夭折。

　　不過，多年後，當香港的普羅大眾飽受高房價之苦時，社會輿論開始發生變化。2012年，香港地產商胡應湘表示，董建華當年提出「八萬五」計劃是正確的，「如果當年沒有八萬五」，香港年輕人「只可能住籠屋和劏房」。不過，前政務司司長唐英年則認為，「八萬五導致落重藥的孫九招，引致今天的地產霸權」。[26]

3.2　「勾地表」制度的實施及其成效

　　值得重視的是，「孫九招」有兩個核心重點：一是取消拍賣土地改而實施勾地制度；二是即時結束居屋計劃，全面停止推行混合發展計劃和房協的資助自置居所計劃。這對後來香港房地產市場的健康、穩定發展產生了深遠的負面影響。

　　「勾地」制度起源於亞洲金融危機期間。1998年6月，特區政府推出一系列紓困措施，其中一項是在 1998 / 1999 年度餘下時間，暫停透過拍賣或公開招標方式出售政府用地，以及凍結以私人協約方式批出夾心階層住屋計劃的用地，以穩定樓價。1999年2月，特區政府公佈由 1999 年 4 月起恢復賣地，並引入新的供申請售賣土地表制度（俗稱「勾地表」），這份土地「儲備表」內列出可供出售的土地。根據勾地表制度，發展商如對勾地表內任何用地感興趣，可向政府申請出售有關用地和表明他願意付出的「最低價格」。假如政府認為該「最低價格」合理，便會按合適的情況以公開拍賣或招標方式出售有關用地。特區政府表示，在定期的土地拍賣和招標計劃以外提出新的勾地表機制，讓市場自行決定最合適的土地出售量和增加土地供應的時間，這項彈性措施有助政府達致穩定樓市的目標。及至 2002 年 11 月政府推出「孫九招」，更轉而以勾地制度作為土地拍賣制度的重要構成部分。

　　2003 年 10 月，特區政府進一步就深化房屋政策發表聲明，並公佈採取多項額外措施，包括由 2004 年 1 月起恢復「勾地表」制度。其時，正值經濟逐漸好轉，地產發展商亦需要增加土地儲備，特區政府重新推出勾地表，但在實踐中發展商多番試勾均告失敗，於是要求政府降低勾地價金額。2005 年 3 月，為了完善「勾地」制度，特區政府作出了多項調整，包括：把申請勾地按金金額劃一為勾地價的 10%，並以 5,000 萬港元為上限；規定申請人提出勾地申請時一併提交按金支票及已簽立的協議書；把須刊登的政府憲報公告由 3 則減至兩則；以及在地政總署的網頁上按月公佈未能成功申請勾地的數目。2005 年 6 月，特區政府

又決定，倘申請人就有關用地所提出的勾地價達到政府評估的公開市值 80% 或以上（即在低於公開市值 20% 的差幅範圍內），即可勾出土地進行拍賣或招標。[27]

特區政府在金融危機期間推出「勾地表」制度，其直接的動機是在樓市顯著下挫時期，讓市場有一個更靈活彈性的賣地機制，避免賣地成績對樓市造成進一步的負面影響。典型的案例是九龍塘畢架山峰地段的「勾出」。2006 年 11 月 28 日，九龍塘廣播道 1 號住宅用地由嘉華地產以勾地方式勾出，由 11 家地產財團競逐拍賣，包括華懋、萬泰、南豐、恒隆地產、華置、新世界發展、嘉華地產、新鴻基地產等，結果由信和置業以 19.4 億港元投得，平均每平方呎樓面地價是 9,868 港元。這是 1997 年金融風暴之後特區政府土地拍賣成交呎價新高，僅亞於山頂區豪宅地皮。該地段的高價投得，為同區信和置業正在開賣「畢架山峰」樓盤的售價產生造勢的效果。

勾地表制度實施後，由於政府不公開勾地表內各幅土地的底價，人為製造市場信息不對稱等問題，增加土地被勾出的難度，導致拍賣稀少，變相進一步收緊土地供應。勾地表制度強化了地產商在賣地程序方面的主導性，從政府的角度看是要避免市場低迷時期土地被賤賣或流拍，但是從市場的角度看，正如有評論指出，用勾地表制度取消定期的公開土地拍賣，等於變相把土地控制權拱手讓給大地產發展商，進而令後者擁有控制樓宇供應的時機、地皮的選擇和最低的價格，進一步加強了壟斷財團的實力。

在該制度下，香港的土地供應逐漸失衡，每年勾出的土地顯著減少。2004 年勾地制度恢復實施後，地產發展商從土地儲備表勾出的土地比例甚低，2005-2006 年度中，地產商從勾地表的 35 幅土地中僅勾出 3 幅，不到十分之一。即使在 2007-2008 年度全球金融海嘯

表6-9　1999-2008年實施勾地表制度出售土地數目

勾地表 年度	納入勾地表的用地		透過勾地表出售的用地	
	用地數目	總面積（公頃）	用地數目	總面積（公頃）
1999-2000	32	33.27	6	8.5
2000-2001	28	24.51	1	2.6
2001-2002	34	39.69	4	3.4
2002-2003	29	33.37	2	2.5
2003-2004	——	——		——
2004-2005	17	13.10	6	6.33
2005-2006	35	26.84	3	2.80
2006-2007	45	38.30	8	6.69
2007-2008	47	38.20	9	11.65
2008-2009	62	59.73		——

資料來源：香港特區政府地政總署，《供申請售賣土地表制度的背景摘要》，2008 年 2 月。

來臨前的經濟繁榮期間，也僅僅勾出 9 幅土地，面積約 11.65 公頃，分別是土地儲備表中 47 幅土地、總面積 38.20 公頃的 19.15% 及 30.50%。（表 6-9）特別是在後來當樓市逐漸復甦，甚至出現供求失衡時期，特區政府仍然採用這一制度，直接導致樓價狂飆。

2010 年，特區政府宣佈主動從勾地表推出土地拍賣，其後又實施「勾地表」和政府主動賣地並行的制度來增加供應，可惜仍然難以扭轉樓市供不應求的局面。這期間，勾地表制度實際上已經名存實亡。及至 2013 年 2 月 28 日，特區政府終於宣佈取消「勾地表」制度。當天，行政長官梁振英發表聲明表示：「發展局今日宣佈新財政年度賣地，同時宣佈取消勾地機制。換言之，政府可以出售的土地，將不等地產商勾出，而全部由政府因應當時市場需要主動出售，確保在最大程度上增加供應。」[28]

3.3 即時結束居屋計劃

「孫九招」的另一個重點，是即時結束居屋計劃，以及全面停止推行混合發展計劃和房協的資助自置居所計劃。居屋計劃，全稱「居者有其屋計劃」（Home Ownership Scheme），是港府資助出售的公共房屋，是由香港房屋委員會（房委會）興建房屋，以低於市值的價格，並扣除地價（1982 年第三期乙起）售予市民。計劃內興建的房屋則通稱居屋。居屋分為兩大類：第一類為房委會自行興建，屋苑名稱通常以「苑」字結尾，大廈名稱則以「閣」字結尾，或是與私人屋苑相似的以英文字母或數字形式表示座數；第二類為私人機構參建居屋計劃，由私人發展商興建再出售予房委會。這些項目的屋苑及樓宇名稱無特定格式，樓宇亦無固定設計，但單位設計則需按批地條款按比例去設置兩房 / 三房兩廳的固定間隔的住宅單位。

居屋計劃自 1978 年正式推出第一期居屋發售，到 2002 年即時停止居屋計劃，期間經歷 25 年的發展。2001 年，鑑於樓市低迷，以及特區政府打算將公屋輪候時間縮短至 3 年，政府宣佈暫時停售居屋，當時整批擬售的第 23 期乙居屋，包括前逸東苑首批樓宇、前富泰苑、前天恒苑及前逸天苑等，[29] 即時轉作公屋出租。故此，在居屋第 23 期甲後，下一期為第 24 期甲，而沒有第 23 期乙。2002 年 11 月，特區政府在宣佈即時停止居屋計劃時解釋表示：「近年，隨著物業價格下滑，居屋和私人樓宇市場出現了重疊的情況。為了回應市場的變化，房委會在過去數年已經採取一系列措施，包括大幅削減居屋的興建量，以及將單位轉為租住公屋，並先後在 2000 年和 2001 年暫停出售居屋。目前，私人物業市場供求嚴重失衡，價格出現惡性競爭，居屋和私人市場重疊的情況，日益嚴重。居屋的優點與價值正逐漸消失，對市民的作用及吸引力亦已減退，居屋認購率更跌至歷史新低。我們認為政府應盡快退出私人房地產市場，讓市場回復平衡。」[30]

　　政府結束居屋計劃時，將仍然在建築中或者已建成的部分居屋屋苑轉為公屋，如柴灣興翠苑、葵芳葵屏苑、將軍澳健明苑、東涌前逸東苑次批樓宇及天水圍俊宏軒等，一部分（15幢共 4,304 伙，其中 11 幢共 2,723 伙由警務處宿舍組支配，其他由消防、海關等部隊分派）轉作紀律部隊宿舍，如葵馥苑、葵蓉苑、油美苑及高翔苑等，另一部分則售予合作的發展商，如紅磡紅灣半島售予發展商新世界發展（新鴻基地產其後與新世界發展聯合發展該物業）。至於未有明確用途，以及位於已部分出售屋苑的剩餘居屋，則一直空置至 2007 年及以後，才分階段出售，直至 2013 年售罄。

　　值得一提的是紅磡紅灣半島的發展。紅灣半島是私人參建的政府居者有其屋項目，屋苑提供 7 幢樓高 40 層住宅共 2,400 多個單位，已經在 2002 年落成。同年 11 月，港府宣佈停建、停售居屋，令紅灣半島一直空置，銷售無期。2004 年 2 月，港府以 8.6 億港元將紅灣半島業權賣給參與項目的地產發展商新世界發展及新鴻基地產。當年 11 月，兩大地產商宣佈計劃拆卸全新的紅灣半島，重建為中高價私人住宅。消息傳出後，社會各界譁然。環保團體及市民齊聲指責發展商，批評地產商為謀取暴利，不惜製造嚴重的環境污染與浪費資源，對可持續發展造成挑戰。[31] 在社會輿論的壓力下，兩大發展商被迫宣佈擱置清拆計劃，事件才告平息。

　　2005 年，特區政府亦先後計劃將部分剩餘居屋單位，包括瓊軒苑、東濤苑及油翠苑等，改作低星級賓館或售予華潤集團作「分時度假」服務式公寓，以振興旅遊業，但經驗證後覺得並不可行，於是重新以剩餘居屋計劃方式出售。此外，山谷道邨地皮原計劃提供4,504 個居屋單位，因結束居屋計劃不過因而終止峰值。其中部分土地後來用作港鐵何文田站，另一部分土地由房委會於 2002 年交還特區政府，並於 2010 年拍賣，由新鴻基地產投得作私人住宅發展用途，發展超級豪宅天鑄。另一個位於調景嶺、鄰近彩明苑的居屋項目，原擬於 2006 年底提供 7 幢共 4,788 伙靈活型大廈居屋單位，亦同樣因此胎死腹中，最後發展為香港知專設計學院校舍、調景嶺公共圖書館及調景嶺體育館等設施。

　　至於全面停止推行混合發展計劃，特區政府表示：「政府在檢討房委會和房協與發展商共同進行的發展項目後，相信這類計劃必須由市場全權發展，才能為整體社會帶來最大的經濟效益。」對於全面停止租者置其屋計劃，特區政府的解釋是：「租者置其屋計劃至今已推行5 年，其間，房委會撥出了近 13.4 萬個公屋單位供租戶認購。推行這個計劃的原意，是協助一些未能負擔私人樓宇的公屋租戶置業，並藉此減輕房委會支付營運成本的重擔。經驗顯示，推行這個計劃的結果是：政府一方面要把公屋出售，另一方面卻要不斷興建租住公屋，以作補充。這明顯與我們要善用公共資源的目標，背道而馳。再者，把大量平價單位推出發售，亦會衝擊物業市場，尤其是二手市場。」[32]

　　從短時期來看，即時結束居屋計劃，以及全面停止推行混合發展計劃和房協的資助自置居所計劃，對於當時的私人樓市確實起到穩定的作用。但是其長遠的影響，就是減少了香港房地產市場的房屋供應，導致住宅樓市持續大幅攀升。

　　據統計，香港的資助出售單位的落成數量在 1999 年達到其峰值的 26,532 套，隨後即大幅下跌，到 2003 年跌至 320 套；而出租公屋單位的落成數量也從 2001 年的 47,590 套大幅下跌至 2003 年的 13,948 套，跌幅高達 70.69%。受此影響，香港住宅單位落成數量從 2001 年的高峰值 96,659 套，大幅下滑至 2003 年的 40,665 套，在短短的兩年間大幅下跌了 57.93%。（表 6-10）

表6-10　1997-2003年香港住宅單位落成量

年份	私人住宅單位	資助出售單位	出租公屋單位	落成總數
1997	15,866	21,535	16,046	53,467
1998	17,135	21,993	14,267	53,395
1999	30,912	26,532	26,733	84,177
2000	23,997	24,388	40,944	89,329
2001	22,895	26,174	47,590	96,659
2002	31,052	1,072	20,154	52,273
2003	26,397	320	13,948	40,665
97-03 平均	24,039	17,431	25,667	67,139

資料來源：香港特區政府統計處，《香港社會及經濟趨勢》住宅單位落成量數據。

四、房委會分拆領匯：上市之路

在金融危機期間，由於經濟低迷及停止批地，特區政府出現財政赤字，

財政司司長梁錦松在2003-2004財政年度的財政預算中提出：

「為彌補收入不足，政府計劃在未來5年將價值1,120億元的政府資產出售或證券化。」[33]

這就為日後香港房屋委員會分拆領匯上市奠下基礎。

4.1 房委會分拆領匯上市

在特區政府方面，由於有關政策實際上暫停了房屋委員會的居屋計劃和私人參建計劃，導致香港房委會面臨財政入不敷支的困境，再加上 2003 年香港爆發非典型肺炎，嚴重影響公共設施衛生環境。因此，在 2004 年初，房委會決定分拆其部分零售物業共 151 個商場以及停車場 8 萬個單位，將之證券化並成立「領匯房地產投資信託基金」，[34] 計劃在香港交易所上市，藉以籌集資金。

2004 年 12 月 6 日，領匯進行第一次招股，每基金單位定價在 10.5-10.8 港元之間，共集資 250 億港元，並向散戶提供 3% 的折扣優惠。受惠於當時低息環境，領匯在首次招股時吸引了 51 萬名散戶認購，凍結資金 2,800 億港元，超額認購 130 倍，打破 11 年前由駿威汽車創下的凍結資金紀錄。不過，領匯的計劃上市，在香港社會引起頗大爭議。上市前夕，曾有公屋居民盧少蘭，由時任立法會議員鄭經翰、梁國雄、陳偉業等協助下，向高等法院提出司法覆核，有關司法覆核申請主要挑戰房委會根據《房屋條例》把零售和停車場設施分拆出售的權力。[35]

期間，房委會為求令領展早日上市，曾要求法庭將盧少蘭本來 28 日的上訴期縮短到少於 24 小時，以便趕及在當天如期上市。不過，終審法院以本身沒有權力作出這項裁決為由，拒絕了房委會的申請。結果，盧少蘭最終在無代表律師的情況下在上訴庭敗訴。司法覆核雖敗，但受法律程序所礙，最終房委會被迫宣佈擱置上市。2004 年 12 月 17 日，香港《東方日報》發表社論，將司法覆核抨擊為「經濟領域 9.11」。[36] 同年 12 月 25 日，130 名學者及民間人士聯合發表聖誕宣言，呼籲社會討論公產私有化問題，希望各界正視當下嚴峻的社會不公平及貧富分化問題。12 月 30 日，超過 30 個民間團體發出聯合聲明，反對公共資產私有化。

不過，孫明揚則在立法會答問時表示：「分拆出售計劃有充足的法理依據。房委會以及

參與計劃的投資銀行和律師們，在籌備分拆出售的前期，做了大量小心論證工作，並取得本地和英國資深大律師的明確法律意見，認為房委會有權根據《房屋條例》分拆出售其商場和停車場設施。因此，並無需要修改法例，才推行計劃。事實上，自從 2003 年 7 月房委會公佈分拆出售的決定以來，傳媒屢作廣泛報道，立法會房屋事務委員會亦多次討論而本會也曾於 12 月 1 日作出冗長的休會辯論。一直以來，分拆出售計劃的法理依據，從未受到任何質疑。」[37] 2005 年 7 月 20 日，香港終審法院最終裁定房委會勝訴。終院首席法官李國能在判詞中指出，房屋委員會出售零售和停車場設施予領匯，完全符合房委會必須「確保提供」該等設施這個法定宗旨；而出售該等設施，屬房委會職分範圍內的行為，屬房委會作為團體的權限之內。[38]

2005 年 11 月 14 日，領匯再次公開招股。根據領匯的上市文件，領匯的資產包括 180 項物業組合，其中 149 項是綜合零售及停車場設施，兩項為獨立零售設施，29 項為獨立停車場設施。該物業組合內的零售物業內部面積約為 96 萬平方米，估計佔香港零售物業總面積的 9.1%；停車位約有 7.9 萬個，約佔香港商業停車位的 13.7%。其中，零售物業內部樓面面積 7.4% 位於港島，33.2% 位於九龍，59.4% 位於新界（包括大嶼山）；停車位按泊位數目計，7.8% 位於港島，29.5% 位於九龍，62.7% 位於新界（包括大嶼山）。截至 2005 年 3 月底的一年內，該等零售及停車位業務共帶來 36.96 億港元收入，其中 68.3% 為零售業務的租金收入，24.5% 為停車場業務收入，其他收入佔 6.3%，主要為向租戶收取的空調費。[39] 該等設施服務於佔香港人口約 40% 的公共房屋居民，由 2004 年 2 月 20 日在香港註冊成立的「領匯管理有限公司」負責管理，包括負責領匯投資及融資策略、資產提升、收購及出售政策以及該等物業的管理。

領匯表示，初步計劃將在全球發售合共 19.25846 億個基金單位，其中在香港發售 5.77754 億個基金單位，在國際上向機構、專業及其他投資者發售 13.48092 億個基金單位，每單位發售價在 9.70-10.30 港元。[40] 結果，領匯的上市反應熱烈，獲得了 18 倍的超額認購，凍結資金 1,100 億港元。同年 11 月 25 日，領匯在港交所正式上市，成為香港首家上市及最大型的房地產投資信託基金，以及全球以零售為主最大的房地產投資信託基金之一。上市首日，領匯股價急升至 11.80 港元，升幅達 14.56%。香港房屋委員會因為分拆領匯上市，獲得 341 億港元的收益。[41]

在是次上市中，香港特區政府放棄了原計劃持有的 9.9% 股權，政府以還富於民之名，放棄其 9.9% 的決定性股權，將超額認購配售予公眾。有評論指出，此舉無異於將政府直接介入領展事務的權力拱手相讓，埋下日後被國際財團控制股權以及獨攬董事局控制權的伏線。上市後，某些投資者從市場吸納基金單位，藉此增加本身持有領匯基金的總數。根據領

圖6-5　領匯在全球發售完成後的基本架構

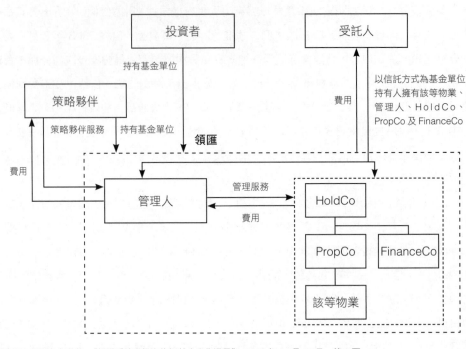

資料來源：領匯上市文件，《領匯房地產投資信託基金發售通函》，2005 年 11 月 14 日，第 7 頁。

匯公司於 2005 年 11 月 30 日發出的公告，於英格蘭註冊成立的 The Children's Investment Fund 持有領匯基金約 17.95% 的已發行單位，成為領匯基金的重要基金單位持有人。[42] 其後，領匯更發展成為一家主要由香港及國際機構投資者持有的房地產信託公司。

　　領匯的首次全球公開發售，被 *FinanceAsia* 評為 2005 年度「最佳香港交易」和「最佳房地產投資信託基金交易」。領匯上市開啟了香港房地產信託基金上市的先河，隨後，長江實業的泓富基金（2005 年 12 月 16 日）、越秀房地產投資信託基金（2005 年 12 月 21 日）等先後上市，房地產信託基金成為香港一種新的投資工具。

4.2 從領匯到領展：投資策略的演變

　　不過，領匯的分拆上市，在香港社會一直引起相當強烈的爭議。2006 年 3 月 8 日，在香港立法會會議上，鄭經翰議員質疑政府的公共資產是否遭到賤賣，並詢問投資者會否把領匯轄下的零售及停車場設施分拆出售？對此，房屋及規劃地政局局長孫明揚表示：「領匯在

上市後成為私營機構。要完全禁止私營機構把轄下物業轉售第三者，在商業社會並不適宜，各地的房地產投資信託基金亦沒有這樣的限制。然而，房委會在設計分拆出售的架構時，已考慮到有適當機制令領匯不能任意變賣資產或改變其用途。首先，證監會的《房地產投資信託基金守則》，限制領匯從事活躍買賣房地產的活

黃大仙中心北館（前身為龍翔中心）。

動。領匯的主要收入，必須從房地產的經常性租金取得。第二，房委會與領匯的物業協議對分拆出售的物業附加了限制性契諾。領匯如要出售公共屋邨內的某項商場或停車場設施，只可把該項設施整個出售，不可把設施拆散一部分出售。第三者從領匯購買該設施後，仍要遵守此規定。第三，領匯從房委會購入的物業所涉及的政府租契（即一般所謂『地契』），已列明有關地段的土地用途。由於受地契約束，該些物業，必須繼續作零售或停車場用途，不能隨意改變。如要更改地契，須得到政府和契約各方的同意。」[43]

領匯上市後，在其首份年報中明確表示：「領匯透過專注的業務和投資策略，致力提升物業組合的表現和質素，為基金單位持有人提供穩定的分派和持續的長線增長潛力。」[44] 初期，其主要策略是在管理旗下物業的基礎上，透過資產提升，改善基金單位持有人的回報和對顧客及商戶的服務質素。為此，領匯首先展開對慈雲山中心、龍翔中心、樂富、太和、頌安、彩明和赤柱廣場等商場展開改建及改善工程；同時「改善商戶組合」，「為屬下的商場引入一系列廣受歡迎的商店和食肆」。

領匯上市後，對旗下大部分物業展開翻新、提升工程，「透過逐步為旗下物業重新定位，領匯可以此吸引更多人流，提高顧客的滿意程度和爭取強勁的投資回報」。[45] 這些物業翻新後，大部分車位租戶及商場商戶被大幅加租，其中部分小商戶不被續約，一些老字號被迫遷，結果引發多個領匯轄下屋邨街市因對續約及加租問題不滿而罷市事件。2008 年，香港立法會曾動議辯論「要求政府全面回購領匯」，結果未獲得功能團體議員過半數贊成，而被否決。2009 年，領匯公佈的全年業績顯示，新的停車場外判管理合約將加工時、減時薪，而且半數員工被裁，結果被工聯會斥責為無良老闆。2010 年，又引發深水埗富昌邨商戶及居民舉行遊行抗議，指責領匯「十宗罪」。（表 6-11）

表6-11   領匯（領展）爭議事件進程

年份	事件
2004 年	上市被阻 房委會決定分拆部分公屋商場及停車場，成立領匯基金上市，藉以籌集資金。 公屋商場私有化引起公眾關注，首次招股時，一名公屋居民盧少蘭入稟法院，質疑房委會無權變賣公眾資產，領匯上市因而擱置。
2005 年	成功上市 終審法院判盧少蘭敗訴，領匯再次公開招股，共發行 19.25 億基金單位，單位的定價 9.78-10.3 港元。
2006 年	提升工程及加租風波 領匯上市後，對大部分物業進行翻新。 翻新後，大部分車位租戶及商場商戶被大幅加租，有些小商戶不被續約，不少老字號被迫遷，引來只租給連鎖企業的指控。
2008 年	多個領匯轄下屋邨街市因對續約及加租問題不滿而罷市。 立法會動議辯論「要求政府全面回購領匯」，結果未獲得功能團體議員過半數贊成，而被否決。
2009 年	領匯公佈的全年業績顯示，新的停車場外判管理合約將加工時、減時薪，而且半數員工被裁，被工聯會斥責為無良老闆。
2010 年	深水埗富昌邨商戶及居民舉行遊行抗議，指責領匯「十宗罪」。
2012 年	領匯推出「尋味時光」宣傳活動，推廣商場老店，惹來網民炮轟，指其「貓哭老鼠」。領匯決定提早終止活動。

資料來源：根據相關資料整理

　　儘管受到香港社會輿論的不斷抨擊，然而領匯的投資策略並沒有就此改變，反而更加進取。2014 年 6 月 4 日，領匯管理有限公司主席兼領匯房地產投資信託基金的管理人蘇兆明在領匯年報中表示：「為奠定業務未來發展的基礎，我們贏得 94% 基金單位持有人的支持，批准我們擴大投資策略至香港以外地區。」「我們相信，改變投資授權是長期業務發展的重大契機，讓僱員有新途徑學習技能和汲取經驗，並施展我們與香港零售商建立業務關係方面的專長，而這些零售商當中有不少已將業務拓展至華南地區。」[46]

　　從 2014 年起，領匯為提升資產質素，在展開資產收購（包括香港與中國內地）的同時，陸續將旗下部分物業出售。在資產收購方面，領匯其實早在 2011 年已經展開。當年 7 月，領匯宣佈以 11.7 億港元向南豐集團收購將軍澳南豐廣場商場，該商場樓面面積 17.6 萬平方呎，共 208 個租戶，每月租金 420 萬港元。同年 12 月，領匯再宣佈以 5.884 億港元向信和置業收購將軍澳海悅豪園購物商場，樓面面積 6.3 萬平方呎，每月租金 230 萬港元，進一步拓展領匯在將軍澳新市鎮的版圖。

　　自 2014 年起，領匯展開更多的資產收購活動。當年 8 月，領匯宣佈以 13.8 億港元向嘉里建設收購黃大仙睦鄰街 8 號現崇山商場及停車場，總樓面面積約 12.6 萬平方呎。2016 年 2 月，領匯再宣佈以 59.1 億港元投得政府產業署旗下旺角彌敦道 700 號旺角工業貿易署大樓 99% 業權（其餘 1% 業權由港鐵持有，用作地下鐵路通風塔口及旺角港鐵站的冷卻水系統用途），總面積約 28.43 萬平方呎，以成交價計算，每平方呎樓價為 20,789 港元。

　　由於獲得基金單位持有人的批准，從 2014 年起，領匯更將投資領域擴展到中國內地市

場。2014 年 11 月，領展曾計劃向內地發展商萬科企業收購深圳龍崗萬科廣場 80% 權益，但該收購由於遲遲未能獲得內地有關部門批准，結果無疾而終。2015 年 3 月，領展以 25 億元人民幣，向匯貫南豐中國投資管理有限公司及 Crown Investment Ltd. 全資收購位於北京中關村的歐美匯購物中心（EC Mall），該項目總樓面面積達 7 萬平方米，擁有 7 層逾 5.5 萬平方米的零售面積，停車場面積涉 1.55 萬平方米及 251 個車位。同年 7 月，領展再宣佈以 66.86 億人民幣，向里安房地產收購上海黃浦區湖濱路 202 號、湖濱路 222 號及黃陂南路 333 號兩棟名為「企業天地 1 號」及「企業天地 2 號」的優質甲級辦公大樓，以及連接兩者的商業群樓及沿街商舖及停車場。

由於「領匯」被人搶先在中國內地註冊，為配合中國內地業務發展，領匯於 2015 年 8 月 19 日正式改名為「領展房地產投資信託基金」，英文名則更改為「Link Real Estate Investment Trust」。2017 年 4 月，領展以 40.65 億人民幣價格，收購廣州市荔灣區黃沙大道 8 號西城都薈，該物業為廣州市地下鐵路 1 號線和 6 號線黃沙站的交匯上蓋，總樓面面積為 8.87 萬平方米。2018 年 11 月，領展又以 25.6 億人民幣價格，收購位於北京通州區梨園鎮九棵樹中街 9 號的京通羅斯福廣場 100% 權益，該物業零售總樓面面積約為 6.75 萬平方米，包括由地庫一層至六樓的商場，以及 576 個車位。2019 年 2 月，領展再以 65.95 億人民幣，收購位於深圳福田中心區福華一路 3 號新怡景商業中心 100% 權益，該物業包括 5 層的購物商場，零售面積為 8.34 萬平方米，以及 741 個泊車位。2018 年 11 月，領展行政總裁王國龍就表示，領展目前在中國內地的投資佔整體資產的 8.2%，領展計劃將中國投資比例上限由 12.5% 提升至 20%。他並指出，領展將在中國的 4 個一線城市物色收購機會，目標仍是商場及甲級商廈。2019 年 3 月，領展收購深圳中心城廣場，成為領展於深圳首個、粵港澳大灣區內第二個收購項目，也是集團於中國內地一線城市的第五個物業。同年 12 月，領展宣佈以 6.83 億澳元（相當於 36.49 億港元）購入一幢位於悉尼 100 Market Street、樓高 10 層的甲級商業樓宇，正式進軍海外市場。該項收購於 2020 年 4 月 7 日完成。

就在大舉收購香港及中國內地的優質物業資產的同時，領展也逐步出售旗下的部分物業資產，以進一步優化旗下物業資產組合。2014 年，領展透過招標形式出售旗下 5 個商場，包括深水埗寶熙苑商場（該物業因投資者出價未反映商場的增長潛力而收回、筲箕灣東熹苑商舖、香港仔華貴商場、葵涌葵興商場及藍田興田商場。同年 9 月，領展透過招標形式，以 17.1616 億港元出售旗下 5 個商場，包括彩輝邨商舖與停車場、彩霞邨商舖與停車場、兆麟商場、天平商場及翠林商場。據不完全統計，從 2014-2018 年期間，領展透過招標形式，先後分多批出售旗下商場及停車場共達 57 項，套現資金超過 450 億港元。領展聲稱可以透過出售行動來完善其物業組合，確保利益的增長。

海濱匯。

2015 年 1 月 15 日，領展召開基金單位持有人特別大會，獲基金單位持有人通過數項決議，容許領展從事物業發展及相關活動，唯該等活動的總投資上限定於物業組合資產總值的 10%。1 月 27 日，即獲股東批准進行物業發展的 12 日後，領展與南豐合組財團 Century Land Investment Limited，以 58.6 億港元，奪得觀塘鴻業街、偉業街、順業街與海濱道交界的新九龍內地段第 6512 號商業用地。該地盤面積約為 7.37 萬平方呎，為非工業用途，可建最高樓面面積 88.39 萬平方呎，領展佔六成股權，地皮將發展成商場及寫字樓項目，包括兩棟辦公大樓，及其內部零售設施和停車場，該項目為領展首個物業發展項目，亦為首個辦公室物業項目。2017 年 6 月 5 日該項目命名為「海濱匯」（The Quayside），於 2019 年落成。同年 7 月，領展將集團總部正式遷入海濱匯。

4.3 領展：香港的大型地產商

領展上市後，業務發展快速。2014 年，領展晉身為恒生指數成份股，並於 2015 年獲納入恒生綜合大型股指數成份股。2016 年 7 月，領展發行首批綠色債券，該批 10 年期的 5 億美元定息債券，息率為 2.875%，為香港企業取得的最低息率之一。此債券分別獲穆迪及標準普爾評為「A2」及「A」級別。

2019 年 3 月，為了迎接上市 15 週年，領展公佈了基金「2025 願景」。領展表示：「專注發展策略重點並發揮優勢，是我們維持業務成功的基石。」這些策略包括：「（1）建立具高生產力的物業組合；（2）維持均衡的資本架構；（3）建立強大的團隊；（4）促進我們的社區蓬勃發展。」[47] 領展表示，未來將透過全新動力，包括「物業組合增長」、「追求卓越的文化」

圖6-6 領展邁向「2025願景」

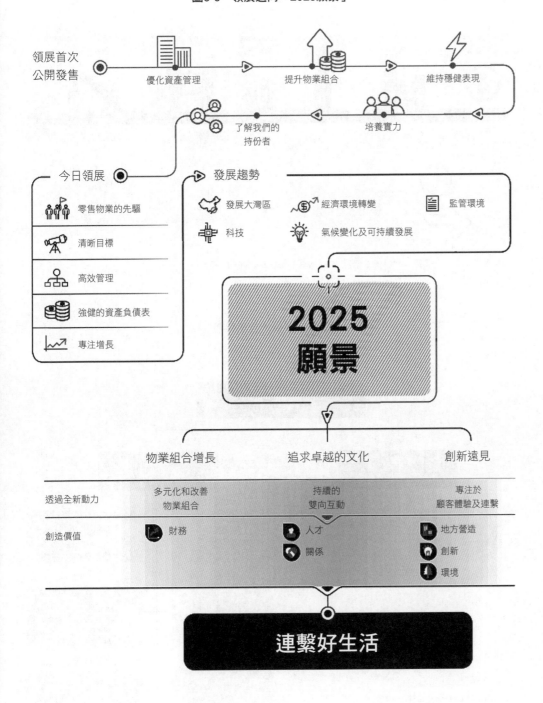

資料來源：《領展房地產投資信託基金 2018-2019 年報》，第 11 頁。

圖6-7　領展的業務投資策略

資料來源：領展，《領展：聯繫美好生活》（*We LINK People to a Brighter Future*），第 5 頁。

圖6-8　領展的企業架構

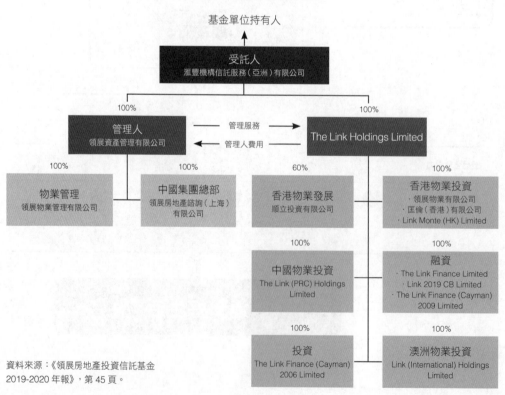

資料來源：《領展房地產投資信託基金 2019-2020 年報》，第 45 頁。

及「創新遠見」來創造價值，達至「聯繫美好生活」的目標。（圖 6-6）

　　經過 10 多年的發展，領展作為首個在香港上市的房地產投資信託基金，已成為以市值計算為亞洲最大的房地產投資信託基金，而且是亞洲唯一推行內部管理的房地產投資信託基金，由環球領先的房地產投資者及資產管理人 —— 領展資產管理有限公司管理。領展的股份全數（100%）由機構和私人投資者持有。據統計，2005-2006 年上市第一個財政年度，領展的收益為 13.54 億港元，物業收入淨額為 8.13 億港元，資產總值為 357.32 億港元，到 2022-2023 年度，已分別增長到 122.34 億港元、91.98 億港元，及 2,679.19 億港元，17 年間分別增長了 8.04 倍、10.31 倍及 6.50 倍，年均增長率分別為 13.82%、24.68% 及 12.58%，業績靚麗。（表 6-12）

　　目前，領展的投資領域已擴展至中國北京、包括香港、廣州及深圳的大灣區及上海等長江三角洲城市群，以至澳洲悉尼及墨爾本、新加坡及英國倫敦等海外市場。截至 2023 年 6 月，領展在中國香港共擁有 130 個物業；在中國香港以外物業組合 24 個，其中，中國內地有 12 個，另外 12 個分佈於澳洲、新加坡和英國；物業組合總估值 2,480 億港元，其中，中

表6-12　領展（領匯）業務發展概況（單位：億港元）

年度	收益	物業收入淨額	資產總值
2005-2006	13.54	8.13	357.32
2006-2007	39.54	23.61	395.57
2007-2008	41.99	25.37	440.37
2008-2009	45.03	28.05	432.55
2009-2010	49.90	33.28	537.81
2010-2011	53.53	36.44	673.18
2011-2012	59.32	41.85	766.72
2012-2013	65.06	46.16	953.66
2013-2014	71.55	52.02	1,098.99
2014-2015	77.23	56.69	1,383.83
2015-2016	87.40	65.13	1,606.72
2016-2017	92.55	69.94	1,759.40
2017-2018	100.23	76.63	2,164.04
2018-2019	100.37	76.89	2,269.37
2019-2020	107.18	82.20	2,076.19
2020-2021	107.44	82.38	2,098.85
2021-2022	116.02	87.76	2,257.16
2022-2023	122.34	91.98	2,679.19

資料來源：《領匯（領展）房地產投資信託基金年報》，2005-2006 年度至 2022-2023 年度。

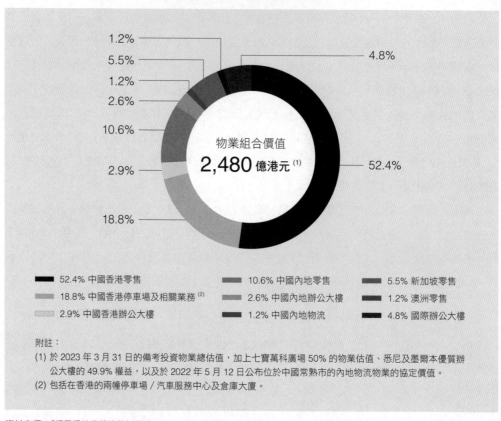

圖6-9　領展資產與物業組合

物業組合價值
2,480 億港元 (1)

1.2%
5.5%
1.2%
2.6%
10.6%
2.9%
18.8%

4.8%
52.4%

■ 52.4% 中國香港零售　　■ 10.6% 中國內地零售　　■ 5.5% 新加坡零售

■ 18.8% 中國香港停車場及相關業務 (2)　　■ 2.6% 中國內地辦公大樓　　■ 1.2% 澳洲零售

■ 2.9% 中國香港辦公大樓　　■ 1.2% 中國內地物流　　■ 4.8% 國際辦公大樓

附註：

(1) 於 2023 年 3 月 31 日的備考投資物業總估值，加上七寶萬科廣場 50% 的物業估值、悉尼及墨爾本優質辦公大樓的 49.9% 權益，以及於 2022 年 5 月 12 日公布位於中國常熟市的內地物流物業的協定價值。

(2) 包括在香港的兩幢停車場 / 汽車服務中心及倉庫大廈。

資料來源：《領展房地產投資信託基金 2022-2023 年報》，第 5 頁。

國香港佔 71.4%，中國內地佔 14.4%，澳洲、新加坡和英國等佔 11.5%。這些投資的物業組合包括零售店舖、停車場、寫字樓等，其中，香港零售商舖佔 52.4%，香港停車場及相關業務佔 18.8%，香港辦公室佔 2.9%；中國內地零售商舖佔 10.6%，中國內地辦公室佔 2.6%，中國內地物流佔 1.2%；新加坡零售佔 5.5%，澳洲零售佔 1.2%，國際辦公大樓佔 4.8%。（圖 6-9）

　　2023 年，領展資產管理有限公司董事局主席聶雅倫表示：「我們的投資策略建基於亞太地區的穩健根基。市場轉投核心房地產項目，而亞太地區可提供穩定的收入回報，波動性亦較低，因而成為全球投資之選。受惠於不同市場經風險調整的回報，使我們能夠在整個房地產週期的各個階段降低風險，並充分把握機遇。……作為亞太地區領先的房地產投資者，我們始終如一，為基金單位持有人創造價值，致力追求長遠的投資成果。」[48]

4.4　「回購領展」？

不過，領展在成功發展成為一家大型地產商的同時，鑑於當初香港房委會分拆領展（當時稱「領匯」）時的特殊地位，領展上市後持續成為香港社會關注和爭論的焦點。由於分拆出售房委會旗下部分公共屋邨及居屋商場等物業予領展，衍生出不少民生問題，如領展翻新街市或商場後加租、多次出售旗下商場，致大部分店舖被連鎖商戶壟斷，貨品價格上升，故香港民間一直有聲音要求政府回購領展。有評論指出，領展上市的初心已變：特區政府當年安排領匯上市的初心，是因為房委會財政入不敷支，政府要分拆部分零售物業及停車場，把它們證券化，並成立房地產投資信託基金在聯交所上市，籌集資金供政府發展公營房屋。除了集資，政府也希望引入私企的營商手法改善公營屋邨的設施、提升服務水平，令屋邨的居民受惠。但很明顯，初心已變，領展現在成為了一家儼如物業發展商的企業，出售資產、收購物業、進軍內地地產⋯⋯營運進取，但「為屋邨居民服務」似乎已經不是領展的主要工作。[49]

2012 年，香港立法會議員梁國雄提出回購領匯股份的議案，內容為：「自 2005 年 11 月 25 日領匯房地產投資信託基金上市後，領匯管理有限公司佔盡公屋地利，其轄下零售商場和停車場租金不斷上升，壟斷區內零售設施，令居民別無選擇；行政長官梁振英在參選時曾承諾，會與負責房屋事務的局長研究，在公共屋邨覓地興建由政府管理的商業設施，以遏抑過高的物價，也公開表示可以研究回購領匯股份；但行政長官上任已超過百日，卻並無跟進；就此，本會促請政府在公屋商場租金問題上平衡整體社會利益，考慮各種可行途徑，回購總數不少於 25% 的領匯股份，成為主要或單一股東，從而對領匯管理有限公司發揮影響力，令其兼顧企業社會責任。」[50]

2016 年 6 月，有傳媒報道時任政務司司長林鄭月娥曾在一個內部會議指出，要解決領展、港鐵及強積金對沖「三座大山」。不過，林鄭月娥對此作出否認。2017 年聖誕假期前，已出任特首的林鄭月娥在接受港台電視訪問表示：「無論施政報告、競選期間，我冇作過任何承諾可以解決佢（領展），甚至有少少我都會覺得係束手無策。」

2018 年，領匯監察聯同香港理工大學應用社會科學系社會政策研究中心，合作進行《香港市民對領展轉售商場的意見調查》，調查顯示，近八成（79.1%）市民認為領展上市 13 年，在各方面包括商舖及停車場加租、商場規劃和管理等，對商戶及居民造成「負面」或「非常負面」的影響；八成半（85.1%）市民表示「不同意」或「非常不同意」領展轉售公屋及居屋商場物業的做法，其中強烈表達「非常不同意」的意見更高達五成，認為領展轉售商場物業只著眼於股東及投資者的利益，而罔顧居民的日常生活所需；八成（79.9%）市民對林鄭特首表示領展問題「束手無策」的說法，表示「不同意」或「非常不同意」，民意的共識認為政府並

非沒有辦法解決領展問題;而超過七成半(76.1%)市民支持政府直接回購領展商場。[51]

　　不過,林鄭月娥在出席電台節目時則表示,若將資產出售後回購,「冇呢個基礎」(沒有這個基礎),認為當年作出的政策決定難以在初期估計成果,現今亦難以逆轉。有學者也表示,回購存在困難,因為技術上,領展已把部分物業賣出,業權分散,政府難以回購;財政上,當年房委會賣出 180 個公屋物業給領匯(其後改名為「領展」),套現 300 多億港元,但現時物業總市值達千多億港元,高出 5 倍多,整體回購金額龐大,而且動用這麼多公帑就需更加審慎,要考慮社會上不同持份者的意見,難以達成共識。[52]

註釋

[1] 董建華著,《行政長官 1997 年施政報告：共創香港新紀元》,第 15 頁。

[2] 參閱《王葛鳴：不知『八萬五』怎訂出,承認低估地盤監督風險》,香港：《蘋果日報》,2001 年 5 月 9 日;《王葛鳴認低估,監管工程難度,建屋高峰準備足夠否,也值得商榷》,香港：《香港經濟日報》,2001 年 5 月 9 日。

[3] 梁振英著,《「八萬五」回歸前已提出》,香港：香港電台,2006 年 8 月 13 日。

[4] 張志雲著,《擊潰 97 年香港樓市的元凶——1997 至 2003 年香港地產泡沫對國內的啟示之三》,香港：灼見名家,2017 年 6 月 23 日。

[5] 香港消費者委員會著,《香港私人住宅物業市場：「安得廣廈千萬間？」》,1996 年,第 8 頁。

[6] 香港政策研究所著,《特區房屋計劃評估研究報告》,1998 年,第 2-3 頁。

[7] 同註 5,第 11 頁。

[8] 香港特區政府房屋局著,《建屋安民：邁向 21 世紀》,1998 年 2 月,第 5 頁。

[9] 同註 8,第 6 頁。

[10] 黃星華著,《十年大計,建屋安民》,香港：《大公報》,1998 年 6 月 28 日。

[11] 參閱《香港年報 2000》房屋供應部分。

[12] 蘇振顯、吳恒廣著,《亞洲金融風暴對香港物業市場的影響》,出版資料,第 2 頁。

[13] 香港特區政府差餉物業估價署著,《香港物業報告》,1998 年,第 4 頁。

[14] 石民著,《黃坤——九四年商場傳奇人物》,香港：《南北極》雜誌,1994 年 5 月,第 23 頁。

[15] 香港特區政府差餉物業估價署著,《香港物業報告》,2002 年,第 7 頁。

[16] 《新世界發展有限公司 2003 年報》,第 12-13 頁。

[17] 虎韜著,《樓市負資產：香港中產階級的惡夢》,哈爾濱：《新地產》,2001 年 4 月 11 日。

[18] 同註 17。

[19] 參閱香港金融管理局著,《2003 年第 2 季負資產住宅按揭貸款、詳細數據》,2003 年 8 月 14 日。

[20] 同註 17。

[21] 徐長安著,《禍兮？福兮！——一位香港負資產人士的 10 年心路》,北京：中國新聞網,2007 年 6 月 20 日。

[22] 張津京著,《97 香港樓市崩盤,負資產者浮出水面》,華商韜略,2018 年 5 月 18 日。

[23] 香港特區政府新聞公報,《行政長官記者會講話全文》,1998 年 6 月 22 日。

[24] 參閱《董：八萬五已不存在 當前重要目標是穩定樓價》,香港：《明報》,2000 年 6 月 30 日。

[25] 香港特區政府新聞公告,《房屋及規劃地政局局長孫明揚的聲明》,2002 年 11 月 13 日。

[26] 參閱《被提八萬五 梁引唐言論反擊》,香港：《明報》,2012 年 3 月 17 日。

[27] 香港地政總署著,《供申請售賣土地表制度的背景摘要》,2008 年 2 月,第 1-2 頁。

[28] 香港特區政府新聞公告,《行政長官就取消勾地機制發表聲明》,2013 年 2 月 28 日。

[29] 根據 2001 年出版的《香港街道大廈詳圖》,天逸邨原本是居屋屋苑「逸天苑」,逸字在前,天字在後,而不是「天逸苑」,有別於天水圍區內屋邨屋苑慣用的天字在前。

[30] 同註 25。

[31] 姬勵思著,《聚焦香港:紅灣半島拆卸重建的風波》,香港:自由亞洲電台,2004 年 12 月 8 日。

[32] 同註 25。

[33] 香港特別行政區政府,《2003-2004 年政府財政預算案》,第 106 段。

[34] 房地產投資信託基金是以單位信託基金形式構成的集合投資,主要投資於產生收入的房地產資產,並以收入向其投資信託基金單位持有人提供回報。

[35] 香港房屋委員會議事備忘錄,《分拆出售房屋委員會的零售和停車場設施:最新發展》,文件編號:HA 59/2004,第 1-2 頁。

[36] 參閱《政治騎劫司法 領匯騎虎難下》,香港:《東方日報》,2004 年 12 月 17 日。

[37] 香港特區政府新聞公告,《立法會一題:領匯房地產投資信託基金押後上市》,2005 年 1 月 5 日。

[38] 香港特區政府新聞稿,《領匯官司房委會勝訴》,2005 年 7 月 20 日。

[39] 領匯上市文件,《領匯房地產投資信託基金發售通函》,2005 年 11 月 14 日,第 2-3 頁。

[40] 同註 39,第 20 頁。

[41] 香港房屋委員會議事備忘錄,《產業分拆出售計劃報告》,文件編號:HA 1/2006,第 3 頁。

[42] 同註 41,第 4 頁。

[43] 香港特區政府新聞公告,《立法會四題:領匯的上市安排》,2006 年 3 月 8 日。

[44] 《領匯房地產投資信託基金 2005-2006 年報》,第 3 頁。

[45] 《領匯房地產投資信託基金 2009 年報》,第 7 頁。

[46] 《領匯房地產投資信託基金 2013-2014 年報》,第 10 頁。

[47] 《領展房地產投資信託基金 2018-2019 年報》,第 10 頁。

[48] 《領展房地產投資信託基金 2022-2023 年報》,第 18 頁。

[49] 陳景祥著,《領展的啟示》,香港:《明報》新聞網,2017 年 12 月 13 日,https://bit.ly/3hzQWhW。

[50] 香港立法會新聞公告,《立法會將辯論回購領匯股份的議案》,2012 年 11 月 19 日。

[51] 領匯監察及香港理工大學應用社會科學系社會政策研究中心,《香港市民對領展轉售商場的意見調查全港電話調查結果報告》,2018 年 7 月。

[52] 羅愛玉著,《社會促政府回購領展 唯可行性不高》,新報人財經 TYFP,2018 年 9 月 24 日。

「香港土地短缺的問題已迫在眉睫，甚至到達水深火熱的地步。
土地供應過去曾出現『斷層』的情況，故未能配合人口及住戶數目的增長，
以及經濟和社會的持續發展，衍生一系列的社會問題，遺害深遠。」

——香港土地專責小組，《多管齊下，同心協力》，2018 年

第七章

地產新週期：
2003年以來的大升浪

一、2003-2019 年的地產週期性大升浪

2003年初，香港經濟在非典型肺炎疫情衝擊下短暫下挫，

但在下半年卻強勁反彈，全年錄得3.3%的實質增長，超越2002年的2.3%。

其中的轉折點，是當年6月29日中央政府與香港特區政府簽署《更緊密經貿關係安排》（CEPA），

並實施內地居民赴港澳「自由行」政策，再配合政府的鞏固房屋政策，整體經濟氣氛向好，

令原本呆滯的地產市場在下半年轉趨活躍，其後並在種種主客觀因素推動之下，

展開了長達16年的週期性上升時期，打破香港有史以來的地產週期紀錄。

1.1　地產週期性大升浪的兩個階段

從整體發展態勢來看，這輪週期性上升浪潮大體可劃分為兩個階段：第一階段從 2003 年中簽署 CEPA 起至 2008 年全球金融海嘯爆發，為期 5 年，屬於恢復性上升階段，使得各類物業售價和租金基本重回 1997 年前後的高峰位置。第二階段從 2009 年全球金融海嘯爆發後反彈，一直到 2019 年中香港因修訂《逃犯條例》而觸發的政治動蕩。（圖 7-1、7-2）這一階段，地產市道大幅飆升，各類物業售價都大幅超越 1997 年最高峰水平，並由此引發種種經濟、社會等方面的問題。

1. 恢復性上升階段（2003-2008 年）

這輪地產週期從 2003 年 7 月觸底之後展開。2004 年香港經濟強勁復甦，當年本地生產總值錄得 8.1% 的高增長，終結了長達數年的通縮階段。在內地居民赴港澳「自由行」的帶動下，來港旅客人次大幅增長 40%，消費物價指數也於 2004 年中止跌回升。

在這一背景下，香港住宅物業市場售價在 2004 年初顯著上升，至第 4 季度比前一年同期大幅增長 29%，其中中大型住宅升幅更高達 41%。[1]2005 年，住宅物業價格繼續攀升，二手市場越趨活躍。不過，2006 年，由於利率在年初時走勢不明朗，住宅物業在銷售量和總成交額方面都有明顯下跌現象。其後利率站穩，市場氣氛好轉，發展商乘勢推出多個新樓盤，市場轉趨活躍。2007-2008 年，經過一年多的整固，住宅市場在利率下調、經濟增長強勁、恒生指數突破 3 萬點大關等利好因素帶動下，再度大幅飆升，瀰漫著一片牛市氣氛，並在 2008 年第 2 季度達到這一階段的高峰。2007 年，住宅物業成交宗數創下 10 年新高，其中二手住宅市場成交更趨活躍，佔物業成交總數近 85%。

圖7-1　1997-2020年香港各類物業售價指數走勢

香港物業售價指數 Price Indices for Hong Kong Property Market
（1999=100）

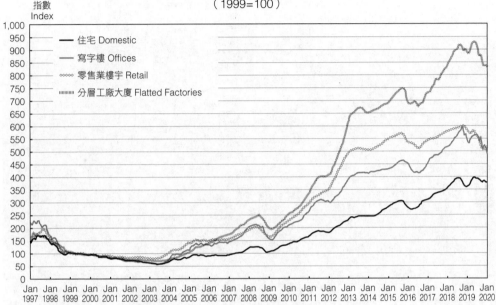

資料來源：香港特區政府差餉物業估價署官網

圖7-2　1997-2020年香港各類物業租金指數走勢

香港物業租金指數 Rental Indices for Hong Kong Property Market
（1999=100）

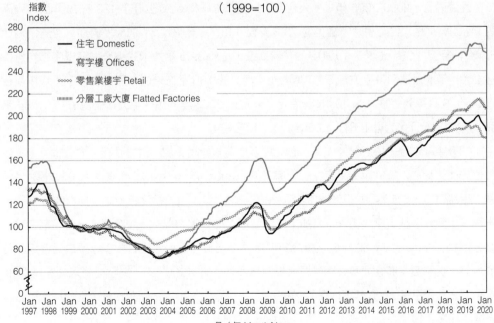

資料來源：香港特區政府差餉物業估價署官網

南豐紗廠今貌。

　　從總體看，2003-2008 年，私人住宅物業售價指數從 61.6 上升至 120.5，5 年間升幅高達 95.62%；私人住宅租金指數也從 73.6 升至 115.7，升幅達 57.20%。同期，空置率則從 6.8% 下降至 4.9%。（表 7-1）其中，在港島區，小於 39.9 平方米的小型住宅樓宇平均售價在 2008 年 5 月達到每平方米 6.70 萬港元，而大於 160 平方米的新型住宅樓宇平均售價在 2008 年 9 月達到每平方米 20.15 萬港元，分別比 2003 年同類住宅的最低售價（即 2.34 萬和 5.43 萬港元），大幅上升了 1.86 倍和 2.71 倍。

　　在寫字樓市場，由於營商恢復信心，寫字樓需求轉趨殷切，銷情暢旺，成交量急增，使得位於商業核心地區的甲級寫字樓空置率下降。2004 年，寫字樓全年售價大幅飆升 61%，其中甲級寫字樓的升幅更高達 73%。到 2005-2006 年，由於經濟特別是金融業蓬勃發展，市場對甲級寫字樓有更大需求，再加上落成量低，使得寫字樓市場繼續維持升勢，寫字樓售價分別錄得 21% 及 5% 的升幅。由於寫字樓供應緊張，再加上傳統核心地區缺乏合適的發展地盤，促使發展商在非核心商業區大量興建商業大廈。2007 年，寫字樓的落成量達到 32 萬平方米，幾乎是 2006 年落成量的 3 倍，其中，大約有 90% 的新落成量是坐落在非核心地區的甲級寫字樓。[2]

表7-1 2003-2008年香港各類私人物業售價、租金指數（1999年＝100）

年份	2003年	2004年	2005年	2006年	2007年	2008年	2008年對2003年升幅（%）	2008年對1997年升幅（%）
私人住宅								
所有類別售價指數	61.6	78.0	92.0	92.7	103.5	120.5	95.62	-26.12
最受歡迎屋苑售價	66.2	86.4	92.2	91.2	113.0	122.5（6月）*	85.05	-15.63
租金指數	73.6	77.7	86.5	91.6	101.8	115.7	57.20	-13.98
整體空置率（%）	6.8	6.2	6.0	5.9	4.9	4.9	——	——
整體落成量（萬單位）	2.64	2.60	1.73	1.66	1.05	0.88	1.76（平均每年落成量）	——
私人寫字樓								
售價指數	62.6	99.3	133.0	139.3	165.5	199.2	218.21	-6.52
甲級售價指數	64.8	113.1	149.7	153.6	177.8	211.5	226.39	34.54
核心地區甲級售價指數#	63.8	117.2	159.9	167.1	186.3	229.5	259.72	-0.95
租金指數	74.6	78.1	96.4	117.4	131.9	155.4	108.31	-0.89
甲級租金指數	73.4	77.1	100.1	125.2	140.1	165.5	125.48	5.28
整體空置率（%）	14.0	10.8	10.3	9.8	8.1	8.7	——	——
整體落成量（萬平方米）	29.88	27.95	3.41	10.82	32.00	34.11	23.03（平均每年落成量）	——
私人零售物業樓宇								
售價指數	85.5	119.3	149.3	153.5	172.5	192.2	124.80	8.40
租金指數	86.4	92.8	100.5	104.3	111.8	116.4	34.72	-5.75
整體空置率（%）	10.8	12.7	8.7	7.7	8.9	8.4	——	——
私人分層工廠大廈								
售價指數	71.7	88.6	125.0	158.5	199.5	235.6	228.59	39.49
租金指數	74.9	77.3	82.6	91.0	100.5	109.6	46.33	-17.28
整體空置率（%）	10.6	8.7	7.3	7.2	6.2	6.5	——	——

核心地區：上環／中區、灣仔／銅鑼灣及尖沙咀

* 當年最高值月份的指數值

資料來源：香港特區政府差餉物業估價署著，《香港物業報告》，2003-2008年。

這一階段，私人寫字樓物業售價指數從 61.6 大幅上升至 199.2，升幅達 2.23 倍；而核心地區甲級售價指數更從 64.8 升至 211.5，升幅高達 2.26 倍。同期，租金指數亦有超過 1 倍升幅，而空置率則從 14.8% 下降至 8.7%。其中，在港島中環核心商業區，甲級寫字樓平均售價在 2008 年 4 月達到每平方米 24.15 萬港元，比 2003 年同類寫字樓平均最低售價每平方米 4.47 萬港元，大幅上升了 4.40 倍。在租金方面，港島中區甲級寫字樓平均租金從 2003 年最低谷的每平方米月租 217 港元，上升至 2008 年 6 月的 1,029 港元，上升了 3.74 倍。

在零售物業市場，經濟強勁復甦及訪港遊客數目上升，對刺激消費產生正面影響，令零售業蓬勃增長，從而對旺區商舖需求殷切，使得對零售物業的投資市場越發活躍，2004 年香港整體零售物業價格大幅飆升 40%。2005 年 9 月，香港迪士尼樂園主題公園落成啟用，令零售物業市場的樂觀氣氛更趨濃厚。2007 年第 4 季度，零售業樓宇價格同比錄得 20% 的增長，租金也按年增長約 10%。這一階段，私人零售物業樓宇售價指數從 85.5 上升至 2008 年的 192.2，升幅達 1.25 倍；租金指數從 86.4 升至 116.4，升幅為 34.72%。其中，港島零售物業樓宇從 2003 年 7 月的最低谷平均每平方米售價 6.54 萬港元，上升至 2008 年 8 月的 28.77 萬港元，升幅達 3.40 倍；平均租金從每平方米月租 654 港元，升至 1,568 港元，升幅達 1.40 倍。

在分層工廠大廈方面，工廠樓宇市場在 2004-2005 年間轉趨活躍，售價分別錄得 31% 及 34% 的增幅。但這一階段，仍較少有工廠樓宇的興建工程，2007 年甚至沒有分層工廠大廈落成，空置率從 10.6% 下降至 6.5%。從 2003-2008 年，分層工廠大廈售價指數從 71.7 升至 235.6，升幅達 2.29 倍；同期，租金指數從 74.9 升至 106.6，升幅為 42.32%。其中，在港島區的分層工廠大廈，平均售價從 2003 年 5 月的每平方米 5,599 港元，升至 2008 年 11 月的 3.03 萬港元，升幅為 4.41 倍。

總體而言，這一階段基本上仍然屬於恢復性上升性質，整體物業市道仍然未能達到 1997 年的水平。例如，其中最重要的私人住宅所有類別售價指數及租金指數，比 1997 年均仍有 26.12% 及 13.98% 的落差；私人寫字樓整體售價指數及租金指數也有 6.52% 及 0.89% 的落差；私人零售物業及私人分層工廠大廈的租金指數，仍趕不上 1997 年的水平。超越 1997 年水平的，主要是私人甲級寫字樓售價指數（+34.54%）及租金指數（+5.28%）；私人零售物業售價指數（+8.40%）及私人分層工廠大廈售價指數（+39.49%）。

不過，這一階段的升浪卻因 2008 年美國次貸危機引發全球金融海嘯而終結。受到全球金融海嘯的衝擊，香港經濟於當年第 3 季度開始放緩，全年經濟增長只錄得 2.5% 的實質增長。受到接連裁員和商店倒閉的影響，失業率自年中開始攀升，股票市場下跌，恒生指數跌

至 4 年以來的低位，跌破 11,000 點。面對經濟增長不明朗因素影響，銀行開始收緊信貸。在此背景下，蓬勃發展的香港地產市道於下半年轉趨疲弱，私人住宅物業售價指數從 7 月份最高位的 121.7 跌至 12 月份的 98.3，跌幅為 19.23%；私人寫字樓售價指數從 5 月份最高位的 211.5 下跌至 12 月份的 164.4，跌幅為 22.27%；同期，私人零售業樓宇售價指數和私人分層工廠大廈指數也分別下跌 17.39% 及 18.82%。

2. 持續大幅飆升階段（2009-2019 年）

2009 年，香港經濟在經歷了一年的緊縮之後，受惠於中央政府推出的刺激經濟政策和支援措施，終於在第 2 季度開始復甦，不過全年仍錄得 2.7% 的實質負增長。在投資方面，由於受到金融機構倒閉影響，投資者對複雜的金融產品仍存有戒心，轉而投向物業市場，再加上各國為刺激經濟而實施超低利率，帶動對地產市場的需求，整體物業價格在該年底重返金融危機前的水平。[3]

在私人住宅市場，地產發展商為了刺激買家意欲，開始減價促銷存貨，而銀行體系則於 2009 年 3 月相繼調低按揭利率，加上資金充裕，市場對新樓盤銷售反應熱烈，並帶動二手市場起步發展。其中，大型的豪華住宅市場表現尤為突出，價格大幅上漲，部分市場單位更以破紀錄金額成交。為了平抑豪華住宅的售價，香港金融管理局在 2009 年 10 月份發出指引，要求銀行收緊價值 2,000 萬港元以上物業的按揭成數至六成，並限制 2,000 萬港元以下物業的最高貸款額至 1,200 萬港元。從 2010 年起，特區政府和金管局先後推出多輪連串措施，包括開徵額外印花稅（SSD）、買家印花稅（BSD）以及雙倍印花稅（DSD），並進一步收緊物業按揭借貸等。到 2013 年 2 月，金管局已先後推出 6 輪收緊信貸措施。然而，種種措施未能阻止私人住宅市場價格的大幅上揚，整體市場價格在 2010 年及 2012 年分別錄得 22% 和 24% 的升幅。在此背景下，2010 年 11 月 18 日，國際貨幣基金組織 IMF 指出，香港房地產泡沫風險不斷加劇，如果香港房價保持過去兩年的漲速，經濟放緩時將遭遇巨大衝擊；同時，高樓價、高租金的情況下社會中低下階層的怨氣進一步積累，社會矛盾進一步激化。

由於市場對住宅物業需求殷切，而相關土地供應卻日趨緊張，特區政府於 2013-2014 年度起決定取消「勾地表」機制，並因應市場需要主動出售年度賣地計劃內全部 46 幅土地，同時將位於啟德的兩幅土地以「港人港地」措施公開招標出售。[4] 2018 年 6 月，特區政府宣佈將引入一手樓「空置稅」，建議徵收應課差餉租值的 200%，即相等於兩年租金或市值樓價的 5%。不過，相關措施未能阻止香港私人住宅市場供求關係的進一步嚴重失衡，令售價持續上漲。中低收入買家於是將目標轉向小型和低價單位市場，致使這部分市場交投暢旺。

2016 年，住宅市場經過短暫整固之後，在第 2 季度再度上揚，並在 2017 年加快升勢。該年，香港樓市空前熾熱，各類樓宇買賣合約共 83,815 份，同比升 14.8%；合約總值 7,264.2 億港元，同比升 36.3%，打破 2010 年的 6,894.8 億港元水平，創下 30 年內有紀錄以來的歷史次高，僅低於 1997 年的 8,680.2 億港元。這一輪的升勢一直持續到 2018 年上半年。

從 2009-2018 年，私人住宅整體售價指數從 121.3 攀升至 377.4，大幅增長了 2.11 倍；而租金指數則從 100.4 攀升至 193.0，增幅達 92%。其中，在港島區，小於 39.9 平方米的小型住宅樓宇平均售價在 2018 年 7 月達到每平方米 19.01 萬港元，而大於 160 平方米的新型住宅樓宇平均售價在同年 10 月達到每平方米 46.66 萬港元，分別比 2008-2009 年同類住宅的最低售價（即 4.86 萬和 13.68 萬港元），大幅上升了 2.91 倍和 2.41 倍。2019 年，私人住宅整體售價指數和租金指數分別升至 382.9 和 194.4，其中最高峰時更分別升至 396.9 和 200.1。

在寫字樓市場，受到金融危機影響，寫字樓市場在 2009 年初繼續下跌，但到第 2 季度開始反彈回升，並追回金融危機爆發以來的跌幅。2010 年，儘管全球經濟仍然疲弱，但中國經濟蓬勃發展，吸引不少跨國公司到香港設立地區總部，希望藉助 CEPA 的優勢進入內地，而內地企業亦試圖借助香港的跳板進軍海外市場。在此背景下，香港寫字樓市場需求殷切，售價節節上升，2010 年第 4 季度錄得 24% 的全年升幅，租金亦穩步上揚。為了舒緩核心商業區寫字樓市場的項目壓力，特區政府公佈「啟動九龍東」計劃，並主動推出多幅商貿用地的拍賣。面對租金持續高企、經濟放緩的局面，越來越多公司遷離核心地區，以節省開支、控制成本。政府為滿足這些公司的需求，一方面在非核心商業區推出多幅土地供應，同時自 2010 年起實施活化工業大廈措施，鼓勵工廈整幢改裝，為寫字樓提供額外面積。

這一階段，私人寫字樓物業售價指數從 2009 年的 179.8 大幅上升至 2018 年的 555.2，升幅達 2.09 倍；而核心地區甲級售價指數更從 197.2 升至 548.6，升幅達 1.78 倍；同期，租金指數亦有超過 1 倍的升幅，而空置率則從 14.8% 下降至 8.7%。其中在港島中環核心商業區，甲級寫字樓平均售價在 2018 年 10 月達到每平方米 82.09 萬港元，比 2008-2009 年同類寫字樓最低平均售價每平方米 12.23 萬港元，大幅上升了 5.71 倍。在租金方面，港島中區甲級寫字樓平均租金從 2009 年 6 月最低谷的每平方米月租 667 港元上升至 2018 年 6 月的 1,330 港元，上升了 99.40%。不過，2019 年，私人寫字樓物業售價和租金指數開始回落，到 2019 年 12 月分別回落至 515.5 和 477.8。

在零售物業市場，隨著「自由行」政策刺激內地訪港旅客人數大幅增加，整體經濟復甦，零售業開始好轉，零售物業市道止跌回升，售價持續上揚，於 2009 年及 2010 年大幅上漲 25% 及 28%。2012 年，市場投資者開始轉向不受「額外印花稅」影響的非住宅物業，刺激

零售物業市場購買活動急增，成交數目大幅增加。當年，零售物業市場售價同比大幅增長 38%，租金亦躍升 13%。不過，在 2015 年，由於全球及中國內地經濟增長放緩，加上自 4 月份起深圳戶籍居民實施「一週一行」個人遊簽注，整體訪港旅客同比減少 2.5%，為 5,930 萬人次，2016 年訪港旅客進一步跌至 5,670 萬人次，為自 2003 年以來首次連續兩年下降的紀錄。受此影響下，2015 年以來零售物業樓宇售價和租金增長放緩，至 2018 年分別為 3.1% 和 1.5%。

儘管如此，香港的零售物業樓宇售價、租金仍高居不下，特別是港島銅鑼灣商業區。根據 2017 年 11 月戴德梁行發表《全球主要大街》報告，全球 451 條主要商業街道中，以紐約第五大道上段為全球最昂貴的大街，平均每年每平方呎租金約 3,000 美元（23,400 港元），而香港銅鑼灣則繼續成為全球最昂貴商業街的第 2 位，並蟬聯亞洲最昂貴租金的首位。從 2009-2018 年，香港的整體零售物業售價指數錄得 2.06 倍的大幅增長，租金指數則錄得 68.62% 的增幅。其中港島零售物業樓宇從 2008 年 12 月的最低谷——平均每平方米售價 12.31 萬港元，上升至 2018 年 5 月的 71.56 萬港元，升幅達 4.81 倍；同期，平均租金從每平方米月租 858 港元，升至 1,702 港元，升幅達 98.37%。

在分層工廠大廈市場方面，特區政府於 2010 年 4 月開始實施釋放舊工業大廈樓宇潛力措施，推動工業大廈轉型為非工業用途物業，刺激工業樓宇成交活躍，落成量明顯增加。當年，工業樓宇成交量大幅飆升 48%。到 2012 年，工業樓宇落成量明顯增加到 4.62 萬平方米，遠遠超過過去 10 年年均落成量 1.50 萬平方米的水平；而使用量則激增至 15.60 萬平方米，遠高於落成量，使得年底空置率降至 5.0%。不過，其後幾年，由於受到政府管制措施影響，工業樓宇市場成交一度轉趨低迷。2017 年，特區政府在施政報告中提出，政府正循不同方面研究便利工業大廈轉型並釋放土地資源，特別是重啟活化工廠計劃，使得工業大廈市場前景趨於明朗，交投再度活躍。受到政府種種相關政策刺激，這一階段，私人分層工廠大廈售價指數從 216.3 攀升至 888.4，大幅增長 3.11 倍；同期租金指數增長 1.04 倍。其中在港島區，分層工廠大廈的平均售價從 2009 年 5 月的每平方米 2.09 萬港元，升至 2018 年 5 月的 10.31 萬港元，升幅為 3.93 倍。

這一階段，香港地產市場各類物業售價指數都大幅飆升，遠超過 2009 年的水平。其中以分層工廠大廈的升幅最高，有 3.11 倍的升幅；私人住宅、私人寫字樓及私人零售物業樓宇，也都有超過 2 倍的升幅。同期的各類物業租金指數則有 68.62% 至 1.04 倍不等的升幅。值得注意的是，這一階段的香港地產市場售價都大幅超越 1997 年水平：私人住宅售價升幅為 1.31 倍；私人寫字樓升幅為 1.61 倍（甲級寫字樓 2.21 倍）；私人零售物業樓宇升幅為 2.34 倍；尤其是私人分層工廠大廈升幅最高，達 4.26 倍。（表 7-2）各類樓宇售價、租金

表7-2　2009-2019年香港各類私人物業售價、租金指數（1999年＝100）

年份	2009	2011	2013	2015	2017	2018	2019	2019 年對 2009 年升幅（%）	2019 年對 1997 年升幅（%）
私人住宅									
所有類別售價指數	121.3	182.1	242.4	296.8	333.9	377.4	382.9	211.13	131.39
最受歡迎屋苑售價指數（每年 12 月）	125.3	161.6	206.6	240.4	297.6	335.9（7月）*	338.0（5月）*	168.08	131.34
租金指數	100.4	134.0	154.5	172.8	182.6	193.0	194.4	92.23	43.49
整體空置率（%）	4.3	4.3	4.1	3.7	3.7	4.3	3.7	——	——
整體落成量（萬單位）	0.72	0.94	0.83	1.13	1.78	2.10	1.36	1.29（平均每年落成量）	——
私人寫字樓									
售價指數	179.8	297.9	409.8	448.9	487.1	555.2	542.8	208.79	160.53
甲級售價指數	183.1	301.2	378.9	401.1	450.6	540.5	524.8	195.19	220.93
核心地區甲級售價指數 #	197.2	328.2	380.1	391.4	473.2	548.6	495.7	178.19	136.77
租金指數	135.7	169.9	204.1	226.7	241.8	252.0	261.6	85.70	60.71
甲級租金指數	141.5	177.0	211.5	230.9	248.8	261.0	270.5	84.45	66.03
整體空置率（%）	10.3	6.5	7.0	8.0	9.5	8.6	9.0	——	——
整體落成量（萬平方米）	15.10	15.52	12.27	16.45	19.81	17.92	26.69	15.95（平均每年落成量）	——
私人零售物業樓宇									
售價指數	193.1	327.4	506.8	559.2	558.4	591.7	549.5	206.42	233.73
租金指數	110.9	134.3	165.5	182.5	182.5	187.0	187.1	68.62	51.42
整體空置率（%）	8.7	8.0	7.2	7.7	9.0	9.4	10.1	——	——
私人分層工廠大廈									
售價指數	216.3	385.0	655.4	723.9	778.1	888.4	886.2	310.73	425.99
租金指數	99.4	118.6	147.3	174.4	190.7	202.4	209.8	103.62	52.75
整體空置率（%）	8.0	6.0	5.8	5.0	6.1	6.3	5.9	——	——

\# 核心地區：上環 / 中區、灣仔 / 銅鑼灣及尖沙咀

* 當年最高值月份的指數值

資料來源：香港特區政府差餉物業估價署著，《香港物業報告》，2009-2019 年。

大幅飆升，已嚴重超越香港整體經濟、特別是香港市民的承擔能力，成為香港經濟、社會矛盾的深層次問題。

1.2 第二階段地產市道的主要特點

從總體來看，這一時期，香港地產市場主要呈現以下幾個特點：

第一，在住宅市場，由於市場供求嚴重失衡，導致各類住宅物業，價格都急遽上漲，相繼創出歷史性新高，成為社會輿論關注的焦點。

在豪宅市場，最典型的例子是位於港島西半山豪宅——「天匯」。天匯前身是干德道 39 號樂基山邨，為公務員合作社，早於 1965 年間落成，樓高 11 層，共有 44 個單位。1990 年，該廈一名大業主於市場出售其中 61% 業權（約 26 夥），成為重建該合作社的契機。2009 年，恒基集團將其拆卸重建為高級豪宅，樓高 152 米，共有 66 個單位。2009 年 10 月，恒基地產宣佈預售首批「天匯」豪宅 24 個單位，其中一套以每平方呎 7 萬港元、總售價 4.39 萬港元成交，創下全球分層住宅單位最高成交紀錄。

當時有評論指出，該售樓推銷手法，包括電視廣告、示範單位和售樓說明書都天馬行空，極度浮誇。不過，事後被揭發 24 個預售單位中，僅有 4 套單位成交，其餘 20 個單位的買家「撻訂」，未能如期成交。[5] 事後恒基地產只對「撻訂」單位沒收 5% 訂金而沒有追收差價，被質疑造市。消息曝光後社會輿論譁然。[6] 2010 年 7 月，香港警方一度介入調查。不過，案件歷時 4 年之後最終不了了之。2017 年 9 月，天匯豪宅 46 樓 B 室一套單位以每平方呎 10.5 萬港元、總價格 5.2 億港元，再次刷新了亞洲分層式住宅呎價紀錄。當年 10 月，天匯總共售出 65 套單位，套現約 94 億港元。2018 年 2 月，天匯 1 樓 108 號單位車位，以 467 萬港元成交，打破香港屋苑在 2017 年 7 月創下 451 萬港元的售價紀錄。

另外，港島山頂的豪宅售價也迭創新高。著名的例子是黃坤出售給地產隱形大亨許榮茂的「創世紀」，和出售予電影明星周星馳的「天比高」。「創世紀」位於港島山頂，被英國《星期日泰晤士報》列為全球最貴 10 條街道之一的施勳道 32 號，樓高 3 層，總面積 5.6 萬平方呎，在 1997 年香港樓市高峰期時市值高達 9 億港元。2002 年，許榮茂以 2.3 億港元的低價購入，並對它進行改造，重建為兩幢獨立的別墅，2009 年掛牌以 7.2 億港元出售，每平方呎 6 萬港元，創下當年洋房掛牌的新高。

「天比高」是周星馳於 2004 年以 3.2 億港元購入的山頂普樂道 10 號地皮，其後引入菱電集團作為項目發展股東，重建為 4 幢 3 層樓高的獨立洋房，分別命名為普樂道 10 號、12 號、16 號和 18 號。普樂道位於港島山頂最高處，是豪宅中景觀的最佳位置，其中部分豪宅

可以飽覽維多利亞海港及南區的無敵海景，而且該道路是同區內最短街道之一，只有 8 個街號建有房子，整條街道的洋房不足 15 幢。直至 2008 年，周星馳、菱電曾以 3.8 億港元出售普樂道 16 號，其後遇到金融海嘯，買家「撻訂」，到 2009 年分別以 3.5 億港元和 3 億港元將普樂道 16 號和 18 號售出。到 2011 年，香港豪宅市場大幅飆升，周星馳再將普樂道 10 號以 8 億港元出售，該洋房總面積為 8,302 平方呎，即每平方呎售價達 9.64 萬港元，創下香港及亞洲屋苑式洋房最高單價紀錄。

2015 年，港島山頂白加道 22 號一幢豪宅更以 15 億港元的天價出售，該豪宅面積 9,891 平方呎，即每平方呎售價超過 15 萬港元，為全球呎價第二高房產，僅次於法國蔚藍海岸聖讓卡弗爾拉的一套獨立屋。該豪宅的賣家是香港商界名人、電訊盈科前副主席袁天凡，2000 年以 1.64 億港元購入，15 年後升值超過 8 倍。該買家傳聞為阿里巴巴主席馬雲，不過阿里巴巴方面對此並無回應。

2018 年 6 月，特區政府推出空置稅，稅款透過修訂《差餉條例》以額外差餉形式徵收，結果刺激地產發展商加快推銷豪宅樓盤，進一步推高售價。其中，新鴻基地產發展的山頂「TWELVE PEAKS」2 號屋，面積 4,197 平方呎，附設面積達 2,786 平方呎的花園、846 平方呎天台及 108 平方呎平台，每平方呎價達 11.796 萬港元，創出項目同類戶型洋房新高。另一發展商新世界發展旗下位於尖沙咀的「名鑄」，其中 66 樓 D 室複式豪宅，面積達 2,064 平方呎，成交價為 1.4 億港元，即每平方呎售價 6.8 萬港元，亦創出項目呎價新高。9 月 23 日，廣深港高鐵香港段開通，刺激鄰近高鐵西九龍站的九龍站上蓋豪宅售價飆升，其中「君臨天下」一伙海景單位以 7,000 萬港元賣殼易手，每平方呎售價 6.6 萬港元，亦創下屋苑標準戶新高。

由於住宅市場售價持續飆升，潛在買家開始將重點轉向小型單位，甚至所謂的「納米樓」（實用面積為 200 平方呎或以下的單位）。2013 年，特區政府規定只有 400 萬港元或以下的住宅物業才可敘造最高九成的按揭貸款；2015 年再規定 700 萬港元以下的自住物業按揭上限為六成，使得市民更難以購買中大型單位，結果炒起「細價樓」，當中不少「納米單位」以高價成交。因應市場需求，發展商紛紛加入發展細價樓及所謂「納米樓」、「龍床盤」的行列，從而使「納米樓」的供應量急增，並由集中在市區發展，擴散至紅磡、屯門、大角咀等非核心區。以

君臨天下。

奧城．西岸為例，該樓盤共提供 104 個單位，面積介乎 262-461 平方呎，於 2013 年以 3 年超長樓花發售，至 2016 年公佈一手新例後首張價單，當時平均呎價 15,964 港元，到 2017 年平均成交呎價已升至逾 2.1 萬港元。另外，奧柏．御峰由兩座大廈組成，提供 462 個單位，面積由 330-743 平方呎不等，於 2012 年開售時平均每平方呎價 9,200 多港元，2017 年二手價升至近 1.8 萬港元。

「納米樓」發展之餘，甚至有發展商開售所謂「龍床盤」的樓盤。所謂「龍床盤」，是指僅有一張床般大小的單位，指即使是皇帝，晚上也只是睡一鋪佔地有限的龍床而已，相當具諷刺意味。2018 年開售的屯門「菁雋」樓盤，最小單位實呎只有 128 方呎，被喻為「龍床盤」，消息傳開後全城譁然。細價樓大行其道，導致香港人均居住面積減少。根據 2016 年中期人口統計，香港家庭住戶居所樓面面積中位數約為 430 平方呎，人均居所樓面面積中位數則約為 161 平方呎；而新加坡人均居住面積為 323 平方呎，比香港大一倍。2018 年 8 月，仲量聯行公佈《住宅銷售市場》報告，指由 2018-2020 年將有約 3,300 個「納米樓」落成，較過去 2015-2017 年的落成量顯著增加 35%。有分析認為，按此趨勢發展，「納米樓」未來可能成為市場主流。[7]

黃大仙下邨龍豐樓。

2018 年啟德地王誕生後，住宅市場氣氛更為熾熱。600 萬港元在私樓市場，僅足夠買入「納米樓」，資金緊絀的買家唯有轉投公屋、居屋市場，進而推動公屋、居屋樓價屢創新高，一段時間內幾乎每月都有公屋王、居屋王誕生。2017 年，公屋納米單位——青衣長安安泊樓高層 27 室，實用面積 150 平方呎，以 245 萬港元售出，平均呎價 16,333 港元，創全港公屋新高。2018 年，黃大仙下邨龍豐樓中層 21 室，實用面積 441 方呎，以 595 萬港元售出，實用呎價 13,492 港元，打破了深水埗李鄭屋邨中層 494 平方呎單位之前創下 538 萬港元的紀錄，成為香港史上最貴的公屋王。在二手居屋市場，2018 年 7 月，樓齡已有近 20 年的旺角富榮花園 17 座中層 A 室，建築面積 694 平方呎，原業主於 1998 年以未補地價的 182 萬港元購入，以已補地價後的 1,065 萬港元成交，平均呎價為 1.8 萬港元，成為香港首間突破千萬港元的居屋樓王。

第二，在售價、租金迭創新高的背景下，發展商掀起興建及拆卸重建寫字樓、商廈熱潮，並擴展到港島東、九龍東等非核心商業區。

這一階段，在香港各類物業市場中，寫字樓、商廈的售價升幅僅次於住宅市場售價，達到 2.09 倍，其中尤以中環核心商業區為甚。據仲量聯行於 2018 年 12 月發佈的最新高檔寫字樓租金追蹤指數，全球 61 個城市的黃金地段中，香港中環繼續成為全球最貴地區，中環的租賃成本包括租金、稅項及服務費支出，每年平方呎達 338 美元，較倫敦西區和紐約市中心分別高出近 75% 和 60%，已連續 4 年高踞寫字樓租金榜首。至於香港競爭對手新加坡，總租賃成本僅為每平方呎 108 美元，位列亞洲第 10 位，較中環低 68%。仲量聯行表示，中環仍然是香港最重要的金融區，且空置率偏低，再加上內地企業積極在香港擴張，成為中環甲級商廈的活躍租戶，驅使中環租金成本向上。[8] 中環商廈價格高企的典型例子，是長和系於 2017 年 11 月以 402 億港元的高價，將所持有的中環中心 75% 權益，售予中資背景集團，以約 122 萬平方呎計算，每平方呎售價約 3.3 萬港元。有鑑於此，越來越多企業選擇將目光投向非傳統核心區寫字樓市場，2018 年第 3 季就有逾半數新成交的寫字樓租賃個案位於非核心區，其中以港島東及九龍東最受歡迎。

在此背景下，地產發展商掀起興建及拆卸重建高級寫字樓、商廈熱潮。在中環，坐擁中環核心商業區高級商廈組合的置地公司，自 1990 年代中期起就連續多年展開龐大的重建計劃，包括拆卸重建置地廣場和歷山大廈，興建約克大廈和置地文華東方酒店，拆卸太子大廈而重建為遮打大廈等，全部工程於 2006 年完成，歷時 12 年。與此同時，新鴻基地產聯通恒基地產等在港島中環地鐵總站上蓋興建「國際金融中心」（IFC）一期、二期，以及兩幢高級酒店大廈「四季匯」和「四季酒店」。其後，新鴻基地產又在九龍地鐵站上蓋興建「環球貿易廣場」，於 2011 年完成。另外，長和系宣佈將位於中環與金鐘之間的和記大廈拆卸重建，重建計劃於 2019 年展開，直到 2023 年落成，正式命名為長江集團中心二期，重建後樓面面積將超過 50 萬平方呎，樓高約 41 層，並設有 185 個停車位。

在臨近中環核心商業區的銅鑼灣，怡和集團於 2018 年 10 月宣佈將投資 50.7 億港元，將已有 46 年歷史的怡東酒店拆卸重建為高級商廈，在原址重建成一幢總建築面積超過 6 萬平方米的綜合商業樓宇，重建計劃於 2019 年展開。與此同時，銅鑼灣還有 5 個重建項目展開，包括金朝陽集團收購耀華街 42-44 號以及堅拿道東 28-29 號舊樓，計劃重建成銀座式商廈；華潤集團收購糖街 25-31 號怡景商業大廈及匯景商業中心，計劃拆卸重建為一幢樓高 25 層的商廈；鎮科集團收購伊榮街的 J Plus Hotel，計劃重建為一幢樓高 26 層的銀座式商廈；爪哇集團持有禮頓道 8 號皇冠假日酒店，計劃重建成一幢樓高 22 層的商廈；小巴大王馬亞木持有怡和街 60-62 號，計劃興建為一幢樓面面積約 6 萬平方呎的商廈等，全部 5 個項目總共可提供約 40.9 萬平方呎寫字樓及商廈面積。

在鰂魚涌，太古地產在太古坊的龐大重建計劃也開始展開，將 3 座科技中心常盛大廈、

康和大廈及和域大廈重建為兩座甲級商廈，命名為太古坊一座和二座，提供 200 萬平方呎樓面，其中太古坊一座已落成；二座於 2022 年落成。新世界發展持有的鄰近鰂魚涌港鐵站的吉祥大廈，亦已展開重建計劃，該項目將提供約 48.8 萬平方呎樓面，集辦公室、展覽及食肆元素於一身。至於該集團位於尖沙咀的 Victoria Dockside，寫字樓部分 K11 ATELIER 亦已落成，出租情況理想。

隨著售價、租金的不斷上漲，越來越多企業不僅遷往銅鑼灣、港島東等地區，而且進一步轉向九龍半島，特別是九龍東等非核心商業區。受到啟德發展區的帶動，東九龍一帶的商廈價格在 2017 年就有不少高價或破頂的成交，如會德豐旗下的九龍倉集團，就以 90 億港元的高價將觀塘 8 Bay East 樓花商廈，售予內地房企綠景中國地產，每平方呎價格為 15,095 港元。根據地產代理世邦魏理仕研究部的估計，東九龍的甲級寫字樓空間會在 2021 年增加至 1,720 萬平方呎，當啟德發展區的項目陸續落成後，寫字樓空間將上升至 2,900 萬平方呎，比起中環的 2,500 萬平方呎還要高，成為未來最大商業區。世邦魏理仕研究部表示，東九龍本身商廈質素及設備較中環新，而逾兩成商廈樓面大於 2 萬平方呎，適合大型機構使用，加上租金便宜，可吸引企業搬遷。有鑑於此，特區政府正推進「啟動九龍東」計劃，將九龍東打造為香港第二個核心商業區。

第三，隨著香港持續經濟轉型以及土地資源的短缺，特區政府推出活化工業大廈措施，發展商改造工業大廈漸成潮流。

據統計，2019 年，香港約有逾 1,400 幢工業大廈，共佔土地面積逾 2,000 公頃（約相當於 120 個維多利亞公園），分佈於全港各區，大都建造於 1970 年代，樓齡不輕，外型既殘舊又笨鈍，影響市容亦阻礙社區的發展。但由於受制於種種規定，這些工廈用地不能隨意改變用途，漸成資源浪費。在土地資源日趨短缺的情況下，特區政府於 2010 年 4 月起推出活化工廈計劃，容許樓齡達 15 年以上舊式工業大廈（工廈）業主，免補地價將整幢工廈改裝活化，並可改裝作其他用途，其多改建為寫字樓、藝術工作室、服務式住宅等。2011 年，新鴻基地產斥資 5 億港元，購入葵興聯泰工業大廈並活化改建為新式商廈，易名為「活@KCC」(life@KCC)，發展成集團首個活化工廈項目，並於 2018 年中逐步啟用。「活@KCC」採「銀座式」設計概念，採取全幢大廈改裝形式，保留原有的工廈結構，樓高 10 層，涉及 10 萬平方呎，商場地下至 4 樓提供扶手電梯連接，並有升降機停靠各層，商場 3 樓連接旁邊的行人天橋，經行人天橋可到達九龍貿易中心和葵興站，由原來的傳統工廈，蛻變為以生活消閒為主的新型商場。該項目完成後，成為新鴻基地產旗下首個工廈式全零售商場。

另一個典型例子是南豐集團旗下的「南豐紗廠」(The Mills) 的活化項目。南豐紗廠於

南豐紗廠（The Mills）。

1954 年由號稱「棉紗大王」的陳廷驊設立，位於荃灣白田壩街工業區，該廠在高峰時期年產 3,000 萬磅棉紗，是香港其中一個紡織龍頭。1960 年代，南豐繼續擴展業務，收購了鄰近的地段共設立 6 間廠房，開創紡織王國。該紗廠見證了香港紡織業由全盛至式微的過程。2012 年，南豐集團啟動南豐紗廠活化項目，投資逾 7 億港元，項目由籌備至活化落成約 5 年時間，其中工程施工需時兩年半，項目改造過程中盡量保留逾 70% 原有建築物的結構，僅作出一些方便到訪者的改建設施，例如擴建入口通道、建構新的玻璃橋連接五廠及六廠等。設計上亦刻意保留昔日的舊物，包括舊樓梯、外牆及玻璃窗等，又將昔日的木門改造成椅子，令遊人可感受「新舊對話」。

　　南豐紗廠活化項目由 3 座建築物即四廠、五廠及六廠改建而成，於 2018 年完成活化，提供總樓面面積近 26 萬平方呎，包括作為零售業用途的「南豐店堂」、作為文化藝術用途的「六廠紡織文化藝術館」，其餘是用作工作空間及辦公室的「南豐作坊」。其中，南豐店堂佔地面積約 12.53 萬平方呎，商戶組合盡量多元化，30% 為餐飲業，其餘為零售和體驗式消費，大部分含「香港情懷」故事、文創或創新等元素；「南豐作坊」佔地約 7.81 萬平方呎，為有意創業的人士提供工作空間，推動紡織業的未來發展；其餘面積為「六廠紡織文化藝術館」。

　　截至 2018 年，地政總署共接獲 215 宗在活化工廈措施下提出的申請，其中 124 宗已獲批准，釋出合共約 138 萬平方米的樓面面積。在獲批的個案中，有 28 宗整幢改裝舊工業

大廈個案的擬議新用途，包括作康體文娛場所及文化及創意產業用途等。為了進一步推動工廈活化，特首林鄭月娥在任內第二份《施政報告》中，提出「重啟活化工廈計劃」，新計劃增加了改裝整幢工廈作過渡性房屋用途。具體包括：（1）接受業主申請改裝位於「商業」、「商貿」及「工業」地帶內而樓齡為 15 年或以上的整幢工廈；（2）為推動業主重建那些於 1987 年前落成的工廈，在位於主要市區及新市鎮的非「住宅」地帶內，容許相關工廈重建項目可放寬最高核准非住用地積比率；（3）容許活化工廈可提供過渡性房屋。[9] 預計相關政策將進一步推動工廈活化項目的發展勢頭。

第四，啟德發展區土地招標拍賣迭創新高，並帶動區內及鄰近地區各類樓宇物業價格飆升，成為地產市場發展的新動力。

自 1998 年 7 月香港國際機場搬遷到大嶼山赤鱲角以後，特區政府即開始研究啟德發展計劃，至 2004 年達成初步發展大綱，並於 2007 年及 2009 年通過及作出修訂。整個發展計劃規模龐大，總面積達 320 公頃（3,444.45 萬平方呎），計劃包括建設政府、機構及社區設施、住宅和商業，以及廣泛的休憩用地網絡等。根據規劃，區內約 99.38 公頃（31%）土地撥作休憩用途；69.94 公頃（22%）用地作為主要道路及其他；其他指定用途為 57.72 公頃（18%）；政府、機構及社區、學校及其他指定用途為 37.38 公頃（12%）；住宅用地共有 34.69 公頃（10%），當中低密度住宅用地有 6.56 公頃（2%）、中等密度的有 17.7 公頃（5%），高密度的則達 10.43 公頃（3%）。

自 2013 年起，政府相繼推出啟德發展區的土地拍賣，第一批土地是在 2013-2014 年間推出，包括現階段已經入伙及即將入伙的啟德一號、天寰、嘉匯、龍譽及 Oasis Kai Tak 等，當時這 6 幅土地每平方呎價格由 4,913-6,530 港元不等。其中，首兩幅土地（1H1 和 1H2）在 2013 年招標，由中資公司中國海外以 45.6 億港元投得，發展成啟德一號兩期（共 1,169 個單位）出售，平均每平方呎樓面地價約 5,100 港元，是香港首個「港人港地」項目。2014 年 2 月，保利以 39.23 億港元價格投得啟德 1L 區 3 號地段，平均每平方呎樓面地價漲至 6,530 港元。

第二批啟德土地招標拍賣是在 2016-2017 年間，也是出售 6 幅住宅土地，但每平方呎售價已升至 10,220-13,600 港元。其中，最引人矚目的是中資公司海南航空集團透過旗下公司接連投得 4 幅啟德地皮，令集團瞬間成為啟德大地主。2016 年 11 月，海航集團透過旗下公司首次奪得啟德住宅土地——第 1K 區 3 號地盤，以樓面地價計算每平方呎價格高達 1.35 萬港元，一下子將啟德地價拉高一倍。其後，該集團又分別以樓面地價每平方呎 1.36 萬港元及 1.3 萬港元奪得第 1L 區 3 號及 1L 區 1 號地皮，再加上以每平方呎 1.35 萬港元奪得的第 1L 區 2 號地皮，在短短 5 個月內一共奪得 4 幅啟德地皮，土地面積達 39.82 萬平方呎，

表7-3　2016-2017財政年度出售啟德住宅土地資料

	土地位置	地價（億港元）	樓面地價（港元／平方呎）	標書數目（份）	中標財團
2016 年 11 月 2 日	1K3 號地盤	88.37	13,500	20	海航集團
2016 年 12 月 19 日	1L3 號地盤	54.12	13,600	21	海航集團
2016 年 12 月 29 日	1K2 號地盤	58.69	10,220	16	嘉華集團
2017 年 1 月 25 日	1L1 號地盤	55.30	13,000	18	海航集團
2017 年 3 月 15 日	1L2 號地盤	71.41	13,500	15	海航集團

資料來源：香港土地註冊處

投資總額高達 269.20 億港元。由於土地價格急升，帶動區內住宅售價大幅上揚。2016 年 8 月，啟德一號（I）推出售賣時，首批單位折實呎價為 12,741-15,562 港元。其後於 2017 年 2 月開售的嘉匯，首張價單的折實呎價已升至 15,580-20,068 港元，相對啟德一號（I）已整批升值約 24.4%。

　　受到啟德地價大幅飆升影響，2017 年香港土地市場日趨熾熱。一幅位於上水新樂街的蚊型住宅地，由大鴻輝集團以約 1.3 億港元投得，地皮樓面每平方呎價格逾 1.4 萬港元，不但較周邊的二手呎價高出逾兩成，更創北區新高，打破資本策略在 2015 年以每平方呎 9,127 港元投得粉錦公路豪宅地的紀錄，成為新界北區地價新指標。最重要的是，此地皮的可建樓面面積不足萬呎，僅約 9,322 平方呎，卻受到多間發展商及私人投資者青睞，政府共收到 19 份標書，其中主要是覬覦其可發展的地舖。[10] 該年度，香港出現 7 幅總售價高逾

左｜Oasis Kai Tak。

中｜嘉匯。

右｜龍譽。

100 億港元的土地，為歷年之最。

　　啟德發展區第三批土地拍賣於 2018 年開始。當年 5 月，新鴻基地產以 251.61 億港元投得啟德第 1F 區一號地盤，若以最高可建樓面面積 141.5 萬平方呎計，每平方呎樓面地價達 1.7776 萬港元，打破 2017 年長沙灣興華街西地皮的 172.9 億港元紀錄，成為住宅官地的新地王。新地首奪啟德地，預計投資總額約為 400 億港元。受此影響，會德豐旗下的 Oasis Kai Tak 大幅加價推出，由 2017 年 9 月首張價單、折實呎價 17,059-22,900 港元，大幅加升至 24,188-33,502 港元，整批單位大幅加價約 36.2%。同年 11 月和 12 月，由會德豐地產、新世界發展、恒基地產及帝國集團等組成財團，以及中國海外，先後以 83.33 億港元和 80.34 億港元價格，分別投得啟德機場跑道 4B 區 3 號和 4B 區 2 號住宅地段，每平方呎樓面面積地價分別達 1.45 萬港元和 1.35 萬港元。

　　及至 2019 年，啟德土地招標拍賣再創新高。當年 1 月，新鴻基地產以 112.6 億港元價格，再投得啟德機場跑道 4C 區 3 號住宅地段，每平方呎樓面地價約 1.74 萬港元。到 3 月，由會德豐、恒基地產、新世界發展、中國海外合組的財團以 98.93 億港元，投得啟德第 4B 區 1 號住宅地，每平方呎樓面地價約 1.37 萬港元。5 月份，由會德豐、華懋集團、中國海外、恒基地產、新世界發展及帝國集團合組的財團，擊敗獨資入標的嘉華國際、長實、信和置業、新鴻基地產、高銀旗下財團，以及合景泰富夥拍龍湖集團和雅居樂集團合組財團，以 125.9 億港元投得啟德第 4C 區 2 號地皮，每平方呎樓面地價為 1.96 萬港元，較該年初新鴻基地產投得的毗鄰地皮呎價 1.74 萬港元高出近一成三，除了打破跑道區地價新高外，也創下啟德地價新高。

1.3 地產市道持續大幅攀升的主要原因

　　這一時期，香港地產市道持續大幅攀升，時間之長、升幅之大，打破了香港有史以來的紀錄。這次大升浪背後，原因是多方面的，既有外部環境的因素，也有內部政策、土地資源和市場結構等方面的因素。從外部環境方面的原因來看，主要有兩個方面：

　　第一，全球金融海嘯爆發後，以美國為首的西方國家推行量化寬鬆貨幣政策，導致全球範圍內出現超低息的金融環境，市場資金充裕，帶動整體經濟復甦並刺激物業價格的大幅攀升。

　　所謂「量化寬鬆」（Quantitative Easing）屬於一種貨幣政策，簡稱「QE」，通常被俗稱為「印鈔票」，指一國貨幣當局通過大量印鈔，購買國債或企業債券等方式，向市場注入超額資金，旨在降低市場利率，刺激經濟增長。該政策通常是往常常規貨幣政策對經濟刺激無

效的情況下被貨幣當局採用，即存在流動性陷阱的情況下實施的非常規貨幣政策。量化寬鬆政策最早在 2001 年由日本央行提出，當時，日本為了應對國內經濟的持續下滑與投資衰退，中央銀行在利率極低的情況下，通過大量持續購買公債以及長期債券的方式，向銀行體系注入流動性，使利率始終維持在近於零的水平。2008 年美國爆發次貸危機並引發全球金融海嘯，當時由於美國聯邦利率趨近於零，已無法以傳統貨幣政策改善經濟問題，美國聯邦儲備委員會開始推行 QE 政策，印鈔票購買長期債券，提升美國長債價格並壓低利率，使民眾降低房貸利率來支撐房市景氣。

自 2009 年起，美國聯邦儲備委員會先後實施三輪量化寬鬆政策，時間從 2009 年 3 月至 2013 年 12 月，歷時近 5 年時間，發行貨幣購買證券、債券等，前後總額高達 3.488 兆美元。從 2014 年 1 月起，美國聯邦儲備委員會開始實施 QE 退場機制，每月購債規模減少 100-750 億美元；5 月再減至 450 億美元；6 月進一步減至 350 億美元，至 10 月正式退場。這一期間，歐洲一帶以及日本等國家也相繼實施量化寬鬆政策，導致全球貨幣、資本市場長達 10 年的超低息率環境。在資金充裕、利率低企的背景下，大量熱錢、資金湧入香港地產市場，據香港金融管理局的數據，僅 2008-2009 年間，就有約 830 億美元資金流入香港，令到香港的貨幣基礎劇增近 7,000-1 萬億港元。香港金融管理局總裁陳德霖在 2014 年 7 月就表示：「事實證明量化寬鬆的效力亦遠低於美聯儲局的預期，但對其他新興市場包括香港，美國量化寬鬆政策的副作用則『有目共睹』，毋庸置疑。亦正因為美國要多次延長量化寬鬆的時間和加大劑量，香港樓市的上升週期又被相應地延長。直至 2013 年 2 月，金管局推出了第六輪的逆週期監管措施，加上政府另外推出的需求管理稅務措施，香港的樓市才開始有放緩的跡象。」[11] 由於大量資金湧入，進一步加劇了香港地產市場供求的嚴重失衡，形成第二階段長達 10 年的大升浪。

第二，這一階段正值中國經濟蓬勃發展時期，中國內地資金及房地產企業大量湧入香港地產市場，對香港物業價格的持續攀升起了推波助瀾的作用。

2003 年 6 月，香港與內地簽署《內地與香港關於建立更緊密經貿關係的安排》（CEPA）及內地居民赴港「自由行」以來，內地遊客赴港旅遊購物成為一股勢不可擋的洶湧潮流，內地居民直接購買香港房屋的規模也在迅速擴大。香港曾經允許在房地產或其他資產上投資 650 萬港元的人士，可通過投資移民通道獲得香港公民權。[12] 這一政策刺激了香港樓市對人民幣的需求。香港社會自由、法制較清晰嚴明，因而深受到內地富豪歡迎；加上不少內地富豪已在香港經商，有置業的需求，而持有香港貴重豪宅更儼如身份的象徵，尤其傳統豪宅區山頂、南區等豪宅更是大受追捧。如巨人網絡董事長史玉柱、騰訊主席馬化騰、阿里巴巴創辦人馬雲、恒大地產董事長許家印、李寧品牌創始人李寧等內地富豪均在香港購置了逾億港

元豪宅。據中原地產估計，從 2008-2012 年，香港賣價逾 1,200 萬港元（合 150 萬美元）的一手公寓中，由內地買家購得的比例逐年上升，從 10% 升至接近四成。2017 年第 4 季度，內地買家佔一手豪宅市場的比重，再度升至近 5 年的季度新高，內地個人買家佔金額比重升至 33.4%，佔宗數比例升至 28.9%，反映內地資金持續流入香港豪宅市場，而且集中於高價豪宅市場。

為了抑制這一勢頭，2011 年 6 月，香港金融管理局首次針對「收入來源非香港」的借貸人作出限制。2012 年 9 月，行政長官梁振英推出「港人港地」政策，進一步限制非香港居民的購樓需求。同年 11 月，特區政府推出的「買家印花稅」（Buyer Stamp Duty，簡稱「BSD」）政策。財政司司長曾俊華宣佈，所有外地人士、本地和外地註冊的公司購買香港住宅，除了繳付一般印花稅外，還需繳付 15% 的買家印花稅，即非香港居民買房子的最高稅率可能高達 35%，目的是要遏止內地及海外人士來港炒樓，但實踐證明這些政策並未能阻止內地富豪到香港買樓的決心，尤其是極具升值潛力的豪宅。據香港稅務局數字顯示，反映公司客戶及非本地買家入市情況的 BSD，2017 年全年共錄得 3,823 宗成交量，涉及稅收達 87 億港元，其中 12 月份 BSD 成交量多達 534 宗，涉及稅收達 13 億港元，創歷史新高。[13]

與此同時，內地地產公司也大舉進軍香港地產市場。2016-2017 年間，內地海航集團一舉以超高價擊敗本地發展商接連奪得啟德 4 幅土地，一時令香港輿論譁然。2017 年中，內房企業龍光地產與合景泰富，以每平方呎樓面地價 2.21 萬港元投下鴨脷洲利南道住宅土地，較估值上限高出 10.6%，刷新香港賣地史上最貴地王紀錄。當年 9 月，碧桂園以 24.41 億港元向宏安地產購入馬鞍山白石耀沙路地盤 60% 權益，當時折合每平方呎樓面地價達 1.05 萬港元，遠高於宏安在 6 月份以市傳約 26.3 億港元、每平方呎樓面地價約 6,787 港元向中城建及亞洲聯合基建（前稱俊和）的收購價，每平方呎樓面地價在 3 個月內大幅上升 55%。2018 年 1 月，內房龍頭企業中國恒大透過股權轉讓，以約 66 億港元向恒基地產購入屯門管翠路住宅用地，首度進軍本港住宅市場。有評論指，在中資地產公司的帶動下，本地發展商亦逼不得已參與抬價「遊戲」，從而進一步推高各類地皮物業的價格。

唯近年來，中國政府推出限制資金外流政策，內地房地產企業在香港賣地市場有所收斂。然而，部分並非真的撤出香港，不少只是轉換形式，從高調買地轉為低調買殼、收樓，繼續深耕香港地產市場。據反映，香港住宅開發的毛利率普遍介乎 20-30%，而近年內地住宅開發毛利率不足 20%，甚至部分僅 10% 或以下。在內地稅制下，計及利潤所得稅及土地增值稅後，淨利潤率僅約 10%，有些甚至低至 3%、4%。因此，香港地產市場的高毛利率對內地房地產企業具有相當的吸引力。[14]

這一階段香港地產市道持續大幅攀升，從內部原因分析，主要有兩個方面：

　　第一，在土地資源嚴重短缺的背景下，特區政府這一時期的土地、房屋政策失誤，包括停止大規模填海造地、停建居屋、放緩公屋建設等等，導致了土地、房屋供應的嚴重短缺，加速了地價、樓價、租金的大幅攀升。

　　香港自 1985 年進入回歸中國的過渡時期以後，由於《中英聯合聲明》附件三的規定，每年賣地不得超過 50 公頃，在土地供應短缺的情況下，香港開始了長達 13 年的週期性地產升浪。其後，由於受到亞洲金融危機衝擊，地產市道經歷了長達 6 年之久的跌勢。為挽救陷入衰退的經濟和大幅下跌的地產市道，特區政府推出「孫九招」，包括停止公開拍賣土地轉而實施「勾地表」制度、停建居屋等措施。這在當時宏觀經濟環境下無可厚非。不過，這一政策在香港整體經濟復甦之後依然實行長達 10 年之久，並且從 2005 年起基本停止大規模的填海造地，再次導致了土地、房屋供應的嚴重短缺。

　　根據香港資深地產界人士潘慧嫻在《地產霸權》（英文原版為 Land and the Ruling Class in Hong Kong）一書中的統計，2003-2009 年期間，香港「平均每年的樓宇單位吸納量，一直超過每年新單位的淨增長，空置率由 2003 年的 6.8% 下跌至 2009 年的 4.3%」。[15]「從 2003 年 7 月至 2005 年 5 月，住宅物業價格上漲 63%，2006 年中至 2008 年中，再度攀升 32.4%。在全球金融海嘯衝擊的 2008 年 6 月至 12 月期間，樓價下跌 17%，隨後反彈，2008 年底至 2009 年 8 月期間上漲了 20%。自此之後，樓價有增無減，2010 年上半年，價格又已上漲了三分之一。」[16] 而根據特區政府的統計，2009-2019 年，香港私人住宅落成量平均每年僅 1.29 萬個單位，是 2003-2008 年這一階段的 73.30%，也是 1997-2003 年這一階段的 48.68%，落成數量不到這一時期的一半。同期，私人寫字樓落成量平均每年

圖7-3　1985-2016年香港新住宅落成量（按類型劃分）

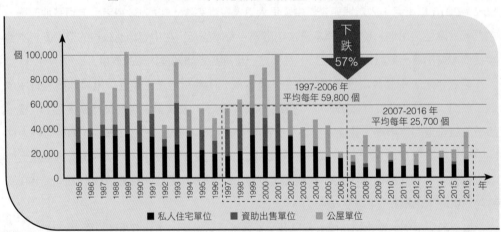

資料來源：香港土地專責小組，《增闢土地，你我選擇：公眾參與活動》，2018 年 4 月，第 7 頁。

表7-4　香港各個階段私人住宅及私人寫字樓落成量比較

時期	1987-1997 年 （平均每年）	1997-2003 年 （平均每年）	2003-2008 年 （平均每年）	2009-2018 年 （平均每年）
私人住宅落成量（萬個單位）	2.88	2.65 （-7.99）	1.76 （-33.58%）	1.29 （-26.70%）
私人寫字樓落成量（萬平方米）	39.88	32.23 （-19.18）	23.03 （-38.75%）	15.95 （-30.74%）

註：（）數字是對比前一階段的增／減幅度

資料來源：香港特區政府差餉物業估價署著，《香港物業報告》，1987-2018 年。

也僅 15.95 萬平方米，是 2003-2008 年這一階段的 71.46%，也是 1997-2003 年這一階段的 49.49%。（表 7-4）

　　有專業人士評論指出，目前香港地產市場結構已嚴重失衡，突出表現在 4 個方面：一是土地供應長期不足，這是香港的地理、歷史與政治環境三方面結合所造成的癥結；二是土地價格問題，「香港政府理論上控制了可開發的土地供應源；而政府的財政收入同時頗為依賴與房地產相關的收益，故有高地價政策之説。事實上，公平而透明度高的土地拍賣招標機制，與及市民大眾在理念上亦認為政府在收取地價時，必不能『讓利』予發展商，以保障公眾利益，都必然產生推高地價的客觀效果」；三是地產綑綁金融系統，在地價與樓價高昂的香港，發展商和買家都會盡量利用金融系統提供的槓桿支撐投資。此外，在開放市場背景下，在「全球資金泛濫，融資成本長處低位，兑現能力極強和沒有金融和資金進出管制的香港樓市，自然成為世界級投資熱點」。[17]

　　第二，地產市場形成寡頭壟斷，大地產商囤積大量土地儲備，特別是農地，而這些土地的開發程序複雜且漫長，在很大程度上拖慢了土地供應的步伐。

　　早在 1990 年代中期，就已有研究報告指出香港地產市場經營的集中性問題。其後，1997 年爆發的亞洲金融危機中，大批中小地產商處於破產或瀕臨破產的境地，而大地產商則因其財力雄厚及土地儲備充足而得以安度難關。2003 年以後，香港地產市場復甦反彈，土地價格更加昂貴，大地產商的經營集中度進一步提高，形成寡頭壟斷的市場格局。正如資深地產界人士潘慧嫻在其轟動一時的專著《地產霸權》中所指出：「隨著中小型地產商幾乎全部退出市場，可以肯定的是，市場力量將更加集中。擁有市場主導力量的企業，會濫用其影響力。如此，由寡頭企業緊緊操縱市場結構，競爭將變得更弱。」在此市場結構中，大地產發展商掌握了大量的土地儲備，以四大地產發展商為例。2018 年度，4 家公司的在香港的土地儲備達 9,987.35 萬平方呎；另外，恒地、新地、新世界的農地儲備合共就達 9,859.59 萬平方呎。（表 7-5）這些地產發展商囤積居奇，按其發展策略按部就班地推出發展樓盤，客觀上使得樓宇供應更形緊張。

表7-5　2018年香港四大地產發展商土地儲備概況（單位：萬平方呎）

地產商	香港	中國內地	海外	合計	農地
長實集團	400	9,600	400	10,400	N.A.
新鴻基地產	5,650	6,450	——	12,100	3,200
恒基地產	2,740	3,880	——	6,350	4,560
新世界發展	1,197.35	7,584.24	——	8,781.59	1,199.59

資料來源：相關公司年度報告

　　值得指出的是，這些大地產發展商儲備的土地，其中相當大部分為位於新界的農地。而根據香港的土地開發程序，這些農地要轉換為可以建屋的「熟地」（一般指有關土地已有合理規劃，不需進行收地清拆及重置現有設施、地盤平台或擔供額外的基礎設施），要經歷相當漫長的發展程序。正如香港土地專責小組的一份報告所指出：「在非『熟地』上發展房屋則大多涉及複雜及不確定因素，例如（i）進行規劃及工程研究和公眾諮詢；（ii）處理法定規劃程序；（iii）完成詳細設計後，為政府工程取得立法會的撥款批核；（iv）進行收地及清拆和作出安置；（v）提供及重置設施；（vi）進行地盤平整工程及興建基礎設施；以及（vii）進行建築工程等。」完成上述複雜的程序，大約需時 11-14 年，而且大型項目如新發展區一般需時更

圖7-4　香港土地開發的基本程式與時間

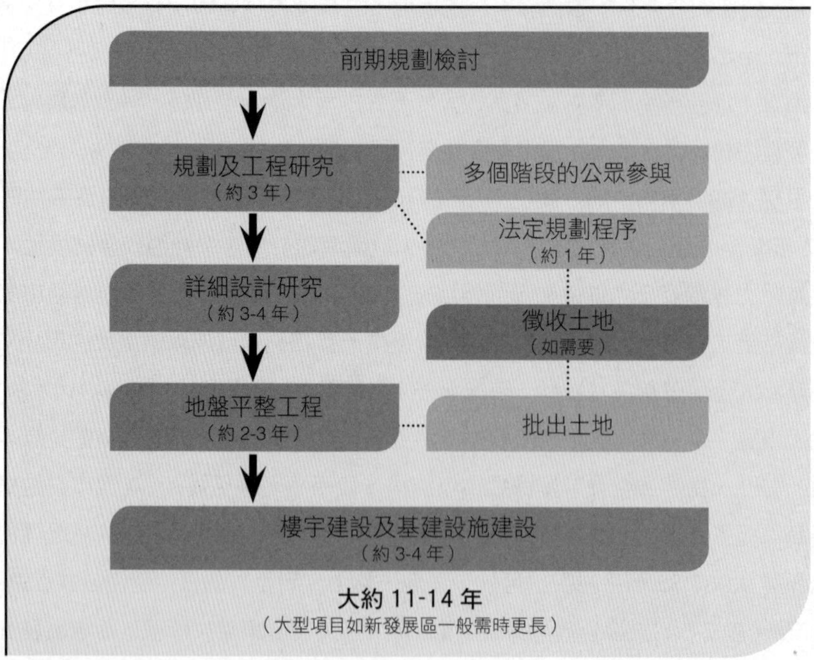

前期規劃檢討

規劃及工程研究
（約 3 年）

多個階段的公眾參與

法定規劃程序
（約 1 年）

詳細設計研究
（約 3-4 年）

徵收土地
（如需要）

地盤平整工程
（約 2-3 年）

批出土地

樓宇建設及基建設施建設
（約 3-4 年）

大約 11-14 年
（大型項目如新發展區一般需時更長）

資料來源：香港土地專責小組，《增闢土地，你我選擇：公眾參與活動》，2018 年 4 月，第 13 頁。

長。[18] 在此複雜程序下，地產發展商更有理由按部就班地推進土地發展，從而在很大程度上拖慢了土地供應的步伐。

1.4 高地價、高樓價、高租金背景下的經濟和社會問題

這一階段地產市道所形成的「高地價」、「高樓價」和「高租金」（簡稱「三高」），對香港經濟發展和社會民生都造成相當負面的影響。

在經濟上，高地價、高樓價、高租金受到抨擊的主因是形成了「地產霸權」的局面。「地產霸權」最初由香港資深地產界人士潘慧嫻提出，潘慧嫻曾任新鴻基地產創辦人郭得勝私人助理長達3年，後來加入嘉里建設負責土地和物業的股價和收購，參與規劃和契約修訂的工作，因此她對香港地產業的運作非常熟悉。她於2007年用英文出版了題為 *Land and the Ruling Class in Hong Kong*（即《土地以及香港的統治階級》）一書，其後以《地產霸權》推出中文版，一時在香港引起轟動。她認為，香港的地產商藉移民潮起飛，從《中英聯合聲明》發現寶藏，以「換地權益書」作為可居奇貨，運用更改土地用途的方法，在金融危機中獲利，從而迅速崛起，進而將勢力擴展並壟斷了公用事業領域，形成「地產霸權」。潘慧嫻並認為，操縱香港經濟的有六大家族，包括李嘉誠家族、郭氏家族、李兆基家族、鄭氏家族、包氏及吳氏家族和嘉道理家族。[19] 她強調，地產霸權導致「地價、樓價及租金高企，削弱了香港的競爭力，經濟萎縮，而零售／商業租金高昂，消費價格隨之上升，令香港人背負重擔」；「經濟集中有增無減，令經濟效率降低，最終喪失生產力，市場反應遲鈍，失業問題進一步惡化，貧富懸殊加劇。長此以往只會引發社會不安，甚至動蕩，就像星星之火可以燎原，一發不可收拾」。[20]

「三高」對香港社會民生更是產生了重大而深遠的影響。根據國際公共政策顧問機構Demographia 2020年1月發表的《2019年全球樓價負擔能力報告》，香港連續第10年成為全球房價最難負擔的地方，樓價對家庭收入中位數比率——樓價對入息比率（即坊間俗稱的「痛苦指數」）進一步惡化，由2013年的14.9倍上升至2018年20.9倍，2019年稍微回落至20.8倍，即相等於香港家庭不吃不喝不消費20.8年才能買樓。根據該機構的分類，樓價對入息比率在3倍或以下為「負擔得起」；3.1-4倍為「中度負擔不起」；4.1-5倍為「高度負擔不起」；5.1倍或以上為「極度負擔不起」。香港卻高達20倍以上，遠超第2位的加拿大溫哥華（11.9倍）。（表7-6）2018年，林鄭月娥在接受一個電視台專訪時慨嘆樓價太貴，說她在2016年擔任政務司司長期間曾打算置業，但她服務政府多年累積的700萬港元長俸，在灣仔區連300平方呎的單位都買不起，就算再加上積蓄，也只能在遠離市區的新界購買一個說不上寬敞的單位，最後更沒有買成。[21]

表7-6　2019年全球房價最難負擔前10位城市

排名	國家	城市	樓價對家庭收入中位數比率（倍）
1	中國	香港	20.8
2	加拿大	溫哥華	11.9
3	澳洲	悉尼	11.0
4	澳洲	墨爾本	9.5
5	美國	洛杉磯	9.0
6	加拿大	多倫多	8.6
7	新西蘭	奧克蘭	8.6
8	美國	聖荷西	8.5
9	美國	三藩市	8.4
10	英國	倫敦	8.2

資料來源：Demographia，《2019 年全球樓價負擔能力報告》。

　　特首尚且如此，更遑論香港低下層市民的居住條件。這一階段，私人住宅價格高昂，而公營房屋建設緩慢，不少苦候公屋的基層民眾，只能入住所謂的「籠屋」、「劏房」、「棺材房」等。「籠屋」最早出現在 1950 年代，用作外來勞工的臨時住宿。顧名思義，籠屋即一張張被鐵絲網包圍的床位，大多存在於深水埗的危樓之中，居住在鐵籠裡的人也被稱為「籠民」。「劏房」即業主把一間普通住宅單位分間成多個獨立的狹小出租房間，這些單位大多坐落於日久失修的舊樓，居住環境差強人意。據特區政府的統計，香港約有多達 21 萬市民居住在條件惡劣的「劏房」，人均居住面積只有 56.5 平方呎，住戶只能在這不到 100 平方呎的單位內解決生活所需。有報道指出：「在地狹人稠的香港，租金最高的並非山頂豪宅或國際金融中心，而是全港 18 區中最貧窮的深水埗。那些隱藏在街角巷尾的籠屋、劏房、棺材房，每呎（約 0.09 平方米）租金最高可達 300 港元，大約有 20 萬香港市民生活在其中，那是霓虹燈也無法照亮的地方。」[22]

　　據報道，劏房的方式層出不窮，從幾戶到幾十戶不等，蝸居其中的多是孤寡老人、低收入勞工、長期病患者，以及貧窮的婦女兒童等。被分割得七零八落的房間裡，一家大小所有言談舉動，都在彼此的眼皮底下進行，想睡個安穩覺都難，隱私更是無從談起。當橫向空間已經被分割到極致，房東們把目光投向了縱向空間，「棺材房」便應運而生。一間原本狹窄的劏房內，像火車車廂般分隔出 6 個床位，每間高度不超過半米，長度不超過 2 米，中間留一條狹窄的過道。棺材房如同籠屋的現代版，只不過用木板替代了鐵絲網。住在條件如此簡陋的棺材房，租戶仍需要支付每月 2,000 港幣的租金。[23]

　　有見及此，「三高」導致香港貧富差距進一步加劇，已成為香港社會矛盾尖銳化的經濟

根源。據 2016 年的統計，香港的堅尼系數（稅前福利轉移前）達 0.539，即使在稅後福利轉移後也達到 0.473，兩者都高於發生「黃背心」運動的法國（分別為 0.516 和 0.291）。[24]（表 7-7）

表7-7　香港與法國貧富懸殊比較		
	香港	**法國**
堅尼系數（2016 年）		
稅前福利轉移前	0.539	0.516
稅後福利轉移後	0.473	0.291
利得稅（最高稅階）	16.5%	33.3%
入息稅	17%（最高稅階）/15%（標準稅率）	45%（最高稅階）
法定最低工資（時薪）	$37.5	€ 10.03（約港幣 $87.8）
巨無霸餐（註：在香港及法國於不同地區價格有異）	約 $41.5	約€ 8.0（約港幣 $70.1）
失業率	2.8%（2019 年 1-3 月）	8.8%（2019 年 2 月）

資料來源：香港特區政府勞工及福利局局長網誌，《貧富懸殊的挑戰》，香港特區政府勞工及福利局官網，2019 年 5 月 5 日。

圖7-5　私人住宅樓價指數與私人住宅人均居住面積變化

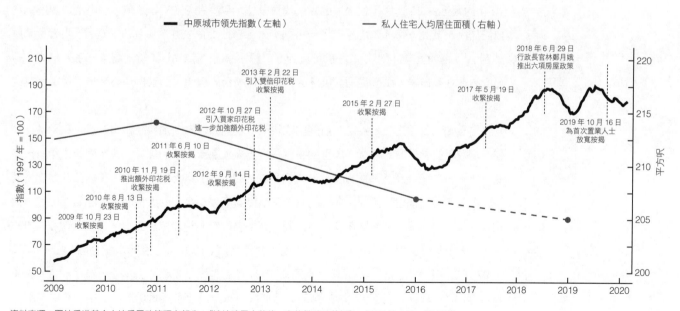

資料來源：團結香港基金土地房屋政策研究報告，《造地建屋大落後，官僚繁瑣待革新》，2020 年 4 月，第 12 頁。

二、特區政府房屋政策的演變 與公營房屋發展

自香港回歸以來，特區政府的房屋政策大致經歷了3個發展階段，
第一階段從1997年7月1日特區政府成立起，至2002年頒佈「孫九招」為止，
這是特區政府積極介入房屋市場，扮演積極干預角色的階段，
也是回歸以來公共房屋快速發展時期。第二階段從2002年頒佈「孫九招」起，
至2012年曾蔭權政府宣佈重新啟動居屋建設計劃，這是特區政府退出積極干預角色，
讓房屋供應「回歸市場」的階段，也是公共房屋建設停滯不前的階段。
第三階段從2012年重啟居屋計劃起至現在，是特區政府重新制定公屋政策的新階段。
特區政府在房屋政策上的失誤，成為現階段香港房價高企、供應緊缺的重要因素。

2.1 積極介入市場：公屋、居屋快速發展（1997-2002年）

回歸初期，新成立的特區政府即公佈「建屋安民」的「八萬五」房屋發展目標，承諾在
10 年內讓至少 25 萬戶租住公屋的家庭購買單位，以期在 2007 年底前，全港七成家庭能夠
自置居所。為此，特區政府採取了一系列措施，包括加快公共房屋建設、推行「租者置其屋
計劃」、「重建置業計劃」、「可租可買計劃」、「長者租金津貼」試驗計劃等一系列措施，積
極介入房地產市場，試圖從加大供應的角度平抑高企的樓價，切實解決香港市民住房困難的
問題。

為了加快公屋建設，特區政府開始加快土地規劃和供應，加快新市鎮建設，積極推進公
屋、居屋等公營房屋的發展。典型的事例是新界天水圍新市鎮的發展。天水圍新市鎮以天華
路為界，分為南部及北部兩大部分。港府早在 1990 年已開始發展南部，首個公共屋邨、居
屋以及私人屋苑都位於南部。與此同時，李嘉誠旗下公司發展的大型私人屋邨嘉湖山莊首期
樂湖居亦正式落成。到回歸前夕，天水圍南部多項建設已相繼完成工程，包括天瑞邨（1993
年）、天水圍運動場（1994 年）、天水圍公共嬉水池（1995 年）及天水圍公園（1994 年及
1997 年）。天水圍北部作為預留發展區從 1994 年起也開始規劃。回歸後，為了配合特首董
建華提出的「八萬五」建屋計劃，北部地區加快規劃並興建了大量房屋，其中以公共房屋為
主。北部地區從 2000 年開始發展，到 2010 年除了靠近香港濕地公園範圍附近土地之外，

其他多項公共房屋樓盤建設相繼完成工程，為香港增添了大量的公營房屋供應。

不過，後來有評論指出，天水圍北部地區由於規劃倉促，區內聚集了多個公共屋邨及私人屋苑，導致這一地區公共房屋的樓宇高度和密度都比南部高得多，而社區設施卻跟不上的局面，生活環境擠擁。到 2007-2008 年，北部休憩設施如天秀路公園、天暉路社區會堂等公共生活設施才陸續啟用。整個天水圍的康文設施，如天水圍公園、天水圍運動場、屏山天水圍公共圖書館、屏山天水圍游泳池、天水圍泳池等均設於南部，分佈極不平衡。另外，自 2001 年天水圍北部多個屋邨入伙後，區內發生了一些嚴重的家庭問題，引起社會的廣泛關注，一時間令天水圍的形象變得較為負面。

從 1998 年起，特區政府在加快公屋建設的同時，亦相繼推出一系列的房屋計劃，包括「租者置其屋計劃」、「重建置業計劃」、「可租可買計劃」、「長者租金津貼」試驗計劃等。1998 年，特區政府透過香港房屋委員會（房委會），首先推出「租者置其屋計劃」（租置計劃），讓公共租住房屋（即是「公屋」）的租戶可選擇以折扣價購買所居住的單位，以達到當時所訂於 10 年內全港七成家庭自置居所（即所謂「置居」）的政策目標。當時，第一期率先推售了 6 個屋邨的單位。不過，該計劃推出後香港經濟即受到亞洲金融風暴的嚴重衝擊，樓價大幅下跌，特區政府於 2002 年為房屋政策重新定位，其中包括不再採用置居比例為指標，以及房委會盡量退出房屋出售市場，因此再無繼續推行租置計劃的理據。為此，房委會決定在「租置計劃第六期乙」於 2005 年 8 月推出後，終止「租者置其屋計劃」，不再出售公屋單位。數據顯示，這時期實施租置計劃的共有 39 個屋邨，合共約 183,700 個可出售單位。截至 2012 年 9 月底，當中已出售的單位約有 121,100 個，佔可供出售單位總數約 66%，而租置計劃屋邨內未出售的單位則仍有 62,600 個。[25]

與此同時推出的還有「重建置業計劃」。該計劃為香港房屋委員會於 1998 年所推行的其中一項置業資助計劃，旨在為受各種重建計劃（包括被列入整體重建計劃的徙置區、政府廉租屋，以及被清拆的平房區）影響的居民，提供自置居所的機會，以取代遷入指定接收屋邨單位。受「整體重建計劃」影響的租戶每月可獲得按揭還款補助金，用以購買居屋單位。重建置業計劃屋苑選址以鄰近即將重建屋邨（或位於重建中屋邨的指定樓宇）為主要考慮，並可以是居屋、由公屋轉作居屋樓宇或私人參建居屋，但在實際操作上均為由公屋轉作居屋樓宇，而入伙日期與遷出限期相若，方便居民原區安置。

在重建置業計劃下，房委會於 1998 年 9 月推出的第一期單位為何文田冠暉苑——由何文田邨公屋轉為此計劃下出售居屋，並預留靜文樓撥入計劃內出售，只供附近的山谷道邨、何文田邨廉租屋大廈及紅磡邨的居民申請。不過，由於反應並不熱烈，房委會最後沒有加推靜文樓。第一期單位由於銷售錄得足額認購，沒有單位撥歸隨後發售的居屋第 20 期甲。稍

後推出的第二期為何文田冠熹苑（連同居屋第 21 期甲），申請者資格與第一期相同。由於該期的銷售未錄得足額認購，剩餘單位被撥入居屋第 21 期甲。由於該計劃推出後總體反應並不熱烈，終於 2000 年 1 月宣告終止，所有未售屋苑均改作公屋出租。

　　1999 年，香港房屋委員會再推出一項置業資助計劃——「可租可買計劃」，以協助在公屋輪候冊上的人士可不需等候公屋單位，以綠表居屋價購買當時指定的新建公共屋邨。合資格的申請人成功置業後，可獲得按揭補助金。補助金分 6 年按月發給，總額最高可達 16.2 萬港元，單身申請人可獲的補助金，為家庭申請人的一半，而正繳交市值租金的準業主則不獲津貼。可租可買計劃推出的樓宇全是和諧式大廈，售價標準需低於居屋計劃單位的售價（因新型的居屋康和式及新十字型大廈單位質素較佳），而高於租置計劃（租者置其屋計劃）單位的售價（因租置計劃的單位涉及樓齡已滿 10 年的原 Y 型公屋大廈單位）。指定的屋苑並非整個屋苑、所有樓宇都納入這個計劃，只是納入指定的屋苑某一座或數座樓宇的單位，其餘座數的單位同時作為出租公屋或居屋出售，除非申請反應熱烈，才會將其他用作公屋的樓宇撥入此計劃出售；如果指定大廈沒有單位售出，將直接轉為公屋出租，而不會另行重售。

　　在可租可買計劃下，房委會先後於 1999 年 4 月和 2000 年 6 月推出第一期及第二期計劃。第一期推出的樓宇，包括旺角海富苑海寧閣、天水圍天頌苑（頌澤閣和頌琴閣）及粉嶺雍盛苑雍薈閣等；第二期推出的樓宇包括將軍澳彩明苑（彩富閣、彩貴閣、彩榮閣、彩耀閣）。第二期由於最終沒有單位售出，最後全部改作公屋。在該計劃下，沒有推出的屋苑包括：將軍澳健明苑健晴閣、屯門富泰苑愛泰閣、長洲雅寧苑峻澤閣、東涌逸東苑部分樓宇等。其中，健明苑、雅寧苑及逸東苑（新和諧一型樓宇）因屋苑尚未落成，政府亦已宣告停售居屋而改為公屋出租，其他屋苑則因政府於 2000 年推出的縮短公屋輪候年期政策，而與擬於同期發售的居屋第 23 期乙單位一併改作公屋。2002 年，特區政府宣告停售居屋後，就再沒有推出可租可買計劃的新單位，隨後亦終止該計劃。

　　這一時期，香港房屋委員會在公營房屋發展方面，承擔了重要的職能。不過，由於發展過快，相應的監管未能跟上，曾於 1999-2000 年間發生短樁事件。其實，早在回歸前，香港公營房屋在建造時就發生過不少偷工減料、施工不嚴謹等問題，公屋也因此時常出現牆身批蕩不平、瓷磚剝落、地台去水位淤塞、窗台漏水、窗框鉸位鬆脫等現象。1986 年，香港被揭發有 26 幢問題公屋，發現承包商所選用的石屎不符合規格，一時引起譁然。事件最後由香港廉政公署拘捕 2 名違法的承包商後才宣告平息。2000 年初，香港再發生一連串的公營房屋醜聞，包括：沙田圓洲角工程發現短樁、石蔭邨二期工程使用過薄的鋼板、東涌三期使用不及格的鋼筋等，引起社會高度關注，事件在香港房委員會主席王葛鳴請辭、房屋署署長苗學禮被立法會彈劾、違法承包商被拘捕後才告一段落。有鑑於短樁事件，事後房委會展開

連串針對公屋質素的改革，以恢復公眾信心。

2001 年，香港房委會再推出「長者租金津貼」試驗計劃，提供租金津貼予合資格高齡申請人，讓他們租住私人樓宇，以代替公屋單位編配。同年香港清拆最後一個位於沙角尾的「臨時房屋區」，為這類有 40 年歷史的房屋劃上句號。另外，最後 3 個位於摩星嶺、掃桿埔和荔枝角的平房區，也宣告完成清拆。當年 8 月，鑑於地產市場低迷，房委會宣佈停售「居屋計劃」及「私人參建計劃」單位 10 個月，直至 2002 年 6 月底。

這一時期，在特區政府的政策主導下，香港的公營房屋迎來一個快速發展的新階段。1999-2000 年度，隨著政府實施「八萬五」政策，大批公營房屋興建落成，該年度，公營租住房屋落成數量創歷史新高，達到 31,804 個；居屋落成數量亦達到 13,778 個，全年落成公營房屋達到 45,582 個，比上年度大幅增長 2.49 倍，已接近政府每年建造 5 萬個公營房屋的目標。到 2000-2001 年度，落成的公營租住房屋單位和居屋單位分別達到 47,552 個和 23,542 個，全年落成公營房屋單位增加到 71,094 個，同比大幅增長 55.9%。從 1997-1998 年度至 2001-2002 年度的 5 年間，全港共建成公營房屋 19.84 萬個，平均每年落成 39,684.2 個，其中公營租住房屋平均每年落成 28,132.2 個，居屋平均每年落成 11,552 個。（表 7-8）5 年期間，共為約 19.84 萬戶中低收入家庭提供了租住及購置的居所。

表7-8　回歸初期香港房屋委員會每年新落成公屋、居屋數量（單位：個）

年度	公營租住房屋	居者有其屋計劃	總數
1997-1998	17,917	12,040	29,957
1998-1999	9,759	3,320	13,079（-56.3%）
1999-2000	31,804	13,778	45,582（+248.5%）
2000-2001	47,552	23,542	71,094（+55.9%）
2001-2002	33,629	5,080	38,709（-45.5%）
合計	140,661	57,760	198,421
平均每年新落成數量	28,132.2	11,552	39,684.2

註：數字指已獲房屋署證明大致上已竣工的新建單位，但不包括私人機構參建居屋計劃的居住單位。

資料來源：香港特區政府統計處，《香港統計年鑑》，1997-2002 年。

這一時期，公營房屋的快速發展，還體現在每年獲得房委會批准可動工興建的公屋及居屋的單位數量。在「八萬五」政策目標的推動下，政府相關部門加快房屋興建的審批程序。1998-1999 年度，房委會獲批准可動工興建的公營租住房屋單位數量達 53,338 個，居屋達 33,735 個，分別比上年度大幅增加了 82.71% 及 68.96%，導致全年獲批准可動工公營房屋單位數量達 87,073 個，同比增長了 77.1%。這 5 年期間，獲批准可動工公營房屋單位數量

達 20.78 萬個，平均每年 41,555.6 個。（表 7-9）

表7-9　回歸初期香港房屋委員會獲批准可動工興建公屋與居屋數量（單位：個）			
年度	公營租住房屋	居者有其屋計劃	總數
1997-1998	29,193	19,966	49,158
1998-1999	53,338	33,735	87,073（+77.1%）
1999-2000	12,383	11,064	23,447（-73.1%）
2000-2001	17,168	6,977	24,145（+3.0%）
2001-2002	17,654	6,300	23,954（-0.8%）
合計	129,736	78,042	207,778
年均獲批准可動工數量	25,947.2	15,608.4	41,555.6

資料來源：香港特區政府統計處，《香港統計年鑑》，1997-2002 年。

2.2 回歸市場：停建居屋、公屋放緩發展（2002-2012年）

2002 年，經歷過亞洲金融危機及其後持續數年的通縮打擊，為了振興相關經濟，政府決定就香港的房屋政策進行全面檢討。當年，政府發表《公營房屋架構檢討報告書》，決定將前房屋局與房屋署合併，成立房屋及規劃地政局，由孫明揚出任首任局長，負責制定及統籌香港的整體房屋政策。2002 年 11 月 13 日，孫明揚在立法會就房屋政策發表聲明，為政府的房屋政策重新定位；其目標是維持公平和穩定的環境，讓私營物業市場可以持續健康發展，同時為無力租住私營房屋的人士提供資助公共房屋，並提出著名的「孫九招」房屋政策。

2003 年，特區政府重組香港房屋委員會管理架構，由特區政府房屋及規劃地政局局長出任房委會主席，打破了自 1988 年以來由民間知名人士出任房委會主席的傳統，從而令房委會在配合和執行政府的房屋政策上更為妥善。當年，為了配合重新定位的房屋政策，房委會先後宣佈及實施一系列政策措施，包括：停建及停售「居屋計劃」和「私人參建計劃」的單位；在推出「租置計劃」第六期單位之後終止該計劃；逐步取消「長者租金津貼」試驗計劃；再推出「置業資助貸款計劃」，以取代原來由房委會推行的「自置居所貸款計劃」及房屋協會推行的「首次置業資助貸款計劃」。最矚目的行動，莫過於以房地產投資信託基金的模式──領匯房地產投資信託基金，把轄下的零售和停車場設施分拆上市。

2003 年 2 月，廣東省爆發非典型肺炎，至 3 月初蔓延至香港。其中，牛頭角淘大花園 E 座不同層數的居民，多人相繼染疫，位於九龍的東頭邨亦發生疑似集體感染事件。當時，東頭邨的污水渠是裝置在屋內的（全港公共屋邨均採用該設計）。房屋署總建築師表示，這

個設計原本是合乎衛生規格的，但由於當年興建時的造工不理想，致使污水渠跟石屎之間留有裂縫，於是較高樓層使用過的水便沿渠流落下層，污水渠亦慢慢生鏽而出現滲漏現象。因此若有住戶染病，病菌就可經污水渠傳播。結果，香港共有 1,755 人染病，299 人喪生。事件顯示出樓宇質素對健康的重要性，再度引起香港社會對公營房屋建造中各類問題的關注。非典型肺炎爆發後，房委會推出「屋邨清潔扣分制」，促使公屋居民保持居住環境清潔衛生。2005 年及 2006 年，房委會相繼推出「全面結構勘察計劃」及「全方位維修計劃」，以審視落成約 40 年的公共屋邨的樓宇結構安全，以及改善公共屋邨的保養維修服務。

　　2004 年 6 月，香港房屋委員會成立 50 週年。為此，房委會特別籌備了一連串活動，包括與康文署合辦展覽，讓廣大市民回顧昔日的家園，以及公共房屋發展時的挑戰和成就。房委會主席孫明揚在展覽開幕禮上致辭時表示：「隨著公共房屋計劃的發展，公屋居民的居住環境和生活質素亦不斷改善。回顧過去五十年，公共房屋政策與時並進，以配合市民不斷轉變的需要和期望。五六十年代沒有獨立廚房、廁所和浴室設備的徙置大廈，現已被設計完備而現代化的公共屋邨所取代。是次展覽可讓觀眾重溫公共房屋的演變，以及它在促進社會穩步發展所擔當的重要角色。」[26]

　　2005 年 3 月 10 日，行政長官董建華以健康理由宣佈辭職，由時任政務司司長曾蔭權接任。在曾蔭權出任特首的頭兩年，房屋政策問題似乎並不是他要優先處理的事項。2005 年，曾蔭權在其首份題為「強政勵治，福為民開」的施政報告中，提出了「提升管治能力」、「創建和諧社會」、「全方位發展經濟」等多項措施，但並未就房屋政策展開專門的論述。他在 2006-2007 年題為「以民為本，務實進取」的施政報告中，重點提及「經濟發展路向」、「重視家庭」、「優化環境」等問題，仍未就房屋政策問題展開專門討論。這幾年，由於中央政府對香港實施內地居民赴港澳「自由行」政策及與香港簽署 CEPA 協議之後，香港整體經濟開始復甦，樓市重回上升軌道，地價、樓價、租金開始上漲。

　　2007 年，曾蔭權在連任特首之後，在當年題為「香港新方向」的施政報告中，提出要以基建帶動整體經濟發展。為此，特區政府將成立發展局，統籌各項重大基建，並推動 10 項重大基建工程：其中首次提及建設「都市新發展區」，包括「西九文化區」、「啟德發展計劃」、「新發展區」，表示：「為紓緩已發展地區的壓力，以及應付人口增長帶來的土地需求，我們必須從速籌劃新發展區的工作。新發展區計劃規模會較小，不及屯門、沙田等傳統新市鎮的四分之一大小。新發展區會提供土地作住屋、就業、高增值及無污染工業等不同用途，透過全面規劃，提供注重優質生活空間，以及為住戶和用者提供便利的另類居住選擇。我們會恢復進行古洞北、粉嶺北、坪輋和打鼓嶺以及洪水橋新發展區的規劃及工程研究，並擬訂實施策略。」[27] 其中的重點僅為「恢復進行研究」。在具體的房屋政策中，亦僅提到「以綜合家居

照顧模式提供長者居所,有需要進一步擴展」。[28] 當年,特區政府重組決策局,由運輸及房屋局負責本地房屋政策,並由運輸及房屋局局長出任房委會主席。

2008 年,美國發生次貸危機並引發全球金融海嘯,對香港的經濟和金融造成嚴重衝擊,地產市場也出現下調的勢頭。面對新的危機,曾蔭權在當年題為「迎接新挑戰」的施政報告中,較為系統地闡述了其房屋政策。曾蔭權強調:「房地產市場是香港經濟的重要基礎,與民生息息相關,對不少市民來說,房屋是他們最重要的資產。回歸初期,金融風暴對房地產造成的打擊,令置業人士手上的物業變成負資產的境況,歷歷在目。過去 6 年,透過重新定位的房屋政策和市場主導的土地供應,我們已重建市民對房地產市場的信心,扭轉供過於求的情況,讓房地產市場穩步發展,回復動力。我們會珍惜這個得來不易的成果,貫徹執行『勾地表』機制,由市場按需求決定新土地供應。政府及政府擁有的法定機構,都不會在這危機時刻,任意供應住宅及商用土地,更不會賤價賣地。」[29] 這段論述,清楚表明他延續了2002 年「孫九招」實施以來重新定位的房屋政策。

不過,2010 年以後,香港經濟逐步走出全球金融危機的陰霾,恢復強勁增長,進而刺激樓市大幅上漲,房屋等問題逐漸成為了社會關注的熱點。2011 年 10 月,曾蔭權在其任內最後一份題為「繼往開來」的施政報告中,對房屋政策作了新的闡述。他表示:「我重申政府在房屋政策上有以下基本原則;第一,我們房屋政策的目標是確保所有香港市民都居有其所。第二,政府有責任通過土地開發供應足夠土地予私人市場,興建多元的住宅單位。第三,政府會提供公共房屋予無法負擔租住私人單位的低收入人士。當私人房屋供應短缺和價格上升,脫離市民購買力時,政府需要介入市場,透過增加土地供應和資助房屋政策,作出調節。」

根據新的形勢,曾蔭權承認要「重新定位」公營房屋政策,其中的重點,是「為了回應中低收入家庭的置業訴求,政府提出復建居屋的新政策」。為此,特區政府「會撥地推行有關計劃,根據現階段已經物色到的土地,由 2016-2017 年起 4 年,我們會以總共提供超過17,000 個有關單位為規劃目標,每年約為 2,500-6,500 個單位,而首個年度可先提供 2,500個單位。將來土地供應增加,我們會以每年平均可以提供 5,000 個單位為規劃目標。為了保持靈活性,每年實際上新建和推出的單位數目,要視乎當時市場的需求情況而定」。[30] 換言之,停建 10 年的居屋計劃,至此再次啟動。不過,這一政策似乎已經來得太遲,房屋問題開始變得積重難返,成為香港經濟、社會民生的一個深層次問題。

從停建居屋到重啟計劃的 10 年間,香港人口從 2002 年的 670 萬人增加到 2011 年的 710 萬人,增加了 40 多萬人,唯房屋供應卻處於幾十年來首個低增長時期,特別是公營房屋的增長。據統計,這 10 年間,公營租住房屋單位落成總量為 15.54 萬個,年均落成

表7-10　2002-2003至2011-2012年度香港房委會每年新落成公屋、居屋數量（單位：個）

年度	公營租住房屋	居者有其屋計劃	總數
2002-2003	18,290	8,727	27,017
2003-2004	15,148	320	15,468
2004-2005	24,682	0	24,682
2005-2006	17,153	0	17,153
2006-2007	7,192	1,200	15,584
2007-2008	13,726	1,386	15,112
2008-2009	19,050	1,624	20,674
2009-2010	15,389	370	15,759
2010-2011	13,672	1,110	14,782
2011-2012	11,186	0	11,186
合計	155,485	14,737	170,222
年均新落成數量	15,549	1,474	17,023
相當於前5年平均數的百分比（%）	55.27	12.76	42.90

註：數字指已獲房屋署證明大致上已竣工的新建單位，但不包括私人機構參建居屋計劃的居住單位。

資料來源：香港特區政府統計處，《香港統計年鑑》，2002-2012年。

表7-11　2002-2003至2011-2012年度獲香港房委會批准可動工興建公屋、居屋數量（單位：個）

年度	公營租住房屋	居者有其屋計劃	總數
2002-2003	12,684	230	12,914
2003-2004	4,693	0	4,693
2004-2005	9,355	0	9,355
2005-2006	20,595	0	20,595
2006-2007	25,586	0	25,586
2007-2008	9,123	640	9,763
2008-2009	9,730	0	9,730
2009-2010	20,108	0	20,108
2010-2011	11,895	0	11,895
2011-2012	8,038	0	8,038
合計	131,807	870	132,677
平均每年獲批准可動工數量	13,181	87	13,268
相當於前5年平均數的百分比（%）	50.8	0.6	31.9

資料來源：香港特區政府統計處，《香港統計年鑑》，2002-2012年。

15,549 個，僅及前一時期年均落成量的 55.27%；居屋單位落成總量為 1.47 萬個，年均落
成量為 1,474 個，僅及前一時期年均落成量的 12.76%。總體而言，這一時期公營房屋總體
落成量僅 17.02 萬個，年均落成量為 17,023 個，僅為前一時期年均落成量的 42.9%。（表
7-10）

　　這一時期，公營房屋發展的停滯，還體現在每年獲得房委會批准可動工興建的公屋及
居屋的單位數量。這 10 年間，獲批准可動工興建公營房屋單位數量最高的是 2006-2007
年度，公營租住房屋獲批准可動工單位為 25,586 個，比 1998-1999 年度最高峰的 53,338
個，大幅減少五成以上。這一時期，獲批准可動工的公營房屋和居屋單位數量為 13.27 萬
個，僅相當於前一時期的 31.9%。（表 7-11）

2.3 制定新的《長遠房屋發展策略》（2012年以來）

　　從 2012 年起，房屋問題日趨嚴峻，由於土地供應嚴重不足，樓價和租金大幅上漲，不
少家庭被迫搬入較細或較舊的單位，甚至搬入工廠大廈。籠屋、板間房和劏房等蝸居，成為
數以萬計人口無奈下的選擇。在此背景下，特區政府逐步調整及強化房屋政策。2012 年，
梁振英出任香港第四任行政長官，即表示房屋政策是他施政的「重中之重」。2012 年 8 月，
特區政府宣佈實施一系列短中期的政策措施，包括設立買家印花稅和提高額外印花稅、實行
「港人港地」政策、增加土地供應、容許白表人士購買未補價的居屋單位和興建青年宿舍等。

　　同年 9 月，特區政府設立跨部門的「長遠房屋策略督導委員會」，由運輸及房屋局局長
出任主席，成員包括市區重建局及房屋協會高層、多位現任或前任房屋委員會成員、專業人
士、學者、政黨代表，以及 3 名官方成員。該督導委員會的職權範圍及工作方向，包括分析
社會不同階層，如青年人、老人、首次置業人士等持份者對房屋的需求；預測公營及私營房
屋的需求；以及檢討現時的規劃及土地安排的政策措施，並提出建議及確定社會住屋需求的
緩急次序。針對個別群組的住屋狀況，督導委員會將成立焦點小組，與大學合作，調查他們
的住屋情況。

　　2013 年 1 月，梁振英在立法會發表其首份題為「穩中求變，務實為民」的施政報告，系
統闡述了特區政府關於「房屋及土地供應」的政策。梁振英表示：特區政府將堅持「協助基層
上樓、協助中產置業」的施政理念，政策目標包括 4 點：（1）協助基層市民「上樓」，滿足基
本住屋需求；（2）讓市民按自己的負擔能力和條件，選擇安居之所，並鼓勵自置居所；（3）
在出租公屋之上，提供有資助的自置居所，搭建置業階梯；（4）維持私人樓市健康平穩發
展，在供應緊張的情況下，優先照顧香港永久性居民的需要。為此，他表示政府設立的「長

遠房屋策略督導委員會」將「全面檢視社會對公私營房屋的需求，包括租住及自置的需求，並制定新的長遠房屋策略，評估中長期社會各階層各群組的住屋需要，訂定優次，長遠規劃」。[31] 梁振英表示，特區政府在短中期內將增加資助房屋供應及房屋土地供應，長遠則盡快推展新界東北新發展區、洪水橋新發展區、新界北部地區，發展大嶼山以及維多利亞海港以外適度填海等；同時，增加商業用地和設施，包括啟動九龍東、啟德發展等。

2014 年 12 月，經過長遠房屋策略督導委員會的內部討論，以及為期 3 個月的公眾諮詢，特區政府制定和公佈為期 10 年的《長遠房屋發展策略》（簡稱「發展策略」），以圖逐步扭轉目前香港土地、房屋供求失衡的局面。新的長遠房屋策略是自 1998 年以來特區政府首份在房屋方面的長遠策略性文件，具有里程碑的意義。根據《發展策略》的推算，2015-2016 至 2024-2025 年度為期 10 年的總房屋供應目標為 48 萬個住宅單位，房委會確定的公私營房屋供應比例為 60：40。為實現這一發展目標，《發展策略》在穩中求變的基礎上，採用「供應主導」和「靈活變通」的原則，並確立 3 個主要策略性方向：（1）提供更多公共租住房屋（公屋）單位，並確保合理運用現有資源。（2）提供更多資助出售單位，進一步豐富資助自置居所的形式，促進現有單位的市場流轉。（3）透過穩定的土地供應及適當的需求管理措施，穩定住宅物業市場，並在私人住宅物業銷售和租務上推動良好做法。[32]

同時，特區政府會每年更新長遠房屋需求推算，訂定逐年延展的 10 年房屋供應目標，以顧及隨時間而改變的各種社會和經濟情況，並按需要適時作出調整。透過每年更新推算這項重要的政策工具，政府可持續及早規劃，從而滿足社會的長遠住屋需要。[33] 為推動《發展策略》的落實、實施，特區政府運輸及房屋局還每年發佈實施《發展策略》的週年報告。根據《發展策略》推算，2019-2020 至 2028-2029 年度 10 年期的長遠房屋需求介乎 41.13-45.35 萬個單位之間，中點數為 43.24 萬個單位。加上因應私人住宅單位的空置情況所作的調整後，10 年總房屋供應目標應介乎 42.5-46.5 萬個單位之間，中位數為 44.5 萬個單位，此數目四捨五入即為 45 萬個單位。[34]

這一時期，公屋、居屋的建設有了新的進展。2013 年 1 月，房委會推出一項臨時計劃，提供 5,000 個名額，讓合資格的白表申請人於居屋第二市場購買未補價的資助出售單位，即俗稱的「白居二」計劃。該計劃於 2015 年 4 月結束，共有 2,406 名白表買家成功自置居所。2014 年，房委會出售由公屋大廈改建為居者有其屋計劃屋苑的大澳龍田邨天利樓，並命名為「天利苑」。2015 年，梁振英在施政報告中建議房委會選擇合適的正在興建的公屋項目，以先導計劃形式出售給綠表人士（即主要是現行公屋租戶及已通過詳細審核並即將獲配公屋的人士），定價比傳統居屋低廉，以進一步完善房屋階梯。同年 5 月，房委會決定推行「綠表置居先導計劃」，並通過其執行細節。2016 年 10 月，房委會推出綠表置居

先導計劃，協助綠表申請者自置居所，並藉此騰出更多公屋單位以作編配。首個項目位於新蒲崗，提供共 857 個單位，於 2017 年 2 月全數售出。[35] 據房委會資料顯示，截至 2016 年 3 月底，約 214 萬人居住於公屋單位，佔香港總人口約 30%，而公屋單位的數目則約 789,300 個。

2017 年 3 月，時任政務司司長林鄭月娥接替梁振英出任第五任行政長官。林鄭月娥在她的首份題為「一起同行，擁抱希望，分享快樂」的施政報告中，大篇幅地論述了新一屆政府的土地房屋政策。她強調：「在眾多民生議題中，房屋問題是最嚴峻、最棘手、最複雜的，但同時卻是市民最期望現屆政府能以創新思維，大刀闊斧可解決的問題。今日房屋供不應求、樓價飆升，既有外圍因素，也有種種內部成因。本屆政府有決心並會盡最大努力去扭轉這局面。」林鄭月娥提出的房屋政策，主要包括 4 點：（1）在尊重自由市場經濟的同時，政府有其不可或缺的角色；（2）以置業為主導，政府會致力建立置業階梯，為不同收入的家庭重燃置業希望；（3）聚焦供應，在《長遠房屋策略》的基礎上，加大增加房屋單位方面的努力；（4）在土地不足，供應未到位前，設法善用現有房屋，滿足長時間輪候公共租住房屋的家庭需要和協助居住環境惡劣的居民。[36] 她並提出多項具體措施，包括建議房委會將「綠表置居計劃」計劃恒常化，以及制定「港人首次置業先導計劃」的細節等。

2018 年 6 月，林鄭月娥再公佈 6 項房屋政策新措施，包括：（1）修訂居者有其屋計劃的定價機制；（2）邀請市區重建局將其位於馬頭圍道的非合作發展項目，改作「港人首次置業」先導項目；（3）改撥 9 幅私營房屋用地以發展公營房屋；（4）修訂《差餉條例》，向空置的一手私人住宅單位徵收「額外差餉」；（5）修改地政總署「預售樓花同意方案」以改善銷售手法；（6）成立專責小組，協助民間推行過渡性房屋項目。在《行政長官 2018 年施政報告》中，林鄭月娥又建議香港房屋委員會及香港房屋協會考慮實施 3 項新措施，包括：（1）房委會在參考房協「未補價資助出售房屋－出租計劃」的實施情況後，加入計劃，讓其資助出售單位業主可將未補價的單位分租部分給有需要家庭；（2）政府已接納房協的建議，讓房協在其轄下的未補價資助出售房屋試行一項「長者業主樓換樓先導計劃」；（3）由房委會推出一項新的優惠措施，容許公屋全長者寬敞戶調遷至較小的單位後，享有終身全免租金。[37]

當時，特區政府將 9 幅位於九龍區的私營房屋用地，撥作公營房屋發展，以興建約 1.06 萬個公營房屋單位。市場估計，這 9 幅地皮的市場估值最高達 752 億港元，較矚目是 3 幅預計 2019／2020 年度撥作公營房屋發展的九龍東啟德地皮，可建約 5,400 個單位，每幅地皮估值都過百億港元。其中位於沐縉街、鄰近啟晴邨的啟德第 1E 區 1 號地盤，可建樓面面積達 149.49 萬平方呎，市場估值高達 179.4-194.3 億港元。

這一時期，儘管兩任行政長官及其政府都深刻認識到房屋問題的嚴峻性，均致力於強化

和完善政府的房屋政策。然而，由於在實際執行中面對種種困難和挑戰，包括土地供應嚴重
不足、從土地供應到房屋建設所必須經歷的漫長行政審批程序，以及各種利益團體的反對等
等，公營房屋的建設進度差強人意。據統計，從 2012-2013 至 2022-2023 年度的 11 年間，
公營租住房屋單位的落成總數量僅為 132,709 個，平均每年落成量僅 12,064 個，仍低於前
10 年的年均落成量；居屋單位落成總數量為 34,164 個，平均每年落成量僅 3,106 個。整體
而言，這一時期公營住宅房屋單位平均每年落成量僅為 15,170 個，亦低於前 10 年，遠未達
到《長遠房屋發展策略》確定的每年發展目標。（表 7-12）

表7-12　2012-2013至2022-2023年度香港房委會每年新落成公屋、居屋數量（單位：個）

年度	公營租住房屋	居者有其屋計劃	總數
2012-2013	13,114	0	13,114
2013-2014	14,057	0	14,057
2014-2015	9,938	0	9,938
2015-2016	14,264	0	14,264
2016-2017	11,276	3,017	14,293
2017-2018	13,413	248	13,661
2018-2019	17,658	9,121	26,779
2019-2020	10,107	2,998	13,105
2020-2021	6261	5,000	11,261
2021-2022	21,764	4,050	25,814
2022-2023	857	9,730	10,587
合計	132,709	34,164	166,873
平均每年新落成數量	12,064	3,106	15,170
相當於前 10 年平均落成量的百分比（％）	77.59	110.72	89.11

註：數字指已獲房屋署證明大致上已竣工的新建單位，但不包括私人機構參建居屋計劃的居住單位。

資料來源：香港特區政府統計處，《香港統計年鑑》，2012-2023 年。

從獲批准可動工興建的公屋、居屋數量來看，情況也不如理想。從 2012-2013 至 2022-
2023 年度，房委會獲批准可動工的公屋、居屋總數量僅 197,759 個，年均獲批准可動工單
位僅 17,978 個，比前 10 年年均獲批准可動工單位僅增長 35.50%，亦遠未達到《長遠房屋
發展策略》所制定的發展目標。（表 7-13）

導致公營房屋興建緩慢的原因是多方面的，其中一個重要因素是土地供應嚴重不足，尤
其將這些土地從「非熟地」轉換成「熟地」所需的程序繁複，情況與私人住宅發展一樣。正如
香港立法會房屋事務委員會的一份文件所指出：「過往 7 年（2010-2011 至 2016-2017 年度）
諮詢區議會的公營房屋項目中，約八成的用地並非『熟地』。因此，政府需要進行各項程序，

表7-13　2012-2013至2022-2023年度香港房委會獲批准可動工興建公屋、居屋數量（單位：個）

年度	公營租住房屋	居者有其屋計劃	總數
2012-2013	34,707	0	34,707
2013-2014	5,704	229	5,933
2014-2015	7,381	3,174	10,555
2015-2016	17,424	7,671	25,098
2016-2017	14,068	1,305	15,357
2017-2018	13,857	8,214	22,071
2018-2019	13,001	3,300	16,301
2019-2020	5,051	3,562	8,613
2020-2021	12,896	2,401	15,297
2021-2022	15,623	12,582	28,205
2022-2023	12,855	2,754	15,609
合計	152,567	45,192	197,759
平均每年獲批准可動工興建數量	13,870	4,108	17,978

資料來源：香港特區政府統計處，《香港統計年鑑》，2012-2023 年。

把一些『非熟地』變成『熟地』，而這些程序需要時間去籌備以及具有不確定性，亦面對各種問題和挑戰，包括規劃、諮詢及相關的技術研究；法定規劃及其他程序；收地及清拆；提供及重置設施；以及地盤平整及提供基建等。就地區上有強烈意見的項目，往往需要更多時間處理，有時更涉及法律上的挑戰。此外，若項目涉及政府出資的工程，例如公共交通交匯處、社區會堂、道路改善工程等，則須尋求立法會撥款，批核所需的時間會對相關公營房屋項目發展時間構成影響。而且，建築工程的時間也會因項目的複雜性而有所不同，而個別項目的施工亦須面對不可預測的因素或勞工短缺等問題，以致影響項目完工日期。」[38]

　　鑑於公營房屋供應的嚴重短缺，一般申請者的平均輪候時間已經從 2017 年的 4.7 年延長到 2019 年的 5.4 年，遠遠偏離了房委會為一般申請者訂下平均約 3 年獲首次編配單位的目標。香港中低層市民正日益飽受公屋問題的嚴重困擾。

　　2017 年 11 月 29 日，房協的將軍澳翠嶺峰及屯門翠鳴台資助房屋項目於 11 月 20 日截止申請，截止後共接獲逾 8.8 萬份申請，超額認購 140 倍，破 2014 年復售居屋認購紀錄。兩項目售價介乎 192-623 萬港元，翠鳴台每平均呎價約 7,000 港元，翠嶺峰每平均呎價約 8,700 港元。是次居屋發售，受筲箕灣明華大廈重建影響的住戶可優先揀樓，共 60 個名額，扣除後剩餘 560 伙，白表申請者平均 250 人爭 1 個單位，綠表則平均 3 人爭 1 個單位。數據顯示，香港的公屋平均輪候時間已從 2017 年底的 4.7 年上升至 2023 年底的 5.8 年，其中，2021 年底更一度上升至 6.0 年。（表 7-14）

表7-14　2017-2023年香港公屋平均輪候時間						
截至年底	2017 年	2018 年	2019 年	2020 年	2021 年	2022 年	2023 年
一般申請者的平均輪候時間	4.7 年	5.5 年	5.4 年	5.7 年	6.0 年	5.5 年	5.8 年
長者一人申請者的平均輪候時間	2.6 年	2.9 年	3.0 年	3.4 年	4.0 年	3.9 年	4.0 年

資料來源：香港特區政府房屋署：《2023 年公共租住房屋平均輪候時間一年度分析》，2024 年 3 月。

三、市區重建：市建局的策略與發展

市區重建是香港地產市場和城市發展中的重要一環。

回歸前，香港的市區重建由1988年成立的土地發展公司負責統籌，以審慎商業原則展開。

到90年代中期，隨著香港城市房屋的持續「老化」，

這一商業模式已日益滯後於城市發展的需要。當時，土發公司由於缺乏政府注資，

本身資源不足以安置大量受重建影響的居民，再加上收購業權時間冗長，

並遇上地產市場週期波動的因素，使得政府不得不重新思考如何妥善處理這個「棘手」議題。

3.1 市區重建局的成立與初期營運

　　1995 年 7 月，政府發表一份有關市區更新的公眾諮詢文件，並提出一系列的建議以促進市區更新的過程。1996 年 6 月，香港政府亦發展一份以「香港市區更新」為題的政策文件，指出：「若沒有新的營運機制及更多政府支援，土發公司不能促使有足夠規模的社區更新，避免長期的市區退化。」該文件建議成立一個新的法定機構——市區重建局（The Urban Renewal Authority），以推行市區更新。

　　香港回歸後，特區政府對此展開進一步的研究。1999 年，董建華在《施政報告》中，宣佈於 2000 年成立市區重建局（簡稱「市建局」），以取代土地發展公司，推行進取而全面的嶄新方略，以處理市區老化的問題。董建華表示：「土地發展公司一直肩負舊區重建的重擔，完成了多項重建計劃，但也遇到繁冗的收地程序和安置居民的資源不足等障礙。要完成優先的重建計劃，需時至少 30 年。以這樣的步伐，無法防止市區整體老化。因此，我們打算明年成立市區重建局，取代土地發展公司。新機構將有權徵集土地作綜合發展。……成立市區重建區及執行新措施後，原先預計需時 30 年才能完成的優先重建計劃，可望在 20 年內全部完成。」[39]

　　1999 年 10 月 22 日，特區政府就《市區重建局白紙條例草案》刊登憲報，進行諮詢。當時，立法會的內務委員會成立小組委員會，就白紙條例草案進行審議。其後，特區政府接納小組委員會的建議，包括：（1）採用「以人為本」的方案，並盡量減少在市區更新過程中對社會網絡的破壞。政府亦會在進行每項重建項目前，審慎考慮是否需要進行社會影響評估。（2）市區重建應包括文物的保育工作。不過，在市建局的角色上，參與小組委員會公聽會的代表意見出現分歧，部分認為市建局在規劃及資源運用方面應更為進取及更具創意，以解決

市區老化的問題；但有些則認為市建局應只擔當促進者及推動市區更新的角色。白紙條例草案的取向顯然較接近前者。

2000 年 7 月，特區政府制定並頒佈《市區重建局條例》。2001 年 5 月，市區重建局根據《市區重建局條例》正式成立，以取代之前的土地發展公司，負責統籌、推進香港的市區更新。同年 8 月，特區政府就《市區重建策略》展開為期兩個月的公眾諮詢，並在所收到的 100 多份意見基礎上修訂《市區重建策略》（簡稱「《重建策略》」）文本，於 2001 年 11 月頒佈。《重建策略》共 39 條條文，明瞭市區更新的原則、目的及目標；市建局的角色、土地徵集過程、項目發展過程（包括了社會影響評估、財務安排、參數及指引）。最後強調：「市區重建策略會定期予以檢討和修訂（每 2-3 年一次）。政府會就市區重建策略的修訂先行徵詢公眾意見，方予以定案，以供實施。」

《重建策略》在引言中指出：「現時，都會區（即港島、九龍、荃灣及葵青）內約有 9,300 幢 30 年或以上樓齡的私人樓宇。在未來 10 年，樓齡屆滿 30 年的樓宇將增加 50%。樓宇老化的問題在舊區尤其嚴重。」換言之，市建區任重道遠。《重建策略》要求市建局「採取全面綜合的方式，藉著重建、復修和保存文物古蹟等方法，更新舊區面貌」。根據《重建策略》，市建局的四大業務策略包括：重建發展（Redevelopment）、樓宇復修（Rehabilitation）、文物保育（Reservation）及舊區活化（Revitalization）。

市建區成立後，土地發展公司的歷史任務宣告完成。土地發展公司從 1988 年正式運作，到 2001 年 5 月結束，前後經歷了 13 年的發展。這一時期，土地發展公司共推行了 27 個重建項目，總發展成本 660 億港元，其中，16 個項目研究竣工及出售，其餘項目大部分亦均已清場或在清拆中。這些項目將總共提供 8,200 個住宅單位，以及 54 萬平方米的商業、寫字樓樓面。另外，重建計劃亦開闢 3.9 萬平方米的政府、團體及社區設施和 4 萬平方米的休閒地方。全部項目都沒有耗費政府公帑。[40] 為此，自 2002 年以來，特區政府分 5 次向市建局注入 100 億港元。

新成立的市建區將在土地發展公司的基礎上，展開為期 20 年的市區重建計劃。該計劃包括 200 個新項目和 25 個土地發展公司尚未完成的項目，涉及面積達 67 公頃，估計包括 3.2 萬個住宅單位和 12.6 萬名居民，目標是要在這段時期內控制市區老化的問題。具體的目標包括：（1）重建大約 2,000 幢破舊失修的樓宇；（2）改善殘破舊區內超逾 67 公頃土地的環境；（3）安置大約 2.7 萬個受影響租戶；（4）提供大約 6 萬平方米的休憩用地；（5）提供約 9 萬平方米樓面面積用作社區及福利設施；（6）提供 7 所新校舍。為更妥善地進行重整和重新規劃工作，特區政府劃定 9 個面積頗大的重建目標區，當中包括：觀塘、馬頭角、西營盤、深水埗、大角咀、荃灣、灣仔、油麻地以及油塘。

從 2001 年 5 月到 2008 年 7 月發展局展開《市區重建策略》檢討，市建局順利開展從前土地發展公司接手的 25 個重建項目。其中，於 2007 年 12 月開展前公司留下的最後項目，履行成立後優先處理這 25 個項目的承諾。這一時期，市建局透過推展 35 個重建項目（其中 6 個涉及保育元素）及 2 個保育項目，為約 1.8 萬名居民改善居住環境；市建局還透過推行多項復修計劃，使超過 450 幢樓宇大約 3.6 萬個住宅單位的住戶受惠，並保育超過 25 幢歷史建築物作活化再利用。在完成上述 35 個重建項目的同時，還提供了大約 2 萬平方米的公眾休息用地及約 5.5 萬平方米的政府、社區和福利設施用地，如青年中心和護理安老院等。[41] 在財政方面，由於這一時期正值地產市場復甦，以及某些項目的合作協議結構帶來了額外收益，截至 2008 年 3 月底，市建局淨資產總值達到 144 億港元，其中包括特區政府注資的 100 億港元和自 2002 年以來累積的 44 億港元盈餘。[42]

在保育工作方面，市建局為「保存具歷史、文化和建築學價值的樓宇、地點及構築物」，特別是在其重建項目範圍內及附近的，亦作出不少努力，主要包括：（1）在莊士敦道項目和利東街項目，總共包括 8 幢戰前商舖樓宇的保育項目；（2）保存沿嘉咸街 3 幢沒有保育級別的騎樓式唐樓、一幢在威靈頓街的建築門面以及在嘉咸街／卑利街項目內的街景；（3）保存在太原街和交加街的露天市集；保育太原街項目內的舊灣仔街市的核心要素；（4）在衙前圍村項目的保育公園主題內，保存圍村門樓、牌匾、寺廟和若干村屋；（5）保育茂蘿街／巴路士街內一組被評為二級歷史建築的樓宇；（6）與房協合作保育「藍屋」；（7）保育在士丹頓街／永利街項目以及余樂里／正街項目的一系列建築物等。2008 年 9 月，市建局還宣佈根據城市規劃條例，打算保留兩組分別位於上海街／亞皆老街及太子道西／園藝街共 10 幢戰前騎樓式唐樓。[43]

3.2 《市區重建策略》的檢討、修訂與實施

根據 2001 年制定的《市區重建策略》，市區重建的目的是改善舊區居民的生活質素，落實「以人為本」的工作方針。策略並指出，市區重建並不是零星拆建的過程，政府會採用全面綜合的方式，藉著重建、復修和保存文物古蹟等方法，更新舊區面貌。策略賦予市區重建局的角色是以「重建」為主導，該局在樓宇復修和保存文物古蹟的角色，亦主要集中在其重建項目範圍內，或為鼓勵尚有一段時間才會重建的樓宇的業主進行適當的維修保養。不過，自市建局成立以來，香港社會保育意識大幅提升，公眾普遍認為有需要檢視以重建為主導的市區更新策略。一些舊區居民和關注團體對市建局推行的個別重建項目，表達了強烈的意見。[44] 其中，從天星、皇后碼頭拆卸事件，到囍帖街、嘉咸街、波鞋街等重建項目，更引發

一連串有關市區重建背後的社會願景和價值觀的問題。[45]

　　有鑑於此，發展局於 2008 年 7 月展開全面檢討工作，並以兩年時間分 3 個階段進行廣泛的公眾諮詢。當時，發展局局長林鄭月娥表示：「自政府於 2001 年頒佈現行的《市區重建策略》，為市建局的工作提供指引後，政府和市建局多年來在市區重建方面累積了豐富的經驗。與此同時，公眾對文物保育、保存社區網絡，以及樓宇維修及復修方面的價值觀及訴求都有很明顯的轉變。為回應這些訴求，政府推出了新的政策和措施，當中包括行政長官在 2007-2008 年度施政報告中宣佈推行全新的文物保育政策，及多項法定和行政措施以改善樓宇維修。經考慮這些因素，我們認為現在是適當時機全面檢討《市區重建策略》，以確保它能繼續反映社會在這課題上的價值觀和應處理事項的優先次序。」[46]

　　為此，特區政府成立「市區重建策略檢討督導委員會」，專責監察和指導《市區重建策略》的檢討工作，該委員會由發展局局長擔任主席，10 名委員是來自不同專業和社會背景的獨立人士。諮詢期間，發展局共收到超過 2,400 份公眾意見，並根據社會已達成的共識，修訂了原有文本，擬稿後再次展開為期兩個月的公眾諮詢。在此基礎上，特區政府於 2011 年 2 月頒佈新的《市區重建策略》文件。就在重建策略檢討期間，2010 年 1 月，九龍馬頭圍道一棟樓齡超過 50 年的 6 層樓老屋，不幸發生崩塌慘劇，造成一死兩傷、另外 4 人失蹤，事件震驚全港。根據市建局統計，當時香港屋齡超過 30 年的房子高達 1.6 萬幢，而屋齡超過 50 年的房子，更超過 4,000 多幢。其後，房屋署成立專責小組，對超過 50 年以上的舊樓展開調查，發現其中超過 25% 的舊樓存在不同程度的安全隱憂。[47] 此外，在租賃公屋方面，根據領展房地產的一份報告，截至 2016 年，各區樓齡在 40 年以上的租賃公共屋宇達 242 幢，佔全部租賃公屋的 21%。（表 7-15）

　　新推出的《市區重建策略》（簡稱「《重建策略》」）共 43 條條款，在引言部分開宗明義地指出：「香港的樓宇正迅速老化。目前，全港約有 4,000 幢樓齡達 50 年或以上的樓宇。在未來 10 年，這些樓宇的數目更會按年遞增 500 幢。儘管政府、專責機構如市區重建局和香港房屋協會、業主立案法團及相關專業機構已不斷努力，本港舊樓的整體情況依然不理想，對公眾安全構成威脅。」為此，「政府會採取全面綜合的方式，藉著重建發展、樓宇復修、舊區活化和文物保育等方法（四大業務策略），更新舊區面貌」。並且強調：四大策略之間要「取得更佳的平衡和協調」。

　　在工作方針方面，《重建策略》將過去「以人為本」的原則，修訂為「以人為先，地區為本，與民共議」的原則。為此，「政府將會設立一個新的諮詢平台，稱為市區更新地區諮詢平台，以加強地區層面市區更新的規劃。『諮詢平台』將以全面及綜合的方式，向政府建議以地區為本的市區更新工作，包括市區更新及重建的範圍；需要保育的目標；以及進行更新的執

表7-15	香港各區樓齡在40年以上的租賃公屋分佈情況		
各區	樓齡 40 年以上的樓宇	樓宇總數	所佔百分比（％）
中西區	5	5	100
東區	17	71	24
離島	0	63	0
九龍城	19	33	58
葵青	30	151	20
觀塘	29	183	16
北區	0	19	0
西貢	0	36	0
沙田	20	82	24
深水埗	51	118	43
南區	18	44	41
大埔	0	15	0
荃灣	23	39	59
屯門	7	52	13
灣仔	0	0	0
黃大仙	23	135	17
油尖旺	0	5	0
元朗	0	98	0
合計	242	1,149	21

資料來源：領展房地產，*From Land Supply to City Strategy for Hong Kong*，第 13 頁。

行模式等」。而市建局的角色，是「在全面綜合和從地區出發的方針下，⋯⋯改變以往重建目標區的概念，繼而支持在舊區成立的『諮詢平台』」，並「參照『諮詢平台』的建議、樓宇狀況調查及考慮本身的人力及財政狀況，以開展重建項目」，「擔當『執行者』或『促進者』的角色」。[48]《重建策略》並指明：市建區在重建項目中，可依程序以協議方式收回土地，並給住宅業主補償。

　　就在《重建策略》修訂的同時，市建局推行了香港歷史上最大規模的重建項目──「觀塘市中心重建項目」。該項目位於觀塘裕民坊一帶，佔地面積總共 5.35 萬平方米。觀塘市中心重建項目於 1998 年由土地發展公司公佈，直至 2007 年 3 月才由市區重建局正式啟動。2008 年 5 月，市建局宣佈斥資逾 300 億港元推進該項重建計劃。整個重建項目涉及業權逾 1,653 個、居民約 5,000 人，分為 5 期發展，工程預計耗時約 12 年。該重建項目包括兩部分，分別是主地盤及月華街地盤。其中，主地盤除裕民坊外，還包括北至物華街雙數號，東至協和街，南至觀塘道，西至康寧道，總面積約 4.886 萬平方米，重建範圍除了私人樓宇、

商舖及小販攤檔外，還包括了觀塘（裕民坊）巴士總站、位於同仁街的觀塘政府合署及郵政局、觀塘賽馬會健康院等公共設施。月華街地盤則位於月華街及協和街交界，即前觀塘（月華街）巴士總站，地址為月華街 8 號，面積大約 4,640 平方米。

2009 年，該項目獲得城市規劃委員會核准，但為了配合香港社會最新發展的需要，市建局參照屋宇署於 2011 年頒佈的《可持續建築設計指引》，於 2012 年改善發展藍圖，擴闊建築物間距以騰出空間，加強通風效果。[49] 當年，第一期工程展開，由信和集團以每平方呎樓面地價逾 7,000 港元，力壓其餘 7 家投標財團奪得月華街巴士總站住宅發展項目。第一期工程於 2014 年 7 月完成，命名為「觀月‧樺峰」，屋苑地底兩層設有新觀塘賽馬會健康院，已於 2015 年 1 月投入服務。

2014 年 8 月，市建區再展開第二、三期工程，由信和置業及華人置業合組的財團成功投得，其中信和置業佔九成股權。第二、三期為商住發展項目，範圍包括裕民坊、康寧道、物華街及協和街，地盤佔地約 2.2 萬平方米，除要求興建 4 幢 48-52 層高住宅，設 1,700 伙實用面積 600-800 平方呎的單位外，基座 4 層平台上會設有商場、面積達 6,400 平方米的公眾休憩用地、交通交匯處（地下及 1 樓）、電力支站（2 樓，共 6 個）、垃圾站（地下高層）及永久的小販市集（地庫一層）等，總樓面約 17.2 萬平方米，總投資約 180 億港元。預計 2021 年完成第二及第三發展區內的公共運輸交匯處及小販市集。

2017 年 6 月，市建局向城市規劃委員會提交修訂第四、五期發展規劃申請，亦已於 2018 年 2 月 9 日獲得批准。由於第五發展區內有百多個違規構築物佔用問題未解決，重建計劃拖延 11 年，市建局最後提出逾 1 億港元的特別搬遷方案，送走這班違規佔用戶。2018 年 10 月 8 日，市建局透露當中 91 份建議已獲用戶接納，包括約九成經營者、八成七持有人及八成二自用經營者。市建局聲明在完成處理所有已接受搬遷建議的違規佔用戶的津貼發放及搬遷安排後，將於 2019 年中要求發展局局長執行收回土地程序。隨著第四、五期工程展開，預計全部工程將於 2026 年完成。重建工程完成後，該帶地段將會變身成為一個集住宅、酒店、商業、休閒用途設施及交通為一體的新地標：全香港綠化率最高的市中心，闢出大約 1.6 萬平方米土地以保留現時的街舖及市集特色，並設有梯間式瀑布和玻璃鵝蛋形社區中心，配合高逾 280 米的甲級商廈。

從 2016 年開始，市建區根據新修訂的「地區為本」方針，以「小區發展模式」在土瓜灣開展 6 個重建項目作試點，為整個面積達 2.2 萬平方米的小區制定全面而宏觀的規劃方案。該項目是市建局繼觀塘市中心及海壇街後第三大的重建項目，計劃斥資 116 億港元展開收購及發展。在「小區發展」下各重建項目會提供超過 3,000 個新住宅單位，並透過整體規劃改善交通網絡，釋放地面空間以提供休憩用地和重置更多街舖，並且透過美化及綠化周邊行人

路，活化整個小區及提升其宜居性。為了讓重建項目順利推行，市建局亦本著「以人為先」方針，與受重建影響的居民加強溝通，並成立特別團隊，主動接觸逾 3,000 戶於該區受重建項目影響的家庭，仔細解釋補償政策、遷置安排及項目最新進度，以減少他們的焦慮。[50]

目前，該項目進展良好。市建局表示：「土瓜灣以地區規劃為主的 6 個項目，連同重建公務員建屋合作社樓宇的試點項目，標誌著市建局從過往以單一項目為主的重建發展模式，邁向以規劃為主的市區更新策略。除將破舊失修的樓宇重建為符合現代化標準的新大廈、改善市民居住質素外，全面的規劃亦提供更多元化的休憩和綠化社區設施，達致『地盡其用、惠澤社區』的目標。」按照市建局已核准業務綱領內規劃的重建項目，預計該等項目在未來 5 年，合共可提供超過 1.2 萬個住宅單位，是項目內現時單位總數的 2.7 倍，即平均每年規劃約 2,400 個新住宅單位。

此外，市建局亦在九龍城以「小區發展」模式啟動 6 個項目，分別是庇利街／榮光街項目（KC-009）、鴻福街／銀漢街項目（KC-010）、鴻福街／啟明街項目（KC-011）、榮光街項目（KC-012）、啟明街／榮光街項目（KC-013）及榮光街／崇安街項目（KC-014）。這 6 個項目連同啟明街「需求主導」先導計劃項目（DL-8），構成九龍城行動區的發展群組，地盤面積超過 2 公頃，涉及住戶約 2,700 伙。其發展願景是透過重整和重新規劃現有行人路及道路網絡、調整樓宇排列、盡用土地用途、提供公共廣場及具地方營造元素的行人專用區景觀，創造暢達好行及智慧生活的社區。其中，DL-8 項目已於 2015 年完成遷置工作，2019-2020 年研向特區政府提交該地段另外 6 個項目（KC-009 至 KC-014）的收回土地申請，其中 5 個項目的申請已於 2019 年獲得批准。

近年來，為實踐《重建策略》所提出的市區更新不再是零星拆建的過程，市建局正從項目主導轉向規劃主導，並引入「智慧樓宇」的概念。2017 年開展的 3 個新項目，包括崇慶里／桂香街（C&W-005）、皇后大道西／賢居里（C&W-006）及橡樹街／埃華街項目（YTM-011）等，就是以規劃角度出發的重建項目。在引入「智慧樓宇」的概念方面，卑利街／嘉咸街重建項目（地盤 A）（H18）、福澤街／利得街需求主導項目（DL6：YTM）、新填地街／山東街發展項目（YTM-010）等，都已率先引入智慧元素，如家居用電及用水量系統、家居保健系統、智慧顯示屏、家居廢物管理系統、建築資訊模型及樓宇管理系統。此外，亦把建築資訊模型技術應用在上海街保育活化項目，理順工程的程序，增強有關工程的效能。[51]

2017 年，市建區在「四大策略」（4Rs）基礎上，加入第五個「R」——改造重設。同年 5 月，市建局展開全面性油旺地區研究，將工作重點從傳統以項目為本的重建模式轉移到涵蓋 5R 的小區發展模式，並同時探討優化政策框架及實施機制的策略，從而建立市建局的定位及新的營運及業務模式。油旺地區研究作為試點項目，將把劃分行動區域、5R 業務、地方

營造及智慧城市元素等納入執行方案內，從而使該區 212 公頃面積的市區環境得以優化，增加宜居性，以及研究需要新增的重建實施模式等。

　　經過多年的努力，市區重建局的工作取得了一定的成績。截至 2023 年 6 月底，在推動市區更新活化舊區方面，共推行了 78 個項目，包括 73 個重建發展項目及 5 個保育／活化／改造重設項目，改善或已公佈改善的市區面貌面積達 30.30 萬平方米。其中，重建或已公佈重建的失修樓宇數目達 1,754 幢，包括新建住宅單位數量 33,200 個，政府、團體或社區設施面積 15.3 萬平方米，休憩空間面積 4.92 萬平方米，受惠的居民人數達 4.4 萬名。在樓宇復修方面，市建局藉著多項支援計劃，已復修或正在復修的樓宇數目達 6,600 幢，其中已復修的大廈和單位數目分別達 2,030 幢和 96,070 個，正在復修中的大廈 4,660 幢；受惠於市建局樓宇復修計劃，以及 5 個政府資助計劃的住宅單位數目約達 66 萬個，受惠於「招標妥」的住宅單位數目達 26.5 萬個，已發放的樓宇復修貸款及資助金額約 22.81 億港元。[52]

　　在保育活化方面，已保育或將保育的樓宇或建築物數目達 81 幢；同時，市建局致力於轄下項目推展「地方營造」工作，根據「CONET」概念 —— Community（社區）的「C」，Open Space（公共空間）的「O」及 Network（網絡）的「NET」，於 2017 年 10 月啟動首個發展計劃 —— 中環中心（H6 CONET），經過 6 年的發展，至 2023 年 6 月已推行包括中環街市（三級歷史建築）、上環士丹頓街／永利街周邊地區的社區營造（H19）（士丹頓街 88-90 號為二級歷史建築）、西港城（法定古蹟）、茂蘿街七號（二級歷史建築）、618 上海街（二級歷史建築）、旺角街區活化等多個項目，這些「地方營造」項目共舉辦了超過 1,190 場活動，平均每天訪客人數達 4.85 萬人次。市建局通過推展保育活化，加上「地方營造」工作，為舊區注入新的活力。[53]

　　在財務方面，2017-2018 年度，市建局取得成立以來最好的業績，年度收益為 138.68 億港元，淨資產 446.44 億港元，分別比 2008-2009 年度的 14.13 億港元及 99.59 億港元大幅增長了 8.81 倍及 3.48 倍。同期，市建局的年度內盈餘從 2008-2009 年度的 -44.59 億港元，增加到 2017-2018 年度的 120.38 億港元；累積盈餘從 -0.41 億港元增加到 346.44 億港元。不過，2019 年以後，受到社會政治動盪、全球新冠疫情爆發及經濟低迷等多種因素影響，市建局推動的市區重建項目工程有所放緩，年度淨盈餘大幅下降，2022-2023 年度更大幅虧損 33.50 億港元；不過，累積盈餘卻逐年上升，至 2022-2023 年度已增加至 408.20 億港元。（表 7-16）

年度	收益	年度內盈餘	累積盈餘	淨資產
2009	14.13	-44.59	-0.41	99.59
2010	96.63	70.18	69.77	169.77
2011	36.47	22.09	91.86	191.86
2012	36.90	25.84	117.70	217.70
2013	53.41	44.37	162.07	262.07
2014	11.69	-22.70	139.37	239.37
2015	99.04	10.76	150.13	250.13
2016	74.22	44.51	194.64	294.64
2017	50.35	31.42	226.06	326.06
2018	138.68	120.38	346.44	446.44
2019	34.23	23.31	369.74	469.74
2020	21.07	1.18	370.92	470.92
2021	34.39	1.50	372.42	472.42
2022	226.53	65.68	438.10	538.10
2023	55.13	-33.50	408.20	508.20

表7-16　2009-2023年度市區重建局財務業績（單位：億港元）

資料來源：《市區重建局年報》，2009-2023 年。

3.3 香港房屋協會：「創宜居・活社區」

在香港的住宅房屋發展與市區重建中，香港房屋協會也扮演著其中一個不可或缺的角色。香港房屋協會（Hong Kong Housing Society）的歷史，最早可追溯到 1948 年。當年，英國倫敦市長透過「空襲救災基金」向香港福利議會捐出 1.4 萬英鎊，由香港聖公會何明華會督倡導，成立了獨立非牟利組織——香港房屋協會（簡稱「房協」），以協助解決香港市民的住屋問題。

1951 年，香港房屋協會根據香港條例第 1059 章成為法定團體，成為香港最早從事公屋發展的民間社會福利團體。翌年，房協在九龍深水埗完成興建全港首個「出租屋邨」——上李屋（即今李鄭屋邨前身），所提供的 360 套住房，令 1,500 名中低收入市民獲得安身之所。這是香港最早出現的公屋。該年，房屋協會還獲得政府以當時地價的三分之一批地，並取得政府 40 年期的低息貸款，興建了上李鄭屋邨，再成功解決了 1,800 多人的居住問題。50 年代後期，房屋協會配合政府的大規模徙置計劃，興建各種實驗性房屋以迎合低收入市民的需要，如為工廠區工人興建大單位的集體宿舍，每間房屋可居住 12 名工人，而每月租金僅 16 港元。

　　1970-1990 年代期間，房協先後展開「市區改善計劃」、「郊區公共房屋計劃」等多個發展項目。1974 年，房協在堅尼地城開展首個「市區改善計劃」項目，將舊樓拆掉重建，命名為「美新樓」。1984 年，房協開展「郊區公共房屋計劃」，首個項目西貢對面海邨落成，主要安置受填海影響的水上居民。1987 年，房協開展「住宅發售計劃」，首個項目荃灣祈德尊新邨於 1989 年落成。1993 年，房協獲政府委託推行「夾心階層置業貸款計劃」，首個項目青衣宏福花園於 1995 年落成。在該計劃中，房協獲貸款總額 27 億港元，先後興建了 10 個「夾心階層住屋計劃」屋苑，共計 8,920 個單位。據統計，從 1960 年代至 1997 年底，房協興建的出租單位達 33,514 個，為 11 萬多名市民解決居住問題。

　　回歸之後，房協繼續致力於房屋建設和市區重建。1998 年，房協獲政府委託執行「首次置業貸款計劃」，5 年內共批出 3.34 萬貸款，合共 148 億港元。1999 年，房協在特區政府支持下，開展「長者安居樂」住屋計劃，為中產長者提供優質住房。房協的兩個項目「樂頤居」及「彩頤居」分別於 2003 年及 2004 年落成，共提供 576 個單位。2002 年，房協與新成立的市建局簽訂《合作備忘錄》，協助進行 7 個市區重建項目。

　　2005 年，房協再與房屋及規劃地政局簽署《合作備忘錄》，計劃在 10 年內動用 30 億港元，推行「樓宇管理維修綜合計劃」。該年，房協先後成立「香港房屋協會專業發展中心」及開設全港首個「長者安居資源中心」，前者專責為房屋業界培育人才、促進知識分享及推動房屋及相關服務的專業發展，後者則透過各類型的公眾教育及社區參與活動，推廣「長者友善家居」概念，協助長者「居家安老」。2006 年，房協在深水埗區開展首個「市區活化計劃」，以改善舊區居住環境，其後先後在葵青、大埔、荃灣、西貢、長洲、天后、坪洲、元朗及屯門等地區進行 9 個同類計劃。

　　房協在持續為市民解決房屋問題的過程中，亦不斷更新自身的企業管治和發展理念。2000 年底，為配合環境的轉變及長遠的發展方向，房協開始推行新的企業管治模式，採用監事會及執行委員會的雙層管治架構，重訂機構宗旨及企業信念。根據新的修訂，房協作為非政府機構，旨在為市民提供房屋及相關的服務，目標是在解決住屋需求以及創新意念上，達致世界水平，並在質素、物值及管理方面佔領導地位；並且將以「顧客為本」、「優質為尚」、「人才為基」及「資源為用」作為信念，實踐企業原則。2008 年，適逢房協成立適逢 60 週年，房協採用新的企業標誌，以反映機構的獨特性質。新標誌中，打開兩扇門的房屋輪廓代表與市民的溝通及對社區的關愛，圓形背景代表著房協與社區的和諧，而紅色則帶出歡欣的感覺。

　　2008 年以後，房協在物業維修及管理領域獲得新的發展。當年，房協與特區政府發展局簽訂《合作備忘錄》，開展「長者維修自住物業津貼計劃」。翌年，房協與發展局及市區重

建局再簽訂《合作備忘錄》，合力推行「樓宇更新大行動」。2011 年，房協及市建局將轄下各項樓宇維修資助計劃整合，成為統一而全面的「樓宇維修綜合支援計劃」。2012 年，為配合政府實施的「強制驗樓計劃」及「強制驗窗計劃」，房協推出「自願樓宇評審計劃」，鼓勵業主主動做好大廈管理及維修。2014 年，房協又與香港測量師學會建築測量組合力推行「長者住安心」計劃，為私樓的長者業主提升家居安全。

　　這一時期，房協的房屋發展亦取得新進展。2010 年，房協購入位於英皇道 1063 號的商業大廈，作長線投資和自用。2011 年，房協宣佈以「綜合重建模式」重建明華大廈。2012 年，房協發售首個位於深水埗的市區重建項目，命名為「喜雅」。2013 年，為協助中等收入家庭置業，房協推出位於青衣青綠街的資助出售房屋項目「綠悠雅苑」，結果獲得市場熱烈反應。同年，房協位於筲箕灣的混合住宅發展項目「樂融軒」落成，同一大廈內包括 216 個出售單位及 60 個出租長者單位。2014 及 2015 年，房協先後推出位於深水埗的市區重建項目「喜盈」、「喜韻」、「喜薈」及「喜漾」等項目的預售，再次獲得市場的熱烈反應。

　　2018 年，為紀念房協成立 70 週年，香港房屋協會以「創宜居‧活社區」為主題，舉行一連串活動，包括在全港各地區舉辦「建屋惠民七十年」巡迴展覽，以及開設房協首個展覽館等。經過 70 多年的發展，目前房協在業務發展方面已形成物業發展、物業管理、商業租賃、長者房屋及照護、舊樓維修等多個範疇。在物業發展方面，房協通過發展出租屋邨、郊

左｜喜漾。

右｜喜薈。

區公共房屋，開展市區改善計劃、住宅發售計劃、夾心階層住屋計劃、市值發展項目、市區重建項目、「長者安居樂」住屋計劃、雋悅及資助出售房屋項目等，共發展住房單位總數約 7.4 萬個。在物業管理方面，房協管理轄下 20 個出租屋邨，包括 3.26 萬個單位，服務約8.5 萬名居民，同時也為超過 1.8 萬個私人住宅物業單位。（表 7-17）

在商業租賃方面，房協在部分屋邨和屋苑設有出租商舖，樓面面積合共約 13 萬平方米，包括商舖、寫字樓及 9,600 個停車位，這些商舖多數設於屋邨和屋苑，以照顧居民的日常生活所需；同時房協的屋邨及代管物業亦提供 9,000 多個車位。房協於 2010 年購入位於英皇道 1063 號的商業大廈作出租用途，樓面面積達 29.4 萬平方呎，作長線投資。在長者房屋及照護方面，房協擔當「房屋實驗室」的角色，不斷致力為各社會及經濟階層的長者發展房屋項目，包括低至中等收入或經濟能力較佳的長者。在舊樓維修方面，房協自 2005 年開始推出不同計劃，包括與政府及市區重建局合作，協助私人物業的業主做好大廈管理及維修工作。

表7-17　香港房屋協會已發展項目（截至2023年12月）			
項目	項目個數（個）	項目名稱	佔全部總數的百分比（%）
市區改善計劃	30	荷里活華庭、欣榮花園、萬和閣、萬盛閣、尚雅苑、麗雅苑、駿發花園、毓明閣、居仁里、龍濤苑、太白台 10 號、頌賢花園、加暉閣、羲皇台 1 號、平瀾街 7 號、高寶閣、儒林台 3 號、建和閣、高宏閣、源輝閣、炮台街 39C 號、永豪閣、些利街10 號、廟街 221 號、差館上街 5 號、西園、寶文街 8 號、賴恩樓、愛群閣、美新樓	33.33
出租屋邨	17	寶石大廈、茵怡花園、偉景花園、駿發花園、祈德尊新邨、家維邨、乙明邨、祖堯邨、勵德邨、樂民新村、觀龍樓、真善美村、健康村、滿樂大廈、明華大廈、漁光村、觀塘花園大廈	18.89
住宅發售計劃	10	景新台、啟德花園、翠塘花園、寶石大廈、茵怡花園、樂年花園、偉景花園、祈德尊新邨、家維邨、健康村	11.11
夾心階層住屋計劃	10	悅庭軒、欣圖軒、芊紅居、浩景台、悅海華庭、雅景台、旭輝台、晴碧花園、疊翠軒、宏福花園	11.11
市區重建項目	6	喜漾、喜薈、喜盈、喜韻、樂融軒、喜雅	6.67
市值發展項目	3	加惠台、曉峰灣畔、怡心園	3.33
郊區公共房屋	3	翠塘花園、沙頭角邨、對面海邨	3.33
「長者安居樂」住屋計劃	3	彩頤居、樂頤居、豐頤居	2.22
資助出售房屋項目	4	綠怡雅苑、綠悠雅苑、朗然、翠嶺峰	3.33
雋悅	1	雋悅	4.44
專用安置屋邨	3	樂翹都匯、樂嶺都匯、古洞北項目	3.33
合計	90		100.00

註：位於同一屋邨的出租房屋及住宅發售樓宇分開為獨立項目計算

資料來源：香港房屋協會官網

　　香港的市區重建，從 1948 年香港房屋協會創立，到 1988 年土地發展公司的成立，再到 2001 年改組為市區重建局，至今已過了整整 70 個年頭。然而，相關的架構和相關機制並未能有效壓制香港市區房屋老化的趨勢。對此，市建局表示：「城市的已建設環境隨著時間而老化，因此舊區更新的工作猶如與時間競賽；然而，舊區重建的進度往往追不上市區老化的速度。截至 2023 年 6 月，全港約有 1.24 萬幢樓齡已屆 50 年或以上的住宅樓宇，預計在 20 年後，有關數目將攀升至約 2.6 萬幢。物業業主忽略樓宇的維修保養，將加劇樓宇老化問題；此外，不少舊樓單位被劃為『劏房』，對樓宇結構及排污系統帶來沉重的負擔，導致樓宇狀況進一步惡化。」[54] 由此看來，市區重建的任務仍然任重道遠。

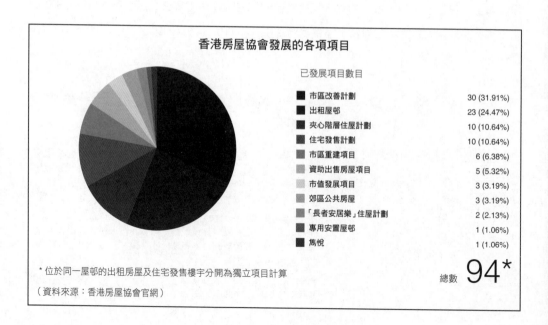

香港房屋協會發展的各項項目

已發展項目數目

■ 市區改善計劃	30	(31.91%)
■ 出租屋邨	23	(24.47%)
■ 夾心階層住屋計劃	10	(10.64%)
■ 住宅發售計劃	10	(10.64%)
■ 市區重建項目	6	(6.38%)
■ 資助出售房屋項目	5	(5.32%)
■ 市值發展項目	3	(3.19%)
■ 郊區公共房屋	3	(3.19%)
■ 「長者安居樂」住屋計劃	2	(2.13%)
■ 專用安置屋邨	1	(1.06%)
■ 雋悅	1	(1.06%)

＊ 位於同一屋邨的出租房屋及住宅發售樓宇分開為獨立項目計算

總數 **94***

（資料來源：香港房屋協會官網）

四、土地供應的困局與香港城市發展

近10年來，香港公私營房屋供應的嚴重不足，

其背後的主要因素是土地供需的嚴重失衡，成為香港經濟和社會民生發展的深層次矛盾。

為了解決土地供應問題，特區政府設立土地專責小組研究種種解決方案，

其中，最矚目的是「啟動九龍東」，發展第二核心商業區；

推進新界東北新發展區規劃制定及古洞北、粉嶺北和坪輋／打鼓嶺3個新市鎮的建設發展；

以及推出「明日大嶼願景」，試圖再次展開大規模的填海工程，

打造香港第三個核心商業區等。

4.1 香港土地供應的困局

香港地少人多，且地勢多山，土地資源短缺一直是困擾香港經濟與社會發展的主要問題。在港英政府時期，香港解決土地問題主要通過 3 個途徑：（1）填海造地；（2）改變地貌：包括沼澤、池塘、山嶽和丘陵；（3）改變原有的土地規劃與利用方式。其中，填海造地成為最主要的途徑。據香港土地專責小組的資料顯示，1980-1990 年代期間，香港已發展土地面積共增加了 6,000 公頃（1 公頃相等於一個標準足球場）。其中，在填海造地方面，在 1985-2000 年期間，香港透過填海創造地增加了超過 3,000 公頃的土地，即每年平均約 200 公頃（相當於 2 平方公里）。[55]

因此，在香港回歸後，董建華提出「八萬五」建房目標時，時任房屋署署長的黃星華表示，特區政府有足夠的土地供應實現該計劃。2011 年，曾蔭權在任內最後一份施政報告中談及土地供應時亦表示：「根據『香港 2030 規劃遠景與策略』，只要充分利用現有發展區和新市鎮，以及開拓啟德發展區和新界北部新發展區，將有足夠土地滿足房屋需求。」不過，他也承認：「由於過去幾年我們在開拓土地方面遇到不少挑戰，以致房屋土地供應緊張。這些挑戰包括重新規劃將軍澳南部，以降低整體密度；用『零填海』方案重新設計啟德的發展；檢討高密度發展項目；處理法定程序上出現的種種問題。」[56] 據統計，在 2005-2015 年的 10 年期間，香港已發展土地的面積只有 400 公頃，其中填海造地只有約 690 公頃，相等於每年平均 40 多公頃，比 1985-2000 年期間平均每年 200 公頃大幅下跌了八成。[57]

根據團結香港基金的一份研究報告，2005-2014 年期間，每 5 年已發展土地面積都大幅低於前一時期。團結香港基金認為，香港土地與房屋的實際需求，遠高於政府在《香

圖7-6　每5年計的人口複合年增長率及已發展土地面積的增長

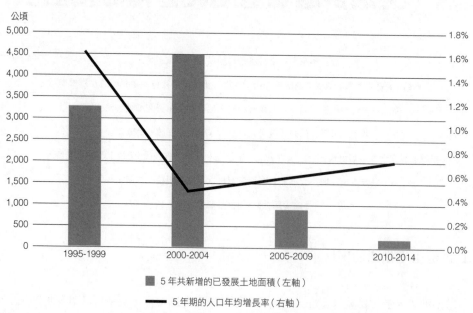

資料來源：團結香港基金，《土地房屋政策研究系列 3：房策變革，縮窄貧富差距；造地迫切，改善經濟民生》，2017 年 10 月，第 66 頁。

港 2030+：跨越 2030 年的規劃遠景與策略》諮詢的估算，認為香港未來 30 年將需要超過 9,000 公頃新增土地（約等於 3 個沙田新市鎮的面積），而不是政府估計的 4,800 公頃。該基金會呼籲於維港以外進行大規模填海造地，開發新市鎮，以應付日益嚴峻的土地房屋短缺挑戰。至此，土地供應的嚴重失衡已逐漸浮出表面。

　　從土地供應的發展來看，香港的土地開發與新市鎮發展密不可分。1970 年代，港府逐步規劃、建設了荃灣及沙田等 6 個新市鎮，1980 年代又發展天水圍和將軍澳等第三代新市鎮。不過，從 1990 年代開始，新市鎮的建設速度明顯放緩，只有面積最小的東涌新市鎮建設發展，而這一時期，土地開發的速度也明顯放緩。踏入千禧年後，香港再沒有新市鎮落成。根據特區政府目前的規劃，除了東涌新市鎮擴展外，下一個新市鎮（或稱「新發展區」）——古洞北及粉嶺北新發展，預計將要到 2023 年以後才開始逐步建成發展。近年來，土地供應嚴重短缺的影響已逐漸浮現：由於公私營土地供應嚴重短缺（就私營方面包括地產商囤積土地等），直接導致房屋用地短缺，令香港無論是公營或私營的房屋落成量均大幅減少。據統計，在 2007-2016 年間，年均住宅落成量只有約 25,700 個單位，較前 10 年的相應數字（平均每年 59,800 個單位），下跌了超過五成。

圖7-7　香港土地用途

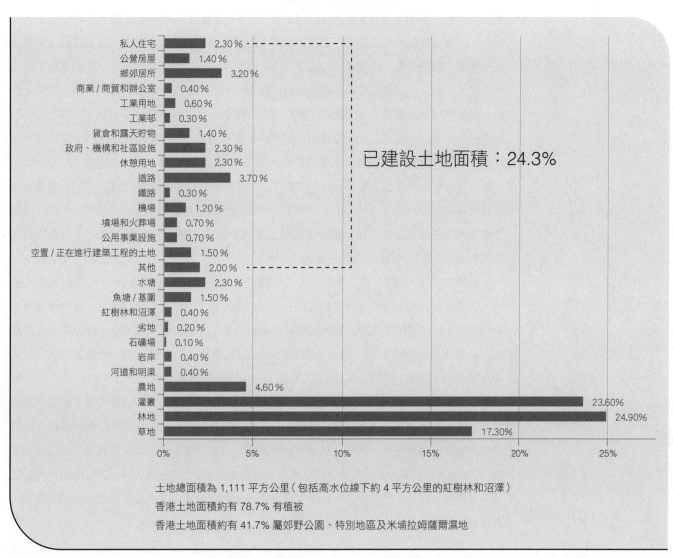

土地總面積為 1,111 平方公里（包括高水位線下約 4 平方公里的紅樹林和沼澤）

香港土地面積約有 78.7% 有植被

香港土地面積約有 41.7% 屬郊野公園、特別地區及米埔拉姆薩爾濕地

資料來源：香港土地供應專責小組

　　為了解決土地供應嚴重短缺的困局，2017 年 9 月，香港特區政府成立了「土地供應專責小組」（簡稱「專責小組」），由行政長官委任 22 名非官方成員及 8 名官方成員組成，成員來自不同專業界別，包括規劃、工程、建築、測量、環境、學術、智庫、社會服務、房屋發展及地區行政的代表，由黃遠輝擔任主席，小組任期由 2017 年 9 月至 2019 年 2 月，為期一年半，主要工作是檢視和評估各個土地供應選項，並透過廣泛的公眾參與活動，提升社會對土地供應及土地短缺問題的認知，推動公眾就這些議題進行討論及作出取捨；以及收窄不同持份者之間的分歧，逐步凝聚增加土地供應的主流共識，並根據收集得來的公眾意見，就整體土地供應策略及土地供應選項的優次向政府提出建議。專責小組成立後，於 2018 年 4 月至 9 月展開為期 5 個月的公眾諮詢活動，以「增闢土地，你我抉擇」為題，提出 18 個土地供應選項供社會討論及取捨。最後，專責小組在梳理及考慮超過 2.9 萬份問卷、3,000 個隨機抽樣的電話調查訪問，以及接近 7 萬份公眾的意見的基礎上，於 2018 年 12 月撰寫成專題報告《多管齊下，同心協力》，供政府參考。

　　該報告明確指出：「香港 1,111 平方公里的土地面積當中，只有 24.4% 為已建設的土地。目前未發展的土地，除已規劃或研究中的發展項目，大部分為擁有生態、景觀及歷史／文化資產的地方（包括郊野公園、具特殊科學價值地點、自然保育區等），亦有不少偏遠離島及不宜作高密度發展的陡峭斜坡和丘陵等。除此種種，可作發展的土地確實不多。」其中，已建設土地包括房屋（6.9%）、基建（5.9%）、經濟用地（2.7%）、政府和社區設施（2.3%）及休憩用地（2.3%）等。因此，「香港土地短缺的問題已迫在眉睫，甚至到達水深火熱的地步。土地供應過去曾出現『斷層』的情況，故未能配合人口及住戶數目的增長，以及經濟和社會的持續發展，衍生一系列的社會問題，遺害深遠」。[58] 該報告認為，特區政府在《香港 2030+：跨越 2030 年的規劃遠景與策略》中所提出香港長遠欠缺 1,200 公頃土地的估算過於保守，並預計實際土地短缺數字應遠高於 1,200 公頃，當中以短期的土地短缺情況尤為嚴峻。[59]

　　為此，專責小組報告討論出 18 個土地供應選項，並劃分為「短中期選項」（即有潛力於未來大約 10 年內提供額外土地）、「中長期選項」（即有潛力於未來大約 10-30 年內提供額外土地）及「概念性選項」（即暫時未能確定其可提供額外土地的時間和數量）3 個部分。其中，短中期選項包括：棕地發展、利用私人的新界農地儲備、利用私人遊樂場地契約用地作其他用途、重置或整合佔地廣的康樂設施等 4 項；中長期選項包括：維港以外近岸填海、發展東大嶼都會、利用岩洞及地下空間、於新界發展更多新發展區、發展香港內河碼頭用地、發展郊野公園邊陲地帶兩個試點等 6 項；概念性選項包括：長遠發展香港內河碼頭用地及鄰近用地、發展郊野公園邊陲地帶其他地點、增加「鄉村式發展」地帶的發展密度、於現有運

18個土地供應選項*

I. 短中期選項（即有潛力於未來大約 10 年內提供額外土地）

選項	短中期土地供應面積估算（公頃）	中長期土地供應面積估算（公頃）	註釋
棕地發展	110	220	現時新界約有 760 公頃未包括於新發展區項目的棕地。政府就這些棕地的研究工作仍在進行中，故未能就可釋放的土地潛力作詳細估算。若短中期純粹以土地面積的 15% 作為粗略估算的基礎，可釋放的土地約為 110 公頃，而假設中長期可發展多一倍（30%），則可釋放額外 220 公頃的土地。
利用私人的新界農地儲備	150	300	根據從坊間得來的資料，各大型發展商相信擁有不少於 1,000 公頃的新界農地。* 由於政府未曾就這些農地的具體分佈及發展潛力，以及擬議公私營合作的具體模式作研究，故未能就可釋放的土地潛力作詳細估算。若短中期純粹以土地面積的 15% 作為粗略估算的基礎，可釋放的土地約為 150 公頃，而假設中長期可發展多一倍（30%），則可釋放額外 300 公頃的土地。 * 部分或與新發展區或棕地的土地重疊，故潛在新增土地供應數量可能低於此數。
利用私人遊樂場地契約用地作其他用途	60	120	66 幅私人遊樂場地契約用地佔地約 408 公頃。由於這些契約用地的契約期限有所不同，而有關私人遊樂場地契約的政策檢討仍在進行中，政府亦未曾就這些契約用地的發展潛力展開全面研究，故未能就可釋放的土地作詳細估算。若短中期純粹以土地面積的 15% 作為粗略估算的基礎，可釋放的土地約為 60 公頃，而假設中長期可發展多一倍（30%），則可釋放額外 120 公頃的土地。
重置或整合佔地廣的康樂設施	3	14	現時歸類為佔地廣闊並由康樂及文化事務署管理的體育及康樂場地共有 95 個，而佔地廣闊的體育及康樂場地一般每幅佔地 3 公頃或以上，因此這些場地合共佔地不少於 285 公頃。由於這些場地現為公眾使用的康體設施，且大部分使用率甚高，顧及重置或整合面對相當的限制，故只粗略假設當中約 1%（3 公頃）及 5%（14 公頃）的土地能分別於短中期及中長期釋放。

II. 中長期選項（即有潛力於未來大約 10-30 年內提供額外土地）

選項	短中期土地供應面積估算（公頃）	中長期土地供應面積估算（公頃）	註釋
維港以外近岸填海	0	450	5 個建議近岸填海地點，包括龍鼓灘、小蠔灣、欣澳、馬料水及青衣西南，估計合共可提供約 450 公頃土地。
發展東大嶼都會	0	1,000	東大嶼都會是《香港 2030+》提出跨越 2030 年的兩個策略增長區之一，在涉及於香港島及大嶼山之間的中部水域拓展土地面積逾 1,000 公頃的人工島。
利用岩洞及地下空間	0	40	政府已識別了一些現存的污水處理廠和配水庫，以便就這些政府設施搬遷入岩洞進行可行性研究，或可騰出約 40 公頃土地。
於新界發展更多新發展區	0	720	新界北是《香港 2030+》提出跨越 2030 年的兩個策略增長區之一，發展面積約 720 公頃，當中包括 200 公頃棕地。
發展香港內河碼頭用地	0	65	騰出佔地 65 公頃的香港內河碼頭用地，以容納工業及與棕地相關的作業。
發展郊野公園邊陲地帶兩個試點	0	40	香港房屋協會正進行有關郊野公園邊陲地帶土地的生態及技術研究，以探討發展公營房屋及非牟利設施的可能性。研究範圍包括大欖及水泉澳兩個試點，合共佔地約 40 公頃。

III. 概念性選項（即暫時未能確定其可提供額外土地的時間和數量）

- 長遠發展香港內河碼頭用地及鄰近用地
- 於現有運輸基建設施上作上蓋發展
- 葵青貨櫃碼頭上蓋發展
- 發展郊野公園邊陲地帶其他地點
- 利用公用事業設施用地的發展潛力
- 填平部分船灣淡水湖作新市鎮發展
- 增加「鄉村式發展」地帶的發展密度
- 重置葵青貨櫃碼頭

* 個別選項的土地供應面積估算，是小組估算這些選項能提供的額外土地面積（即未有包括在《香港 2030+》研究中預計約 3,600 公頃的土地供應中），部分數字涉及粗略估算及假設，詳情請參閱個別選項的註釋。小組在問卷中及進行電話調查時，均有提供這些數字供公眾參考。

資料來源：土地專責小組報告，《多管齊下，同心協力》，附件二，2018 年 12 月。

輸基建設施作上蓋發展、利用公用事業設施用地的發展潛力、重置葵青貨櫃碼頭、葵青貨櫃碼頭上蓋發展及填平部分船灣淡水湖作新市鎮發展等 8 項。

專責小組在全面諮詢公眾意見的基礎上，提出土地供應方面的策略，建議特區政府：（1）制定完善及持續的土地供應機制，包括不受外在因素影響而持續造地、較頻密更新及由政府最高層在策略層面督導整體土地供求情況的檢視工作，以及精簡造地及土地供應的程序；（2）推行多管齊下的土地供應策略，同時推展各個短、中、長期選項，透過開拓多個及多種土地來源，確保土地供應持續而穩定，滿足不同時段出現不同用途的需要；（3）以長遠及宏觀的目光與思維，盡早展開規劃工作，以便建立土地儲備，以備不時之需及提供規劃彈性和空間。同時，在開發及規劃土地時要充分及綜合考慮多項原則，包括：兼顧環境，均衡發展；創造容量，基建先行；預留彈性，靈活規劃；以人為本，充分溝通；三維發展，一地多用；控制成本，創造效益等。

報告認為：「土地供應選項方面，由於短中期土地短缺情況非常嚴峻，而短中期選項較少及存在不確定性，小組認為除非有強烈理據，否則不應輕易放棄任何一個短中期選項。」報告並建議政府在短中期優先研究及推行：棕地發展、利用私人的新界農地儲備、利用私人遊樂場地契約用地作其他用途等 3 個選項；在中長期優先研究及推行：維港以外近岸填海、發展東大嶼都會、利用岩洞及地下空間、於新界發展更多新發展區，以及發展香港內河碼頭用地等 5 個選項。[60]

2019 年 2 月 20 日，政府宣佈，全面接納土地供應專責小組就土地供應策略及 8 個值得優先研究和推行的土地供應選項所提出的建議，並就此作出詳細回應，表示：「政府完全同意專責小組有關土地供應策略的建議」；「政府全盤接納專責小組建議應優先研究及推行的土地供應選項」。[61] 發展局局長黃偉綸續表示：「為加強由政府最高層領導的監督和協調土地供應策略及土地規劃的工作，政府將會擴大現時由財政司司長出任主席的土地供應督導委員會的組成和職權範圍。該委員會會採取以願景帶動和具前瞻性的方法重新評估本港在房屋、經濟、社區和康樂方面的土地需求及政府需要訂立的土地儲備目標。經修訂的評估結果將納入《香港 2030+：跨越 2030 年的規劃遠景與策略》研究的最終發展策略，並於 2019 年下半年公佈。」

在土地供應選項，黃偉綸表示，政府會採取一系列具體跟進工作，以落實專責小組提出的 8 個優先研究及推行的土地供應選項，包括加快發展棕地；就「土地共用先導計劃」擬定細節，以釋放私人農地的發展潛力；發展粉嶺高爾夫球場位於粉錦公路以東 32 公頃用地，作房屋用途並開展相關詳細技術研究；加快進行面積約 1,000 公頃的交椅洲人工島研究；加快進行包括龍鼓灘、欣澳及小蠔灣在內的近岸填海項目研究；繼續進行岩洞和地下空間發展

及研究；全速推動新發展區項目，以及展開有關內河碼頭用地及屯門沿海地區的研究。[62]

4.2 「啟動九龍東」：發展第二個核心商業區

　　九龍東包括啟德機場舊址、觀塘商貿區和九龍灣商貿區。九龍東最早發展起來的地區是啟德機場。1925年，啟德機場正式啟用，並帶動周邊地區發展。1998年赤鱲角國際機場落成啟用後，啟德機場結束其歷史使命，被重新規劃發展。觀塘商貿區前身為觀塘衛星工業城市。不過，踏入90年代以後，隨著香港製造業北移到廣東珠三角地區，觀塘大量工業樓宇空置，觀塘道附近部分工廠大廈重建或該建為商業樓宇，而該區不少住宅樓宇亦日趨老化，其中，牛頭角邨、藍田邨及秀茂坪邨等公共屋邨全部重建，部分私人住宅也是一樣。有鑑於此，1998年初，土地發展公司（後改組為「市區重建局」）提出觀塘市中心重建項目。至2005年11月，市區重建局宣佈成立觀塘分區諮詢委員會，落實方案，而房屋委員會也發表報告，希望於油塘區發展類似太古城綜合發展區，以配合居民的生活需要。

　　而九龍灣商貿區的前身是九龍灣工業區。九龍灣原指香港九龍半島海灣，泛指紅磡至觀塘一帶海域，屬於維多利亞海港一部分。在大規模填海興建啟德機場之後，海灣面積大幅縮小。九龍灣通常指原海灣東面一帶，大部分土地均為新填海區，位置為牛池灣以南，牛頭角以西，在香港工業化時期主要是工廠、住宅區。該區以西是啟德機場跑道和停機坪等設施，因而有大量物流公司於該區設置倉庫。不過，啟德機場關閉後，物流、倉庫等行業也遷移到葵涌、青衣等地區。九龍灣設有港鐵九龍灣站、港鐵九龍灣車廠，車廠上蓋的德福花園是區內的重心。九龍灣還設有九龍灣國際展貿中心，是香港主要的國際商品展覽會場，附設的辦公室亦可作不同產品陳列室之用。總體而言，在香港製造業全盛時期，九龍東見證了一個重要的工業基地的迅速發展，不僅創造了數以十萬計的職位，亦推動了香港的繁榮欣盛。

　　不過，隨著回歸後香港國際機場遷往赤鱲角、香港製造業大規模北移廣東珠三角等地區，九龍東逐漸失去原有的活力，留下大量未有被充分使用的工業大廈。與此同時，隨著香港金融及服務業持續興旺，很多跨國公司都在香港設立區域總部和區域辦事處，香港傳統的商業中心區已無法應付這些公司對優質辦公室的需求。一些私人發展商憑著敏銳的市場觸覺，把握時機，率先在九龍東進行發展，興建了一些高級的商業大廈和購物中心。2007年，位於九龍灣的大型購物中心MegaBox開幕後，開始改變了九龍灣作為工廠、物流倉庫的舊態勢。

　　在此背景下，港府於90年代初開始研究九龍東轉型發展的可能性。1992年6月，香港政府規劃署聘請顧問公司展開《東南九龍發展綱領研究》，並於1993年發表研究報告，計劃

將啟德發展為「城中城」，總面積 580 公頃，其中，填海面積 300 公頃，目的是使住宅、商業及工業用地平衡分佈，發展為一個可以容納 28.5 萬人口的新市鎮。計劃首次提出興建佔地 7.9 公頃的都會公園及 2.7 公里的海濱長廊，發展區內設有兩條集體運輸系統，南北連接鑽石山及觀塘一帶。是次研究將「都會計劃」的各項概念轉化為比較具體的地區規劃目標和計劃。

1995 年，香港政府規劃署進一步展開《東南九龍發展可行性研究》，於 1998 年發表研究報告。報告計劃將啟德的戰略地位提升為「兼容全港性設施的城中城」，總面積仍為 580 公頃，容納人口則提高至 32 萬人，計劃擴充都會公園面積至 50 公頃，首次提出興建綜合性體育館和航空博物館等康樂設施，更加入了醫院、鐵路車廠、直升機坪、垃圾轉運站、郵務中心及公眾填土躉船轉運站等全港性及地區性設施，集體運輸系統則改為以沙田至中環線為主體，南北貫通土瓜灣與鑽石山，南線連接何文田及牛頭角。研究報告並指出：「『東南九龍發展計劃』的實施，將為土瓜灣、馬頭角及紅磡這三個擠迫的舊區帶來大量重建機會」；「這些『優先重建區』的重新發展，需與『東南九龍發展計劃』及『東南九龍鐵路發展計劃』緊密配合」。

香港回歸後，1999 年，香港特區政府規劃署進一步展開《東南九龍發展修訂計劃的整理可行性研究》，於 2002 年發表研究報告。報告計劃將啟德發展成為「環保城」。為了回應香港輿論對大規模展開填海工程的反對意見，計劃將填海面積大幅減少至 133 公頃，總面積減縮至 460 公頃，容納人口亦相對降低至 26 萬人。其中，都會公園面積減少至 24 公頃，但海濱長廊則延長至 5.4 公里，同時首次提出興建郵輪碼頭，並提出以鐵路為本，採用環保連接系統、區域性中央冷水系統等環保建議。2002 年，香港特區政府通過以該研究報告為藍本的「啟德（北）及啟德（南）分區計劃大綱圖」，主要發展項目包括：在啟德客運大樓原址興建沙田至中環線鐵路車廠、多用途體育館、都會公園，在原機場跑道末端興建啟德郵輪碼頭客運大樓及旅遊樞紐連上蓋直升機坪，興建全長 3.9 公里、連接九龍灣公路的中九龍幹線等。

不過，2003 年，保護海港協會向法院提出司法覆核，認為香港城市規劃委員會通過的「灣仔填海計劃第 2 期」工程違反《保護海港條列》，結果法院裁定城市規劃委員會敗訴，該判決對《啟德發展計劃》的填海計劃具有約束力。在此背景下，規劃署於 2004 年在「不填海」前提下對啟德計劃再次展開檢討，並於 2006 年修訂啟德分區大綱圖，將計劃重新定位為「香港的歷史、綠茵、體育及旅遊中心」，規劃範圍由 457 公頃縮減至 328 公頃，容納人口修訂為 8.65 萬人。2009 年，城市規劃委員會通過新修訂的《啟德分區大綱圖》。2011 年 8 月，發展局就保育龍津石橋及優化城市設計，對《啟德分區大綱圖》提出修訂建議。其後，

分區計劃大綱圖再經過兩次修訂，於 2018 年 5 月獲行政長官會同行政會議核准。

　　根據 2007 年通過的《啟德分區大綱圖》，啟德發展區共分為 6 個規劃分區：（1）啟德城中心：位於北停機坪東部，以沙田至中環線啟德站為中心，車站上蓋發展為車站廣場，佔地 7 公頃，廣場東面建築啟晴邨、德朗邨及工業貿易大樓，北面連接新蒲崗及九龍城的土地將發展為辦公室區，南面將發展低密度住宅；（2）體育場館：將興建具有地標特色的大型多用途體館；（3）混合用途區：主要用於商業及住宅發展，並與九龍灣商貿區進一步整合；（4）都會公園：規劃面積為 24 公頃，是維多利亞公園的 1.4 倍，是區內主要海濱活動的休閒設施，建有海濱長廊、緩跑道、觀景台、高爾夫球練習場、划艇場所、遊樂區等 24 個休閒設施；（5）跑道休閒區：位於機場跑道中部，連接旅遊休閒中心與都會公園，為低密度住宅商業區；（6）旅遊及休閒中心：位於啟德跑道南端，主要設施為啟德郵輪碼頭，附近將發展為一個集合酒店、零售及娛樂設施的旅遊中心，並設有一個以航空發展為主題的啟德跑道公園。

　　為了更新九龍東舊都會區的面貌並注入新的發展活力，2011 年行政長官曾蔭權在其題為「繼往開來」的施政報告中，宣佈會採取具前瞻性、相互協調和綜合的方式，把九龍東轉型為第二個富吸引力的核心商業區。他表示：「香港的傳統核心商業區已無法滿足經濟增長對寫字樓的需求，我們必須開拓另一個核心商業區——九龍東。過去 10 年，位於觀塘和九龍灣的甲級寫字樓樓面面積已大幅增加兩倍半至 140 萬平方米。隨著啟德的寫字樓地帶及旅遊休閒設施投入市場，加上工廈活化的效應，九龍東有極大潛力蛻變成為優越的商業區，再增添 400 萬平方米的寫字樓樓面面積。」[63] 為此，特區政府正擬備的策略包括：加強九龍東的區內聯繫，包括改善行人通道網絡，並考慮以環保連接系統貫通全區，通過港鐵觀塘線和未來沙中線加強對外聯繫；制定富吸引力的城市設計概念並綠化環境，發展行人通達的海濱長廊，締造舒適怡人的商業區；倡議包括文化、休閒、水上活動的多元化發展，為商業區注入動力。

　　為「啟動九龍東」，特區政府於 2012年 6 月 7 日成立「起動九龍東辦事處」，負

九龍東觀塘海濱長廊。

責督導和監察九龍東的發展,以加快其轉型為第二個富吸引力的香港核心商業區。「九龍東」包括啟德發展區(320 公頃)、九龍商貿區(91 公頃)及觀塘商貿區(77 公頃)3 個組成部分,共 488 公頃。為「啟動九龍東」,辦事處於 2011 年發佈九龍東首份概念總綱計劃 1.0,其中以改善連繫、品牌、設計和多元化為策略重點。2012 年 6 月,再發佈概念總綱計劃 2.0,在加強連繫、改善環境及加快釋放發展潛力 3 個範疇上提出了 10 項任務。2013 年 6 月,發佈概念總綱計劃 3.0,提出以「飛躍啟德、創意文化藝術、綠色建築及工業文化傳承」為新九龍東的發展新機遇。2015 年 1 月,概念總綱計劃 4.0 提出了 5 個主題,包括:易行九龍東、綠色核心商業區、智慧城市、飛躍啟德及創造精神等。及至 2016 年 11 月,概念總綱計劃 5.0 發佈,內容以智慧、創新和可持續發展為主軸,在延續九龍東的「創造精神」的同時,繼續加強連繫和改善環境,推行多項以人為本的措施,目標是「締造一個智慧型的綠色核心商業區」。[64]

為此,啟動九龍東辦事處展開「發展九龍東為智慧城市區 —— 可行性研究」的第一階段公眾參與活動,旨在為九龍東智慧城市發展制定框架,並為智慧城市方案制定策略及優先次序,以切合該區的挑戰、限制和機遇。自 2017 年起,起動九龍東計劃延伸至新蒲崗商貿區(約 26 公頃)。2019 年 1 月,辦事處發佈經修訂後的《發展九龍東為智慧城市區 —— 可行性研究》,再啟動第二階段公眾參與活動。根據該研究,九龍東智慧城市框架包括:創新平台、治理及社會經濟活力、資源管理及城市環境、流動及易行、資訊及通訊科技等 5 組組成部分。[65] 為了實施智慧城市試驗,特區政府在九龍東新出售的地段加入新條款,規定新發展須達到綠建環評金級或以上認證及較高綠化比率;提供智慧水錶系統和電動車充電設施;以及在合適的出售地段提供空置泊位的實時資訊。

在啟動九龍東規劃中,以啟德發展區的發展最為矚目,土地面積也最大,佔全區總面積(514 公頃)的 62.26%。1998 年 7 月 6 日,啟德這個服務香港 77 年的機場,完成了它的歷史任務。2007 年底,行政長官曾蔭權會同行政會議通過經過長達兩年 3 個階段的公眾參與而修訂的《啟德分區計劃大綱圖》,其願景是將啟德發展成為一個維港畔富有特色、朝氣蓬勃、優美動人及與民共用的社區。2011 年 8 月,發展局就保育龍津石橋及優化城市設計,提出對大綱圖的修訂建議。其後,分區計劃大綱圖再經過兩次修訂,於 2018 年 5 月獲行政長官會同行政會議核准。

根據分區發展大綱圖,截至 2020 年,啟德發展區已經完成的主要基礎發展項目和政府、機構及社區設施包括:

(1)前北面停機坪區:公共房屋(啟晴邨及德朗邨);兩所小學(聖公會聖十架小學及保良局何壽南小學);一所中學(文理書院 [九龍]);工業貿易大樓;啟德社區會堂;啟德發展

計劃：啟德機場北面停機坪配合公共房屋及政府
合署發展的第一期基礎設施、啟德機場北面停機
坪第 2 期基礎設施、啟德明渠重建及改善工程、
啟德機場北面停機坪第 3A 及第 4 期基礎設施。

（2）前跑道區：啟德郵輪碼頭；啟德郵輪碼
頭公園；啟德跑道公園第一期；啟德郵輪碼頭發
展的土地平整工程；啟德發展計劃：前跑道南面
發展項目的前期基礎設施工程第 1 期、在郵輪碼
頭大樓頂部重置雷達；跑道公園碼頭。

（3）前南面停機坪區：啟德發展計劃：前跑
道南面發展項目的前期基礎設施工程第 1 期；啟
德消防局；香港兒童醫院。

（4）其他：觀塘海濱花園；啟德發展計劃：
啟德明渠進口道及觀塘避風塘的改善工程（第 1 期）；區域供冷系統第 I、II 及 III 期（組
合甲）。

啟德郵輪碼頭。

　　其他正在施工或即將開始的主要公共工程項目，包括啟德發展區內的一段沙田至中環
線；啟德發展計劃：前北面停機坪第 3B 期及 5A 期基礎設施、前跑道南面發展項目的基礎
設施工程（第二期）、前跑道及南面停機坪發展項目的基礎設施工程（第四期）、前跑道南面
發展項目的基礎設施工程（第三期）、前跑道及南面停機坪發展項目的基礎設施工程（第五
期）；居者有其屋計劃；東九龍總區總部及行動基地暨牛頭角分區警署；中九龍幹線；啟德
大道公園；稅務大樓；車站廣場；啟德體育園；新急症醫院；T2 主幹路等。

　　另外，策劃及設計中的項目包括：龍津石橋保育長廊、宋皇臺公園、啟德發展計劃：啟
德機場北面停機坪的餘下基礎設施、前跑道及南面停機坪發展項目的餘下基礎設施工程、啟
德明渠進口道及觀塘避風塘的改善工程（第二期）；都會公園；飛躍啟德；環保連接系統；區
域供冷系統第 III 期（餘下工程）；海心公園等。

　　其中，以啟德郵輪碼頭的建成啟用具有標誌性的意義。啟德郵輪碼頭位於啟德機場跑道
末端，屬於《啟德發展計劃》首階段的項目。香港的郵輪碼頭原位於尖沙咀海運大廈，於 60
年代後期落成，可停泊兩艘 5 萬噸級的郵輪，但隨著郵輪日趨大型化，越來越多的郵輪排
水量超過 10 萬噸，導致訪港郵輪只能停泊在葵涌貨櫃碼頭，香港急需新的大型郵輪碼頭。
為此，香港特區政府期望在啟德發展區興建啟德郵輪碼頭，以把握亞太區郵輪旅遊市場增長
所帶來的機遇，將香港發展成為區內的郵輪中心，並提升香港國際旅遊中心的地位。2006

年，香港特區政府完成前期可行性研究，並於 2008 年決定自行投資興建、設計及建造，並計劃租予承辦商。

啟德郵輪碼頭於 2009 年動工興建，2013 年 6 月啟德郵輪碼頭客運大樓及首個泊位落成，總投資 72 億港元。啟德郵輪碼頭客運大樓高 3 層，全長約 850 米，相當於兩座橫臥的環球貿易廣場的連接長度，設有兩個泊位，水深平均 12-13 米，分別可停泊長達 455 米和 400 米的郵輪。首個泊位可供排水量 11 萬噸、總噸位達 22 萬噸的世界級郵輪停泊。啟德郵輪碼頭交由中標公司 Worldwide Cruise Terminals Consortium 經營，為期 10 年。該公司由環美航務、皇家加勒比國際遊輪及信德集團轄下的冠新公司等 3 家公司組成。啟德郵輪碼頭佔地 6.7 公頃，除發展郵輪碼頭外，還包括相關的旅遊設施、酒店、商場及會議場館等。2016 年，共計有 191 艘船次停泊該碼頭。

4.3 新界東北新發展區：規劃諮詢與建設發展

回歸之後，香港特區政府在解決土地問題的時候，其中一個發展規劃就是「新界東北發展計劃」。其實，早在回歸之前的 1990 年代，港府在「全港發展策略檢討」中，就曾經研究過新界東北地區的策略性增長潛力。回歸之後，董建華就任行政長官，曾提出要在新界東北發展「無煙環保城」的構想。1990 年代末進行的「新界東北規劃及發展研究」，選定了古洞北、粉嶺北和坪輋／打鼓嶺為合適的新發展區，並建議把三地結合為單一計劃（三合一方案），透過共用社區設施、基礎建設及重置安排，進行整體發展。其後，隨著人口增長及住屋需求放緩，特別是受到經濟衰退的影響，新發展區計劃於 2003 年暫時擱置，等待《香港2030+：跨越 2030 年的規劃遠景與策略》研究進一步考慮是否需要拓展新發展區。[66]

2007 年，曾蔭權於連任香港行政長官後，在施政報告中宣佈籌劃新發展區，作為十大基礎建設項目之一。他並表示，將會恢復進行洪水橋新市鎮，以及古洞北新市鎮、坪輋／打鼓嶺新市鎮以及粉嶺北新市鎮的規劃及工程研究。規劃署公佈《香港 2030+》初步設想，以過去已經作出研究諮詢、交通網絡及能夠連接現有新市鎮等 3 個因素為理由，重新建議發展古洞北、粉嶺北和坪輋／打鼓嶺 3 個區域。同年 6 月，特區政府土木工程拓展署和規劃署展開《新界東北新發展區規劃及工程研究》，旨在制定古洞北、粉嶺北和坪輋／打鼓嶺新發展區的修訂發展建議。該項計劃正式立項。

2008 年 11 月，特區政府土木工程拓展署和規劃署聯合發佈《新界東北新發展區規劃及工程研究——第一階段公眾參與摘要》文件，展開至 2009 年 3 月的第一階段公眾諮詢。特區政府向各鄉事委員會、區議會、香港規劃師學會、立法會發展事務委員會、環境保護署環

境諮詢委員會、城市規劃委員會及古洞村及粉嶺北的土地產權擁有者（包括新界原居民）等相關機構及人士，簡介了新界東北發展方案。根據該份文件，由古洞北、粉嶺北、坪輋／打鼓嶺三合一組成的新發展區，人口僅 9,900 人，土地面積共 1,000 公頃，其中可發展土地 775 公頃，私人土地佔 57%（445 公頃）。（表 7-18）其策略性的位置包括：跨境活動日趨頻繁；與周邊預期的新發展結合；鐵路為本的發展；新發展區的整體規劃及協調發展；港口後勤用地及露天需求用地的改變等。因此，新發展區的策略性角色是：「可作混合發展用途，創造優質生活和工作環境，以配合人口的長遠需求。由於新發展區毗連跨境設施，除提供住屋用地外，亦可應付其他策略性的土地用途需求（如特殊工業和高等教育用途），協助創造更多就業機會。」[67]

2009 年，規劃署和土木工程拓展署根據公眾諮詢的結果，修訂了 3 座新市鎮的發展大綱，縮減發展密度，3 座新市鎮亦分別定出了不同主題，打造為多元化發展社區。同年 11 月至 2010 年 3 月，特區政府展開第二階段的公眾諮詢，就新發展區的「初步發展大綱圖」徵詢公眾意見。在此基礎上，兩署再於 2012 年 6 月展開第三階段的公眾諮詢。根據《新界東北新發展區規劃及工程研究——第三階段公眾參與摘要》文本，新發展區的策略性角色，是「配合區域發展及與珠江三角洲的融合，新發展區已預留土地作特殊工業及優勢產業，以推動香港經濟發展」，以免居民需長途跋涉，往返市區，重蹈天水圍的覆轍。其他指導原則包括：以人為本的社區；可持續的生活環境；落實計劃的安排等。

新發展區的整體發展策略是：「提供約 5.4 萬個新增住宅單位（其中公營房屋約佔四成），為 15.2 萬新增人口提供居所，並提供超過 5.2 萬個新就業機會，配合日趨頻繁的跨境活動及周邊的發展，新發展區將為優勢產業提供發展空間，帶動新界地區以至香港未來的社會及經濟發展。」[68] 根據規劃，在總共 787 公頃的土地中，住宅及鄉村式發展佔 167 公頃，佔總面積的 21.2%；政府、機構或社區 91 公頃，佔 11.5%；休息用地 77 公頃，佔 9.8%；綜合發展區及商業用地 8 公頃，佔 1.0%；農田、綠化地帶、自然保育區等 172 公頃，佔

表7-18　新界東北新發展區土地資源及業權概況

	古洞北新發展區	粉嶺北新發展區	坪輋／打鼓嶺新發展區	總數
土地總面積（公頃）	500	260	240	1,000
可發展土地（公頃）（不包括山地和河流）	350	200	225	775
政府土地（公頃）	170	95	65	330
私人土地（公頃）	180	105	160	445
私人土地佔可發展土地百分比（%）	51	53	71	57

資料來源：香港特區政府土木工程拓展署和規劃署，《新界東北新發展區規劃及工程研究——第一階段公眾參與摘要》，2008 年 11 月，第 16 頁。

21.9%；其餘為「其他指定用途土地」。新發展區在 3 個新市鎮重點發展方面各有特點，其中古洞北新市鎮以古洞鐵路站為中心，北鄰落馬洲河套發展區和羅湖口岸，南接粉嶺公路，主要作住宅、商業、研究與發展自然生態公園用途；粉嶺北新市鎮坐落於梧桐河畔，擁有優美的河畔及山巒景致，主要發展住宅區；而坪輋／打鼓嶺鄰近邊境口岸，主要用作特殊工業和中低密度住宅用途，以促進香港與深圳的經濟合作，提升香港的競爭力。當年，特區政府在宣傳單張表示：「這些住宅房屋可望於 2022 年陸續落成：發展新界東北是未來房屋和土地供應的關鍵所在。」[69]

不過，在第二階段公眾諮詢過程中，開始有古洞北和粉嶺北的村民反對計劃，到 2012年梁振英出任特首後，香港接連發生反對德育及國民教育科、光復上水站等連串的社會事件，香港本土意識逐漸抬頭，這個被視為「深港融合」的計劃逐漸受部分社會輿論特別是網民關注及反對。2012 年 9 月 22 日，特區政府在上水寶運路草地舉辦最後一場公眾諮詢會，約有 6,000 人登記入場，規模龐大。在諮詢會上，多位公眾人士、社會團體代表發言要求撤回計劃。其中，粉嶺北農村及居民聯席代表及東北策略發展聯盟發言人質疑，計劃建議在環境優美的鄉郊土地興建低密度豪宅，政府以發展為名，縱容地產商囤積農地，迫遷非原居民及農民，有官商勾結的嫌疑。會議氣氛空前緊張，甚至一度發生肢體衝突。

翌日，發展局局長陳茂波出席無綫電視節目《講清講楚》時強調，新界東北發展計劃不存在將新界東北地區，融入深圳或發展為「邊境特區」的可能性。他並表示方案有相當的修改空間，但毋須撤回。同年 10 月，特區政府推出一系列廣告，內容概述香港發展新市鎮的歷史及所取得的成績，以展示發展新界東北的需要。2012 年 12 月 5 日，陳茂波表示，特區政府正在詳細整理及分析第三階段公眾諮詢意見，將會適當調整新發展區的規劃，包括將公營房屋比例上調至逾一半，並且物色地點興建居屋。12 月 8 日，立法會發展事務委員會召開特別會議，討論新界東北發展規劃，並邀請過百位團體代表及公眾人士發表意見。發展局常任秘書長周達明表示，政府就新界東北發展的建議已經完成諮詢，但是仍會小心聆聽及考慮意見，在技術容許下調整發展方向。當日，近百名新界東北居民由添馬艦政府總部遊行至中環恒基兆業地產有限公司總部，要求撤回計劃。

2013 年 6 月，特區政府行政會議通過新界東北發展計劃最新修訂方案，方案一改原先採用傳統新市鎮發展模式，使用「加強版」的傳統新市鎮發展模式，即容許土地擁有者直接申請修訂土地契約，如由農地改為住宅用途及以補地價的形式進行（原址換地）；同時，將增加古洞北及粉嶺北發展區的發展密度，提供單位數目上升至 6 萬個，公私營房屋比例亦調整至 60：40，增加的主要為居屋單位。據初步估計，首批住宅單位最早於 2023 年落成啟用，而兩個新發展區則預計於 2031 年全部落成。在產業發展方面，新發展區將善用與內地日益

頻繁的經濟互動，提供約 37,700 個新增就業機會，其中包括研究與發展、商業零售及社區服務等的就業機會。另外，古洞北新發展區沿粉嶺公路設有約 14 公頃的「商業、研究與發展」用地，則有潛力發展作不同類型的辦公室及研究用途，提供空間支援香港的優勢產業發展。此外，坪輋／打鼓嶺發展區計劃則被暫時擱置。[70]

　　2014 年 6 月 6 日，立法會財務委員會審議新界東北發展計劃前期撥款申請，引起反對計劃的市民強烈憤怒，多次在立法會外示威，甚至釀成嚴重衝突。在議會內，部分持反對意見的立法會議員提出大量臨時動議「拉布」，試圖令財委會無法表決議案。不過，有關前期撥款申請經過連日擾攘之後，終於在 6 月 27 日獲得審議通過。2015 年 4 月 29 日，香港城市規劃委員會審議通過粉嶺北和古洞北分區計劃大綱草圖，並表示：「粉嶺北和古洞北兩個新發展區是本港中、長期重要房屋土地供應的主要來源之一，將提供約 60,000 個房屋單位，當中約 36,600 個為公營房屋單位。兩個新發展區亦會提供 837,000 平方米發展空間作不同經濟用途，包括商業、辦公室、酒店、零售及服務業，以及研發用途，提供約 37,700 個職位。在土地供應緊絀特別是房屋及經濟發展用地供應不足的情況下，推行兩個發展區符合香港社會的整體利益。」[71] 同年 6 月，兩份分區計劃大綱草圖獲得特首會同行政會議審核通過。至此，新界東北新發展區才正式展開實質性的起動發展。從 2007 年重啟計劃到 2015 年特區政府審核通過，前後經歷了 12 年時間。

　　根據政府公佈資料，古洞北「發展大綱圖」涵蓋的規劃區佔地約 447 公頃。在全面發展後，該區可容納的總人口約為 119,600 人，提供約 33,300 個就業機會。新建住宅單位的公私營房屋發展比例大概為 66：34。由於新發展區鄰近鐵路、公路和現有口岸，為善用此地利，同時顧及該區豐富的天然和生態資源，該區會發展成為「多元化發展中心」，集住宅、商業、研究與發展及農業用途於一體，另會發展零售和服務業，以及設有社區和政府設施，亦會有用作自然和生態保育的土地。新發展區中部鄰近擬議古洞鐵路站及公共交通交匯處一帶，將規劃發展成為未來的市鎮中心，集中包括住宅、零售、休閒及社會服務與社區設施，作為新發展區的主要活動地點。

　　粉嶺北新發展區涵蓋的規劃區佔地約 165 公頃。全面發展後，該區可容納的總人口約為 74,100 人，提供約 6,800 個就業機會。新建住宅單位的公私營房屋發展比例大概為 70：30。由於粉嶺北新發展區位於梧桐河畔，北面為翠綠的山巒，因而該區將會發展成為「河畔社區」，以優美的河畔和山巒景致，為居民提供舒適的生活環境。該社區會集住宅、零售及服務業和農業用途於一體，以及提供社區和政府設施。粉嶺北新發展區將會有兩個地區樞紐：一個在東部，位於聯和墟現有墟市北鄰；另一個在西部，位於天平山村北面，兩者均集住宅、零售、社會服務與社區設施、公共交通交匯處及公眾休憩用地於一體，作為該區的主

要活動地點。

2015 年 12 月，運輸及房屋局發佈有關古洞北新發展區及粉嶺北新發展區前期地盤平整和基礎設施工程公告。2018 年，特區政府發佈「加強向受政府發展清拆行動影響的合資格寮屋住戶及業務經營者而設的一般特惠補償及安置安排」，開始啟動清拆行動。及至 2019 年 9 月，政府發佈收回土地公告以推行古洞北及粉嶺北新發展區第一階段發展計劃。據特區政府預告，新界東北新發展區前期工程計劃的主要土地平整及基建工程，將於 2019 年展開，以配合首批居民可於 2023 年入住。其他主要工程亦會相繼動工，預計古洞北及粉嶺北新發展區可於 2031 年完工。

4.4 從「東大嶼都會」到「明日大嶼願景」

為解決土地供應嚴重短缺的問題，香港特區政府在尋求發展新界東北新發展區的同時，也將目光轉向大規模的填海造地。其中一個重大項目，就是「明日大嶼願景」。

其實，「明日大嶼願景」最早可追溯至早年港英政府提出的多項大嶼山發展計劃。早在 1980 年代初期，香港政府展開的 *North Lantau Development Investigation*（NLDI）研究中，已有大型填海工程的倡議。1980 年代後期，香港政府亦曾建議於交椅洲一帶填海發展港口的計劃，其後因貨運需求增長放緩，以及保護海港條例生效而擱置。2011 年，特區政府展開《優化土地供應策略：維港以外填海及發展岩洞》的研究，初步評估在中部水域有發展人工島的潛力。2014 年 1 月，時任行政長官梁振英宣讀施政報告時，亦公佈了「東大嶼都會」計劃，表示政府將會研究進一步開發大嶼山東部對開水域及鄰近地區，打造「東大嶼都會」，以容納新增人口，並作為中區及九龍東以外、香港第三個核心商業區。2016 年初，大嶼山發展諮詢委員會發佈的「全民新空間」工作報告，羅列多項大嶼山的發展策略建議，其中「東大嶼都會」被視為用作「長遠策略性增長區」的空間規劃框架。2016 年 10 月，特區政府發佈《香港 2030+：跨越 2030 年的規劃遠景與策略》，「東大嶼都會」被列作香港其中一個策略增長區，建議填海面積 1,000 公頃。

2018 年 10 月 10 日，行政長官林鄭月娥發表題為「堅定前行，燃點希望」的施政報告，大篇幅闡述特區政府的土地房屋政策。土地供應方面，提出了「明日大嶼」的發展願景。她表示：「政府提出發展大嶼山的願景，涵蓋中部水域交椅洲和喜靈洲附近的人工島、大嶼山北岸和屯門沿海地帶，包括重新規劃後的內河碼頭區和龍鼓灘等多個發展區；並配以一套全新的運輸基建網絡貫通各區，為香港經濟發展、民生改善，為市民安居樂業燃點希望。」為此，特區政府計劃透過「5 項政策方針」，並作出投資，實現這個跨越未來二三十年的願景」。

這5項政策方針包括：

第一，釋放土地潛力，增加土地供應，建立近零碳排放的宜居城市。特區政府決定馬上展開在交椅洲和喜靈洲附近分階段填海的研究，建造合共約1,700公頃的多個人工島。研究和設計工作將於短期內啟動，爭取首階段的填海工程於2025年展開。透過填海所得的土地儲備，可規劃用作興建26-40萬個住宅單位，供70-110萬人口居住，其中七成為公營房屋。預計首階段的住宅單位可在2032年入伙。政府將運用新增土地儲備，將現時市區的稠密人口分散，有利落實舊區重建，改善居住環境，達致更均衡的全港空間發展佈局。

第二，運輸基建先行，鞏固「雙門戶」優勢。「明日大嶼願景」其中一脈發展主軸是運輸基建先行。特區政府將研究興建一條新的主要運輸走廊，以道路和鐵路連接屯門沿海地帶、北大嶼山、中部水域人工島和港島北的傳統商業中心，並會推展一條與北大嶼山公路並行的高速公路和擴建龍門路。新的運輸走廊既可以拉近赤鱲角機場與香港島的距離，從而鞏固大嶼山的「雙門戶」角色，更有助新界西部經濟走廊的形成。同時，政府亦會釋放中部水域人工島、龍鼓灘近岸填海土地、內河碼頭區、屯門東和屯門西等沿線地區的發展潛力。

第三，發展「機場城市」及第三個核心商業區，推動經濟發展。特區政府將邀請香港機場管理局就香港口岸人工島上蓋發展項目提交發展方案，連同機場三跑系統、位於南貨運區

表7-19　「明日大嶼願景」3個階段的初步發展計劃

第一階段			
發展地區	中部水域人工島		
	交椅洲以東、西	喜靈洲以南、北	
可供土地	1,000公頃	700公頃	
發展方向	第三核心商業區、綜合住宅區等		
可供住宅單位	26-46萬個單位（首批涉及約300公頃，最快2032年入伙，公私營比例為7：3）		
第二階段			
發展地區	大嶼山北岸		
	欣澳	小蠔灣車廠及周邊填海	東涌新市鎮發展
可供土地	80公頃	40-50公頃	130公頃
發展方向	休閒和娛樂樞紐	住宅及基建連接	綜合商住
可供住宅單位	不適用	1.4萬個	4.9萬個
第三階段			
發展地區	屯門沿海地帶		
	龍鼓灘填海	屯門西發展（包括內河碼頭及周邊地區）	屯門東發展
可供土地	220公頃	240公頃	未知
發展方向	工業及重置棕地作業者	工業或其他用地	有待研究
可供住宅單位	不適用	有待研究	有待研究

資料來源：香港特區政府發展局

的高增值物流中心、航天城發展項目，以及剛獲機管局收購私人權益的亞洲博覽館及其第二期發展，令大嶼山成為連接粵港澳大灣區以至全世界的「機場城市」，鞏固及提升香港國際商業中心地位。填海所得的中部水域人工島，將會是繼中區及九龍東後香港第三個核心商業區，初步估計可提供約 34 萬個就業職位。

第四，提升環境實力，達致可持續發展。「明日大嶼願景」第四個發展主軸是可持續發展。特區政府將秉承「北發展、南保育」的規劃原則，在推展基建及發展項目的同時貫徹「先保育，後發展」的方針。為此，將成立 10 億港元的「大嶼山保育基金」，同時檢討相關法例及釐定更有效措施管制於大嶼山的高生態價值地區進行填土、傾倒廢料及破壞環境的相關發展活動，以加強保護自然環境。

第五，增加休閒娛樂設施，推動健康生活。特區政府將會增設便利行人的步行道和單車徑網絡，連接現時東涌新市鎮，並探討連接東涌和機場島的可行性，實踐綠色生活。同時，將分階段制定及落實全面的大嶼山遠足徑和康樂設施計劃，包括建造遠足徑網絡，並盡量連接多個文物、生態和康樂熱點，提供多元化休閒體驗，推動健康生活模式。[72]

為了實現「明日大嶼願景」，特區政府將成立明日大嶼計劃辦事處，統籌該項目的發展。2019 年 3 月，發展局宣佈，特區政府將投資 6,240 億港元，在香港大嶼山填海興建人工島，以解決香港土地供應緊張問題。據發展局局長黃偉綸的介紹，首階段將在交椅洲展開約 1,000 公頃的人工島填海工程，可興建約 15-26 萬個住宅單位，當中 70% 即 10.5-18.2 萬個屬公營房屋，將可紓緩香港房屋短缺情況。在經濟方面，人工島可成為香港第三個核心商業區，為香港經濟作出直接貢獻，帶來每年約 1,410 億港元的增加值，相當於本地生產總值約 5%。另外，商業區也會提供 400 萬平方米商業樓面面積，並創造約 20 萬個高端、高增值就業機會。至於財務方面，交椅洲首階段 1,000 公頃人工島的填海工程將涉及 1,400 億港元，另外 1,160 億港元為該區的基本道路、水務及排污等基建開支；欣澳、龍鼓灘及包括內河碼頭在內的屯門沿海發展，另外需要 340 億港元及 610 億港元作為填海及基建成本。上述發展區的成本共計 3,510 億港元，再加上多條道路及鐵路的成本，整個「明日大嶼願景」計劃的成本至少需要 6,240 億港元。

不過，「明日大嶼願景」提出後，即受到部分環保團體和利益團體的質疑和反對。其中，有環保團體認為「明日大嶼」填海計劃對自然環境及海洋生態，將可能造成不可逆轉的破壞，違反可持續發展的原則。另有反對意見認為，「明日大嶼」涉資巨大，質疑其將成為另一個「大白象」工程，耗盡財政儲備。對此，黃偉綸表示，政府每年工務工程總開支逾 1,000 億港元，「明日大嶼」分為 10-15 年進行，即每年平均四五百億港元，因此，不會「掏空我們的庫房」。其後，林鄭月娥在出席行政會議前會見媒體時並表示，「明日大嶼願景」填海計劃

和基建工程需動用公款，但有關支出特區政府能夠負擔，而且項目回報可觀。

2019年3月，發展局向立法會發展事務委員會提交文件，為中部水域人工島相關研究申請撥款，研究期為2019年中至2023年，需時42個月，研究費用為5.504億港元，研究內容最少包含兩項基建項目的法定環境影響評估。同年5月25日，研究獲立法會工務小組委員會通過。當時，曾有計劃於6月呈交立法會財務委員會審議，其後因《逃犯條例》修訂引發社會動盪而暫時擱置。

4.5 土地與房屋供應的新政策重點

在過去很長一段時期，特區政府一直沒有運用《收回土地條例》增加土地供應，導致公屋發展遲緩。相比之下，新加坡政府對於土地、房屋供應則高度介入，約八成國民居於公營房屋，就連總統哈莉瑪·雅各（Halimah Yacob）在擔任此職前也是居於政府組屋。新加坡政府在立國之初便推行《土地徵用法》，列明政府有權徵收私人土地作公共用途，再按市價向地主賠償。對此，被譽為新加坡「城市規劃之父」的劉太格曾在接受傳媒專訪時，直指香港所缺乏的不是土地：「你們（香港）的問題是，政府有沒有能力把土地拿過來做開發……第一政府拿不到手，第二政府沒有規劃。沒有規劃方案，怎麼知道什麼地方要用地？」

2019年6月，香港因為修訂《逃犯條例》而觸發政治動盪，導致整體經濟下滑及營商環境惡化。特區政府認為，其中一個原因是土地及房屋的嚴重不足而引發社會不滿。就此，建制派黨團民主建港聯盟（民建聯）於9月份要求特區政府引用《收回土地條例》徵收所需的土地，以增加公營房屋的供應，該建議即被特區政府採納。

同年10月16日，林鄭月娥發表其任內第三份題為「珍惜香港，共建家園」的施政報告，內容包括房屋、土地供應、改善民生和經濟發展等四大部分。在房屋政策方面，她表示，房屋是香港社會目前最嚴峻的民生問題，也是部分民怨的根源。因此政府有其不可或缺的角色。為此，特區政府提出多項短、中期支援措施，以紓緩房屋供應問題，包括：大幅增加過渡性房屋項目，在未來3年合共提供1萬個單位，以紓緩居住環境惡劣和長時間輪候公屋家庭的壓力；透過現金津貼，為非公屋、非綜援的低收入住戶，包括輪候公屋人士，提供支援；邀請房委會研究重建房委會旗下的工廠大廈為公營房屋，特別是增加出租公屋的供應；加快出售39個「租者置其屋計劃」屋邨中約4.2萬套未售出的住房；預售更多興建中的居屋和「綠置居」單位，預計2020年可高達約1.2萬個，以盡快滿足市民的置業期望。

在土地供應方面，林鄭月娥表示，特區政府將以多管齊下的策略，致力於增加土地供應，重建市民對政府處理這一大難題的信心。具體措施包括：加快規劃並運用《收回土地條

例》收回 3 類私人土地發展公營房屋（包括公屋、「綠置居」、居屋及「首置上車盤」），該 3 類土地包括：（1）可能具有發展潛力而由私人擁有的新界棕地（被棄置的工業或商業用地），估計約 450 公頃；（2）各區法定分區計劃大綱圖上已規劃作高密度房屋發展，但仍未有發展計劃的私人土地；（3）位於市區的茶果嶺村、牛池灣村和竹園聯合村寮屋區的私人土地。她表示：特區政府「已知會收回的私人土地約 700 公頃，預計其中 400 多公頃會在未來 5 年收回，遠多於過去 5 年收回的 20 公頃」。

　　同時，特區政府還公佈「土地共享先導計劃」擬議框架，計劃在 2020 年中起接受申請，以 150 公頃土地為上限，以增加短中期的公私營房屋供應；搭建平台讓專業人士和年輕人可參與建構「明日大嶼願景」下的交椅洲人工島，以及探討如何把人工島上的建屋計劃與香港市民的住房訴求聯繫起來；重新規劃屯門西的沿海發展，包括考慮能否將包括內河碼頭的沿海地區作住宅發展；檢視超過 300 幅預留作單一公共設施的「政府、機構或社區」用地，以「一地多用」模式發展，並協助非政府機構善用他們持有的土地等。[73]

　　與此同時，香港主要的大型地產發展商，包括新世界發展、恒基地產、新鴻基地產等，都將配合特區政府的土地發展計劃。其中，新世界發展於 9 月 25 日表示，將以象徵式的 1 港元租金，捐出香港 300 萬平方呎地皮興建社會房屋，舒緩基層居住壓力。恒基集團則宣稱：「香港特區政府此次收地涉及恒基所有的近 10 公頃農地儲備，本次也是集團第一次被政府收地，土地尚未規劃過。」新鴻基地產則在 9 月中旬已有兩幅位於新界屯門的土地被政府收回，新鴻基地產主席兼總經理郭炳聯表示：「願意配合政府，但計劃收回的農地必須是已規劃作為公營房屋用途的土地，不應把收回的土地重新拍賣。」李嘉誠的長和系則表示，農地作房屋發展過程需時，可能較長時間才能讓有需要人士受惠，會就這方面作出研究。李嘉誠基金則表示，將捐出 10 億港元以支持香港中小企業的發展。

　　根據香港特區政府最新修訂的《香港 2030+：跨越 2030 年的規劃遠景與策略》，特區政府提出了「一個都會商業核心圈、兩個策略增長區和三條主要發展軸」的城市空間發展格局。其中，一個都會商業核心圈包括 3 個都會商業核心圈，分別為港島中區、九龍東和東大嶼都會；兩個策略增長區分別為東大嶼都會和新界北，3 條主要發展軸分別為西部經濟走廊、東部知識及科技走廊和北部經濟帶。大嶼都會（ELM）連接香港島及大嶼山，主要透過在生態不太敏感的交椅洲附近水域和喜靈洲避風塘進行填海，開拓包含商業核心區的都會，並藉此創建新的都會平台，同時善用在梅窩未被充分利用的土地，總發展面積為 1,000 公頃，人口約在 40-70 萬之間，主要透過新建及經改善的運輸基建設施，有效連接珠三角東西兩岸，建設成具發展潛力的新平台；新界北主要透過綜合規劃及更有效運用棕地和荒置農田，在香園圍／坪輋／打鼓嶺／恐龍坑／皇后山建設新一代的新市鎮，並於新田和文錦渡發展現代工業

及開發需要在邊境附近營運的經濟用途，總發展面積為 720 公頃，人口約在 25-35 萬之間，主要作為現代工業生產（可能作科技園／工業邨發展）及都市生活空間，支援以知識及科技為發展重心的新重點用途，成為一個綜合的產城融合區，同時成為新田／落馬洲跨界商業和零售設施的發展樞紐，以及文錦渡物流走廊。[74] 根據該文件，規劃落實後，香港已建設面積將從現時的 268 平方公里增加到 324 平方公里；未來經濟用地的供應中，甲級寫字樓的總樓面面積將從約 900 萬平方米增加到逾 1,400 萬平方米；市場主導的工業及特殊工業總樓面面積將從約 2,000 萬平方米增加到 2,900 萬平方米，通過創造容量以實現可持續發展。

2020 年，林鄭月娥在其第四份題為「砥礪前行，重新出發」的施政報告中表示：「經過我們多年的努力，房屋供應已初見成果。⋯⋯ 我們已全數覓得興建 316,000 個公營房屋單位的 330 公頃土地，可以滿足未來 10 年（即 2021／22 至 2030／31 年）約 301,000 個公營房屋單位的需求，供應主要來自東涌填海、古洞北／粉嶺北和洪水橋／廈村等新發展區的農地和棕地、多幅改劃作公營房屋的用地、9 幅分別位於啟德和安達臣道石礦場改撥為發展公營房屋的用地、粉嶺高爾夫球場部分用地，以及多幅完成檢視具房屋發展潛力的棕地群。」[75]

2023 年 10 月，新任特首李家超在他的第二份施政報告中表示：「現時已覓得足夠土地滿足十年所需的房屋單位數目，足以解決長遠房屋短缺問題。⋯⋯ 整體土地供應方面，至 2048 年的 30 年期內預計將有達 7,000 多公頃，減去預計需求，可建立最少 1,000 多公頃的土地儲備。為監察造地進度，政府去年首次制訂未來十年可供發展土地（即熟地）的預測。根據最新數據，未來十年（即 2024-25 至 2033-34 年度）熟地供應量將達 3,370 公頃，比去年預測的十年期供應多 90 公頃，進度符合預期。全部供應將來自政府主導的項目。當中，『北部都會區』建設工程會以 20 年為期，目標是明年完成制訂所有土地用途和發展方案；2027 年或之前進行收地；2032 年或之前完成平整四成的新發展土地和落成四成的新增單位。」[76]

註釋

[1]   香港特區政府差餉物業估價署著,《香港物業報告》,2005 年,第 8 頁。

[2]   香港特區政府差餉物業估價署著,《香港物業報告》,2008 年,第 9 頁。

[3]   香港特區政府差餉物業估價署著,《香港物業報告》,2010 年,第 7 頁。

[4]   香港特區政府差餉物業估價署著,《香港物業報告》,2014 年,第 9 頁。

[5]   《港調查「天價」樓盤物業交易》,北京:《人民日報》海外版,2010 年 7 月 7 日。

[6]   《李兆基全球最貴豪宅涉虛假交易驚動香港特區政府》,香港:鳳凰網財經,2010 年 6 月 18 日。

[7]   樓市速報,《「納米樓」未來 3 年增 35%》,香港:《資本》雜誌網站,2018 年 8 月 31 日。

[8]   參閱《中區商廈租金再創新高》,香港:《資本》雜誌網站,2017 年 7 月 6 日。

[9]   林鄭月娥著,《行政長官 2018 年施政報告:堅定前行,燃點希望》,第 22-23 頁。

[10]   參閱《上水蚊型:「麵粉貴過麵包」》,香港:《資本》雜誌網站,2018 年 1 月 7 日。

[11]   陳德霖著,《我在金管局過去五年工作的回顧》,香港金融管理局官網,2014 年 7 月 7 日。

[12]   2010 年 10 月 13 日,港府暫時將房地產從投資移民計劃的投資資產類別中剔除,作為政府抑制房價飆
       升的措施,此項政策意味著內地投資者在香港購買房產已不能獲得香港公民權。

[13]   參閱《內地客撐起一手豪宅》,香港:《資本》雜誌網站,2018 年 2 月 10 日。

[14]   樓市速報,《內房變招攻港,撐起高樓價》,香港:《資本》雜誌網站,2018 年 6 月 10 日。

[15]   潘慧嫻著,《地產霸權》,北京:中國人民大學出版社,2011 年,第 20-21 頁。

[16]   同註 15,第 19 頁。

[17]   林筱魯著,《香港房屋市場的結構性問題》,香港:《資本》雜誌網站,2019 年 6 月 4 日。

[18]   香港土地專責小組,《增闢土地,你我抉擇》,2018 年 4 月,第 13 頁。

[19]   同註 15,第 47-57 頁。

[20]   同註 15,第 198-199 頁。

[21]   林劍、溫偉俊著,《香港樓奴遍野:反思「全球最自由經濟」光環下的奴隸》,香港:香港 01,2018 年
       12 月 28 日。

[22]   參閱《香港 21 萬「樓奴」僅住 3 坪空間!港女:擁有自己房間是夢想》,香港:香港 01,2018 年 11
       月 27 日。

[23]   參閱《蝸居香港:我還沒死,就住進了棺材裡》,廣州:網易看客,2017 年 9 月 5 日。

[24]   香港特區政府勞工及福利局局長網誌,《貧富懸殊的挑戰》,香港:香港特區政府勞工及福利局官網,
       2019 年 5 月 5 日。

[25]   香港特區政府新聞公告,《立法會三題:租者置其屋計劃》,2012 年 10 月 31 日。

[26]   香港特區政府新聞稿,《展覽細述香港公共房屋史》,2004 年 6 月 1 日。

[27]   曾蔭權著,《行政長官 2007-08 年施政報告:香港新方向》,第 8 頁。

[28]   同註 27,第 24 頁。

[29]   曾蔭權著,《行政長官 2009-10 年施政報告:迎接新挑戰》,第 9 頁。

[30]   曾蔭權著,《行政長官 2011-12 年施政報告:繼往開來》,第 5 頁。

[31]　梁振英著，《行政長官 2013 年施政報告：穩中求變，務實為民》，第 11、13 頁。

[32]　參閱香港特區政府運輸及房屋局著，《長遠房屋策略》，2014 年 12 月。

[33]　參閱《長遠房屋策略 2015 年週年進度報告》，第 1 頁。

[34]　參閱《長遠房屋策略 2018 年週年進度報告》，第 2 頁。

[35]　《香港房屋委員會週年特別公開會議記錄》，文件編號：HA 18/2017，第 4 頁。

[36]　林鄭月娥著，《行政長官 2017 年施政報告：一起同行，擁抱希望，分享快樂》，第 39 頁。

[37]　同註 9，第 15-16 頁。

[38]　香港立法會房屋事務委員會，《行政長官 2017 年施政報告及施政綱領 有關房屋事務的措施》，立法會
　　　CB（1）19/17-18（01）號文件，第 3 頁。

[39]　董建華著，《行政長官 1999 年施政報告：培育優秀人才，建設美好家園》，第 33 頁。

[40]　參閱《市區重建局 2000-2001 年報》，第 18 頁。

[41]　香港特區政府發展局，《市區重建策略檢討》，2008 年 7 月，第 3 頁。

[42]　參閱《市區重建局 2007-2008 年報》，第 20 頁。

[43]　羅致光等著，《香港市區更新的成就與挑戰（行政撮要）》，香港：香港大學，2010 年 3 月，第 8-9 頁。

[44]　市區重建策略檢討督導委員會著，《市區重建策略檢討：「建立共識」階段——公眾意見總結及展望文
　　　件》，2010 年 5 月，第 2 頁。

[45]　社聯，《充滿挑戰的市區重建》，香港：《社聯政策報》，2009 年 5 月，第 6 期，第 2 頁。

[46]　香港特區政府發展局新聞公報，《政府展開〈市區重建策略〉檢討》，2007 年 7 月 17 日

[47]　領展房地產，*From Land Supply to City Strategy for Hong Kong*，第 12 頁。

[48]　香港特區政府發展局，《市區重建策略》，2011 年 2 月。

[49]　參閱《擴闊間距通風，建築設計減密度》，香港：《星島日報》，2012 年 11 月 19 日。

[50]　參閱《市區重建局 2017-2018 年報》，第 10-12 頁。

[51]　蘇慶和著，《革新思維匯聚力量　讓市區更新之路越走越闊》，香港：《明報》新聞網，2019 年 4 月 29 日。

[52]　《市區重建局 2022-2023 年報》，第 28、50 頁。

[53]　同註 52，第 28、53-55 頁。

[54]　同註 52，第 84 頁。

[55]　香港土地專責小組著，《香港的土地需求與供應》，前言。

[56]　曾蔭權著，《行政長官 2010-11 年施政報告：民心我心，同舟共濟，繁榮共用》，第 3 頁。

[57]　同註 55。

[58]　香港土地專責小組著，《多管齊下，同心協力》，2018 年 12 月，第 8 頁。

[59]　同註 58，第 3 頁。

[60]　同註 58，第 5 頁。

[61]　香港特區政府發展局著，《政府就土地供應專責小組報告的回應》，立法會參考資料摘要，檔案編號：
　　　DEVB（PL-CR）13/2006，2019 年 2 月 20 日。

[62]　香港特區新聞公告，《政府回應土地供應專責小組報告》，2019 年 2 月 20 日。

[63]　同註 30，第 10 頁。

[64]　香港特區政府發展局著，《啟動九龍東：2012-2016+》，2016 年 11 月。

[65]　香港特區政府發展局、啟動九龍東辦事處著，《發展九龍東為智慧城市區──可行性研究──第二階段公眾參與》，2019 年 1 月，第 11-60 頁。

[66]　香港特區政府規劃署、土木工程署著，《新界東北新發展區規劃及工程研究（第一階段公眾參與摘要）：專題便覽 1──新發展區的策略性角色》，2008 年 11 月，第 1 頁。

[67]　香港特區政府土木工程拓展署和規劃署著，《新界東北新發展區規劃及工程研究──第一階段公眾參與摘要》，2008 年 11 月，第 20 頁。

[68]　香港特區政府土木工程拓展署和規劃署著，《新界東北新發展區規劃及工程研究──第三階段公眾參與摘要》，2012 年 6 月，第 4 頁。

[69]　香港特區政府著，《新界東北新發展區：香港人的新市鎮》，報章廣告。

[70]　參閱《行會已批新東北發展，方案日內公佈》，香港：《星島日報》，2013 年 7 月 3 日。

[71]　新聞公告，《城規會就審議粉嶺北和古洞北分區計劃大綱草圖申述和意見的決定》，2015 年 4 月 29 日。

[72]　同註 9，第 17-20 頁。

[73]　林鄭月娥著，《行政長官 2019 年施政報告：珍惜香港，共建家園》，第 10-29 段。

[74]　香港 2030+：跨越 2030 年的規劃遠景與策略官網。

[75]　林鄭月娥著，《行政長官 2020 年施政報告：砥礪前行，重新出發》，第 29、30、35 頁。

[76]　李家超著，《行政長官 2023 年施政報告：拼經濟謀發展　惠民生添幸福》，第 89、92 段。

「面對全球化下的經濟形勢和國家一日千里的發展，新世界集團深信，
要在時代洪流中力爭上游，必須貫徹不斷求變和超越的營商理念，
在 40 年穩健根基之上，以務實為原則，作多方面嘗試，
同時維繫得之不易的既有成就，方可再創佳績，向更成熟的方向邁進。」

——新世界發展集團主席鄭裕彤，2010 年

第八章

回歸後地產大財團的
新發展

一、長和系：
「重組業務架構，邁進嶄新里程」

香港回歸第一年，即受到亞洲金融危機的劇烈衝擊，長江實業的純利大幅下降。

集團主席李嘉誠在長江實業年報中表示：「1998年為極度困難及有挑戰性之一年。

預料在金融風暴之負面影響下，低增長、利率波動及銀根短絀的情況短期內仍將持續。

香港回歸祖國後，一國兩制落實執行，為香港提供獨特的發展優勢。

香港為祖國之南方大門，有利於經濟及對外貿易，本人對內地及香港的經濟前景充滿信心。

集團過往發展中不忘穩健，現雖面對經濟放緩之環境，穩健中仍不忘發展，

爭取於本港及內地之每個投資機會，繼續拓展多元化業務。」[1]

1.1 以香港為業務根基，積極拓展內地市場

　　這一時期，長和集團的基本策略，是「以香港為業務根基」，「爭取香港及內地每一個投資機會」，並「以審慎態度繼續在海外地區作選擇性發展」。集團旗下 4 家上市公司中，長江實業繼續從事地產發展與地產投資業務；由長實持有 48.95% 股權的和記黃埔，主要從事 5 項核心業務，包括地產發展及投資，港口及有關服務，零售、製造業及其他服務，電訊，以及能源、基建、財務及投資等；由和黃持有 84.58% 股權的長江基建，主要從事基建業務；而由長江基建持有 30.05% 股權的港燈集團，則主要從事電力生產和能源供應。

　　當時長和系謹守香港業務，並將發展重點轉向積極拓展內地市場，特別是內地的房地產市場。長和系對內地房地產業的大規模投資，大約從 1989 年起。這一年爆發「北京風波」，部分外資企業從內地撤離，李嘉誠卻反其道而行之。1992 年，鄧小平南巡廣東，中國進入全方位對外開放新時期。同年 5 月，長實在深圳成立「深圳長和實業有限公司」，正式開啟長和系大規模投資內地之旅。1993 年初李嘉誠正式對外宣佈轉向中國內地市場拓展時，長和系在內地項目已佔集團資產的四分之一。其中，最具標誌性的項目，就是拿下了位於北京東長安街 1 號、佔地 10 萬平方米的絕佳地段，建成亞洲著名的商業建築群——東方廣場（Beijing Oriental Plaza），總投資額高達 20 億美元。東方廣場總建築面積達 80 萬平方米，擁有 8 幢甲級寫字樓，時至今日仍然是亞洲最大、最具特色的商業建築群之一。

　　2003 年，長和系在內地初步佈局了上海、深圳、重慶、廣州、北京等一線城市。2005

年中央政府出台樓市調控政策，長和「逆市而上」，陸續在西安、成都、長沙、長春、武漢、天津、重慶等地投入 400 億元人民幣的鉅額資金，圈下了超過 300 萬平方米的土地，基本完成了對一二級城市的戰略佈局。從投資線路看，長和系在內地的擴張遵循了一條從中心到邊緣、從一線城市擴散向二線城市的策略，而投資時機多是在內地房地產市場陷入低谷之際。

據統計，到 2014 年李嘉誠重組長和系時，集團共擁有 1.7 億平方呎可供發展的土地儲備，其中內地儲備高達 1.58 億平方呎，佔集團全部的 92.94%，這些大多是在 2005 年以前獲得，土地成本很低。[2] 另外，根據和黃 2013 年年報介紹：「集團目前應佔之土地儲備（包括直接持有之權益及透過聯營公司與合資企業持有之所佔權益）約 8,300 萬平方呎，其中 97% 在內地（平均土地成本為每平方呎 240 元人民幣或約 307 港元），以及 3% 在英國與新加坡。」[3] 從發展實踐看，長和系進入內地進行地產開發的顯著特點，是通過分期開發，坐待土地升值。由於拿地時間較早，其土地儲備均價處於較低水平，這就保證了將地塊的價值充分挖掘，從而實現項目利潤最大化。有評論指出，李嘉誠在內地的土地策略，其實就是香港富豪熱衷的「landbank 模式」，即所謂的「低價拿地、長線操作」的「抄底」策略。

據粗略統計，從 2005-2014 年間，長江實業在內地建成物業總樓面面積約達 876 萬平方米，分佈在北京、上海、廣州、深圳、重慶、成都、長春、西安、長沙等內地一線城市和省會城市，其中以成都最多，達 187 萬平方米。這些物業主要有：北京譽天下，長春御翠園，常州御翠園，上海御沁園、御翠園、御濤園和嘉里不夜城，成都南城都匯和彩疊園，深圳御峰園和世紀匯，廣州珊瑚灣畔和逸翠莊園，重慶逸翠莊園等等。這 10 年間，以面積計算，長江實業在內地建成物業約佔集團全部建成物業的八成以上。以 2013 年為例，長江實業建成的全部物業總面積大約為 194.60 萬平方米，其中內地建成 178.10 萬平方米，佔長江實業全部建成物業面積的 91.5%。[4] 長江實業在內地房地產項目的發展，大幅增加了集團的營業額。1997 年，長江實業營業額為 78.57 億港元，到 2011 年增加到 423.59 億港元，14 年間增長了 4.39 倍，年均增長率為 12.79%。

1.2 長和系投資策略的轉變

不過，2009 年全球金融海嘯爆發，2013 年以來，隨著國際經貿環境和中國經濟環境的變化，李嘉誠在內地的投資策略發生重要轉變，從積極拓展轉向大舉拋售，特別是拋售在中國內地處於高位的房地產物業。其中，最矚目的有：2013 年 10 月，長和以 71.6 億元人民幣出售上海陸家嘴東方匯經中心；2016 年 10 月，長實地產與李嘉誠海外基金會以 230 億

元人民幣出售上海世紀匯地產項目。據市場粗略估計，這時長和系在內地拋售物業套現資金至少在 1,000 億元人民幣。不僅如此，2011 年以前，長和每年都在內地吸納土地儲備，但 2012 年 5 月購入上海一塊住宅用地之後，長和系在內地市場便再沒有買進過一塊土地。

與此同時，李嘉誠在香港也減持資產。2014 年 1 月，李嘉誠宣佈將電能實業旗下的香港電燈公司分拆，後者於當年單獨上市，成為香港最大的 IPO 之一。2014 年 3 月，和黃旗下在新加坡的上市公司和記港口信託，以 24.72 億港元的售價將亞洲貨櫃碼頭公司 60% 權益出售予中海集團。2014 年 3 月，和記黃埔將旗下屈臣氏集團 24.95% 權益出售予新加坡淡馬錫集團，作價 440 億港元。2015 年 6 月，電能實業再以 76.8 億港元的售價，將所持香港電燈公司 16.53% 權益售予中東的卡塔爾投資局。2017 年 11 月，長實地產將所持香港中環中心 75% 權益，以 402 億港元的售價，出售給中資公司中國港澳台僑和平發展亞洲地產有限公司（C. H. M. T. Peaceful Development Asia Property Limited）。這項交易創下香港商廈交易的最高成交紀錄。經粗略估算，這幾年李嘉誠旗下公司在香港也大約出售了超過 1,000 億港元資產物業。

李嘉誠拋售內地、香港資產，特別是內地房地產項目的策略，引起內地媒體和社會各方的關注，掀起軒然大波。其中，最具衝擊力的是羅天昊於 2015 年 9 月 13 日發表在瞭望智庫的評論文章《別讓李嘉誠跑了》。該評論認為：李嘉誠等豪族坐大得益於北京的「招安」政策，其在內地的地產財富也「並非完全來自徹底的市場經濟，恐怕不宜想走就走」；「中央政府應權衡利弊，果斷拋棄不再有利用價值的香港豪族，平抑豪族……」。[5] 一時間，對李嘉誠的抨擊和非議鋪天蓋地。

就在拋售中國內地、香港資產物業的同時，李嘉誠透過和黃旗下公司，大舉進軍歐洲、特別是英國市場。其實，早在 80 年代中期以後，長和系已開始推進國際化策略。1997 年 1 月 6 日，李嘉誠旗下的長江實業集團系 4 間上市公司，以「長江集團邁向基建新紀元」為主題，宣佈全港矚目的重組計劃。根據該項計劃，長江基建將從長江實業的附屬公司，轉變為和記黃埔的附屬公司，並直接持有香港電燈。重組完成後，長實集團的架構更趨精簡，長實作為集團旗艦專注地產、策略性投資並持有和黃股權；和黃將擁有貨櫃碼頭、電訊、零售業務並持有長建；長建則擁有內地道路、橋樑、電力並持有香港電燈，成為一家超級基建集團。顯而易見，重組的最大得益者是長江基建，它可憑藉香港電燈的穩定盈利以及其豐富基建經驗，去拓展海外及中國內地的基建業務，成為該集團「邁向基建新紀元」的旗艦。

2009 年，全球金融海嘯爆發，歐美經濟相繼陷入不景，其後歐洲更爆發持續的主權債務危機，資產市場價格低沉。在這種背景下，李嘉誠進一步加強對海外投資的策略，投資領域從能源、電訊等領域擴展到基建、水務、管道燃氣、地產等行業，投資地域幾乎遍及整

個歐洲，英國便是其中的投資重點。據市場估計，截至 2019 年底，李氏商業帝國在英國的總資產已高達約 4,000 億港元，包括英國超過 40% 的電訊市場、約四分之一的電力分銷市場、近三成的天然氣供應市場、近三分之一的碼頭等。除英國外，長和系還在歐洲的法國、奧地利、愛爾蘭、荷蘭，以及澳洲的澳洲、新西蘭等其他地區開展收購行動，以擴展其業務版圖。此時長和系在海外投資主要有兩個特點：第一，重視「反週期操作」，並且與集團的多元化、國際化拓展緊密結合起來；第二，奉行「高現金、低負債」、「現金為王」的財務政策，並且重視聯合系內公司共同收購以減低資金壓力。

1.3 長和系的業務與資產重組

就在長和系在中國內地、香港以及海外市場進行資產、業務大規模重新配置的同時，自 2013 年起，李嘉誠對長和系的股權和業務架構也展開令人注目的重組行動。其中，最矚目的就是長江實業與和記黃埔的重組。2015 年 1 月 9 日，香港股市收市後長和系公佈其「三部曲」重組計劃，這無疑是香港回歸以來最重大的企業事件。消息傳出，彷彿在香港市場扔出一枚「重磅炸彈」，引發香港以至國際社會的矚目，其震撼力恰如當年怡和宣佈遷冊海外。

根據公佈資料，李嘉誠旗下長江實業與和記黃埔的合併改組計劃，包括「三部曲」：[6] 第一步，將長江實業注入在開曼群島註冊成立的「長江和記實業有限公司」（簡稱「長和實業」），由長和實業代替長江實業成為集團的新控股公司，擁有長江實業及其所有附屬公司的權益，其股份將在港交所主板上市，沿用長和實業目前的股份代號 0001。第二步，由和記黃埔收購部分赫斯基能源（Husky Energy）股份，並由長和實業併購和記黃埔，進而整合與長江基建合營的 5 個項目。併購完成後，李氏家族信託基金和李氏家族將繼續作為長和實業的控股股東，持股比例為 30.15%。第三步，分拆新的長和實業的所有地產業務，交由新公司——「長江實業地產有限公司」（簡稱「長實地產」）經營、上市。與長和實業一樣，長實地產也是在開曼群島註冊、在香港上市的雙重意義上的「離岸」公司。

長和系表示，該重組計劃的目標，是要「消除長江實業持有的和記黃埔股份之控股公司折讓，從而向股東釋放實際價值」；「提高透明度及業務一致性」；「消除長江實業與和記黃埔之間的分層控股架構，讓公眾股東能與李氏家族信託一同直接投資於兩間上市公司」；「股東直接持有長和及長地的股份，從而提高投資的靈活性和效率」；以及「規模提升」等。[7] 從重組方案來看，其中的目的無疑是進一步梳理長和系的內部業務，解決「控股導致股價偏低」的問題（holding company discount / conglomerate discount）。重組前，長江實業與和記黃埔有太多業務存在交叉重複；重組後，兩大集團的業務分類更顯清晰，地產業務與非地產業

圖8-1　長和系重組前後股權架構變化

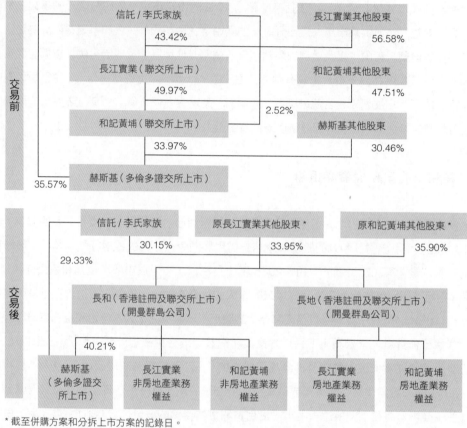

* 截至併購方案和分拆上市方案的記錄日。

資料來源：長江實業、和記黃埔新聞稿，《長江實業與和記黃埔將進行合併、重組、再分拆，成為兩間具領導地位的新公司在香港上市》，2015年1月9日。

務分屬兩個集團來操作，避免內部競爭或利益輸送等嫌疑，企業運作也更加透明。所以，從投資者角度來説，李嘉誠實施的重組方案實屬利好。不過，更重要的是重組後，李嘉誠旗下的兩家主要上市公司，其註冊地都從香港轉到開曼群島，實現遷冊海外。

　　重組後，李嘉誠透過「李氏家族及信託」，分別持有長和實業和長實地產兩家上市公司。其中，長和實業直接或間接持有多家上市公司，包括長江基建、電能實業、和記電訊香港控股有限公司、長江生命科技集團有限公司、TOM集團有限公司等。根據長和實業2018年年報介紹，重組後的新公司已發展成為「一家鋭意創新發展、善於運用新科技的大型跨國企業，在全球超過50個國家經營多元化業務，僱員人數超過30萬。集團致力維持最高水平的企業管治、透明度與問責制度，並在這方面獲得眾多國際獎項與表揚。集團的5項核心業

務包括港口及相關服務、零售、基建、能源和電訊」。[8]

1.4 重組後長實集團的業務發展

　　重組後的長實地產，主要從事物業發展、物業投資、酒店及服務套房等業務，並持有 3 個信託基金，包括持有股權 18.46% 的泓富產業信託，持有 27.26% 的置富產業信託，及持有 32.37% 的匯賢產業信託。泓富產業信託於 2005 年 11 月上市，主要投資香港辦公室、零售及工業物業；置富產業信託於 2010 年 4 月上市，主要投資香港零售物業；匯賢產業信託於 2011 年 4 月上市，主要投資內地酒店及服務套房、辦公室及零售物業等業務。2016 年 12 月，長實地產向長和實業收購飛機租賃公司 CK Capital Limited 及 Harrier Global Limited 全部股權。2017 年 5 月，公司又與長江基建及電能實業組成合營公司（長江實業佔 40% 股權）收購 DUET 集團，該集團為澳洲、美國、加拿大及英國多項能源資產擁有人及營運商。其後，私有化後的 DUET 集團改名為「CK William 集團」。2017 年 7 月 14 日，長實地產宣佈正式改名為「長江實業集團有限公司」（簡稱「長實集團」），英文名則改為「CK Asset Holdings Limited」（原名為「Cheung Kong Property Holdings Limited」）。

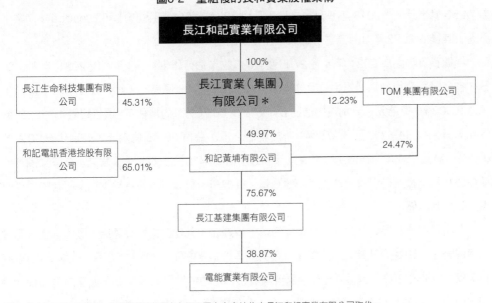

圖8-2　重組後的長和實業股權架構

* 自 2015 年 3 月 18 日起，長江實業（集團）有限公司之上市地位由長江和記實業有限公司取代。

資料來源：《長江和記實業有限公司 2014 年報》

　　改名後的長實集團主要業務擴展至 5 個領域，包括物業發展、物業投資、酒店及服務套房、基建及實用資產業務、英式酒館業務等。物業發展主要在香港、中國內地和海外等市場展開，截至 2019 年底，集團擁有可開發土地儲備（包括發展商於合作發展項目的權益，但不包括農地及已完成物業）約 9,200 億平方呎，其中香港佔 400 萬平方呎、中國內地佔 8,400 萬平方呎，海外佔 400 萬平方呎。2020 年 7 月，和黃地產於 2008 年在英國購入位於倫敦泰晤士河的大型地產項目 Convoys Wharf 獲得英國政府批准，將投資 10 億英鎊發展大型住宅及綜合商業物業。2021 年及 2022 年，長實集團加強了對香港的投資，趁低價先後投得 4 幅政府地皮及兩個重建發展項目，包括啟德 4E 區 2 號地盤住宅／零售用地，元朗流業街住宅用地，屯門大欖住宅用地，啟德 2A 區 4 號、5(B) 號及 10 號地盤住宅／零售用地，以及市建局土瓜灣鴻福街、啟明街及榮光街的「四合一」重建項目，市建局港島西營盤皇后大道西／賢居里住宅項目，總投資超過 300 多億港元。

　　長實集團的物業投資包括寫字樓、零售商業、工業樓宇等物業以香港為主，主要持有中環的長江集團中心、中環長江集團中心二期、紅磡海濱廣場 1 座及 2 座、中環華人行、尖沙咀的 1881 Heritage、紅磡的黃埔花園、葵涌的和黃物流中心及其他物業等；在內地擁有的投資或自用物業主要包括深圳的世紀匯（佔 80%）、上海的梅隆鎮廣場（60%）、嘉里不夜城（24.8%）、大都會海逸酒店（60%）、大都會海逸公寓（60%）、北京的北京長城飯店（49.8%）和瀋陽的瀋陽麗都索菲特酒店（29.0%）等。2019 年，集團的租金收入（包括攤佔合營企業）為 74.50 億港元。[9] 2018 年 6 月，長實集團以 10 億英鎊收購英國倫敦 5 Broadgate 物業，不過，其後於 2022 年 3 月將該等物業權益完成出售。

　　根據長實集團於 2021 年 4 月 27 日發表的《物業估值報告》，該集團於 2021 年 2 月 28 日在各個階段發展的物業組合共有 205 項，總值 4,347.88 億港元。其中，香港佔 127 項，總值 2,902.70 億港元，分別佔總額的 61.95% 及 66.76%；內地佔 71 項，總值 1,338.21 億港元，分別佔 34.63% 及 30.78%；新加坡佔 2 項，總值 29.95 億港元，分別佔 0.98% 及 0.69%；英國佔 5 項，市值 77.02 億港元，分別佔 2.44% 及 1.77%。換言之，長實集團的地產發展和物業投資仍以香港為主，內地為輔。從披露的數據看，長實集團物業組合的資產值遠遠高於其股價。

　　酒店及服務套房業務主要包括營運海逸君綽酒店、九龍海逸君綽酒店、歷山酒店、馬鞍山海澄軒、紅磡海灣軒等酒店的營運。在英式酒館業務方面，2019 年 8 月，長實集團以 27 億英鎊（相當於 252 億港元）全資收購英國具領導地位的釀酒廠及英式酒館營運商 Greene King plc，該公司在倫敦證券交易所上市，在英格蘭、威爾斯、蘇格蘭等地經營超過 2,700 間英式酒館、餐廳及酒店。Greene King 於 2022 年錄得 8.35 億港元的收益貢獻。在基建

及實用資產業務方面，主要包括 CK William 集團、ista，以及 Reliance Home Comfort 等。CK William 經營的業務主要包括在澳洲的配電、輸氣及配氣，並為當地偏遠地區客戶提供發電方案；ista 為以德國為主要市場的能源管理綜合服務供應商；Reliance Home Comfort 為加拿大建築設備服務供應商。2022 年度，CK William 集團、ista、Reliance Home Comfort 分別錄得 14.19 億港元、11.79 億港元、14.80 億港元的收益貢獻。集團將持續於全球物色優質基建及實用資產與相關投資項目。

據統計，2019 年，長實集團的收入為 963.19 億港元，股東應佔溢利為 291.34 億港元，分別比重組初期的 2015 年的收入（587.93 億港元）及股東應佔溢利（177.13 億港元）增長了 63.83% 及 64.48%，年均增長率分別為 13.13% 及 13.25。（表 8-1）不過，2020 年全球新冠疫情爆發以後，長實集團的業績受到衝擊。2023 年度，長實集團的收入為 710.82 億港元，股東應佔溢利為 173.40 億港元，分別比 2019 年下跌了 26.20% 及 40.48%。

表8-1　2015-2023年長實集團業務發展概況（單位：億港元）			
年度	收入	股東應佔溢利	資產淨值
2015	587.93	177.13	2,696.87
2016	699.10	194.15	2,762.74
2017	637.80	301.25	3,091.80
2018	644.81	400.17	3,410.28
2019	963.19	291.34	3,612.32
2020	741.52	163.32	3,672.18
2021	832.41	212.41	3,862.75
2022	795.51	216.83	3,937.07
2023	710.82	173.40	3,994.36

資料來源：《長江實業集團有限公司 2019 年報》，第 2 頁；《長江實業集團有限公司 2023 年報》，第 2 頁。

圖8-3　2022年長江實業集團有限公司架構

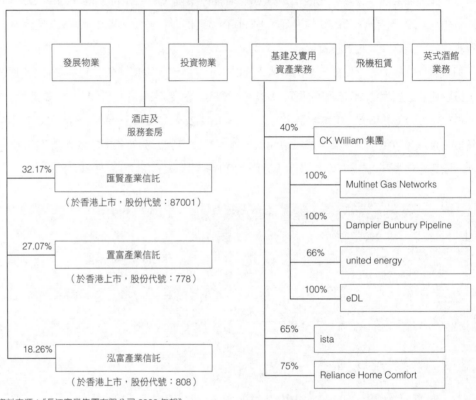

資料來源：《長江實業集團有限公司 2022 年報》

二、新鴻基地產：專注香港，拓展內地

香港回歸後不久，新鴻基地產（簡稱「新地」）於2002年迎來成立30週年誌慶。

新地在年報中表示：「集團自成立以來，經歷多次經濟起落，

都能不斷成長壯大，對香港前景一直保持著十足信心。數十年來，

集團堅持將投資集中在香港。過去的歲月印證，只要憑著決心與信念，我們總能克服困難，

亦全憑這份信念，我們對推動香港發展成為今天的大都會盡了一分力。

展望未來，集團將充分利用本身的強項，

包括強大的品牌、能幹的管理層和全力以赴的員工，

在競爭激烈的市場中保持優勢，我們對克服未來的挑戰充滿信心。」[10]

2.1 打造香港新地標：「維港門廊」

回歸以來，新鴻基地產一個重要的發展，就是致力打造世界級的綜合性商廈，以滿足國際跨國公司對香港優質寫字樓市場的需求。其中，最矚目的就是參與發展港島機場鐵路香港總站上蓋物業——國際金融中心，以及獨資發展九龍機場鐵路九龍站上蓋物業——環球貿易廣場。這些發展，使得長期壟斷港島高級寫字樓市場的英資置地公司旗下的「中區王國」黯然失色。

國際金融中心的發展，最早可追溯到 20 世紀 90 年代中期。當時，港府宣佈香港機場核心計劃，包括興建機場快線連接赤鱲角香港國際機場與中環商業區，並在維多利亞港進行填海工程，以備興建機鐵香港總站。1995 年，港府批地給地鐵公司興建香港總站，以及香港總站至大嶼山赤鱲角新機場之間的機場鐵路。地鐵公司招標發展沿線各站上蓋物業，多個財團參與投標競爭，包括老牌英資地產公司置地。結果，由新鴻基地產聯同恒基地產、中華煤氣、中銀香港等組成的財團 Central Waterfont Property Development Ltd.，以總投資 300 億港元的價格擊敗置地，奪得機鐵香港總站上蓋物業發展權，從而成為香港史上單項發展成本最高的物業。

香港總站上蓋的發展，包括 2 幢高級商廈、2 幢酒店大廈，以及連接這些大廈的大型零售商場，總樓面面積預計 447.7 萬平方呎，分 4 期展開。整個工程於 1997 年動工，1998 年及 2003 年國際金融中心（IFC）一、二期相繼落成啟用。其中，一期樓高 210 米，共 38 層，總樓面面積 78.42 萬平方呎；二期樓高 415.8 米，共 88 層，總樓面面積約 195.16 萬平

「維港門廊」：由國際金融中心與
環球貿易廣場構成。

方呎。國際金融中心一、二期建成後，旋即成為香港最優質智慧型商廈的典範，二期更成為
香港第一高樓。其中，一期的主要租戶包括香港交易所（12樓）、香港強制性公積金管理局
（5樓）等；二期則由香港金融管理局以接近 37 億港元的高價，向發展商購入包括頂樓在內
共 14 層辦公室面積。

　　其後，新地等發展商還相繼興建了兩幢頂級酒店大廈，一幢為「四季匯」（Four Seasons
Place），另一幢為全港首個以「四季酒店」（Four Seasons Hotel）品牌命名的酒店。此外，
還興建了一間連接多幢大廈以及機鐵香港總站大堂的大型高級商場。該商場共有 4 層，樓
面面積約 80 萬平方呎，匯聚了超過 200 家國際品牌商戶、多家名牌食肆，並設有電影院。
2005 年，全港最大規模六星級酒店四季酒店及四季匯盛大開幕，標誌著該項龐大發展計劃
的完結。

　　就在國際金融中心建設期間，新鴻基地產的另一傑作——九龍站環球貿易廣場也開始動
工興建。2000 年 9 月，新鴻基地產成功投得機鐵站上蓋最大型發展項目——九龍站第五至
七期項目發展權。該項目由於坐落於東鐵、西鐵及地鐵 3 條主要鐵路的交匯處，在交通上更
有著無與倫比的優勢，地理位置極為優越，屬市區內罕有的黃金地段，也是未來香港的商業
心臟區及文化中心。整個項目包括高級商廈、酒店、大型商場、住宅及服務式住宅等，投資

額約 200 億港元。其中，主要工程——第七期項目是一幢樓高 484 米的高級商廈。

2005 年，新鴻基地產以預售樓花方式，向地鐵公司買斷整個項目的權益，並於 9 月 29 日將九龍站第七期項目正式命名為「環球貿易廣場」（ICC）。環球貿易廣場於 2005 年開始分 3 期動工興建，2011 年全部落成啟用。環球貿易廣場樓高 118 層，落成時為香港最高、全球第五高建築物，總樓面面積為 540 萬平方呎，包括 250 萬平方呎的甲級寫字樓、約 100 萬平方呎的大型商場，以及六星級酒店香港麗思卡爾頓酒店和天際 100 香港觀景台等。環球貿易廣場建成當年，即獲國際建築業權威機構——高樓建築與城市住宅協會評選為全球「最佳高樓大廈」之一。其後，環球貿易廣場相繼獲得芝加哥摩天大樓研究組織、亞太地區智慧綠建築聯盟等權威機構頒發多個獎項，更被美國權威建築雜誌 *Architectural Record* 評選為過去 125 年來最重要的時代建築之一。

天際 100。

機場鐵路香港總站和九龍站綜合項目的相繼發展，成為香港回歸以來最大型的商業地標項目。該兩個項目雲集了甲級寫字樓、頂級酒店、高級購物商場，以及尊貴豪宅及服務式住宅（九龍站）於一身，從而令港島的商業業態發生重大的變化，使九龍站蛻變為香港全新的商業、文化及交通總匯。更矚目的是，聳立在維多利亞港灣兩旁的兩幢最高建築——國際金融中心（二期）與環球貿易廣場隔海互相輝映，形成「維港門廊」（Harbour Gateway）這獨特景觀，為香港這座國際化大都會和國際金融中心增添了壯麗的色彩。

2.2「以心建家」：專注香港、拓展內地

2012 年，在集團成立 40 週年之際，新鴻基地產系統地闡述了其業務發展模式、核心價值及策略方向。對於其業務發展模式，新地表示：「致力在香港和內地發展優質物業，為股東創造可持續的價值。」其中，包括兩項核心業務，一是「發展可供出售的物業」，即「集團採取垂直業務架構，從土地收購、項目規劃、物料採購、工程建設、項目管理、市場營銷以至物業管理，確保每個環節均達到高水平，有助集團締造迎合市場需要的舒適居所」。二是「收租物業投資」，即「集團在核心及非核心地區興建、出租和管理不同類型的商業項目，為租戶提供優質寫字樓及商場。集團另有酒店、優質服務式套房酒店及豪華住宅的物業組合，以滿足不同顧客需求。集團旗下投資物業組合亦包括工業大廈、貨倉、數據中心及停車場」。

對於集團的核心價值，新地表示：「集團秉持的核心價值是業務長遠發展的基石。」這些核心價值包括：以心建家，快、好、省，以客為先，與時並進，以及群策群力等。「以心建家」的內涵是：「建造優質項目及提供卓越服務，致力締造理想生活環境。」在策略方向，主要包括：平衡收益來源，專注香港，拓展內地，以及審慎財務管理等。「專注香港」即「數十年來集團與香港一同成長，多年來建立了昭著的信譽和優質品牌。集團對香港前景充滿信心，亦對香港作為其中一個環球金融中心和內地通往世界的門戶抱有信心」。[11]

20 世紀 90 年代以來，隨著香港市民及投資者對居住、購物環境的要求越來越高，市場對高端住宅的需求逐步增加。新鴻基地產及時把握這一商機，致力發展高品質的住宅樓宇。1990 年，新地建成半山帝景園，一舉開創了香港豪宅的新標準。回歸以後，儘管經歷了 1997 年和 2008 年兩次金融危機的衝擊，香港樓市跌宕起伏，然而新鴻基地產秉承「以心建家」和「專注香港」的信念，以具前瞻性的發展和建築概念、高端的設計及技術、細心和一絲不苟的服務態度，繼續為香港市場悉心發展大批優質住宅及商業物業，致力為客戶建造最優質的樓宇，並提供最周全的服務，贏得了買家的口碑，在市場上建立了家喻戶曉的品牌形象，成為「信心的標誌」。

凱旋門。

在地產發展方面，這一時期，新地大力發展一大批大型住宅樓盤、高端豪宅，主要包括：跑馬地利頓山、元朗采葉庭和朗庭園、馬灣珀麗灣、九龍何文田山 1 號、港島半山寶珊道 1 號、山頂 Kelletteria、元朗 YOHO Town、九龍站凱旋門、荃灣爵悅庭、上水皇府山、元朗葡萄園、西九龍君匯港和曼克頓山、九龍站天璽、東九龍譽‧港灣、港島南區南灣、元朗尚豪庭、港島東 i.UniQ 譽、西九龍瓏璽、大角咀形品‧星寓、將軍澳天晉和天晉 II、荃灣西海瀧珀、元朗爾巒、港島南區 50 Stanley Village Road、山頂洋房 Twelve Peaks、元朗東 Park YOHO、元朗 Grand YOHO 等等。這些樓盤均為各區內最具標誌性的物業。[12]

新鴻基地產對各種風格高端的豪宅和大型樓盤的開發，一直緊執香港業界牛耳。例如 2006 年建成的九龍站豪宅凱旋門推出市場後，即成為了世界豪宅的最高標準，樹立了新一代超級豪宅的典範。2011 年推出天晉系列，設有酒店、商場、餐飲購物等多元化設施，從而建立將軍澳市中心的新生活模式，成為香港地產項目與社區融合的經典例子。2016 年推出的港島西尊貴住宅 Imperial Kennedy，採用玻璃幕牆設計，設有全天候綠化花園，住戶出入途

經廣闊的林蔭大道，仿如置身度假勝地的舒適環境。Imperial Kennedy 還精心規劃區內罕見的雙子式私人天際會，將遼闊海景盡收眼底，平台會所設有露天游泳池，予住戶度假式享受。該項目推出後即成為同區的新地標。[13]

　　新鴻基地產的另一項核心業務是物業投資。1997 年亞洲金融危機爆發後，新地為加強危機管理，更加重視「平衡來自可供出售物業及投資物業的收益比重」，以使集團「保持穩定的現金流，與提高資產周轉率之間取得平衡」。為此，在回歸後進一步加強對收租物業的投資，先後投資了國際金融中心商場、旺角新世紀廣場、銅鑼灣世貿中心、尖沙咀新太陽廣場、創紀之城五期 APM，以及機鐵九龍站第五至七期等超過 20 間大型商場，加上回歸前在港九新界各區投資的大型商場，構建了一個遍佈全香港的龐大商場網絡。至 2017 年底，集團旗下零售樓面總面積共 1,200 萬平方呎。與此同時，新地還對原有的旗艦商場，如沙田新城市廣場等，相繼進行了大規模的翻新裝修，大幅提高旗下投資物業的效益。據統計，截至 2019 年度，新地的物業銷售收入為 413.13 億港元，而投資物業的租金收入為 250.77 億港元，已相當於物業銷售收入的 60.70%；其中，物業銷售的溢利為 186.97 億港元，而淨租金收入則為 196.78 億港元，已超過物業銷售的溢利。[14]

　　回歸以後，新鴻基地產另一個策略方向是「拓展內地」，即繼續維持選擇性及專注的投資策略，憑藉著集團優良的物業品牌，相繼在內地重點城市展開地產發展項目。經過多年發展，目前新地在內地的地產投資，已形成包括華北的北京、華東的上海及長江三角洲、華南的廣州及珠江三角洲，以及成都及其他城市的總體佈局；投資項目包括優質甲級寫字樓、大型購物商場、酒店及住宅等。其中的重點區域是上海及長江三角洲，具體投資項目包括上海國際金融中心、上海環球貿易廣場、濱江凱旋門、徐家匯國貿中心、天薈、上海中環廣場、上海名仕苑、杭州萬象城、太湖國際社區、蘇州項目、南京國金中心、杭州之江九里等。

2.3 新鴻基地產：「亞洲最佳地產公司」

　　回歸以後，儘管受到大股東郭氏兄弟長達 10 年跌宕起伏的「兄弟鬩牆」事件的不斷衝擊，但新鴻基地產總體而言仍然表現出色，業務發展並沒有受到太大影響。據統計，2019 年度，新鴻基地產的收入總額達 853.02 億港元，撇除投資物業公平值變動的影響後，可歸公司股東基礎溢利為 323.98 億港元，分別比 2009 年度的 342.34 億港元及 124.15 億港元，增長了 1.49 倍及 1.61 倍，年均增長率分別為 9.56% 及 10.07%。2019 年度，新地收入總額中，物業銷售收入為 413.13 億港元，租金收入為 250.77 億港元，分別佔 48.60% 和 29.50%；溢利總額中，物業銷售溢利為 186.97 億港元，淨租金收入為 196.78 億港元，淨

租金收入已超過物業銷售溢利，在集團業務中佔有重要地位。[15] 不過，2020 年以來，受到全球新冠疫情爆發和經濟低迷的影響，新地的業績也受到一定的衝擊，2023 年度收入下降至 711.95 億港元，可撥歸公司股東基礎溢利為 238.85 億港元，分別比 2019 年度下跌了 16.54% 及 26.28%。（表 8-2）

在地產發展方面，2019 年 11 月，新地以 422 億港元投得廣深港高鐵香港段西九龍總站上蓋商業用地，總面積約 64.3 萬平方呎，可發展的總樓面面積達 316 萬平方呎，是香港近年來面積最大的商業用地。該地塊將發展成香港新的商業、零售、文化、娛樂及交通樞紐地標，預計建成後整個西九龍區域將總共提供超過 800 萬平方呎超甲級寫字樓，約 300 萬平方呎零售及文娛設施，以及多間五星級酒店，成為香港全新地標商圈。2022 年 12 月，新鴻基地產旗下的九龍東大型綜合商業項目「The Millennity」落成，包括兩座 20 層甲級寫字樓，總樓面面積約 65 萬平方呎，基座 10 層大型商場，佔地約 50 萬平方呎。該項目落成後已獲多家國際知名品牌及跨國企業預租，成為九龍東首屈一指的地標商業地段。2023 年 3 月，新地以 47.29 億港元再投得九龍旺角洗衣街與亞皆老街交界的大型商業項目，該地盤面積約 12.4 萬平方呎，涉及可建總樓面面積 152 萬平方呎，是近年九龍區罕有商業地新供應。新地表示，會將該項目打造成繼環球貿易廣場（ICC）後全九龍第二最高的地標式商業大廈和商業零售中心，預計 2030 年落成。

據統計，至 2023 年 6 月底，新地在香港及內地共擁有 6,870 萬平方呎可供出售的發展中物業，其中，在香港擁有 2,160 萬平方呎發展中物業，在內地擁有 4,710 萬平方呎可供出售發展中物業，分別佔 31.44% 和 68.56%；在已落成物業方面，集團在香港及內地共擁有 5,680 萬平方呎，其中，在香港擁有 3,640 萬平方呎，在內地擁有 2,040 萬平方呎，分別佔 64.08% 和 35.92%，主要包括港島的國際金融中心一、二期及商場、新鴻基中心、中環廣場，九龍的環球貿易廣場、創紀之城一、二、五、六期，新界的新城市廣場等一大批商場；以及內地的上海國金中心、上海中環廣場等。截至 2023 年 6 月底，新地共擁有土地儲備組合達 12,550 萬平方呎，其中香港佔 46.22%，內地佔 53.78%，成為香港擁有最多土地儲備的公司之一。[16] 另外，集團在香港還擁有約 3,200 萬平方呎的農地（地盤面積）（2018 年 6 月），主要位於現有或計劃建造城鐵沿線，大部分為城市建設儲備用地（in process of land use conversion）。此外，集團亦在新加坡持有一家優質商場 50% 的權益，該商場的總樓面面積為 95 萬平方呎。

除了地產發展與投資物業兩大核心業務外，新地還經營酒店、物業管理、建築、保險及按揭服務等相關業務，以及電訊及資訊科技、基建及其他業務等。在酒店業，集團在高級酒店市場保持領導地位，旗下酒店包括香港四季酒店、香港麗思卡爾頓酒店、香港 W 酒店、

表8-2　2001-2023年新鴻基地產經營概況（單位：億港元）

年份	收入	可撥歸公司股東基礎溢利	香港土地儲備（百萬平方呎）	中國內地土地儲備（百萬平方呎）
2001	177.01	83.30	54.1（包括內地）	54.1（包括香港）
2005	229.45	102.62	41.9	8.5
2006	255.98	104.68	42.4	19.8
2007	309.94	114.95	45.8	43.5
2008	244.71	121.86	43.0	56.0
2009	342.34	124.15	41.9	55.3
2010	332.11	138.83	44.2	82.3
2011	625.53	214.79	44.2	86.1
2012	684.00	216.78	46.6	83.4
2013	537.93	186.19	46.6	81.1
2014	715.00	214.15	46.9	84.3
2015	667.83	198.25	50.8	79.6
2016	911.84	241.70	51.4	71.2
2017	782.07	259.65	51.8	66.5
2018	856.44	303.98	56.5	64.5
2019	853.01	323.98	58.7	65.4
2020	826.53	293.68	57.5	68.1
2021	852.62	298.73	57.9	75.3
2022	777.47	287.29	57.1	70.6
2023	711.95	238.85	58.0	67.5

資料來源：《新鴻基地產有限公司年報》，2001-2023 年。

香港九龍東皇冠假日酒店、香港維港凱悅尚萃酒店、香港九龍東智選假日酒店、香港帝苑酒店、香港帝都酒店、香港帝京酒店、帝景酒店、海匯酒店、香港銀樾美憬閣精選酒店等 13 家，以及上海浦東麗思卡爾頓酒店、杭州柏悅酒店及廣州康萊德酒店等。此外，集團亦擁有 3 所服務式套房酒店，分別是位於機場快線香港站上蓋的四季匯、機場快線九龍站上蓋的港景匯，以及港鐵將軍澳站上蓋的星峰薈。

　　在電訊及資訊科技方面，集團透過旗下上市公司數碼通電訊和新意網集團，從事流動電話服務、數據中心及資訊科技基建等。其中，數碼通電訊集團有限公司成立於 1993 年，1996 年在香港上市，是港澳領先的無線通訊服務供應商，透過 4G 和 3G HSPA+ 網路，提供話音、多媒體及寬頻服務，並為家居及商務市場提供固網光纖寬頻服務。2020 年 5 月，數碼通推出 5G 網絡服務，與愛立信合作，首次在亞洲採用領導業界的動態頻譜共用技術，提供室內室外網絡覆蓋，現時其 5G 網絡已覆蓋全港逾 99% 的人口。新意網集團有限公司於 2000 年成立並在香港創業板上市，2018 年轉至主板上市，主要從事提供數據中心、設施

管理、網上應用及增值服務和系統之安裝及保養服務等，在香港運營 7 個數據中心，運營樓面面積近 170 萬平方呎，是香港最大的數據中心服務供應商之一。

在基建及其他業務，集團主要透過旗下透過全資擁有的威信集團和上市公司載通國際控股，從事運輸基建營運及管理等業務。其中，威信集團在管理停車場、隧道、橋樑和收費道路方面是市場悠久的營運者，在香港共營運及管理超過 350 個公眾及私人停車場，合共近 10 萬個車位；在內地管理 33 個停車場，合共近 2.3 萬個車位。威信集團並營運及管理超過 51 公里的策略性交通運輸網絡以及遍佈各區的公私營運輸設施，包括管理和營運港珠澳大橋香港口岸的停車場以及香港國際機場的停車場。此外，該集團並持有三號幹線（郊野公園段）70% 權益及快易通 50% 權益。上市公司載通國際控股是香港及內地具領導地位的公共運輸營運商，持有歷史悠久的九龍巴士（一九三三）、龍運巴士、以及多家非專營運輸服務供應商，並在香港的物業及地產發展業務中擁有權益。其中，九龍巴士擁有 4,100 部巴士，覆蓋九龍、新界及香港島的專營公共巴士服務，每天為約 280 萬人次的乘客服務；龍運巴士主要營辦往返新界、香港國際機場及北大嶼山的專營巴士服務。此外，集團透過附屬公司從事港口業務、航空貨運及物流、廢物管理，及一田百貨和天際 100 香港觀景台等業務。

鑑於新鴻基地產多年來的突出表現，香港及國際商界對其一直給予高度評價。2007 年，國際房地產雜誌 *Liquid Real Estate* 將新地評選為「全球最佳地產公司第一名」，並連續三年蟬聯「亞洲及香港最佳地產公司第一名」。2019-2023 年，新地獲 *Euromoney*、*FinanceAsia* 等頒發「香港最佳地產公司」、「亞洲最佳地產公司」、「亞太區最佳地產公司」、「香港整體最佳公司」、「亞洲最佳公司」等榮譽。新地主席兼董事總經理郭炳聯表示：「集團多年來秉持『以心建家』的精神，致力提供優質物業和服務，信譽昭著。集團十分重視與持份者保持聯繫，與顧客和租戶建立持久和緊密的關係，因此能迅速地作出應變，與時並進。……在過去的 50 年間，集團的管理團隊曾應對香港不同的發展週期，在這方面擁有豐富的經驗，團隊已作好準備，帶領集團克服即將來臨的挑戰。在未來的日子，集團將繼續緊守審慎的財務原則，採取專注的投資策略，以達至可持續發展。集團將興建更多優質物業，以滿足大眾對享受健康和綠色生活的期望，亦會利用自身資源協助建設更美好的社會。」[17]

圖8-4 新鴻基地產業務架構

新鴻基地產

於 2023 年 6 月 30 日

香港

地產發展	·2,160 萬平方呎發展中物業，大部分用作銷售
物業投資	·3,640 萬平方呎已落成物業，絕大部分用作出租或投資
地產相關業務	·酒店 ·物業管理 ·建築 ·保險及按揭服務
電訊及資訊科技	·流動電話服務 ·數據中心及資訊科技基建
基建及其他業務	·運輸基建營運及管理 ·港口業務 ·航空貨運及物流業務 ·一田（YATA）

內地

地產發展	·4,710 萬平方呎發展中物業，逾百分之四十為可供出售的住宅
物業投資	·2,040 萬平方呎已落成物業，絕大部分用作出租或投資

資料來源：《新鴻基地產發展有限公司 2022-2023 年報》，第 7 頁。

三、恒基地產：「三大業務支柱」並舉

回歸初期，李兆基旗下的恒基地產集團，共持有6家上市公司，

包括恒基兆業地產、恒基兆業發展、恒基中國、中華煤氣、香港小輪（集團），

以及美麗華酒店企業等，總市值約1,560億港元，其中恒基地產佔770億港元。

當時的集團架構，主要是由恒基地產持有恒基發展73.48％股權，

持有恒基中國65.45％股權，再由恒基發展分別持有中華煤氣36.72％股權、

香港小輪31.33％股權和美麗華酒店43.69％股權，在股權持有方面顯得架構重疊，

在業務發展方面也存在重複競爭等問題。因此，在香港回歸後的一段時期，

恒基地產的其中一個重點，就是重組集團業務及股權架構，

包括私有化恒基發展與恒基中國等。

3.1 恒基集團業務與架構重組

恒基的集團重組，主要包括以下內容：（1）改組旗下香港小輪的業務：2000 年 1 月，以 1.55 億港元價格把旗下香港客運渡輪業務資產，售予新世界旗下的新渡輪公司，結束渡輪業務，轉而集中發展公司地皮，轉型為一家地產公司。（2）試圖私有化恒基發展，唯因少數股東反對而失敗。（3）2005 年 5 月，私有化旗下上市公司 —— 恒基中國。（4）同年 12 月，透過旗下的恒基發展和中華煤氣私有化旗下上市公司恒基數碼科技有限公司。（5）2006

美麗華酒店。

圖8-5　2023年恒基地產集團的股權架構

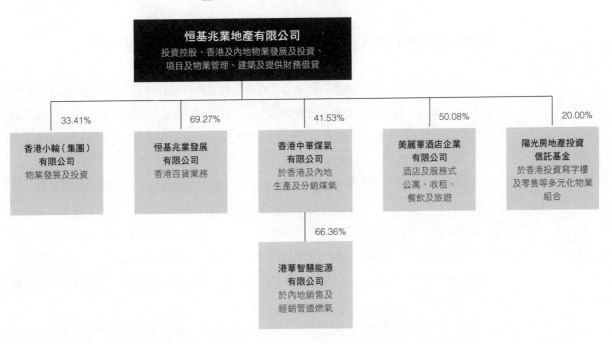

資料來源：恒基兆業地產發展有限公司官網

年，中華煤氣與百江燃氣有限公司訂立交易協議，把旗下位於山東及安徽的 10 項管道燃氣項目注入百江燃氣，換取百江燃氣 7.72 億新股，佔擴大後股本 44%。收購後，百江燃氣改名為「港華燃氣有限公司」（2021 年又更名為「港華智慧能源有限公司」），主要在中國內地從事燃氣業務投資、開發和營運管理的專業化燃氣投資管理等業務。其間，恒基地產、恒基發展聯同主席李兆基，將 17 個商場及寫字樓項目，分拆為「陽光房地產投資信託基金」，集資逾 27 億港元。

　　2007 年 3 月 27 日，恒基地產與恒基發展訂立協議，以現金換取恒基發展擁有的物業組合、所持有的香港小輪 31.36% 股權、美麗華酒店 44.21% 股權，以及若干上市證券。完成交易後，恒基發展主要持有中華煤氣 38.55% 股權及若干從事基建業務投資的權益，收購的代價為 120.726 億港元。[18] 其後，恒基發展將向股東派發每股 5 港元，合共 152.37 億港元。同年 10 月，恒基地產再次向恒基發展收購其所持有的中華煤氣 39.06% 股權，涉及金額達 428.6 億港元（後提高到 459.8 億港元），包括恒地發行總值 391.5 億港元、約 6.37 億股新股另加 37.07 億港元（後增加到 68.28 億）現金予恒基發展，而恒基發展則向小股東按每股份派 0.209 股恒地股份及現金 1.21 港元，相當於每股派 14.71 港元。交易完成後，恒基發

展轉變為一家專注經營內地基建業務的上市公司。至此，恒基集團的重組計劃基本完成。

3.2 物業發展與投資並重：「以低地價成本建造可持續未來」

在經營模式方面，恒基地產與新鴻基地產具有相當高的相似度，均是以物業發展和物業投資為核心業務，重視維持龐大的土地儲備等。2012 年，恒基地產首次在公司年報公佈其「業務模式及策略方向」，明確表示：「恒基地產採取多元化業務模式，包括中港物業投資、策略投資及物業發展之『三大業務支柱』。」[19]

在物業發展方面，恒基地產表示：「本集團以垂直整合方式經營香港物業發展業務，確保項目在設計、發展、建築、銷售及管理發展項目有效地執行」，「致力建設高質素之新型住宅及商業項目，務求提升整體自然及社區環境，從而達致和諧共融。集團努力不懈創造外形美觀，兼具生活創意之物業，為大眾建造既理想又舒適之居住及工作環境」。恒基地產發展的物業，囊括了住宅、商住、寫字樓、商業及寫字樓及工業樓宇等類型，但箇中重點是高質素的住宅樓宇。

回歸前，恒基地產以「小型住宅之王」著稱。回歸後，恒地配合香港市民對生活質素要求提升的需求，以「貨如輪轉」的方式，推出了大批高質素的住宅或商住樓宇，遍佈港九新界。其中不少項目均是與國際著名的建築師和專業人士攜手合作的經典建築，屢獲殊榮，如「優質建築大獎」、「十大樓則大獎」、「卓越品牌大獎」以及「詹天佑土木工程大獎」等，備受各界讚賞。其代表性的項目，包括豪華獨立洋房大埔的比華利山別墅、傲視維港的大型屋苑嘉亨灣和翔龍灣，以及卓越非凡的豪宅如港島半山的天匯、灣仔的尚匯和馬鞍山的迎海等。

這些項目大都位置優越，鄰近主要大型運輸系統，部分更是臨海而建、坐擁迷人海景，或盡享翠綠環抱的優美環境；在建築設計方面，注重切合不同用家需要，不少物業配備五星級會所、空中花園及家居智能系統等設施。其中，2009 年推出市場的豪宅天匯，坐落港島西半山，樓高 34 層共 66 個單位，住宅單位擁覽璀璨維港及太平山層峰景致，並附設顯貴非凡的住客會所，創造出建築面積每平方呎逾 7 萬港元的歷史天價，被業界譽為登峰造極的豪宅代表作。

在物業投資方面，恒基地產多年來一直致力於加強其「具規模且多元化物業投資組合」，以便為集團發展提供穩定的收入來源。恒基的物業組合，「乃位於黃金地段之商業物業」，「主要包括位於核心區之寫字樓及購物商場，以及若干位於港鐵站上蓋或沿線策略性區域之大型購物商場」。2006 年 12 月，恒基地產分拆陽光房地產基金在香港掛牌上市。至 2019 年，恒基地產集團的投資物業組合面積達 940 萬平方呎。其中，商場或零售舖位組合達 510

萬平方呎，包括沙田廣場、粉嶺中心、時代廣場、荃灣千色匯、馬鞍山新港城中心、新都城中心二期商場、尖東港鐵站上蓋「H Zentre」、東薈城名店倉（持有 20% 權益）等數十間零售商場，大多位於港島、九龍及新界港鐵站上蓋或沿線；寫字樓組合面積達 350 萬平方呎，包括中環國際金融中心一、二期（佔 40.77% 權益），北角友邦廣場和港匯東，上環富衛金融中心，九龍東宏利金融中心、友邦九龍金融中心、鴻圖道 78 號及鴻圖道 52 號等。單單這兩項組合就佔集團物業投資組合總面積的 91.4%。此外，集團的住宅／酒店套房組合包括四季匯（佔 40.77% 權益）、惠苑、問月酒店等，面積達 40 萬平方呎；工業／寫字樓面積達 40 萬平方呎。2019 年度，恒基地產的應佔稅前租金收入淨額為 70.65 億港元，已超過當年集團物業銷售稅前盈利貢獻 58.88 億港元。[20]

　　這一時期，恒基地產亦進一步加強在中國內地的物業發展和物業投資。回歸以後，恒基地產即在廣州、北京、上海等一線城市展開地產發展，並在北京、上海建造地標商廈。2007年恒基地產成功私有化恒基中國之後，集團投資內地的地域擴展到長沙、西安、重慶、瀋陽、蘇州、徐州、宜興等城市。恒基地產在內地的發展方針，是主要城市及二線城市並重。在主要城市，精心物色人流暢旺及交通方便的優質地塊，發展糅合創新設計及良好質素的地標性大型綜合項目，作為商業物業投資組合，其代表作是北京環球金融中心、上海恒基名人商業大廈、上海名人商業大廈等。在二線城市，集團則以中產人士漸多的省會城市及直轄市作為發展重點，「開發以住宅為主之大型發展項目」，其代表作包括長沙的恒基·凱旋門、南京的玲瓏翠谷、蘇州市的水漾花城和恒基·旭輝城、西安的御錦城、徐州的恒基·雍景新城等。

　　在積極推進物業發展與投資同時，恒基地產更重視「以低地價成本建造可持續未來」的策略方向，重視透過參與一級土地市場的競投、收購市區舊樓重建項目，以及更改新界土地用途等方式來維持集團龐大的土地儲備。恒基地產認為：收購市區舊樓重建項目及更改新界土地用途這兩項方式，「均為行之有效擴展土地儲備途徑，既令土地來源較易掌握，兼且成本合理，可為本集團帶來長遠之發展收益」。[21] 在收購市區舊樓重建項目方面，回歸後恒地仍然不遺餘力地展開，到 2017 年共擁有 50 個已購入全部或八成以上業權的項目，預計可提供約 400 萬平方呎樓面面積作出售或出租用途，總地價成本約 334 億港元，折合每平方呎樓面地價約 8,300 港元。（表 8-3）這種低成本的增加土地方式，為恒基地產的業務發展提供了客觀的利潤來源。

　　與此同時，恒基地產亦不斷從土地一級市場競投土地。2017 年 5 月，恒地就以 232.8億港元的高價，成功投得中環金融商業核心地段的罕有地皮中環美利道的商業項目——「The Henderson」，地盤總面積為 3.1 萬平方呎，可建樓面面積約為 456.5 萬平方呎，該項

表8-3　2017年恒基地產新收購市區舊樓重建項目

序號	已收購全部業權	序號	已收購八成或以上業權
1	上環忠正街 1-19 號及奇靈里 21 號	26	灣仔活道 13-15 號
2	上環樓梯台 1-4 號	27	香港仔石排灣道 83 號
3	灣仔莊士敦道 206-212 號	28	香港仔田灣街 4-6 號
4	灣仔活道 17 號	29	大坑新村街 9-13 號
5	香港仔石排灣道 85-95 號	30	大坑新村街 17-25 號
6	半山羅便臣道 62C 號及西摩台 6 號	31	鰂魚涌英皇道 983-987A 號及濱海街 16-94 號
7	半山西摩道 4A-4P 號	32	半山羅便臣道 88 號
8	半山堅道 73-73E 號	33	半山羅便臣道 94-96 號
9	半山羅便臣道 98-100 號	34	半山羅便臣道 105 號
10	西灣河太祥街 2 號	35	大角咀嘉善街 1 號、大角咀道 39-53 號及博文街 2 號
11	鴨脷洲大街 65-71 號	36	大角咀大角咀道 177-183 號
12	佐敦德成街 2A-2F 號	37	大角咀大角咀道 189-199 號
13	大角咀角祥街 25-29 號	38	大角咀萬安街 16-30 號
14	大角咀利得街 35-47 號、角祥街 2-16 號及福澤街 32-44 號	39	石硤尾巴域街 17-27 號
15	長沙灣永隆街 11-19 號	40	石硤尾耀東街 1-2 號及 9-12 號
16	深水埗西洋菜北街 456-466 號及黃竹街 50-56 號	41	紅磡黃埔街 1-11C 號、19-21C 號及必嘉街 80-86 號
17	石硤尾巴域街 1-15 號及南昌街 202-220 號	42	紅磡黃埔街 23-29 號、35-37 號及必嘉街 79-81 號
18	石硤尾耀東街 3-8 號	43	紅磡寶其利街 14-20 號及機利士南路 46-50 號
19	紅磡黃埔街 15 -17A 號	44	紅磡機利士南路 2-12 號及 18-24 號
20	紅磡黃埔街 31-33 號	45	紅磡黃埔街 2-16A 號
21	紅磡黃埔 39-40 號及寶其利街 12A-12B 號及大嶼山 22-22A 號	46	紅磡黃埔街 22-24 號及必嘉街 88-90A 號
22	紅磡機利士南路 14-16 號、26-28 號及必嘉街 76-78 號	47	紅磡機利士南路 30-44 號及必嘉街 75-77 號
23	九龍城福佬村道 67-83 號	48	紅磡黃埔街 26-40A 號及必嘉街 83-85 號
24	九龍城南角道 4-6 號	49	土瓜灣土瓜灣道 68A-70C 號、下鄉道 14-16 號、麗華街 1-7 號及美華街 2-8 號
25	何文田窩打老道 74-74C 號及祐滿街 15-25 號	50	九龍城南角道 8-22 號

資料來源：《恒基兆業地產有限公司 2017 年報》，第 56 頁。

目以紫荊花蕾作為設計藍本，揉合頂尖建築技術以及多項先進設施，目前延期至 2024 年建成。2019 年，恒基地產先後透過不同合營公司，投得 3 幅位於前啟德機場跑道上臨海住宅用地，連同於 2018 年所購入的鄰近地塊，集團在啟德發展區共有 6 個住宅發展項目，可提供自佔樓面面積約 190 萬平方呎。2021 年，恒基以 508 億港元投得中環新海濱三號用地，計劃分兩期發展成為總樓面面積達 160 萬平方呎的綜合物業，預計於 2027 年及 2032 年建成，屆時將成為繼「國際金融中心」及「The Henderson」後香港核心商業區的另一世界級矚目地標。[22]

年度	收入	年度盈利	香港土地儲備（百萬平方呎）	中國內地土地儲備（百萬平方呎）	新界土地儲備（百萬平方呎，以自佔土地面積計）
2007	83.56	119.74	21.1	101.5	31.7
2008	134.92	163.20	18.4	118.8	30.4
2009	146.95	174.13	19.8	151.4	32.8
2010	70.92	156.38	21.3	156.9	40.6
2011	151.88	173.63	21.1	158.1	41.9
2012	155.92	203.25	20.9	147.9	42.8
2013	232.89	160.56	24.6	143.9	42.5
2014	233.71	169.40	23.8	135.9	44.5
2015	263.41	218.74	24.4	126.9	45.0
2016	255.68	221.86	24.1	101.1	44.8
2017	279.60	311.65	24.5	42.9	44.9
2018	219.82	313.72	24.7	38.8	45.6
2019	241.84	170.43	24.5	31.9	44.9
2020	205.20	102.83	24.4	38.8	44.4
2021	235.27	133.60	25.4	45.0	44.9
2022	255.51	95.03	25.2	35.1	45.0
2023	275.70	97.78	20.5	31.4	45.8

表8-4　2007-2023年恒基地產經營概況（單位：億港元）

資料來源：《恒基兆業地產有限公司年報》，2007-2023 年。

　　恒基地產以地產發展和物業投資並重，並且重視以低成本維持龐大土地的投資策略，為公司帶來豐厚的利潤。據統計，2018 年，恒基地產的總收入為 219.82 億港元，年度利潤 313.72 億港元，比 2008 年分別增加了 62.93% 及 92.23%，年均增長率分別為 5.00% 及 6.75%。截至 2022 年底，恒基地產在香港及內地共擁有 4,700 萬平方呎土地儲備，其中，在香港有 2,520 萬平方呎；同時，在內地的 17 個城市，包括北京、上海、廣州、深圳、長沙、成都、重慶、東莞、佛山、南京、石家莊、蘇州、天津、武漢、廈門、西安、徐州等，共擁有 2,180 萬平方呎的土地儲備，佔集團總土地儲備的 56.56%。另外，集團尚持有約 4,500 萬平方呎的新界土地儲備，為香港擁有最多新界土地的發展商。（表 8-4）不過，近年來，受到外圍經濟環境及全球新冠疫情的影響，恒基地產的經營業績受到較大衝擊，年度盈利從 2018 年度的 313.72 億港元下降至 2023 年度的 97.78 億港元，跌幅高達近七成。

3.3 多元化的策略性投資與業務發展

　　恒基地產業務模式中的「三大業務支柱」，除了以物業發展和物業投資之外，第 3 個支柱就是「策略投資」，即透過集團持有控制股的上市公司──中華煤氣、港華智慧能源（前稱「港華燃氣」）、美麗華酒店、香港小輪及恒基發展等，推進多元化業務。

　　當中，中華煤氣是香港歷史最悠久的大型公用事業機構之一，其核心業務為生產、輸配及營銷煤氣，同時亦銷售煤氣爐具及提供全面的售後服務。截至 2023 年底，中華煤氣在香港的供氣網絡管道全長超過 3,600 公里，服務約 201.97 萬住宅及工商業客戶煤氣銷售量達271.25 億焦耳。2006 年以後，中華煤氣透過旗下的上市公司港華智慧能源有限公司（前稱「港華燃氣」）進軍內地市場，發展燃氣項目。至 2023 年底，港華智慧能源已在全國內地 25個省市自治區佈局了 536 個項目，包括城市燃氣和可再生能源項目等，客戶數目達 1,677 萬

圖8-6　2022年底恒基地產在香港及內地的土地儲備分佈

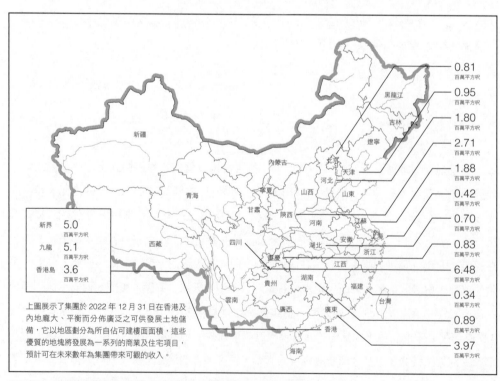

資料來源：《恒基兆業地產有限公司 2022 年報》，第 2 頁。

戶。此外，中華煤氣透過全資附屬公司名氣通電訊發展電訊業務，於香港及內地設有 7 座數據中心。

恒基地產持有 58.08% 股權的美麗華酒店，為香港一家具領導地位的酒店企業，其經營的核心業務包括酒店及服務式公寓、物業管理、餐飲及旅遊等。美麗華擁有及管理多項酒店和服務式公寓，包括旗艦店 The Mira Hong Kong 及問月酒店。2008 年完成創意工程後，The Mira Hong Kong 已成為聳立於尖沙咀區心臟地帶的高級酒店。近年來，美麗華酒店完成了旗下四大物業——美麗華商場、Mira Mall、美麗華大廈及 The Mira Hong Kong 的軟硬體優化及策略性整合，並於 2017 年 6 月 2 日起命名為「Mira Place」（美麗華廣場），在尖沙咀黃金購物消費區，建立面積達 120 萬平方呎的一站式綜合購物樞紐。此外，美麗華透過旗下的國金軒、翠亨邨等提供中菜餐飲業務，並透過美麗華旅遊為客戶提供前往世界各地的旅行團、預訂機票、酒店、郵輪假期、自由行套票等服務。2020 年全球新冠疫情爆發以後，美麗華酒店的業務也受到較大的衝擊，收入從 2019 年度的 30.63 億港元下降至 2022 年度的 13.82 億港元，股東應佔溢利 12.88 億港元下降至 4.80 億港元，分別下降了 54.88% 和 62.73%。

恒基地產持有 33.41% 股權的香港小輪，業務轉型後主力從事物業發展及投資業務，以充分發揮公司擁有的土地資源的效益。公司先後發展或投資的物業包括港灣豪庭、亮賢居、嘉賢居、新港豪庭等。2018 年 6 月，香港小輪投得市區重建局於深水埗桂林街／通州街重建項目，總樓面面積約為 14.43 萬平方呎。此外，香港小輪還從事渡輪、船廠及相關業務，渡輪業務主要透過旗下的香港油麻地小輪經營，包括危險品汽車渡輪服務、觀光遊覽船及燃油貿易等。集團位於青衣北的船廠，主要提供船舶維修保養服務及土木工程服務。該船廠擁有一座全港最大及最先進的同步升降船排，具有起重 3,000 噸重量之能力，能夠起重各類船隻，包括工作船、渡輪及遊艇等。另外，公司透過旗下附屬公司經營「洋紫荊維港遊」，即將集團的汽車渡輪變身成為色彩斑斕的多功能觀光船，並提供海上食肆、酒吧及娛樂表演等服務，成為觀賞香港夜景的最佳選擇之一。

至於恒基發展，業務轉型初期主要是持有浙江省杭州錢江三橋的 60% 權益。2014 年 9 月，恒基發展獲控股股東恒基地產注入千色店業務，總代價為 9.345 億港元。千色店創辦於 1989 年，先後在荃灣、屯門、元朗、馬鞍山、將軍澳、大角咀等 6 個人口稠密之住宅社區開設百貨公司，2006 年正式命名為「千色 Citistore」。恒基發展收購「千色 Citistore」後，專注香港百貨公司業務發展。2018 年 5 月，恒基發展以 3 億港元價格，收購日本第二大便利商店營運商 FamilyMart UNY 控股公司在香港的零售業務，包括擁有及營運多間名為「APITA」、「UNY（生活創庫）」、「PIAGO」及「私と生活」的百貨公司、超級市場及折扣店，

進一步鞏固其百貨零售業務的地位。至 2023 年底，恒基發展共經營 5 間「千色 Citistore」百貨公司、3 間「C 生活」實用家品專賣店、兩間名為「APITA」或「UNY」附設超級市場的百貨公司，以及兩間「UNY」超級市場。[23]

　　自 2011 年起，李兆基開始部署集團接班事宜。2019 年 5 月 28 日，李兆基在恒基地產股東大會上正式辭去董事一職，並向董事會建議由其兩位兒子李家傑和李家誠出任聯席主席及總經理。至此，恒基集團進入家族第二代接班的新時期。李家傑和李家誠表示：「創新，是恒基地產持續發展的本源，從項目的原創建築設計、嶄新開發的技術與作業模式，以至集團在市區重建上的突破思維與領先地位，處處均體現集團的創新進步精神。不僅如此，集團也運用了突破框框的思考與行動能力，跟社會各界攜手應對新冠疫情，這使得集團在艱巨的營商環境中仍能靈活應對，並為社會和經濟貢獻一分力量。」[24]

四、新世界發展：業務多元化與跨境經營

回歸前，鄭裕彤旗下的新世界發展已致力於業務多元化，到1997年回歸時，

旗下業務已從地產擴展到物業投資、基礎建設、服務和電訊等多元化業務範疇。

回歸後，受到亞洲金融危機的衝擊，

新世界發展的純利從1997年度的53.12億港元下跌至2001年度2.21億港元，

4年間跌幅高達九成五以上。在此期間，新世界積極致力發展新科技及電訊業務，

由於擴張過快，造成鉅額虧損，負債一度高達超過100億港元。

4.1 多元發展：以地產、基建、酒店、百貨為核心業務

1997 年香港回歸後，受到亞洲金融危機的衝擊，新世界發展的純利從 1997 年度的 53.12 億港元下跌至 2001 年度 2.21 億港元，4 年間跌幅高達九成五以上。在此，新世界積極致力發展新科技及電訊業務，由於擴張過快，造成巨額虧損，負債一度高達超過 100 億港元。

為了減輕負債，2001 年 5 月，新世界被迫將旗下位於尖沙咀東部海濱的麗晶酒店，以 26.98 億港元出售給英國巴斯集團（Bass Hotel & Resort）。及至 2003 年度，新世界虧損高達 48.11 億港元，對此新世界發展董事總經理鄭家純在年報中表示：「對本集團來說，2003 財政年度實在是困難重重的一年。」「業績未如理想，主要起因於樓市下滑、2003 年第 2 季度爆發非典型肺炎和香港經濟持續低迷，集團為物業項目和其他投資計提撥備，拖低業績表現：集團的物業發展項目和酒店項目錄得物業銷售虧損和減值撥備達 42.15 億港元，電訊、媒體和科技業務因為發展和推廣費用及撥備，亦錄得 11.25 億港元虧損。」[25] 在這期間，新世界為了扭轉虧損，除了出售旗下資產外，亦積極展開集團的業務和架構的重組。

回歸之初，新世界發展持有 3 家上市公司，包括新世界發展、新世界中國地產、新世界基建等。新世界發展主要從事香港的地產發展與物業投資、酒店及相關服務、電訊等；新世界中國主要在中國內地從事房地產業務；新世界基建則從事在香港及內地的基建業務。另外，新世界發展旗下附屬公司——新世界創建旗下轄有協興建築有限公司、香港會議展覽中心（管理）有限公司、景福工程有限公司、佳定工程有限公司、富城物業管理有限公司，以及大眾安全警衛（香港）有限公司等機構，主要經營設施管理、建築機電、交通運輸、金融保險以及環境工程等五大範疇。新世界發展並透過旗下另外兩家附屬公司——新世界電話及

新世界傳動網，經營固定及流動通訊網絡。

　　2002 年 10 月 1 日，為了精簡集團架構，有利於核心業務發展，新世界發展宣佈重組計劃，由新世界基建旗下太平洋港口有限公司，以換股方式購入新世界創建有限公司。重組完成後，新世界發展持有 52.0% 太平洋港口股權，太平洋港口易名為「新創建集團有限公司」，並換上全新標誌，成為集團從事基建及服務等業務的旗艦；新世界基建則改名為「新世界資訊科技有限公司」，從事電訊、媒體及科技等業務。同時，新世界電話易名為「新世界電訊」，轉型為一家地區性電訊商。不過，新世界資訊科技因業務發展差強人意，於 2006 年被私有化，撤銷上市地位。經過重組和發展，新世界逐漸形成物業、基建及服務、酒店和百貨等四大核心業務。

　　在物業發展方面，新世界發展表示：「多年來，本集團一直以『邁步向前·One Step Forward』的精神，用心專注做好香港地產業務，以優質卓越的產品、匠心獨運的設計、與及無微不至的服務，配合創新與科技的應用，為置業者提供最佳的生活體驗。」與新鴻基地產、恒基地產相似的是，新世界亦重視以垂直的發展方式，慎密構思每個項目發展，從土地收購、發展規劃，到物業銷售、客戶服務等均以新世界的 DNA 為藍本，調配出獨特新穎的居住體驗。箇中重點，是在香港及中國內地發展住宅物業項目。代表性的項目如位於尖沙咀核心地段的「名鑄」，位於九龍京士柏的「君頤峰」，以及西南九龍「The Austin」等。同時，

星光大道。

集團在香港擁有一個包括購物商場、寫字樓、酒店及服務式住宅等龐大投資物業組合。其核心是位於尖沙咀海旁的新世界中心和位於港島的香港會議展覽中心。

　　同時，集團在香港擁有一個包括購物商場、寫字樓、酒店及服務式住宅等龐大的投資物業組合。其核心是位於尖沙咀海旁的新世界中心和位於港島的香港會議展覽中心。2003 年以來，新世界相繼對新世界中心展開翻新工程，又在該中心旁投資興建一間樓高 60 層、樓面面積約 100 萬平方呎的五星級酒店，並在尖沙咀海濱長廊贊助興建「星光大道」。2005 年，新世界啟動總樓面面積達 100 萬平方呎的尖沙咀河內道的重建項目，該項目包括酒店、服務式公寓及購物商場，工程於 2007 年完成，集團將於尖沙咀黃金地段擁有投資物業合共

圖8-7　2010年新世界發展股權架構

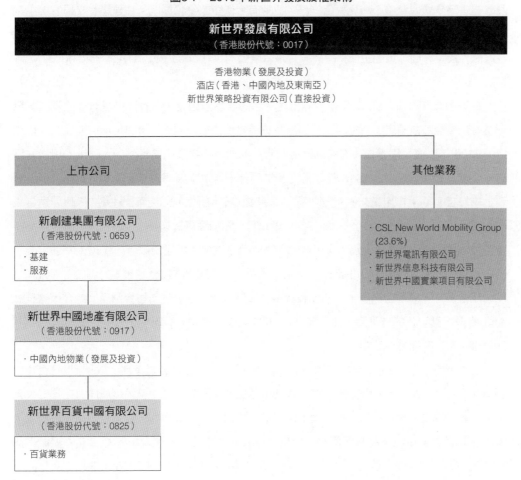

資料來源：《新世界發展有限公司 2010 年報》，第 6 頁。

超過 300 萬平方呎。為了保持香港會議展覽中心的領導地位，新世界於 2006 年起啟動擴建計劃，該計劃於 2009 年完成，使香港會議展覽中心可出租樓面面積增加至 100 萬平方呎左右。

在基建及服務方面，新世界以上市公司新創建為旗艦，積極拓展集團的基建及服務等業務。2005 年 3 月，新創建出售三號貨櫃碼頭及八號貨櫃碼頭等權益後，將原來的服務、基建、港口部門重新劃分為基建、服務及租務兩大範疇。其中，基建部門涵蓋能源、道路、水務和港口等 4 個範疇，服務及租務則包括設施租務、建築機電和交通等。2011 年 7 月，新創建旗下的新礦資源有限公司正式在香港聯交所主板上市。2015 年 1 月，新創建收購 Goshawk 四成權益，進軍商務飛機租賃市場。目前，新創建在香港的業務，主要集中在服務領域，包括設施管理、建築及交通，以及策略性投資等。在設施管理方面，集團主要管理及營運香港會議展覽中心和免稅店業務，並持有合營企業港怡醫院；在建築及交通方面，集團為香港多個主要客戶和發展商提供一站式的專業建築服務，並致力提供巴士和渡輪服務；在策略性投資方面，集團主要持有新礦資源有限公司、Tharisa plc、Hyva Holding B. V. 等投資。

在酒店業務方面，2001 年新世界出售著名的麗晶酒店後，在香港仍擁有 3 間酒店，分別為香港萬麗海景酒店、新世界萬麗酒店及香港君悅酒店，此外還擁有位於東南亞的 4 間酒店。2009 年以後，集團先後有多間酒店開業，包括香港尖沙咀凱悅酒店、香港沙田凱悅酒店、九龍貝爾特酒店等。2013 年 3 月，新世界曾一度以申請商業信託形式分拆旗下酒店業務上市，但有關上市申請未獲批准。同年 5 月 29 日，新世界酒店集團改名為「瑰麗酒店集團」（Rosewood Hotel Group）。2015 年 6 月，鑑於酒店營運業績下跌，新世界發展將所持香港 3 間酒店（香港君悅酒店、萬麗海景酒店及香港尖沙咀凱悅酒店）的 50% 權益出售予阿布達比投資局，套現 158 億港元。目前，瑰麗酒店集團已成為全球領先的酒店管理公司之一，旗下擁有 4 個酒店品牌，包括極致豪華的瑰麗酒店、華麗的新世界酒店、綜合康體概念 Asaya 及摩登現代的卡萊爾，於全球 23 個國家擁有及管理 48 間酒店，另外約有超過 38 個新酒店項目正在開發建設中。

在百貨零售業，2007 年 7 月 12 日，新世界分拆旗下百貨公司業務，以「新世界百貨中國有限公司」名義在香港聯交所上市。新世界百貨的主要業務在中國內地展開。在策略投資方面，新世界主要投資電訊，透過旗下兩家電訊公司——新世界電訊及新世界傳動網展開。初期，新世界對電訊業務寄予厚望，希望能成長為集團的核心業務。不過，在激烈競爭的市場環境下，該業務發展並不太理想，因而被剔除核心業務之列。2006 年 3 月，新世界傳動網與 Telstra CSL Limited 合併為 CSL New World Mobility Group（簡稱「CSLNW」），

由新世界移動控股有限公司持有其 23.6% 權益。2007 年 1 月，新世界向新世界移動收購 CSLNW 23.6% 權益，以精簡公司架構。新世界電訊則集中發展電訊服務、資訊及通訊科技服務及 iMedia 解決方案（電子商貿），以鞏固和提升其作為城中新一代 IP 及電訊服務供應商的地位。

4.2 跨境經營：大舉進軍內地市場

回歸前，新世界發展是香港大財團中最積極進入中國內地的大公司之一。回歸以後，新世界在內地的發展，主要是依託旗下公司——新世界中國、新創建、新世界百貨等平台，展開對內地物業發展、基建、百貨零售等多元化領域的拓展。此外，集團透過另一家上市公司——周大福珠寶，也展開對內地珠寶首飾等零售業務的拓展。

圖8-8　新世界發展在中國內地的主要物業項目

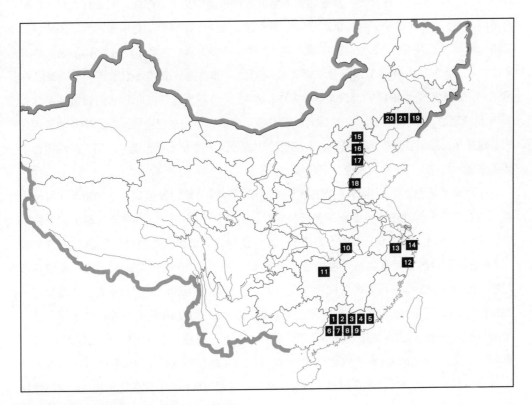

資料來源：《新世界發展有限公司 2023 年報》，第 30 頁。

　　在物業發展方面，新世界透過旗下新世界中國在內地展開。新世界中國最早可追溯到集團於 1992 年成立的新世界發展（中國）有限公司。1993 年，1 月，新世界及新世界發展（中國）與內地多個地方政府簽訂多項不具約束力的全面合作協定，合作發展該等地區的基建、房地產及工業項目，其中包括廣州、天津、石家莊及重慶等城市。[26] 1999 年 7 月，新世界中國組成並在香港上市，作為集團進軍中國內地地產市場的旗艦。當時，新世界中國在北京、上海、廣州、天津、武漢、瀋陽等內地城市共擁有 41 個發展項目，土地儲備達 2.045 億平方呎（樓面面積）。其後，新世界中國不斷在內地購入大片土地，在上海、北京、天津、大連、廣州、深圳等城市發展各類優質住宅社區、大型綜合商業地標、商場、寫字樓及酒店等，成為內地最具規模的香港房地產發展商之一。截至 2023 年 6 月底，新世界中國在內地的土地儲備，達到 477.28 萬平方米，其中 264.14 萬平方米為住宅用途。主要集中於廣州、佛山、深圳、武漢、寧波、北京、廊坊及瀋陽等城市，成為在內地擁有最多土地儲備的香港公司。

　　在基建領域，集團透過旗下新創建在內地展開。新世界早在 1992 年已開始進軍內地基建業務。2003 年 7 月 2 日，新創建集團組成並在香港聯交所上市後，開始加大對內地業務發展的投入。2006 年 9 月，新創建與中國鐵道部屬下企業合資成立中鐵聯合國際集裝箱有限公司，建設及經營 18 個位於中國內地 18 個大城市的樞紐性鐵路集裝箱中心站。2007 年 11 月，新創建與廈門市政府及法國達飛輪船公司簽訂關於廈門海滄港區開發戰略合作協定，拓展廈門海滄港區的港口業務。2012 年 11 月，新創建完成收購杭州繞城公路合共 95% 實際權益，總代價約為 11 億美元。經過多年發展，新創見已發展成為大中華地區領先的基建企業，旗下管理及經營的核心業務包括收費公路、商務飛機租賃及建築；策略組合則涵蓋環境、物流、設施管理及交通等領域。

　　在百貨零售方面，新世界透過旗下新世界百貨展開。新世界百貨於 1993 年 6 月成立後，即進軍中國內地市場，多年來憑藉「一市多店」及「輻射城市」等擴充策略，先後在武漢、瀋陽、無錫、哈爾濱、天津、寧波、北京、上海等內地城市開設百貨商店。2007 年 7 月 12 日，新世界百貨重組為新世界百貨中國有限公司，並於香港聯交所上市。經過多年發展，截至 2023 年 6 月底，新世界百貨中國經營管理 16 間以「新世界」命名的百貨店、7 間於上海以「巴黎春天」命名的百貨店及購物中心，總樓面面積概約為 94.69 萬平方米，覆蓋中國內地 12 個主要城市，包括北京、天津、煙台、蘭州、上海、南京、武漢、長沙、鄭州、重慶、昆明及綿陽等。2023 年度，新世界百貨經營收入為 14.84 億港元，年度虧損 3.21 億港元。[27] 此外，在酒店業務，新世界發展在中國內地共有 8 家酒店，包括北京貝爾特酒店、上海貝爾特酒店、上海巴黎春天新世界酒店、順德新世界酒店、武漢新世界酒店、大

連新世界酒店、北京新世界酒店和北京瑰麗酒店。

目前，新世界集團已成為中國內地最大的外商直接投資者之一，在中國內地的投資總額超過 165 億美元，遍佈全國 4 個直轄市及 20 個省份。值得一提的是，新世界發展控股公司周大福控股旗下另一家私人公司——周大福企業，近 10 年以來亦頻頻投資內地房地產。據報道，周大福企業在內地最早的一筆地產投資，是北京中央別墅區的麗宮別墅項目，總投資額高達 100 億元人民幣，由周大福企業全數出資。2008 年 9 月，周大福企業獨家競標廣州珠江新城東塔項目，以 10.05 億元人民幣的價格摘得該地塊，再加上需要另外支付珠江新城地下空間建築費 5 億元人民幣，總地價平均每平方米達 4,329 元人民幣。該項目於 2009年 9 月動工，2016 年落成啟用，樓高 530 米共 116 層，為廣州第一高樓，命名為「廣州周大福金融中心」，集五星級酒店及餐飲、服務式公寓、甲級寫字樓、地下商場等多種功能於一體，總投資超過 100 億元人民幣，與「西塔」——廣州國際金融中心構成廣州及珠江新城的地標。其後，周大福企業又先後在天津投資 80 億元人民幣興建超高層建築周大福濱海中心、武漢周大福中心等大型商廈。據估計，這些物業每年僅租金就可達 20-30 億元人民幣。

4.3 家族企業傳承與佈局粵港澳大灣區

2011 年，年屆 86 歲高齡的鄭裕彤，開始著手部署家族企業承傳大計。2012 年 2 月，鄭裕彤正式宣佈退休，由其長子鄭家純接任新世界發展及周大福珠寶兩家上市公司的董事局主席及執行董事。同時，鄭家純長子鄭志剛則出任執行董事兼聯合總經理。2015 年 3 月，鄭志剛更擢升為新世界發展執行副主席，負責集團的策略、方向、運作及執行情況。鄭志剛畢業於美國哈佛大學，持有文學士學位（優等成績），並獲薩凡納藝術設計學院頒授榮譽博士學位，畢業後曾加入國際投資銀行高盛，2006 年 9 月加入家族企業，2007 年 3 月出任新世界發展執行董事，被外界視為該家族第三代接班人。2016 年 9 月 29 日，鄭裕彤病逝，享年 91 歲。

鄭氏家族第二、三代接班之後，在香港最重要的投資項目就是位於尖沙咀海旁的新世界中心的重建工程和香港赤鱲角國際機場 SKYCITY 航太城商業項目。新世界中心的重建工程於 2008 年完成補地價，2009 年展開拆卸。2012 年，新世界發展宣佈耗資 200 億港元，在新世界中心舊址打造藝術及設計新地標——Victoria Dockside（中文名為「維港文化匯」），其中，Victoria 代表香港維多利亞海港，Dockside 意指舊址前身為「藍煙囪」碼頭。2017年，重建工程第一期項目完成，建成樓高 284 米、共 66 層的甲級商廈 K11 ATELIER。Victoria Dockside 全部工程於 2019 年完成，總面積達 300 萬平方呎，包括甲級寫字樓

K11 ATELIER、六星級的香港瑰麗酒店、酒店式住宅瑰麗府邸，以及大型購物商場 K11 MUSEA 等。

其中，K11 MUSEA 樓高 10 層，佔地 120 萬平方呎，以購物藝術館為經營理念，有多項特色結構，例如大廈外牆為全球最大的綠化牆之一；地面設有佔地 2,000 平方呎的露天廣場 Sunken Plaza，設有動態水幕牆，並裝上噴霧系統，上方設有 25 呎高的 LED 螢幕，以用作戶外電影放映、現場音樂會及各種藝術表演。而商場中庭命名為 Opera Theatre，高 33 米，由數百盞燈飾組成螺旋形效果，天花拱頂 Oculus 設有兩個 7 米寬的天窗。另外，2-3 樓懸掛著以金色三角圖案構成的球形空間 Gold Ball，除可營造星空效果外，亦可用作展覽、藝術表演和 pop-up 商店的多用途空間。K11 MUSEA 開業後旋即成為尖沙咀海濱的新地標。

2018 年 5 月，新世界發展再成功投得香港赤鱲角國際機場 SKYCITY 航太城商業項目，計劃引進高科技「體驗式娛樂」，打造香港以至大灣區的商業娛樂樞紐。這項被命名為「11 SKIES」的一站式零售飲食娛樂商業項目，總樓面面積達 380 萬平方呎，總投資達 200 億港元，是新世界繼尖沙咀 Victoria Dockside 後，另一矚目地標式綜合性發展項目。新世界發展行政總裁兼 K11 創始人鄭志剛表示：「『11 SKIES』嶄新地全面結合零售、餐飲、娛樂，以至醫養和財富管理等產業於一個完善的生態圈，為香港、大灣區其他城市及全球人士，帶來獨一無二的創新體驗。『11 SKIES』將可創造成千上萬的就業機會，並借助其四通八達的地理優勢，為多個重要行業拓展新商機，最終為香港的長遠發展帶來新的動力。」[28]

鄭氏家族第二、三代接班之後，新世界在內地的發展一度有所放緩。不過，2016 年以後，新世界對內地發展計劃再度注入新的動力。集團在完成了對新世界中國地產的退市、私有化之後，對新世界、周大福旗下的地產進行整合優化，重新將集團業務集中於一、二線城市，並著力佈局粵港澳大灣區，加大對這一地區商業地產的投資力度。新世界發展副主席鄭志剛多次強調：「新世界發展集團非常看好也看重粵港澳大灣區的發展，未來 5 年大灣區將是新世界在內地最優先發展的地區。」他並

K11 MUSEA。

表示，將計劃撥出 160-200 億港元，增加集團在華南區域的土地，以及其他一、二線城市土地。

2016 年 8 月，新世界發展與周大福企業合作，以 42.72 億元人民幣奪得深圳前海桂灣片區商業地塊；同年 12 月又與招商蛇口以合資方式，斥資約 53.6 億元人民幣，拿下深圳蛇口太子灣 4 塊優質地段，面積達到 36.72 萬平方米，以發展商業物業。目前，前海和太子灣項目均已啟動。其中，前海項目將建設成為周大福企業及新世界集團的中國區總部，並引進世界 500 強外資金融機構在此設立區域總部，定位為世界級金融商務及服務綜合體；太子灣項目總建築面積 22.58 萬平方米，包括 K11 購物藝術中心，集家庭親子、娛樂教育為一體的 D·Park 多元智慧學習樂園，以及 9,000 平方米的大型藝術空間。該項目「將以香港的旗艦項目 Victoria Dockside 維港文化匯為藍本，建構 Victoria Dockside 2.0，為大灣區帶來首個循環經濟圈以及文化零售體驗，預計整個項目於 2024 年起分階段落成，有望成為深圳海濱最耀眼及矚目的新地標」。[29] 2018 年 11 月，新世界中國地產成功購入廣州地鐵集團旗下持有廣州番禺漢溪長隆地塊 65% 股權，該項目總樓面面積逾 30 萬平方米，將開發為集商業、寫字樓及住宅於一身的城市綜合體。

就在新世界積極在粵港澳大灣區拿地同時，由鄭志剛主導的藝術購物中心 K11 亦相繼落成佈局。K11 藝術購物中心是由鄭志剛於 2008 年首創的全球首個「博物館零售」概念的原創品牌，即將藝術作為商業體的核心元素引入零售環境，讓消費者得到更多元化的體驗，同時闖出一條購物中心的差異化之路。2009 年及 2013 年，位於香港及上海的 K11 相繼落成開業。2018 年 3 月，位於廣州珠江新城中央商務區核心周大福金融中心（俗稱「東塔」）的廣州 K11 亦宣告開業，其中 K11 ATELIER 辦公樓是一個創意驅動的工作空間。同年 5 月，瀋陽 K11 亦宣告開業，總建築面積達 130 萬平方米，成為集會展中心、商業辦公、博覽館、酒店、餐飲、娛樂等於一體的現代化、國際化的超大型城市綜合體。2021 年，位於瀋陽 K11 頂層、據地面近百米的高空之上的 K11 雕塑公園對外開放，總面積達 4 萬平方米。該空中雕塑公園不僅集結了 11 件國內外藝術家的雕塑作品，而且可縱覽瀋陽母親河渾河全岸景觀，成為瀋陽的重要地標。

據統計，2019 年度，新世界發展總收入 767.64 億港元，除稅前溢利 291.29 億港元，總資產 5,032.85 億港元，分別比 2012 年度增長了 1.16 倍、55.59% 及 87.53%，顯現了較快發展的態勢。（表 8-5）2019 年度總收入中，物業發展為 385.12 億港元，租務 36.69 億港元，分別佔總額的 50.17% 及 4.78%；合約工程 173.60 億港元，服務提供 92.39 億港元，基建項目經營 26.99 億港元，分別佔 22.61%、12.04% 及 3.52%；酒店營運及百貨經營收入分別為 14.91 億港元和 33.58 億港元，分別佔 1.94% 及 4.37%；其他收入 4.31 億港元，

表8-5　2012-2023年新世界發展經營概況（單位：億港元）

年度	收入	除稅前溢利	總資產	香港土地儲備（萬平方呎）	新界土地（萬平方呎）
2012	356.20	187.22	2,683.71	993.42	2,042.55
2013	467.80	233.11	3,321.89	927.43	2,054.75
2014	565.01	190.76	3,692.27	761.23	1,926.35
2015	552.45	311.37	3,979.31	880.10	1,824.69
2016	595.70	187.07	3,921.09	826.64	1,749.04
2017	566.29	152.30	4,370.56	1,019.23	1,740.50
2018	606.89	333.54	4,814.55	1,197.35	1,699.59
2019	767.64	291.29	5,032.85	907.60	1,687.90
2020	590.08	107.94	6,001.96	908.12	1,650.89
2021	682.23	103.66	6,270.77	938.47	1,637.29
2022	682.13	92.14	6,358.84	931.87	1,632.74
2023	952.14	100.96	6,164.83	813.52	1,635.61

資料來源：《新世界發展有限公司年報》，2012-2023 年。

佔 0.57%。換言之，新世界發展的業務仍以地產發展及物業投資，合約工程、服務提供為主，其他業務的發展仍在起步之中。在地區分佈方面，香港部分為 507.09 億港元，內地部分為 249.08 億港元，分別佔總收入的 66.06% 和 32.45%，其他地區為 11.46 億港元，佔 1.49%。[30] 截至 2023 年 6 月底，新世界在香港共擁有土地儲備 813.52 萬平方呎，另有新界農地 1,635.61 萬平方呎；在內地則擁有土地儲備 477.23 萬平方米，其中 40.01% 位於粵港澳大灣區。

不過，2020 年以後，受到全球新冠疫情、經濟低迷的影響，新世界發展的業績受到嚴重衝擊。2023 年度，新世界發展除稅前溢利為 100.96 億港元，比 2019 年度大幅下跌 65.34%。（表 8-5）受此影響，新世界發展市值從 2019 年底的 1,092.18 億港元大幅下跌至 2023 年 12 月底的 305.02 億港元，跌幅達 72.07%。2023 年 11 月，為了改善集團財務狀況，新世界發展將所持旗下新創建股權，以每股 9.15 港元出售予控股公司周大福企業有限公司，套現 217.543 億港元。

五、會德豐／九龍倉：
從洋行蛻變為地產大集團

20世紀90年代中後期，會德豐系基本就是一家綜合性企業集團，俗稱「洋行」。

當時，集團持有6家上市公司，包括會德豐、九龍倉、新亞置業信託、

聯邦地產、馬可波羅發展、Joyce等。此外，還持有會德豐發展、

夏利文、連卡佛、香港現代貨箱、香港空運貨站等附屬或聯營公司。

不過，回歸以後，經過股權重組，並以物業投資和地產發展為重點在香港、

中國內地及海外三線發展，該集團逐步轉型為一家地產大集團。

5.1 精簡架構：出售非核心業務

由於會德豐集團本身是從包玉剛透過旗下的隆豐國際收購會德豐洋行、九龍倉等公司整合而成的，集團的股權架構和資產業務相當龐雜。有鑑於此，自 20 世紀 90 年代中期以來，集團為精簡架構、重組業務展開了一連串的收購兼併和私有化策略。從整體來看，是致力推動集團從綜合性企業集團，轉型為一家以地產發展和地產投資及相關業務為策略重點的大集團。這一轉型，主要從兩個方面展開：

首先，逐步剝離非核心業務，包括高級零售、資產管理及專營權、交通、電訊、有線電視等。在零售業務方面，會德豐於 1999 年宣佈將連卡佛私有化，並於 2003 年將連卡佛股權全部售予大股東吳光正的私人公司。在資產管理及專營權方面，九龍倉亦先後於 2000 年及 2001 年將所持上市公司寶福集團和港通控股股權出售。2009 年 4 月，九龍倉與法國的威立雅交通運輸集團達成協議，將所持香港電車 50% 股權轉售予後者，並由後者負責經營。及至 2010 年 2 月，九龍倉更將香港電車其餘 50% 股權再出售予威立雅，使香港電車成為後者的全資附屬公司。在電訊方面，2016 年 10 月，九龍倉宣佈以 95 億港元價格，向 TPG 資本及 MBK Partners 所組成的財團 Green Energy Cayman Corp. 出售主營商業寬頻業務的九倉電訊（前身為九倉有線電視）全部股權。在有線電視方面，2017 年 3 月，九龍倉表示，未來無意再增持有線股權及提供任何進一步資金承擔。其後，該公司控制權由新世界主席鄭家純、遠東發展主席邱達昌等持有的永升（亞洲）取得。

其次，是透過收購兼併整合地產發展和地產投資業務。這一整合早在 90 年代初已經開

始。當時，會德豐系旗下從事地產業務的上市公司多達 5 家，包括會德豐、九龍倉，以及會德豐旗下的新亞置業信託、聯邦地產、夏利文發展等。1990 年，夏利文發展由於長期業務發展停滯、股價低迷，被九龍倉私有化，撤銷上市地位。2000 年 9 月，會德豐曾一度計劃私有化新亞置業信託，但最終失敗。2002 年 12 月，會德豐轉而聯同新亞置業信託提出私有化聯邦地產的計劃，以每股 3.2 港元價格，收購聯邦地產股份，結果取得成功，涉及資金10.16 億港元。聯邦地產於 2003 年 3 月 19 日撤銷上市地位，成為新亞置業信託的全資附屬公司。2004 年，新亞置業信託和馬可波羅發展有限公司分別改名為「會德豐地產有限公司」及「會德豐地產（新加坡）有限公司」。2010 年 7 月，會德豐以協議安排方式，按每股 13 港元的註銷價，私有化會德豐地產，使之成為集團的全資附屬公司。其時，會德豐地產擁有土地儲備 170 萬平方呎，並「帶頭發展集團於香港的項目」，[31] 成為會德豐旗下從事香港地產發展業務的主力。

5.2 物業發展與投資橫跨三地雙線發展

經過一系列重組後的會德豐／九龍倉系，基本上蛻變成為一家以地產發展及地產投資為核心業務的地產商。其中在香港市場，地產發展由會德豐全資附屬公司——會德豐地產主導，物業投資由九龍倉負責；而在中國內地市場，無論是地產發展還是物業投資，都主要由九龍倉主導，會德豐輔之；而在新加坡市場，則主要由在新加坡上市的會德豐地產（新加坡）有限公司展開。

回歸以來，會德豐在香港地產發展的業務，重點集中於大型住宅樓盤和甲級商業樓宇兩個方面。在大型住宅樓盤方面，主要是回歸初期發展的兩大地產發展項目，即由會德豐、新亞置業、聯邦地產、九龍倉及海港企業合作發展的機場鐵路九龍站二期發展計劃「擎天半島」，以及由會德豐、新亞置業、九龍倉合作發展的深井「碧堤半島」。前者分兩期展開，包括 5 幢住宅大樓共 2,126 個單位，總樓面面積達 230 萬平方呎；後者分 4 期展開，包括 8幢住宅大樓共 3,354 個單位，總樓面面積 280 萬平方呎。其後，會德豐還相繼發展了何文田的君頤峰、半山的豪宅 The Babington 等。2010 年，會德豐與新世界合作，以 117 億港元價格，投得位於尖沙咀西心臟地帶的港鐵柯士甸站上蓋豪宅發展項目。

與此同時，會德豐亦逐步加強在寫字樓市場的發展，展開收購及重建策略。2005 年，購入港島香葉道的 One Island South 所在地皮；其後又購入荃灣的 One Midtown 等。2011年，會德豐展開位於九龍東（港府標誌其為第二個核心商業區「CBD2」）的 One Bay East 商業項目。2013 年 3 月，會德豐將這個雙塔式商廈項目，其中樓面面積達 51.2 萬平方呎的西

座大廈,以 45 億港元的價格,售予宏利人壽保險(國際)有限公司,作為其香港總部。2017
年 12 月,會德豐再將位於九龍東中心地帶的甲級商業大廈 8 Bay East,以 90 億港元價格全
幢出售。8 Bay East 是會德豐自 2010 年以來售出的第 8 幢寫字樓物業,延續 One Bay East
及 One Harbour Gate 成功全幢售出的業績。該等寫字樓交易合共為會德豐帶來 370 億港元
的銷售額。

在物業投資方面,會德豐以旗下九龍倉為旗艦,投資物業主要為九龍的海港城和港島銅
鑼灣的時代廣場,兩者均持有 999 年期的長期業權。僅此兩項物業已佔九龍倉總資產接近
六成。其中,海港城包括海運大廈、馬哥孛羅香港酒店、海洋中心和港威大廈等商廈,擁有
440 萬平方呎的寫字樓、200 萬平方呎的商場,以及其餘約 400 萬平方呎的酒店、服務式住
宅等,為香港區內最大的購物中心及全球零售商戶作品牌展示的矚目地標。時代廣場為銅鑼
灣商業樓宇的「龍頭」,樓高 17 層,被譽為「全球最成功的直立式商場之一」。九龍倉曾多
次對該兩大投資物業展開翻修工程。1999 年,海港城和時代廣場的收入分別為 26.00 億港
元及 9.95 億港元;到 2013 年分別增加至 84.71 億港元及 20.96 億港元,14 年間分別增長
了 2.26 倍和 1.11 倍。2013 年底,九龍倉的投資物業組合的賬面值為 2,610 億港元,躋身
全球首五大由上市公司持有的投資物業組合之列。

九龍倉在持有香港優質投資物業的同時,亦於中國內地市場展開地產發展和物業投資。
早在 20 世紀 90 年代後期,九龍倉已經開始在中國內地發展以「時代廣場」品牌命名的地產
項目。2000 年,九龍倉先後成功推出北京首都時代廣場和大上海時代廣場,主打「寫字樓 +
商場」的物業組合。2007 年,九龍倉加快在內地的投資步伐,表示「展望未來,集團的增長
動力將來自內地房地產……,集團的目標是於未來 5 年使集團於中國內地與香港的資產各
佔一半比重」。[32] 從 2000-2008 年初,九龍倉先後在成都、杭州、蘇州、重慶、南京、常州及
無錫等城市,購入 12 幅地塊作發展用途。這時,按地積比率應佔土地儲備及投資物業總樓
面面積,九龍倉在內地的土地儲備已達到約 9,000 萬平方呎,迫近集團 1 億平方呎的中期目
標,總投資達 300 億元人民幣。

從 2007-2014 年期間,九龍倉在內地的物業發展突飛猛進。九龍倉的內地資產額從
2007 年的 230.26 億港元,增加到 2014 年的 1,402.11 億港元,7 年間增長了 5.09 倍,
佔集團總資產的比例從 5.67% 提高到 31.53%;同期內地地產收入從 20.35 億港元增加到
171.10 億港元,增長了 7.41 倍,佔集團總收入的比例從 12.56% 躍升至 45.65%。2014
年,九龍倉在內地的土地儲備達到 1,020 萬平方米,分佈於全國 15 個城市,其中華東佔
50%,華西佔 32%,華南佔 4%,其他地區佔 14%。其間,九龍倉在內地的投資組合中,賣
掉了北京首都時代廣場,但新增了大連時代廣場、武漢時代廣場、大上海會德豐國際廣場、

成都時代・奧特萊斯、天府時代廣場等，並開始在各地城市發展國際金融中心系列，包括成都國際金融中心、重慶國際金融中心、長沙國際金融中心、無錫國際金融中心、蘇州國際金融中心等。

九龍倉在內地發展的重要特點，是與在內地擁有大量土地儲備的國有企業及房地產商合作。如在南京，九龍倉與招商地產合作；在重慶，九龍倉與中海地產合作開發重慶國金中心項目等。九龍倉並持有內地房地產公司——綠城中國控股有限公司約 24.3% 權益。2014年，九龍倉集團主席吳天海曾公開表示：「如果香港物業不增值，按照 2007 年的資產總值，我們 50% 的目標是達到了。」

不過，2014 年以後，受到內地房地產市場調整等不利因素的影響，九龍倉在內地的發展開始放緩。這迫使九龍倉開始調整內地發展策略，將原來的 15 個城市縮減至 10 個，成為首個宣佈縮減內地戰線的港資發展商。此後，九龍倉內地發展重心傾斜，將核心聚焦在一、二線城市，特別是北京、上海、蘇州、杭州、深圳和廣州等，著力開發投資型商業地產物業，重點項目集中於成都、蘇州、長沙、無錫、重慶等 5 個國際金融中心。九龍倉表示，這些國際金融中心建成後，規模媲美甚至超越香港的海港城和時代廣場，將加強九龍倉在內地的經常性收入基礎，並成為主要增長動力。

在新加坡，會德豐透過持有 76.2% 股權、在新加坡上市的會德豐地產（新加坡）有限公司，在新加坡拓展地產市場。該公司是新加坡最大的港資地產公司，在新加坡烏節路商業繁華區擁有樓面面積 46.48 萬平方呎的會德豐廣場，並展開一系列地產發展項目。2018 年7 月 20 日，會德豐發表公告稱，將向會德豐地產（新加坡）提出自願性無條件收購要約，以每股 2.1 新加坡元收購會德豐地產（新加坡）餘下股份。當時，會德豐地產（新加坡）主要持有新加坡會德豐廣場和 Scotts Square 兩項物業，估值逾 25 億新加坡元。及至同年 10 月，會德豐持有會德豐地產（新加坡）90.1% 股權，成功啟動私有化程序，會德豐地產（新加坡）退市。

5.3 家族企業傳承與集團架構重組

香港大家族企業中，最早部署第三代接班的，當數會德豐集團。2013 年，年屆 67 歲的會德豐主席吳光正，高調向媒體宣佈家族企業的接班安排。吳光正在接受《福布斯》採訪時指出，對包玉剛來說，分身家就好比分蘋果、橙、梨一樣，不可能均分，因為這並非簡單地將一個西瓜公平地、均等地切開。「岳父分家時希望化繁為簡，讓每家人獨立地生活及養家，分家後成敗在於自己。」吳光正表示，自己將仿效岳父包玉剛，將「家族」和「財產」分

開處理，其中會德豐／九龍倉等上市公司業務，將交由次子吳宗權主理，而家族的零售業務，包括連卡佛國際、Joyce Group 等，則交由已有多年管理經驗的長女吳宗恩接管。吳光正強調，吳宗恩及吳宗權將分別在零售及地產業務有絕對決策權，其餘家族成員不得干涉。

2013 年 11 月 27 日，會德豐發佈公告稱，從 2014 年 1 月 1 日起，時年 67 歲的吳光正不再擔任該公司董事會主席，但留任公司高級董事。吳光正之子、會德豐常務董事、35 歲的吳宗權將接任公司主席職位。2014 年 1 月 1 日，吳宗權正式出任會德豐董事局主席，副主席則分別由兩位資深員工吳天海和梁志堅出任，以協助年輕的主席。2015 年 2 月 17 日，吳光正宣佈再辭去九龍倉主席職位，並推薦副主席吳天海接任，為期 3 年。吳光正表示：「1982 年包玉剛爵士委以我領導會德豐及九龍倉之重任，當時我 36 歲。我希望吳宗權也可以有同樣的機會，故此於 2013 年 11 月，我宣佈由吳宗權接替本人出任會德豐主席。」吳光正並解釋推薦吳天海出任九龍倉主席的原因：「以上安排、連同現時會德豐副主席兼會德豐地產主席梁志堅先生，在集團內部結構上，已清楚體現著會德豐旗下兩大主要附屬公司，均由兩位會德豐副主席分別向會德豐集團主席兼常務董事吳宗權負責；而本人亦欣然同意擔任集團首席顧問。整項繼任安排井然有序。」

吳光正自 1978 年起出任九龍倉董事，至 2015 年辭去主席一職，期間經歷了 37 年。吳光正表示：「在九龍倉的日子，我們見證了中國市場改革開放的第一波，以及由 1970 年代後期至 2012 年間的經濟騰飛。在這期間，九龍倉有機會在前座、積極參與，並因早著先機而能受惠。」[33] 這一時期，在吳光正的領導下，九龍倉在銅鑼灣興建了時代廣場，擴建了九龍海港城，使之成為「全球數一數二最高效的商場」，並以「創建明天」的理念拓展集團在中國的業務。經過 37 年的努力，包玉剛創下的會德豐／九龍倉已發展成為市值逾千億港元的大地產集團。吳光正本人也成為香港著名的商界領袖。有評論指，吳光正為人處事與岳父包玉剛如出一轍——「堅毅、奮進、求穩、務實」，這為他在海內外商界贏得了廣泛讚譽。

吳光正的接班人吳宗權，畢業於美國普林斯頓大學建築系，並獲得香港科技大學商學院和美國西北大學凱洛格管理學院聯合頒授的工商管理碩士學位，以及薩凡納藝術設計大學頒發的人道文學榮譽博士學位。吳宗權在 2005 年加入會德豐之前，曾於瑞士聯合銀行房地產企業融資及 UBS Triton 基金工作，主要負責資產併購與資產管理。其後他於 2013 年 6 月被委任為會德豐執行董事，負責核心業務及企業管理，2014 年起出任公司主席。當時，有評論指出：吳宗權以 35 歲之齡接手會德豐的「權杖」，使他成為了「香港主要家族地產商中最為年輕的主席」。

吳宗權上任後，最大的手筆就是對會德豐和九龍倉的業務和股權，展開大規模的重組。2016 年 3 月 14 日，九龍倉宣佈以 61.61 億港元的價格，收購會德豐旗下會德豐大廈和卡佛

大廈兩宗商業物業。交易完成後，九龍倉持有會德豐所有在香港的物業。九龍倉在 2016 年年報中表示：「就集團部分投資物業資產，以介紹形式分拆上市，並透過實物分派予本公司股東之可行性研究正在展開。……評估利弊的建議將盡快提交予董事會考慮。」[34] 同時，九龍倉「決定撤出通訊、媒體及娛樂業務」。2016 年 11 月，九龍倉以 95 億港元出售九倉電訊全部股權，同時為有線寬頻業務尋找買家。

在完成上述步驟後，會德豐與九龍倉於 2017 年 9 月 4 日發佈聯合公告，宣佈將把九龍倉置業從九龍倉分拆獨立上市，並表示：「就建議分拆九龍倉置業地產投資有限公司及將其獨立上市（以九龍倉向九龍倉合資格股東分派九龍倉置業地產投資有限公司股份的方式進行），向聯交所提交分拆之聯合建議已獲聯交所批准。九龍倉置業地產投資有限公司集團將主要在香港從事策略性大型零售、寫字樓及酒店物業的投資。」[35] 根據建議，分拆將以分派方式進行，即每持 1 股九龍倉股份獲發 1 股九龍倉置業股份。

交易完成後，九龍倉不再持有九龍倉置業任何股份，成為一家以香港和中國內地地產發展和物業投資為重點，以酒店、物流基建等業務為輔助的地產集團，持有九龍倉酒店集團、現代貨箱碼頭、香港空運站（20.8%）權益。九龍倉置業則由會德豐持有 62% 股權，以香港物業投資為主，並持有上市公司海港企業有限公司 72% 權益。海港企業則持有馬哥孛羅香港酒店、中環 The Murray, Hong Kong 酒店、香港及內地的投資物業及地產發展業務。而九龍倉置業主要持有香港投資物業，包括尖沙咀的海港城，銅鑼灣的時代廣場，中環的會德豐大廈、卡佛大廈及 The Murray，九龍東的荷里活廣場、天星小輪，以及在新加坡的會德豐廣場和 Scotts Square 等。僅海港城、時代廣場及荷里活廣場等 3 項地標商場，2017 年總銷售額就佔香港整體零售銷售額 9.2%。2017 年 11 月 23 日，九龍倉置業在香港聯交所正式上市。有分析指，這次分拆借鑑了李嘉誠長和系的重組，將九龍倉長期被低估的市值釋放出來。不過，九龍倉主席吳天海表示，分拆主要是給投資者多一個選擇，「根本沒有想像過」分拆以後九龍倉市值是增加還是減少，「所以，在估值或者市值方面，即使沒有出現明顯的增值，（我們）也不會有失望」。

2019 年度，會德豐集團經營收入為 485.19 億港元，股東應佔溢利 91.73 億港元。在會德豐經營收入中，地產發展收入 219.82 億港元，佔 45.10%；投資物業收入 185.53 億港元，佔 38.24%；酒店收入 19.75 億港元，佔 4.07%；物流收入 25.97 億港元，佔 5.35%；投資及其他收入 34.12 億港元，佔 7.03%。會德豐旗下的九龍倉置業，年度經營收入為 160.43 億港元，股東應佔溢利為 39.28 億港元。在九龍倉置業的經營收入中，投資物業收入為 142.79 億港元，佔 89.00%；酒店收入為 15.07 億港元，佔 9.39%；其他收入為 2.57 億港元，佔 1.60%。會德豐旗下的九龍倉，年度經營收入為 168.74 億港元，股東應佔溢利

圖8-9　2019年12月會德豐集團股權及業務架構

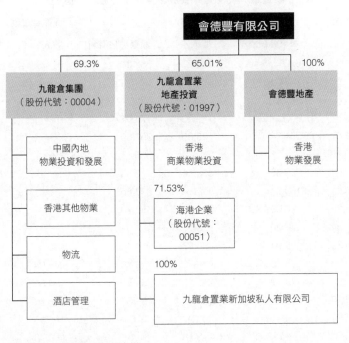

資料來源：會德豐有限公司官網

為 34.70 億港元。在九龍倉經營收入中，地產發展收入為 70.54%，佔 41.80%；投資物業收入為 40.90 億港元，佔 24.24%；酒店收入為 5.3 億港元，佔 3.14%；碼頭等物流收入為 25.97 億港元，佔 15.39%；投資及其他收入為 26.03 億港元，佔 15.43%。若按地區劃分，九龍倉的年度經營收入中，則香港為 33.11 億港元，佔 19.63%；中國內地為 135.22 億港元，佔 80.14%，其他為 0.41 億港元，佔 0.23%。（表 8-6）不過，2020 年全球新冠疫情爆發以後，九龍倉及九龍倉置業的業績都受到影響，2020 年度九龍倉置業錄得股東應佔虧損 78.54 億港元，2022 年度九龍倉及九龍倉置業分別錄得股東應佔虧損 17.05 億港元和 88.56 億港元。

　　鑑於重組後的會德豐系 3 家公司之間仍然存在不少業務重疊，因而市場不時流傳該集團還可能進行架構和股權重組，傳聞較廣的是九龍倉可能被私有化。然而，事實與市場預期相反，會德豐和九龍倉置業於 2020 年 2 月發佈公告，稱吳光正家族建議以協議安排的方式，溢價約 52.2% 私有化會德豐，具體方案是會德豐股東每 1 股可分別獲得 1 股九龍倉置業和九龍倉股票，並獲得 12 港元現金，即吳光正家族將要支付約 81.5 億港元現金。2020 年 7 月 27 日，會德豐完成私有化，正式退市。自此，會德豐成為吳光正家族的私人公司，對九

表8-6 會德豐／九龍倉系業務經營概況（單位：億港元）

年度	會德豐		九龍倉		九龍倉置業	
	收入	股東應佔溢利	收入	股東應佔溢利	收入	股東應佔溢利
1999	70.99	6.57	105.21	35.11	——	——
2004	71.16	23.02	119.53	37.67	——	——
2008	225.83	34.32	159.40	62.42	——	——
2009	189.57	96.31	175.53	175.01	——	——
2010	241.86	201.94	193.80	357.50	——	——
2011	345.58	228.66	240.04	305.68	——	——
2012	331.24	269.35	308.56	472.63	——	——
2013	350.71	169.54	318.87	293.80	——	——
2014	409.53	220.09	381.36	359.30	——	——
2015	574.31	142.32	408.75	160.24	——	——
2016	605.79	162.94	466.27	214.40	168.51	99.17
2017	709.53	205.70	432.73	218.76	209.04	172.18
2018*	484.90	172.39	210.55	66.23	164.81	180.27
2019	485.19	91.73	168.74	33.86	160.43	39.28
2020	——	——	209.97	38.64	155.15	-78.54
2021	——	——	223.78	60.19	160.43	43.91
2022	——	——	180.64	-17.05	124.59	-88.56
2023 上半年	——	——	81.30	7.35	64.73	17.80

* 鑑於九龍倉集團於 2017 年 11 月分拆九龍倉置業地產投資有限公司，故集團財務業績與 2017 年數據難以作直接比較。

資料來源：歷年《會德豐有限公司年報》、《九龍倉集團有限公司年報》、《九龍倉置業地產投資有限公司年報》；《九龍倉集團有限公司 2023 年中期報告》、《九龍倉置業地產投資有限公司 2023 年中期年報》。

龍倉置業的持股權亦從 66.51% 下降至 46.99%，對九龍倉的持股權也將降至 54.37%。

　　私有化後，吳光正／吳宗權家族正對會德豐進行籌組工作，計劃將會德豐的 100% 擁有權理順並整合到新公司 —— World International（Holdings）Limited 之下。目前，會德豐共持有 3 家主要公司，包括上市公司九龍倉集團、九龍倉置業，以及全資附屬公司會德豐地產。截至 2023 年底，集團擁有總資產為 5,380 億港元（690 億美元）；管理資產達 6,340 億港元（810 億美元），債務淨額與股東權益比率為 10.4%。

圖8-10　私有化後會德豐集團控股及業務架構

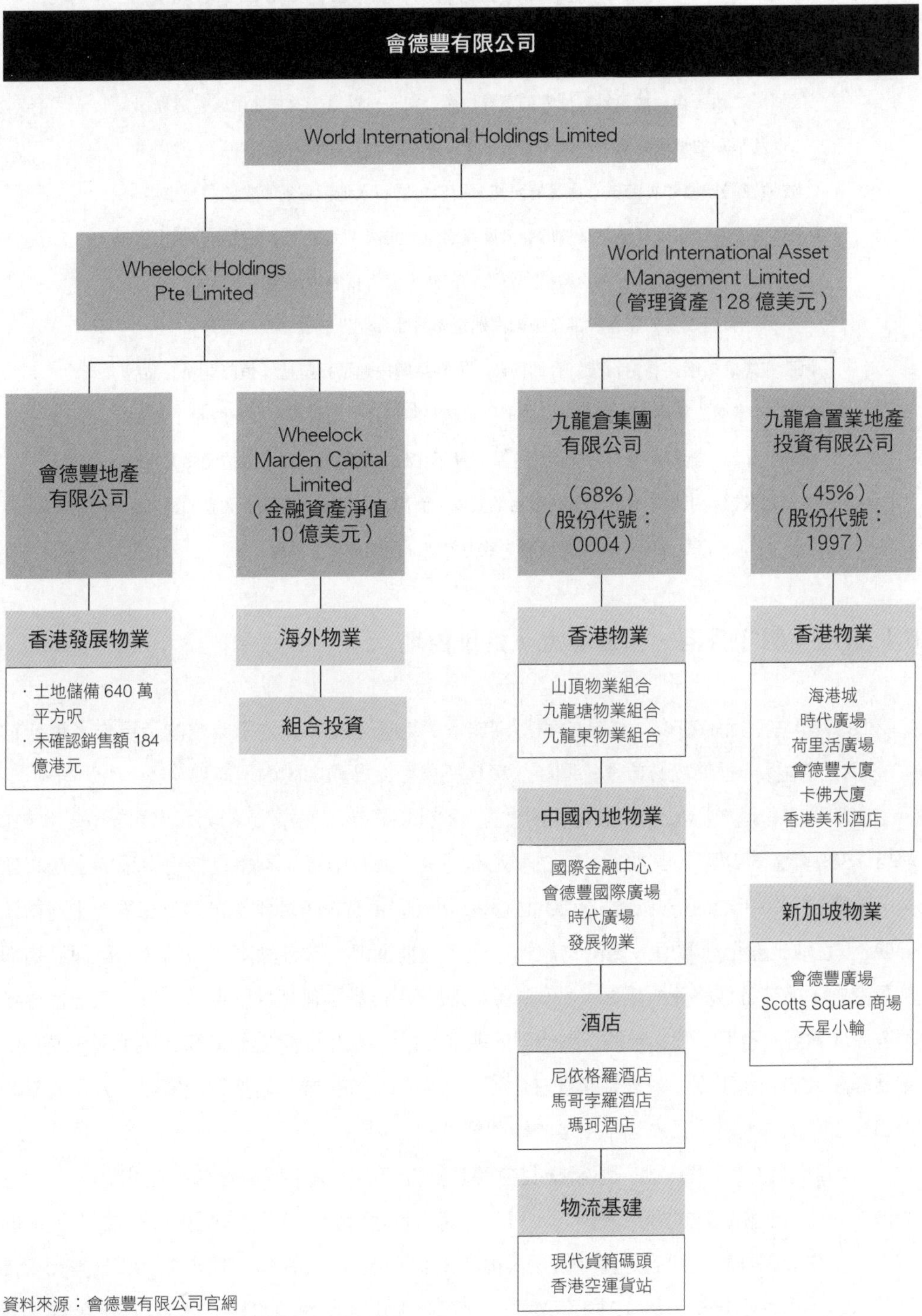

會德豐有限公司

World International Holdings Limited

Wheelock Holdings
Pte Limited

World International Asset
Management Limited
（管理資產 128 億美元）

會德豐地產
有限公司

Wheelock
Marden Capital
Limited
（金融資產淨值
10 億美元）

九龍倉集團
有限公司

（68%）
（股份代號：
0004）

九龍倉置業地產
投資有限公司

（45%）
（股份代號：
1997）

香港發展物業

· 土地儲備 640 萬
平方呎
· 未確認銷售額 184
億港元

海外物業

組合投資

香港物業

山頂物業組合
九龍塘物業組合
九龍東物業組合

中國內地物業

國際金融中心
會德豐國際廣場
時代廣場
發展物業

酒店

尼依格羅酒店
馬哥孛羅酒店
瑪珂酒店

物流基建

現代貨箱碼頭
香港空運貨站

香港物業

海港城
時代廣場
荷里活廣場
會德豐大廈
卡佛大廈
香港美利酒店

新加坡物業

會德豐廣場
Scotts Square 商場
天星小輪

資料來源：會德豐有限公司官網

六、地產投資巨擘的新策略

回歸之後，作為地產投資巨擘的英資地產公司——置地、太古地產、嘉道理，

以及華資的恒隆集團、希慎、華人置業、鷹君等都有相當不俗的發展。當中，

置地在繼續穩守香港核心物業的同時，積極拓展亞太地區並進軍中國內地市場，

從而發展成為一家以香港為基地的亞太區跨國地產集團；太古地產在香港分拆上市後，

在積極提升香港物業組合質素的同時，大力拓展中國內地市場，

發展成為一家在香港及中國內地領先的綜合項目發展商及營運商；

恒隆在繼續拓展其香港物業組合的同時，亦在中國內地積極打造「恒隆廣場」品牌，

發展成為一家橫跨香港及中國內地經營的大地產集團；希慎則銳意發展銅鑼灣「利園區」，

鞏固其作為「銅鑼灣地王」的地位。華人置業在致力收購的同時，亦透過物業重建、

改造及翻新工程，有效提升旗下物業價值；而鷹君在鞏固物業投資業務的同時，

加強酒店業務發展，致力打造「朗廷酒店」品牌。

6.1 置地：穩守香港，拓展亞太，進軍內地

　　1997 年香港回歸前後，作為怡和集團旗下的地產公司，置地對業務的發展作了重新定位，即在致力穩守香港核心業務的同時，積極拓展亞太區和中國內地市場。

　　置地穩守香港核心業務，最重要的就是「提升中環核心物業質素以滿足國際需要」。置地自 1889 年創辦以來，其始終如一的核心理念是「擁有中環，不單是持有中環的土地和建築，更要堅守『中環』這一概念」。20 世紀 90 年代中，時任置地集團市務部總經理史博禮就曾說：「置地坐擁全球價值最高的物業群之一，這裡匯聚大部分國際頂級品牌，然而街道卻坑窪處處，又被各種路障所堵塞。我們提供的設施滯後於零售租戶的要求。這群來自世界各地客戶成熟老練，但我們卻未能達到他們的期望。」[36] 為此，置地自 90 年代中期起，便在中環展開龐大的翻新工程，並重建集團在中環最古老的核心物業，包括置地廣場、太子大廈、歷山大廈和太古大廈，又改善了中環的整體環境。

　　該項計劃包括 3 個方面：翻新整個中環樓齡較高的物業；興建 3 幢新的物業——遮打大廈、約克大廈和置地文華東方酒店。與此同時，置地轉變經營思維，全面推行顧客至上的理念。首先展開翻新工程的是置地廣場，從 1994 年起，為期 3 年，耗資 2,000 萬美元，接著是太子大廈商場裙樓，於 1999 年竣工；繼而是歷山大廈商場裙樓，於 2001 年展開，耗

資 2,700 萬美元。2003-2006 年期間，置地耗資 2.1 億美元，對置地廣場再次展開工程浩大
的重建及翻新計劃，分 6 期進行，包括建設一幢嶄新的約克大廈和置地文華東方酒店。新
約克大廈（York House）是一幢樓高 14 層的甲級寫字樓，可提供出租面積 1.08 萬平方米。
2006 年 3 月，置地邀請約克公爵安德魯王子主持大廈開幕典禮。

　　與此同時，置地展開另一項龐大重建工程：拆卸太子大廈，重建為遮打大廈。太子大
廈的前身是置地早期的皇帝行和沃行，1963 年聯同毗鄰的於仁行重建為於仁大廈，1976 年
改名為「太子大廈」，拆卸前已有 20 年的歷史。該項工程總投資 2.4 億美元，於 1998 年展
開，2002 年 6 月竣工。遮打大廈樓高 29 層，其中 3 層是大型商場，可提供 4.3 萬平方米出
租面積。該大廈命名為「遮打」，是為了紀念置地公司聯合創辦人遮打爵士。2009 年，置地
在慶祝公司成立 120 週年之際，特委託雕塑家創作了遮打爵士的半身銅像，置放在新落成的
大廈大堂，並由遮打的後人麗莎·遮打主持揭幕儀式。遮打大廈開業後，旋即成為置地中環
核心物業的新旗艦。

　　在該項長達 15 年的翻新重建工程展開期間，香港經歷了 1997 年亞洲金融危機、2000
年科網股爆破、2011 年美國「9.11」事件、2003 年「沙士」事件等，然而置地將此項工程堅
持到底，並未拖延。1997 年，置地推出「勵精圖治」計劃，並於 2000 年以「中環品牌」名義
再次推出，由六大元素組成，包括：更優美的環境、更好的建築、更卓越的人才、更貼心的
物業管理服務、更融洽的客戶關係及更有效的溝通，並設有 23 項獨立任務，目標是要成為
「中環最佳業主」。[37]2007 年全部工程完成後，置地在中環的核心物業煥然一新，地位更形
鞏固。

　　這一時期，置地也積極拓展新加坡、印尼等亞太區市場。2001 年 3 月，置地聯同李嘉
誠的長江實業和新加坡的古寶置業公司組成財團，以 4.618 億新加坡元投得新加坡市區重建
局推出的一幅位於中央商業區邊緣的填海區土地，並投資興建為兩幢甲級寫字樓，其中斜角
的北座樓高 50 層，南座樓高 29 層，可提供 14.9 萬平方米面積，該物業於 2006 年竣工並
出租，恰逢新加坡經濟復甦，結果全部順利租出。2005 年，置地聯同合夥人組成財團，再
投得新加坡一幅面積達 3.55 公頃土地，計劃興建新加坡海灣金融中心，包括 3 幢寫字樓、
兩幢豪華住宅大樓和一個地下商場，總樓面面積 43.7 萬平方米，總投資 8.838 億新加坡
元。該項目於 2007 年展開，2013 年 5 月竣工開業，由新加坡總理李顯龍主持大廈開幕典
禮。置地驕傲地表示：置地在新加坡參與的這兩個項目，「面積比置地公司在香港中環的整
體物業組合還要大，為置地公司寫下歷史性的一頁」。[38]

　　置地在亞太區的另一項發展是印尼雅加達世界貿易中心。該中心土地原由阿斯特拉國際
集團旗下的 PT Jakarta Land 公司擁有。2003 年，怡和控股阿斯特拉國際以後，置地向怡

圖8-11　置地公司在亞太區的物業投資與發展

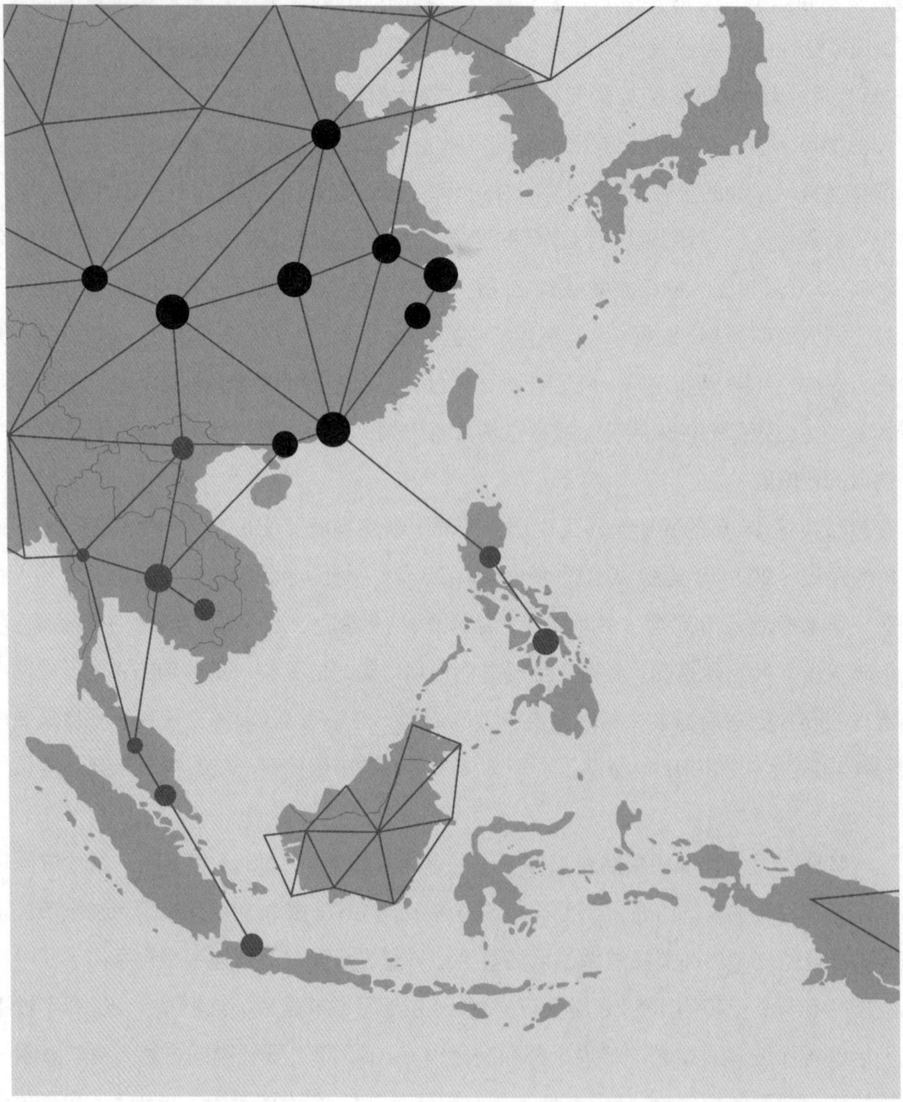

資料來源：置地控股有限公司官網

和購入該公司 25% 股權。PT Jakarta Land 原由三林集團擁有，於 1992 年在該地段上完成世界貿易中心一期之後，便停滯不前。其後，受到 1997 年亞洲金融危機衝擊，三林被迫出售所持 50% 股權，由 CCM 集團奪得。2005 年，置地從另一小股東購入 25% 股權，使所持 PT Jakarta Land 股權增至 50%，並委派職員出任公司總經理。置地與 CCM 集團合作，推動 PT Jakarta Land 轉型，並於 2009 年啟動世界貿易中心二期項目，該項物業於 2012 年 6 月竣工，可提供出租樓面面積 6 萬平方米。2013 年，PT Jakarta Land 再接再厲，啟動世界貿易中心三期建設，於 2018 年竣工。其後，置地再與阿斯特拉國際及金光集團（Sinar Mas Land）等合組公司，在雅加達市中心和外圍地區興建豪華住宅和大型住宅項目。2018 年，置地與尚泰集團成立的合資企業購物泰國曼谷前英國大使館地塊，該地塊佔地 3.71 萬平方米，將興建總樓面面積 17 萬平方米的甲級寫字樓。

與此同時，置地亦穩步進入中國內地發展。置地於 1997 年開始進入內地，早期的重點發展區域是西南地區的重慶、成都等中心城市。2004 年，置地攜手內地發展商龍湖地產，在重慶合作開發面積達 1,800 畝的濱江國際新城——江與城，發展高端社區住宅項目；隨後與招商地產合作，開發位於重慶南 CBD 核心地段的長嘉匯，致力於打造濱江高端城市綜合體。2010 年，置地獨立開發位於重慶兩江新區依託著照母山與自然湖景資源的高端別墅項目——約克郡，其後又與招商地產再度合作，開發公園大道項目。歷時 14 年，置地在重慶前後共開發了 4 個高端社區項目，4 個項目都取得了成功，備受市場認可，叫好又叫座。有評論認為，置地「步步為營、每一步都穩打穩紮」，充分顯現了其精耕細作的開發模式。

2010 年，置地進軍成都，與合景泰富地產合作，以 37.8 億元人民幣，投得成都市政府重點規劃打造的金融 CBD 城東攀成鋼地塊，計劃建成大型綜合發展綜合體——環球匯（WE City），整個項目包括高層住宅、服務式公寓、購物商場、寫字樓和時尚豪華酒店等，共提供 130 萬平方米的樓面面積，總投資近 150 億元人民幣，並引入全球最先進的「網絡化」都市綜合體模式，及國際一流的建築與經營模式。2013 年 12 月 5 日，環球匯舉行奠基典禮，置地邀請英國首相卡梅倫前來主持，怡和高層雲集。在奠基典禮上，置地行政總裁彭耀佳致辭時表示：「我們很榮幸邀得英國首相為奠基儀式的主禮嘉賓，他的蒞臨凸顯中國西南地區的戰略重要性正不斷提高，而這地區也是香港置地的發展重心，佔公司內地投資總值近七成。」2018 年 3 月，怡和主席亨利‧凱瑟克爵士前來成都，與成都市委書記范銳平會面時表示自己有「成都情結」，成都是怡和在華投資的重點區域，集團在四川的企業年收入超過 150 億元人民幣，員工逾萬人，業務涵蓋豪華汽車銷售服務（仁孚賓士 4S 店、中升汽車經銷店）、房地產開發（置地）、零售、餐飲（美心餐飲）等領域。

其後，置地進一步將業務拓展至北京、上海等一線城市。2011 年，置地透過旗下子公

司以 29 億元人民幣（4.55 億美元）的價格，擊敗競爭對手，投得離紫禁城最近的一塊商業用地，當時該幅土地被公認為北京 4 年以來出讓的最好地塊，總佔地面積約 2.7 萬平方米，可建成樓面面積約 15 萬平方米。經過長達 7 年的發展，總投資約 12 億美元，2018 年 5 月，這項被命名為「王府中環」的項目終於落成並正式開業。置地認為，由於王府中環位於王府井商圈核心地帶，必須在高端零售、餐飲、酒店基礎之上，給客人提供一個非常獨特的體驗，這個體驗將包括五大元素，即御品臻奢、潮流風尚、環球珍饌藝膳、康逸悅享及文化藝術。目前，王府中環已成為置地在內地最核心的發展項目。

2015 年 5 月，置地進入上海，與旭輝控股集團合作，雙方合組公司（各佔 50% 權益），共同開發上海浦東陸家嘴的洋涇社區地段，該地段由旭輝控股以 41.7 億元人民幣投得。該項目佔地約 8.18 萬平方米，總建築面積約 22.67 萬平方米，計劃打造成未來上海浦東地標式商住辦綜合體，成為上海內環的城市名片式項目。同年 9 月，置地再下一城，與上海陸家嘴集團旗下的上海前灘國際商務區投資（集團）有限公司，簽署合作框架協議，共同開發位於上海浦東前灘區域的一個總面積為 21 萬平方米的商業項目，即前灘 21 號地塊的前灘亞太中心，總投資約 200 億元人民幣。上海前灘國際集團與置地合作開發的是 A 組團，同時與太古合作開發 B 組團、與鐵獅門合作開發 C 組團、與海航資本合作開發 D 組團，此四大項目共同構成前灘的核心商務區。

2017 年後，在其他投資者開始減慢步伐或撤出地產市場，相繼「跑路撤退」之時，置地卻逆市而行，反而加快投資內地的步伐，先後在南京、武漢、杭州、上海等城市佈局，總投資超過 300 億元人民幣。置地在內地的發展，秉承一貫堅持「在城市核心地段進行投資」的發展理念和「不緊不慢」的發展節奏，重視與當地具影響力的地產發展商實行「強強聯合」，並且「專一地做地產」。對於業界有人批評置地作風「保守」，置地執行董事周明祖的解釋是：「我們一直是特別專注於一個細分市場。我們不會擴張得很快，因為這個市場的內核就是這麼大。我們覺得很重要的就是要做到一點，品牌要把它維護好。獲得客戶的信任，獲得市場的信任。」[39]

經過多年發展，目前，置地已發展成為一家以香港為基地的亞太區跨國地產集團，截至 2023 年底，置地共擁有及管理超過 85 萬平方米寫字樓及高級零售物業組合，其中，在香港中環商業核心區擁有約 45 萬平方米物業組合，包括 12 幢甲級優勢寫字樓、高檔零售商場及酒店；在新加坡擁有 16.5 萬平方米甲級寫字樓，包括濱海灣金融中心、萊佛士碼頭一號、萊佛士連道一號及城聯廣場等，主要集中於濱海灣地區；同時，置地還在中國內地的北京、成都、重慶、杭州、南京、上海、武漢等城市，以及中國澳門、印尼雅加達、泰國曼谷、越南河內及胡志明市、柬埔寨金邊、菲律賓宿霧及馬尼拉、馬來西亞吉隆坡等國家和地區發展

超過 40 個地產項目。2020 年 2 月，置地透過旗下公司，以 310.5 億元人民幣的歷史性高價，投得上海徐匯濱江最大規模的整體開發地塊，總出讓土地面積約 32.37 萬平方米，總建築面積約 179.70 萬平方米。該項目將以甲級寫字樓為主體，以商業、高端酒店、租賃住宅、會展文旅等一流服務為配套，建成集商務、商業、居住、休閒、文化、生態等功能於一體的中央商務區，總投資估計將達 700 億元人民幣以上，將助推徐匯濱江建成「全球城市卓越水岸」。這是置地在內地最大的一項投資。

　　從總體來看，2019 年之前，置地的經營狀況呈穩步增長態勢。2019 年，置地股東應佔利潤（underlying profit attributable to shareholders）為 10.76 億美元，比 2014 年的 9.30 億美元增長 15.70%；同期，投資房地產價值（investment properties）從 236.97 億美元增加到 331.91 億美元，增長了 40.06%；每股資產淨值（net asset value per share）從 11.71 美元增加到 16.39 美元，增長了 40.00%。不過，2020 年以後，受到全球新冠疫情及經濟低迷的影響，置地的業績也受到嚴重衝擊，可分配給股東的利潤（proft attributable to shareholders）於 2020 年度、2021 年度和 2023 年度均錄得虧損；置地股東應佔利潤（underlying profit attributable to shareholders）也從 2019 年的 10.76 億美元下降至 2023 年的 7.34 億美元，跌幅為 31.78%。（表 8-7）

表8-7　2013-2023年置地經營概況（單位：億美元）

年度	2013 年	2014 年	2015 年	2016 年	2017 年	2018 年	2019 年	2020 年	2021 年	2022 年	2023 年
可分配給股東的利潤	11.90	13.27	20.12	33.46	56.14	24.57	1.98	-24.67	-3.49	2.03	-5.82
股東應佔利潤	9.35	9.30	9.05	8.22	9.47	10.36	10.76	9.63	9.66	7.76	7.34
投資房地產價值	235.83	236.97	249.57	277.12	324.81	337.12	331.91	300.83	286.00	280.54	266.87
每股資產淨值（美元）	11.41	11.71	12.24	13.34	15.66	16.43	16.39	15.30	15.05	14.95	14.45

資料來源：*Hongkong Land Holding Limited Annual Report*，2017-2023 年。

6.2 太古地產：分拆上市，拓展內地市場

　　太古地產是香港另一家重要的英資集團太古旗下的地產公司。香港回歸初期，受到亞洲金融危機的衝擊影響，太古地產也減慢發展步伐。這時太古地產主要鞏固旗下在香港的旗艦物業，包括翻新位於鰂魚涌的太古城中心、繼續擴建太古坊、擴建太古廣場、發展又一城項目、成立太古酒店發展酒店業務等；同時，拓展海外和中國內地的房地產市場。

　　太古城中心建成於 1982 年，當時是港島區最大型的購物及消閒熱點，設有零售商店、

食肆及娛樂設施等，其後又相繼於 1991 年和 1992 年建成兩座（四座和三座）寫字樓。太古城中心的翻新工程於 1996 年展開，1997 年完成太古城中心購物商場第一期翻新工程，同時建成太古城中心一座寫字樓。到 2000 年完成全部翻新工程，使得太古城中心的面貌煥然一新。2001 年，全港首個提供豪華影院 Director's Club 的戲院在太古城中心開幕。與此同時，太古坊的擴展工程也穩步進行：1998 年及 1999 年，太古坊林肯大廈及濠豐大廈相繼落成；2001 年，太古完成鋪設太古坊及太古城的矩陣光纖網絡，為租戶提供資訊支援；2003 年，太古坊康橋大廈落成；2008 年，太古坊甲級辦公大樓——樓高 68 層的港島東中心落成。至此，太古坊共擁有 10 幢寫字樓，全部採用能源效率高和可持續發展的環保設計，總樓面面積達 600 萬平方呎，全部以光纖網絡連接，並設有專用衛星傳訊站，成為港島東規劃最完善的商業社區。

這一時期，位於金鐘的太古廣場的擴建及優化工程也相應展開。2003 年，太古廣場三座落成，擴展了太古廣場的物業發展。2007 年，太古地產委託英國著名設計師 Thomas Heatherwick 領導的 Heatherwick Studio 設計團隊，主理太古廣場的優化計劃，為太古廣場引入嶄新設計，重新演繹新一代時尚奢華。2009 年，太古廣場優化計劃第一期峻工，為公司的綜合式旗艦項目帶來全新面貌。及至 2011 年 9 月，投資 20 億港元的太古廣場優化計劃全部完成。目前，太古廣場（包括一期至三期）佔地超過 71.1 萬平方呎，薈萃世界著名品牌，雲集頂級購物及餐飲選擇，並設有香港港麗酒店、港島香格里拉大酒店、香港 JW 萬豪酒店及奕居等五星級酒店，以及提供共 270 個單位的酒店式住宅，被公認為城中最精心設計、規劃最完善的香港購物中心。

90 年代中期以後，太古地產與中信泰富合作，在九龍半島九龍塘發展大型購物商場及寫字樓大廈——又一城，太古地產佔 20% 權益。1998 年，毗連港鐵九龍塘站的又一城項目竣工，包括 7 層的商場、一幢辦公大樓、停車場及公共交通總站。2006 年，太古地產向中信泰富收購又一城的其餘權益，又一城成為由太古地產全資擁有的物業。又一城擁有超過 200 間商舖及食肆、設備齊全的電影院、大型溜冰場以及約 22.9 萬平方呎的寫字樓。此外，還設有不同類型的配套設施，包括 830 個泊車空間、的士站、巴士站，並直接連貫港鐵觀塘線及東鐵線，成為九龍塘知名的商業與購物消閒匯聚點。不過，2011 年 8 月，太古地產以 188 億港元出售又一城的全部權益予新加坡發展商豐樹產業，成為香港史上最大筆的物業交易。

太古地產曾經於 1977 年 6 月在香港掛牌上市，其後又於 1984 年被私有化，撤銷上市地位。2010 年 2 月 21 日，太古發佈公告稱將分拆太古地產在香港上市。5 月 3 日，太古地產發佈有關刊發招股章程的公告，計劃在全球發售 9.1 億股股份，其中，香港發售 4,550

萬股股份（可予調整），國際發售 8.645 億股股份，最高發售價為每股 22.90 港元，集資約 188.8-208.4 億港元，完成發售後，太古地產總市值介乎 1,369.5-1,511.4 億港元之間。[40] 不過，據報道，其時由於金融海嘯剛過，香港特區政府調控政策過於嚴厲，原先有意入股太古地產的中投、淡馬錫、新加坡政府投資公司和 ING 旗下房地產基金都望而卻步，期間敲定的基礎投資者只有荷蘭養老基金公司這一家，擬投資 2 億美元。5 月 6 日，太古宣佈，「鑑於在 2010 年 5 月 3 日刊發招股章程後市況轉差，太古地產經與聯席全球協調人商議後，得出意見認為在當前市況下進行全球發售乃屬不明智」，[41] 決定擱置上市建議。

　　不過，到 2011 年，鑑於經濟環境轉好，太古決定舊事重提。12 月 21 日，太古地產發佈公告，計劃將公司全部已發行股本以介紹形式，在香港聯交所主板上市，透過公司分派 17% 太古地產股份達成，其中 10% 股份分派予太古的公眾股東，其餘股份則分派予控股股東，股份代號為 1972，即公司成立年份。上市後，大股東太古的太古地產股權減持至約 82%。根據上市文件，截至 2011 年 9 月 30 日，太古地產共擁有樓面面積約 3,300 萬平方呎，總值 2,211 億港元；其中約 2,710 萬平方呎為投資物業，包括樓面面積約 1,910 萬平方呎的已落成投資物業，及樓面面積約 800 萬平方呎的發展中或持作未來發展的投資物業。

　　在香港，公司在這一投資物業組合中應佔樓面面積約為 1,440 萬平方呎，主要包括：太古廣場一至三座，可出租面積為 278.11 萬平方呎，總估值 898.39 億港元；太古坊 6 座甲級辦公樓、3 幢科技中心大廈及甲級商業大廈港島東中心，總估值 449.23 億港元；太古城中心一座、三座及四座寫字樓，可出租面積為 138.957 萬平方呎，以及毗鄰的購物商場，面積為 33.11 萬平方呎，總估值為 261.19 億港元。此外，還擁有東薈城 20% 權益，總估值 12.17 億港元；位處中國北京、上海、廣州及成都優越地段的 5 個大型綜合商業發展項目擁有權益，預期該等發展項目落成後，將有約 900 萬平方呎的應佔樓面面積；以及海外位於美國及英國的酒店權益等。[42]

　　在上市文件中，太古地產表示，公司的競爭優勢主要表現在 5 個方面，包括：（1）具構思、設計、發展以至管理綜合商業物業項目的能力，以成功活化市區環境見稱，在發展及管理活化物業項目上已累積近 40 年的實力及經驗；（2）開發新項目及獲取黃金地段土地的能力；（3）強勢品牌及作為首選業主的聲譽，擁有龐大、多元化及忠誠的租戶群，合共逾 1,800 個租戶，當中包括許多全球領先的企業及零售商；（4）致力奉行高水平的企業管治及擁有具豐富經驗、能幹的管理及營運團隊；（5）嚴守審慎的投資及資本管理方針。2012 年 1 月 18 日，太古地產在香港掛牌上市，旋即成為香港又一家大型上市地產集團。

　　太古上市後，除繼續加強香港物業投資與發展之外，並加大了對中國內地地產市場的開發。其實，太古地產自 2000 年起已開始進入內地市場。當年，上海中信泰富廣場落成，太

古地產擁有該物業的 10% 權益。自 2002 年起，太古地產先後在北京、廣州、上海和成都，主導參與了 5 個大型發展項目，包括北京三里屯太古里、北京頤堤港、廣州太古匯、成都遠洋太古里及上海興業太古匯，每一個項目建成後都成為了所在城市的商業標杆。

太古地產最早進入的是廣州。2002 年，太古地產與廣州日報報業集團達成協議，在廣州天河區發展一個大型商業及文化綜合項目，名為「太古匯」。2004 年，太古地產與廣州日報報業集團修訂合作同意書，把位於廣州的太古匯商業及文化綜合發展項目的股權，從 55% 增持至 97%。不過，廣州天河太古匯項目因為種種原因拖延多年，直到 2011 年 9 月才落成開業。太古匯位於廣州市天河中央商務區核心地段，總樓面面積約 35.8 萬平方米（不含文化中心），由一間大型購物商場、兩座甲級辦公樓、廣州首家文華東方酒店及酒店式服務住宅、一個文化中心構成。[43]

從建築風格看，廣州太古匯更偏向於香港商業的「幹練俐落」，以純盒子的商業區域搭配高層寫字樓及酒店，形成一個與香港太古廣場近似的綜合發展項目。商場的樓頂花園猶如一片城中綠洲，讓賓客雖置身於繁華的廣州 CBD，卻得到一份難得的恬靜。這裡雲集了逾 180 家知名品牌，包括全球一線品牌精品、海內外品牌時裝、家居生活用品，乃至精緻的美食佳餚；其中逾 70 個品牌為首次進駐廣州，多個國際知名品牌在此設立旗艦店或概念店。太古匯開業後即成為廣州最高檔、最時尚的購物消閒商業區之一。

不過，太古地產在內地的大型商業物業，最早開業的並非廣州太古匯，而是北京三里屯太古里。2007 年，太古地產與基滙資本中國基金 I（由基滙資本管理）合資從北京國峰置業手上收購了新三里屯項目，該項目為低密度的綜合商業項目計劃。太地持有項目零售部分 80% 的權益，並全資擁有該酒店。三里屯太古里位於北京朝陽區，佔地 5.3 萬平方米，建築面積 17.2 萬平方米，由歐華爾顧問公司指導、日本建築界領軍人物隈研吾等建築師參與設計，19 座低密度當代建築，分別坐落南、北兩區。其大膽的用色及不規則的立體幾何造型，使得每幢均獨一無二，以極強的視覺吸引力成為京城地標。[44] 經過 3 年多發展，北京三里屯太古里北區於 2010 年正式開業，時稱「三里屯 village」。

經過 10 年發展，三里屯太古里已成為北京時尚休閒的地標，整體出租率高達 97%。為了擴大發展空間，強化太古里的文化氛圍，太古地產宣佈將長期整租毗鄰的雅秀大廈，並重新改造成為太古里的延伸部分，暫名為「三里屯太古里西區」。太古地產（中國）行政總裁彭國邦表示：「三里屯太古里充分體現了太古地產在設計及創建能夠提升城市面貌的商業項目上的專長。一直以來，我們致力將當地歷史與文化元素融入項目設計與開發，而三里屯太古里正是這一理念的典範。10 年耕耘，三里屯地區儼然已經成為了北京的時尚地標之一。未來，三里屯雅秀大廈將成為三里屯太古里項目的延伸，而我們也期待這個項目能夠繼續帶動

三里屯社區、甚至是北京市的發展。」2018 年 1 月，三里屯太古里獲得 LEED O+M（運營與維護）金級認證，成為獲得該認證的首個內地開放式商業街區。

　　太古地產在內地的另一個地標是成都遠洋太古里，2010 年由太古地產聯同遠洋地產（各佔 50% 權益）成功投得成都大慈寺片區地塊，雙方共投資 100 億元人民幣發展「成都遠洋太古里」。成都遠洋太古里的建築設計獨具一格，將以人為本的「開放里」概念貫徹始終，通過保留古老街巷與 6 處富含歷史底蘊的院落和建築，再融入 2-3 層的獨棟建築，並採用川西風格的青瓦坡屋頂和格柵，配以大面積落地玻璃幕牆，建成既傳統又現代的低密度購物中心。2015 年，成都遠洋太古里正式開幕。項目內的太古酒店第三間 The House Collective 品牌酒店 ——博舍亦於同年開業。

　　2017 年 11 月，太古地產與興業發展合作投資的上海興業太古匯亦盛大開幕。2018 年2 月 26 日，太古地產與陸家嘴發佈公告稱，雙方就上海前灘項目簽訂產權交易合同，太古地產以 13.49 億元人民幣收購上海前灘實業所持有的上海前繡實業 50% 的股權。經過 10 多年的發展，太古地產在內地共建成 7 個大型商業項目，每一個都成為當地商業地標，並且有3 個項目在規劃發展中。（表 8-8）業內人士評價太古地產在內地發展「慢」，對此，太古地產行政總裁白德利表示，每個開發商都有適合自己的開發模式，各個模式之間並無好壞之分，

表8-8　2022年太古地產在中國內地物業組合的樓面面積 （單位：萬平方呎）

已落成	總計	投資物業	酒店、買賣物業及其他	應佔權益（%）
北京三里屯太古里	178.90	161.95	16.95	100
廣州太古滙	378.23	372.29	50.94	97
北京頤堤港	189.41	153.58	35.83	50
成都遠洋太古里	165.46	146.14	19.31	65
上海興業太古匯	353.66	314.88	38.78	50
上海前灘太古里	118.87	118.87	——	50
廣州滙坊	9.08	9.08	——	100
其他	0.29	0.29	——	100
小計	1,393.91	1,232.10	161.82	——
發展中物業				
北京頤堤港二期	404.55	——		356
西安太古里	236.47	——		70
三亞	214.34	214.34	——	50
小計	855.36	214.34		——
總計	2,249.28	1,446.44	161.82	——

資料來源：《太古地產有限公司 2022 年報》，第 47 頁。

表8-9　2011-2023年太古地產經營概況（單位：億港元）

年度	收入	年度溢利	資產總額減流動負債
2011	95.81	251.79	2,009.63
2012	140.52	190.89	2,244.14
2013	129.35	126.55	2,361.50
2014	153.87	97.23	2,479.61
2015	164.47	141.96	2,559.80
2016	167.92	152.09	2,660.85
2017	185.58	304.15	2,975.14
2018	147.19	287.21	3,216.57
2019	142.22	134.66	3,223.91
2020	135.88	40.69	3,261.65
2021	163.18	72.79	3,208.11
2022	138.26	82.27	3,261.76
2023	146.70	27.51	366.99

資料來源：《太古地產有限公司年報》，2012-2023 年。

「比如有的開發商注重規模化，因此把佈局重點放在二、三線城市。而對於太古來說，公司更側重於一線城市，關注核心地段及開發大型綜合體。這種模式的確需要投入更長時間」。他並強調：「若是聚焦在商業地產領域，我想可能沒有太多企業能與太古地產爭奪『匠人』這個稱謂。」太古地產將自己最核心的理念概括為 3 點：長遠規劃、傳承和創新城市文化、建設和諧共生的社區。

目前，太古地產已成為香港及中國內地領先的綜合項目發展商及營運商，公司尤其專注發展商業地產項目，透過活化市區環境以創造長遠價值，其主要業務包括物業投資、物業買賣和酒店投資。太古採取的發展策略主要包括：（1）繼續透過構思、設計、發展、擁有及管理綜合項目及其他市區項目，創造長遠價值；（2）積極管理資產，並透過持續提升、重新發展及添置新資產以鞏固資產組合，從而擴大已落成物業的盈利與價值；（3）繼續發展高尚住宅物業業務；（4）繼續集中發展香港及中國內地市場；（5）審慎管理資本。[45] 為此，2022年 3 月，太古地產宣佈，計劃在未來 10 年投資 1,000 億港元，在香港和內地發展一系列項目，同時在不同地區（包括東南亞）開展一系列住宅買賣項目，其中，在香港投資 300 億港元，在內地投資 500 億港元，在東南亞地區投資 200 億港元於住宅買賣項目。[46]

截至 2023 年底，太古地產共擁有物業組合總樓面面積 3,910 萬平方呎，其中，投資物業及酒店物業約 3,440 萬平方呎，包括已落成投資物業及酒店 2,440 萬平方呎，發展中或持作未來發展的投資物業約 1,000 萬平方呎。在香港，共擁有投資物業及酒店組合約 1,420 萬

平方呎，主要包括太古廣場一二三座、太古城中心、太古坊一、二座、South Island Place、東薈城名店倉等甲級辦公樓、零售物業、酒店、服務式住宅及其他高尚住宅物業等；在中國內地分別於北京、廣州、成都、上海及三亞的優越地段持有 10 個大型綜合商業發展項目的權益。此外，還持有美國邁阿密的 Brickell City Centre 項目及酒店權益。

2017 年，太古地產營業收入為 185.58 億港元，年度溢利 304.15 億港元，分別比上市前的 2011 年增長了 93.7% 和 20.8%。不過，2018 年以後，特別是 2020 年全球新冠疫情爆發以後，太古地產的業績亦受到較大衝擊，2023 年度溢利為 27.51 億港元，比 2017 年最高峰時大幅下跌了 90.96%，比 2019 年亦下跌了 79.57%。（表 8-9 ）

6.3 恒隆集團：打造「恒隆廣場」品牌

曾經作為香港華資「地產五虎將」之一的恒隆集團，由於在 1980 年代初中期看錯地產循環週期而一度陷入困境。因此，自恒隆創辦人陳曾熙之子陳啟宗接任集團主席後，就十分重視防範風險。1995-1997 年回歸前夕，面對地產市道大漲，恒隆「抵制誘惑」，沒有大舉入市發展，而是積極籌措資金，包括配售股份和借取長期貸款，以及在利潤豐厚時出售投資物業。因此，在亞洲金融危機襲擊、香港股市大跌期間，香港主要大型地產股市股價都大幅下挫 25-85%，而恒隆地產（前身為淘大地產）股價卻逆市上升了 8%，母公司恒隆集團股價跌幅僅 24%。2001 年，恒隆集團重組，恒隆改名為「恒隆集團有限公司」，而淘大置業則改名為「恒隆地產有限公司」。2002 年 8 月，恒隆地產向母公司恒隆集團收購其所持格蘭酒店股權，並將其私有化。

這一時期，香港又相繼遭遇全球互聯網泡沫破滅、非典型肺炎疫情、「9.11」等連串事件的衝擊，恒隆為尋求新的增長機會，將發展目光轉向中國內地，大舉進軍內地地產市場。其實，早在 1991 年，陳啟宗接任恒隆集團主席時，他就沒有將發展眼光局限於香港，而是看中了正蓬勃發展的中國內地市場。1992 年，恒隆制定進入內地的發展計劃，集中在內地「人口龐大城市的最佳地段」發展商業地產項目，並圈定上海作為橋頭堡。

1992 年 12 月，恒隆在上海取得突破性的發展，成功拿下位於上海最大的徐家匯地鐵站上蓋發展項目。該項目包括甲級寫字樓、6 層的購物商場及 635 套服務式住宅公寓，總樓面面積 27.06 萬平方米。2006 年，被命名為「港匯恒隆廣場・上海」的項目竣工，旋即成為上海市商圈新地標。幾乎與此同時（1993 年 12 月），恒隆成功拿下位於南京西路商業繁華區地塊。該地塊位於當時上海最具標杆意義的兩幢物業——上海展覽中心和波特曼旁，地理位置絕佳。恒隆的出價是 3 億美元，這是當年上海靜安區大規模改造總標價最高的項目。以此

為起點，靜安區正式拉開了以南京西路全面改造和綜合開發為龍頭，建設上海中心一流城區的序幕。該項目包括甲級寫字樓和購物商場，總樓面面積 21.33 萬平方米。2006 年，這座「恒隆廣場‧上海」正式落成，成為當時浦西最高建築，與梅龍鎮廣場、中信泰富組成了上海著名的商業「金三角」。上海恒隆廣場落成後旋即被選為上海第一購物商場及中國第一辦公室。這兩座物業的成功發展，為恒隆帶來豐厚的租金來源和很高的聲譽。

2004 年以後，鑑於香港房地產已日趨成熟，發展空間有限，而內地房地產市場正在迅速崛起，恒隆決定加快在內地的投資發展。恒隆集團制定新的發展計劃，準備在 2005-2007 年間，在內地多個核心城市購入土地，興建 10-12 個大型商業項目，每個項目 20-25 億元人民幣，總投資約 250-300 億元人民幣。當時，恒隆這計劃有兩個重點，其一是精心挑選城市，包括上海等一線城市，以及具發展潛力的二線城市；其二是以購物商場為主體。2005 年，恒隆突破上海地域，先後在天津、瀋陽成功取得兩塊土地，發展「恒隆廣場‧天津」和瀋陽「皇城恒隆廣場‧瀋陽」。皇城恒隆廣場於 2010 年落成開業，不過天津恒隆廣場則延遲到 2008 年才展開工程，2014 年竣工。2006 年，恒隆再在瀋陽市府廣場南面地段、無錫市中心繁華商業區、長沙芙蓉區東牌樓舊城改造區獲得 3 幅土地，分別發展瀋陽「市府恒隆廣場‧瀋陽」、「恒隆廣場‧無錫」和「恒隆廣場‧長沙」。2007 年，恒隆再取得濟南市中心歷下區泉城路地塊，於 2011 年發展成為濟南「恒隆廣場」。到 2007 年，恒隆在內地的地產投資，已擴展到上海、天津、瀋陽、無錫、濟南、長沙等多個城市，共發展了 8 個項目，均成為當地的商業新地標。

2008 年全球金融海嘯爆發後，內地房地產市場一度市況低迷，土地價格下跌。面對這一形勢，恒隆仍有條不紊地增加內地的土地儲備。正如恒隆集團主席陳啟宗所說：「每當經濟下滑，我們負責土地購置的項目開發團隊便特別忙碌。當市政府無法售出土地致財政緊絀之際，恒隆便翩然而至！每當全國各地的市領導開始靠攏時，我們便知道機會正向我們招手。」[47] 這一時期，恒隆先後購入大連核心商業區地段、昆明盤龍區東風東路地段、武漢礄口區京漢大道地段。2015 年 12 月，大連恒隆廣場落成開業。該項目坐落於大連市核心商業區，樓高 7 層，總樓面面積 22.19 萬平方米。就在建設期間，大連恒隆廣場在世界知名的 2013 年度新興市場城市景觀建築大獎（Cityscape Awards for Emerging Markets）中，奪得「零售項目——未來」組別的獎項。

2012 年，恒隆在昆明的項目恒隆廣場動工建設。該項目處於昆明規劃中的中央商務區核心圈內，佔地約 5.6 萬平方米，計劃發展成集世界級購物商場、甲級辦公樓和服務式寓所於一體的大型商業綜合項目，總樓面面積達 40.1 萬平方米，其中寫字樓大廈樓高超過 300 米。至於武漢的恒隆廣場，位於武漢繁盛商貿樞紐礄口區京漢大道，與赫赫有名的武廣商圈

和中山大道商圈相近，佔地面積約 8.26 萬平方米。恒隆將計劃投資約 120 億元人民幣，發展為商業綜合物業項目，當中包括世界級購物商場、寫字樓及公寓式酒店。該兩項物業預期於 2019 年分期完成。2013 年，恒隆主席陳啟宗在《致股東函》中表示：「過去 4 年，我們每年完成一個相等於紐約帝國大廈的項目。按此速度計算，正在施工的 3,200 萬平方呎物業，全部竣工需時 12-13 年。這是一個非常進取的計劃。」[48]

2017 年，為了鞏固恒隆在上海商圈的地位，集團宣佈對旗下的旗艦項目——上海港匯恒隆廣場展開為期 3 年的大型資產優化工程，除了為顧客締造更優質的購物環境外，並積極引進一系列備受注目的全新國際品牌及奢侈品牌中國旗艦店，以進一步提升作為內地奢侈品品牌集中地（Home to Luxury）的定位。該項工程將分階段展開，於 2020 年已全部完成。對此，恒隆主席陳啟宗表示：「20 多年前，我們選擇在上海投資，開展恒隆在內地市場發展的時代。自此，我們已成功在內地多個城市建立甚具代表性的地標項目。上海的恒隆廣場在完成優化工程後，其零售額強勢增長 26%，證明項目已成功蛻變成現代高端零售的象徵，重塑中國零售市場的形勢。」[49]

2018 年 5 月，恒隆成功奪得杭州下城區百井坊商業綜合體地塊，作價約 107 億元人民幣（約 131 億港元）。恒隆計劃投資約 190 億元人民幣，發展大型商業綜合項目。陳啟宗表示：「我們一直對內地商業及零售市場的發展非常樂觀，是次入駐杭州，正配合恒隆欲進一步擴大在內地投資的長遠策略。我們充滿信心，這項世界級的地標項目可為杭州和恒隆創造更大的價值。」[50] 恒隆並表示：「隨著未來進一步發展，恒隆地產正努力開創前景，矢志發展成為一家備受尊崇的全國性商業地產發展商。」目前，恒隆集團在中國內地 9 個城市已興建了 10 幢以「恒隆廣場」為品牌的綜合商業項目，總面積超過 200 萬平方米。（圖 8-12）

這一時期，恒隆集團也並沒有放棄香港市場。恒隆在香港的策略，是「以物業投資為主，以地產發展為輔」。在物業投資領域，致力於提升優化集團旗下的物業組合，截至 2019 年底，恒隆在香港的物業組合，主要包括中環的渣打銀行大廈、印刷行、都爹利街 1 號、樂成行；銅鑼灣及灣仔的 Fashion Walk、恒隆中心、瑞安中心；跑馬地的藍塘道 23-39 號；山頂及半山區的山頂廣場、御峰；港島南區的濱景園；尖沙咀及西九龍的格蘭中心、恒福商業中心、碧海藍天、浪澄灣；旺角的雅蘭中心、恒通中心、家樂坊；牛頭角的淘大商場；以及長沙灣、葵涌、荃灣及屯門的一些物業等，涵蓋商舖／商場、辦公樓及工業、住宅及服務式寓所、車位等。在地產發展領域，則重點發展豪宅項目，如君臨天下、藍塘道 23-39 號、浪澄灣，以及電氣道重建項目、淘大工業村重建項目等。

經過多年發展，恒隆集團秉持「只選好的，只做對的」（We Do It Right）的理念和經營方針，發展成為一家橫跨香港及中國內地經營的大地產投資集團。目前，該集團透過上市控

圖8-12   恒隆集團在中國內地的物業投資組合

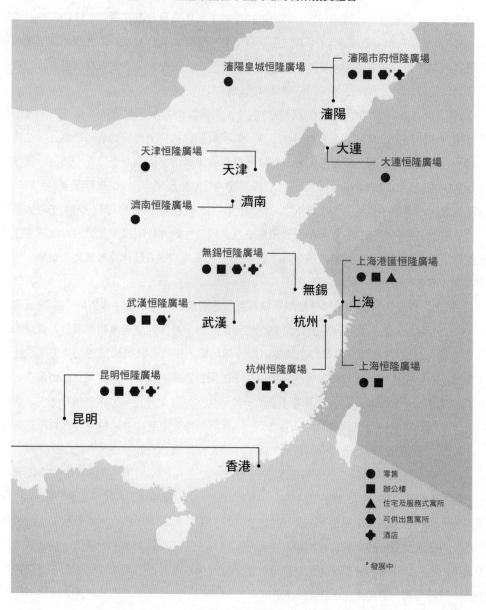

股旗艦——恒隆集團有限公司及其上市公司恒隆地產有限公司,在香港及內地從事地產發展
與物業投資業務。截至 2019 年底,恒隆集團的投資物業面積為 134.65 萬平方米,其中內地
為 80.80 萬平方米,佔 60.0%;香港為 53.85 萬平方米,佔 40.0%。2019 年度,恒隆集團
的總收入為 94.35 億港元,其中物業租賃收入 91.39 億港元,地產銷售 2.96 億港元,分別

佔總收入的 96.86% 及 3.14%；股東應佔純利則為 68.19 億港元。（表 8-10）在物業租賃收入中，來自中國內地的收入為 49.75 億港元，香港收入為 41.64 億港元。換言之，恒隆集團已實際上成為一家地產投資集團，並且來自內地的租金收入已超過香港部分，成為集團收入的重要來源。

表8-10　2008-2023年恒隆集團業務發展概況（單位：億港元）				
年度	收入			股東應佔純利
	物業租賃	物業銷售	合計	
2008*	41.86	63.67	105.53	75.16
2009*	46.85	0.11	46.96	25.59
2010*	50.69	75.11	125.80	131.39
2011*	57.11	0.03	57.14	35.29
2011（7-12 月）	31.68	1.93	33.61	15.78
2012	67.11	12.75	79.86	52.62
2013	72.16	25.18	97.34	45.57
2014	77.92	98.14	176.06	68.25
2015	83.30	11.98	95.28	32.11
2016	83.26	53.22	136.48	37.13
2017	83.54	34.20	117.74	53.14
2018	87.84	12.31	100.15	52.85
2019	91.39	2.96	94.34	68.16
2020	94.64	0.62	95.26	-15.41
2021	109.19	0.00	109.19	25.89
2022	106.25	3.16	109.41	27.18
2023	108.79	0.02	108.81	28.11

* 截至 6 月 30 日止年度；2011 年 11 月，董事會批准將集團的財政年度年結日由 6 月 30 日更改為 12 月 31 日，因而出現 2011 年 7-12 月財政數字。

＃已動用淨資產已撇除淨債項 / 現金

資料來源：《恒隆集團有限公司年報》，2008-2023 年。

不過，2020 年以來，受到全球新冠疫情爆發和經濟增長放緩的衝擊，恒隆集團的經營業績亦受到一定影響。2020 年，恒隆集團的收入雖然略有增長，達到 95.26 億港元，但錄得股東應佔虧損 15.41 億港元。2023 年，恒隆集團的收入增長至 108.81 億港元，比 2019 年增長 15.34%；但股東應佔純利僅 28.11 億港元，比 2019 年度大幅下跌 58.76%。

6.4 希慎興業：銳意發展銅鑼灣「利園區」

回歸之後，希慎興業的投資策略，基本就是對旗下投資物業展開重建或者翻新改造工程，銳意發展銅鑼灣的利園區，以提高物業的經營效益。這些工程包括：2002 年完成翻新半山住宅竹林苑；2003 年完成翻新利園二期商場部分；2004 年完成翻新利園六期；2009年完成翻新利園二期；2011 年完成翻新「希慎道壹號」；2012 年建成「希慎廣場」；2013 年完成翻新利舞台廣場低層。

其中，希慎廣場為重建項目，在興利中心原址拆卸重建，樓高 36 層，另設有 4 層停車場及零售地庫，基座設有 17 層零售店舖，逾 120 間商戶，高層為 15 層寫字樓，建築面積

圖8-13　希慎興業在銅鑼灣的物業組合

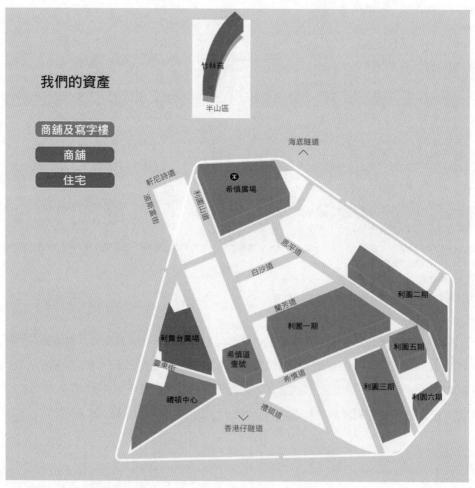

資料來源：《希慎興業有限公司年報》，2018 年，第 16 頁。

達 31.4 萬平方呎。希慎廣場是希慎興業旗下最大型的商場及灣仔區由單一業主持有的第二大商場。希慎廣場是香港首幢獲美國 LEED 白金級綠色建築認證的建築物，並同時獲得香港 BEAM Plus 白金級綠色建築認證，建成開業後即成為銅鑼灣廣受歡迎的商場。[51]

2018 年，適逢「利園區」成立 95 週年。該年 11 月，希慎旗下的「利園三期」落成開業。利園三期樓高 34 層，建築面積 46.7 萬平方呎，為銅鑼灣的租戶提供了新的選擇。截至 2022 年度，希慎興業持有的投資物業組合增加到 450 萬平方呎，包括商舖、寫字樓、住宅等，其中約 85% 是位於銅鑼灣的商舖及寫字樓物業，（圖 8-13）其餘 15% 為半山區的住宅物業，主要是位於香港半山區的竹林苑公寓。[52] 希慎興業在年報中表示：「作為我們的業務基地，利園區與銅鑼灣密不可分。我們繼續銳意發展利園區，成為香港的首選熱點。」

目前，利氏家族透過 Lee Hysan Company Limited 持有希慎興業 41.88% 股權。由於中環商業區多年「蟬聯」全球最昂貴寫字樓城區，不少公司持續「逃離」該區，銅鑼灣利園區成為承接這些公司的主要地區，這使得希慎興業近年來的租金收入持續走高。2019 年度，希慎興業的營業額為 39.88 億港元，除稅前溢利為 55.59 億港元，總資產 907.43 億港元。不過，2020 年以後受到全球新冠疫情及經濟低迷的影響，希慎興業在 2020 年度、2022 年度及 2023 年度均錄得虧損，除稅前虧損分別達 19.95 億港元、6.07 億元及 7.31 億元。（表 8-11）

表8-11　2017-2023年希慎興業的經營概況（單位：億港元）

年度	營業額	除稅前溢利	總資產
2015	34.30	35.73	787.88
2016	35.35	18.10	800.21
2017	35.48	40.97	821.20
2018	38.90	68.00	870.43
2019	39.88	55.59	970.43
2020	37.10	-19.95	1,097.55
2021	36.08	22.61	1,173.73
2022	34.60	-6.07	1,191.65
2023	32.10	-7.31	1,145.26

資料來源：《希慎興業有限公司年報》，2015-2023 年。

近年來，希慎興業投資策略轉趨更為積極，包括擴展核心業務及投資於「增長支柱」，為集團建構更均衡及多元的業務組合。在擴展核心業務方面，2021 年 5 月，希慎興業與華懋合組財團以 197.78 億港元成功投得香港加路連山道項目，該項目位於利園區東南面與歷史悠久的南華體育會運動場之間，發展 3 座 16-24 層高（另設 5 層地庫）的優質甲級商廈，共提供約 110 萬平方呎的新商業面積以及 600 個停車位，為利園增加約 30% 的面積，從而

進一步鞏固利園區在銅鑼灣及香港的領導地位。另外，希慎亦涉足地產發展項目，包括合資發展位於大埔翠綠山巒之巔的優質住宅項目，參與發展市建局位於九龍土瓜灣庇利街／榮光街的住宅項目（佔 25% 股權）等。

在投資於「增長支柱」方面，2021 年 9 月，集團以 35 億元人民幣價格，向李嘉誠長江實業收購旗下上海靜安區核心地帶一幢樓高 24 層、建築面積逾 93 萬平方呎的商廈——世紀盛薈廣場。此前，希慎在內地僅持有上海港匯恒隆廣場 24.7% 權益，此次購入的世紀盛薈廣場，為希慎在內地首個全資擁有的項目。該商廈擁有約 5 萬平方米甲級辦公室，希慎計劃將其中約 1.8 萬平方米零售空間進行升級改造，並為項目注入希慎的品牌特色——智慧社區、交通連接，新舊融合、重視傳統，以及保留地道特色，並重新命名為「上海利園」，工程預計 2023 年中竣工。希慎興業主席利蘊蓮表示：「希慎一直以來對中國市場的增長潛力充滿信心。此項目將為希慎在上海的長遠發展奠定基礎。我們將繼續在上海，大灣區及中國其他一線城市物色新的投資機會。」

與此同時，希慎興業還與歷史悠久的國際品牌 IWG 合作，推展大灣區共用工作間業務，管理其在粵港澳大灣區 5 個城市——香港、深圳、廣州、佛山、珠海共 33 個辦公地點。此外，希慎還投資新風集團，以擴展在內地的優質醫療業務。希慎興業主席利蘊蓮表示：「2021 年是希慎業務發展具里程碑意義的一年。我們實現了集團中長期策略計劃下的一系列重大投資。該策略聚焦利園區『核心業務』的持續策展及擴充，及投資於『增長支柱』，為集團建構更均衡及多元的業務組合。」[53]「我們期待下一個百年，利園區必將繼續成為世世代代工作、生活及享樂的理想地。」[54]

6.5 劉鑾雄家族／華人置業：「銅鑼灣舖王」

回歸之後，劉鑾雄家族的業務也有了新的發展。1997 年香港剛回歸不久，就遇到亞洲金融危機的衝擊，股票暴跌，眾多投資者血本無歸。不過，劉鑾雄由於習慣以個人名義投資，因此外界並不清楚他虧損多少，但他旗下的華人置業，卻相繼投出了逾 10 億美元，顯示這場災難並未使其真正傷筋動骨。其中，大部分投資金額進入了中國內地。[55] 這時華人置業利用資產價格低迷的市場環境，在香港展開一系列的收購，其中包括：1998 年收購廣生行國際有限公司 64.29% 股權；2001 年收購至祥置業有限公司 72.68% 股權；2003 年收購金匡企業有限公司 57.56% 股權等。不過，這些投資其後均先後售出。

2001 年，劉鑾雄、劉鑾鴻兄弟與鄭裕彤聯手，以 35.3 億元收購日資的崇光百貨公司，組成利福國際集團有限公司，並於 2013 年 12 月在香港上市。利福國際共持兩家崇光百

貨，分別位於銅鑼灣和及尖沙咀（尖沙咀店於 2023 年結業）。2017 年 4 月，利福國際將旗下利福地產股權出售後，主要業務是於香港經營百貨店以及物業發展與投資。為了吸納九龍東地區的潛在客戶群，該集團於 2017 年 12 月啟動新啟德發展區的兩幢商業大廈工程，計劃於 2022 年竣工。屆時，將在商廈開設一家全新的崇光百貨店，並設有其他商業、娛樂及餐飲設施。2019 年度，利福國際的營業額為 35.42 億港元，除稅前溢利 21.66 億港元，總資產 245.02 億港元。[56]

華人置業主要經營業務為物業投資、地產發展、樓宇及物業管理、證券投資、放債、經紀服務、化妝品分銷及貿易等，主要收入來源則是物業租金。其中，集團的投資物業主要是商場和寫字樓，大部分集中在港島銅鑼灣、灣仔及九龍尖沙咀等商業區，劉鑾雄亦因而被稱為「銅鑼灣舖王」。其中，購物中心包括：The ONE、皇室堡、新港中心、銅鑼灣地帶、怡東商場（東角 LAFORET）、灣仔電腦城等；商業大廈包括：皇室大廈和夏慤大廈；工業大廈包括：興偉中心、廣建貿易中心、鴻圖道 1 號；以及住宅秀樺閣等。此外，華人置業在內地還持有希爾頓酒店（佔 50% 權益）、北京東方國際大廈（佔 50% 權益）、深圳羅湖商業城等，在英國持有 3 項商業大廈及綜合體物業。[57] 在地產發展方面，回歸以來，華人置業也先後展開一系列地產發展項目，主要包括：璈珀、壹環、帝峰·皇殿、御金·國峰、樂悠居、邁爾豪園、畢架山峰、逸翠軒、君頤峰、爾登華庭、Manhattan Avenue、都會 151、肇輝台 8 號、荃灣馬角街 14-18 號等住宅項目。

尖沙咀崇光百貨。

劉鑾雄除了通過華人置業展開物業投資、地產發展之外，更多以個人名義進行投資。2009 年內地地產公司恒大上市前夕，劉鑾雄便聯同鄭裕彤等，分別認購恒大 5,000 萬美元的股票，成為恒大的基礎投資者。2010 年初，他兩次認購恒大發行的企業債券，總額高達 7.5 億美元。2011 年，他旗下的華人置業，又以 5 億美元認購恒大江蘇啟東項目 49% 權益。這兩年間，劉鑾雄投資恒大的股票和債券，數額近 50 億元人民幣。結果，恒大上市後股價上漲，劉鑾雄獲得不菲的利潤。這一時期，他還利用全球金融海嘯資產價格低迷的市場環境，收購歐洲金融企業的債券，包括渣打銀行、德意志銀行、巴克萊銀行等，以 30-60 歐

圖8-14　華人置業集團業務架構

圖8-14　華人置業集團業務架構

```
┌─────────────────────────────────────────────────┐
│                   陳凱韻女士                        │
│         （作為劉仲學、劉秀樺及劉秀兒之信託人）          │
└─────────────────────────────────────────────────┘
                        │
                   ┌─────────┐
                   │ 74.99%  │
                   └─────────┘
                        │
              ┌──────────────────┐
              │    華人置業集團     │
              │ （股份代號：127）   │
              └──────────────────┘
                        │
        ┌───────────────┼───────────────┐
   ┌─────────┐     ┌─────────┐     ┌─────────┐
   │ 中國香港 │     │  中國   │     │  英國   │
   ├─────────┤     ├─────────┤     ├─────────┤
   │ 物業投資 │     │ 物業投資 │     │ 物業投資 │
   │ 物業發展 │     └─────────┘     └─────────┘
   │樓宇及物業管理│
   │ 證券投資 │
   │  放債   │
   │ 經紀服務 │
   │化妝品分銷及貿易│
   └─────────┘
```

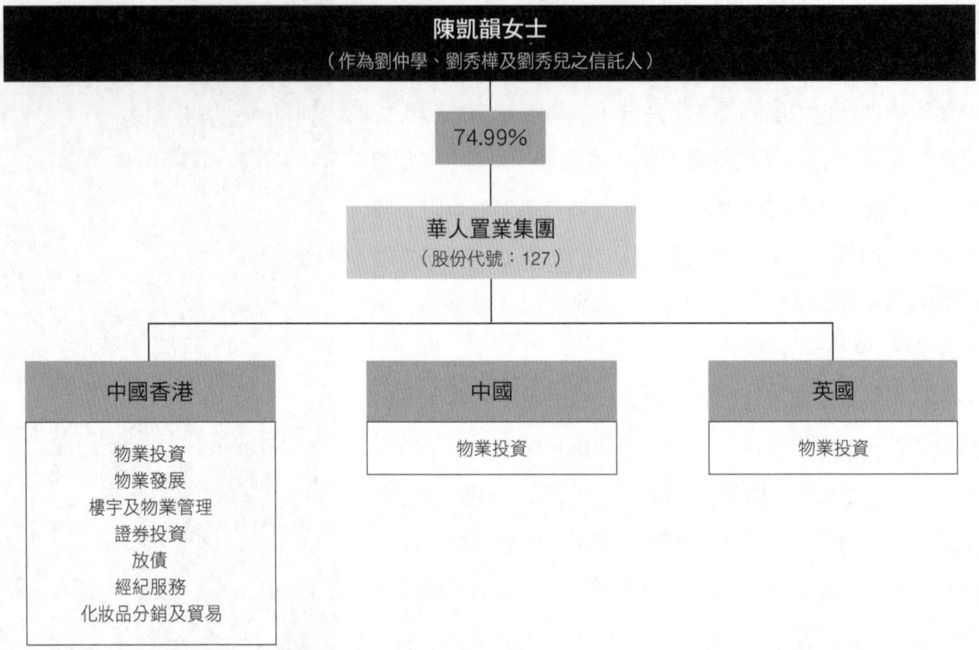

資料來源：華人置業集團有限公司官網

元價格，大量吸納面值 100 歐元的債券，待風暴平息後，投資者回歸理性，市場價格靠攏面值，劉鑾雄大賺一筆。2007 年金融海嘯爆發前，劉鑾雄的個人資產為 21 億美元，到 2011 年增長到 65 億美元，增長了 2.1 倍。到 2015 年，他的資產增加到 109 億美元，位列香港家族財團的第 6 位。

2014 年 3 月，劉鑾雄因捲入澳門「歐文龍受賄案」，辭去華人置業董事局主席職務，由其長子劉鳴煒接任。2019 年 5 月，劉鑾雄在患病期間對財產進行分配的方案曝光，其中劉鳴煒獲得華人置業約 24.97% 股權以及一批物業，妻子陳凱韻（甘比）及其子女獲得約 400 億港元資產，包括女兒劉秀樺與兒子劉仲學共獲得的華人置業約 50.02% 股權。其後，劉鳴煒將所持華人置業股權全數轉售予甘比，令甘比及其子女持有的華置股權增加到 74.99%，而劉鳴煒仍繼續擔任華置董事局主席。至此，劉鑾雄轉趨低調，逐步退居幕後。

不過，近年來，華人置業的業績並不理想，特別是集團大量投資內地房地產公司恒大、佳兆業等集團的股債，因恒大的債務危機而出現嚴重虧損。為了及時止損，在華人置業接連拋售所持的中國恒大、佳兆業等內地房企股票及債券。2021 年度，華人置業收入為 13.00

億港元，比 2020 年度的 30.41 億港元大幅下降 57.25%；除稅前虧損 34.80 億港元，而 2020 年度除稅前溢利為 69.25 億港元。2021 年 10 月，華人置業發佈公告表示，鑑於公司經營所在的營商環境充滿挑戰及不確定性，決定將公司私有化，購回公開市場上約 25% 的公眾持股，涉及總金額約 19.08 億港元。不過，有關議案被股東大會否決，私有化建議被迫終止。2022 年度，華人置業業績有所回升，收入增加至 14.35 億港元，除稅前溢利達 11.79 億港元。不過，2023 年，華人置業的業績再度下降，年度收入和除稅前溢利分別為 4.80 億港元及 1.04 億港元，分別比 2022 年度大幅下跌 66.55% 及 91.18%。

6.6 鷹君集團：打造「朗廷酒店」品牌

回歸之後，鷹君集團發展的一個重點是投資酒店業。1996 年，羅嘉瑞收購了歷史悠久的倫敦朗廷酒店，該酒店自 1865 年以來一直是歐洲豪華酒店。鷹君收購朗廷酒店後，即以此為品牌積極拓展。2012 年，鷹君以 2.29 億美元收購美國紐約曼哈頓第五大道一家酒店。2013 年，鷹君將之前收購的美國紐約酒店重塑為「朗豪」品牌，又在芝加哥發展「朗廷酒店」品牌，同時將加拿大多倫多酒店改造為「逸東」品牌，為將朗廷打造成領先的國際酒店品牌進一步打穩基礎。

2013 年 5 月 30 日，鷹君將部分酒店業務分拆，組成「朗廷酒店投資與朗廷酒店投資有限公司」，在香港上市。朗廷酒店投資主要是擁有及投資於一個酒店投資組合，初步重點為位於亞洲已落成的酒店，由香港朗廷酒店、香港朗豪酒店及香港逸東酒店組成。到 2013 年底，鷹君旗下的朗廷系列在全球擁有的豪華酒店已達 20 間，客房數目約 8,000 間，其中包括 14 間以「朗廷」或「朗豪」品牌命名的酒店，5 間「逸東」酒店，及 1 間位於上海的 88 新天地酒店。[58]

就在發展酒店業務的同時，鷹君在地產投資業亦穩步發展。2006 年 5 月，鷹君將旗下投資物業組成「冠君產業信託」在香港上市。信託最初投資並持有港島花園道三號（前名為「花旗銀行廣場」）91.5% 業權，2008 年向鷹君收購旺角朗豪坊的商場及辦公樓（4 層除外）。朗豪坊於 2004 年落成後，旋即成為旺角區的代表性地標。2013 年，冠君產業信託進一步收購花園道三號餘下樓層，並統一整個綜合大廈的業權。信託的總資產從 2006 年底的 240 億港元，增長至 2016 年底的超過 680 億港元。[59]

2006 年創辦人羅鷹石去世後，三子羅嘉瑞便成為鷹君集團的董事主席。羅嘉瑞在掌握公司管理權的同時，不斷通過二級市場買入鷹君集團股份。截至 2017 年 5 月份爭產事件爆發時，羅嘉瑞已經持有鷹君集團 27.28% 的股權，再加上家族信託的基金中他佔有最大份

額，也就是説他已控制了鷹君集團超過 6 成股權，成為大股東。

目前，鷹君集團主要持有冠君產業信託的 66.2% 股權、朗廷酒店投資及朗廷酒店投資有限公司 63.5% 股權，以及於 2014 年成立的「美國房地產基金」，主要從事酒店管理、物業投資、地產發展、建築等業務；其投資重點以中國香港、美國為主，並遍及加拿大、英國、澳洲、紐西蘭、中國內地及其他地區。

2022 年度，鷹君集團經營收入為 88.85 億港元，除稅前溢利為 0.59 億港元（2021 年度虧損 4.83 億港元），總資產 1128.86 億港元。（表 8-12）經營收入中，酒店管理收入為 48.42 億港元，佔 54.50%；投資物業租金收入 24.97 億港元，佔 28.10%；物業出售收入 9.20 億港元，佔 10.35%；物業管理服務收入 2.83 億港元，佔 3.19%；商品出售、股息及其他 3.43 億港元，佔 1.12%。若按地區劃分，來自客戶合約的 63.63 億港元收益中，香港為 25.11 億港元，佔 32.86%；美國 18.00 億港元，佔 35.30%；英國為 6.51 億港元，佔 10.23%；加拿大為 4.87 億港元，佔 7.65%；澳洲為 4.31 億港元，佔 6.76%；新西蘭和中國內地均為 2 億多港元左右。[60] 鷹君旗下的冠君產業信託在香港核心商業區擁有面積達 293 萬平方呎的甲級商用寫字樓物業，包括「花園道三號」、「朗豪坊」辦公大樓和商場。而朗廷酒店投資則持有香港朗廷酒店、香港康得思酒店、香港逸東酒店等酒店組合，並透過鷹君的全資附屬公司朗廷酒店集團在全球 20 多個國家和地區的主要城市管理 30 多家酒店，旗下品牌包括奢華旗艦品牌朗廷、國際五星級酒店品牌康得思、中高檔品牌英芙樂，以及伊頓車間。

表8-12　2015-2023年鷹君集團業務發展概況（單位：億港元）							
	鷹君集團			冠君產業信託		朗廷酒店投資		
年份	收益	除稅前（虧損）溢利	總資產	租金收益	物業組合總值	收益	除稅前（虧損）溢利	總資產
2015	82.71	52.73	1,051.88	20.63	647.83	6.82	15.19	188.03
2016	86.49	46.92	1,063.29	22.99	668.42	6.19	4.93	188.24
2017	89.48	131.66	1,210.04	24.31	767.04	6.08	12.23	196.18
2018	101.56	89.14	1,284.25	26.77	831.35	6.15	9.70	203.66
2019	92.37	-1.46	1,279.60	27.78	811.78	4.84	-25.86	176.12
2020	103.05	-123.98	1,117.79	26.33	673.18	2.08	-28.27	150.79
2021	78.30	-4.83	1,192.51	24.95	652.96	2.24	-3.37	146.13
2022	88.85	0.59	1,128.86	23.59	635.55	3.32	4.61	150.22
2023	106.44	13.26	1,111.63	23.12	629.50	5.14	10.80	158.35

資料來源：鷹君集團在香港各上市公司 2019-2023 年報。

6.7 嘉道理家族：低調的物業投資大亨

英資的嘉道理集團是香港歷史最悠久的家族企業集團之一，旗下業務除了上市公司中華電力和香港大酒店之外，亦擁有龐大的地產物業。嘉道理家族的控股公司是「嘉道理父子有限公司」（Sir Elly Kadoorie & Sons），坐落在香港中環干諾道中與雪廠街 2 號的聖佐治大廈（St. George's Building），公司總部設於頂層 24 樓，旗下經營物業投資的公司，主要是「嘉道理置業有限公司」。

根據 2016 年 3 月 21 日香港大酒店「持續關連交易—續簽租賃協定」，嘉道理家族旗下投資物業，由單位信託的受託人 Cobalt 所擁有，「該單位信託由數個酌情信託最終持有，而嘉道理家族成員則為酌情信託對象」。「嘉道理置業作為辦公室物業註冊擁有人 Cobalt 的代理管理辦公室物業」，「由 Harneys Trustees 全資擁有」，且「Harneys Trustees 間接持有」香港大酒店已發行股本的 41.57% 權益。[61] 由此可見，嘉道理置業有限公司負責管理嘉道理家族在香港擁有的商業及住宅物業組合。該物業組合主要包括著名的聖佐治大廈、嘉道理莊園（The Kadoorie Estate）、港島深水灣的 8 個獨家山頂物業，以及位於赫蘭道的 4 套洋房別墅及兩棟低密度住宅大樓。

其中，聖佐治大廈始建於 1904 年，由著名英商保羅．遮打爵士（Sir Paul Chater）以英國守護聖徒命名，並且成為香港置地公司旗下中環物業的其中一部分，該發展項目於 1898 年開始，首個項目為干諾道中 2 號（後改名為「新東方大廈」）。20 世紀初葉，包括聖佐治大廈在內的 5 幢大廈，相繼在中環新填海區落成。聖佐治大廈由聲名顯赫的利安顧問有限公司設計，採用香港早期商貿界喜愛的愛德華時代巴羅克式建築風格（Edwardian Baroque architecture）。大廈當時為 Shewan Tomes & Co. 等頂尖企業的據點，不僅配備了一台獨立升降機，室內更運用「punkha wallas」方法降溫；在沒有空調的年代，聘請年輕男女拉布簾以促進空氣流通。

1928 年，艾利．嘉道理爵士（Sir Elly Kadoorie）收購聖佐治大廈，作為嘉道理父子洋行的總部所在地，並且為香港及國際眾多知名企業提供據點。二次大戰後，隨著香港經濟轉型，香港的商用地段亦起革命，羅蘭士．嘉道理兄弟二人決定重新發展聖佐治大廈。1969 年，樓高 275 呎、總面積 18.3 萬平方呎的聖佐治大廈建成揭幕，其青銅色的鋁質幕牆設計更創當年香港摩天大廈的先河，名噪一時，被譽為「青銅巨塔」。聖佐治大廈是香港最先採用鋁幕牆設計的大廈之一，並配備 9 台香港當時最快的迅達電梯，以及高科技樓宇管理系統。聖佐治大廈開業後廣受好評，美國會所和美國銀行，成為最早的兩個租戶。時至今日，聖佐治大廈仍然是各種優質租戶的首選據點，其租客除了中電控股、大酒店、半島酒店、嘉

道理置業之外，還包括精品金融服務機構、私人投資者和家庭辦公室，吸引保險、法律、人事和其他專家等。

嘉道理莊園位於九龍旺角東北的加多利山，又稱「嘉道理山」。1931 年，嘉道理家族透過旗下創辦於 1922 年的香港建新營造有限公司（Hong Kong Engineering & Construction Co.）在公開拍賣中以 32.6 萬港元成功投得嘉多利山及亞皆老街地皮，此地當時一片荒蕪。嘉道理家族將該地段拓展成加多利山，前後花了 40 年將它發展成享負盛名的高級豪宅區。加多利山上只有兩條街道，分別為嘉道理道與布力架街。布力架（J. P. Braga）與嘉道理家族關係淵源深厚，當年曾出任嘉道理家族旗下建新營造主席，由建新營造負責開發加多利山。嘉道理莊園沿九龍嘉道理道至布力架街而建，由 85 幢洋房和一棟低層公寓樓聖佐治閣組成，這些獨立及相連洋房面積由 3,000-6,000 平方呎不等，每幢洋房均擁有私人花園，部分設有泳池，滲透了 20 世紀 30-50 年代優雅細緻的建築特色，當中不少洋房採用包浩斯傳統建築風格（Bauhaus），其他則展示現代流線風格（Streamlined Moderne）的設計元素。

聖佐治閣則由 3 幢 6 層高的住宅組成，共有 39 個住宅單位，每個單位平均超過 3,000 平方呎，月租超過 9 萬元，私隱度十足。據聞，聖佐治閣的地皮原屬拔萃男書院所有，20 世紀 20 年代因缺乏資金，將地皮轉售予嘉道理家族。整個地段佔地約 8 公頃，毗鄰西九龍和中環等主要商業樞紐，被譽為「高速發展下的靜謐綠洲」。嘉道理物業管理團隊管理標準嚴謹，深明大宅的建築和歷史價值，在革新室內設計以符合現代生活品味的同時，亦致力保留建築物的原本風貌。每座物業都擁有獨特的個性，為整個豪宅區添上更豐富的層次感。米高‧嘉道理爵士表示：「過去 90 年來，儘管香港急速發展為國際大都會，The Kadoorie Estate 依然是九龍核心地段的一片靜謐綠洲。時至今天，從未變改。嘉道理家族作為加多利山的其中一個開發者，為此感到相當自豪。」

嘉道理家族還擁有港島南部深水灣的 8 個獨家山頂物業，以及 Headland Road 的多個私人住宅和公寓樓。這裡依山面海，巨富雲集，深水灣道 79 號住著華人首富李嘉誠；68 號的主人則是嘉道理家族財團的第三代掌舵人米高‧嘉道理。他買下這塊土地，建起大宅，成為嘉道理家族新的地標。對於這幢別墅，曾有一段非常哄動的傳聞：為了讓豪宅屋前的景物不受阻擋，嘉道理家族曾於 1999 年及 2000 年，先後擲下 4.3 億港元買下深水灣道 70 號及 72 號來清空視野。

此外，嘉道理家族作為大股東的香港上海大酒店有限公司，除經營酒店業務外，還經營商用物業投資，主要包括：香港淺水灣影灣園住宅及商場、半島辦公大樓、山頂凌霄閣、聖約翰大廈等，此外在法國巴黎持有辦公室及零售物業 21 avenue Kléber（持有 100% 股權）、越南胡志明市商用物業 The Landmark 等。

6.8 躋身全球富豪榜的地產投資富豪

回歸以後，在地產市道大落大起的週期循環中，部分看準週期走勢的香港地產投資大亨亦趁勢而起，並躋身全球富豪排行榜之列，其中著名的包括：蔡志明、羅家寶、鄧成波、梁紹鴻、李德義、廖湯慧靄、潘蘇通、方潤華等。（表 8-13）

表8-13《福布斯》2020年全球富豪排行榜中部分香港地產大亨					
香港排名	全球排名	富豪名字	年齡	財富（億美元）	經營業務
12	310	蔡志明	72	67	房地產、玩具（旭日國際集團）
13	364	羅家寶	71	59	房地產
14	375	鄧成波	86	57	房地產
19	477	梁紹鴻	68	48	房地產
22	557	潘蘇通	56	43	房地產、金融（高銀地產、高銀金融）
24	584	李德義	80	42	房地產
27	685	廖湯慧靄	71	36	房地產（紀惠集團）
40	N.A.	方潤華	95	19.5	房地產（協成行）

資料來源：《福布斯》2020 年全球富豪排行榜

蔡志明是從製造業起家的地產大亨。蔡志明，廣東揭陽人，早年在玩具廠做推銷員，其後合夥開設香港旭日玩具廠。70 年代後期，旭日玩具廠先後取得了史諾比玩具和椰菜娃娃玩具的代理權，規模發展到擁有 300 多名員工。80 年代初，蔡志明將玩具生產基地遷往內地，在深圳等地投資設廠。1993 年，蔡志明收購一家美國合金玩具車公司，並於翌年創立「旭日國際集團有限公司」，最高峰時旗下員工多達 8 萬人，成為亞洲最大的玩具製造代工廠。蔡志明因而被譽為香港的「玩具大王」。與此同時，蔡志明於 1988 年開始投資房地產業，2003 年非典型肺炎疫情之後，香港地產市場跌至谷底，蔡志明逆流而上，大手購入住宅、商廈、停車場及酒店等物業，結果獲得豐厚回報。[62] 他在地產中介業內，以「快、狠、準」聞名，被稱為「買樓無形手」。2004 年，蔡志明增持富豪國際酒店 1,000 萬股，成為第二大股東。2005 年，他再入股康健國際，進軍醫療市場。據報道，蔡志明擁有 30 多座物業，包括住宅、工業及商業大廈單位及酒店。根據《福布斯》2023 年全球富豪榜，蔡志明擁有財富 80 億美元，在香港位居第 10 位。

鄧成波，原籍廣東佛山南海，出身窮困，移居香港後經商賺取人生的「第一桶金」。其後，鄧成波開始投資香港商舖，1990 年以約 6,000 萬港元購入九龍旺角電腦中心，並投入 1,200 萬港元重新裝修，一年後開業，每月租金收入 200 萬港元，從而一舉成名。自此，他

收購香港各區優質商舖的行動一發不可收拾，其中的重點是地鐵沿線各站附近的商舖。鄧成波曾在接受採訪時表示，擁有地鐵，人流就會有保證，投資才有價值。據報道，到 1997 年，鄧成波已擁有 100 多個舖位和多間商廈，市值逾 70 億港元。1997 年金融危機期間，不少活躍於舖位市場的重量級投資者均受到重創，鄧成波則通過「踢契」（即解除合約）減少損失。2009 年特區政府開始推行「活化工廈」政策，鄧成波把握時機，購入一批工廈，改裝為商廈後出售，獲利以倍計算。2016 年地產市道繁榮，鄧成波的投資更趨積極，經常整幢整幢大樓進行買賣，投資目標更從港九商業區擴展到新界等地區，據市場估計，僅 2016-2018 年間，他就先後投資超過 160 億港元，不斷重組旗下資產。據報道，鄧成波擁有的工商物業多達 200 多項，被稱為香港「舖王」，其業務涵蓋房地產投資及管理、酒店及餐飲、金融服務、安老服務、眼鏡視光、零售等多個領域。根據《福布斯》2021 年全球富豪榜，鄧成波擁有財富 47.5 億美元，在香港位居第 19 位，可惜於同年辭世。

梁紹鴻，於 1997 年前創立大鴻興業公司，從事外匯和股票買賣，1997 年開始進軍商舖市場，期間雖然經歷亞洲金融危機，但仍然回報豐厚。2003 年非典型肺炎疫情爆發，香港地產市道受挫，梁紹鴻堅信商舖的升值能力，大舉購入商舖，據報道其購入頻率甚至高達「一個月買一個舖」。他表示：「我做過股票、外匯、期貨、金、銀、銅，其中股票英、美、日市場都做過，但只有『磚頭』（地產）最真實。各種『磚頭』中，以舖位為佳。」他的名言是「投資致勝之道，掌時機落重注！」梁紹鴻是英記茶莊陳氏家族的掌舵人，該家族持有的銅鑼灣波斯富大樓地下面積僅 13 平方米的 N 號舖，2018 年以 1.8 億港元易手，創下香港最貴商舖紀錄。他擁有的舖位多達 150 多個，是香港另一位有名的「舖王」。根據《福布斯》2023 年全球富豪榜，梁紹鴻擁有財富 36.5 億美元，在香港位居第 24 位。

羅家寶、廖湯慧靄、李德義等都屬「富二代」創業的典型。羅家寶是香港紡織大王羅定邦的四子，在香港地產界素有「炒樓王」之稱，曾斥資 10 億港元購入貝沙灣全幢 98 伙，震撼地產界，一時成為城中熱話。羅家寶還出任上市公司「中國基建投資有限公司」（前稱「信寶國際控股有限公司」）主席及百樂集團主席。前者為一家投資控股公司，其投資組合包括物業投資和天然氣業務等。其女兒羅穎怡學成畢業後，由父親斥資 2,400 萬港元開設 Mocca 鞋履連鎖店，並協助父親炒樓，被報界譽為新晉炒樓天王。根據《福布斯》2023 年全球富豪榜，羅家寶擁有財富 70 億美元，在香港位居第 11 位。

廖湯慧靄是廖創興銀行創辦人廖寶珊八子廖烈正妻子，出生於澳門，母親是建材商人。70 年代創辦紀惠集團前身——偉邦投資公司，開始做理財業務，其後涉足地產業，第一個項目是「荷蘭園」住宅樓盤，獲利 1,700 多萬港元。從 90 年代開始，廖湯慧靄獨具慧眼，看準香港汽車即將暴增的商機，大量購入停車位和停車場。當時，香港鬧區停車場每輛車每

小時停車費 30-50 港元，存放一輛車的月租最高時多達五六千港元。1999 年，廖湯慧靄花 6,000 多萬港元一口氣買下 200 多個停車位，又投資 2 億港元興建停車場，被稱為「停車場女王」。與此同時，廖湯慧靄又進軍商用辦公場所市場，先後購入新紀元廣場、信德中心、遠東金融中心、力寶中心、海富中心、中保集團大廈、柯士甸廣場等辦公室物業，從早期的 500 萬港元起步，發展到擁有 200 多億港元的資產。根據《福布斯》2023 年全球富豪榜，廖湯慧靄及其兄弟姊妹擁有財富 35 億美元，在香港位居第 26 位。

　　李德義是香港九龍佐敦恒豐酒店創辦人李文華的幼子，擁有恒豐商業中心和恒豐酒店的控制性股權，行事低調。早在 1994 年已開始涉足英國房地產，曾以 7,500 萬美元購入英國 Langham Estate，該公司在倫敦及牛津附近擁有多達 14 英畝的黃金地段。據英國《泰晤士報》報道，自 2016 年英國脫歐公投之後，李德義就抓住機會，開始持續購入英國地產公司 Shaftesbury 股票，至 2017 年 4 月 18 日已總共耗資 5 億英鎊購入該公司超過 20% 股票，成為該公司第一大股東。Shaftesbury 公司在倫敦上市，是英國倫敦金融城最大地主、倫敦第三大地主，在倫敦唐人街一帶擁有 77 間餐館、66 間店舖、124 間公寓、超過 2.9 萬平方呎的辦公空間。根據《福布斯》2023 年全球富豪榜，李德義擁有財富 36 億美元，在香港位居第 25 位。

　　潘蘇通，廣東韶關人，1993 年在香港創辦松日集團，2002 年收購一家上市公司英皇科技資訊，易名為「松日通訊控股有限公司」。2008 年 9 月，松日通訊重組為「高銀地產控股有限公司」，轉向地產發展，其最矚目的是在中國內地天津投資興建大型的高端綜合物業發展項目——「新京津‧高銀天下」，總投資額高達 700 億元人民幣。該樓於 2015 年封頂，受此刺激，高銀地產市值一度暴漲至超過 1,000 億港元，翌日又大幅回落至 500 多億港元。與此同時，潘蘇通於 2008 年底收購另一家香港上市公司廣益國際，易名「高銀金融（集團）有限公司」，開展保理業務。2011 年，高銀金融以 34.32 億港元投得九龍灣商貿黃金地段，興建「高銀金融國際中心」。2018 年及 2019 年，高銀金融以約 200 億港元先後投得啟德兩塊地皮。不過，其後該集團以經濟環境轉差為由而「撻訂」，損失 2,500 萬港元訂金。自此，高銀集團的資金問題浮出水面，經營陷入困境，被中信銀行入稟法院追討欠款及呈請破產，並獲法院於 2022 年 7 月接納，頒令已辭任高銀金融主席、執行董事等職務的潘蘇通破產。

七、大地產發展商的新動態

回歸之後，在香港地產市場活躍發展的，包括信和、華懋、南豐、嘉里建設、世茂、瑞安等大地產發展商。

其中，信和集團作為地產業「超級大好友」，繼續取得發展；

華懋集團在其靈魂人物龔如心病逝後，按其遺囑改由華懋慈善基金管治委員會負責監督發展；

南豐集團在其創辦人陳廷驊病逝後由其次女陳慧慧接掌，繼續作地產和物業投資雙線發展；

嘉里建設則積極進軍內地市場，「精選中心地段，發展尊崇物業」。

此外，世茂房地產作為香港地產業的後起之秀，藉進軍內地市場快速崛起，並形成多元發展的業務格局；

華人置業在致力收購的同時，亦透過物業重建、改造及翻新工程；

而瑞安集團則在內地主要城市闖出「新天地」。

7.1 信和集團：加強物業投資及可持續發展

信和集團是香港主要的大型地產發展商，旗下的上市公司有 3 家，包括尖沙咀置業、信和置業和信和酒店等。1995 年，信和置業正式成為恒生指數成份股。2010 年 2 月 2 日，信和集團創辦人黃廷芳病逝，享年 82 歲。黃廷芳育有兩子六女，長子黃志祥負責掌管香港業務，次子黃志達則負責掌管新加坡的業務，擔任遠東機構總裁。黃志祥於 1975 年取得大律師資格，早年已跟隨父親參與香港拓展業務，1981 年出任信和集團執行董事，1991 年更接替父親出任集團董事長，長期活躍於香港地產界。黃志祥的長子黃永光於 2005 年出任信和董事，2017 年 11 月出任集團副主席。由此可見，黃志祥也在部署家族企業的接班。

回歸之後，信和繼續積極從事地產業務，涉及住宅、商業樓宇、寫字樓、購物中心等各個領域。在住宅領域，信和自 2000 年以來，先後發展了西九龍的維港灣（2000 年）和帝柏海灣及柏景灣（2001 年）、港島南區的 Three Bays（2004 年）、新界上水的御林皇府（2004 年）、將軍澳的蔚藍灣畔（2004 年）、港島半山的 Bowen's Lookout（2004 年）、新界上水的 St. Andrews Place（2005 年）、西九龍的一號銀海（2006 年）、九龍塘的畢架山峰（2006 年）、新界荃灣的萬

信和集團發展的荃新天地。

景峰（2007 年）、深水埗的海峰（2008 年）、荃灣的御凱（2009 年）、深水埗的御匯（2011 年），以及近幾年的逸瓏園、凱滙、逸瓏灣、囍滙、Botanica Bay、逸瓏海滙、一號九龍道、囍逸、Cluny Park、逸瓏等。

　　信和集團的不少樓盤，都是依山、沿岸或臨海而建，白石角、逸瓏灣 8、馬鞍山 Silversands、西貢逸瓏園、西九龍維港匯、小西灣藍灣半島、屯門黃金海岸、均坐擁優美景色，可見信和對社區環境的重視。另外一些住宅項目，即使位置上未必可享自然美景，也會在周邊環境設計上花費心思，融入綠色生活。典型的例子是信和置業於 2007 年完成的香港市區重建項目萬景峰 / 荃新天地，該項目憑藉其全港首創及最大的「直立花園」、開放式露天園林廣場、氣冷及水冷混合中央空調系統等 11 項卓越環保建築設計和設施，榮獲香港環保建築協會頒發最高「白金」評級，並成為區內耀眼的地標。

　　在商業項目領域，主要包括長沙灣的香港中心（1998 年）、中環的中央廣場（2001 年）、西九龍的奧海城一、二期（2001-2002 年）、九龍灣的宏天廣場（2003 年）、灣仔的 The Hennessy（2008 年）、九龍灣的國際交易中心（2008 年）等，以及荃新天地、屯門市廣場等等。其中，宏天廣場坐落於九龍灣商業區，為東九龍罕見的全海景甲級寫字樓大廈，樓高 39 層，總建築面積 91 萬平方呎，屬新一代智慧商廈；九龍灣的國際交易中心樓高 31 層，是全港首創每層特設綠花露台的甲級商廈，包括 60 萬平方呎寫字樓和 10 萬平方呎共 3 層的零售店舖面積。

　　在增加土地儲備方面，信和集團亦不遑多讓，繼續保持其「超級大好友」本色。2017 年，香港地產市道空前熾熱，這一年信和集團再次展示其作為香港地產界的「超級大好友」的本色。當年，信和集團連環透過獨資，又或是與不同的發展商合組財團四處投地，透過官地、鐵路上蓋項目、市建局及私人招標等不同途徑，成功吸納 8 幅地皮，包括 7 個住宅項目，吸納多達 353 萬平方呎樓面土地儲備，涉資逾 470 億港元，為全港發展商之冠。其中一幅，是當年 11 月，信和置業聯同內房企業世茂地產等 5 家公司組成財團，以 172.88 億港元價格，成功奪得長沙灣臨海住宅地皮，使得該幅土地成為香港賣地史上最昂貴的住宅地王。

　　這一時期，信和也積極拓展中國內地及海外市場，主要項目包括：福州信和廣場（2010 年），廈門信和中央廣場（2013 年），成都信和御龍山（2015 年），廈門信和銀湖天峰（2017 年），漳州信和御龍天下（2020 年）等；在新加坡的富麗敦天地（2001-2012 年）、富麗敦海灣酒店（2010 年）、富麗敦蓮亭（2012 年）等。其中，福州信和廣場為甲級商廈，包括 23 層甲級寫字樓和 4 層商場，總面積 49 萬平方呎；富麗敦天地坐落於新加坡商業中心與古蹟區，總面積達 140 萬平方呎，由多幢酒店與餐飲消閒區組成，包括富麗敦酒店、富麗敦船

屋、富麗敦海灣酒店、紅燈碼頭、富麗敦海韻樓、富麗敦一號與富麗敦蓮亭等。當中的文化古蹟經過仔細翻修，結合輝煌的歷史傳統與現代設計觸覺，化身成獨一無二的臨海地標，為新加坡海旁帶來全新面貌。

　　回歸以來，信和集團的一個重要發展，就是加強了對物業的投資。2019 年，信和集團宣佈推出全新租務住宅品牌「Sino Suities」，涵蓋 7 個位處都會核心地段的精品租務住宅項目，包括「柏寓（The Camphora）」、「嘉寓（The Gage）」、「曉寓（The Hillside）」、「爵寓（The Humphreys）」、「囍寓（The Johnston）」、「升寓（The Staunton）」及「駿寓（The Ventris）」等。[63] 據統計，截至 2019 年度，信和置業連同聯營公司的用作投資物業及酒店面積約 1,186 萬平方呎，其中以商舖及寫字樓為主，佔 61.6%；總租金收入 42.40 億港元，佔總收入的 41.5%，已超過當年物業銷售 31.7% 的比重而成為公司主要的收入來源，比 2004 年的 11.33 億港元增加了 2.83 倍。不過，自 2020 年以來，集團的總租金收入再次呈減少趨勢。此外，土地儲備也從 2008 年的 4,480 萬平方呎減少至 2023 年的 2,043 萬平方呎，減幅超過五成，主要是集團在中國內地的土地儲備大幅減少。（表 8-14）

表8-14　2004-2023年信和置業投資物業及土地儲備概況

年度	2004 年	2008 年	2014 年	2018 年	2019 年	2020 年	2021 年	2022 年	2023 年
投資物業／酒店面積（萬平方呎）	920	990	1,130	1,182	1,186	1,180	1,189	1,210	1,290
總租金收入（億港元）	11.33	19.15	34.51	40.82	42.40	40.62	36.65	35.46	35.05
土地儲備（萬平方呎）	2,130	4,480	3,900	2,190	2,207	2,235	2,080	2,043	1,952
中國香港	1,510	1,670	1,420	1,580	1,594	1,596	1,514	1,462	1,421
中國內地	620	2,740	2,410	520	527	553	480	462	410
新加坡	（包括新加坡）70	70	70	70	68	68	68	102	103
澳洲悉尼	——	——	——	20	18	18	18	18	18

資料來源：《信和置業有限公司年報》，2004-2023 年。

　　信和集團旗下酒店業務主要包括兩部分，由上市公司信和酒店持有的酒店業務和由上市公司信和置業持有的酒店業務。其中，信和酒店持有酒店包括：港島北角城市花園酒店（100% 權益）、太古廣場香港港麗酒店（50% 權益）、尖沙咀皇家太平洋酒店（25% 權益，另大股東黃氏家族持有 75% 權益）。信和置業持有酒店包括：新加坡富麗敦酒店（100% 權益）、新加坡富麗敦海灣酒店（100% 權益）、香港港麗酒店（30% 權益）、悉尼富麗敦酒店（50% 權益）、香港西九龍香港遨凱酒店（100% 權益）、香港富麗敦海洋公園酒店（合作發展）等。截至 2019 年度，信和酒店共管理位於中國香港、新加坡和澳洲的 10 家酒店，提

供逾 3,600 間客房及套房，同時擁有及營運尊尚豪華的黃金海岸鄉村俱樂部遊艇會。2022 年，信和集團旗下更增一家酒店 —— 香港富麗敦海洋公園酒店，為臨海奢華度假酒店，亦是香港首家富麗敦酒店和全球第一家富麗敦度假酒店。[64] 此外，信和集團還經營多項專業服務，包括物業管理（樓面面積超過 5,000 萬平方呎）、環境服務（為香港超過 150 項物業提供各項全天候的緊急服務和應急計劃）、保安服務（逾 140 項物業）、停車場服務（管理超過 120 個停車場和超過 15,000 個停車位）等。[65]

　　回歸以來，信和集團的另一個重要策略，就是積極推動可持續發展。信和集團以「建構更美好生活」為願景，透過「綠色生活」、「創新構思」和「心繫社區」三項關鍵元素，建構宜居、宜作、宜樂的社區。2007 年，信和於荃新天地興建全港首個位於購物商場的直立花園；2008 年推出「商廈天台綠化計劃」。時至今日，該集團已有超過 20 個已落成或在建的新建築項目獲得綠色建築認證。信和位於觀塘凱匯配備多種智能科技元素，綠化比率達 30%；旗下香港富麗敦酒店成為香港及中國內地首家店榮獲《WELL 建築標準™》v2 預認證的酒店項目。2020 年，信和集團啟動綜合綠色項目「一喜種田」，推動都市耕作和社區綠化。目前，該項目於中國香港及新加坡共營運 16 個農圃，合共佔地逾 5.3 萬平方呎，種植超過 360 個品種的植物及農作物。[66]

　　2020 年，信和集團公佈《可持續發展願景 2030》，為未來制定可持續發展藍圖。2021 年，信和置業參與由聯合國發起的「Business Ambition for 1.5°C」聯署運動，為此信和置業與香港科技大學攜手合作，以科學基礎減量目標制定全方位計劃，銳意於 2050 年前實踐淨零碳排放目標。信和的可持續策略獲得社會的高度認可。2020 年，信和置業獲納入為恒生 ESG 50 指數成份股、第五屆「香港企業可持續發展指數」首十名，並取得 MSCI 環境、社會與管治指數、全球房地產可持續發展標準（GRESB）及 Sustainalytics 評級。2023 年 1 月，信和置業在第十九屆年度 Global 100 排行榜中獲評為全球百大可持續發展企業之一，成為香港首家及唯一地產發展商獲選入此項國際主要可持續發展指數。

　　目前，信和集團在香港共持有 3 家上市公司，包括尖沙咀置業有限公司（72.06%）、信和置業有限公司（56.51%）和信和酒店有限公司（48.11%）。（圖 8-15）2017 年度，信和地產營業額達 188.34 億港元，除稅前溢利 106.14 億港元，業績創下歷史新高。不過，2018 年以後，其業績呈下降趨勢，2020 年度受全球新冠疫情影響，錄得業績大幅下跌，除稅前溢利僅 22.00 億港元，比 2019 年度大幅下跌超過七成，幸而 2021 年度大幅回升至 130.05 億港元；2023 年再下跌至 67.41 億港元，比 2021 年度下跌 48.17%。信和酒店則在 2020-2023 年度連續 4 年錄得虧損。（表 8-15）信和集團主席黃志祥表示：「受新型冠狀病毒疫情影響，2019-2020 財政年度面對前所未見的挑戰及特殊情況。」[67]「踏入 2023 年下半年，

集團欣見各市場和行業積極發展同時對不斷變化的市場狀況保持警覺。營商環境逐步回復正常，加上利率前景日趨清晰，將為市場復甦增添動力，並為香港住宅市場提供支持。集團財政穩健，加上可持續的業務增長策略，有助應對經濟環境的挑戰和把握機遇。」[68]

表8-15　2014-2023年度信和集團業務發展概況（單位：億港元）

| 年度 | 尖沙咀置業 | | | 信和置業 | | | 信和酒店 | | |
	營業額	除稅前溢利	總資產	營業額	除稅前溢利	總資產	營業額	除稅前溢利	總資產
2014	75.11	103.20	1,379.04	74.51	103.24	1,369.28	3.29	2.55	38.85
2015	218.96	106.13	1,427.83	218.39	106.21	1,418.03	3.17	2.20	40.65
2016	108.57	77.56	1,536.34	108.04	77.53	1,490.58	2.94	1.77	40.61
2017	183.86	106.27	1,563.23	188.34	106.14	1,552.66	3.01	1.90	47.23
2018	107.81	156.73	1,601.30	107.30	156.66	1,591.07	3.14	2.08	46.89
2019	80.60	77.24	1,817.88	80.10	77.18	1,807.48	3.21	2.08	48.08
2020	59.35	22.01	1,877.78	58.87	22.00	1,867.23	1.61	-0.76	44.03
2021	245.85	130.04	1,826.64	245.45	130.05	1,817.15	1.12	-0.99	43.87
2022	155.98	73.08	1,807.17	155.54	73.14	1,789.84	1.29	-0.92	42.06
2023	119.29	67.32	1,810.50	118.81	67.41	1,792.72	1.36	-0.19	41.65

資料來源：信和集團旗下上市公司年報，2014-2023 年。

圖8-15　信和集團的企業結構和業務結構

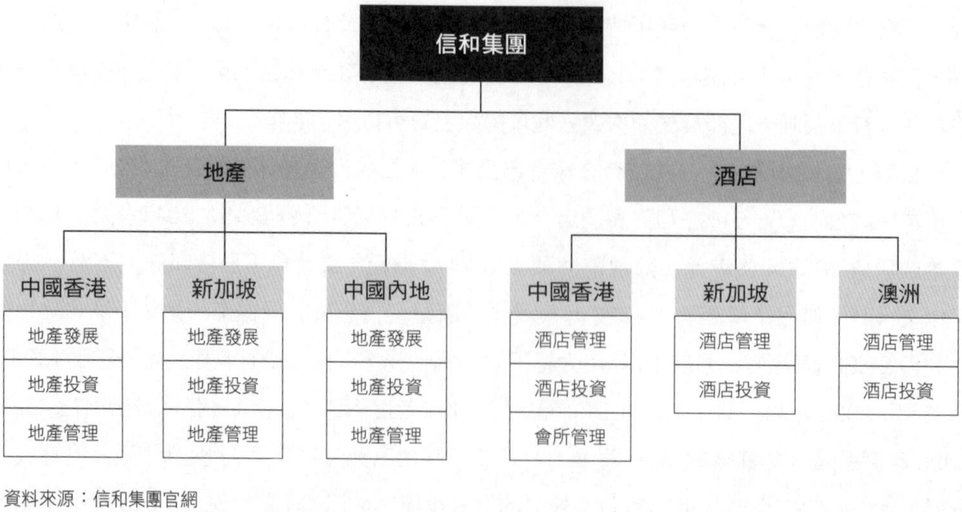

資料來源：信和集團官網

7.2 華懋集團：重塑集團的營運模式

華懋集團是香港少數沒有上市的大型地產發展商。回歸前，華懋集團主席龔如心曾高調計劃在新界荃灣海旁投資 100 億港元，興建樓高 518 米、共 108 層的「如心廣場」，以打造集團的地標建築。不過，當時由於香港國際機場將於 1998 年遷往赤鱲角，荃灣上空成為飛機主要航道，港府於 1995 年 1 月拒絕華懋集團的興建項目，結果華懋集團被迫修改有關計劃，將如心廣場一分為二，前後一共耗費了近 10 年的時間才得以完成，期間更因有關工程未能如期於 1996 年完工而被罰款 5.6 億港元。

該項龐大發展計劃最終於 2006 年完成，包括兩幢分別為 88 層和 42 層高的商業建築物，其中高座樓高 320.88 米，以龔如心丈夫王德輝的英文名字命名，稱為「Teddy Tower」，低座樓高 170.21 米，以龔如心自己的英文名字命名，稱為「Nina Tower」。兩座大廈之間由一道以透明玻璃建成的弧形空中天橋連接，寓意夫婦手牽手、情不變。如心廣場 89 樓天台更放置了龔如心於 2005 年 4 月 16 日慶祝平頂儀式而留下的手印石模，象徵她眺望尖東華懋廣場及九龍大部分地區。如心廣場建成後，即成為新界最高的建築物，亦成為華懋集團首個結合旅遊、零售及商業元素的雙子式大樓，擁有 1,608 間豪華五星級酒店客房及購物商場，寬敞的展覽中心及 17 層甲級寫字樓，成功將業務擴展到酒店餐飲等領域。2010 年，華懋將集團總部遷往荃灣如心廣場。

華懋集團位於新界荃灣海旁的如心廣場。

不過，回歸之後，華懋集團最矚目的還是涉及兩場的「世紀官司」。首先是王德輝父親王廷歆與華懋集團主席龔如心就王德輝遺囑所確認遺產的歸屬展開官司，這場香港歷史上歷時最長的民事訴訟、耗資最多訴訟費的「世紀爭產案」最終以龔如心獲勝而告終。龔如心雖然贏了官司，但卻身患重疾，於 2007 年 4 月 3 日病逝，享年 70 歲。據報道，龔如心曾立下遺囑，除預留照顧家族長輩生活所需外，餘數會撥入名下創辦的「華懋慈善基金」作慈善用途。不過，稍後自稱龔如心「地下戀人」的風水師陳振聰聲稱持有她立下的遺囑，是她遺產的唯一受益人。為此，華懋慈善基金與陳振聰展開另一場官司，這場官司最終以陳振聰敗訴結束。

這一時期，儘管受到「世紀官司」的困擾，華懋作為地產大集團仍然活躍於地產市場。2012 年，華懋以 26 億港元成功投得西鐵荃灣西站城畔物業發展項目。2013 年，華懋以 13 億港元獨資投得西鐵朗屏站（南）項目，地盤面積為 9.03 萬平方呎，最高樓面面積約 45.2 萬平方呎；同年 6 月再以 30 億港元價格，力壓區內「大業主」新地及會德豐等 6 家財團，奪

圖8-16　華懋集團管治架構

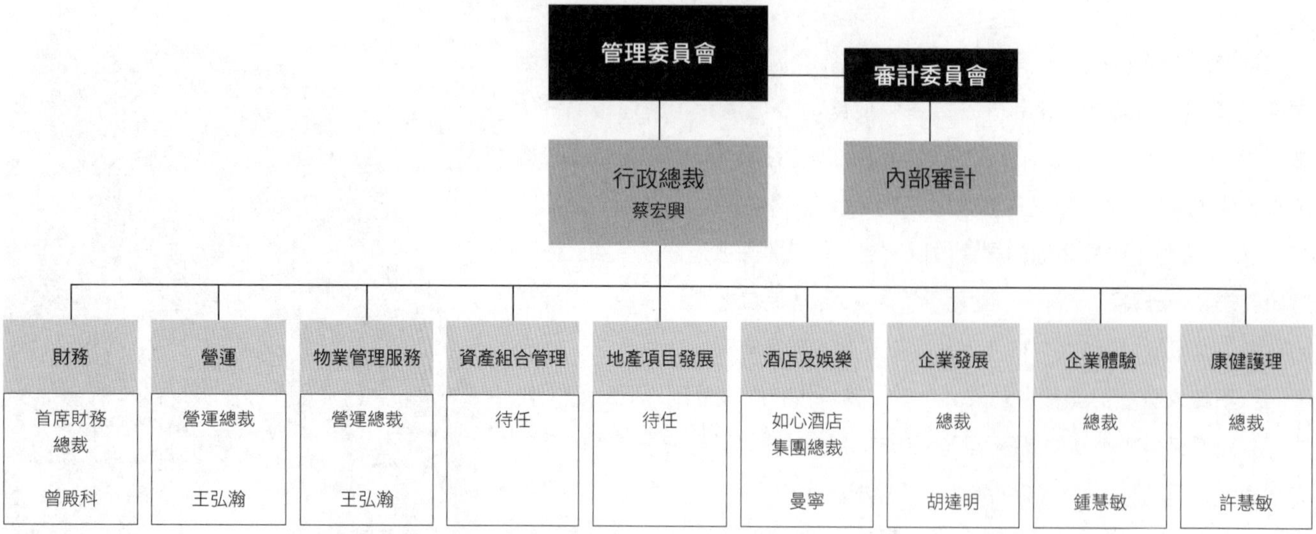

管理委員會	審計委員會
行政總裁 蔡宏興	內部審計

財務	營運	物業管理服務	資產組合管理	地產項目發展	酒店及娛樂	企業發展	企業體驗	康健護理
首席財務總裁 曾殿科	營運總裁 王弘瀚	營運總裁 王弘瀚	待任	待任	如心酒店集團總裁 曼寧	總裁 胡達明	總裁 鍾慧敏	總裁 許慧敏

資料來源：華懋集團，《企業管理》，華懋集團官網，2023 年 12 月。

得將軍澳 68B1 區地皮，最高可建樓面面積 82.10 萬平方呎。2018 年，華懋以 31.128 億港元，投得觀塘安達臣道首幅私人住宅用地；同年 10 月再以補地價 74.87 億港元，投得港鐵何文田站第二期項目。2021 年，華懋連環出擊，先是與希慎興業聯手，以 197.78 億港元購入位於銅鑼灣加路連山道的商業項目，華懋佔 40% 權益；其後以 13.68 億港元投得大埔公路地段住宅項目，並與市區重建局合作發展位於九龍西市中心的東京街重建項目。2022 年 3 月，華懋再以 27.78 億港元投得新界東涌第 57 區一塊商業用地。

目前，華懋集團作為龔如心遺產的主要部分，由香港法庭委任的遺產管理人管理，並由管理委員會監督，成員包括執行董事蔡宏興、王弘瀚、曾殿科，兩位獨立非執行董事張利民、Peter Brien，以及三位遺產管理人之代表。委員會下設行政總裁及財務、營運、物業管理服務、資產組合管理、酒店及娛樂、企業發展、企業體驗、健康護理等多個部門。[69]（圖 8-16）華懋的核心業務包括地產發展、物業投資、酒店及服務式住宅、以及物業管理等。其中，地產發展主要是住宅項目，包括港島的紅山半島、薄扶林 Victoria Coast，九龍的御‧豪門、雲門、賢文禮士、海翮匯、九龍塘大學閣、港鐵何文田站上蓋瑜一，新界的富‧盈門、琨崙、銀海峰、安峰等；物業投資則遍佈全港各區，涵蓋多個商用、住宅及工業物業，其中包括位於淺水灣的 The Lily，其設計概念源自國際級建築大師 Norman Foster；寫字樓

主要有港島的華懋世紀廣場、華懋廣場、華懋廣場 II 期、華懋大廈、華懋中心 I 期、華懋中心 II 期、華懋交易廣場、華懋交易廣場 II 期、華懋莊士敦廣場、華懋禮頓廣場、華懋荷里活中心、Kaleidoscope、One Hennessy、One New Street Square，九龍的華懋 333 廣場、華懋金馬倫中心，新界的華懋荃灣廣場、好運中心、如心廣場、上水名都商場等。

據華懋統計，集團自創辦以來，先後完成了 186 項物業發展，擁有超過 83.3 萬平方米的商住租用物業組合，包括出租辦公室總面積 28.30 萬平方米、出租住宅總面積 11.20 萬平方米、出租零售總面積 20.62 萬平方米、出租工業用地總面積 20.87 萬平方米，另有超過 6,700 個出租車位。2018-2022 年集團的銷售營業額達 384 億港元，正在進行和即將進行開發的總建築面積 36.14 萬平方米。在酒店業務方面，華懋管理及營運「如心酒店」和「薈賢居」兩個品牌系列，包括 8 間酒店、逾 2,900 間客房、套房和服務式住宅，其中，如心酒店擁有超過 1,600 間客房，為全港最大的酒店（資料截至 2023 年 12 月）。

2020 年，適逢集團創辦 60 週年，華懋推出全新的集團標誌 —— 三個互相連結的心型。華懋表示，這「象徵我們平衡不同價值，對人、經濟與環境同樣重視，同建更好的華懋集團」。[70] 同時，華懋亦重塑集團的營運模式。華懋集團表示：「我們並非上市公司，也不是家族持有，擁有平衡利潤、社會和環境價值的自主性。人、繁榮和環境，三者並重，這是我們的三重基線」；「華懋集團不只是地產發展商。除了建造優質且用心設計的居所與辦公室，我們擁有不一樣的信念和推動力，致力令香港成為更美好的家、更理想的工作環境，也要培育更優秀的下一代」。[71] 華懋集團將秉承「至城以心，心之所在」（Places with heart）理念，繼往開來，立志為建設更宜居城市而作出貢獻。

為推動集團營運模式的轉型，近年華懋有不少創新發展，包括：與香港中文大學賽馬會老年學研究所攜手研究為連年遞增的老年人口建造更好的居住環境；投資康健護理 —— 松齡護老集團，該集團是安老業的翹楚，服務包括提供綜合式安老院舍，涵蓋日間及居家護理，以及復康服務，並且是香港最大的「改善買位計劃」（EBPS）的服務供應商；與香港科技園公司（HKSTP）合作，發展「CCG Accel – Powered by HKSTP」項目，旨在通過試點到大規模採用過程來推動高潛力的科技企業；推出全新品牌「CCG COMMONS」，為共用經濟發展提供解決方案，首個先導項目是與全球知名共用辦公室品牌 the Hive 合作，致力營運 the Hive Central x CCG COMMONS 靈活工作空間概念項目；成立大灣區智慧城市創科投資基金，聚焦大灣區智慧城市科技、智慧城市運營管理、地產科技等領域；在東京街重建項目首次引入「組裝合成」建築法（MiC），推動可持續發展；運營活化後的「中環街市」項目等。2023 年底，毗鄰如心廣場及荃灣西如心酒店的如心園木化石公園建成並對外開放，佔地約 7 萬平方呎，成為亞洲現存擁有最大規模木化石藏品的城市公園。

7.3 南豐集團：「以縱向整合的發展模式營運」

　　南豐集團與華懋一樣，也是香港少數沒有上市的大地產發展商。南豐集團曾於 1970 年將南豐紡織聯合有限公司在香港上市，不過其後鑑於紡織業務逐步衰落，而於 1989 年將其私有化。90 年代初期，香港備兌認股證熱潮興起，陳廷驊於 1992 年利用旗下 15 間不同名義的公司，一口氣發行了 15 隻備兌認股證，總額高達 9.7 億港元，扣除發行費用，南豐套現資金 9.4 億港元，在香港轟動一時。陳廷驊因而被稱為「輪王」（認股證俗稱「窩輪」）及「備兌認股證大王」。

　　回歸之後，由於受到亞洲金融危機的衝擊，南豐一度減慢在香港地產業的發展。2003 年，南豐在將軍澳建成大型住宅樓盤 —— 將軍澳廣場。不過，2009 年以後，南豐再度加大在香港地產業的投資力度。2009 年 9 月，南豐以 21.425 億港元的價格購得跑馬地豪宅區的雲暉大廈，折合樓面地價為每平方米 1.2 萬港元。業內人士認為，該項目位於跑馬地傳統豪宅地段，坐擁馬場景致，屬一級罕有靚地，投資發展潛力相當高。2010 年 7 月，南豐再以 104 億港元的代價，力拚會德豐、新鴻基地產等大型發展商，拿下了香港山頂聶歌信山道豪宅地塊，每平米樓面地價約 3.2 萬港元，是香港近年不可多得的優質豪宅地皮。2011 年，南豐集團承諾提供高質素及可持續發展物業的理念，獲得 BCI Asia 頒發香港十大發展商獎項。

　　除了在香港發展之外，南豐也加強了在內地的發展。其實，早在 1993 年，南豐已在天津發展了其在內地的第一個房地產住宅項目。可惜 1997 年亞洲金融危機爆發後，南豐在內地的發展一度停滯。2004 年，南豐集團成立南豐中國，專責內地房地產業務開發。2006 年 12 月，南豐擊敗內地房地產巨頭保利，以 7.42 億元人民幣奪得廣州「琶洲地王」地塊。稍後不久，又在臨近地塊再次以 7 億元人民幣奪得廣州東風中路羊城大廈。2007 年初，南豐中國與滙豐銀行成立房地產私募基金 ——「滙豐·南豐中國房地產基金」，資產規模為 7 億美元（約 54.6 億港元），用於內地投資，每項商業房地產投資規模在 7,000 萬至 1 億美元之間，先後完成在北京、大連、廣州和香港的 7 個項目投資。

　　2012 年 6 月 17 日，南豐創辦人陳廷驊病逝。陳廷驊患病、退休及辭世後，南豐集團由其次女陳慧慧執掌。2013 年 11 月，南豐邀請前香港財政司司長、全球另類資產管理公司黑石集團（Blackstone）大中華區主席梁錦松出任集團行政總裁。南豐主席陳慧慧表示，很高興得到梁錦松加盟，有信心梁錦松將帶領集團更上一層樓。2017 年 5 月，南豐以超過 246 億港元的價格，擊敗包括長江實業、會德豐、恒基兆業、華懋等眾多投標者，奪得香港特區政府批出的九龍啟德第 1F 區 2 號地盤的新九龍內地段第 6556 號的用地，批租期為 50 年。

這意味著，一向低調的南豐集團打破了恒基兆業於美利道中環商業地 246 億港元的成交總額，成功晉升為香港新商業地王，並創出政府賣地史上的最高價。

該地塊佔地 20.5 萬平方呎，可建樓面達 191.2 萬平方呎，地理位置鄰近沙中線啟德站，屬於地標式商業項目，是尖沙咀環球貿易廣場後最大型的商業項目。該項目被命名為「AIRSIDE」，將建成一幢高達 200 米、樓高 47 層的甲級商業大廈，總建築面積為 190 萬平方呎，包括 120 萬平方呎甲級寫字樓、70 萬平方呎多層購物商場，並連接地下購物街，總投資達 320 億港元，其中購物商場於 2023 年 9 月開放試業。

與此同時，南豐集團積極拓展海外地產業務，「接軌國際舞台」。2012 年，南豐首次發行在新加坡交易所上市的中期債券，總值為 6 億美元。2015 年，南豐收購並私有化在新加坡上市的達萊地產信託（Forterra Trust），將其合併為集團於大中華地區業務的組成部分；同年，南豐與 Innovo Property Group（IPG）合作開發全新的投資管理平台，主力投資美國房地產市場。2018 年，南豐收購了在英國的 Endurance Land 的控股公司，在倫敦組建一支擁有豐富資產改造、開發和營運經驗的團隊，拓展倫敦的地產市場。2016 年，南豐集團創立了投資創業公司 —— 新風天域，專注投資於大中華地區的醫療保健、科技創新、教育及金融等領域。2017 年，南豐集團透過旗下的「南豐生命科技」（Nan Fung Life Sciences），分別在美國舊金山和中國上海成立創投基金 —— 鼎豐生命資本，投資美國和中國的生命科技初創。為配合這一發展，南豐於 2019 年在美國波士頓成立「生命科技地產」，主力於美國收購、發展及管理與生命科技相關的物業。[72]

目前，南豐集團以「Do Good and Do Well」為核心價值，「以縱向整合的發展模式營運」，積極拓展多元業務，主要包括四類：物業發展、生命科技、投資業務，以及其他業務。在物業發展方面，經過 30 多年的努力，南豐已晉身為香港一線的大型地產發展商，發展項目遍及香港各區、內地及海外市場，包括住宅、商業、工貿及公共設施項目等。在香港，主要的發展項目包括住宅、商業大廈、購物中心、酒店等。其中，住宅項目主要有：深水灣徑 8 號、山頂 Mount Nicholson、將軍澳 LP6 和 LP10、筲箕灣香島、沙田尚珩、屯門豐連、東涌昇薈等等；商業大廈項目主要有：上環南豐大廈和德輔道西、九龍灣海濱匯、啟德發展區 AIRSIDE 等；購物中心主要有：上環 Nan Fung Place、將軍澳廣場、馬鞍山中心、大埔嘉豐花園商場等；酒店只有香港沙田萬怡酒店。至 2023 年底，南豐集團已在香港策劃超過 165 個發展項目。

在中國內地，南豐自 1990 年發展第一個地產項目至今，已在上海及廣州等一線城市投資、發展了多個項目，主要包括：廣州南豐國際會展中心、廣州南豐朗豪酒店、廣州南豐匯、上海虹橋南豐城、上海淮海南豐薈、上海世貿商城、上海南豐大廈、上海達邦協作廣場等。其

中，上海虹橋南豐城是一座高端大型商辦綜合大樓，位於以遵義路為主軸的虹橋高級商圈，總建築面積逾 27.7 萬平方米，包括 3 幢甲級寫字樓和一個帶有露天步行街的購物中心。

在海外，南豐主要投資於新加坡、英國倫敦，美國波士頓、紐約等城市。2015 年，南豐斥資 7,500 萬英鎊購入倫敦 16 Old Bailey；2016 年以 8,350 萬英鎊購入倫敦 138 Cheapside，同年再收購倫敦 108 Cannon Street。2018 年，南豐宣佈收購倫敦開發商 Endurance Land 大部分股權，並注資超過 1 億英鎊以加強在倫敦地產業的發展，該開發商成立於 2006 年，專注發展寫字樓和綜合開發體。2018 年 2 月，南豐又宣佈投資 3 億英鎊購入倫敦國王十字地區的 Regent Quarter 物業群，佔地 25 萬平方呎，包括 30 棟建築。2022 年 3 月，南豐透過旗下 Endurance Land，以 1.5 億英鎊價格收購英國移動衛星通訊組織（Inmarsat）的倫敦總部大樓 —— 99 City Road。此外，南豐集團還先後收購了美國紐約 3 幢物業 —— 24-02 49th Avenue（2016 年）、2505 Bruckner Boulevard（2017 年）及 23-30 Borden Avenue（2019 年）；波士頓的兩幢辦公大樓 —— 1 Winthrop Square（2020 年）和 51 Sleeper Street（2020 年）；以及新加坡的高尚住宅大樓 Cavenagh Fortuna 等。經過多年發展，南豐集團在海外建立了一個龐大的物業投資群體。

在生命科技領域，南豐集團透過旗下的南豐生命科技展開，主要投資於整個生命科學產業的價值鏈，具體內容包括 4 個方面：一是透過識別未被滿足的醫療需求，採購相關資產和全球人才，收購新產品；二是透過風險投資團隊專注投資於早期生物技術公司的開發；三是展開增長型的資本投資，對那些較為成熟的生命科技企業提供資本協助，幫助他們擴大市場准入，提供操作能力；四是投資於全球領先的生命科技基金，其中不少已成為南豐集團的合作夥伴。[73]

在投資業務，南豐集團與首屈一指的國際基金經理與財務機構合作，廣泛投資於全球各類金融資產及另類投資。在金融資產投資領域，集團透過旗下金融投資機構「Nan Fung Trinity」展開，投資範圍包括上市證券投資、基金、私募基金等，在全球範圍內橫跨多個資產類別。[74] 在另類投資領域，集團透過旗下一個扎根於大中華地區的投資平台 ——「新風天域」展開，主要聚焦於多個策略性行業，包括醫療、互聯網、人工智慧、大資料、教育以及金融等，已募集和部署了約 30 億美元，透過業務增長和戰略收購，已經在全國建立了全面的醫療系統，包括急診醫院、互聯網醫院、康復及老年醫院、腫瘤中心、日間診症中心、門診診所、居家護理網絡、醫生群組、培訓中心、醫療保險服務等，每年服務內地數以億計的患者。[75]

在其他業務領域，南豐集團從物業發展拓展到物業管理、物業建設，及航運業等多個領域。物業管理方面，南豐擁有 4 家物業管理公司，包括民亮發展、新卓管理、萬寶物業、漢

興企業等，致力為住宅屋苑、工貿物業、商業大廈、商場等項目提供管理服務，管理的項目超過 80 個，共 3.1 萬個物業單位，總樓面面積達 2,700 萬平方呎，員工逾 1,800 人。在物業建設包括建築、物業信貸、酒店等業務。在建築業，南豐擁有兩家建築公司，包括寶登建築有限公司和晉業建築有限公司。在物業信貸，南豐透過旗下的南豐財務、成裕發展等提供按揭貸款服務。在酒店業務，南豐擁有兩間酒店，包括香港沙田萬怡酒店和廣州南豐朗豪酒店。在航運業，南豐早在 1978 年已設立「南豐輪船有限公司」，該行業延伸自集團早期的紡織業，現共擁有 9 艘大型油輪，業務擴展到能源運輸業。[76]

7.4 嘉里建設：「精選中心地段，發展尊尚物業」

嘉里建設是郭鶴年家族集團在香港的地產發展旗艦，屬於香港地產業的後起之秀。來自東南亞的郭氏家族集團，於 1974 年在香港成立嘉里集團有限公司，1978 年開始進入香港地產市場，參與物業投資及發展業務。嘉里集團於 80 年代中後期開始進入中國內地市場，1990 年，嘉里集團在北京發展「中國國際貿易中心」項目，包括 3 家大型酒店、3 座寫字樓、大型商場及兩座商務公寓，取得了成功，因此打響名號。1996 年 8 月 5 日，嘉里集團分拆「嘉里建設有限公司」在香港聯交所上市，成為集團投資香港及中國內地房地產業、物流及基建等業務的旗艦。

香港回歸以後，遇上亞洲金融危機的嚴峻衝擊，股市、地產大幅下跌。不過，由於嘉里建設已分散投資，所受到的影響相對較輕，公司股價跑贏大市。這一時期，嘉里建設進一步加快進入中國內地市場，先後在北京、上海、深圳、福州等城市投資發展。到 2004 年度，集團的物業組合面積已達 1,957.47 萬平方呎，包括投資物業 79.82 萬平方呎，發展物業 1,103.45 萬平方呎，持有作出售用途物業 55.82 萬平方呎。其中，集團在中國內地的物業組合達 787.78 萬平方呎，包括投資物業 38.67 萬平方呎，發展物業 386.26 萬平方呎，持有作出售用途物業 14.79 萬平方呎，分別佔集團的 40.24%、48.45%、35.00% 及 26.50%，在物業組合總面積、投資物業面積和發展物業面積等方面都超過了香港（分別為 486.62、18.80、260.34 萬平方呎）。[77] 這一時期，嘉里建設的營業額從 1997 年的 30.54 億港元，增加到 2004 年的 51.02 億港元；同期，公司股東應佔溢利從 15.75 億港元增加到 19.56 億港元，分別增長了 67.06% 和 24.19%。

2004 年以後，嘉里建設開始從北京、上海、深圳、杭州、天津等一線城市，逐步擴展到瀋陽、秦皇島、唐山、福州、南京、長沙、南昌、鄭州、武漢、昆明等二、三線城市。其中的發展重點，是在內地一、二線城市的黃金地段，發展大型綜合物業——嘉里中心。先後

圖8-17　金融危機期間嘉里建設股價走勢

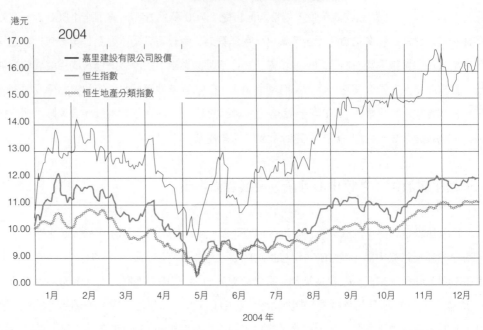

資料來源：《嘉里建設有限公司 2004 年報》，第 7 頁。

建有：北京嘉里中心、杭州嘉里中心、上海靜安嘉里中心一、二期、上海嘉里不夜城、浦東嘉里城、瀋陽嘉里中心、深圳嘉里建設廣場、前海嘉里中心、天津嘉里中心等。（圖 8-18）這些大型綜合物業一般包括甲級寫字樓、商場及酒店等。其中，靜安嘉里中心位於上海南京路商業中心區，匯集辦公室、服務式公寓、商場及酒店，俯瞰景致優美的中庭廣場，總樓面面積合共 374 萬平方呎，為該集團在中國內地的地標式綜合發展項目。

　　這一時期，嘉里建設投資發展物業的重要策略，就是與集團旗下的另一品牌——香格里拉緊密結合：每一個嘉里中心都配有一間五星級酒店香格里拉。對此，嘉里建設表示，外資企業很難跟內地開發商競爭，要想突圍必須開發先進或者特有的產品，集團最終找到高端酒店與商務相結合的開發模式。[78] 此外，嘉里建設還在武漢、福州、成都、濟南、昆明、滿洲里、南昌、南京、寧波、莆田、秦皇島、唐山、鄭州等內地城市發展住宅樓宇。2017 年，在中國房地產業戰略峰會上，嘉里建設榮獲「2017 中國房企商業物業價值 TOP10」，被譽為「優質綜合體的締造者」。

　　2013 年 12 月，嘉里建設將物流業務分拆在香港上市，並持有該公司控制性股權。嘉里物流經營的業務主要包括：綜合物流、國際貨代、國際及本地速遞到門服務以及供應鏈解決

圖8-18　嘉里建設在香港及中國內地的地產發展

綜合用途發展項目所在地

資料來源：《嘉里建設有限公司 2022 年報》，第 10 頁。

方案等，為各類型商品、非商品及輔助銷售材料，提供專業物流服務。2017 年 6 月，嘉里
物流投資一家業務橫跨獨立國家聯合體的貨運集團 Globalink Logistics DWC LLC，加強了
集團在中亞的鐵路、陸路及多式聯運服務方面的能力和覆蓋，令公司的環球物流網絡擴展至
51 個國家和地區。

　　經過多年的發展，嘉里建設已成為香港主要的地產發展商。截至 2023 年上半年度，嘉里建設經營收入為 54.72 億港元，股東應佔溢利 20.31 億港元。（表 8-16）嘉里建設持有的物業組合面積達 4,799.7 萬平方呎，包括已落成的投資物業 1,446.7 萬平方呎，酒店物業 466.8 萬平方呎，發展中物業 2,682.4 萬平方呎，持有作出售用途物業 203.8 萬平方呎。物業組合中，中國內地為 3,601.3 萬平方呎，佔 75.03%；香港為 556.8 萬平方呎，佔 11.60%；澳門為 198.8 萬平方呎，佔 4.14%；海外為 442.8 萬平方呎，佔 9.23%。（表 8-17）總體而言，嘉里建設以地產發展為主，以物業投資為輔；在地區佈局上，以內地為主，以香港為輔，並輻射至澳門及海外。在香港，嘉里建設主要持有優質住宅、商業及辦公室的物業組合，包括鰂魚涌嘉里中心、九龍灣的企業廣場五期／MegaBox 等，並在港九各區發展優質住宅物業。該集團表示：「嘉里建設於兩地之投資重心，在於精選中心地段，發展尊尚物業。本公司堅守此發展方針，持之以恒，藉此創建成功的營運模式。」[79]

表8-16　2007-2023年嘉里建設經營概況（單位：億港元）			
年度	收入	股東應佔溢利	總資產減流動負債
2007	112.72	65.63	650.69
2008	131.16	30.50	731.99
2009	129.38	43.91	799.93
2010	212.26	67.03	875.54
2011	206.60	53.48	862.67
2012	345.13	69.61	1,209.29
2013*	339.58	131.54	1,277.89
2014	146.64	67.74	1,329.69
2015	103.93	55.30	1,271.37
2016	129.91	65.37	1,417.11
2017	355.48	92.42	1,465.43
2018	214.33	74.99	1,463.81
2019	180.25	68.97	1,580.48
2020	145.26	54.03	1,751.52
2021	153.27	103.58	1,776.13
2022	145.90	27.48	1,819.78
2023	130.90	32.43	1,825.87

*2013 年分拆嘉里物流在香港上市

資料來源：《嘉里建設有限公司年報》，2007-2023 年。

表8-17　2019年度嘉里建設的物業組合

2019 年 12 月 31 日	集團應佔樓面面積（千平方呎）				
	內地	香港	澳門	海外	總計
已落成之投資物業	8,404	4,196	—	1,867	14,467
酒店物業	4,126	38	—	504	4,668
發展中物業	21,826	953	1,988	2,057	26,824
持有作出售用途物業	1,657	381	—	—	2,038
總樓面面積	36,013	5,568	1,988	4,428	47,997

資料來源：《嘉里建設有限公司 2019 年報》，第 15 頁。

　　2020 年全球新冠疫情爆發以後，內地經濟增長放緩，然而嘉里建設在內地市場仍然保持擴張態勢。2021 年 2 月，嘉里建設聯合新加坡政府投資公司（GIC），以 60.1382 億元人民幣拿下浦東金橋巨峰路地鐵站上蓋，該項目總建築面積約 43 萬平方米，包括近 22 萬平方米地鐵上蓋購物中心、約 4.7 萬平方米住宅、約 2.5 萬平方米辦公大樓，以及約 13.7 萬平方米的停車及配套服務設施，計劃打造成為浦東地區的大型商業綜合體。同年 11 月，嘉里建設再以 133.29 億元人民幣，一舉奪得上海外灘「鑽石級地塊」——黃浦區金陵東路綜合用地。該地塊位於上海黃浦區核心地段，毗鄰外灘、豫園、南京東路步行街及人民廣場等地標，土地總面積約 3.81 萬平方米，總建築面積約 19.85 萬平方米，囊括約 12.45 萬平方米住宅公寓及石庫門聯排別墅，約 4.9 萬平方米零售、酒店及配套設施以及約 2.5 萬平方米辦公樓。該項發展計劃將會以老城廂建築風貌的保護性開發為主，保留歷史建築超過 12 萬平方米，規模相當於 2 個新天地。據估計，該項目的總投資規模將近 400 億元人民幣。嘉里建設在上海的兩次逆勢奪地，表明了其對內地商業市場持續發展的信心。2021 年度，嘉里建設的股東應佔溢利為 103.58 億港元，比 2019 年度的 68.97 億港元，大幅增長了 50.18%。不過，其後，受到經濟低迷的影響，嘉里建設的經營業績所有下降，2023 年度，收入和股東應佔溢利分別為 130.90 億港元和 32.43 億港元，分別比 2021 年下跌了 14.60% 和 68.69%。

7.5　瑞安集團：闖出「新天地」

　　瑞安集團也是回歸後「闖」出名堂的地產集團。瑞安集團創辦於 1971 年，創辦人羅康瑞。羅康瑞出生於香港富豪之家，父親是香港鷹君集團創辦人羅鷹石。羅康瑞早年畢業於澳洲新南威爾斯大學。畢業後返回香港進入父親公司工作，但他不滿父親的安排，向父親借了

10 萬港元,創辦了瑞安建築公司。1975 年,瑞安(集團)有限公司註冊為瑞安集團的控股公司。1980 年,瑞安集團成立地產部,拓展集團地產及投資業務。1987 年,瑞安集團在灣仔建成總部大樓──瑞安中心。1997 年,瑞安集團將旗下建築及建築材料業務,重組為瑞安建業有限公司,在香港聯交所上市。至此,瑞安集團初具規模。

瑞安集團是香港地產公司中最早進入中國內地發展的公司之一。1984 年,瑞安成立瑞安(中國)有限公司,發展中國內地業務。其後於 1993 年購入北京華威大廈 50% 權益,1994 年取得位於上海淮海中路(現今瑞安廣場地段)的發展權。1996 年,瑞安取得位於上海市虹口區瑞虹新城的發展權。1997 年 3 月香港回歸前夕,瑞安集團在上海剛落成的瑞安廣場設立內地總部,進一步加大在內地的投資發展。

使得瑞安集團在內地聲名鵲起的,是極具創新意味的「上海新天地」的建設。上海新天地位於上海淮海中路南側太平橋地段,佔地 52 公頃,原為法租界舊址,其最大特點就是保存完好的石庫門弄堂建築群,又有中共一大會議舊址,有著大量的歷史沉澱,是海派文化的精髓和上海建築的獨特標誌。1997 年,羅康瑞看準太平橋地區的巨大發展潛力,與上海市盧灣區政府簽訂開發意向書,獲得該地區重建項目發展權。根據協議,該項目分期發展,其中包括:第一期翻修改建舊石庫門式里弄民居為新天地廣場(2000-2001 年)、第二期在廣場鄰邊新建商場設施(2001-2003 年)、第三期在鄰邊土地發展多期住宅樓宇項目(2003-2010 年)等。經過深思熟慮研究,羅康瑞決定投資 14 億元人民幣,首先開發第一、二期工程,即在「一大」會址所在的庫門建築中,打造一片中西融合、新舊結合的「新天地」,在保留石庫門建築原有外貌的前提下,改變原有的居住功能,賦予它新的創意和生命力,把百年石庫門舊城區改造成「中國百年看上海」的時尚新地標。羅康瑞的計劃獲得上海市政府有關部門的批准。

為此,羅康瑞邀請美國著名設計師本傑明·伍德(Benjamin Wood)和新加坡設計事務所擔任設計。1999 年,上海新天地動工建設。2001 年,上海新天地北里及太平橋人工湖綠地落成。2002 年,上海新天地南里正式全面開業。2003 年,上海新天地北里榮獲國際房地產大獎──由 Urban Land Institute(ULI)頒發的 Award for Excellence 大獎,成為首度獲得此國際殊榮的中國內地項目。上海新天地的成功,使羅康瑞和瑞安集團聲名大震,羅康瑞一躍而成為中國最具知名度的香港開發商之一,被譽為「上海姑爺」。

上海新天地只是整個開放項目的第一期。根據羅康瑞的計劃,該發展項目是建設一個標誌性的現代化綜合園區,具體包括 5 個部分:地塊中央是人工湖和綠地,湖的西部是「新天地」,南部是高檔住宅小區「翠湖天地」,北部是辦公樓區「企業天地」,東部是商業文化區。當「新天地」帶動周邊地價大漲後,「翠湖天地」、「企業天地」以及精品酒店項目「88 新天地」

等才陸續推出，廣受市場歡迎。2004 年 2 月，瑞安藉推出新天地之機，宣佈註冊成立瑞安房地產發展有限公司，以作為集團在中國內地從事房地產業務的旗艦，總部設於上海。2006年 10 月 4 日，瑞安房地產在香港聯交所主板上市。2008 年，瑞安房地產榮獲香港《經濟一週》頒發的「傑出內房股 2008」稱號，成為 10 家獲此殊榮的房地產企業之一。[80]

瑞安的標誌品牌「新天地」在上海一炮而紅，成為內地老城改造的典範。其時，正值內地各地城市紛紛展開舊城區改造的熱潮，內地多個城市政府紛紛邀請瑞安集團前來策劃參與當地舊城改造，一時間在全國掀起一股「新天地熱」。這一時期，瑞安先後參與發展了杭州「西湖天地」（2003 年）、重慶的「重慶天地」（2005 年）、湖北的「武漢天地」（2006 年）、遼寧的「大連天地·軟體園」（2007 年）、廣東的「佛山嶺南天地」（2008 年）、上海的「創智天地」（2010 年）和「虹橋天地」（2011 年）、四川的「成都天地」等。2013 年，瑞安房地產註冊成立全資附屬公司——中國新天地有限公司，負責處理商業、零售、辦公室、娛樂休閒及酒店類物業。

近年來，隨著內地房地產市場的低迷，瑞安房地產為了降低負債一度拋售多項資產。2017 年，瑞安房地產先後出售「重慶天地」79.2% 股權、「大連天地」全部股權，套現 85.93億人民幣；2018 年再以 45.89 億人民幣出售上海瑞虹新城 49.5% 權益。不過，瑞安房地產後來再次轉趨積極，2018 年聯同中國太平洋保險、上海永業集團合組公司，以 136.1 億元人民幣投得黃浦區淮海中路街道地塊；2021 年與高富諾集團合組公司，購入江蘇省南京市秦淮區漢中路南京國際金融中心；2022 年新購入上海楊浦濱江低密度住宅社區項目。

截至 2022 年底，瑞安房地產在上海、南京、武漢、重慶、佛山等 5 個主要城市的黃金地段，共持有 16 個處於不同開發階段的項目，包括上海的蟠龍天地、鴻壽坊、上海太平橋、虹橋天地、瑞虹新城、創智天地、INNO 創智、上海楊浦濱江；南京的 INNO 未來城、百子亭天地、南京國際金融中心；武漢的武漢天地、光谷創新天地、武漢長江天地；重慶的重慶天地，佛山的佛山嶺南天地等，土地儲備總建築面積達 930.80 萬平方米，其中上海商業物業組合建築面積達 171.90 萬平方米。[81] 此外，集團也是上海最大型的私營商業物業業主和管理者，包括旗艦項目「上海新天地」在內，在上海管理的辦公樓和商業物業總建築面積達 168 萬平方米。2022 年度，瑞安房地產總收入為 155.65 億元人民幣，除稅前溢利 34.07億元人民幣，總資產 1,048.78 億元人民幣；2023 年度，瑞安房地產總收入為 97.52 億元人民幣，除稅前溢利 26.99 億元人民幣，分別比 2022 年度下跌了 37.35% 和 20.78%。

7.6 世茂房地產：從迅速崛起到嚴重虧損

　　許榮茂創辦的世茂集團是回歸後香港地產界迅速崛起的後起之秀。

　　許榮茂，原籍福建石獅，70 年代從內地到香港發展，第一份工是在香港藥店做夥計，70 年代末到證券行做股票經紀，並開設金融公司，80 年代初在香港股市賺取了「第一桶金」。20 世紀 80 年代中期，許榮茂把握內地做紡織成衣低成本的優勢，以及香港紡織貿易躍升的機遇，在香港、深圳、蘭州等地開設成衣工廠，貼牌為美國等國家和地區生產服裝，幾年間資金再次翻倍。

　　1989 年，許榮茂創辦「世茂房地產」，開始從事房地產發展。1989-1990 年間，許世茂在家鄉福建石獅起步，當地房地產剛剛開始發展，10 萬元人民幣可以買到一塊地，幾千萬元就可以做大項目。世茂房地產先後投資興建了兩個項目——振獅大酒店和振獅經濟開發區。結果，兩個項目都獲利豐厚，僅振獅經濟開發區投資回報率更高達 50%。[82]

　　1992 年和 1993 年，世茂房地產先後投資 2 億元人民幣興建武夷山度假村，並投資興建了佔地 6,000 畝的閩南黃金，又在當年開辦服裝廠的蘭州發展東方紅商業城，到 1994 年，世茂已成為石獅地區最大的房地產投資商。1994 年，國家開始出台宏觀調控政策，地產熱潮之後的泡沫開始破滅，北京的房地產處於低迷時期。許榮茂決定轉戰北京，在北京先後開發建設了亞運花園、華澳中心、紫竹花園、御景園等大型房地產項目，累計投資超過 40 億元人民幣。結果，4 個項目的 3,000 多套住宅銷售一空。而北京亞運花園、華澳中心、紫竹花園、御景園也多次獲得「北京明星樓盤」稱號，華澳中心亦榮獲「1996 年首都十佳公共建築設計獎」。不過，這時世茂房地產和許榮茂的名字還鮮為人知。

　　2000 年，北京房地產市場攀上高峰，而當時上海地產仍處於低谷。許榮茂決定將投資的重點轉向上海。1999 年 3 月，許榮茂註冊了上海世茂投資公司，並於 2000 年將集團營運總部從香港搬往上海。世茂隨即收購在上海證券交易所上市、因恒源祥而聞名上海的上海萬象 26.43% 股權。2000 年 8 月，世茂將上海萬象集團更名為「世茂股份」，將其主業從商業轉為房地產。2000 年，世茂房地產成功在上海開發「上海世茂濱江花園」，該項目總投資 80 億元人民幣，包括 6 幢高層高檔公寓和 1 幢 60 層酒店式公寓，總建築面積為 80 萬平方米，結果大獲成功。世茂濱江花園於 2001-2004 年連續 4 年蟬聯「上海市住宅銷售金額第一名」，2004 年世茂房地產被評為「上海 2001 年房地產十大著名企業」。世茂房地產的「名頭」開始在內地打響。

　　2001 年，世茂集團在香港收購上市公司東建科訊控股，將其更名為「世茂中國」（現為「世茂國際」）。此後，世茂集團開始不斷將「濱江模式」對外複製，先後開發了上海世茂湖

濱花園、上海世茂國際廣場、福州世茂外灘花園、上海佘太山艾美酒店及世茂佘山莊園、南京世茂濱江新城、哈爾濱世茂濱江新城等項目。世茂還將業務拓展到海外市場，2004 年，世茂先後與馬來西亞地產商簽訂共同開發吉隆坡「運河城」項目、與俄羅斯濱海公司簽署合作開發「綏—波」貿易區協議。[83]

自 2005 年以後，世茂房地產開始實施新世紀的新發展戰略，先是實施「專注主業，兼顧房產領域多元組合」戰略，有計劃、有步驟地推進多元產業拓展，逐步建立以高端住宅、豪華酒店及商業辦公三大集團核心產業。截至 2007 年 7 月，該集團在上海先後建成了 3 家超五星級酒店，包括上海世茂佘山艾美酒店、上海世茂皇家艾美酒店及上海外灘茂悅大酒店，以總客房數近 1,700 間，佔據上海豪華酒店約 20% 的市場份額。其後，世茂再實施「核心區域發展」戰略，將優勢資源集中投入到中國經濟發達或極具發展前景的經濟圈，包括長三角地區、環渤海地區等。

2006 年 7 月 5 日，許榮茂將集團控股旗艦——「世茂房地產控股有限公司」在香港掛牌上市，隨即成為香港大型的地產上市公司。同年 12 月，世茂被 MSCI Barra 納入為摩根士丹利全球股票指數（MSCI Standard Equity Index）及摩根士丹利中國指數（MSCI China Index）成份股，2007 年 3 月 12 日更成為恒生綜合指數系列 200 隻成份股之一，以及恒生流通綜合指數系列的成份股。上市當年，世茂房地產已在上海、南京、杭州、徐州、福州、武漢、北京、煙台、瀋陽、哈爾濱等 10 個城市，共發展房地產項目 23 個，營業額 69.13 億元人民幣，經營利潤 28.23 億元人民幣，土地儲備的總計劃建築面積達 2,016 萬平方米。[84]

上市之後，世茂房地產除了繼續積極拓展內地房地產業務之外，還致力集團業務的多元化發展。早在 2004 年，世茂就開始涉足酒店業，先後與萬豪、凱悅、洲際、希爾頓等國際酒店管理公司締結戰略合作關係。2009 年，世茂成立世茂酒店及度假村公司，負責世茂旗下酒店業務的經營、管理和發展。2014 年，世茂主題樂園成立，著力於自主 IP 研發與國際 IP 跨界合作。2017 年，世茂旗下的世茂主題樂園與日本三麗鷗合作，打造內地首家 Hello Kitty 上海灘室內主題館。同年，世茂與喜達屋資本集團聯手，成立全新合資酒店公司——上海世茂喜達酒店管理有限公司，加速自主品牌的輕資產輸出。2018 年，世茂入股 AI 創業企業——商湯科技，佈局高科技產業。當年，世茂攜手故宮，探索文化傳承之路，故宮文創品牌落地於世茂在上海、廈門、濟南、石獅的購物中心，紫禁書院落地於福州世茂雲上鼓嶺小鎮。

到 2019 年，世茂集團已發展成為香港一家多元化的地產大集團，在香港和上海分別擁有世茂房地產（2020 年更名為「世茂集團控股有限公司」）及世茂股份兩家上市公司，集團總資產規模約 4,160 億元人民幣，可售貨值 12,000 億元人民幣。世茂集團經營的業務涵蓋

地產、酒店、商業、主題娛樂、物業管理、文化、金融、教育、健康、高科技、海外投資等
領域,形成了多元化業務並舉的「可持續發展生態圈」,投資項目遍及香港、上海、北京、
廣州、深圳、杭州、南京、武漢、廈門等全球 120 餘個城市。[85] 2019 年度,世茂房地產收
入為 1,115.17 億元人民幣,經營利潤為 292.03 億元人民幣,分別比 2006 年增長了 15.13
倍和 9.34 倍,年均增長率分別為 23.85% 和 8.00%。截至 2019 年底,集團的土地儲備偏佈
全國 120 個城市,共 349 個項目,約 7,679 萬平方米,主要分佈於京津冀、長江中下游、
海峽西岸、珠三角、成渝、山東半島等「核心城市群」,並重點佈局經濟發展水平較高及需
求旺盛的一、二線及三、四線城市。[86]

　　2020 年 10 月,世茂集團控股分拆世茂服務控股有限公司在香港上市,主要經營物業管
理,截至 2020 年 6 月底,公司合約總建築面積達 125.5 百萬平方米,管理 293 個物業,覆
蓋全國 26 個省共 108 個城市,涵蓋住宅物業,以及政府及公共設施、康養中心和醫院,以
及候機室貴賓廳等非住宅物業等。[87]

　　不過,2019 年以後,世茂集團的投資策略轉為冒進,先後投資近 200 億元人民幣收購
萬通地產、泰禾、粵泰股份、明發集團等公司 20 多個項目,又接手陷入債務危機的福晟集
團旗下項目。結果,受到 2020 年以來全球新冠疫情及內地房地產市場疲弱的影響,世茂集
團控股的業績大幅下滑,於 2022 年 3 月發出盈利警告,稱根據 2021 年度初步未經審核綜
合管理賬目,該集團預期年度股東應佔利潤及股東應佔核心利潤將較上年同期大幅下降約
62% 及約 57%。而該集團的 2021 年報則遲遲未能公佈。2022 年,世茂集團的危機開始浮
現,當年 7 月,該集團發佈公告稱,該公司正面臨較大的流動性壓力,公司發行的本金總額
為 10 億美元、利率為 4.75% 的優先票據不能如期支付而違約。結果,2021 年度和 2022 年
度,世茂集團連續兩年錄得除稅前虧損,虧損額分別達 215.72 億元人民幣和 175.50 億元人
民幣;2023 年進一步錄得 222.44 億元人民幣虧損,三年間虧損高達 613.66 億元人民幣。
(表 8-18)受此影響,世茂集團控股市值從 2019 年底 1,044.62 億港元持續下跌,跌至 2023
年 12 月底的 24.69 億港元,跌幅高達 97.64%。顯然,世茂集團正面臨嚴峻考驗。

表8-18　2018-2023年世茂集團控股的經營概況（單位：億元人民幣）			
年度	收入	除所稅前利潤	總資產
2018	855.13	226.38	3,775.97
2019	1,115.17	290.15	4,714.54
2020	1,353.53	335.92	5,897.53
2021	1,077.97	-215.72	6,281.04
2022	630.40	-175.50	6,162.11
2023	594.64	-222.44	5,432.50

資料來源:《世茂集團控股有限公司 2022 年報》,第 3 頁;《世茂集團控股有限公司 2023 年報》,第 57-58 頁。

7.7 基滙資本集團：「舊改之王」

回歸之後，香港出現「另類地產投資者」，其中的代表是吳繼煒、吳繼泰兄弟創辦的基滙資本。吳繼煒為「富二代」，其父是香港上市公司建生國際主席吳仲燦。1995 年，吳繼煒在美國史丹福大學建築專業畢業後，投資 1,000 萬美元收購瀕臨破產的羅斯福酒店，並成功將其改造為荷里活名流聚集地。同年，吳繼煒在美國成立一家地產投資公司——城市置業（Downtown Properties），先後成功改造加州、紐約佐治亞州和夏威夷等多個地產項目，包括 7 萬平方米的電信主機託管中心、面積超過 250 萬平方呎的辦公樓、超過 1,000 間酒店客房、2 座 18 洞高爾夫球場和一家滑雪度假村。1997 年，吳仲燦去世，吳繼煒返港接手家族企業。1999 年，吳繼煒出任建生國際董事總經理，調整了公司的經營方向，並主導了公司包括銀行和船運業務以及在美國房地產業務的資產私有化。[88] 目前，建生國際主要於中國香港、澳門、內地和東南亞等地區，從事房地產和酒店的投資；近年的重大交易包括位於泰國曼谷和芭堤雅兩家鉑爾曼 G 酒店；中國澳門的友邦廣場；以及中國香港的國際訊通中心（Global Gateway）、怡和街 68 號、西洋會所大廈和九龍城廣場。[89]

2005 年，吳繼煒與弟弟吳繼泰等成立基滙資本（Gaw Capital），總部設於香港，將美國城市置業的模式引入大中華地區，先後投資於內地主要城市的商業地產項目。2006 年，基滙資本在上海投資 10 億元人民幣，收購南京路一幢舊樓東海商都，隨後將其翻新改造成為古老文明與現代時尚相得益彰的大型購物中心——上海 353 廣場。其後，基滙資本將其以 24 億元人民幣出售，從中賺取 14 億元人民幣。2007 年，基滙資本與太古地產聯手以 40 多億元人民幣，購入不被看好的北京新三里屯項目，改造成北京時尚、娛樂及消費的新地標——北京三里屯。2013 年，基滙以 4.736 億美元向李嘉誠的長和系購入廣州西城都薈，經改造後出售予香港的領展房地產。2014 年，基滙資本向李澤楷旗下公司購入北京盈科中心，並將其改造為 8 個結合商業零售和創意辦公室空間的「mini block」——捌坊，成為北京城市更新的標杆。至此，吳繼煒及基滙資本聲名大振，被譽為「舊改之王」、「樓市美容師」。

在香港，基滙資本也動作頻繁，早在 2003 年，吳繼煒就曾聯合摩根士丹利以 8.4 億港元收購上環維德廣場，改造後以 26 億港元轉手出售。2015 年，基滙資本以 9.8 億美元的價格，向英國巴斯集團旗下的洲際酒店集團，收購位於九龍尖沙咀海旁的香港洲際酒店物業權益，並計劃展開大規模翻新工程，於 2022 年重新開業，屆時將以「香港麗晶酒店」面世（經營權仍由洲際酒店集團擁有）。2019 年，基滙資本以 15 億美元價格向領展房地產收購其旗下 12 座商場物業組合，並對其展開改造。該項交易榮獲全球 PERE 獎項「年度最佳零售物業投資大獎」。

　　目前，吳繼煒旗下的基滙資本已先後募集 7 支以亞太區為目標的綜合型房地產私募基金 —— 基滙房地產基金 I-VII，資本總額超過 136 億美元，投資超過 92 個項目；同時還在美國管理增值型／機會型基金，一支亞太酒店基金，一支歐洲酒店基金，一支成長型股權基金，並在全球提供信貸投資和獨立帳戶直接投資服務。截至 2023 年第 3 季度，基滙資本共募集股本 223 億美元，並形成商業不動產管理、酒店管理、住宅開發、基滙維龍物流合作、互聯網資料中心（IDC）、民坊、教育等 7 個營運平台，旗下管理資產金融超過 337 億美元，資產類別包括：住宅、商業零售、物流、辦公室、數據中心、生命科學園、綜合體、酒店／服務式公寓，以及其他項目，遍及馬來西亞、大中華地區、澳大利亞、日本、葡萄牙、西班牙、菲律賓、越南、韓國、新加坡、大溪地、英國、印度等地區。[90]

　　其中，商業不動產管理平台業務範圍涵蓋該範疇的全部環節，包括初期的投資分析、概念訂定、規劃設計、項目管理、物業管理、招商與市場行銷、購物中心管理等服務；酒店管理平台在全球管理超過 39 家酒店和服務式公寓，客房總量達 7,500 多間；住宅開發平台的核心業務，是在中國城市開發和管理中高端住宅物業，涵蓋從收購土地、設計與施工管理、銷售及市場，以至運營管理等各個環節；基滙維龍物流合作平台通過兩支基金 —— Centurion I 和 Centurion 2（募資規模共 10 億美元）在過去 8 年投資了近 40 個項目，總面積超過 400 萬平方米，目前正在致力於第三期基金 Centurion 2.5 的投資，募資規模 5.15 億美元，用於投資、開發位於一線城市及其衛星城市的現代化倉儲物流設施；互聯網數據中心（IDC）平台通過與本地領先的 IDC 開發商和運營商合作，旨在於亞洲收購、開發和運營數據中心，截至 2020 年 9 月共募資約 13 億美元，首個項目是位於江蘇崑山的花橋項目，總建築面積為 30 萬平方米；民坊平台分別於 2018 年 3 月和 2019 年 3 月，先後收購 29 個香港社區商場物業及相關設施，形成「民坊」品牌；教育平台與內地教育工作者合作，投資開發和運營了一個位於內地的國際藝術教育平台 SISA。[91]

　　基滙資本已成為香港獨樹一幟的地產投資者。2020 年 10 月，基滙資本連續 6 年躋身 *PERE* 雜誌全球 50 強排行榜，名列亞太地產基金第 3 位，[92] 此雜誌為私募房地產基金界最可信賴的媒體之一。2021 年 4 月，基滙資本在 PERE 首屆全球房地產科技募資排行榜「Proptech 20」中排名第 5 位，該榜單列出自 2016 年以來房地產科技投資領域募集資本最高的 20 家基金管理公司。[93] 2020 年度和 2021 年度，基滙資本集團連續兩年在 PERE 全球獎項評選中獲得「年度亞洲最佳另類資產投資者」榮譽；2023 年更獲得 PERE 全球大獎「亞洲年度私募信貸機構」榮譽。[94]

八、中資地產集團的崛起與發展

8.1 中資地產集團在香港的發展

　　中資地產公司在香港的發展，最早可追溯到 1960 年代。當時，中資企業如僑光公司等已開始涉足香港地產。不過，中資大量介入香港地產、建築業，則是 80 年代改革開放以後的事。中資對地產的投資，最初以自用為主。1983 年以來，中資企業，包括華潤、招商、中旅、粵海、越秀、中銀、中國海外建築等，相繼興建總部大廈，在自用之餘亦將部分單位出租或出售。其中，著名的有位於灣仔、樓高 50 層的華潤大廈（落成於 1983 年），以及位於金鐘、樓高 70 層的中銀大廈（落成於 1990 年）。

　　20 世紀 80 年代中期以後，中資企業開始全面參與香港地產發展和投資，包括興建商廈、酒店、貨倉、碼頭，與其他財團合作興建大型住宅屋邨等等，在地產市場開始扮演重要角色。如創辦於 1979 年的中國海外發展，就從 1984 年起積極進軍香港地產業。據粗略統計，從 1986-1989 年間，中資對地產的大額投資（1,000 萬港元以上）總數達 141.7 億港元，佔同期中資在香港大額投資總額的 53.7%，佔香港各類資本在這一時期對地產大額投資的5.6%。這一時期，中資是繼日資、台資之後第三大海外投資者。不過，1989 年以後，中資對地產的投資一度轉趨沉寂。

　　80 年代後期至 90 年代初期，中資國有企業掀起一股在香港上市熱潮——「紅籌股」熱潮。這一時期上市或者「借殼」上市的中資企業主要有：粵海投資（1987 年）、中信泰富（1990 年）、海虹集團（1992 年）、華潤創業（1992 年）、中國海外發展（1992 年）等。這些上市公司主要從事多元化業務，其中就包括房地產業務。如華潤創業，其母公司華潤集團早在 1979 年 10 月就開始參加天水圍的發展計劃。1990 年初，華潤創業利用華潤集團原在香港青衣牙鷹洲的舊油庫基地進行改造，與長江實業、新鴻基地產合作，興建高級商住樓宇。[95] 早期在香港上市的國企房地產公司，充分利用離岸市場低成本資金迅速發展並保持領先地位。

　　從 2005 年起，內地一批具規模的大型民營房地產集團開始到香港聯交所上市。當年，發源於廣東的富力地產和雅居樂先拔頭籌，在香港掛牌上市。其後，碧桂園、恒大地產先後於 2007 年和 2009 年在香港上市。稍後，廣東省以外的大型房地產企業亦紛紛到香港上市，開拓融資管道和提升企業品牌知名度。諸如，浙江房企綠城中國於 2006 年上市，總部

位於重慶的龍湖地產於 2009 年在香港上市。此外，SOHO 中國和融創中國也分別於 2007 年和 2010 年在香港上市。香港股市中逐漸形成一個內地房地產企業的上市板塊。這些在香港上市的民營房地產公司，利用在香港上市融資的便利，逐步發展成跨區域或全國性房地產開發商。值得注意的是，這些內地房地產企業來港上市後，亦逐步開始參與香港房地產市場，成為與香港地產財團抗衡的重要力量。

2011 年以來，內地房地產發展商開始加強了在香港地產市場投資的力度。據不完全的統計，從 2011-2016 年，包括中國海外發展、萬科、保利置業、世茂、明發、中信、中冶、五礦、海航集團等企業在內的中資房地產企業，在香港參與公開競投住宅用地，累計成交 23 幅土地，投資總額達 764 億港元。2016 年共有 6 家中資地產公司投得 7 幅土地，佔當年香港住宅用地總成交額的 54%，所佔比重首次超過半數以上，且屢次打破香港土地成交紀錄。當年，香港本地七大開發商，包括新鴻基地產、長江實業、恒基兆業地產、南豐集團、新世界發展、信和置業及會德豐地產，合共僅購入 5 幅住宅用地，較 2012 年的 10 幅明顯減少，佔當年香港住宅用地總成交額的比重已從 2012 年的 45%，降至 2016 年的 22%。[96] 從住宅供應方面看，根據仲量聯行資料顯示，香港本地七大開發商的項目佔住宅總供應量的比例，估計將由 2014 年的 85%、2016 年的 77%，跌到 2017-2019 年的 53%。[97]

更令人注目的是，自 2016 年起，內地房地產企業在香港掀起一股「高價搶地」熱潮。這股熱潮中，最矚目的當數海航集團。在 2016 年 11 月到 2017 年 3 月的短短 5 個月期間，海航集團連環以高價投得啟德區 4 幅住宅用地的「地王」，購入價介乎 54.12-88.37 億港元，樓面呎價介乎 1.3-1.36 萬港元，涉及資金高達 272.2 億元，可建總樓面面積近 203 萬平方呎。其中，2017 年 3 月 15 日，海航宣佈其旗下子公司以 74.41 億港元，擊敗參與競投的華潤置地、萬科置業、中國海外發展、新世界發展和招商局置業等 14 家財團，成功投得位於啟德發展區的 1L 區 2 號地盤甲類住宅用地（新九龍內地段第 6563 號）。該地塊地皮面積約 9,482 平方米，最高可建樓面面積 5.12 萬平方米，折合樓面地價為每平方米約 14.53 萬港元（每平方呎約 1.35 萬港元），為市場預期上限。至此，海航集團在啟德區的土地儲備達到約 3.7 萬平方米。當時，海航表示，將對這 4 塊啟德土地進行統一規劃，聯動開發，興建國際級大型住宅綜合項目。海航的高價搶地，一時在香港引起高度的關注。不過很快，海航的宏圖大計落空，集團因為發生資金危機，被迫將這 4 幅土地一一虧本出售。

2017 年，中資地產公司的這股熱潮仍在延續。同年 2 月，內地房企龍光地產聯手合景泰富，以總價 168.55 億港元，奪得位於香港鴨脷洲利南道第 136 號高端住宅地塊，創下香港近年來單幅土地成交總價的最高紀錄。同年 5 月，合景泰富與龍湖地產聯手，以 72.3 億港元價格，擊退萬科、新鴻基、長實地產、華潤置地、龍光地產等公司，成功奪得位於九龍

啟德第 1K 區 1 號地盤的新九龍內地段第 6567 號住宅用地。這是合景泰富在 2 月份與龍光地產聯合拿下鴨脷洲地塊後在香港的再次佈局，龍湖地產則是首次正式進入香港市場。仲量聯行國際董事兼亞洲估價及顧問部主管劉振江表示：「由於內地住宅開發市場競爭激烈，這類項目的整體盈利大約為 10%，而香港住宅開發的利潤水平可以達到 20%，因此吸引了很多內地地產商進入香港市場。」

不過，值得注意的是，2018 年以後，隨著海航爆發債務危機被迫大幅減持其在香港的資產（特別是土地）等，中資地產公司在香港的投資相對進入了低迷時期和平穩發展階段。現階段，成為香港恒生指數地產成份股的中資地產公司有 3 家：中國海外集團、華潤置業和碧桂園。

8.2 中國海外集團：統籌「海外內地兩個市場、兩種資源」

中國海外集團的前身是「中國海外建築工程有限公司」，1979 年 6 月 1 日在香港註冊成立，是中國建築工程總公司在香港獨立經營的子公司。中國建築工程總公司擁有資本達 10 億元人民幣，在 80 年代中期已轄有 8 個建築工程局、3 個設計院、1 個勘察院、6 個專業公司及 35 個分公司，在 23 個國家和地區設有 23 個分公司或辦事處，是國有大型建築企業集團。

中國海外建築工程成立後，業務發展迅速，1981 年 4 月被香港政府工務司列入第二冊認可的承建商，持有樓宇建設、海港工程、道路與管道、地盤開拓和水務工程等 5 個 C 級牌照。到 1988 年，中國海外工程先後在香港承建各項工程達 60 項，工程總額 28 億多港元，佔當時所有在港中資建築公司的 52%，其中包括利東邨第一期、樂富中心、朗屏邨第三期、景名苑等公共屋邨，康樂園豪華住宅、屯門市廣場、康寧閣、友聯船廠私人宿舍等私人住宅樓宇，屯門公司、沙田城門河公園、葵涌圖書館和街市、康樂園俱樂部等公共建築，沙田百適二倉、沙田冷倉、長沙灣潤發貨倉等貨倉工程，以及大量的水務、地盤開拓、道路、橋樑、海事等各類工程。[98]

除了承建各類建築、裝修工程之外，中國海外建築從 1980 年底起，開始以多種方式參與香港的地產業務。1983 年底，中國海外工程投資 1.8 億港元參與港府在沙田名為「海福花園」的居屋計劃，該計劃包括興建 3 幢樓高 26-31 層的住宅大樓，提供 800 個住宅單位及一個 3,000 平方米的獨立商場，於 1985 年 8 月落成入伙，結果受到住戶好評。1985 年，該公司再投資 1.5 港元購入大埔鎮一地段，並興建 4 幢樓高 17 層的獨立塔樓，提供 480 個住宅單位和一個 2,200 平方米的商場，命名為「海寶花園」，再次取得成功。

　　從 80 年代後期起，中國海外工程進入快速發展時期，積極推進集團化發展，在香港先後組建了開發地產的中國海外地產有限公司和從事建築工程的中國海外房屋工程有限公司、中國海外土木工程有限公司、中國海外基礎工程有限公司等。與此同時，中國海外工程還積極拓展內地業務，先後在深圳、廣州、北京等地組建以地產發展為主的子公司。據統計，到 1991 年的 12 年間，每天從該公司鋪設的大型輸水管道輸出來的水，佔香港淡水總消耗量的 60%；承建的多項開山填海造地工程，造地總面積約佔港島總面積的十一分之一。1991 年 10 月，位於灣仔的中國海外大廈落成啟用，該大廈樓高 30 層，總投資 8 億港元，中國海外建築工程「在競爭中作為成功者站立起來」。[99]

　　1992 年 6 月，中國海外在發展的基礎上展開重組，正式成立中國海外集團有限公司。8 月，中海集團旗下的「中國海外發展有限公司」在香港聯交所上市。同年 12 月，中國海外通過香港品質保證局的檢查驗收，獲得 ISO9001 及 ISO9002 證書。中國海外在重組和上市後，在建築、地產等各方面的業務取得進一步的發展。在建築業，中海旗下的「中海房屋」，從 1990 年起已成為香港房屋委員會當年批出的最大工程合約承建商，在持有政府合約量方面冠絕香港所有承建商，並多次榮獲香港十大最佳承建商的稱號。該公司先後參與本地商業及公共建設，如新警察總部、何文田政府合署、醫院管理局總部大廈、伊利沙白醫院、陸軍軍事醫院、中文大學研究院、昂船洲軍事基地等。1995 年 1 月，中國海外參與的建築財團奪得了香港新機場客運大樓工程合約，總值超過 100 億港元，該項工程不僅是香港有史以來最大宗的單一合約，也是世界上同類項目中最大的工程。到 90 年代中期，中國海外在香港承建的各種樓宇接近 760 萬平方米，單住宅一項就可供 30 萬居民居住，即香港每 20 個居民就有 1 個住在中海建造的房屋裡。[100]

　　在地產發展方面，中國海外在 80 年代的基礎上更上一層樓。到 90 年代中期，中國海外已購入土地 80 多塊，發展完成 50 多個項目，遍及港島、九龍和新界各地。由於堅持「質量第一」的發展原則，中國海外已成為優質樓宇的信心標誌。這一時期，中國海外還與信和集團、會德豐集團、百利保發展等香港地產公司合作，相繼興建了諸如海港花園、太湖花園、爵士花園、新峰花園、聚龍居等高級住宅。與此同時，中國海外還相繼在深圳、上海、廣州和北京等內地大城市展開地產項目。在深圳，中國海外相繼投資興建了海富花園、海麗大廈、海灣廣場、海珠城等 10 多個項目，其中海富花園不僅蟬聯深圳市高層建築物管理第一名，還與海麗大廈、海濱廣場及海連大廈一起，被譽為「全國城市物業管理示範住宅小區」。中國海外還在廣州獨資和合資發展了東山廣場、錦城花園等項目；在上海投資建造了海華花園、海興廣場、海天花園等。

　　據統計，截至 1996 年底，中國海外集團在香港及內地共承接工程合約 318 項，總合約

金額達 389 億港元；投資發展房地產及基建項目 88 項，投入資金 190 億港元；累計完成營業額 409 億港元；連續 12 年盈利，實現稅後利潤總額達 50 億港元。經過 18 年的發展，中國海外已發展成為香港一家知名的建築商和地產商，有形資產超過 180 億港元，員工從創辦初期的 50 人發展到 2,500 多人，其上市旗艦中海發展市值超過 240 億港元，在香港上市建築公司中排名第一，已成為恒生指數中型成份股。[101]

　　1997 年亞洲金融危機襲擊香港，對香港經濟特別是地產建築業造成嚴重打擊，對作為地產建築業紅籌企業的中國海外的打擊尤為沉重。危機襲擊香港前的 10 月 14 日，香港特區政府舉行回歸以來的首次土地拍賣，中國海外牽頭，聯同大昌、僑光、菱光等幾家公司組成財團以 29 億港元的高價，奪得屯門第 407 號地段即「南浪海灣」項目，其中中國海外佔 60% 權益。屯門土地拍賣後第 3 天，香港股市開始暴跌，到 10 月 23 日當日急跌 1,211 點，中國海外為此虧損約 20 億港元。據統計，從 1998-2002 年地產低潮期間，中國海外的虧損總額達 42.9 億港元，其中，地產公司虧損 32.1 億港元。[102] 期間，中海發展的股票市值從最高峰時期的 343 億港元大幅下跌至 1998 年 8 月最低谷的 30 億港元，公司進入「開源節流、增收節支」的 3 年調整整頓時期。[103]

　　當時，正值中國內地經濟崛起，國家推進房地產體制改革，房地產市場逐步興起。中國海外集團於是調整發展戰略，從 1998 年起順應中國內地住宅商品化改革的發展趨勢，逐步將地產業務重心向內地轉移。經過幾年的調整，從 2002 年起，中國海外進入高速發展階段。當年，中國海外在內地的投資達到 87.69 億港元，8 個新開工的地盤項目都在內地，內地與香港的投資比例首次從 3：7 提高到 5：5。中國海外以深圳為基地和發展重點，迅速向珠三角、長三角和環渤海等地區發展和佈局。在珠三角，中國海外在廣州投資開發了珠江新城的錦城花園、中海名都、中海藍灣、中海觀園等項目，在中山投資開發了佔地 450 畝的中海翠林蘭溪園；在長三角，中海在上海投資開發了華海花園、中海和平花園及新天地附近 60 萬平方米的舊城改造項目，在南京、蘇州、寧波等地都展開投資；在環渤海，中海以北京為重點，並涉足天津、山東等地。此外，中海進軍成都、西安、長春等地，展開集團的全國性業務佈局。

　　隨著內地地產業務的發展，中國海外集團旗下從事地產業務的旗艦——中國海外發展逐步完成向全國性地產集團的轉型。2007 年 12 月，中海發展入選香港恒生指數成份股，其持有的「中海地產」品牌已成為中國房地產行業領導品牌之一。2010 年 3 月，中海發展以 15.9 億港元價格，收購香港上市公司蜆殼電器工業（集團）有限公司 51% 的股權，收購完成後蜆殼電器更名為「中國海外宏洋集團有限公司」。蜆殼電器創辦於 1952 年，原為電器生產企業，後轉型從事地產發展業務，被收購前在北京、廣州、青島、桂林、呼和浩特等城市擁有

大批的土地儲備。收購後，中國海外集團的地產業務平台擴大到兩個，其中，中海發展主攻內地一、二線城市的地產業務，而中海宏洋則被定位為內地三線城市的地產發展商，與中海發展形成協同發展的格局。

與此同時，集團的建築業務也開始從香港走向全國。從 2000 年開始，中國海外透過旗下的中海建築集團，先後獨立承建了廣州新白雲國際機場航站樓工程、機場酒店工程、廣州捷普電子工業廠房、深圳業聚醫療器械廠房，並開始承接中海自身地產業務的工程；2004 年又承建廣州琶洲香格里拉酒店、深圳福田香格里拉酒店及嘉里建設廣場、北京香格里拉飯店三期等工程，向高級酒店承建領域拓展。2005 年 7 月，中國海外集團將旗下的「中國建築國際集團有限公司」分拆，在香港聯交所上市。上市後，中國建築國際積極拓展中國內地基建投資業務，並於 2012 年 3 月收購香港上市公司「遠東環球集團有限公司」，作為集團拓展國際業務的旗艦平台。其後，遠東環球更名為「中國建築興業集團有限公司」。2014 年 3 月，中海集團透過中國建築興業集團收購海悅建築工程有限公司，以進一步加強集團對香港及海外特色總承包業務的能力。

經過 40 多年的快速發展，目前中國海外集團已發展成為一家香港及中國內地重要的地產發展商和承建商，形成了統籌「海外內地兩個市場、兩種資源」的綜合能力；旗下擁有 5 家在香港的上市公司，包括中國海外發展、中國建築國際集團、中海物業集團有限公司、中國海外宏洋集團有限公司及中國建築興業集團，主要從事地產開發和物業投資、承建與基建投資、物業服務三大領域的業務。

在地產開發和物業投資方面，中海集團已形成了以港澳、長三角、珠三角、環渤海、東北、中西部為重點區域的全國性均衡佈局，業務遍佈港澳地區和中國內地 70 多個城市，以及英國倫敦等海外城市。中國海外集團秉承「過程精品、樓樓精品」的開發理念，形成了包括「住宅開發」、「城市運營」及「創意設計及現代服務」在內的三大產業群。在住宅開發領域，40 多年來集團先後研發推出五代住宅精品，在香港、澳門和中國內地累計開發項目超過 1,900 個，完成開發建造面積接近 2 億平方米。在城市運營領域，集團逐步構建了業務多元、產業多樣的城市運營產業群，涵蓋寫字樓、購物中心、星級酒店、地鐵上蓋、城市更新、旅遊度假、物流等產業。至 2023 年底，集團旗下的中海發展共持有運營寫字樓項目 56 棟，運營商業物業項目總建築面積 731 萬平方米，在建及待建商業項目總建築面積 283 萬平方米，超過 438 萬平方米。在創意設計及現代服務產業領域，中海發展旗下的華藝設計，是國家級高新技術企業，持有「建築工程」及「城鄉規劃」雙甲級資質，是中國百強設計院之一。

2023 年度，中國海外發展的營業收入為 2,025.24 億人民幣，經營溢利 405.25 億人民

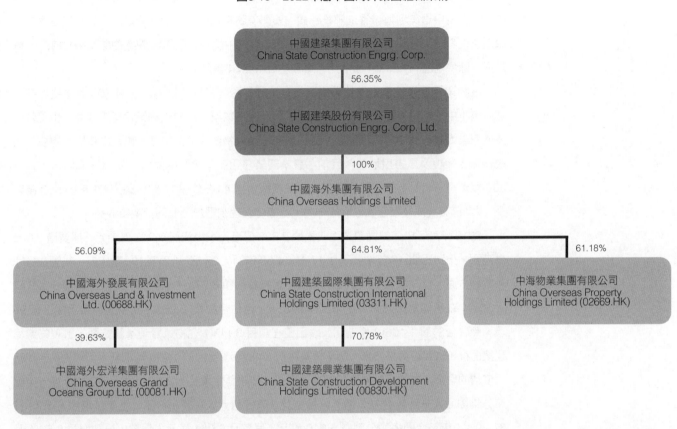

圖8-19　2022年底中國海外集團組織架構

資料來源：《中國海外集團有限公司 2022 年可持續發展報告》，第 4 頁。

幣，總資產達 9,236.04 億人民幣。至 2023 年底，中國海外發展的土地儲備達 3,522 萬平方米，其中，香港有 77 萬平方米，佔 2.19%；其餘均在中國內地，分佈於華南、華中、華北、北方、西部等各地共 47 個城市。[104]

　　在承建與基建投資方面，中國海外集團透過旗下中國建築國際集團及中國建築興業集團兩家上市公司經營承建與基建投資業務，已形成「中國內地、香港、澳門、海外」四大業務板塊。在香港及澳門，中國建築國際集團是港澳市場最大的承建商，業務範圍涵蓋房屋工程、土木工程、機電工程等；在中國內地，集團著重基建投資項目及建築相關業務，已進入 22 個省、80 餘個城市，基本形成全國佈局，是中國內地領先的城市綜合投資運營商。40多年來，中海集團先後承建了包括香港國際機場客運大樓、香港迪士尼樂園、港珠澳大橋等1,500 多項項目。中國建築興業集團則主要從事幕牆業務，業務遍及全球五大洲 11 個國家

共 43 個城市，累計承建 960 餘座標誌性幕牆項目，打造了以迪拜哈利法塔、上海國際金融中心、香港中環美利道、香港郵輪碼頭、澳門美高梅酒店、上海建國里二期、北京三里屯蘋果店為代表的六大系列精品工程。[105] 2023 年度，中國建築國際集團營業收入為 1,137.34 億港元，除稅前溢利 121.04 億港元，總資產 2,492.74 億港元。

在物業管理領域，中海物業集團物業管理業務分佈於中國內地超過 100 個主要城市。在香港，中海物業集團除了為中海發展的香港豪宅物業項目提供物業管理服務外，也覆蓋香港的商業大廈、商場、大型屋苑、公共屋邨、私人物業、公共設施、出入境口岸、中央駐港機構辦公大樓及軍事用地等。目前，該集團業務涵蓋港澳及中國內地共 164 個城市，包括 500 個賣場項目、1,999 個物業項目，服務面積達 4.02 億平方米，服務業主超過 550 萬客戶，[106] 已發展成為集全國性戰略佈局、國際化管理視野於一體的行業領導品牌。

2019 年度，中海集團營業總收入達 2,625 億港元，總資產 9,912 億港元，淨資產 3,025 億港元，分別比 2013 年增長了 1.47 倍、1.68 倍及 1.23 倍。（表 8-19）該年度，集團在房地產業務方面，營業收入約 1,878 億港元，合約銷售額 3,771.7 億港元，土地儲備達 8,923 萬平方米；在承建業務方面，在建工程 248 項，應佔合約額 3,965.7 億港元，新承接工程 96 項，應佔合約額 1,106.2 億港元，竣工工程項目 39 項；在物業管理業務方面，管理物業總建築面積 151.4 百萬平方米，全年營業額約 54.6 億港元。[107] 2020 年以來，儘管受到全球新冠疫情的影響，中國海外集團的整體業務仍然取得穩定增長。2020 年度及 2021 年度，中國海外集團收入分別為 2,765 億元人民幣及 3,796 億元人民幣，分別比上年度增長 5.33% 及 37.29%；新簽合同總額分別為 5,210 億元人民幣及 6,061 億元人民幣，分別增長 8.52% 及 16.33%。

中國海外集團表示：「中海集團是中國內地市場評級最優、品牌價值最高、單一業權寫

表8-19　2013-2022年度中海集團經營概況（單位：億港元）

年度	2013 年	2014 年	2015 年	2016 年	2017 年	2018 年	2019 年	2020 年	2021 年	2022 年
收入	1,062	1,491	1,781	2,057	2,156	2,285	2,625	2,765	3,796	3,215
土地儲備（萬平方米）	N.A.	3,735	4,144	5,677	8,278	9,144	8,923	N.A.	N.A.	N.A.
新簽合同	1,702	2,060	2,511	2,514	2,952	4,236	4,801	5,210	6,061	5,325
資產總額	3,700	4,342	5,000	6,715	7,771	8,751	9,912	超過 11,000	超過 12,000	超過 12,783
淨資產	1,358	1,463	1,728	2,248	2,836	3,136	3,025	N.A.	N.A.	N.A.
員工總數（人）	N.A.	37,153	38,957	39,994	46,052	54,013	63,708	67,000	75,741	超過 7.5 萬

資料來源：《中國海外集團有限公司可持續發展報告》，2013-2022 年。

字樓規模最大的不動產開發運營商，以及港澳地區最大的工程承建商、最大的中資物業投資商和最大的公共設施管理服務商。我們立足港澳、深耕內地、輻射海外，覆蓋內地 100 多個主要城市地區及香港、澳門，海外項目主要分佈在美國、加拿大、英國、澳洲、新加坡、葡萄牙等地。展望未來，中海集團將發揮立足香港的區位優勢和樞紐作用，秉承『我們經營幸福』的使命，堅持客戶為本、品質保障、價值創造，全心奮進、領潮前行，矢志成為世界一流的投資建設運營服務商。」[108]

8.3 華潤置地：「品質給城市更多改變」

　　華潤置地起源於華潤集團在 1994 年透過旗下上市公司華潤創業，入股北京華遠房地產有限公司，通過財務管控進入地產行業。1996 年 11 月，華潤創業分拆華潤北京置地有限公司在香港掛牌上市。2001 年，華潤北京置地改名為「華潤置地（北京）股份有限公司」。2002 年，華潤置地（北京）再更名為「華潤置地有限公司」，並確立全國發展戰略，開始進入上海、成都。兩年後，國資委確定房地產開發業務為華潤集團主營業務。當年，華潤置地在深圳金融核心區投資 40 億元人民幣，興建「深圳華潤中心」，總建築面積達 55 萬平方米，首期項目包括「萬象城」和「華潤大廈」，於 2004 年底竣工啟用；第二期項目包括五星級的君悅酒店、酒店式服務公寓幸福里及一個由商業步行街串連而成的大型室外娛樂休閒廣場，於 2009 年竣工啟用。深圳華潤中心這座綜合性、多功能的大型建築群建成後，旋即成為深圳商業中心和地標。

　　2005 年 11 月，華潤集團重組旗下地產業務，將北京華潤大廈、華潤上海、華潤深圳 3 家公司及持有商業資產注入華潤置地，使華潤置地成為集團地產業務旗艦，並由住宅發展商轉型為綜合性發展商。其後，華潤置地確定了「住宅開發＋投資物業＋增值服務」的差異化業務模式。在住宅開發方面，逐漸形成包括萬象高端系列、城市高端系列、郊區高端系列、城市品質系列、城郊品質系列、城市改善系列、郊區改善系列、旅遊度假系列在內的 8 個產品系列。2010 年，華潤置地入選香港恒生指數成份股，成為香港藍籌股。[109] 當年，華潤置地發佈高品質戰略，以「品質給城市更多改變」為品牌理念，致力於達到行業內客戶滿意度的領先水準，致力於產品和服務上超越客戶預期，為客戶帶來生活方式的改變。這一年，華潤置地在中國內地佈局城市超過 20 個，營業額突破 100 億元。

　　2016 年，華潤置地進一步確立了「銷售物業＋投資物業＋X」的商業模式，即繼續堅持已經取得一定規模及市場地位的銷售物業及投資物業兩大主營業務，並積極拓寬業務發展模式，推動業務轉型，實現資源整合，培育新的價值增長點。

　　在投資物業方面，華潤置地先後發展了城市綜合體萬象城、區域商業中心萬象滙／五彩城、以及體驗式時尚潮人生活館 1234SPACE 等三種模式。其中，萬象城為中國領先的大型購物中心。2018 年，華潤深圳灣綜合體落成，華潤置地轉型為城市投資開發運營商。截至 2019 年，城市綜合體萬象城已進入內地 21 個城市，並在深圳、杭州、瀋陽、成都、南寧、鄭州、重慶、無錫、青島、合肥、西安、上海等城市先後開業；萬象滙／五彩城為集購物、餐飲、娛樂及文化運動為一體的多功能、多主題、引領嶄新生活方式的區域商業旗艦，已進入內地 22 個城市，北京、合肥、寧波、上海、瀋陽、長沙等城市的五彩城已相繼開業；首個 1234SPACE 也於 2013 年在深圳開業。

　　經過多年快速發展，華潤置地已逐步確立其作為中國地產行業中最具競爭力和領導地位的公司形象。截至 2019 年底，開發物業業務覆蓋 79 個城市，共 325 個項目；在營投資物業總建築面積達到 1,105.92 萬平方米，包括已開業的 25 個萬象城、17 個萬象滙，共覆蓋 61 個城市；土地儲備面積達 6,868 萬平方米，包括開發物業土地儲備面積 5,852 萬平方米，投資物業土地儲備面積 1,016 萬平方米，亦覆蓋 80 個城市，其中一、二線及具有產業支撐的三線城市土地儲備佔比達 83.8%。2019 年度，華潤置地收益為 1,481.67 億港元，除

圖8-20　華潤置業「3+1」一體化發展業務組合模式

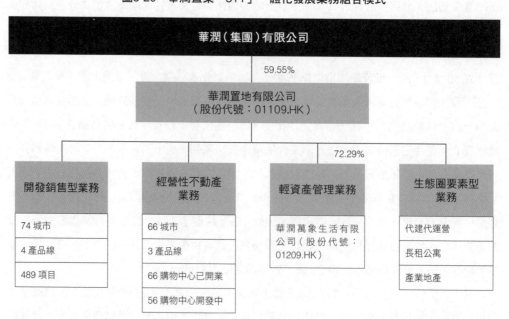

資料來源：《華潤置業有限公司 2022 年報》，第 3 頁。

稅前溢利 611.45 億港元，總資產 5,340.98 億港元。

　　從總體來看，華潤置地與中國海外一樣，基本上仍然是一家內地房地產集團，其主要業務和收入、土地儲備等，絕大部分來自中國內地，在香港的規模仍然較小。從 2019 年集團土地儲備來看，來自中國內地的土地儲備達 6,960.91 萬平方米，佔 99.90%，包括香港在內的其他地區僅 6.92 萬平方米，佔 0.10%。[110]

　　2020 年以後，儘管受到全球新冠疫情爆發、中國內地經濟增長放緩等因素的影響，但華潤置地的業務發展仍然平穩，集團收入從 2019 年度的 1,481.67 億元人民幣增長到 2023 年度的 2,511.37 億元人民幣，除所稅前溢利從 611.45 億元人民幣增長到 664.38 億元人民幣，分別增長了 69.50% 和 8.66%。（表 8-20）2020 年，華潤置業分拆華潤萬象生活有限公司在香港聯交所主板上市，2022 年被納入恒生指數成份股。2021 年，華潤置業以城市投資開發運營商的戰略定位為指引，確立了「3+1」一體化發展的業務模式，即以開發銷售型業務、經營性不動產業務、輕資產管理為三大主營業務，以生態圈要素型業務為輔助，彼此互相促進，合力發展。（圖 8-20）

表8-20　2018-2023年華潤置地的經營概況（單位：億元人民幣）

年度	收入	除所稅前溢利	總資產
2018	1,215.00	519.11	6,598.48
2019	1,481.67	611.45	7,698.99
2020	1,795.87	601.72	8,690.41
2021	2,121.08	603.66	9,498.04
2022	2,070.61	555.09	10,813.32
2023	2,511.37	664.38	11,911.77

資料來源：《華潤置地有限公司 2022 年報》，第 336 頁；《華潤置地有限公司 2023 年報》，第 304 頁。

8.4 碧桂園：「給你一個五星級的家」

　　碧桂園是內地大型民營房地產集團，創辦於 1992 年，創辦人為廣東順德人楊國強。1995 年，碧桂園將「五星級的酒店式服務」引進樓盤社區管理，並發佈「碧桂園，給您一個五星級的家」品牌廣告。1999 年春，廣州碧桂園在內地首創春節開盤、全裝修賣房、免費看樓巴士等創新行銷手法，創下了當月銷售 3,000 套單位的紀錄。

　　2004 年，碧桂園開始向廣佛以外的珠三角地區拓展，在高明、鶴山、江門、清遠、南沙等地紛紛落子，從過去一年一個碧桂園邁入一年多個碧桂園的快速發展階段。2007 年 4 月，碧桂園控股有限公司在香港聯交所主板掛牌上市。同年 9 月，碧桂園成為恒生綜合指數

及恒生中國內地 100 成份股。

　　從 2008 年起，碧桂園借助在香港上市的融資優勢，開始實施全國拓展戰略，拓展步伐深入到湖南、湖北、黑龍江、遼寧、內蒙古、重慶、安徽、江蘇等省區。2008 年，碧桂園全年共實現 23 個全新項目開盤。自此，集團的全國版圖得到極大的拓展，碧桂園也開始將「五星級的家」拓展到全國各地。2010 年，碧桂園確立「總部－區域－項目」三級管控模式，開啟二次創業。2013 年，碧桂園實現合同銷售額約 1,060 億元人民幣，同比增長 124%，合同銷售面積則達 1,593 萬平方米，躋身千億地產軍團。2015 年，碧桂園攜手 Sasaki 等國際知名團隊在馬來西亞打造可容納幾十萬人口的生態大城——碧桂園森林城市。2017 年，碧桂園全年實現銷售金額達 5,508 億元人民幣，躍升至行業首位，並首次登上《財富》世界 500 強，排名第 467 位。同年，碧桂園分拆旗下的博實樂（前身為碧桂園教育集團）在美國上市。

　　這一時期，碧桂園開始進入香港地產市場，在香港先後發展兩個地產項目，分別為位於新界馬鞍山白石耀沙路的住宅項目，以及位於九龍城賈炳達道作為土地儲備的地塊。2018 年 10 月，碧桂園集團與宏安地產及中國建築國際集團攜手合作，策劃發展馬鞍山低密度尊尚臨海豪宅項目，並定名為「Altissimo 泓碧」。碧桂園地產（香港）行銷總監周俊豪表示：「『Altissimo 泓碧』屬碧桂園集團於香港首個推出之地產項目，集團尤其重視，並秉承『希望社會因我們的存在而變得更加美好』之信念，不論建築設計抑或是物料選材方面都經過精心構思而成，凸顯項目渾然天成之豪宅風範。」[111] 泓碧位處馬鞍山白石半島一角，包括 534 個住宅單位、13 座獨立屋及超過 175 個停車位，部分單位更能盡覽吐露港及海星灣海景，屋苑內並設有會所，為住戶提供室外游泳池等各種休閒設施。

　　2019 年，碧桂園提出「高科技綜合性企業」新定位，當年在美國《財富》雜誌世界 500 強榜單排名上升至第 177 位。2019 年度，碧桂園收入為 4,859.08 億元人民幣，年度利潤為 612.02 億元人民幣，分別比 2014 年的 845.49 億元人民幣、106.12 億元人民幣，大幅增長了 4.75 倍和 4.77 倍，年均增長率分別高達 41.87% 及 41.97%。截至 2019 年底，碧桂園共擁有 2,536 個處於不同階段的發展項目，其中 2,512 個位於中國內地，24 個位於中國內地以外。[112] 不過，2020 年全球新冠疫情爆發以後，內地經濟特別是房地產市場放緩，碧桂園的業務受到嚴重衝擊，2022 年度，碧桂園的收入為 4,303.71 億元人民幣，比 2019 年度下跌了 11.42%，跌幅不算大，但年度利潤卻錄得 29.62 億元人民幣的虧損。期間，碧桂園因房地產市場行情低迷等陷入了嚴重的銷售不振，負債 1.4 萬億元人民幣，陷於債務危機之中。2023 年 10 月 10 日，碧桂園宣佈啟動境外債務重組，涉及金額 93 億美元，以及展延境內債務償還期限。不過，10 月 18 日，碧桂園未能如期支付一筆海外債券的 1,540 萬美元利息，被確定為「債務違約」，正面臨破產的危機，在香港和中國內地引發極大的關注。

香港主要上市地產公司及房地產信託基金概況

上市公司名稱	上市日期	董事局主席／董事長	2019 年 12 月 31 日收市市值（億港元）
新鴻基地產（00016）	1972 年 9 月 8 日	郭炳聯	3,457.05
中國海外發展（00688）	1992 年 8 月 20 日	顏建國	3,325.15
華潤置地（01109）	1996 年 11 月 8 日	王祥明	2,766.83
碧桂園（02007）	2007 年 4 月 20 日	楊國強	2,726.21
長實集團（01113）	2015 年 6 月 3 日	李澤鉅	2,077.54
恒基地產（00012）	1981 年 7 月 23 日	李兆基	1,851.83
領展房地產基金（00823）	2005 年 11 月 21 日	聶雅倫	1,706.10
太古地產（01972）	2012 年 1 月 18 日	施銘倫	1,512.23
九龍倉置業（01997）	2017 年 11 月 23 日	吳天海	1,443.73
新世界發展（00017）	1972 年 11 月 23 日	鄭家純	1,092.18
會德豐（00020）	1983 年 1 月 3 日	吳宗權	1,064.38
世茂房地產（00813）	2006 年 7 月 5 日	許榮茂	1,044.62
信和置業（00083）	1981 年 4 月 8 日	黃志祥	787.75
恒隆地產（00101）	1954 年 1 月 1 日	陳啟宗	769.11
九龍倉（00004）	1921 年 1 月 1 日	吳天海	604.36
尖沙咀置業（00247）	1972 年 7 月 20 日	黃志祥	474.22
嘉里建設（00683）	1996 年 8 月 5 日	黃小抗	360.48
希慎興業（00014）	1981 年 9 月 18 日	利蘊蓮	318.89
冠君產業信託（02778）	2006 年 5 月 24 日	羅嘉瑞	303.28
越秀地產（00123）	1992 年 12 月 15 日	林昭遠	278.68
恒隆集團（00010）	1972 年 10 月 12 日	陳啟宗	262.25
匯賢產業信託（87001）	2011 年 4 月 29 日	甘慶林	192.86
鷹君（00041）	1972 年 10 月 26 日	羅嘉瑞	185.95
中海宏洋（00081）	1984 年 4 月 26 日	莊勇	178.00
置富產業信託（00778）	2010 年 4 月 21 日	徐勝來	176.44
越秀房托基金（00454）	2005 年 12 月 21 日	林德良	169.28
中海物業（02669）	2015 年 10 月 23 日	張貴清	160.08
瑞安房地產（00272）	2006 年 10 月 4 日	羅康瑞	137.86
高銀金融（00530）	1992 年 10 月 8 日	潘蘇通	122.34
華人置業（00127）	1988 年 12 月 30 日	劉鳴煒	117.70
聯合地產（00056）	1981 年 1 月 8 日	狄亞法	105.59
陽光房地產基金（00435）	2006 年 12 月 21 日	歐肇基	82.25
富豪產業信託（01881）	2007 年 3 月 30 日	羅旭瑞	65.79
麗新發展（00488）	1988 年 3 月 11 日	林建岳	62.59
招商局置地（00978）	1997 年 10 月 16 日	許永軍	59.84
天安中國投資（00028）	1987 年 3 月 18 日	李成輝	52.07
泓富產業信託（00808）	2005 年 12 月 15 日	趙國雄	45.96
廖創興企業（00194）	1972 年 11 月 13 日	廖列智	38.89
百利保控股（00617）	1993 年 12 月 17 日	羅旭瑞	29.76
粵海置地（00124）	1997 年 8 月 8 日	徐葉琴	23.11

資料來源：香港交易所、東方財富網。

註釋

[1]　參閱《長江實業（集團）有限公司 1997 年報》，第 9 頁。

[2]　長江實業、和記黃埔新聞稿，《長江實業與和記黃埔將進行合併、重組、再分拆，成為兩間具領導地位的新公司在香港上市》，2015 年 1 月 9 日，第 3 頁。

[3]　參閱《和記黃埔有限公司 2013 年報》，第 30 頁。

[4]　參閱《長江實業（集團）有限公司 2013 年報》，第 16-17 頁。

[5]　羅天昊著，《別讓李嘉誠跑了》，2015 年 9 月 16 日。

[6]　同註 2。

[7]　同註 2。

[8]　參閱《長江和記實業有限公司 2018 年報》，第 2 頁。

[9]　《長江實業集團有限公司截至 2019 年 12 月 31 日年度業績》，第 10-14 頁。

[10]　參閱《新鴻基地產發展有限公司 2001-2002 年報》，第 2 頁。

[11]　參閱《新鴻基地產發展有限公司 2011-2012 年報》，第 24 頁。

[12]　參閱《新鴻基地產發展有限公司年報》，1997-1998 年至 2017-2018 年。

[13]　新鴻基地產新聞稿，《港島西 Imperial Kennedy 獨特玻璃幕牆設計成區內新地標》，2016 年 6 月 30 日。

[14]　參閱《新鴻基地產發展有限公司 2018-2019 年報》，第 8 頁。

[15]　《新鴻基地產有限公司 2018-2019 年報》，第 8 頁。

[16]　《新鴻基地產有限公司 2022-2023 年報》，第 4 頁。

[17]　同註 16，第 21 頁。

[18]　參閱《恒基兆業地產發展有限公司 2007 年報》，第 19 頁。

[19]　參閱《恒基兆業地產發展有限公司 2012 年報》，第 94 頁。

[20]　《恒基兆業地產發展有限公司 2019 年全年業績公佈》，第 2、17-18 頁。

[21]　參閱《恒基兆業地產發展有限公司 2017 年報》，第 74 頁。

[22]　參閱《恒基兆業地產有限公司 2021 年報》，第 12 頁。

[23]　《恒基兆業地產發展有限公司 2023 年報》，第 4 頁。

[24]　參閱《恒基兆業地產發展有限公司 2020 年報》，第 39 頁。

[25]　參閱《新世界發展有限公司 2003 年報》，第 12-13 頁。

[26]　新世界發展，《里程碑》，1993 年，新世界發展有限公司官網。

[27]　《新世界百貨中國有限公司 2023 年報》，第 5 頁。

[28]　新世界發展新聞稿，《新世界航太城命名「11 SKIES」》，2020 年 11 月 23 日。

[29]　新世界發展新聞稿，《新世界斥資逾 100 億元發展深圳太子灣 建構大灣區首個循環經濟圈 勢成深圳海濱新地標》，2020 年 10 月 16 日，新世界發展有限公司官網。

[30]　《新世界發展有限公司 2019 年報》，第 171、174 頁。

[31]　參閱《會德豐有限公司 2010 年度末期業績公告》，2011 年 3 月 23 日，第 1 頁。

[32]　參閱《九龍倉集團有限公司 2007 年報》，第 4 頁。

[33] 參閱《九龍倉集團有限公司 2015 年報》，第 6 頁。

[34] 參閱《九龍倉集團有限公司 2016 年報》，第 10 頁。

[35] 參閱《會德豐及九龍倉聯合公告》，2017 年 9 月 4 日，第 1-2 頁。

[36] 置地控股著，《香港置地 125 年》（*Hongkong Land at 125*），香港：置地控股官網，2014 年，第 267 頁。

[37] 同註 36，第 290 頁。

[38] 同註 36，第 311 頁。

[39] 苗雪艷著，《香港置地執行董事周明祖：保守是最好的態度》，北京：和訊網，2018 年 3 月 15 日。

[40] 參閱《太古股份有限公司分拆太古地產、全球發售及派發有條件股息不予進行，恢復股份買賣》，2010 年 5 月 3 日。

[41] 太古新聞稿，《分拆太古地產、全球發售及派發有條件股息不予進行，恢復股份買賣》，2010 年 5 月 6 日。

[42] 太古地產上市文件，《太古地產以介紹形式在香港聯合交易所主板上市》，2011 年 12 月 21 日。

[43] 太古地產新聞稿，《太古地產中國內地旗艦項目，廣州太古匯盛大開業》，2011 年 9 月 23 日。

[44] 參閱北京三里屯太古里官網。

[45] 參閱《太古地產有限公司 2022 年報》，第 28-29 頁。

[46] 《太古地產有限公司 2022 年報》，第 36 頁。

[47] 參閱《恒隆地產有限公司 2013 年報》，第 13 頁。

[48] 同註 47，第 23 頁。

[49] 恒隆地產新聞稿，《核心租賃業務持續增長，恒隆蓄勢待創新高》，2018 年 1 月 30 日。

[50] 恒隆地產新聞稿，《恒隆成功投得杭州市百井坊黃金地塊》，2018 年 5 月 28 日。

[51] 希慎興業，《集團歷史》，21 世紀，希慎興業有限公司官網。

[52] 《希慎興業有限公司 2022 年報》，第 24 頁。

[53] 《希慎興業有限公司 2021 年報》，第 1 頁。

[54] 《希慎興業有限公司 2023 年報》，第 2 頁。

[55] 陳光著，《浮世大亨劉鑾雄》，華商韜略編委會，華商名人堂官網。

[56] 《利福國際集團有限公司 2019 年報》，第 82-83 頁。

[57] 華人置業，《業務概覽》，華人置業集團有限公司官網。

[58] 蔣煒著，《打造世界級華人酒店品牌》，華商韜略編委會，華商名人堂官網。

[59] 冠君產業信託，《公司歷史、概覽及里程碑》，冠君產業信託官網。

[60] 《鷹君集團有限公司 2022 年報》，第 191、194 頁。

[61] 香港大酒店公告，《持續關連交易　續簽租賃協定》，2016 年 3 月 21 日。

[62] 華商文著，《把愛好變成「搖錢樹」》，華商韜略編委會，華商名人堂官網。

[63] 信和集團，《集團里程碑》，2019 年，信和集團官網。

[64] 信和集團，《構建更美好生活》，2021 年，第 55 頁，信和集團官網。

[65] 同註 64，第 56-59 頁。

[66]　同註 64，第 13 頁。

[67]　《信和置業有限公司 2020 年報》，第 15-16 頁。

[68]　《信和置業有限公司 2023 年報》，第 22 頁。

[69]　華懋集團，《企業管理》，華懋集團官網。

[70]　華懋集團，《我們的 60 週年》，華懋集團官網。

[71]　華懋集團，《我們的理念》，華懋集團官網。

[72]　南豐集團，《發展里程》，2015-2019 年，南豐集團官網。

[73]　Nan Fung Life Sciences, "Overview", Nan Fung Life Sciences website.

[74]　Nan Fung Trinity, ABOUT US, Nan Fung Trinity website.

[75]　新風天域，《新風天域是一家以患者為中心的醫療集團》，新風天域集團官網。

[76]　南豐集團，《我們的業務》，南豐集團官網。

[77]　《嘉里建設有限公司 2004 年報》，第 17 頁。

[78]　參閱《嘉里建設重攻高端商業，發展多元化大型綜合項目》，中國房地產報，2012 年 10 月 22 日。

[79]　《嘉里建設有限公司 2019 年報》，第 1 頁。

[80]　瑞安房地產新聞稿，《瑞安房地產獲「傑出內房股」稱號》，2008 年 5 月 19 日。

[81]　《瑞安房地產有限公司 2022 年報》，第 26-27 頁。

[82]　畢亞軍著，《低調的高品質開發商》，華商韜略編委會，華商名人堂官網。

[83]　同註 82。

[84]　《世茂房地產控股有限公司 2006 年報》，第 3-8 頁。

[85]　世茂房地產，《集團介紹》，世茂房地產控股有限公司官網。

[86]　《世茂房地產控股有限公司 2019 年報》，第 3 頁。

[87]　《世茂服務控股有限公司全球發售》，2020 年 10 月 20 日，第 1-2 頁。

[88]　基滙資本，《企業歷史》，基滙資本官網。

[89]　同註 88。

[90]　基滙資本，《資產組合》，基滙資本官網。

[91]　基滙資本，《營運平台》，基滙資本官網。

[92]　基滙資本，《基滙資本繼續領航亞太地產基金 50 強》，2020 年 10 月 26 日，基滙資本官網。

[93]　基滙資本，《基滙資本在 PERE 首屆全球「Proptech 20」排行榜中名列前茅》，2021 年 4 月 15 日，基滙資本官網。

[94]　基滙資本，《基滙資本於 2021 年 PERE 全球大獎評為「年度亞洲最佳另類資產投資者」》，2022 年 3 月 1 日，基滙資本官網。

[95]　郭國燦、劉海燕著，《香港中資財團（上冊）》《增訂版》，香港：三聯書店（香港）有限公司，2017 年，第 187 頁。

[96]　參閱《內地房企為何熱衷香港買地？》，北京：《北京晨報》，2017 年 5 月 18 日。

[97]　參閱《海航 5 個月 272 億香港拿地，去年內地房企買走香港一半土地》，上海：澎湃新聞網，2017 年 3 月 16 日。

[98]　《中國海外建築工程有限公司》，香港：《建築業導報》，第 12 輯第 11 期，第 38-39 頁。

[99]　幸群、建生著，《香港建築行業崛起的新軍——記中國海外建築工程有限公司》，香港：《紫荊》雜誌，
　　　　1991 年 10 月號，第 44 頁。

[100]　孫文傑著，《建世間精品，築香港美景》，載烏蘭木倫主編：《發展中的香港中資企業》，香港：新華通
　　　　訊社香港分社編印，香港經濟導報社出版，1997 年，第 113 頁。

[101]　同註 100，第 112 頁。

[102]　中國海外集團，《戰略調整，實現新跨越；二次騰飛，再造新中海》，載中聯辦經濟部編：《回歸十年的
　　　　香港經濟與香港中資企業》，2007 年，第 445 頁。

[103]　中國海外集團，《大事記》，香港：《中國海外集團 40 年特刊》，2019 年，第 101 頁。

[104]　《中國海外發展有限公司 2023 年報》，第 24 頁。

[105]　中國海外集團，《主營業務：承建與基建投資》，中國海外集團有限公司官網。

[106]　中國海外集團，《主營業務：物業服務》，中國海外集團有限公司官網。

[107]　《中國海外集團有限公司 2019 年可持續發展報告》，第 9 頁。

[108]　中國海外集團，《關於我們》，中國海外集團有限公司官網。

[109]　華潤集團，《發展歷程（2000-2015）：集團多元化、利潤中心專業化》，華潤集團官網。

[110]　參閱《華潤置地有限公司截至 2019 年 12 月 31 日止財經年度業績公佈》，第 27 頁。

[111]　碧桂園新聞稿，《碧桂園集團、宏安地產及中國建築國際集團攜手打造馬鞍山尊尚臨海豪宅項目正式命
　　　　名「Altissimo 泓碧」》，2018 年 10 月 11 日。

[112]　《碧桂園控股有限公司 2019 年報》，第 20 頁。

「樓市隨經濟發展，向好是正常，但我向來強調，樓價大上大落，
對任何人都是不好，最好是跟隨通脹平穩發展，市民可以負擔，發展商也有合理利潤。
樓價太高與市民的負擔能力脫節，香港的競爭力必定受到削弱，整個社會都會有問題。」

——長江實業集團主席李嘉誠，2000 年

第九章

歷史回顧與發展前瞻

一、地產業發展的簡要回顧

地產業在香港已有悠久的歷史。1841年英國佔領香港後即開始拍賣土地，

並逐步形成和確立獨具特色的香港地權制度及土地批租制度，

從而揭開了近現代香港地產業的發展歷史。不過，直到二次大戰前，

香港地產業基本上仍處於萌芽起步之中，它主要是依附建築業而發展，故當時多稱為「建築置業」，

其主要經營方式是置業收租，即現在所說的地產投資。當時，

香港最大地產投資商是英資的置地公司，在港島中區建立了一個初具規模的「地產王國」。

　　二次大戰後，尤其是 50 年代以來，香港人口急劇膨脹，經濟進入持續高速增長的新時期，「房荒」成為當時社會經濟中的嚴重問題。在這種歷史背景下，以吳多泰、霍英東為代表的新興地產發展商，先後採取「分層出售，分期付款」的售樓方式，推動地產經營方式的革命，大大促進了地產業的發展，地產經營的主要方式也從置業收租轉向地產發展。這一時期，香港地產業經歷了三個循環發展週期：第一個循環週期起步於 1945 年，到 1952 年，由於受到朝鮮戰爭爆發、聯合國對中國實行禁運的影響，香港傳統的轉口貿易一落千丈，經濟不景迅速波及地產市場。1953 年，朝鮮戰爭結束，香港經濟亦開始轉型，邁向工業化道路，種種因素刺激了地產業的復甦。戰後地產業的第二、三個循環週期分別在 1954-1958 年及 1959-1968 年。這一時期，香港地產業呈現空前的繁榮景象。

　　70 年代初期，香港證券市場進入空前牛市，呈現一派繁榮，大批地產公司紛紛藉股市高潮在香港各證券交易所掛牌上市，並充分發揮股市功能，透過發售新股、配股，以及將股票在銀行按揭貸款，籌集大量資金發展業務。其中，以長江實業、新鴻基地產、合和實業、恒隆集團、大昌地產等「地產五虎將」為首的一批新興地產發展商及時把握良機，實力作三級跳。這一時期，香港地產業又經歷了兩次循環週期。第一次從 1968 年起步，受到熱錢流入、股市急升和新市鎮開發等利好因素的刺激，地產業再現繁榮，可惜好景不常，1973-1974 年間接連受到股市崩潰、中東石油危機的衝擊，地產業又陷入另一次低潮。第二次循環從 1975 年起步，當時由於人口持續增長、經濟繁榮和中國的改革開放政策的影響，地產業呈現戰後以來空前繁榮景象，並在 1980 年代初達到巔峰。這是香港地產業的快速發展時期。

　　1984 年 12 月，中英兩國簽訂關於香港前途問題的《中英聯合聲明》，香港進入 1997 年回歸中國的過渡時期。隨著政治前景的明朗化和香港經濟的復甦，地產業再次走出谷底，

進入新一輪循環週期的上升階段，時間長達 13 年之久，打破了戰後數十年來香港地產市道每 7-9 年經歷一次週期的規律。在過渡時期的地產大潮中，隨著市區土地資源的日漸短缺，地價、樓價的不斷上漲，地產發展項目的規模越來越大，經營房地產所需要的資金也日漸龐大，大批早年從事地產業的中小型地產公司逐漸被淘汰。經過激烈的競爭、收購、兼併，十數個規模宏大、實力雄厚的地產集團逐漸成為左右市場的主導力量，地產業經營的集中性形成。到 90 年代中後期，地產業已成為香港經濟重要的產業支柱，在香港經濟中具有舉足輕重的影響，並關係到千家萬戶的生活，被稱為「香港經濟的寒暑表」。

1997 年香港回歸後，新成立的特區政府即時廢除了《中英聯合聲明》附件三所規定的，有關每年新批土地不得超過 50 公頃的限制。同年 10 月 7 日，行政長官董建華在首份題為「共創香港新紀元」的施政報告中，公佈了著名的「八萬五」房屋政策。可惜，「八萬五」房屋政策推出不久，香港即遭遇了 1997 年亞洲金融危機的嚴重衝擊，導致股市、樓市連番暴跌。為了挽救樓市，特區政府從 1998 年起推出多項措施，並於 2002 年推行「孫九招」，內容包括停建和停售居屋等，退出其在公屋市場的發展商角色，讓地產市場回歸市場主導。在多項救市措施帶動下，再加上 2003 年中央政府實施內地居民赴港澳「自由行」政策，以及內地與香港簽署 CEPA 協議，香港經濟開始復元，房地產市場迅速反彈，進入新一輪循環週期。

從 2003 年中起，在多種主客觀因素的推動下，香港地產市場展開回歸以來持續 16 年之久的週期性上升階段。這輪升浪大體又可以劃分為兩個階段：第一階段從 2003 年中簽署 CEPA 起至 2008 年全球金融海嘯爆發，為期 5 年，屬於恢復性上升階段，使得各類物業售價和租金基本重回 1997 年前後的高峰位置。第二階段從 2009 年全區金融海嘯爆發後反彈，一直到 2019 年中香港因修訂《逃犯條例》而觸發的政治動蕩。這一階段，香港的地產市道大幅飆升，各類物業售價都大幅超越 1997 年最高峰水平，其中私人住宅售價升幅 1.31 倍，私人寫字樓升幅 1.61 倍（甲級寫字樓 2.21 倍），私人零售物業 2.34 倍；私人分層工廠大廈升幅最高，達 4.26 倍。各類樓宇升幅已嚴重超越香港整體經濟、特別是香港市民的承擔能力，成為導致香港經濟、社會矛盾的深層次問題。

二、地產業在香港經濟中的地位

長期以來，地產業與香港整體社會經濟同步發展。尤其是經過近幾十年來的迅速發展，

地產業已成為香港經濟的重要支柱，在香港經濟中具有舉足輕重的作用。

正如台灣學者林寶安所指出：「香港經濟中的房地產是一具實質重要地位的產業，

是一個可以創造重要財富並影響香港經濟表現的產業。將她從中抽掉，香港也就不成其為香港。

……必須擺在整體香港社會經濟結構的歷史視野中，房地產的意義才能真正彰顯。」[1]

2.1 地產業的內部結構及其演變

1990 年代中期，香港政府統計處曾對地產活動作過系統的調查統計，根據它的定義，地產業包括：（1）擁有作為發售或租賃用途的私人發展工程的機構單位，在統計期間相關的建造工程正積極展開，其中包括私人機構參建居屋計劃及夾心階層住屋計劃，但純粹或主要供應本身使用的地產發展或純粹為持有土地而成立的公司，則不包括在內；（2）僱用兩人或以上的地產租賃、經紀或代理及保養管理服務機構單位或地產企業的附屬公司。[2]

根據這個定義，地產業包括 3 個行業，即地產發展兼／或租賃業、地產保養管理服務業，以及地產經紀及代理業。據統計，1996 年地產業的營運機構單位共有 8,298 個，就業人數 64,028 人，比 1987 年分別增加 101% 和 92%。其中，地產發展兼／或租賃業的營運單位有 5,463 個，佔總數的 66%；以服務及租賃收入和增加值計算，該行業佔整體地產業的63% 和 89%。從事地產保養管理服務的單位有 439 個，僅佔總數的 5%；但就業人數卻佔總數的 55%。地產經紀及代理機構則有 2,397 個，佔總數的 29%。（表 9-1）由此可見，地產業中，以地產發展兼／或租賃業為主體，以地產保養管理服務業和地產經紀及代理業相輔助。不過，由於地產業經營的高度集中性，該行業實際由約十數家大型地產發展商主導。

回歸以來，地產業內部結構發生了一定的變化。不過，總體來看，地產發展／投資仍是地產業的主體，但其所佔比重有所下降，地產管理及地產經紀服務的重要性有所提高。據統計，1996-2018 年間，香港地產業的機構數目，從 8,298 家增加至 9,859 家，22 年間增長了 18.8%；其中，地產發展／投資行業的機構數目從 5,463 家增加至 6,325 家，增長了 15.8%。從地產業內部結構看，2018 年，地產發展／投資行業的增加值為 1,092.54 億港元，比 1996 年的 872.08 億港元增長了 25.3%，佔地產業增加值的比重為 78.9%，比 1996年的 88.6% 下降了 9.7%。在地產業收益方面，2018 年，地產發展計劃的毛利為 393.01 億

表9-1　1996年香港地產業發展概況*

行業組別	機構數目（家）	就業人數（人）	地產發展毛利（億港元）	服務及租賃收入（億港元）	增加值（億港元）
地產發展／投資	5,463 （65.8）	10,908 （17.0）	595.72 （100.0）	345.15 （62.9）	872.08 （88.6）
地產保養管理服務	439 （5.3）	35,343 （55.2）	——	118.35 （21.5）	48.66 （4.9）
地產經紀及代理及 其他地產服務	2,397 （28.9）	17,776 （27.8）	——	85.58 （15.6）	63.89 （6.5）
合計	8,298 （100.0）	64,028 （100.0）	595.72 （100.0）	549.08 （100.0）	984.64 （100.0）

* 括號內的數字表示所佔總數的百分比

資料來源：香港特區政府統計處，《香港統計年刊》，1998 年 11 月。

港元，比 1996 年的 595.72 億港元下降了 34.0%；而地產發展／投資行業的服務及租賃收入則為 961.22 億港元，比 1996 年的 345.15 億港元大幅增長了 1.78 倍。這一發展態勢，反映了亞洲金融危機後，地產商大幅增加了物業投資的比重，以減低行業發展的風險的策略轉變。

　　這一時期，地產保養管理服務、地產經紀及代理及其他地產服務所佔比重則有所上升。地產保養管理服務增加值從 1996 年的 48.66 億港元，增加到 2018 年的 136.65 億港元，22 年間增長了 1.8 倍，所佔比重從 4.9% 上升到 9.9%，增長了 5%；僱傭員工從 3.53 萬人增加到 7.07 萬人，增長了 1 倍。同期，地產經紀及代理及其他地產服務增加值從 1996 年的 63.89 億港元，增加到 156.06 億港元，增長了 1.4 倍，所佔比重從 6.5% 上升到 11.2%，增長了 4.7%；僱傭員工從 1.78 萬人增加到 2.88 萬人，增長了 61.8%。（表 9-2）

表9-2　2018年香港地產業發展概況*

行業組別	機構數目 （家）	就業人數 （人）	地產發展計劃 毛利（億港元）	服務及租賃收入 （億港元）	增加值 （億港元）
地產發展／投資	6,325 （64.2）	16,991 （14.6）	393.01 （100.0）	961.22 （64.7）	1,092.54 （78.9）
地產保養管理服務	889 （9.0）	70,705 （60.7）	——	300.20 （20.2）	136.65 （9.9）
地產經紀及代理及 其他地產服務	2,645 （26.8）	28,831 （24.7）	——	224.38 （15.1）	156.06 （11.2）
合計	9,859 （100.0）	116,526 （100.0）	393.01 （100.0）	1,485.81 （100.0）	1,385.24 （100.0）

* 括號內的數字表示所佔總數的百分比

資料來源：香港特區政府統計處，《香港統計年刊》，2020 年。

2.2 地產業對香港本地生產總值（GDP）的貢獻

　　1980 年代以來，香港不論整體經濟、個別產業或地產業本身，都表現出一些值得注意的演變趨勢。整體而言，隨著中國內地改革開放，香港工廠大規模北移，製造業在香港本地生產總值（GDP）中所佔比重急速下跌，而服務業的比重則進一步增加，主要表現為進出口貿易和金融地產業的提升。就地產業來說，80 年代的地產業高峰期在香港 GDP 的比重，曾一度達到 13.6%（1980 年），其後在 1984 年低挫至 6.4%，然後再逐步回升。到 1996 年地產業的增加價值達 1,153 億港元，佔香港 GDP 的比重回升到 10.2%，這時期，地產業已超過製造業、金融業等行業，成為香港經濟中僅次於進出口貿易的第二大行業。

　　當然，這裡指的僅是狹義的地產業，如果將香港本地生產總值中的地產業、建造業，以及樓宇業權加總視為廣義的地產業，則回歸前的 20 年裡其在香港經濟中的比重，低則佔 21.7%（1987 年），高則超過三成（1981 年、1997 年），（表 9-3）成為香港經濟最重要的經濟支柱。

表9-3　　1980-1997年香港地產、建造業增加值（以當時價格計算）（單位：億港元）

年份	地產業 增加值	佔 GDP 比重（%）	建造業 增加值	佔 GDP 比重（%）	樓宇業權 增加值	佔 GDP 比重（%）	合計 增加值	佔 GDP 比重（%）
1980	182.69	13.6	89.29	6.6	120.28	8.9	392.26	29.1
1981	223.70	13.4	123.85	7.5	151.52	9.2	499.07	30.1
1982	222.72	12.2	133.71	7.3	186.31	10.2	542.74	29.7
1983	153.87	7.6	128.85	6.4	224.96	11.2	507.68	25.2
1984	152.49	6.4	129.71	5.4	243.96	10.2	526.16	22.0
1985	167.50	6.6	126.79	5.0	266.71	10.5	561.00	22.1
1986	202.71	6.9	142.53	4.8	300.34	10.1	645.58	21.8
1987	267.33	7.3	170.24	4.6	358.59	9.8	796.16	21.7
1988	368.15	8.4	206.58	4.7	434.16	9.9	1,008.89	23.0
1989	453.54	9.1	257.38	5.2	515.34	10.3	1,226.26	24.6
1990	540.68	9.7	302.20	5.4	592.57	10.6	1,435.45	25.7
1991	601.81	9.5	346.59	5.5	688.73	10.9	1,637.13	25.9
1992	755.58	11.3	373.37	5.1	809.41	11.1	1,938.36	26.5
1993	915.81	11.0	430.89	5.2	898.62	10.8	2,245.32	27.0
1994	1,176.98	12.4	463.25	4.9	1,156.59	12.2	2,796.82	29.3
1995	1,004.80	9.9	547.61	5.4	1,349.33	13.3	2,901.74	28.6
1996	1,153.26	10.2	643.96	5.8	1,542.28	13.9	3,339.50	29.1
1997	1,341.86	10.9	779.84	5.8	1,868.92	13.9	3,390.62	30.6

資料來源：香港特區政府統計處，《本地生產總值》，1980-1997 年。

1997 年香港回歸後，由於受到亞洲金融危機的嚴重衝擊，「地產泡沫」破滅，地產業
增加值從 1997 年的 1,465.56 億港元，下降至 2003 年的 489.26 億港元，6 年間跌幅高達
66.62%；其在香港本地生產總值中所佔比重，也從 1997 年的 10.9% 下降到 2003 年最低
谷的 4.0%。同期，建造業與地產業密切相關，其增加值則從 1997 年的 779.84 億港元下降
至 2005 年的 390.10 億港元，8 年間下降了 49.98%；其所佔香港本地生產總值的比重亦從
5.8% 下降至 2.8%，最低甚至降到 2007 年的 2.5%。

表9-4　回歸以來香港地產、建造業增加值（單位：億港元）

年份	地產業增加值	佔 GDP 比重（%）	建造業增加值	佔 GDP 比重（%）	樓宇業權增加值	佔 GDP 比重（%）	合計增加值	佔 GDP 比重（%）
1997	1,465.56	10.9	779.84	5.8	1,868.92	13.9	4,114.32	30.6
1998	1,139.07	8.9	703.92	5.5	1,702.20	13.3	3,545.19	27.7
1999	872.29	7.0	722.76	5.4	1,619.97	13.0	3,215.02	25.4
2000	644.38	5.0	625.32	4.9	1,391.11	10.8	2,660.81	20.7
2001	579.39	4.6	575.90	4.5	1,433.34	11.3	2,588.63	20.4
2002	533.94	4.3	518.50	4.1	1,394.16	11.2	2,446.60	19.6
2003	489.26	4.0	452.33	3.7	1,314.50	10.7	2,256.09	18.4
2004	529.56	4.1	407.97	3.2	1,262.12	9.8	2,199.65	17.1
2005	612.20	4.4	390.10	2.8	1,391.18	10.1	2,393.48	17.3
2006	634.64	4.3	392.27	2.7	1,520.19	10.3	2,547.10	17.3
2007	719.99	4.5	406.43	2.5	1,583.88	9.9	2,710.30	16.9
2008	849.03	5.2	484.03	3.0	1,779.15	11.0	3,112.21	19.2
2009	868.62	5.5	502.64	3.2	1,826.96	11.5	3,198.22	20.3
2010	889.19	5.1	565.31	3.3	1,847.45	10.6	3,301.95	19.0
2011	1,060.35	5.6	654.84	3.4	1,950.05	10.3	3,665.03	19.3
2012	1,168.80	5.8	734.45	3.6	2,080.36	10.3	3,983.61	19.7
2013	1,054.56	5.0	832.88	4.0	2,191.66	10.4	4,079.10	19.4
2014	1,101.14	5.0	962.05	4.4	2,320.53	10.5	4,383.72	19.9
2015	1,155.19	5.0	1,079.02	4.6	2,476.48	10.6	4,710.69	20.2
2016	1,230.87	5.1	1,249.32	5.2	2,586.49	10.7	5,066.68	21.0
2017	1,269.79	5.0	1,297.14	5.1	2,641.66	10.4	5,208.59	20.5
2018	1,250.77	4.6	1,204.73	4.5	2,830.28	10.5	5,285.78	19.6
2019	1,221.77	4.5	1,144.99	4.2	3,090.81	11.3	5,461.14	20.0
2020	1,078.96	4.2	1,042.62	4.1	3,034.14	11.9	5,155.72	20.2
2021	1,059.63	3.9	1,096.49	4.0	2,984.30	10.9	5,140.42	18.8
2022	868.45	3.2	1,168.29	4.3	2,841.35	10.4	4,878.09	17.9

資料來源：香港特區政府統計處，《本地生產總值》，1997-2022 年；《按經濟活動劃分的本地生產總值》，2023 年第 4 季。

　　2003 年以後，在多種因素的推動下，地產業進入空前的繁榮時期。據統計，2019 年地產業增加值為 1,221.81 億港元，比 2003 年的 489.26 億港元，大幅增長了 1.50 倍；同期，包括地產業、建造業和樓宇業權在內的廣義地產業從 2,256.09 億港元，增加到 5,461.14 億港元，增幅達 1.42 倍。不過，儘管如此，地產業在香港本地生產總值中所佔比重，並沒有大幅提升，基本維持在 5% 左右。值得注意的是，2018 年以後，地產業在香港本地生產總值中所佔比重開始跌破 5%，2022 年甚至下跌至 3.2%。這一時期，廣義地產業的比重也基本維持在 20% 左右（2007 年跌至 16.9% 的最低點，2022 年也跌至 17.9%），遠不及 1997 年的 30.6%。（表 9-4）不過，據 2019 年的統計，地產業仍然是僅次於金融業（17.2%）、進出口貿易業（16.1%）、專業及商用服務業（5.6%）的第四大產業，地產業及其相關產業仍然是僅次於金融及保險業（21.2%）、貿易及物流業（19.5%）的第三大重要產業。

2.3 地產業對香港政府財政收入的重要性

　　地產業對香港財政收入的貢獻首先表現在賣地收入上。據統計，從 1971 / 1972 年度到 1997 / 1998 年度的 27 年間，港府的賣地收入累計高達 2,554.23 億港元，在同期政府總收入中所佔比重達 13.5%。具體而言，賣地收入佔政府總收入的比重在各年變化頗大，從 70 年代中期起逐年上升，到 80 年代初期達到高峰。1980 / 1981 年度，賣地收入佔政府總收入的比重一度高達 35.6%，其比率如此之高，在西方經濟中比較罕見。進入過渡時期以後，由於賣地收入對半平分撥歸港府和中英土地委員會轄下的土地基金，賣地收入在政府總收入的比重有所減少，但到 1997 / 1998 年度又回升至 23.4%。平均而言，這一時期的賣地收入在政府總收入中所佔比重，約在 13.5% 左右。（表 9-5）

　　回歸以後，由於受到亞洲金融風暴的衝擊，整體經濟衰退，特區政府的賣地收入波動較大，從 1999 / 2000 年度的 348.10 億港元，跌至 2003 / 2004 年度的 54.15 億港元，4 年間跌幅高達 84.44%；同期，賣地收入佔政府總收入的比重亦從 14.9% 跌至 2.6% 的歷史低點。這一時期，賣地收入總額的比重平均為 9.4%。不過，自 2003 / 2004 年度起，政府賣地收入開始大幅回升，2017 / 2018 年度為 1,648.11 億港元，比 2003 / 2004 年度大幅增長 29.44 倍，賣地收入佔政府總收入的比重亦提高到 26.6%。這一時期，賣地收入在政府總收入中的比重提高到 17.8%，比回歸前 27 年平均增加了 4.3%，（表 9-6）反映出特區政府的財政收入對地產業的倚重進一步加深。

　　除賣地收入外，港府還直接或間接地向土地、房屋徵收多種稅項，包括地稅、物業買賣印花稅、物業稅、差餉，以及地產發展商的溢利稅、利息率等。此外，港府還有物業及投資

收入。據統計，從 1994 / 1995 年度至 1998 / 1999 年度的 4 年間，僅差餉和政府物業投資兩項累積收入達 386.81 億港元，約佔同期財政總收入的 4.9%。（表 9-7）換言之，回歸前，如果將賣地收入、差餉、政府物業及投資，以及其他各項相關收益加總，在政府財政總收入中所佔比重估計平均達 20% 左右。而回歸以後，差餉、物業及投資收入佔政府總收入的比重，則進一步提升至平均 8.3%，從而令地產收入佔政府總收入的比重增加到約 25%。換言

表9-5　1970年代以來香港政府賣地收入概況（單位：億港元）

財政年度	政府賣地收入	政府總收入	賣地收入佔財政總收入百分比（%）
1971 / 1972	2.69	35.41	7.6
1972 / 1973	6.69	49.36	13.6
1973 / 1974	3.19	52.41	6.1
1974 / 1975	2.87	58.75	4.9
1975 / 1976	3.46	65.20	5.3
1976 / 1977	5.57	74.94	7.4
1977 / 1978	18.31	102.33	17.9
1978 / 1979	20.08	125.57	16.0
1979 / 1980	28.45	167.96	16.9
1980 / 1981	107.70	302.90	35.6
1981 / 1982	96.77	343.13	28.2
1982 / 1983	50.48	310.98	16.2
1983 / 1984	22.67	304.00	7.5
1984 / 1985	42.67	385.25	11.1
1985 / 1986	38.95	436.95	8.9
1986 / 1987	38.86	486.02	8.0
1987 / 1988	39.74	608.75	6.5
1988 / 1989	67.58	726.58	9.3
1989 / 1990	76.69	824.29	9.3
1990 / 1991	42.43	895.23	4.7
1991 / 1992	94.86	1,145.00	8.3
1992 / 1993	92.24	1,351.11	6.8
1993 / 1994	193.76	1,666.02	11.6
1994 / 1995	205.86	1,749.98	11.8
1995 / 1996	228.96	1,800.45	12.7
1996 / 1997	295.06	2,083.58	14.2
1997 / 1998	659.31	2,812.26	23.4
合計	2,554.23	18,964.41	13.5

資料來源：《香港年報》，1971-1998 年。

表9-6　回歸以來香港政府賣地收入概況（單位：億港元）

財政年度	政府賣地收入	政府收入總額	賣地收入佔政府收入總額百分比（％）
1998 / 1999	192.51	2,161.15	8.9
1999 / 2000	348.10	2,329.95	14.9
2000 / 2001	295.31	2,250.60	13.1
2001 / 2002	103.27	1,755.59	5.9
2002 / 2003	114.76	1,174.89	9.8
2003 / 2004	54.15	2,073.38	2.6
小計	1,108.10	11,745.56	9.4
2004 / 2005	320.33	2,635.91	12.2
2005 / 2006	294.72	2,470.35	11.9
2006 / 2007	370.01	2,880.14	12.8
2007 / 2008	623.18	3,584.65	17.38
2008 / 2009	169.36	3,165.62	5.3
2009 / 2010	396.32	3,184.42	12.4
2010 / 2011	655.45	3,764.81	17.4
2011 / 2012	846.44	4,377.23	19.3
2012 / 2013	695.63	4,421.50	15.7
2013 / 2014	842.55	4,553.46	18.5
2014 / 2015	778.04	4,786.68	16.3
2015 / 2016	608.93	4,500.07	13.5
2016 / 2017	1,297.70	5,731.24	22.6
2017 / 2018	1,648.11	6,198.37	26.6
2018 / 2019	1,168.61	5,997.74	19.5
2019 / 2020	1,417.28	5,909.26	23.7
小計	12,132.66	68,239.45	17.8
2020 / 2021	887.13	5,642.30	15.7
2021 / 2022	1,430.44	6,935.76	20.6
2022 / 2023	699.28	6,221.47	11.2
小計	3,016.85	18,799.53	16.0

資料來源：香港特區政府統計處，《香港統計年刊》，1998-2023 年。

之，特區政府的財政收入中，約有四分之一來自地產業及相關產業。

　　誠然，港府在拓展土地方面所付出的成本亦相當大。其中，僅「土地和土木工程」一項開支在回歸前即佔港府財政總開支的 5-10% 左右。[3] 此外，港府公共服務支出中的「運輸」和「水務」等項，每年亦耗資不菲，其中相當部分也與開拓土地、增加土地價值有關。總體而言，地產業的好壞直接影響特區政府財政收支的平衡，並進而影響政府的財經政策，對香港

財政年度	政府總收入	一般差餉	物業及投資	佔政府總收入比重（％）
表9-7　　差餉、物業及投資收入概況（單位：億港元）				
1994 / 1995	1,789.98	51.56	21.03	4.1
1995 / 1996	1,800.45	58.06	24.88	4.6
1996 / 1997	2,083.58	67.85	29.26	4.4
1997 / 1998	2,182.26	62.58	71.59	6.1
小計	7,856.27	240.05	146.76	4.9
2014 / 2015	4,786.68	222.72	234.18	9.5
2015 / 2016	4,500.07	227.33	197.01	9.4
2016 / 2017	5,731.24	212.50	301.12	9.0
2017 / 2018	6,198.37	222.03	274.03	8.0
2018 / 2019	5,997.59	171.67	171.78	5.7
2019 / 2020	5,987.55	209.80	233.35	7.4
小計	33,201.50	1,266.05	1,411,47	8.3
2020 / 2021	5,642.30	190.44	213.42	7.2
2021 / 2022	6,935.76	192.56	210.94	5.8
2022 / 2023	6,221.47	191.00	244.70	7.0
小計	18,799.53	574.00	669.06	6.6

資料來源：香港特區政府統計處，《香港統計年刊》，1998 年、2019 年、2020 年、2023 年。

社會經濟的發展有特殊的作用。

2.4 地產業對香港主要經濟行業的影響

　　地產業對香港經濟的各個主要行業都有重要影響。與地產業關係最密切的是建築業，地產業興旺必然帶動建築業的繁榮，而地產業的調整亦首先影響建築業的發展。如 70 年代中到 80 年代初，香港地產業持續興旺，使建築業也相應出現了長達 8 年的繁榮期，建築開支從 1975 年的 39.96 億港元增加到 1982 年的 247.87 億港元，7 年間增幅達 5.2 倍。然而，1982-1984 年間地產業衰退，使建築業陷入困境，開工地盤大幅減少，政府工程也因財政困難而收縮。1984 年成為該行業 10 年間首次出現衰退的年份。踏入過渡時期以後，地產市道復甦，建築業再次獲得迅速發展。1997 年，建築業的增加值為 779.84 億港元，比 1985 年的 126.79 億港元，12 年間增長了 5.15 倍，年均增長率為 16.34%。回歸之後，受到亞洲金融危機的衝擊，地產市道崩潰，至 2003 年跌至低谷。此時建造業的增加值從 1997 年的 779.84 億港元，下降至 2005 年的 390.10 億港元，8 年間下跌了五成。由此可見地產業與

建築業關係之密切。

地產業與金融業的關係也相當密切。自 50 年代地產業逐漸風行「分層出售，分期付款」的售樓制度以後，金融業在地產業發展中所扮演的角色越來越重要，地產業對金融業的影響亦日益擴大。在金融業貸款業務中，房地產業和建築業歷來佔有很大的比重。據統計，1988 年，金融業對地產業的貸款，包括建造及物業發展及投資、樓宇按揭貸款等的總額為 1,448.79 億港元，佔在香港使用貸款總額的 31.7%。進入 90 年代以後，隨著地產業的迅速發展，金融業對地產、建築業的貸款大幅上升。回歸前後這一時期，從 1992-1998 年，建造及物業發展及投資、樓宇按揭貸款總額就從 3,688 億港元增加到 10,058 億港元，其在金融業在香港使用的貸款總額中所佔比重更逐年上升，從 40.5% 上升到 51.3%。

回歸以後，由於受到亞洲金融危機的影響，地產業發展於 2003 年陷入衰退期，不過，2001 年金融業對地產業的貸款仍高達 10,358.13 億港元，在香港使用貸款總額的比重更升至 57.9% 的歷史高位。從 1998-2012 年，金融業對地產業的貸款佔在香港使用貸款總額的比重一直維持在 50% 以上。2013 年以後，金融業對地產業的貸款比重亦一直維持在 45-50% 之間。（表 9-8）由此可見金融業對地產業倚重之深。每逢地產市道景氣，樓價攀升，地產業對銀行貸款需求就急劇增加，給金融業帶來豐厚利潤和繁榮景象，而一旦地產業調整，樓價大幅下跌，銀行業就會出現大量呆賬、壞賬，甚至觸發金融危機。這種密切關係已經被近數十年香港經濟發展史所反覆證明。

地產業與香港股票市場的密切關係可概括為「股地拉扯」。自 70 年代初大量地產公司在香港股票市場上市以後，地產業便與股票市場緊密結合，形成地產業與股票市場互相扯動的特殊現象。根據 1996 年底股市資料，地產建築股總市值為 10,793 億港元，佔股市總值 34,760 億港元的 31.05%，在各類股票中比重最高，遠在綜合企業股（25.98%）、金融股（23.17%）、公用事業股（10.28%）、工業股（7.25%）以及酒店股（1.98%）之上。[4] 據仲量聯行估計，香港股市總值中，房地產價值約佔七至八成。香港股市這種結構反映了地產業在香港經濟中的重要地位。每當地產市道高漲，地產股價上升，便會帶動整體股市向好，上市地產公司乘機通過發行新股、認股權證等方法集資拓展，進一步推高大市。相反，一旦地產市道不景，地產公司盈利就會下跌，股價下滑，進而拖低大市。這就是「股地拉扯」背後的原因。不過，回歸以後，隨著大批中資企業股，包括紅籌股和 H 股在香港交易所上市，香港股票市場的結構發生根本性的改變，這在相當程度上降低了地產股對香港股市的影響力，「股地拉扯」的現象受到削弱。

整體而言，在相當長時期內，地產業與建造業、金融業、股票市場的密切關係，影響著香港經濟的各個領域、各個環節。因此，它在一個相當長時期內被稱為「香港經濟的寒暑表」。

表9-8　金融業對地產、建築業貸款概況（單位：億港元）

年份	建造及物業發展與投資	樓宇按揭貸款	小計	在港使用的貸款及墊款總額	所佔比重（%）
1988	588.64	860.15	1,448.79	4,564.87	31.7
1993	1,084.39	2,680.31	3,764.70	10,757.77	35.0
1994	2,491.12	2,984.96	5,476.08	12,585.89	43.5
1995	2,621.99	3,492.09	6,114.08	13,981.93	43.7
1996	3,330.32	4,218.90	7,549.22	16,371.91	46.1
1997	4,402.96	5,408.00	9,810.96	20,372.78	48.2
1998	4,162.26	5,896.58	10,058.84	19,603.71	51.3
1999	3,841.27	6,085.59	10,205.90	18,197.92	56.1
2000	3,983.65	6,263.87	10,247.52	18,614.65	55.1
2001	3,889.21	6,469.10	10,358.31	17,900.63	57.9
2002	3,789.45	6,416.45	10,205.90	17,428.69	58.6
2003	3,604.12	6,162.38	9,766.50	17,085.21	57.2
2004	3,864.88	6,107.36	9,972.24	17,923.95	55.6
2005	4,505.69	6,067.95	10,573.64	19,303.16	54.8
2006	4,917.83	5,947.85	10,865.68	19,740.22	55.0
2007	5,782.44	6,225.37	12,007.81	22,742.84	52.8
2008	6,867.93	6,501.54	13,369.47	25,240.85	53.0
2009	6,865.40	6,980.87	13,846.27	24,714.03	56.0
2010	8,271.40	7,965.17	16,236.57	29,883.75	54.3
2011	9,126.94	8,501.88	17,628.82	33,651.82	52.4
2012	9,280.82	9,145.60	18,426.42	35,969.91	51.2
2013	9,937.62	9,501.84	19,439.46	39,788.09	48.9
2014	10,596.21	10,297.86	20,894.07	45,151.95	46.3
2015	11,383.26	11,193.19	22,576.45	47,997.62	47.0
2016	12,600.96	11,652.39	24,253.35	51,846.19	46.8
2017	14,696.25	12,774.55	27,470.80	60,185.36	45.6
2018	15,255.27	13,979.53	29,234.80	63,195.21	46.3
2019	16,178.62	15,442.88	31,621.50	67,866.27	46.6
2020	16,180.07	16,738.84	32,918.91	69,320.59	47.5
2021	17,102.28	18,410.58	35,512.86	72,272.65	49.1
2022	17,114.92	19,146.95	36,261.87	72,900.22	49.7

資料來源：《香港統計年刊》，1988-2022 年。

三、香港房地產市場的基本特點

香港開埠以來，特別是二次戰後以來，隨著經濟的快速發展與轉型，

地產業和地產市場逐步形成了自身獨具特色的一系列基本性質，這些特點包括：

土地資源供應的相對稀缺性；土地房屋的高度商品化、契約化與媒體化；

不動產業的高度證券化、資本化與金融化；地產市場的投機性與週期性；

以及地產業市場結構的寡頭壟斷性等等。

這些特質，對香港整體經濟乃至社會民生都影響深遠。

3.1 土地資源供應的相對稀缺性

從供應方面來看，香港原有土地面積約 1,031 平方公里，加上自 1887 年以來政府大規模填海所得的 75 平方公里（佔 6.78%），總面積約 1,106 平方公里。此外，香港地勢多山，在土地資源原本已經相當有限的港九新界各區，更受到地形、地貌的限制，只能在狹窄的空間發展。從需求方面來看，二次大戰後，隨著經濟的快速發展，香港有大量人口湧入，在這個狹小的空間內聚居著數量越來越多、密度也越來越高的人口，從戰後初期的 60 萬人增加至 2019 年的 705.74 萬人，以及伴隨而來的各種社會、經濟與政治活動需求。這就形成對香港有限土地的高度壓力，也構成香港在總體經濟、社會發展上的一個根本結構性條件。

經過逾 170 年的發展，目前在香港 1,106 平方公里的總土地面積中，已建設土地佔 24.3%（270 平方公里），其餘 75.7% 為非建設或未建設範圍（如郊野公園、濕地、水塘、魚塘等）。已建設土地包括房屋（6.9%）、基建（5.9%）、經濟用地（2.7%）、政府和社區設施（2.3%），以及休憩用地（2.3%）等。這是香港土地資源的結構特質，它對香港發展構成重大限制，長期以來一直考驗香港社會的解決能力，包括如何安置日益增多的人口？如何有效解決這些人口的基本生活需求？如何安置與管理各種社會、經濟、政治活動的進行？170 多年來，香港政府及社會各界基本採取 3 種方式處理土地缺乏的問題：（1）填海造地；（2）改變地貌：包括沼澤、池塘、山嶽和丘陵；（3）改變原有的土地規劃與利用方式。

香港被英國佔領不久，就展開龐大的移山填海工程，中環、上環的大部分地區都是填海造地所得。二戰前，主要是開拓中心商業區和滿足軍事用地的需要。二戰後則更注重於整體的發展規劃，尤其重視現代化交通設施、工業用地與新市鎮建設的需要。到 1980 年代中期，填海土地已佔全港城市用地的 30% 以上，四分之一人口住在填海區。回歸以後，特別

是 2005 年以後，由於大規模的填海工程幾乎處於停滯狀態，導致了各項土地資源不足。根據有關方面的預測，至 2026 年，香港的土地短缺將達 815 公頃；而至 2046 年，土地短缺將多達 1,206 公頃。（表 9-9）這種在有限土地資源結構中，不斷去嘗試改變空間的使用，以安置持續增加的各種社會、經濟需求的性格，深刻影響著香港經濟、社會的整體發展。

表9-9　香港土地供應與需求的預測（單位：公頃）

	至 2026 年			2026-2046 年			短缺總數
	需求	供應	短缺	需求	供應	短缺	
住宅用途土地	768	660	-108	902	780	-122	-230
商業用途土地	196	61	-135	262	41	-121	-256
基礎設施用途土地	1,161	1,089	-572	931	783	-148	-720
合計	2,625	1,810	-815	2,095	1,604	-391	-1,206

資料來源：領展房地產，*From Land Supply to City Strategy for Hong Kong*，第 8 頁。

3.2　土地房屋的高度商品化、契約化與媒體化

　　1842 年 8 月和 1860 年 10 月，英國先後強迫清政府簽訂《南京條約》和《北京條約》。根據條款，整個香港島和九龍半島的土地，全部歸英皇所有，被統稱為「官地」（Crown Land），全盤否定島上原居民的土地業權。1898 年 6 月 9 日，英國政府以「防衛問題」為理由，迫令清政府簽訂《拓展香港界址專條》，強行租借深圳河以南、界限街以北的九龍半島及附近 200 多個島嶼，即後來被稱為「新界」（New Territories）的地區，租借期為 99 年。根據條約，英國還承認清政府發給新界原居民的土地契約（即所謂「紅契」）的法律地位，英國徵用這些原居民土地時要支付費用。不過，那些未被列入「紅契」範圍的土地，仍屬英皇所有，由港英政府行使絕對支配權，從而形成與港島、九龍半島既有區別又有聯繫的新界地權制度。

　　作為英國的殖民地，香港的土地制度與其他大部分國家或地區所實施的永久業權制（freehold system）不同。以英國為例，除少數皇室封邑外皆屬民間私有，土地所有者對土地擁有全面、絕對、可以世代相傳的永久業權，亦稱屬主權（absolute title）。香港則不同，所有土地均屬英皇所有，而由港督代表皇室處理。這種土地制度的特點，就是所有權與使用權分離的「批租制度」。批租制度最根本的特質，就是土地使用權是透過契約形式出售給承租人。因此，香港俗稱的「賣地」準確說是批租，私人土地買賣只是買賣有關土地一定期限

的使用權。香港俗稱的「業主」，其真正身份只是政府的租客。香港土地在契約關係的本質下，形成土地由出租、管理、規劃、買賣、交換轉移到回收等所有相關事項上，都受到嚴格的法律管制與保障，形成高度的商品化、契約化。回歸以後，除了香港土地歸屬特區政府所有之外，其他方面的土地制度並沒有發生根本性的改變。

當然，港府在對土地實行商品化、契約化的同時，仍然保持對土地的監管。這種監管主要通過批租契約、建築物條例、城市規劃條例、收回官地條例等進行。同時，自開埠以來，港府逐步制定了一系列有關地權制度及批租制度的法律，包括《房屋條例》、《房產轉讓及業權條例》、《土地登記條例》、《政府（收還）地產權條例》、《官地回收條例》、《差餉條例》、《建築物條例》、《城市規劃條例》等等。這些條例都有極詳盡細則，清楚界定土地交易中各方的權益和義務。此外還規定地產交易須經由律師辦理。這就有效保證了地產市場的公平競爭和有效運作。可以說，香港地產市場正常發展的制度性前提，就是法制體系的公平與有效運作。

對土地、房屋實行商品化、契約化的積極作用，主要表現在以下方面：首先，使香港稀缺的土地資源得以最大限度地發揮其潛力和效益。在法律上，港府擁有全港土地的所有權和最終業權，得以制定土地發展計劃；在經濟上，賣地收入所得資金使港府有條件實施其計劃，如推行大規模的填海闢地工程。事實上，香港自開埠以來，就一直積極推行填海計劃。更重要的是，該制度使港府壟斷一級市場的同時，也使地產的二級市場高度商品化、市場化，它的公開拍賣、價高者得的批租制度，使香港稀缺的土地資源得以落在最有效率的經營者手中，在很大程度上杜絕了土地浪費現象。

其次，有效配合和推動香港城市建設和基礎設施的整體發展。港府通過「法定分區計劃大綱圖則」、「建築物條例」及「地契條款」等，從宏觀和微觀兩方面控制城市整體發展模式，使新建樓宇逐步符合社會發展要求，避免交通擁擠、公共設施負荷過大、環境質素下降及地價膨脹等問題。1889 年，港府頒佈《官地回收條例》，規定政府有權收回那些街道狹窄、人口稠密的土地以開闢為交通要道，有權拆毀不符合衛生的舊樓以改建為 3 層以上的新式樓宇。當時，這條例對提高城市的環境和房地產質素發揮了重要作用。

再次，為港府財政收入提供經常性的重要來源，成為香港低稅制的基礎。港府在土地管理中建立起一套稅收制度，有關土地的稅項主要包括賣地收入、地租、差餉和物業稅等。這些稅項成為重要財政來源，即使在地產業發展之初，在港英政府的財政收入中已佔有相當比重。據數據顯示，1881 年，地產收入已佔香港財政收入的三分之一左右。長期以來，有關房地產方面的稅收成為港府重要的收入來源，實際上成為了香港低稅制的基礎。香港沒有徵收資本所得稅，這反過來推動了股市、房地產市場的繁榮發展。

　　另外，香港地產市場的重要特質，是高度廣告化與媒體化。「高度廣告化」是指在每日的報章媒體上，香港房地產以極其驚人的廣告篇幅，作為經營行銷的重要策略。香港地產廣告的日常化特質，說明了以地產商品交易買賣為活動目的，所形成的經濟活動領域的成熟化，以及存在大量從事這商品的投資交易者的事實。香港的地產業不僅使用媒體廣告，更將個別房地產市場予以媒體化。香港媒體經常提供以全香港地圖為背景，以個別住宅、豪宅、商廈或其他專業市場為主題的主體市場分析。從香港媒體上，讀者所獲得的不只是單一的地產商品的廣告資料，還包括最高（低）成交價或買賣叫價、租金叫價、單位面積、實用率、樓齡、公共設施等項目的總體分析。媒體化降低個別投資者取得市場資訊的交易成本，更強化市場交換的機能，使得地產物業的商品性得到更進一步的開展。

3.3 不動產業的證券化、資本化與金融化

　　從證券化角度來看，自 70 年代初大量地產公司在香港股票市場上市以後，地產業便與股票市場緊密結合，形成「股地拉扯」的現象。大批地產公司在香港掛牌上市，得以充分利用股市功能，透過公開發售新股、配股，或將股票向銀行按揭貸款，籌集大量資金去拓展業務，或在股市中收購兼併，迅速壯大公司的資產規模，實力作三級跳。其中成功的典型例子，是李嘉誠旗下的長江實業。長江實業自 1972 年上市後，即利用股市進入大牛市、股價上升的時機大量發行新股集資。1973 年，長實就公開發售新股 5 次，總數達 3,168 萬股，用以收購地產物業及地產公司的股權。1975-1983 年間，長實又先後公開發售新股 8 次，總數達 32,072 萬股，相當於公司上市時總發行股數的 7.6 倍。透過連串供股、發行新股，長實的資產規模迅速壯大，公司市值從上市初期的 1.26 億港元急增到 1981 年底的 78.77 億港元，成為僅次於置地的第二大地產公司。

　　從資本化的角度來看，香港開埠以來，特別是二次大戰後，逐步建立和完善了一系列的制度安排和產業結構，主要包括：（1）清晰的產權制度：香港土地制度簡單、清晰，土地使用權進入市場流轉、資本化受到的牽制力相對較弱，為土地使用權的資本化提供高效、低成本的前提。（2）發達的資本市場：香港為國際性金融中心，銀行體系發達，資本市場完善，監管健全，為土地資本化提供一個廣闊的交易平台。資本市場的多樣化、規範化、便利化與開放性，促進了土地資本化的順利實現。像香港這樣擁有如此豐富、有效資本市場資源的城市，在全球屈指可數。（3）完善的土地估價體系。（4）奉行「積極不干預」哲學的政府：政府不會通過對土地資產資本化的干預來尋租或解決財政資金短缺問題。（5）以服務業尤其是生產性服務業為主的產業結構。

香港的物業管理

香港的物業管理萌芽於 1950 年代中期到 60 年代初期。1953 年聖誕節前夕，九龍石峽尾發生大火，香港政府於 1954 年初開始趕建簡單的房屋來安置災民。當時，為了管理這些給災民居住的房屋，港府從英國聘請物業管理專家來港加入政府公務員行列，成為香港早期之物業管理人員。

不過，到 60 年代初期，除了少數高質素的大廈外，絕大部分新建成的樓宇都沒有物業管理服務。當時，地產發展商在出售所發展大廈的全部單位，將鎖匙交給新業主後，便不再過問大廈管理事務。間或會留下一名「看更」，兼任收集垃圾和清洗地下大堂地板的工作，看更每月向各住戶收取 10 元 8 塊作為自己的薪金。當時，每幢大廈一般只有 10 多 20 個單位，大廈入伙後，業主中較活躍的居民通常會組織一個小規模的委員會，商討解決大廈所出現的管理或治安問題，如果需要費用便向各業主或租客收取。不過，60 年代中期以後，大型大廈越來越多，每幢大廈的業主多達上百個，大廈的管理變得越來越困難。

60 年代後期，香港首個大型私人屋邨——美孚新邨向政府申請規劃多時，港府考慮到如此龐大的屋邨管理上的困難，便在批准這項發展計劃時附加若干條件，要求發展商承諾在批地契約的餘下全部年期內妥善管理該屋邨。這樣，地產發展商開始組織附屬物業管理公司為多層住宅大廈提供物業管理服務。1970 年，港府制定《建築物管理條例》，允許大廈業主組織業主法團，業主法團可以決定僱用員工、批出合約，以及對大廈進行保養維修，也可以委任專業管理公司對大廈進行全面性的物業管理。香港的物業管理行業便逐漸發展起來。

經過 20 多年的發展，到 90 年代初香港的物業管理公司已增加到 400 多家，成為香港地產業的一個重要組成部分。這些公司大致分為 4 類：一是附屬於大型地產發展商的物業管理公司；二是附屬於測量師行的物業管理公司；三是獨立的大型物業的管理公司；四是眾多小型物業的管理公司。1990 年 1 月，由香港各大物業管理公司、英國特許屋宇經理學會香港分會、香港房屋經理學會、香港測量師學會及皇家測量師學會香港分會組成的香港物業管理公司協會宣告成立，標誌著香港物業管理已逐步走上專業化軌道。據該協會副會長袁靖罡分析，90 年代初香港物業管理的專業水平，比中國台灣、泰國、菲律賓等地區和國家都先進。

香港物業管理，主要包括 4 個方面的業務，包括：物業、設施及場地管理；物業相關護衛服務；環境衛生及管理服務；以及維修及保養服務。一般而言，香港物業管理服務市場的價值鏈包括分包商、物業管理服務提供者及業主。其中，分包商提供的服務包括潔淨服務、護衛服務、保養服務

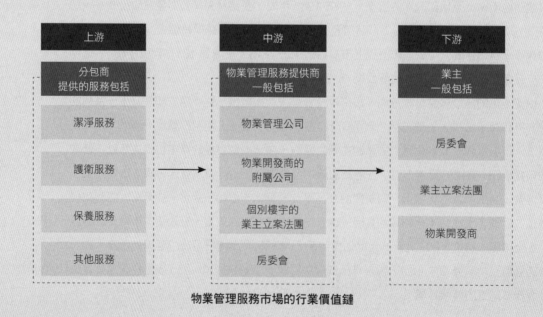

物業管理服務市場的行業價值鏈

及其他服務等；物業管理服務提供商一般包括：物業管理公司、物業開發商的附屬公司、個別樓宇業立案法團及房委會等；而業主一般包括：房委會、業主立案法團、物業開發商等。

香港物業管理從業人員主要有學會會員制度和執業註冊制度，這兩種制度對應的管理機構分別為「香港房屋經理學會」和「房屋經理註冊管理局」。其中，香港房屋經理學會是依照 1997 年頒佈的《房屋經理學會條例》而成立的非盈利性法人團體，由物業管理專業人員組成，以提高物業管理人員專業技術能力為宗旨，評估認定符合資格的物業管理專業人員成為學會會員，並對會員進行定期的專業培訓。香港房屋經理學會實行的是自律管理模式，政府在政策上沒有對從事物業管理人員的市場准入進行強制要求。而香港房屋經理註冊管理局是依照 1999 年頒佈的《房屋經理註冊條例》而成立的法人團體，與港府和房屋經理學會聯繫密切，管理局工作人員構成由學會理事會及香港行政長官共同決定；管理局制定的規章制度要獲得學會理事會的同意，並在香港特區政府行政署進行備案才可生效。

2016 年，為了進一步加強對物業管理行業的監管，香港特區政府頒佈了《物業管理服務條例》，成立物業管理監管局，並為所有物業管理服務提供者提供一致及清晰的標準，規定未來所有從事該行業的公司及管理人員都必須經物業管理業監管局發牌，才能從業。2018 年 11 月，監管局發出有關「物業管理公司及物業管理人發牌制度建議」的公眾諮詢文件，旨在訂立一個簡易清晰的發牌制度，包括訂明涉及多於一個服務類別的物管服務須由持牌的業務實體提供；在一個級別的公司牌照下，物管公司內持牌物管人的總數與所提供服務單位的總數須符合指明比例；以及持牌物管人須具備的專業資格（適用於物管人〔第 1 級〕的持牌準則）、學歷及工作經驗要求等。2019 年 3 月，監管局的行政辦事處正式啟用。

據港府統計，2021 年，香港從事地產保養管理服務行業的機構已達 905 家，僱用人數為 8.09 萬人；服務及租項收入及增加價值分別為 312.78 億及 168.04 億，比 1996 年的 118.35 億及 48.66 億，分別增長了 1.64 倍及 2.45 倍，顯示物業管理更加集約化，並且已成為香港經濟中利潤豐厚的一個行業。

香港地產代理業

在 1950-1960 年代，香港的地產交易多採用貼街招，在報刊登廣告，或通過熟人介紹等方式，由買賣雙方直接面洽，然後到律師行辦理有關手續，當中較少涉及第三者，即使有中間人協助，亦多擔當駁腳角色。因此，地產代理並未成為一個行業。

當時，地產代理的規模很小，主要以個人的方式運作，他們多沒有實際的辦公地點，僅在樓梯底開設一個檔位，或在家中放置一張寫字桌；甚至業餘作介紹人。這些人多集中在中環至灣仔一帶的茶樓活動，長駐在茶樓交換情報。當年的蓮香、大華、瓊光，以及萬年大廈和威靈頓一帶的茶樓均有大量經紀聚腳，他們在茶樓通常互相在耳邊小聲講話，俗稱「咬耳仔」，談話內容主要是互相交換樓盤、聯絡合適的客戶、合作促成買賣。60 年代，地產代理曾成立一個同業商會，名為「成業物業經紀會」，會址就在中環士丹利街附近。

地產代理業的起步發展，始於 60 年代末期。當時，香港首個大型私人屋邨美孚新邨推出發售，樓花及現樓買賣交投活躍，不少家庭式的地產代理公司應運而生，它們多專營美孚新邨的樓花買賣，經營手法已和 50 年代在雜貨店掛單，或在樓梯底開檔、貼街招代客租售樓宇的經營手法完全不同。現時地產代理的很多運作模式，其實大多是當年遺留下來的，如現時的「睇樓紙」，當年便稱為「承允紙」；現時的傭金服務費，當年則稱為「介紹費」。

到了 70 年代，隨著經濟的蓬勃發展及市民生活水平的不斷提高，房地產市場日益活躍，物業交投量激增，人們都渴求有更多的物業資料和更全面的置業服務，從而作出更佳的置業選擇，結果刺激了地產代理業的迅速發展。這時期，一些大型的國際物業顧問公司，如仲量聯行、魏理仕有限公司等相繼來香港開業；香港政府部門內部部分資深測量師也離職自行創業，如簡福飴、卓德測量師行等；一些本地商人亦加入地產代理行業，創辦地產代理公司，如美聯物業、中原地產等，各式各樣的地產代理公司應運而生。70 年代中，九龍倉委託仲量聯行獨家代理海運大廈寫字樓和商舖的租務，這是香港首宗具規模的物業代理。自此，香港地產代理業進入一個興盛發展的新時期。

其中，仲量聯行是全球最大的專業國際物業顧問之一，有 200 多年的歷史，總公司設立於英國倫敦，分支機構遍佈全球多個國家。仲量聯行在香港的分支機構成立於 1973 年，

初期員工僅 10 人左右，至 80 年代後期已發展至超過 300 人，在交易廣場、太古廣場及海洋中心設有 3 家辦事處。仲量聯行代理的物業性質廣泛，包括寫字樓、商舖、住宅和廠房，曾經出任多項物業的獨家代理，如獨家代理海洋中心的寫字樓和商舖的租務，在香港寫字樓代理市場所佔比例接近七成。[註] 魏理仕總部設於英國倫敦，成立於 1773 年，到 80 年代後期在全球 14 個國家設立 30 個辦事處。該公司於 1978 年進入香港，初期員工亦僅 14 人，業務範圍包括國際地產顧問、估價、物業代理和管理，不過 80 年代後期已發展至 150 多人，成為香港一家極具規模的物業顧問和代理公司。

80 年代中期以後，隨著地產市道的持續攀升，地產代理這個行業如日中天，大大小小的地產代理公司活躍在各個地盤、各項物業交易之中，獲利豐厚。這一時期，地產代理的性質已發生明顯變化，從早期純粹擔當介紹人的角色向多元化發展，包括兼做樓宇買賣的工作、物業管理、提供二手市場資訊，甚至策劃發展物業等等。地產代理公司亦逐漸走向企業化、大型化，以及網絡化。1991 年 10 月 29 日，主要代表中小型地產代理商的「香港地產代理商總會」宣告成立；緊接著，1992 年 1 月 26 日，再有「香港地產代理商協會」成立；同年 2 月 13 日主要代表大中型地產代理商的「香港地產代理專業協會」亦告成立。這幾個地產代理同業商會的成立，標誌著地產代理作為一個行業已甚具規模。

這一時期，香港的地產代理大致可分為 7 類，包括：(1) 由地產發展商或者大企業屬下設立的物業代理公司，以專門銷售、購入和管理集團所屬的物業為主務，如長江實業、新鴻基地產、恒基地產、新世界發展及森那美物業服務有限公司等；(2) 國際性物業顧問公司，其規模龐大，在世界多個國家名城旺地設有辦事處，如仲量聯行、魏理仕等；(3) 本地專業設計測量師行兼營的物業代理部，如簡福飴測量師行、卓德測量師行、忠誠測量師行有限公司及置業顧問有限公司等；(4) 本地商界人士開設的多元化、國際化物業代理集團，如美聯物業、中原地產、利達行等；(5) 專門推廣海外地產物業的公司，如環美置業有限公司等；(6) 寫字樓式或地舖式的中小型代理公司；(7) 業餘獨立的地產駁腳經紀。

據業內人士估計，到 90 年代中地產市道高峰時期，香港本地的地產代理以店舖數目計算約有 4,500 間，扣除部分不活躍或一些以炒樓為主的公司，正在運作並以經紀維生的

地產代理約有 3,000 家。這一時期，地產代理業的經營及發展，產生了急劇的變化。隨著地產市場的興旺，地產代理市場一年的傭金金額，高達數十億港元，使香港成為全球規模最大的地產代理市場之一。為爭奪這一龐大市場，地產代理業展開了空前激烈的競爭，大型地產代理公司因為擁有連鎖式街舖網絡以及銷售資訊網絡，與大型地產發展商關係密切，因而在競爭中佔據優勢。競爭的過程中出現連串的收購和合併，包括長江實業收購置業國際、鴻運地產與安時地產結盟、利嘉閣合併新利達行等，結果市場上逐漸形成本地五大地產代理集團，包括中原地產、美聯物業、香港置業（前身即置業國際）、鴻運及安時同盟，以及利嘉閣等。

五大地產代理集團中，又以中原地產和美聯物業的實力最雄厚。中原地產，全稱「中原地產代理有限公司」，創辦於 1978 年，創辦人是施永青及王文彥，當時兩人各出資 5,000 港元，在中環萬邦行一張寫字檯開始創業，發展迅速，到 80 年代中期已與更早成立的美聯物業並駕齊驅，並晉身香港地產代理三強。1987 年，中原地產成立「中原測量師行」，拓展測量師業務，並將總行遷往新世界大廈。1992 年，中原地產開始進入內地，成立「上海中原國際房地產代理有限公司」（後改稱「中原（中國）物業顧問有限公司」），先後在上海、廣州、北京、深圳、重慶、大連、珠海、浙江、南京、天津、四川、山東及瀋陽等大城市設立分行，提供多元化服務，包括一、二手房地產物業銷售及租賃，以及物業顧問及物業管理等服務。1997 年地產高峰期時，中原地產的分行達 300 家（包括內地），員工超過 2,300 人（不包括內地），每年促成的交易以百億計。

回歸之後，中原地產獲得進一步發展。1997 年 7 月，中原與香港城市大學合作推出「中原城市領先指數」以反映樓市走勢，1999 年 11 月推出網上中原地圖，成為香港最常用網上地圖之一。2001 年，中原地產收購陷入財困的利嘉閣地產，擴大市場佔有率。利嘉閣地產創辦於 1981 年，為香港第四大地產代理公司。2004 年以後，中原集團更將業務擴展到中國澳門、中國台灣及新加坡等市場。經過多年發展，中原已成為香港規模最大的地產代理集團之一，主要從事地產代理、物業管理、測量估價、招標拍賣、資產管理、按揭轉介、投資移民、人事顧問、資料整合及軟體發展等多個領域的業務，在中國香港、中國澳門、中國台灣、新加坡及中國內地 39 個城市成立分公司，跨地域分店總數超過 2,000 家，業務幅射至全國超過 100 個城市，員工近 4 萬人。中原集團旗下擁有旗艦品牌中原地產，以及利嘉閣地產、寶原地產、森拓普等多個子品牌，其中，中原地產主力中國香港、中國澳門、中國台灣及新加坡的業務，代理品牌包括「中原地產」和中原（工商舖），以及「中原訓練學院」、「中原移民顧問」及中原薈等增值服務品牌；中原地產代理（中國）則持有中原（中國）物業顧問有限公司、中原地產（中國內地）駐港辦公室、中原中國（香港區）、森拓普顧問有限公司等附屬機構，專攻內地市場。

美聯物業的歷史比中原地產稍早，創辦於 1973 年，創辦人為黃建業與馮銳森，初期在美孚新邨開設第一家美聯物業，主要經營美孚新邨及附近的物業租售。1979 年及 1982 年，公司相繼成立培訓部、工業及舖位部等部門，1990 年在全線分行裝置電腦，使公司經紀及時掌握最新最快的物業資料及價格。1992 年，美聯物業成立中國部，開始進入內地市場。1995 年 6 月，美聯物業在香港掛牌上市，成為香港第一家亦是唯一一家地產代理上市公司。到 1997 年地產高峰期，美聯物業的分行超過 270 家，員工超過 2,400 人。2000 年 4 月，美聯物業收購了香港第三大地產代理公司——香港置業，市場佔有率超過三成，一度超越中原地產而成為香港規模最大的地產代理公司。2005 年，美聯物業再收購香港聯交所創業板上市公司 EVI Education Asia Limited 約 51% 股權。2007 年，EVI 從母公司美聯購入在香港提供工商業物業（辦公室及商舖）代理服務的業務，為美聯分拆工商舖業務上市。EVI 亦更名為「美聯工商舖有限公司」，並於翌年轉往主板上市。

經過多年發展，美聯已成為香港最大規模的地產代理集團之一，主要從事物業代理、測量估價、資產管理、財務信貸、投資移民等業務，在香港、澳門及內地共開設約 490 家分行。其中，集團旗下的美聯物業、美聯澳門和香港置業在香港開設 406 家分行，遍佈港九新界；另在澳門開設兩家分行；旗下美聯中國在北京、廣州、深圳、珠海、重慶等內地城市共開設 84 家分行。（2023 年 1 月底）此外，美聯集團持有 33.84% 股權的美聯工商舖（現易名為「鋑聯控股」）則持有美聯工商、美聯商業、美聯旺舖、港置工商舖、美聯工商舖測量師行、駿聯信貸等附屬機構。

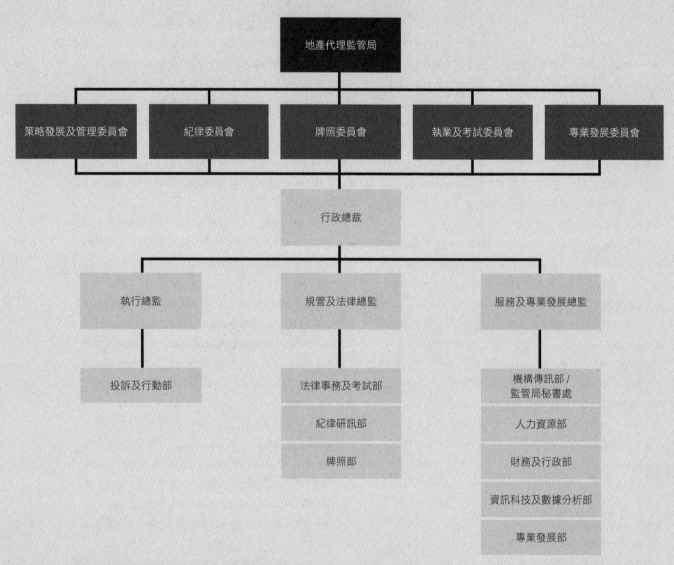

香港地產代理監管局的組織架構（資料來源：香港地產代理監管局官網）

　　20 世紀 90 年代，香港本地地產代理業的經營手法，可說頗具特色，概括起來大約有以下幾點：

　　第一，經營手法靈活，極具彈性及適應性。香港地少人多，物業需求量大，而置業者的需求也各有不同，地產代理公司往往能隨機應變去適應各種不同的要求，並能根據地產市道的旺淡季節而迅速開業或結業。90 年代初，一家小型地產公司最低投資額約為 10 萬港元，其中租金約 4 萬港元（包括 3 個月按金、1 個月上期），裝修費 3 萬元，電話、影印機及傳真機等用具 3 萬元。投資雖小，利潤卻非常可觀，地產代理可從一宗樓宇交易中獲一至數萬元，投資者可在極短的

時間內回本兼賺取利潤。一旦市道不景氣，地產公司即可停業，因而風險極低。業內人士曾以 16 字形容這一行業：「適逢旺市，成行成市，淡季將至，蟄伏一時。」

第二，實行佣金制，極具競爭性。80 年代初期以前，地產代理公司的營業員每月以薪金為主，並沒有分佣制度，老闆對表現積極的員工一般以獎金鼓勵。80 年代中期以後，分佣制度逐漸被引入香港，這種制度強調多勞多得，形成類似人壽保險經紀的薪金制度，員工收入由底薪加分佣所得構成，它使地產代理成為一個高度競爭的行業，亦刺激了地產代理業的急速發展。在地產市道暢旺時，各大地產代理公司的金牌經紀往往成為「打工皇帝」，如 1996 年美聯物業的金牌經紀廖玉娟，全年收入就超過 400 萬元。

第三，沒有同業公會的約束，從業員水平參差。長期以來，香港從事地產代理的經紀，並不需像外國那樣要參加專業考試，獲得資格後才可拿牌營業，加上沒有公會約束，故從業員水平參差，部分經紀的經營手法亦傾向於投機性質，著眼短線利潤，有的更參與炒樓活動。正因為缺乏監管，地產代理的質素往往良莠不齊，部分地產代理以食價、隱瞞資料、索取茶錢、枱底交易、索取非法回佣，甚至借機行騙等手法侵害消費者利益。香港消費者委員會在 1990-1993 年 4 年間收到涉及樓宇買賣過程所引發的投訴平均每年約有 400 宗，其中四成的舉報就涉及地產代理。

為加強對地產代理行業的監管，使之進一步健康發展，1993 年 11 月香港政府成立「研究監管地產代理工作小組」，全面檢討地產代理營運制度及監管制度。1997 年 5 月，香港政府通過《地產代理條例》，並根據條例於同年 11 月成立香港地產代理監管局（Estate Agents Authority），專責對地產代理業的監管及政策制定。其主要職能包括規管香港地產代理的執業；推動業界行事持正、具備專業能力；以及鼓勵行業培訓，提升從業員的水平和地位。（見左圖）由監管局舉辦資格考試、審批個人和公司牌照、處理對持牌人的投訴、執行巡查工作，以及對違反《地產代理條例》的地產代理從業員施行紀律處分。監管局亦為業界舉辦專業發展活動，並推動消費者教育。它的目標是改善香港地產代理業的服務質素。地產代理監管局的成員由香港特別行政區行政長官委任，設有正、副主席各一名及不多於 18 名普通成員。成員來自社會上不同的界別，包括地產代理行業。監管局首屆主席由張建東博士（GBS, OBE 太平紳士）出任。

1998 年 11 月，香港特區政府頒佈《地產代理（發牌）規例》，規定地產代理從業人員必須經過考核領取牌照才可工作，其後數月間，約有近 2 萬名地產代理現職從業員和約 4,000 家代理公司獲取牌照。1999 年 1 月，監管局發出《操守守則》，規定自 1999 年開始，凡在香港從事地產代理業務的個人或者商號，都必須持有地監局批發的有效執業牌，否則即屬違法。因應地產代理發牌，香港地產學會宣告成立，其宗旨除為地產業培養專業人才之外，亦扮演地產界智囊，對政府政策提出意見，從而令地產業更有效地運作。

1999 年 3 月，特區政府再頒佈《地產代理常規（一般責任及香港住宅物業）規例》，為地產代理業執業制定新模式。及至 2001 年 12 月，發牌制度的 3 年過渡期結束，其後所有新入行人士必須符合全部發牌條件而不再獲任何豁免。2002 年 1 月，《2001 年地產代理（發牌）（修訂）規例》生效，牌照費用一律調低 30% 及容許已符合資格的持牌人在牌照屆滿後 24 個月內再申領牌照。這樣，香港的地產代理業逐步走入一個更規範、更具專業水平的新時期。

截至 2019 年底，香港地產代理監管局共發出個人牌照 39,518 個，其中，營業員牌照 21,228 個，地產代理（個人）牌照 18,290 個；發出地產代理（公司）牌照 38,334 個，合共發出 43,352 個地產代理牌照。此外，還發出營業詳情説明書 7,076 張（《地產代理（發牌）規例》第十條訂明，地產代理在其營業地點以特定營業名稱經營地產代理業務前，須就該地點及名稱向監管局申請批給營業詳情説明書）。

據香港特區政府統計，2021 年，香港從事地產經紀、代理及其他地產服務的機構已達 2,981 家，僱用人數為 2.52 萬人；服務及租項收入及增加價值分別為 208.11 億港元及 136.89 億港元，比 1996 年的 85.58 億港元及 63.59 億港元，分別增長了 1.43 倍及 1.15 倍。

註：參閱《仲量聯行 —— 全球最大的專業國際物業顧問之一》，香港：《建築業導報》，第 13 輯第 7 期，第 37 頁。

　　箇中的關鍵，是完善的土地估價體系。土地資產資本化，涉及的核心問題是確定土地資產價格。正常情況下，普通商品價值會隨著時間推移而逐漸下降，而土地等自然資源則往往因其有限性而趨於上升。因此，土地資產價格的確定有一套相對獨立的專業方法，即土地估價。如何為市場提供優質、公平、合理的土地估價服務，成為土地資產資本化的關鍵。香港的土地估價服務包括兩類：公務性質的業務涉及屋宇署、規劃署、地政總署、土地註冊處及差餉物業估價署等政府部門。這些部門因為稅收、賣地、買賣房屋、租賃房產，而需要進行估價。如差餉物業估價署為了徵收差餉，需按一定日期對房地產進行估價，擁有非常豐富的房地產市場資料；地政總署為了土地資產評估業務的需要，擁有一批數量可觀的測量師。私人性質的房地產估價業務主要是測量師行、地產發展商、銀行等，為了租賃、抵押、公司上市、訴訟等原因而聘用測量師。

　　香港承襲英國建立測量師制度，1984 年成立了測量師學會。要成為測量師學會的會員，必須經過嚴格考核。為了適應發展的需要，港府大力扶持包括測量師在內的公眾服務，房地產評估業務因而得到充分發展，擁有大量高質素的專業人才，能夠滿足土地估價的實際需要。同時，為維護測量師行業的公正，港府及測量師學會制定了一套詳細、合理的專業標準。香港的測量師類別眾多，分工專業，主要包括：（1）土地測量師：包括地籍測量、工程測量、大地測量、水道測量、攝影測量、地形測量。（2）工料測量師：具備建築成本、價格、財務、合約安排及相關法律專業知識；主要為私人地產商、政府地政發展部門、承建商、礦務及石油開發機構服務。（3）建築測量師：具備建築技術、土地運用、城市規劃、法律及其他相關專業知識；在私人機構提供測量，制定圖則、章程及監督建築工程合約，擔任建築法律及物業發展顧問，策劃及監督屋宇維修，工程策劃管理等服務；在政府部門的職責包括審核圖則，監督工程，檢驗樓宇及簽發入伙紙，監察違法建築，推行維修保養計劃等。（4）產業測量師：提供估價，租售、拍賣、招標，物業管理，物業發展顧問，及行政等服務。這些分工細緻、專業的測量師團體，為土地物業的合理定價提供產業基礎。

　　從金融化的角度來看，自 50 年代地產業逐漸風行「分層出售、分期付款」的售樓制度以後，金融業在地產業發展中所扮演的角色越來越重要，地產業對金融業的影響也日益擴大。在金融業貸款業務中，房地產、建築業及樓宇按揭業務歷來佔有很大的比重，一般都在45% 以上，成為香港銀行業的主要業務。（表 9-8）1997 年 3 月，港府通過外匯基金成立香港按揭證券有限公司，該公司於同年 10 月正式運作，向香港的金融認可機構購買按揭貸款以及發行按揭證券，其核心任務是：透過可靠的流動資金供給去提高銀行業穩定性，降低銀行在貸出按揭貸款時，可能引起的資產集中風險及流動資金短缺風險；促進更多人士在香港置業；以及推動香港債務證券及按揭證券市場的發展。回歸之後，隨著香港房屋委員會分拆

「領匯房地產投資信託基金」上市之後，將投資物業組成信託基金成為潮流，長實、越秀地產、恒基地產、鷹君、世紀城市等多家地產公司相繼分拆地產投資信託基金，進一步推動不動產業的證券化、金融化。

3.4 地產市場的投機性與週期性

香港地產業的投機性主要表現在兩個方面，一是「炒樓花」制度。「炒樓花」當初是從「分層出售，分期付款」衍生出來的。「樓花」之所以受炒樓者歡迎，主要是買樓只需要預付樓價的小部分，而當樓價上升時，就可獲得厚利。例如，樓價是 300 萬港元，炒樓者在樓宇落成前只需付出樓價的 20%，即 60 萬港元；假如樓價在樓宇落成前上升了 30%，即 90 萬港元，炒樓者在賣出後便可獲得 150% 的利潤。「樓花」實際成為一種期貨，買家看好未來樓價走勢，才肯以現價買入。因此，「炒樓花」在加快市場流通的同時，也大大加劇了香港地產市場的投機性。炒風熾熱時，曾出現輪候排隊四日三夜搶購樓花的歷史紀錄，並出現職業炒家及集團式炒樓的現象。

1985 年金鐘大型地鐵上蓋物業發售時，差不多演變成騷動。1986 年大埔的海寶花園發售時，更發生輪候人打鬥、仇殺，釀成命案的事件。1997 年初的炒豪華住宅的熱潮中，一個輪候購房的籌碼竟以超過 203 萬港元的天價成交。炒樓花的下一步就是炒樓宇。1980-1982 年地產高潮期間，炒賣整棟商業樓宇的風氣極盛。其中最聞名的是金門大廈，從 1979-1981 年先後 3 次易手，每轉手一次，樓價跳升一級，最初售價為 7.15 億港元，最後炒到 16.8 億港元，增幅高出一倍以上。

二是「股地拉扯」現象。香港的股票市場與地產市場一樣，也具有很大的投機性。所謂「股地拉扯」就是地產的升降與股市的漲跌緊密相關，互相拉動、影響。在地產上升階段，地產發展商紛紛將公司上市，在股市集資，然後將資金用於購買土地、物業，造成地價、樓價上漲，再不斷在股市增發新股集資，而高價購入的土地、物業也直接反映在公司市值上，形成所謂的「良性循環」；而到地產下跌階段，則形成反向互動影響。「股地拉扯」使得蚊型地產公司可以在三幾年內膨脹成地產大集團，而三幾年後又會倒閉清盤。其中典型的例子就是佳寧集團的崛起及覆滅。1977 年佳寧集團成立之初，註冊資本僅 500 萬港元，它利用當時香港經濟迅速增長、地產市場和股市興旺繁榮的機會，一方面積極介入炒樓活動，從上漲的地產樓價中賺取差額利潤；另一方面則利用股票上市、發行新股集資，以及把急速升值的物業、股票按揭，獲取大量資金購買物業，以滾雪球的速度迅速膨脹。在短短幾年間發展成為業務遍及地產、保險、銀行、航運、旅遊等各個領域，資產接近 100 億港元的大財團。但

是，這個建築在沙灘上的帝國，在 1982 年地產衰退的衝擊下很快便崩潰，1983 年因負債纍纍而被清盤。佳寧集團的興衰，充分暴露了香港房地產業的高度投機性。

「炒樓花」和「股地拉扯」加劇了香港地產市場的投機性，造成市場的虛假繁榮，並扭曲了市場的真實供求關係，使市場出現「麵粉比麵包貴」現象，地產市道的崩潰就此形成，更進而波及到金融、股市以至整體經濟。80 年代初地產高潮時，樓價已遠遠超出市民的實際承受能力，但由於銀行提供九成按揭貸款，大小炒家只要動用 1 億港元，便在市場形成 10 億港元的購買力，在虛假的繁榮下，地產發展商願意以更高的價格購入土地，刺激地價一再標升，刺激投機活動。1982-1984 年的地產市道崩潰，就是由這個虛假繁榮促成的。

從週期性來看，二次大戰以來，香港地產業經歷了 7 個循環週期，分別是戰後至 1952 年的第一個週期、1953-1958 年的第二個週期、1959-1968 年的第三個週期、1968-1975 年的第四個週期、1975-1984 年的第五個週期、1985-2003 年的第六個週期，以及 2003 年以來的第七個週期。除了第六、七個週期外，其餘 5 個週期最短的約六、七年，最長的約 9-10 年，平均約八、九年。從這幾次地產週期看，大概每個週期有 5 年多時間處於上升階段，2-3 年處於下降階段。每個階段中的高峰期，是股市最興旺的時期。這時，一般樓價已上升到用家無力負擔的地步，樓宇銷售往往持續數月是「有價無市」，市場只有投機性資金的活動支撐。這是香港地產週期從盛而衰的轉捩點。高潮之後，隨之而來的是一次暴跌，地產週期進入危機、蕭條階段，直到有利因素刺激又開始復甦，進入另一個週期。

香港房地產業週期性循環發展的原因，既有內部也有外部因素。就內部因素而言，主要是房地產市場特殊的供求關係及其投機性。在週期循環的上升階段，由於需求增加，供不應求的局面持續好幾年，導致房地產價格急速上漲，房地產市場上的買家紛紛購入，進一步加深了供求之間的不平衡。到樓宇紛紛建成時，出現供過於求的局面，這時樓價已升至用家無法負擔的地步，暫時抑制對房地產的需求，而「炒家」紛紛割價拋售，導致價格暴跌。從外部因素看，主要是香港經濟和西方經濟週期爆發的經濟危機，以及政治影響和移民等其他因素。戰後以來香港爆發的 5 次地產危機中，3 次直接或間接與西方世界性經濟危機有關。循著房地產特殊的供求關係及西方經濟的盛衰變動，可以摸著香港房地產循環的脈搏。

至於第六個地產週期，其跨度時間長達 16 年，從踏入過渡時期的 1985 年起，至香港回歸後的 2003 年，其中上升階段長達 13 年，已打破舊有的規律。究其原因，主要有兩點：其一是香港產業結構轉型。隨著製造業大規模轉移到廣東珠江三角洲，香港與內地形成「前店後廠」的分工格局，香港邁向服務經濟，成為跨國公司進軍中國的橋頭堡，大量資金從海外湧入，港商在內地賺取的豐厚利潤也回流到香港，刺激香港股市、地產的持續興旺。其二，是與過渡時期執行《中英聯合聲明》附件三關於每年批地不得超過 50 公頃的條文有關。

由於每年批地受到限制，土地與房屋供應受到很大制約，這形成了過渡時期長達 13 年的大
升浪。自 2003 年以來展開的第七個週期，至今已經歷了長達 16 年的上升階段，更是打破
了第六個週期的紀錄，其中主因是多方面的，既有土地嚴重供應不足的因素，也有特區政府
房屋政策的失誤，以及地產市場的寡頭壟斷等因素。

3.5 地產業市場結構的寡頭壟斷性

在數十年的激烈競爭中，特別是經過 70 年代初期大批地產公司在香港掛牌上市，進行
大量換股、收購、合併和發行新股的活動，一批大型地產集團從中脫穎而出，逐漸取得了競
爭優勢。到了 90 年代中期，香港房地產業已逐漸形成經營高度集中的局面，市場結構已具
備寡頭壟斷市場的特徵。1996 年，香港的地產發展及投資公司達 5,463 家，但最大型的 10
家地產集團卻控制了房地產市場六成的份額。根據香港政府的統計，從 1994-1996 年，香
港十大地產集團在房地產市場所佔的份額，以當年落成樓宇面積計算，分別佔 52%、56%
和 63%；以增加價值計算，分別佔 51%、45% 和 65%，其中在住宅樓宇市場所佔的比率更
高，反映經營的高度集中性有日漸增強的趨勢。

在亞洲金融危機的衝擊下，1997-1998 年，香港地價、樓價節節大幅下跌，對擁有大量
樓宇現貨、期貨以及地皮的地產發展商形成了沉重的財政壓力，各大地產商唯有以減價及各
種形式促銷新樓盤，以減低持有量套現資金。結果，新樓盤的減價戰成為這次地產危機中的
一大特色。當時，業內人士表示，其慘烈程度為過渡時期以來所罕見。[5] 危機中，大批中小
地產商處於破產或瀕臨破產的境地，而大地產商則因其財力雄厚及土地儲備充足而得以安度
難關。危機過後，隨著地產市場的復甦和反彈，大地產商的實力更形雄厚，地產業經營的集
中度進一步提高，寡頭壟斷的市場結構形成。

資深地產人士潘慧嫻在《地產霸權》中概述：中小地產商「因在土地拍賣會上購入昂貴地
皮而債台高築，被迫在跌市時蝕賣。兩家中型地產商──百利保和麗新──在 1998 年樓市
暴跌時無力短期內恢復元氣，幾乎變得一無所有。其後，多家中小型地產商慘敗，主因是他
們沒有足夠的土地儲備。相比擁有大量廉價土地儲備的大地產商，中小型地產商要承擔的風
險高得多。當市場急轉直下時，他們的處境便岌岌可危」。[6] 在危機中，連百利保和麗新發展
的情況都如此糟糕，其他中小地產商更不待言。相反，大地產發展商因擁有雄厚財力及龐大
的土地儲備，在危機中以減價促銷來加快資金周轉，從而安渡難關。

以新鴻基地產為例，整個亞洲金融危機期間，儘管樓價持續大幅下跌，但新鴻基地產仍
保持每年推出 400 萬平方呎以上的新盤，在最低迷的 2003 年也推出了 620 萬平方呎的新

盤，比 2005 年以後的高峰年份還多。通過不斷消化開發物業的土地存量，新鴻基減少了開發物業的資產比重，並盡可能將存貨周轉天數控制在 300 天左右，將總資產周轉率維持在 0.15 倍水平，維持公司的利潤。據統計，樓市低迷的 2002 年，香港最大的 5 家地產發展商仍然實現了可觀的利潤，其中長江實業錄得盈利 88.2 億港元，新鴻基地產 85.2 億港元，恒基兆業地產 21.5 億港元，九龍倉及會德豐 30.5 億港元，新世界發展則為 13 億港元。

2003 年以後，香港地產市場復甦反彈，土地價格更加昂貴，大地產商的經營集中度進一步提高。正如潘慧嫻在《地產霸權》中所指出：「隨著中小型地產商幾乎全部退出市場，可以肯定的是，市場力量將更加集中。擁有市場主導力量的企業，會濫用其影響力。如此，由寡頭企業緊緊操縱市場結構，競爭將變得更弱。」[7] 從以下數字可以看出這種趨勢：2008-2012 年，香港上市公司中，由 213 家地產建築公司組成的「地產建築」組別，其市值總額從 2008 年底的 12,751.43 億港元，上升到 2012 年底的 33,200.90 億港元，4 年間升幅高達 1.6 倍，佔香港股市總值的比重則從 12.44% 上升到 15.18%。2012 年底，香港六大地產公司，包括新鴻基地產、長江實業、九龍倉、太古地產、恒隆地產和恒基地產，其市值合共達 11,890.58 億港元，佔香港股市總值的 5.43%，佔在香港上市 213 隻地產建築股總市值的 35.81%。（表 9-10）

值得注意的是，此後幾年，大地產上市公司在香港股市及上市地產建築組別中的比重都有所下降。2019 年 12 月，地產建築組別市值總額為 54,088.26 億港元，佔香港股市總值的比重為 14.21%。2019 年底，香港六大地產公司，包括新鴻基地產、長江實業、恒隆地產、太古地產、九龍倉置業和新世界發展，其市值合共達 11,434.58 億港元，比 2012 年底的 11,890.58 億港元輕微下降了 3.84%，其佔香港股市總值的比重亦從 5.43% 下降至 3.02%，佔在香港上市地產建築股總市值的比重則從 35.81% 下降至 21.14%。（表 9-11）

表9-10　2012年底前50大市值股中地產股概況

排序	地產公司	發行股本（億股數）	收市價（港元）	公司市值（億港元）	佔股市總值（%）
10	新鴻基地產	26.57	116.20	3,087.17	1.41
15	長江實業	23.16	119.00	2,756.24	1.26
27	九龍倉	30.29	60.60	1,835.72	0.84
31	太古地產	58.50	25.85	1,512.23	0.69
37	恒隆地產	44.75	30.8	1,378.30	0.63
38	恒基地產	24.15	54.70	1,320.92	0.60
合計	——	——	——	11,890.58	5.43
213 隻地產建築股市值（億港元）	——	——	——	33,200.90	15.26

資料來源：香港交易所，《香港交易所市場資料》，2012 年。

表9-11　2019年底前50大市值股中地產股概況

排序	地產公司	發行股本（億股數）	收市價（港元）	公司市值（億港元）	佔股市總值（%）
13	新鴻基地產	28.97	119.30	3,457.05	0.91
15	中國海外發展	109.56	30.35	3,325.21	0.87
25	華潤置業	71.31	38.80	2,766.80	0.73
26	碧桂園	218.45	12.48	2,726.21	0.73
33	長江實業	36.93	56.25	2,077.54	0.55
38	恒基地產	44.41	38.25	1,851.83	0.49
44	太古地產	58.50	25.85	1,512.23	0.40
48	九龍倉置業	30.36	47.55	1,443.73	0.38
小計		——	——	19,160.62	5.06
其他恒生指數指數股地產公司（上述除太古地產外均為恒生指數成份股公司）					
新世界發展		102.26	10.68	1,092.18	0.29
信和置業		58.70	13.42	787.75	0.21
恒隆地產		44.98	17.10	769.11	0.20
領展房產基金		N.A.	82.50	N.A.	N.A.
合計		——	——	21,809.66	5.76
地產建築股市值（億港元）		——	——	54,088.26	14.21

資料來源：香港交易所，《香港交易所市場資料》，2019 年。

　　20 世紀 80 年代以來，這些大地產公司通過業務的多元化，把經營的業務範圍從地產發展和地產投資擴展到包括基礎設施建設、物流倉儲、電力水利、電信服務、交通運輸，甚至大型超市或小型便利店等各個領域，從而成為香港經濟重要的支配力量。潘慧嫻在《地產霸權》中認為，香港「六大家族」——李嘉誠家族、郭氏家族、李兆基家族、鄭裕彤家族、包玉剛吳光正家族以及嘉道理家族代表的地產財團，「透過把持沒有競爭的各種經濟命脈，有效操控全港市民需要的商品及服務的供應及價格」。[8]

　　根據《福布斯》雜誌的計算，長實主席李嘉誠在 1998 年時個人財富為 106 億美元，1999 年危機中不降反升至 127 億美元，在 2008 年達到破紀錄的 265 億美元，進入全球前 10 位。2012 年，根據《福布斯》的香港富豪排行榜，長實主席李嘉誠擁有淨資產 300 億美元（約合 2,340 億港元），連續 6 年蟬聯香港首富；第 2 位是恒基地產主席李兆基，淨資產約 200 億美元；第 3 位是新鴻基地產的郭炳江、郭炳聯兄弟及其家族，淨資產 192 億美元；第 4 位是新世界發展創辦人鄭裕彤，淨資產 160 億美元。四大地產商位居富豪榜前列，《福布斯》稱為「房地產的勝利」。2020 年 2 月，《福布斯》發佈的香港五十大富豪排行榜中，經營地產及相關業務的富豪至少達 21 位，佔四成以上。

四、結語：地產市場新動向與發展前瞻

2019年6月，香港因為修訂《逃犯條例》而觸發的政治動盪，對香港的營商環境、整體經濟，
特別是旅遊、零售業等領域造成嚴重衝擊。2020年以後，受到全球新冠疫情爆發、世界經濟疲弱、
內地經濟增長放緩，以及地緣政治緊張局勢升溫、中美貿易、科技對峙加劇等多種不利因素的影響，
香港從2019年第3季度起，連續6個季度出現經濟負增長，2019年全年經濟實質負增長為1.7%，
2020年經濟實質增長進一步降至負6.5%，2021年儘管恢復到6.5%的實質增長率，
但2022年連續4個季度出現負增長，全年實質負增長3.7%，形勢嚴峻。

受此影響，處於高位的地產市場終於掉頭下調進入調整時期。據香港差餉物業估價署的統計數據，私人住宅售價指數從 2019 年的 383.0 下跌至 2023 年的 337.4，跌幅為 11.61%，總體已下跌超過一成。其中，該指數從 2021 年 12 月的 393.9 下跌至 2022 年 12 月的 334.1，一年間跌幅達 15.18%，反映住宅樓市在 2022 年下跌加快，至 2023 年 12 月進一步跌至 311.3，兩年間跌幅達到 20.97%，超過兩成；而較受歡迎屋苑售價指數從 2019 年 5 月的 338.0 下跌至 2022 年 12 月的 285.8，跌幅為 15.44%，至 2023 年 12 月再跌至 267.4，跌幅達 20.89%，亦從最高峰下跌超過兩成。此外，私人住宅樓宇整體空置率從 2019 年的 3.7% 上升至 2022 年的 4.4%；同期，私人住宅大型單位空置率從 8.1% 上升至 10.0%。（表 9-12）

香港差餉物業估價署發表的《香港物業報告》指出：「在加息及市場信心減弱的情下，2022 年 12 月住宅樓價較前一年同期大幅下挫 15.2%，是自 2009 年以來連續 13 年增長後，首次錄得跌幅。一手和二手市場的交投量亦較去年下降 39%。」[9]「住宅物業銷售市場在 2023 年首四個月略為回升，扭轉了 2022 年的跌勢。然而，在利率相對偏高的環境和外圍環境不明朗導致市場氣氛轉淡的情況下，升勢於年內餘下時間失去動力。2023 年 12 月住宅售價按年下跌 7.0%。一手和二手市場合共錄得 43,002 宗成交，為紀錄新低。」[10]

與此同時，私人甲級寫字樓租金指數亦從 2019 年 270.1 下跌至 2023 年的 227.5，私人甲級寫字樓售價指數從 2018 年的 539.1 下跌至 2023 年的 438.1，跌幅分別為 15.77% 和 18.73%，跌幅均超過一成半。私人甲級寫字樓整體空置量則從 2018 年的 67.4 萬平方米增加到 2023 年的 137.7 萬平方米，5 年間增長了 1.04 倍；同期，空置率從 8.7% 上升至 16.0%。（表 9-12）《香港物業報告》指出：「2022 年，在第五波本地疫情爆發，加上地緣政治緊張局勢升溫以及全球經濟不明朗導致流動資金緊絀和市場氣氛減弱的情況下，寫字樓售

價和交投量均見下跌。以 2021 年第四季與 2022 年第四季相比，整體寫字樓售價錄得 3.0%
的跌幅，2022 年的交投量較 2021 年大跌 38% 至 667 宗。」[11]「2023 年寫字樓市場需求疲
弱、氣氛偏軟。投資者對購買寫字樓持審慎態度，而部分企業則縮減寫字樓面積或搬遷至
非核心商業區等以節省成本。以 2022 年第四季與 2023 年第四季相比，整體寫字樓售價下
跌 7.8%。……同期，業主提供靈活的租賃安排抑制寫字樓租金，租金錄得 0.7% 的輕微跌
幅。」[12] 換言之，香港最具代表性的樓市中，無論是住宅樓宇還是寫字樓物業，其價格均自
高位下跌超過一成半，同時成交量也大幅下降、空置率上升。

表9-12　2018-2023年香港樓市的基本概況

	2018 年	2019 年	2020 年	2021 年	2022 年	2023 年
私人住宅售價指數	377.3	383.0	381.2	392.7（12 月為 393.9）	369.7（12 月為 334.1）	337.4（12 月為 311.3）
較受歡迎屋苑售價指數	302.0（12 月）	338.0（5 月）	321.3（12 月）	335.2（12 月）	285.8（12 月）	267.4（12 月）
私人住宅整體空置率	4.3	3.7	4.3	4.1	4.4	4.1
私人住宅大型單位空置率	9.6	8.1	7.3	7.5	8.0	10.0
私人寫字樓租金指數	252.2	261.4	241.7	233.4	230.0	227.5
私人寫字樓售價指數	554.7	543.0	468.8	502.5	495.7	468.7（11 月為 441.8）
私人甲級寫字樓租金指數	261.1	270.1	249.9	237.0	232.3	227.5
私人甲級寫字樓售價指數	539.1	524.8	440.5	457.5	463.5	438.1（11 月為 426.1）
私人寫字樓整體空置率	8.6	9.0	11.5	12.3	14.4	14.9
甲級寫字樓整體空置率	8.7	9.0	11.8	12.5	15.1	16.0

資料來源：香港差餉物業估價署，《香港物業報告》，2020-2024 年。

　　在地產市道低迷的背景下，香港地產發展商開始推出減價促銷的種種策略。其中，最
矚目的是李嘉誠旗下的長實集團。2023 年 3 月，長實與新鴻基地產合作發展的屯門「飛揚
II」樓盤，推出首批 88 套住宅，一房折實售 306.9 萬元起，折實平均呎價 12,509 港元，較
2022 年 6 月推出的「飛揚 I」首批折實均價 15,050 港元大幅下降了 16.88%。同年 8 月，長
實集團再推出香港油塘「親海駅 II」樓盤，其中，最便宜的開放式單位實用面積 210 平方呎，
扣除 18% 折扣後，折實售價為 290 萬港元，折實呎價為 13,810 港元。此舉引起市場轟動，
有市場人士分析，這一售價較周邊二手房便宜了三成，甚至回到了 7 年前水平，猶如「投向
香港地產市場的一顆深水炸彈」。其他地產商，如恒基地產、麗新發展等，在推出新樓盤時

亦以各種方式減價促銷。受到整體經濟增長放緩和地產市道低迷的影響，香港主要的地產上市公司市值亦大幅回落。（表 9-13）

表9-13　2018-2023年香港主要地產上市公司市值變化						
	2018 年底	2019 年底	2020 年底	2021 年底	2022 年7 月底	2023 年底	2023 年底對2019 年底的跌幅（%）
長實集團	2,899.89	2,865.19	2,086.23	1,919.47	2,020.60	1,391.16	-51.45
新鴻基地產	3,233.23	3,457.05	2,897.78	2,741.30	2,716.88	2,447.18	-29.21
恒基地產	1,716.49	1,851.83	1,464.52	1,607.34	1,321.59	1,164.35	-37.12
新世界發展	1,056.81	1,092.18	920.24	776.38	659.45	305.02	-72.07
九龍倉置業	1,422.47	1,443.73	1,225.12	1,202.35	1,059.56	801.56	-44.48
恒隆地產	671.06	769.11	918.80	721.68	642.46	489.52	-36.35
恒生指數	29,919.15	2,5845.70	28,195.75	23,397.67	19,789.41	1,7047.39（年底）	-34.04

資料來源：《香港交易所市場資料》，2017-2021 年；香港交易所網站；東方財富網站。

地產市道的調整也反映在政府的土地拍賣方面。2019 年 6 月，曾高價奪得啟德第 4C 區 4 號商業及酒店地皮的高銀集團宣佈暫停出資購買啟德地塊，從而導致 2,500 萬港元按金被全數沒收。2019 年 9 月，特區政府再次為該幅土地招標，結果有 5 家財團入標，包括長實、新鴻基地產、華潤置業、信和置業和鷹君等，但因為 5 份標書地價標金均未達到政府就該用地所定的底價而最終「流標」。據統計，僅於 2023 年，特區政府以招標方式出讓的土地中，就有 6 幅土地因發展商出價未達底價而流標，包括赤柱環角道豪宅地皮（1 月）、市建局觀塘市中心第四及第五發展區商業項目（2 月）、港鐵大嶼山小蠔灣車廠上蓋項目（2 月）、荃灣油柑頭港人首置地皮（8 月）、東涌第 106B 區住宅地皮（11 月）、港鐵東涌東站一期發展項目（11 月）。受此影響，香港特區政府的賣地收入亦從 2019-2020 年度的 1,417.28 億港元，下跌至 2022-2023 年度的 699.28 億港元，跌幅高達 50.66%；同期，賣地收入佔政府收入總額比重亦從 23.7% 下降至 11.2%。

展望未來，香港地產市場的發展走勢，誠然還是要取決於內外部多種因素的演變、發展。從內部來看，主要是香港整體經濟的未來走勢；特區政府關於土地供應、新市鎮發展、房屋政策（包括公屋政策）的調整及執行實施情況；香港主要地產發展商的發展策略，地產市場的供求關係，等等。從外部來看，主要是全球經濟、亞洲經濟特別是中國內地經濟發展的基本態勢；地緣政治的影響，中美之間在貿易、科技、金融乃至多個其他領域的對峙程

度；外資企業以及中國企業進入或者撤離香港的情況，資金流進、流出的態勢，等等。

在上述總體宏觀背景及各種因素變動的影響下，未來一段時期香港地產市場無非可能呈現 3 種發展趨勢：第一，由於內外部各種不利因素未能好轉，或者甚至進一步惡化，香港地產市場近兩三年向下調整的趨勢將持續，被確認進入第七個地產週期的下行軌道，並最終觸底，進而結束這一輪週期。第二，在外圍經濟及中國內地經濟穩定發展的總體背景下，香港經濟恢復穩定增長，而香港特區政策的應對政策得當，地產市道經過適度調整後，轉而邁向相對平穩的發展態勢，並通過調整嚴重失衡的供求關係，逐步走向一個較為健康發展的階段。第三，倘若外圍經濟特別是中國內地經濟恢復強勁增長，帶動香港經濟強勁復甦，而地產市場的供求關係嚴重失衡問題仍未能得到有效解決，亦不排除地產市道在經過調整後，再度向上攀升的可能性。

上述 3 種可能性中，最為理想的狀態是平穩推進、健康發展。誠然，要達到這種相對理想的發展態勢，需要內外部多種因素的配合，尤其是香港經濟恢復穩定增長，特區政府要對土地、房地產制定正確政策及使其有效實施。

註釋

[1]　林寶安著,《市場、政府與財團——香港房地產的特質與社會經濟意義》,載高承恕、陳介玄主編:《香港:文明的延續與斷裂?》,台北:聯經出版事業公司,1997 年,第 211 頁。

[2]　見《香港地產活動回顧》,載香港特區政府統計處編:《香港統計月報》,1998 年 11 月。

[3]　烏蘭木倫主編,《邁向 21 世紀的香港經濟》,香港:三聯書店(香港)有限公司,1997 年版,第 358 頁。

[4]　香港聯合交易所編,《1997 年股市資料》,第 30 頁。

[5]　馮邦彥著,《香港地產業百年》,香港:三聯書店(香港)有限公司,2001 年,第 293 頁。

[6]　潘慧嫻著,《地產霸權》,北京:中國人民大學出版社,2011 年,第 142-143 頁。

[7]　同註 6,第 143 頁。

[8]　同註 6,第 47-57 頁。

[9]　香港差餉物業估價署,《香港物業報告 2023》,第 8 頁。

[10]　香港差餉物業估價署,《香港物業報告 2024》,第 9 頁。

[11]　同註 9,第 10 頁。

[12]　同註 10,第 10 頁。

附錄

一、香港地產業大事記

☐ 1841 年 1 月 25 日　英軍在香港島北岸水坑口強行登陸,侵佔香港島。

　　　　　5 月 1 日　　義律代表香港殖民當局首次公佈土地拍賣的原則,即按照英國土地制度實行公開招標拍賣,價高者得。

　　　　　6 月 7 日　　義律代表英國殖民當局宣佈香港開埠。

　　　　　6 月 14 日　港英政府首次拍賣官地,推出的土地僅有皇后大道以北臨海的 35 幅土地,每幅土地佔有約 100 呎海岸,面積則因海岸線與皇后大道的距離而各有不等。

　　　　　10 月 15 日　港英政府宣佈土地承購者必須每年繳納地租。其中,城區土地的地租是每年每英畝 20 英鎊。

　　　　　10 月　　　香港人口達 1.5 萬人。

☐ 1842 年 8 月 29 日　英國強迫清政府簽訂《南京條約》,正式割讓香港島。

　　　　　　　　　　香港島皇后大道建成。

☐ 1843 年 8 月　　　英國內政大臣向香港政府發出通諭,所有香港土地只可批租而不能售賣,批租年期只應以吸引租客承建永久建築物為宜。

　　　　　　　　　　測量師哥頓向香港政府提出第一份香港城市發展規劃藍圖。

☐ 1845 年　　　　　香港政府制定首條《差餉條例》,即 1845 年第 2 號條例,當年稱為《估價則例》,是香港最早期法例之一。

☐ 1847 年　　　　　香港人口達 23,900 人。

☐ 1848 年　　　　　香港政府開始徵收差餉,按戶抽取。

☐ 1849 年 3 月　　　英國政府批准香港 999 年的批租年期,並表示之前獲得 75 年批租年期的土地,均可增加 924 年年期。

☐ 1854 年　　　　　港督寶靈(John Bowring)上任後,提出龐大填海計劃,以拓展城區。可惜該計劃遭到以寶順洋行為首的洋商激烈反對而夭折。寶靈只好在銅鑼灣黃泥涌入海處展開填海工程,取名「寶靈城」,今為鵝頸橋地區。

☐ 1856 年　　　　　香港政府制定《建築物條例》。

☐ 1857 年　　　　　李陞兄弟開設和興號金山莊。

　　　　　　　　　　會德豐洋行在上海創辦。

☐ 1860 年 10 月 24 日　英國政府強迫清政府簽訂《北京條約》,將界限街以南九龍半島割讓給英國。

　　　　　　　　　　莫仕揚從廣州移居香港,經營建築及轉口貿易,並擔任美資瓊記洋行買辦。

□ 1863 年 7 月 1 日　香港黃埔船塢公司註冊成立。

□ 1866 年　黃埔船塢根據公司法組成有限公司,正式在香港註冊,資本 75 萬港元。

□ 1870 年　黃埔船塢與紅磡的聯合船塢公司合併,成為當時香港最大的船塢公司。
　　　　　莫仕揚出任太古洋行買辦。

□ 1871 年　保羅‧遮打創辦了香港第一家碼頭貨倉公司——香港碼頭貨倉有限公司。
　　　　　香港繳納差餉超過 2,110 港元以上大戶 20 人,其中英商 12 人,華商
　　　　　8 人。

□ 1876 年　香港政府在港島石塘咀以西地區展開填海工程,開闢成後來的堅尼地城。
　　　　　香港人口為 13.9 萬人。

□ 1881 年　香港政府的賣地收入是 20.36 萬港元,地產稅收是 22.17 萬港元,而當年
　　　　　鴉片公賣煙不過 21 萬港元。
　　　　　香港繳納差餉 3,996 港元以上大戶 20 人,其中英商 3 人,華商 17 人。
　　　　　香港地皮樓宇炒風熾熱,當年土地物業交易印花稅增加到 16.7 萬港元,
　　　　　賣地收入 20 萬港元。

□ 1886 年　保羅‧遮打和怡和洋行創辦香港九龍碼頭及倉庫有限公司。

□ 1887 年　保羅‧遮打提出規模龐大的中區填海計劃,獲得港督德輔接納。

□ 1889 年 3 月 2 日　保羅‧遮打和怡和洋行合作創辦了香港置地有限公司。
　　　　　中區填海工程動工,到 1903 年完成。
　　　　　李陞與怡和洋行買辦唐廷樞等合資開設廣州城南地基公司。

□ 1894 年　何東晉升怡和洋行總買辦一職。

□ 1898 年 5 月　所有土地批租年期改為以 75 年又 75 年的年期(即滿 75 年可續期 75 年,
　　　　　但必須重估地稅)批出。

　　　 6 月 9 日　中英簽訂《展拓香港界址專條》,英國強行租借九龍半島自界限街以北、
　　　　　深圳河以南地區以及附近 200 多個島嶼,為期 99 年,自 1898 年 7 月 1
　　　　　日起,到 1997 年 6 月 30 日屆滿。

□ 1900 年　太古集團投得港島鰂魚涌大片土地,創立太古船塢公司。
　　　　　太古集團向英國政府提出申請,要求港英政府把它們在鰂魚涌投得的大片
　　　　　土地的租借期從 99 年延長到 999 年,以便興建一座規模宏大的造船廠,
　　　　　其申請獲得批准。
　　　　　施懷雅家族與合夥人等合資創辦了太古船塢公司,資本 80 萬英鎊。
　　　　　香港人口達 26.3 萬人。
　　　　　香港政府以軍事手段接管新界後,隨即制定《田土法庭條例》。
　　　　　港督卜力(Sir Henry Arthur Blake)簽署「收回官地條例」,規定政府可根
　　　　　據具體情況收回一部分土地,以作為公用。
　　　　　李陞逝世,遺產高達 600 萬港元。

☐ 1901 年　　　　　香港政府在新界展開大規模的土地勘測和業權登記工作，到 1903 年完成，結果約有 35 萬幅地段，共約 4.1 萬英畝土地獲得承認。

☐ 1903 年　　　　　香港政府制定新的公共健康及建築物條例。

香港政府在憲報刊登經拓展後的維多利亞城範圍，並樹立 6 塊界石作標記。

☐ 1904 年　　　　　港督彌敦（Sir Matthew Nathan）上任，策劃興建九廣鐵路英段。該鐵路從深圳羅湖到九龍尖沙咀，全長 22 哩，1906 年動工，1910 年完成。

金利源向港府購買中區填海地大片土地，建成現時的利源東街。

☐ 1906 年　　　　　置地至少在新填海區內興建了至少 7 幢新廈。

☐ 1907 年　　　　　永安公司創辦。

☐ 1910 年　　　　　太古船塢為太古輪船公司建造了第一艘輪船。

☐ 1914 年　　　　　何啟、區德合組啟德營業有限公司，並於 1916 年開始進行九龍灣填海計劃，以興建一個華人高尚住宅區。

☐ 1916 年　　　　　永安公司在港島德輔道西興建樓高 5 層的永安貨倉。

☐ 1920 年　　　　　香港人口達 62.5 萬人。

☐ 1921 年　　　　　香港政府在港島灣仔展開大規模填海工程。

☐ 1922 年　　　　　香港政府制定《1922 年城市規劃提案》。

☐ 1923 年　　　　　置地以換股方式與中央地產公司合作，收購皇后行及其東北角即文華酒店現址地段。

利希慎創辦希慎置業公司，以 380 萬港元向怡和購入銅鑼灣鵝頭山，即後來的利園山地段。

利舞台開業，旋即成為當年香港最豪華劇院。

☐ 1926 年　　　　　置地以 137.5 萬港元購入德輔道中與畢打街交界的香港酒店北座地段，興建告羅士打大廈。該大廈樓高 9 層，成為當時香港最高的建築物。

☐ 1927 年　　　　　置地以 300 萬港元的代價，購入皇后大道中的太子行。

☐ 1928 年 4 月 30 日　利希慎遭槍手暗殺，當場傷重死亡。

☐ 1931 年　　　　　香港政府將差餉稅收歸納為政府一般收入的一部分。

☐ 1938 年　　　　　置地購入公主行毗鄰的勝斯酒店，其後重建為公爵行。

☐ 1939 年　　　　　香港政府制定《城市規劃條例》，授權成立一個城市設計委員會（即現時的城市規劃委員會），專責制定有法律效力的分區發展大綱圖則。

☐ 1941 年　　　　　香港人口達 163 萬，但日軍侵佔香港後，香港人口減至 60 萬人。

☐ 1945 年 8 月　　　日軍投降，港英政府重佔香港。

　　　　9 月 7 日　　置地公司恢復營運，並於當天舉行戰後第一次董事局會議。

☐ 1946 年　　　　　香港政府成立租務委員會，並在高等法院和九龍裁判署內附設租務法庭，以仲裁積壓如山的租務案件。

置地舉行戰後第一屆股東大會，估計戰爭帶來的「損失大約是 51 萬港元」，不算嚴重。

□ 1947 年 2 月　　香港政府制定《業主與租客條例》，對戰前樓宇實行租務管制。

　　　　 8 月　　香港政府聘請英國建築規劃師柏德‧阿拔高比負責為香港制定長遠城市發展規劃。

　　　　　　　　中國銀行以每平方呎 251.44 港元的價格，投得中環一塊官地，創下當時地價的最高紀錄。

　　　　　　　　吳多泰創辦「鴻星營造有限公司」，並首創「分層出售」的售樓制度。

　　　　　　　　香港人口達 180 萬人，已超過戰前的最高水平。

□ 1948 年　　　　香港房屋協會成立，為中等入息家庭提供居所。

□ 1950 年　　　　香港人口急增至 210 萬人。

　　　　　　　　香港房地產交易達 6,600 宗，是戰前 1938 年的 1.8 倍。

　　　　　　　　李嘉誠以 5 萬港元創辦長江塑膠廠，並於 1958 年開始進軍地產業。

□ 1953 年 12 月 24 日　石硤尾大火，逾 5 萬人痛失家園。

　　　　　　　　霍英東創辦霍興業堂置業有限公司，向地產業發展。

□ 1954 年 4 月　　香港政府頒佈《1954 年房屋事務管理處法例》，並成立香港房屋建設委員會。

　　　　　　　　香港政府成立徙置事務處，開始推行大規模的徙置計劃。

　　　　　　　　霍英東創立信置業有限公司，並首創「分期付款」的售樓制度。

　　　　　　　　所有戰前樓宇獲准加租，加幅為標準租金的 55%。

　　　　　　　　陳廷驊創辦南豐紗廠有限公司，其後改組為南豐紡織聯合有限公司，並於 1970 年 4 月在香港上市。

□ 1955 年　　　　香港政府修訂 1935 年《建築物條例》，大大放寬土地用途。

　　　　　　　　香港政府開始開發觀塘新市鎮。

　　　　　　　　彭國珍創辦嘉年地產。

　　　　　　　　包玉剛創立環球航運有限公司。

□ 1956 年　　　　置地將位於雪廠街、德輔道中和遮打街的原有亞歷山大行和皇室行，分兩期建成樓高 13 層歷山大廈。

□ 1957 年 11 月 25 日　北角渣華道廉租屋邨落成，耗資 3,300 萬港元。

　　　　　　　　許愛周與彭國珍合資創辦中建企業有限公司。

□ 1958 年　　　　郭得勝、馮景禧、李兆基等 8 人創辦永業有限公司，向房地產業發展。

□ 1959 年　　　　香港政府推行荃灣新市鎮開發計劃。

□ 1960 年　　　　香港政府宣佈決定在葵涌醉酒灣進行首個新市鎮填海計劃。翌年，涵蓋整個荃灣、葵涌、青衣區的發展大綱草圖正式公佈。

　　　　　　　　陳曾熙兄弟創辦恒隆有限公司，該公司於 1972 年 10 月 21 日在香港

上市。

王德輝創辦華懋置業有限公司。

☐ 1961 年 6 月 14 日　廖創興銀行受到不利傳聞和謠言的困擾,遭到大批存戶的擠提。

香港政府正式推出「廉租屋計劃」,提供較徙置屋邨質量為佳的租住房屋。

☐ 1962 年　香港政府頒佈《1962 年建築(計劃)(修正)(第二)條例》,以降低地積比率和樓面面積,以紓緩 1955 年放寬《建築物條例》後的過渡發展,新例在 1966 年 1 月 1 日生效。

☐ 1963 年　10 月 23 日文華酒店正式開業,港督柏立基爵士(Sir Robert Black)伉儷在酒店主持紅十字會 100 週年舞會。

郭得勝、馮景禧、李兆基創辦新鴻基企業有限公司。

羅鷹石夫婦創辦鷹君有限公司,其後於 1972 年 10 月在香港上市。

☐ 1964 年　5 月,香港政府對賣樓花制度發表《備忘錄》。

香港政府公佈《管制權宜住所居民、徙置及政府廉租屋宇政策之檢討》白皮書,制定香港公共房屋政策。

☐ 1965 年　香港地產建設商會成立,霍英東出任首任會長。

銀行擠提風潮爆發。

☐ 1966 年　香港第一個大型私人屋邨 —— 美孚新邨動工興建。

尖沙咀海運大廈建成,由瑪嘉烈公主剪綵揭幕,第一艘巨輪「坎培拉號」首先停泊海運大廈碼頭。

☐ 1967 年　香港爆發政治騷動,地產業陷入低潮。

☐ 1968 年　香港政府修改《業主與租客條例》,容許業主與租客直接商討解除或終止租務合約的有關賠償事宜。

霍英東在尖沙咀海旁建成的商廈星光行,因港府阻攔以及其他種種原因無法出售,被迫以低價售給置地。

☐ 1969 年 12 月 17 日　李福兆聯合多位財經界名人創辦遠東證券交易所有限公司。

☐ 1970 年 5 月　鄭裕彤創辦新世界發展有限公司,該公司於 1972 年 11 月 23 日在香港上市。

置地在官地拍賣會上以 2.58 億港元投得中區海旁一幅新填海地,後來建成當時香港最高的建築物 —— 康樂大廈。

置地在銅鑼灣昔日東角地段建成怡東酒店及世界貿易中心。

☐ 1971 年 6 月　李嘉誠創辦長江實業(集團)有限公司,該公司於 1972 年 11 月 1 日在香港上市。

新世界發展以 1.3 億港元向太古購入尖沙咀海旁「藍煙」貨倉舊址,後發展成新世界中心。

華富邨建成,成為日後香港大型屋邨設計以至城市發展的主導模式。

☐ 1972 年 5 月　　彭國珍將嘉年地產在香港上市，成為香港最早上市的大型華資地產公司。

　　　6 月 23 日　　胡應湘創辦和和實業，並於同年 8 月 21 日在香港掛牌上市。

　　　6 月　　黃廷芳創辦信和地產有限公司，同年 7 月在香港上市。

　　　7 月 14 日　　郭得勝等人改組成立新鴻基集團有限公司，稍後改名為「新鴻基地產」，同年 8 月 23 日在香港上市。

　　　8 月　　陳德泰創辦大昌地產有限公司，同年 12 月 11 日在香港上市。

　　　10 月　　置地以換股方式兼併牛奶冰廠有限公司。

　　　　　香港總督麥理浩宣佈推行「十年建屋計劃」。

　　　　　太古地產有限公司創立。

　　　　　胡應湘創辦合和實業有限公司，同年 8 月在香港上市。

　　　　　香港政府合併戰前及戰後租務管制條例為《業主與租客（綜合）條例》。

☐ 1973 年 4 月　　香港政府改組香港房屋委員會，統籌除房協單位外，所有與提供公共房屋有關的事宜。

　　　11 月　　李兆基創辦恒基兆業有限公司。

　　　12 月 12 日　香港政府制定官契條例，規定土地年期屆滿而可續期的土地均可自動續期，重估地稅為「每年應課差餉租值」的 3%。

　　　　　香港股市創下 1,774.96 點的歷史高峰。

　　　　　香港政府將屋宇建設委員會改組為香港房屋委員會，並將徙置事務處和市政事務署轄下的屋宇建設處合併為房屋署，作為香港房屋委員會的執行機構，以統籌管理原屬不同系統的各類公屋，並統稱為「公共房屋」。

　　　　　香港政府推行沙田新市鎮開發計劃。

☐ 1974 年　　置地宣佈斥資 6 億港元展開為期 10 年的中區重建計劃。

　　　　　太古地產宣佈發展「太古城計劃」。

　　　　　香港房屋委員會建成位於九龍城的首個公共屋邨美東邨，這是 10 年建屋計劃的開端。

☐ 1975 年　　恒基地產聯同長江實業、新鴻基地產和新世界發展組成百得置業有限公司，投得沙田新市鎮第一號地段，發展沙田第一城計劃。

☐ 1976 年 1 月 26 日　恒基兆業地產有限公司成立。

　　　　　香港政府推出「居者有其屋計劃」。

　　　　　南豐集團在港島鰂魚涌發展南豐新邨。

　　　　　置地利用牛奶公司在港島薄扶林的牧牛場地皮興建「置富裕花園」。

☐ 1977 年 11 月　陳松青在香港註冊成立佳寧集團有限公司。

　　　　　李嘉誠以 2.3 億港元收購擁有港島中區希爾頓酒店的美資永高公司。

　　　　　長江實業奪得地鐵中區舊郵政總局及金鐘站上蓋物業發展權。

　　　　　太古地產在香港掛牌上市。

		新鴻基地產先後在港島灣仔海旁興建新鴻基中心。
		恒隆與合和組成的財團投得地下鐵路九龍灣車輛維修廠上蓋的物業發展權。
		和記國際與旗下最主要的附屬公司黃埔船塢合併，成立和記黃埔。
□ 1978 年	2 月	陳松青成立佳寧代理人有限公司。
	12 月	中共召開十一屆三中全會，決定將工作重心轉移到經濟建設的軌道上，並推行改革開放路線。
		香港政府推出「私人機構參建居屋計劃」。
		李嘉誠收購英資上市公司青洲英坭 25% 股權，並進而取得該公司的控股權。
□ 1979 年	9 月 25 日	李嘉誠就收購和黃與滙豐達成協議，成功從滙豐銀行手中購入和記黃埔 9,000 萬股普通股。
		香港政府立法豁免戰前商用樓宇的租務管制，於 1984 年 7 月生效。
		置地公司建成告士打大廈及與之相連的置地廣場。
		恒隆與長實、新世界、恒基兆及置地公司等公司合組財團投得地鐵旺角站上蓋物業的發展權。
□ 1980 年	1 月	佳寧集團與鍾正文合作，宣佈以 9.98 億港元向置地購入金門大廈。
	6 月	包玉剛增購九龍倉股份至 49%，取得九龍倉的控制權。
	7 月	美漢企業易名為「佳寧置業有限公司」，成為佳寧集團在香港股市的旗艦。
	8 月	李兆基將恒基兆業地產有限公司在香港上市。
	9 月	希慎興業在香港上市。
	10 月 7 日	香港最優惠利率升至 20 厘的歷史高位。
	11 月	新鴻基地產收購九巴 3,550 萬股份，約佔九巴已發行股票的 33.5%。
		恒隆為首三個財團奪得地鐵港島沿線各站上蓋物業發展權。
		合和實業建成樓高 66 層的灣仔合和中心，是當時香港最高的建築物。
□ 1981 年	8 月	置地與佳寧集團合組財團購入尖沙咀旅遊中心區美麗華酒店舊翼一幅土地。
	9 月	利氏家族組成希慎興業有限公司，並在香港上市。
	12 月	置地收購香港電話 34.9% 股權。
□ 1982 年	2 月 12 日	置地以 47.55 億港元標價奪得中區海旁地王，後建成交易廣場。
	4 月	置地收購香港電燈公司 34.9% 股權。
	9 月 22 日	英國首相戴卓爾夫人訪問中國，香港前途問題談判拉開序幕。
	11 月	益大投資清盤，公司主席鍾正文潛逃離港。
		大來信貸財務公司清盤，引發銀行危機。
	12 月	恒隆宣佈「撻訂」，退出地鐵金鐘二段上蓋物業發展。

		香港政府推行將軍澳新市鎮開發計劃。
☐ 1983 年	10 月 17 日	香港政府開始實施港元聯繫匯率制度。
	10 月	佳寧集團破產。
☐ 1984 年	1 月 16 日	嘉年地產在香港股市停牌，宣佈清盤。
	12 月	中英正式簽署關於香港前途問題的《聯合聲明》。

新世界發展與香港貿易發展局達成協議，合作發展香港會議展覽中心。

太古集團將太古地產私有化，成為旗下全資附屬公司。

香港政府制定第一份「全港發展策略」。

☐ 1985 年　4 月 18 日　太古地產在官地拍賣會上以 7.03 億港元奪得金鐘道域多利兵房地段。

4 月　黃埔花園首期推出發售。

7 月　港島杏花邨首期發售，售樓處大排長龍，並險些釀成騷動。

信和投得尖沙咀海旁中港城地皮，並建成中港城。

☐ 1986 年　恒隆主席陳曾熙逝世，遺下龐大恒隆股份指明舊屬殷尚賢作為遺產信託
人，並由其弟陳曾燾擔任恒隆主席。

☐ 1987 年　2 月　澳洲奔達集團以 19 億港元購入中區財經廣場（即後來奔達中心）。

4 月　香港政府公佈「長遠房屋策略」，制定 1987-2001 年香港的房屋政策綱領。

香港政府頒佈「土地發展公司條例」，並於 12 月 10 日成立法定機構「土
地發展公司」，於 1988 年 1 月 15 日正式運作。

☐ 1988 年　4 月　香港房屋委員會改組，此後財政獨立，有足夠靈活性落實政府的長遠房屋
策略。

6 月　香港政府推出「自置居所貸款計劃」。

土地發展公司成立。

九龍倉推行銅鑼灣時代廣場發展計劃。

☐ 1989 年　1 月　新地、信和等合組財團，以 33.5 億港元奪得灣仔地王，後發展成全港最
高建築物中環廣場。

鄭裕彤從一線退下，僅擔任董事局主席一職，而董事總經理則由其長子鄭
家純出任。

香港政府完成「港口及機場發展策略研究」，為港口設施向西面擴展和香
港國際機場由啟德遷向大嶼山的赤鱲角等計劃提供發展大綱。

☐ 1990 年　10 月 30 日　新鴻基地產創辦人郭得勝因心臟病發逝世，享年 79 歲。

新鴻基地產建成半山帝景園，開創了香港豪宅的新標準。

九龍倉私有化夏利文發展，撤銷其上市地位。

☐ 1991 年　7 月　中英雙方就新機場問題達成諒解，延誤多時的新機場計劃終於可以上馬。

8 月　香港政府公佈 7 項打擊炒樓活動措施。

9 月　香港政府正式通過「都會計劃」。

11 月	天水圍大型私人屋邨嘉湖山莊首期推出發售。
12 月	「大道中九號」落成。
	陳曾燾退任董事，由陳曾熙長子陳啟宗接任恒隆主席。
□ 1992 年 5 月	長實在深圳成立「深圳長和實業有限公司」，正式進軍內地市場。
10 月	香港政府推出「資助夾心階層置業計劃」。
12 月	恒隆成功奪得位於上海最大的徐家匯地鐵站上蓋發展項目。
	中資背景財團以 38 億港元向置地購入中區皇后大道中九號物業。
	新世界發展（中國）有限公司成立，翌年開始進入中國，展開龐大的北京市中心重建計劃。
	中國海外發展在香港聯交所上市，並於 2007 年入選恒生指數成份股。
	鄧小平南巡廣東，中國進入全方位對外開放新時期。
□ 1993 年 4 月	香港政府修訂雙倍租金政策。
	香港政府就長遠房屋策略進行中期檢討。
6 月	恒基發展宣佈已從大股東楊氏家族手中購入美麗華酒店 34.78% 股權。
9 月	隆豐國際投資易名為「會德豐有限公司」。
12 月	恒隆成功奪得位於南京西路商業繁華區地塊發展權。
	銅鑼灣時代廣場落成。
□ 1994 年 5 月	逾 10 家地產商聯手競投官地，引起外界批評地產業出現壟斷情況。
6 月	香港政府公佈遏制樓價首階段措施，樓市進入調整期。
	置地對中環物業組合展開為期 3 年的翻新工程。
□ 1995 年	新地、恒地合組財團奪得中區機鐵總站上蓋物業發展權，該項目總投資估計約 400 億港元，是香港有史以來最大單一的地產項目。
	銅鑼灣利舞台的重建完成。
	置地控股重組，旗下分別成立掌管香港業務的置地中港和負責海外投資的置地國際。
□ 1996 年 7 月	香港消費者委員會發表題為「香港私人住宅物業市場：『安得廣廈千萬間？』」的調查報告。
11 月	希慎興業購入中區娛樂行。
	華潤創業分拆華潤北京置地有限公司在香港掛牌上市。2001 年，華潤北京置地正式改名為「華潤置地」。
□ 1997 年 1 月 6 日	李嘉誠旗下的長江實業集團系 4 間上市公司，以「長江集團邁向基建新紀元」為主題，宣佈重組計劃。
1 月	香港政府公佈《長遠房屋策略評議諮詢文件》。
3 月	霍英東抨擊港府的「高地價政策」，認為樓價「高到離譜」，將成為特區政府包袱。

黃氏家族、信和以 118.2 億港元奪得柴灣小西灣一幅非工業用地，創下香港官地拍賣最高金額紀錄。

7 月 1 日	香港特區政府成立。
7 月	香港特區政府宣佈新土地政策。
10 月 7 日	行政長官董建華發表首份施政報告，宣佈特區政府的「建屋安民」三大目標，提出每年建房「八萬五千個單位」。
10 月 23 日	香港銀行同業隔夜拆息率從 6 厘急速上揚至 100 厘、200 厘，最終達到 280 厘的歷史高位。
10 月	亞洲金融風暴衝擊香港，股市、樓市大跌。
□ 1998 年 1 月	新鴻基地產宣佈旗下 10 個地盤停工或放緩發展。
	長江實業以低價奪得馬鞍山酒店用地。
	國際金融中心（IFC）一期落成啟用。
2 月	特區政府房屋局發表《建屋安民：邁向 21 世紀》的長遠房屋政策白皮書。
5 月	特區政府推出一系列措施以穩定樓市。
6 月	特區政府宣佈暫停賣地 9 個月。
	香港各地產發展商爆發減價促銷戰。
	置地展開龐大重建工程，拆卸太子大廈，重建為遮打大廈，於 2002 年 6 月竣工。
	香港房屋委員會（房委會）推出「租者置其屋計劃」和「重建置業計劃」。
	香港房屋協會獲特區政府委託執行「首次置業貸款計劃」。
□ 1999 年 3 月	香港特區政府公佈與盈科集團合作發展「數碼港」的計劃。
4 月 20 日	特區政府恢復賣地，北角雲景道及廣播道地皮以高價售出。
6 月 29 日	特區政府第 2 次賣地，3 幅土地皆以高價售出。
7 月	新世界中國組成並在香港上市，作為新世界發展集團進軍中國內地地產市場的旗艦。
	會德豐宣佈將連卡佛私有化，並於 2003 年將連卡佛股權全部售予大股東吳光正的私人公司。
	香港房屋委員推出「可租可買」計劃。
□ 2000 年 1 月	特區政府調整房屋政策、減建居屋，並引入私營物業市場力量協助解決房屋問題。
6 月 29 日	董建華在禮賓府接受無線電視新聞專訪，被問及會否修訂「八萬五」目標時，董建華首次明言「從 98 年就再沒有說過『八萬五』這個字眼，那你說還存不存在？」
7 月	香港特區政府頒佈《市區重建局條例》。2001 年 5 月，市區重建局根據條例正式成立，以取代之前的土地發展公司，負責統籌、推進香港的市區

更新。

9 月	新鴻基地產成功投得機鐵站上蓋最大型發展項目 —— 九龍站第五至第七期項目發展權。
	九龍倉先後成功推出北京首都時代廣場和大上海時代廣場，主打以「寫字樓＋商場」的物業組合。
	太古地產完成對太古城中心全部翻新工程。
□ 2001 年 3 月	置地聯同長江實業和新加坡的古寶置業公司組成財團，投得新加坡市區重建局推出的一幅位於中央商業區邊緣的填海區土地，並投資興建為包括兩幢甲級寫字樓的物業。
9 月 11 日	美國發生「9.11」事件。
	香港房委會推出「長者租金津貼」試驗計劃。
	香港特區政府宣佈暫時停售居屋。
□ 2002 年 10 月 1 日	新世界發展宣佈重組計劃，由新世界基建旗下太平洋港口有限公司，以換股方式購入新世界創建有限公司。
11 月	香港特區政府特提出 9 項救市措施，俗稱「孫九招」，包括停止定期拍賣土地；暫停「勾地表」制度至 2003 年底，而之後新土地只會以勾地方式提供；停建居屋等。
12 月	會德豐聯同新亞置業信託私有化聯邦地產，2003 年 3 月 19 日撤銷其上市地位。
□ 2003 年 3 月	香港爆發非典型肺炎。
6 月 29 日	中央政府與香港特區政府簽署《內地與香港關於建立更緊密經貿關係的安排》（CEPA），並實施內地居民赴港澳「自由行」政策。
7 月 2 日	新創建集團組成並在香港聯交所上市後，開始加大對內地業務發展的投入。
	置地對置地廣場展開工程浩大的重建及翻新計劃，分 6 期進行，於 2006 年完成。
	太古廣場三座落成，擴展了太古廣場的物業發展。
	國際金融中心（IFC）二期落成啟用。
	新世界相繼對新世界中心展開翻新工程，又在該中心傍投資和興建一家五星級酒店，並在尖沙咀海濱長廊贊助興建「星光大道」。
	香港特區政府對香港房屋委員會管理架構展開重組，由特區政府房屋及規劃地政局局長出任房委會主席。
□ 2004 年 12 月 6 日	領匯進行第一次招股。
	置地攜手內地發展商龍湖地產，在重慶合作開發江與城；隨後與招商地產合作，開發位於重慶南 CBD 核心地段的長嘉匯，致力於打造濱江高端城

市綜合體。

新亞置業信託和馬可波羅發展有限公司分別改名為「會德豐地產有限公司」及「會德豐地產（新加坡）有限公司」。

香港房委會決定分拆其部分零售物業並成立「領匯房地產投資信託基金」，計劃在香港交易所上市，藉以籌集資金。

□ 2005 年 11 月 14 日　領匯再次公開招股。

11 月 25 日　領匯在港交所正式上市，成為香港首家上市及最大型的房地產投資信託基金，以及全球以零售為主最大的房地產投資信託基金之一。

11 月　華潤集團重組旗下地產業務，華潤置業成為華潤集團地產業務旗艦，並由住宅發展商轉型為綜合性發展商。2010 年，華潤置業入選香港恒生指數成份股，成為香港藍籌股。

置地聯同合夥人組成財團，投得新加坡一幅面積達 3.55 公頃土地，興建新加坡海灣金融中心，於 2013 年 5 月竣工開業。

恒隆先後在天津、瀋陽成功取得兩塊土地，發展「恒隆廣場‧天津」和瀋陽「皇城恒隆廣場‧瀋陽」。

□ 2006 年　新鴻基地產建成九龍站豪宅凱旋門，樹立了新一代超級豪宅的典範。

華懋集團建成如心廣場。

□ 2007 年 3 月 27 日　恒基地產與恒基發展訂立協議，以現金換取恒基發展擁有的物業組合、所持有的香港小輪 31.36% 股權、所持有的美麗華酒店 44.21% 股權，以及若干上市證券。

4 月 3 日　龔如心病逝，享年 70 歲。

4 月　碧桂園在香港聯交所主板掛牌上市。同年 9 月，碧桂園成為恒生綜合指數及恒生中國內地 100 成份股。

7 月　新世界百貨重組為新世界百貨中國有限公司，並於香港聯交所上市。

太古地產展開對太古廣場的龐大優化計劃，至 2011 年 9 月全部完成。

國際房地產雜誌 *Liquid Real Estate* 將新地評選為「全球最佳地產公司第一名」，並連續 3 年蟬聯「亞洲及香港最佳地產公司第一名」。

恒基地產成功私有化恒基中國之後，集團投資內地的地域擴展到長沙、西安、重慶、瀋陽、蘇州、徐州、宜興等城市。

太古地產與基滙資本中國基金 I（由基滙資本管理）合資從北京國峰置業手上收購了新三里屯項目，發展成為「三里屯太古里」。

□ 2008 年 5 月　市建局宣佈斥資逾 300 億港元啟動觀塘市中心重建計劃，該項目為香港歷史上最大規模的重建項目。

7 月　香港特區政府發展局展開《市區重建策略》的全面檢討工作。

11 月　香港特區政府土木工程拓展署和規劃署聯合發佈《新界東北新發展區規劃

及工程研究 —— 第一階段公眾參與摘要》文件。

美國次貸危機引發全球金融海嘯。

☐ 2009 年 10 月　　　恒基地產宣佈首批預售「天匯」豪宅 24 單位，創下全球分層住宅單位成交最高紀錄。

香港金融管理局發出指引，要求銀行收緊價值 2,000 萬港元以上物業的按揭成數至六成，並限制 2,000 萬港元以下物業的最高貸款額至 1,200 萬港元。

置地與 CCM 集團合作，於 2009 年啟動印尼雅加達世界貿易中心二期項目，該項物業於 2012 年 6 月竣工。

☐ 2010 年 2 月 2 日　信和集團創辦人黃廷芳病逝，享年 82 歲。

　　　　　　4 月　香港特區政府推出活化工廈計劃。

　　　　　　7 月　會德豐以協議安排方式，私有化會德豐地產，使之成為集團的全資附屬公司。

南豐以 104 億港元的代價，拿下了香港山頂聶歌信山道豪宅地塊發展權。

　　　11 月 18 日　國際貨幣基金組織 IMF 指出，香港房地產泡沫風險在加劇。

置地與合景泰富地產合作，投得成都市政府重點規劃打造的金融 CBD 城東攀成鋼地塊，計劃建成大型綜合發展綜合體 —— 環球匯（WE City）。2013 年 12 月 5 日，環球匯舉行奠基典禮。

太古地產聯同遠洋地產成功投得成都大慈寺片區地塊，發展「成都遠洋太古里」。

☐ 2011 年 2 月　　香港特區政府頒佈新的《市區重建策略》文件。

　　　　　　6 月　香港金融管理局首次針對「收入來源非香港」的借貸人作出限制。

　　　　　　8 月　太古地產以 188 億港元出售又一城的全部權益予新加坡發展商豐樹產業，成為香港史上最大筆的物業交易。

　　　　　　9 月　廣州太古匯落成開業。

　　　　　10 月　香港特區政府宣佈「重新定位」公營房屋政策，其中的重點是提出復建居屋。

　　　12 月 21 日　太古集團以介紹形式分拆太古地產在香港聯交所上市。

環球貿易廣場（ICC）全部落成啟用。

新鴻基地產推出天晉系列，建立了將軍澳市中心的新生活模式。

置地獨立開發位於重慶兩江新區高端別墅項目約克郡，其後又與招商地產合作，開發公園大道項目。

置地投得離北京紫禁城最近的一塊商業用地，經過 7 年發展建成「王府中環」，並於 2018 年 5 月開業。

☐ 2012 年 2 月　　鄭裕彤宣佈退休，由其長子鄭家純接任新世界發展及周大福珠寶兩家上市

公司董事局主席及執行董事。同時，鄭家純長子鄭志剛則出任執行董事兼聯合總經理。

6 月 7 日	香港特區政府成立「起動九龍東辦事處」，負責督導和監察九龍東的發展。
6 月 17 日	南豐創辦人陳廷驊病逝。陳廷驊患病、退休及辭世後，南豐集團由其次女陳慧慧執掌。
9 月	香港特區政府推出「港人港地」政策，其後又推出的「買家印花稅」（Buyer Stamp Duty，簡稱「BSD」）政策，進一步限制非香港居民的購樓需求。
	香港特區政府設立跨部門的「長遠房屋策略督導委員會」。
	南豐集團啟動南豐紗廠活化項目。

☐ 2013 年
2 月 28 日	特區政府宣佈取消「勾地表」制度。
2 月	香港金管局推出了第六輪的逆週期監管措施。
6 月	香港特區政府行政會議通過新界東北發展計劃最新修訂方案。
10 月	長和系以 71.6 億元人民幣出售上海陸家嘴東方匯經中心。
	香港特區政府開始推出啟德發展區的土地拍賣。

☐ 2014 年
1 月 1 日	吳光正辭去董事會主席職位，但留任公司高級董事，其子吳宗權接任公司主席。
1 月	長和系宣佈將電能實業旗下的香港電燈公司分拆，後者於當年單獨上市，成為香港最大的 IPO 之一。
3 月	和黃旗下在新加坡上市公司和記港口信託，以 24.72 億港元的售價將亞洲貨櫃碼頭公司 60% 權益出售予中海集團。
	和記黃埔將旗下屈臣氏集團 24.95% 權益出售予新加坡淡馬錫集團。
12 月	香港特區政府制定和公佈新的為期 10 年的《長遠房屋發展策略》。
	領匯為提升資產質素，在展開資產收購（包括香港與內地）的同時，陸續將旗下部分物業出售。
	領匯開始投資中國內地市場。
	領展晉身為恒生指數成份股，並於 2015 年獲納入恒生綜合大型股指數成份股。

☐ 2015 年
1 月 9 日	長和系公佈其「三部曲」重組計劃，將長江實業與和記黃埔重組為長江和記實業有限公司和長江實業地產有限公司。其後，長江實業地產有限公司再改名為「長江實業集團有限公司」。
3 月	鄭志剛擢升為新世界發展執行副主席。
5 月 15 日	香港終審法院最終裁定，華懋慈善基金為龔如心遺產的受託人。
5 月	置地與旭輝控股集團合作，共同開發上海浦東陸家嘴的洋涇社區地段。
8 月 19 日	領匯於 2015 年 8 月 19 日正式改名為「領展房地產投資信託基金」。

☐ 2016 年
8 月	新世界發展與周大福企業合作，奪得深圳前海桂灣片區商業地塊；同年

	12 月又與招商蛇口以合資方式，拿下深圳蛇口太子灣 4 塊優質地段，以發展商業物業。
9 月 26 日	新世界發展創辦人鄭裕彤病逝，享年 91 歲。
10 月	長實地產與李嘉誠海外基金會以 230 億元人民幣出售上海世紀匯地產項目。
	香港特區政府發佈《香港 2030+：跨越 2030 年的規劃遠景與策略》初稿。
11 月	九龍倉出售九倉電訊全部股權。
	海航集團透過旗下公司首次奪得啟德住宅土地——第 1K 區 3 號地盤。
12 月	長實地產向長和實業收購飛機租賃公司 CK Capital Limited 及 Harrier Global Limited 全部股權。
□ 2017 年 5 月	恒基地產投得中環金融商業核心地段的罕有地皮中環美利道的商業項目。
	新世界發展宣佈將耗資 200 億港元，在香港尖沙咀打造藝術及設計新地標——Victoria Dockside（前身為新世界中心）。
	南豐以超過 246 億港元的價格，奪得香港特區政府批出九龍啟德第 1F 區 2 號地盤的新九龍內地段第 6556 號的用地。
9 月 4 日	會德豐與九龍倉發佈聯合公告宣佈，將把九龍倉置業從九龍倉分拆獨立上市。同年 11 月 23 日，九龍倉置業在香港聯交所正式上市。
9 月	香港特區政府成立了「土地供應專責小組」。
11 月	長實集團以 402 億港元的高價，將所持有的中環中心 75% 權益，售予中資背景集團。
	太古地產與興業發展合作投資的上海興業太古匯建成開業。
	公屋青衣長安安泊樓高層 27 室以 245 萬港元售出，平均呎價 16,333 港元，創全港公屋新高。
	信和集團透過獨資，與不同的發展商合組財團四處投地，成功吸納 8 幅地皮，為全港發展商之冠。
□ 2018 年 2 月	恒基地產成功購入兩塊位於啟德新九龍內地段地皮，計劃發展為總樓面面積逾 100 萬平方呎的時尚豪華住宅。
5 月 10 日	長和集團主席李嘉誠在在最後一次主持股東大會後正式退休，由其長子李澤鉅接班，出任長和集團主席。
5 月	新鴻基地產投得啟德第 1F 區一號地盤，成為住宅官地的新地王。
	新世界投得香港國際機場 SKYCITY 航天城的世界級商業地標——航天城 A2 及 A3 地段。
	恒隆成功奪得杭州下城區百井坊商業綜合體地塊，計劃發展大型商業綜合項目。
6 月	長實集團收購英國倫敦 5 Broadgate 物業。

香港特區政府公佈 6 項房屋政策新措施。

香港特區政府宣佈將引入一手樓「空置稅」，建議徵收應課差餉租值的 200%，即相等於兩年租金或市值樓價 5%。

7 月	公屋旺角富榮花園 17 座中層 A 室以已補地價後的 1,065 萬港元成交，平均呎價為 1.8 萬港元，成為香港首間突破千萬港元的居屋樓王。
9 月 23 日	廣深港高鐵香港段開通，刺激鄰近高鐵西九龍站的九龍站上蓋豪宅售價飆升。
10 月	怡和集團宣佈將已有 46 年歷史的怡東酒店拆卸重建為高級商廈。
12 月	土地專責小組發表題為「多管齊下，同心協力」的專題報告。
□ 2019 年 2 月 20 日	香港特區政府宣佈全面接納土地供應專責小組就土地供應策略及 8 個值得優先研究和推行的土地供應選項所提出的建議。
3 月	香港特區政府發展局宣佈，特區政府將投資 6,240 億港元，在香港大嶼山填海興建人工島，以解決香港土地供應緊張。
5 月 28 日	李兆基在恒基地產股東大會上辭去董事一職，並向董事會建議由其兩位兒子李家傑和李家誠出任聯席主席及總經理。
5 月	由會德豐、華懋集團、中國海外、恒基地產、新世界發展及帝國集團合組的財團，以 125.9 億港元投得啟德第 4C 區 2 號地皮，創下啟德地價新高。
6 月	因修訂《逃犯條例》引發政治動蕩，導致以 111 億港元奪得啟德第 4C 區 4 號商業及酒店地皮的高銀金融集團「撻訂」放棄，2,500 萬港元按金被全數沒收。
9 月 25 日	新世界發展表示，將以象徵式的 1 港元租金，捐出香港 300 萬平方呎地皮興建社會房屋，舒緩基層居住壓力。
9 月	民主建港聯盟（民建聯）要求特區政府引用《收回土地條例》徵收所需的土地，以增加公營房屋的供應，該建議即被特區政府採納。 香港特區政府再次為啟德第 4C 區 4 號商業及酒店地皮招標，結果有 5 家財團入標，但因為 5 份標書地價標金均未達到政府就該用地所定的底價而最終「流標」。
10 月	李嘉誠基金表示，將捐出 10 億港元以支持香港中小企業的發展。
12 月	領展宣佈以 6.83 億澳元購入一幢位於悉尼 100 Market Street 的甲級商業樓宇，正式進軍海外市場。該項收購於 2020 年 4 月 7 日完成。
□ 2020 年 2 月	置地以 310.5 億元人民幣投得上海徐匯濱江最大規模的整體開發地塊，總投資估計將達 700 億元人民幣以上。
5 月	香港特區政府推出的為期 3 年的「土地共享先導計劃」開始接受申請，以 150 公頃土地為限，以增加短中期的公私營房屋供應。

7 月 27 日　會德豐完成私有化，正式退市。

10 月 26 日　基匯資本連續 6 年躋身 PERE 全球 50 強排行榜，名列第 3 名。

11 月 24 日　華懋在集團創辦 60 周年之際，推出全新的集團標誌——三個互相聯結的心形。

12 月 9 日　華潤置業分拆華潤萬象生活有限公司在香港聯交所主板上市。

信和置業獲納入為恒生 ESG 50 指數成份股、第 5 屆「香港企業可持續發展指數」首 10 名，並取得 MSCI 環境、社會與管治指數、全球房地產可持續發展標準（GRESB）及 Sustainalytics 評級。

□ 2021 年 2 月　嘉里建設聯合新加坡政府投資公司以 60.1382 億元人民幣拿下浦東金橋巨峰路地鐵站上蓋，規劃打造成為浦東大型商業綜合體。

4 月 27 日　長實集團發表《物業估值報告》，稱該集團於 2021 年 2 月 28 日在各個階段發展的物業組合共有 205 項，總值 4,347.88 億港元。

5 月　希慎興業與華懋合組財團以 197.78 億港元成功投得香港加路連山道項目。

11 月　嘉里建設以 133.29 億元人民幣價格，奪得上海外灘「鑽石級地塊」——黃浦區金陵東路綜合用地。

恒基地產以 508 億港元投得中環新海濱三號用地，計劃分兩期發展成為總樓面面積達 160 萬平方呎的綜合物業，屆時將成為香港核心商業區的另一世界級矚目地標。

□ 2022 年 3 月　太古地產宣佈，計劃在未來 10 年投資 1,000 億港元，在香港和中國內地發展一系列項目。

世茂集團控股發出盈利警告。

12 月　新鴻基地產旗下的九龍東大型綜合商業項目「The Millennity」落成，成為九龍東首屈一指的地標商業地段。

□ 2023 年 1 月　信和置業在第 19 屆年度 Global 100 排行榜中獲評為全球百大可持續發展企業之一，成為香港首間及唯一地產發展商獲選入此項國際主要可持續發展指數。

3 月　新鴻基地產以 47.29 億港元再投得九龍旺角洗衣街與亞皆老街交界的大型商業項目。

長實與新鴻基地產合作發展的屯門「飛揚 II」樓盤，推出首批 88 套住宅，折實平均呎價較 2022 年 6 月推出的「飛揚 I」首批折實均價大幅下降超過一成半。

10 月　碧桂園未能如期支付一筆海外債券的 1,540 萬美元利息，被確定為「債務違約」。

11 月　新世界發展將所持旗下新創建股權出售予控股公司周大福企業，套現 217.543 億港元。

12 月　　香港公屋平均輪候時間上升至 5.8 年。

香港私人甲級寫字樓空置率上升至 16.0%。

香港特區政府以招標方式出讓的土地中有多幅土地因發展商出價未達底價而流標。

二、參考文獻

一、著作

1.　陳鏸勳著，《香港雜記》，香港：中華印務總局，1894 年

2.　《香港略志》，香港：《華僑工商業年鑑》，1939 年

3.　香港經濟導報，《香港工業手冊》，1958 年

4.　林友蘭著，《香港史話（增訂本）》，香港：上海印書館，1978 年

5.　安德葛（G. B. Endacott）著，《晦暗無光的香港》（*Hong Kong Eclipse*），倫敦：牛津大學出版社，1978 年

6.　齊以正、郭峰等著，《香港超級巨富列傳》，香港：文藝書屋，1980 年

7.　魯言著，《十九世紀八十年代的香港》，《香港掌故》（第 3 集），香港：廣角鏡出版社，1981 年

8.　上海社會科學院經濟研究所編著，《上海永安公司的產生、發展和改造》，上海：上海人民出版社，1981 年

9.　戴維・萊思布里奇（David G. Lethbridge）編著，《香港的營業環境》，上海：上海翻譯出版公司，1984 年

10.　齊以正等著，《上岸及未上岸的有錢佬》，香港：龍門文化事業有限公司，1984 年

11.　吳文心著，《香港會 137 年滄桑史》，《香港掌故》（第 7 集），香港：廣角鏡出版社，1984 年

12.　饒餘慶著，壽進文、楊立義譯，《香港的銀行與貨幣》，上海：上海翻譯出版公司，1985 年

13.　齊以正等著，《香港商場「光榮」榜》，香港：龍門文化事業有限公司，1985 年

14.　陳寧生、張學仁編譯，《香港與怡和洋行》，武漢：武漢大學出版社，1986 年

15. 勒費窩（Edward LeFevour）著，陳曾年、樂嘉書譯，《怡和洋行——1842-1895 在華活動概述》（*Western Enterprise in Late Ch'ing China A Selective Survey of Jardine, Matheson and Company's Operations, 1842-1895*），上海：上海社會科學院出版社，1986 年

16. 陳謙著，《香港舊事見聞錄》，香港：中原出版社，1987 年

17. 李思名、余赴禮著，《香港都市問題研究》，香港：商務印書館香港分館，1987 年

18. 元建邦編著，《香港史略》，香港：中流出版社有限公司，1988 年

19. 李宗鍔著，《香港房地產法》，香港：商務印書館（香港）有限公司，1988 年

20. 莫應湘著，《英商太古洋行在華南的業務活動與莫氏家族》，《文史資料選輯》第 14 輯，北京：中國文史出版社，1988 年

21. 何文翔著，《香港家族史》，香港：三思傳播有限公司，1989 年

22. 彭宣衛著，《置業策略——居住、收租、投資》，香港：星島經貿縱橫，1989 年

23. SRI 國際公司著，《共建繁榮：香港邁向未來的五個經濟策略》，香港：香港經濟調查有限公司，1989 年

24. 楊奇主編，《香港概論》，香港：三聯書店（香港）有限公司，1990 年

25. 桂強芳編著，《香港房地產》，香港：利文出版社，1990 年

26. 張仲禮、陳曾年、姚欣榮著，《太古集團在舊中國》，上海：上海人民出版社，1991 年

27. 何文翔著，《香港富豪列傳》，香港：明報出版社，1991 年

28. 何文翔著，《香港富豪列傳之二》，香港：明報出版社，1991 年

29. 丁新豹、王迺錕編，《四環九約——博物館藏歷史圖片精選》，香港：香港博物館，1994 年

30. 霍禮義著，《危機與轉變》，香港：三思傳播有限公司，1992 年

31. 甘長求著，《香港房地產業》，廣州：廣東人民出版社，1992 年

32. 龍炳頤著，《香港古今建築》，香港：三聯書店（香港）有限公司，1992 年

33. 勞炯基、蔡穗聲著，《香港城市建設與管理》，廣州：廣東人民出版社，1992 年

34. 謝賢程著，《香港房地產市場》，香港：商務印書館（香港）有限公司，1992 年

35. 方式光、李學典著，《李嘉誠成功之路》，香港：香江出版有限公司，1992 年

36. 呂汝漢著，《股票市場》，香港：商務印書館（香港）有限公司，1992 年

37. 方國榮、陳迹著，《昨日的家園》，香港：三聯書店（香港）有限公司，1993 年

38. 吳多泰著，《私語拾記》，香港：國際鴻星投資集團有限公司，1994 年

39. 余繩武、劉存寬主編，《十九世紀的香港》，香港：麒麟書業有限公司，1994 年

40. 朱蓮芬著，《吳多泰與我》，北京：中國工人出版社，1994 年

41. 香港消費者委員會著，《香港私人住宅物業市場：「安得廣廈千萬間？」（競爭政策研究報告撮要）》，1996 年

42. 馮邦彥著，《香港英資財團（1841-1996）》，香港：三聯書店（香港）有限公司，1996 年

43. 甘炳光、徐承德、呂大樂、葉肖萍、香港公共房屋政策評議會主編，《香港房屋政策論

評》，香港：三聯書店（香港）有限公司，1996 年

44.　胡文龍等著，《香港城市與房屋：城市社會學初探》，香港：三聯書店（香港）有限公司，
　　　1997 年

45.　王賡武主編，《香港史新編》，香港：三聯書店（香港）有限公司，1997 年

46.　馮邦彥著，《香港華資財團（1841-1997）》，香港：三聯書店（香港）有限公司，1997 年

47.　冷夏著，《霍英東傳（上卷）》，香港：名流出版社，1997 年

48.　梁鳳儀著，《李兆基博士傳記》，香港：三聯書店（香港）有限公司，1997 年

49.　恩萊特等著，曾憲冠譯，《香港優勢》，香港：牛津大學出版社，1997 年

50.　陳昕、郭志坤主編，《香港全紀錄》，上海：上海人民出版社，1997 年

51.　林寶安著，《市場、政府與財團──香港房地產的特質與社會經濟意義》，高承恕、陳介
　　　玄主編：《香港：文明的延續與斷裂？》，台北：聯經出版事業公司，1997 年

52.　烏蘭木倫主編，《邁向 21 世紀的香港經濟》，香港：三聯書店（香港）有限公司，1997 年

53.　劉蜀永主編，《簡明香港史》，香港：三聯書店（香港）有限公司，1998 年

54.　王于漸著，《公屋私有化評論》，香港：商務印書館（香港）有限公司，1998 年

55.　盧惠明、陳立天著，《香港城市規劃導論》，香港：三聯書店（香港）有限公司，1998 年

56.　香港政策研究所著，《特區房屋計劃評估研究報告》，香港：香港政策研究所，1998 年

57.　梁美儀著，《家──香港公屋四十五年》，香港：香港房屋委員會，1999 年

58.　羅伯‧布雷克（Robert Blake）著、張青譯，《怡和洋行》，台北：時報文化出版企業股份
　　　有限公司，2001 年

59.　張曉輝著，《香港近代經濟史（1840-1949）》，廣州：廣東人民出版社，2001 年

60.　鄭宏泰、黃紹倫著，《香港股史（1841-1997）》，香港：三聯書店（香港）有限公司，
　　　2006 年

61.　弗蘭克‧韋爾什（Frank Welsh）著，王皖強、黃亞紅譯，《香港史》（*A History of Hong
　　　Kong*），北京：中央編譯出版社，2007 年

62.　鄭宏泰、黃紹倫著，《香港大老：何東》，香港：三聯書店（香港）有限公司，2007 年

63.　羅致光等著，《香港市區更新的成就與挑戰（行政撮要）》，香港：香港大學，2010
　　　年 3 月

64.　潘慧嫻著，《地產霸權》，北京：中國人民大學出版社，2011 年

65.　鄭宏泰、黃紹倫著，《一代煙王：利希慎》，香港：三聯書店（香港）有限公司，2011 年

66.　置地控股，《香港置地 125 年》（*Hongkong Land at 125*），香港：置地控股有限公司，
　　　2014 年

67.　馮邦彥著，《香港產業結構轉型》，香港：三聯書店（香港）有限公司，2014 年

68.　鍾寶賢著，《太古之道──太古在華一百五十年》，香港：三聯書店（香港）有限公司，
　　　2016 年

69.　馮邦彥著，《轉型時期的香港經濟》，香港：三聯書店（香港）有限公司，2017 年

70.　馮邦彥著，《香港企業併購經典（增訂版）》，香港：三聯書店（香港）有限公司，2017 年

71.　馮邦彥著，《香港金融史 1841-2017》，香港：三聯書店（香港）有限公司，2017 年

72.　郭國燦、劉海燕著，《香港中資財團》（增訂版），香港：三聯書店（香港）有限公司，2017 年

73.　領匯監察及香港理工大學應用社會科學系社會政策研究中心，《〈香港市民對領展轉售商場的意見調查〉全港電話調查結果報告》，2018 年 7 月

二、報刊、雜誌、年鑑

1.　黃惠德、趙國安著，《和記黃埔行政總裁韋里：「我如何挽救一家瀕臨破產的公司」》，香港：《信報財經月刊》雜誌，第 2 卷第 1 期

2.　黃惠德著，《被譽為冒險犯難的奇才——胡應湘先生談合和業務》，香港：《信報財經月刊》雜誌，第 2 卷第 10 期

3.　袁國培著，《鷹君有限公司創辦人羅鷹石細心地產市道，漫談兩代人心》，香港：《信報財經月刊》雜誌，第 3 卷第 6 期

4.　黃惠德著，《胡忠先生的傳奇——事業又稱流言風語惹煩惱，妻賢子肖得心應手耀門楣》，香港：《信報財經月刊》雜誌，第 3 卷第 9 期

5.　郭艷明、趙國安著，《增購→爭購→憎購→九倉事件日誌》，香港：《信報財經月刊》雜誌，第 4 卷第 4 期

6.　韋怡仁著，《向陳松青探佳寧虛實》，香港：《信報財經月刊》雜誌，第 4 卷第 11 期

7.　林惠瑩、方中日著，《黃志祥談信和「生仔」》，香港：《信報財經月刊》雜誌，第 5 卷第 1 期

8.　陳憲文、方中日著，《李兆基處世之道在於順勢應時》，香港：《信報財經月刊》雜誌，第 5 卷第 2 期

9.　思聰著，《鷹君——一個財團的興起》，香港：《信報財經月刊》雜誌，第 5 卷第 2 期

10.　姬達著，《向祁德尊爵士致敬》，香港：《信報財經月刊》雜誌，第 5 卷第 2 期

11.　高英球著，《置地大改組後遠景璀璨》，香港：《信報財經月刊》雜誌，第 5 卷第 2 期

12.　陳憲文、方中日著，《兆業恒基享永泰，財來有方長順景——李兆基處世之道在於順勢應時》，香港：《信報財經月刊》雜誌，第 5 卷第 3 期

13.　思聰著，《細説佳寧置業的盛衰歷程》，香港：《信報財經月刊》雜誌，第 6 卷第 9 期

14.　范美玲著，《李嘉誠的收購哲學》，香港：《信報財經月刊》雜誌，第 8 卷第 11 期

15.　林鴻碩著，《長實系勢將成為跨國企業》，香港：《信報財經月刊》雜誌，1986 年 12 月

16.　李宗鍔著，《佳寧六名被告為何「毋須答辯」——從法律觀點剖析佳寧案的癥結》，香港：《信報財經月刊》雜誌，1987 年 10 月，第 11 卷第 7 期

17.　《令人費解的「收購置地」內情》，香港：《信報財經月刊》雜誌，1988 年 6 月號

18.　李秀娟著，《炒家蜂擁入市，地產升勢凌厲》，香港：《信報財經月刊》雜誌，1991 年 5 月號

19.　《特輯：今日沙田》，香港：《建築業導報》，第 9 輯第 5 期

20.　茹惠潤著，《香港地產市場國際化的特點和原因》，香港：《經濟導報》，總 2014 期

21.　《游資滲入地產物業》，香港：《香港經濟年鑑》，1955 年

22.　《新樓增建下的地產物業市場》，香港：《香港經濟年鑑》，1957 年

23.　《香港商業手冊》，香港：《經濟導報》，1960 年

24.　《廖創興銀行擠兌事件及銀行管制問題》，《香港經濟年鑑（1962 年）》，香港：香港經濟導報社，1962 年

25.　《香港經濟概況：房地產》，《香港經濟年鑑 1965》，香港：香港經濟導報社，1965 年

26.　齊以正著，《永安的創始人 —— 郭樂與郭泉》，香港：《南北極》雜誌，第 120 期，1980 年 5 月 16 日

27.　郭泉自述，《四十一年來營商之經過》，齊以正著：《永安的創始人 —— 郭樂與郭泉》，香港：《南北極》雜誌，第 120 期，1980 年 5 月 16 日

28.　郭峰著，《恒隆集團雄霸旺角》，香港：《南北極》雜誌，第 123 期，1980 年 8 月 16 日

29.　郭峰著，《李兆基經營地產的秘訣 —— 兼談恒基兆業與永泰建業的發展》，香港：《南北極》雜誌，第 124 期，1980 年 9 月 16 日

30.　康恒著，《地產界最強人 —— 李嘉誠雄霸商場五個階段》，香港：《南北極》雜誌，第 127 期，1980 年 12 月 16 日

31.　郭峰著，《「樓宇製造工廠」：新鴻基地產》，齊以正、郭峰等著：《香港超級巨富列傳》，香港：文藝書屋，1980 年

32.　梁道時著，《郭得勝先生 —— 毋須擔心 1997》，香港：《經濟一週》雜誌，1981 年 6 月 25 日

33.　梁道時著，《地車站上蓋建費逾七十億，恒隆透露毋須向股東集資》，香港：《經濟一週》雜誌，1981 年 7 月 13 日

34.　金波著，《中區新「地王」開標售出的前前後後》，香港：《經濟導報》總 1757 期，1982 年 2 月 22 日

35.　思聰著，《置地 —— 地產界的大好友》，香港：《信報》，1982 年 3 月 16 日

36.　齊以正著，《廖寶珊與廖創興銀行》，香港：《南北極》雜誌，第 148 期，1982 年 8 月 16 日

37.　呂凱君著，《上市公司分析：著著先機的長江實業》，香港：《每週經濟評論》雜誌，1982 年 12 月 12 日

38.　齊以正著，《陳曾熙兄弟在地鐵上蓋跌了跤》，香港：《南北極》雜誌，第 151 期，1982 年 12 月 16 日

39. 呂景里著，《嘉年地產清盤的前因後果》，香港：《經濟一週》雜誌，1984 年 1 月 23 日

40. 缸雲著，《透視太古洋行全面收購太古地產》，香港：《經濟導報》，1984 年 5 月 21 日

41. 歐陽德著，《馬登與張氏家族擬分家》，香港：《經濟一週》雜誌，1984 年 11 月 26 日

42. 凱君著，《嘉年集團的崛起和覆亡》，齊以正等著：《上岸及未上岸的有錢佬》，香港：龍門文化事業有限公司，1984 年

43. 歐陽德著，《新鴻基地產不甘伏櫪》，香港：《經濟一週》雜誌，1985 年 1 月 21 日

44. 《李嘉誠細説香港前景、收購、內幕買賣調查與證券法例》，香港：《經濟一週》雜誌，1985 年 5 月 26 日

45. 歐陽德著，《新世界發展前景秀麗趁低吸進》，香港：《經濟一週》，1985 年 6 月 10 日

46. 呂景里著，《恒隆決續發展地鐵港島線物業》，香港：《經濟一週》，1985 年 7 月 8 日

47. 賓加著，《李嘉誠妙計賺港燈》，齊以正等著：《香港商場「光榮」榜》，香港：龍門文化事業有限公司，1985 年

48. 吳小明著，《李兆基神機妙算顯財技》，香港：《資本》雜誌，1996 年 12 月號

49. 《香港的市區重建》，香港：《瑞安季刊》，1987 年 9 月號

50. 楊紫華著，《也來談佳寧案的判決》，香港：《南北極月刊》雜誌，1987 年 10 月 16 日

51. 劉紹鈞著，《香港的土地資源管理制度》，香港：《房地產導報》，1988 年 4 月號

52. 《30 風雲人物午夜和記大廈開會，李嘉誠先求買後求賣》，香港：《明報》，1988 年 5 月 6 日

53. 方元著，《李兆基的五千五百萬元大製作》，香港：《南北極》雜誌，1988 年 8 月 18 日

54. 雙慶譯，《使李嘉誠直上雲霄的一宗交易》，香港：《財富月刊》雜誌，1988 年 10 月 3 日

55. 《全港最高租金寫字樓區，主要租戶為國際性機構》，香港：《經濟日報》，1989 年 5 月 11 日

56. 何文翔著，《張祝珊家族發迹史》，香港：《資本》雜誌，1989 年第 6 期

57. 衛忻灝著，《信和集團三大發展目標》，香港：《經貿縱橫》雜誌，1989 年 7 月號

58. 何文翔著，《許愛周家族發迹史》，香港：《資本》雜誌，1989 年 12 月期

59. 唐守著，《郭得勝成功之道：人棄我取》，香港：《政經週刊》雜誌，1990 年 2 月 17 日

60. 《十位掌握香港經濟命脈人士扶靈》，香港：《信報》，1990 年 11 月 6 日

61. 海語譯，《佳寧的崛起與陳松青的經營手法》，香港：《財富月刊》雜誌，1991 年 2 月 15 日

62. 《陳啟宗明言增添土地儲備》，香港：《信報財經新聞》，1991 年 6 月 5 日。

63. 梁振英著，《香港房屋問題的第二波？》，香港：《明報月刊》雜誌，1992 年 1 月號

64. 呂凱君著，《恒隆投資策略轉趨積極》，香港：《每週財經動向》，1992 年 3 月 23 日

65. 雷梓茵著，《置地的「乾坤大挪移」》，香港：《資本》雜誌，1992 年第 11 期

66. 《楊秉正指出價偏低更非善意》，香港：《信報》，1993 年 6 月 15 日

67. 《恒基集團快刀斬亂麻，成功收購美麗華控股權》，香港：《文匯報》，1993 年 6 月 19 日

68. 《李嘉誠部署長實鯨吞和黃》，香港：《經濟一週》雜誌，1993 年 6 月 27 日

69. 《歷山太古大廈受覬覦，置地控股仍無意出讓》，香港：《明報》，1994 年 2 月 8 日

70. 盧永忠，《霍英東再創高峰（霍英東訪問記）》，香港：《資本》雜誌，1995 年 5 月號

71. 《股海「百變萬花筒」的百利保》，香港：《資本》雜誌，1995 年 8 月

72. 《會德豐「商行夢」前路漫長》，香港：《經濟日報》，1996 年 11 月 6 日

73. 《長實分賬 130 億，嘉湖樓越賣越有》，香港：《經濟日報》，1996 年 12 月 24 日

74. 吳小明著，《李兆基神機妙算顯財技》，香港：《資本》雜誌，1996 年 12 月號

75. 黃星華著，《十年大計，建屋安民》，香港：《大公報》，1998 年 6 月 28 日。

76. 《董：八萬五已不存在　當前重要目標是穩定樓價》，香港：《明報》，2000 年 6 月 30 日

77. 虎韜著，《樓市負資產：香港中產階級的惡夢》，哈爾濱：《新地產》，2001 年 4 月 11 日

78. 《王葛鳴：不知「八萬五」怎訂出，承認低估地盤監督風險》，香港：《蘋果日報》，2001
年 5 月 9 日

79. 《王葛鳴認低估，監管工程難度，建屋高峰準備足夠否，也值得商榷》，香港：《香港經濟
日報》，2001 年 5 月 9 日

80. 姬勵思著，《聚焦香港：紅灣半島拆卸重建的風波》，香港：自由亞洲電台，2004 年 12
月 8 日

81. 《政治騎劫司法　領匯騎虎難下》，香港：《東方日報》，2004 年 12 月 17 日

82. 梁振英著，《「八萬五」回歸前已提出》，香港：香港電台，2006 年 8 月 13 日

83. 社聯，《充滿挑戰的市區重建》，香港：《社聯政策報》，2009 年 5 月，第 6 期

84. 《李兆基全球最貴豪宅涉虛假交易驚動香港特區政府》，香港：鳳凰網財經，2010 年 6 月
18 日

85. 《港調查「天價」樓盤物業交易》，北京：《人民日報》海外版，2010 年 7 月 7 日

86. 《被提八萬五 梁引唐言論反擊》，香港：《明報》，2012 年 3 月 17 日

87. 《擴闊間距通風，建築設計減密度》，香港：《星島日報》，2012 年 11 月 19 日

88. 《行會已批新東北發展，方案日內公佈》，香港：《星島日報》，2013 年 7 月 3 日

89. 羅天昊著，《別讓李嘉誠跑了》，北京：新華社瞭望智庫，2015 年 9 月 16 日

90. 《海航 5 個月 272 億香港拿地，去年內地房企買走香港一半土》，上海：澎湃新聞網，
2017 年 3 月 16 日。

91. 《內地房企為何熱衷香港買地？》，北京：《北京晨報》，2017 年 5 月 18 日

92. 張志雲著，《擊潰 97 年香港樓市的元凶——1997 至 2003 年香港地產泡沫對國內的啟示
之三》，香港：灼見名家，2017 年 6 月 23 日

93. 《中區商廈租金再創新高》，香港：《資本》雜誌網站，2017 年 7 月 6 日

94. 《蝸居香港：我還沒死，就住進了棺材裡》，廣州：網易看客，2017 年 9 月 5 日

95. 陳景祥著，《領展的啟示》，香港：《明報》新聞網，2017 年 12 月 13 日

96. 參閱《上水蚊型：「麵粉貴過麵包」》，香港：《資本》雜誌網站，2018 年 1 月 7 日

97.　參閱《內地客撐起一手豪宅》，香港：《資本》雜誌網站，2018 年 2 月 10 日

98.　苗雪艷著，《香港置地執行董事周明祖：保守是最好的態度》，北京：和訊網，2018 年 3 月 15 日

99.　樓市速報，《內房變招攻港，撐起高樓價》，香港：《資本》雜誌網站，2018 年 6 月 10 日

100.　樓市速報，《「納米樓」未來 3 年增 35%》，香港：《資本》雜誌網站，2018 年 8 月 31 日

101.　羅愛玉著，《社會促政府回購領展　唯可行性不高》，香港：新報人財經 TYFP，2018 年 9 月 24 日

102.　《香港 21 萬「樓奴」僅住 3 坪空間！港女：擁有自己房間是夢想》，香港：香港 01，2018 年 11 月 27 日

103.　林劍、溫偉俊著，《香港樓奴遍野：反思「全球最自由經濟」光環下的奴隸》，香港：香港 01，2018 年 12 月 28 日

104.　蘇慶和著，《革新思維匯聚力量　讓市區更新之路越走越闊》，香港：《明報》新聞網，2019 年 4 月 29 日

105.　林筱魯著，《香港房屋市場的結構性問題》，香港：《資本》雜誌網站，2019 年 6 月 4 日

106.　團結香港基金會研究報告

107.　香港經濟導報社，《香港經濟年鑑》，歷年

108.　香港《房地產導報》，各期

109.　香港《信報財經月刊》，各期

110.　香港《建築業導報》，各期

111.　香港《經濟一週》，各期

三、公司資料

1.　恒基地產新聞稿，《恒基兆業地產有限公司透過協議安排將恒基兆業發展有限公司私有化之建議》，2002 年 11 月 5 日

2.　恒基地產新聞稿，《恒基兆業地產有限公司提出以協議安排之方式建議私有化恒基中國集團有限公司》，2005 年 5 月 17 日

3.　恒基發展、中華煤氣新聞稿，《收購人集團提出以協議安排之方式建議私有化恒基數碼科技有限公司》，2005 年 8 月 5 日

4.　領匯上市文件，《領匯房地產投資信託基金發售通函》，2005 年 11 月 14 日

5.　恒生銀行，《恒生銀行，永恒長生》，2008 年

6.　《積極建設發展，繪畫香港新貌——長江實業九十年代物業發展計劃》

7.　太古新聞稿，《太古股份有限公司分拆太古地產、全球發售及派發有條件股息不予進行，恢復股份買賣》，2010 年 5 月 3 日

8.　太古新聞稿，《分拆太古地產、全球發售及派發有條件股息不予進行，恢復股份買賣》，
　　2010 年 5 月 6 日。

9.　太古地產新聞稿，《太古地產中國內地旗艦項目，廣州太古匯盛大開業》，2011 年 9 月
　　23 日

10.　太古地產上市文件，《太古地產以介紹形式在香港聯合交易所主板上市》，2011 年 12 月
　　21 日

11.　長江實業、和記黃埔新聞稿，《長江實業與和記黃埔將進行合併、重組、再分拆，成為兩
　　間具領導地位的新公司在香港上市》，2015 年 1 月 9 日，第 3 頁

12.　長江基建新聞稿，《建議將長江基建和電能實業合併，創立一間世界級的多元化基建公
　　司》，2015 年 9 月 8 日

13.　新鴻基地產新聞稿，《港島西 Imperial Kennedy 獨特玻璃幕牆設計成區內新地標》，2016
　　年 6 月 30 日

14.　新鴻基地產新聞稿，《新地二十年精心策劃打造西鐵沿線 YOHO 都會圈》，2016 年 7 月
　　26 日

15.　會德豐新聞稿，《會德豐及九龍倉聯合公告》，2017 年 9 月 4 日

16.　恒隆地產新聞稿，《核心租賃業務持續增長，恒隆蓄勢待創新高》，2018 年 1 月 30 日

17.　恒隆新聞稿，《恒隆成功投得杭州市百井坊黃金地塊》，2018 年 5 月 28 日

18.　碧桂園新聞稿，《碧桂園集團、宏安地產及中國建築國際集團攜手打造馬鞍山尊尚臨海豪
　　宅項目正式命名「Altissimo 泓碧」》，2018 年 10 月 11 日

19.　《置地控股有限公司（Hongkong Land Holdings Limited）──亞洲具領導地位的物業投
　　資、管理及發展集團之一》，香港置地公司官網，2019 年

20.　《長江實業（集團）有限公司年報》，歷年

21.　《和記黃埔有限公司年報》，歷年

22.　《長江和記實業有限公司年報》，歷年

23.　《長江實業集團有限公司年報》，歷年

24.　《新鴻基地產有限公司年報》，歷年

25.　《恒基兆業地產發展有限公司年報》，歷年

26.　《新世界發展有限公司年報》，歷年

27.　《會德豐有限公司年報》，歷年

28.　《九龍倉集團有限公司年報》，歷年

29.　《九龍倉置業地產投資有限公司年報》，歷年

30.　*Hongkong Land Holding Limited Annual Report*，歷年

31.　《太古地產有限公司年報》，歷年

32.　《恒隆集團有限公司年報》，歷年

33.　《鷹君集團有限公司年報》，歷年

34.　《冠君產業信託基金年報》，歷年

35.　《朗廷酒店投資與朗廷酒店投資有限公司年報》，歷年

36.　《恒隆地產有限公司年報》，歷年

37.　《尖沙咀置業集團有限公司年報》，歷年

38.　《信和置業有限公司年報》，歷年

39.　《信和酒店（集團）有限公司年報》，歷年

40.　《嘉里建設有限公司年報》，歷年

41.　《領匯（展）房地產投資信託基金年報》，歷年

42.　《市區重建局年報》，歷年

43.　香港聯合交易所編，《股市資料》，歷年

44.　香港各相關公司官網，關於我們、歷史里程碑、新聞公告

四、政府文獻

1.　香港政府，《徙置事務處 1972 / 73 財政年度年報》，1973 年

2.　香港房屋委員會，《首二百萬公共屋邨居民》，1984 年

3.　香港政府屋宇地政署、城市規劃處，《香港城市規劃》，1986 年

4.　香港政府，《長遠房屋策略説明書》，1987 年

5.　香港政府，《長遠房屋策略中期檢討報告》，1993 年

6.　香港消費者委員會，《香港私人住宅物業市場：「安得廣廈千萬間？」》，1996 年

7.　規劃署城市規劃組，《五十週年紀念》，1997 年

8.　《香港地產活動回顧》，香港特區政府統計處編：《香港統計月報》，1998 年 11 月

9.　香港政府著，《香港——邁進新紀元》，1998 年

10.　香港特區政府房屋局，《建屋安民：邁向 21 世紀》，1998 年 2 月

11.　香港特區政府新聞公報，《行政長官記者會講話全文》，1998 年 6 月 22 日

12.　《香港地產活動回顧》，香港政府統計處編：《香港統計月報》，1998 年 11 月

13.　土地發展公司，《市區重建十年（1988-1998）》，1999 年

14.　香港房屋委員會，《公屋與我》，1999 年。

15.　香港特區政府新聞公告，《房屋及規劃地政局局長孫明揚的聲明》，2002 年 11 月 13 日

16.　香港特區行政區政府，《2003-2004 年政府財政預算案》，2003 年

17.　香港特區政府新聞稿，《展覽細述香港公共房屋史》，2004 年 6 月 1 日

18.　香港房屋委員會議事備忘錄，《分拆出售房屋委員會的零售和停車場設施：最新發展》，
　　　文件編號：HA 59/2004

19. 香港特區政府新聞公告,《立法會一題：領匯房地產投資信託基金押後上市》,2005 年 1 月 5 日

20. 香港特區政府發展局新聞公報,《政府展開〈市區重建策略〉檢討》,2007 年 7 月 17 日

21. 香港特區政府新聞稿,《領匯官司房委會勝訴》,2005 年 7 月 20 日

22. 香港特區政府新聞公告,《立法會四題：領匯的上市安排》,2006 年 3 月 8 日

23. 香港房屋委員會議事備忘錄,《產業分拆出售計劃報告》,文件編號：HA 1/2006

24. 香港特區政府地政總署,《供申請售賣土地表制度的背景摘要》,2008 年 2 月

25. 香港特區政府發展局,《市區重建策略檢討》,2008 年 7 月

26. 市區重建策略檢討督導委員會,《市區重建策略檢討：「建立共識」階段──公眾意見總結及展望文件》,2010 年 5 月

27. 香港特區政府發展局,《市區重建策略》,2011 年 2 月

28. 香港特區政府土木工程拓展署和規劃署發佈,《新界東北新發展區規劃及工程研究──第三階段公眾參與摘要》,2012 年 6 月

29. 香港特區政府,《新界東北新發展區：香港人的新市鎮》,報章廣告

30. 新聞公告,《立法會三題：租者置其屋計劃》,2012 年 10 月 31 日

31. 香港立法會新聞公告,《立法會將辯論回購領匯股份的議案》,2012 年 11 月 19 日

32. 香港特區政府新聞公告,《行政長官就取消勾地機制發表聲明》,2013 年 2 月 28 日

33. 香港特區政府差餉物業估價署,《香港差餉稅制：評估、徵收及管理》（第二版）,2013 年

34. 陳德霖著,《我在金管局過去五年工作的回顧》,香港金融管理局官網,2014 年 7 月 7 日

35. 香港特區政府運輸及房屋局,《長遠房屋策略》,2014 年 12 月

36. 新聞公告,《城規會就審議粉嶺北和古洞北分區計劃大綱草圖申述和意見的決定》,2015 年 4 月 29 日

37. 香港特區政府發展局,《啟動九龍東：2012-2016+》,2016 年 11 月

38. 香港房屋委員會,《香港房屋委員會週年特別公開會議記錄》,文件編號：HA 18/2017

39. 香港立法會房屋事務委員會,《行政長官 2017 年施政報告及施政綱領 有關房屋事務的措施》,立法會 CB（1）19/17-18（01）號文件

40. 香港土地專責小組,《增闢土地,你我選擇──公眾參與活動》,2018 年 4 月

41. 香港特區政府規劃署、土木工程署,《新界東北新發展區規劃及工程研究（第一階段公眾參與摘要）：專題便覽 1──新發展區的策略性角色》,2008 年 11 月

42. 香港土地專責小組,《香港的土地需求與供應》,2018 年

43. 香港特區政府發展局、啟動九龍東辦事處,《發展九龍東為智慧城市區－可行性研究－第二階段公眾參與》,2019 年 1 月

44. 香港特區政府發展局,《政府就土地供應專責小組報告的回應》,立法會參考資料摘要,

　　　　　　　　　檔案編號：DEVB（PL-CR）13/2006，2019 年 2 月 20 日

45.　　香港特區新聞公告，《政府回應土地供應專責小組報告》，2019 年 2 月 20 日

46.　　香港特區政府勞工及福利局局長網誌，《貧富懸殊的挑戰》，香港特區政府勞工及福利局官網，2019 年 5 月 5 日

47.　　董建華著，《行政長官 1997 年施政報告：開創香港新紀元》

48.　　董建華著，《行政長官 1999 年施政報告：培育優秀人才，建設美好家園》

49.　　曾蔭權著，《行政長官 2010-11 年施政報告：民心我心，同舟共濟，繁榮共享》

50.　　曾蔭權著，《行政長官 2011-12 年施政報告：繼往開來》

51.　　梁振英著，《行政長官 2013 年施政報告：穩中求變，務實為民》

52.　　林鄭月娥著，《行政長官 2017 年施政報告：一起同行，擁抱希望，分享快樂》

53.　　林鄭月娥著，《行政長官 2018 年施政報告：堅定前行，燃點希望》

54.　　林鄭月娥著，《行政長官 2019 年施政報告：珍惜香港，共建家園》

55.　　林鄭月娥著，《行政長官 2020 年施政報告：砥礪前行，重新出發》

56.　　香港政府，《香港年鑑》，歷年

57.　　香港特區政府統計處，《香港統計年刊》，歷年

58.　　香港特區政府統計處，《本地生產總值》，歷年

59.　　香港政府差餉物業估價署，《香港物業報告》，歷年

五、英文資料

1.　　Report on the New Territories 1899-1912 Laid before the Legislative Council, 22 Angust 1912

2.　　Building Reconstruction Advisory Committee, Final Report, Hong Kong, 1946, Appendix 2

3.　　*Annual Report of the Hong Kong Housing Authority*, Hong Kong: Hong Kong Government, 1954-1955

4.　　G. B. Endacott, *A History of Hong Kong*, Hong Kong: Hong Kong Oxford University Press, 1964

5.　　K. Hopkins, "Public and Private Housing in Hong Kong", in Dwyer, D. J. (ed.), *The City as a Centre of Change in Asia*, Hong Kong: Hong Kong University Press, 1972

6.　　Luke S. K. Wong (ed.), *Housing in Hong Kong: A Multim-Disciplinary Study*, Hong Kong: Heineman Educational Books, 1978

7.　　B. F. Will, "Housing Design and Construcion Methods", in Luke Wong S. K. (ed.), *Housing in Hong Kong, A Multi-Disciplinary Study*, Hong Kong: Heinemann Educational

Books, 1978

8. Nigel Cameron, *The Hong Kong Land Company Ltd.: A Brief History*, Nigel Cameron, 1979

9. E. G. Pryor, *Housing in Hong Kong*, Hong Kong: Oxford University Press, 1983

10. Roger Bristow, *Land-use Planning in Hong Kong: History, Policies and Procedure*, Hong Kong: Oxford University Press, 1984

11. David R. Phillip and Anthony G. O. Yeh (ed.), *New Towns in East and South-east Asia: Planning and Development*, New York: Oxford University Press, 1987

12. Pun Kwok Shing, "New Towns and Urban Renewal in Hong Kong", in David R. Phillips and Anthory G. O. Yeh (ed.), *New Towns in East and South-east Asia: Planning and Development*, New York: Oxford University Press, 1987

13. Hong Kong Government, *Town Planning in Hong Kong*, Hong Kong: Government Printer, 1988

14. Roger Bristow, *Hong Kong's New Towns: A Selective Review*, Hong Kong: Oxford University Press, 1989

15. Anthong Walker, *The Building of Hong Kong*, Hong Kong: Hong Kong University Press, 1990

16. Robin Hutcheon, *High-Rise Society: The First 50 Years of The Hong Kong Housing Society*, Hong Kong: The Chinese University Press and Hong Kong Housing Authority, 1998

17. Roger Nissim, *Land Administration and Practice in Hong Kong*, Hong Kong: Hong Kong University Press, 1998

18. Thomas N. T. Poon, *Real Estate Development in Hong Kong*, Hong Kong: Pace Publishing Limited, 1998

鳴謝（按筆劃序）

本書曾得下列熱心人士及機構鼎力相助，特致謝忱！

吳多泰博士	文匯報
吳恒廣太平紳士	仲量聯行
施永青先生	合和實業有限公司
倫志炎先生	地產代理監管局
高添強先生	長江實業（集團）有限公司
梁樹基先生	恒基兆業地產有限公司
陳鉅源先生	美聯物業代理有限公司
劉榮廣先生	香港土地發展公司
歐陽昭先生	香港地產建設商會
潘國城博士	香港房屋協會
鄭寶鴻先生	香港房屋委員會
謝國樑先生	香港物業週刊
譚思洛先生	香港物業管理公司協會
蘇振顯先生	香港特別行政區統計處
中建企業有限公司	香港測量師學會
中原地產代理有限公司	差餉物業估價署
巴馬丹拿建築師及工程師有限公司	新世界發展有限公司
王董建築師事務有限公司	新鴻基地產代理有限公司
王歐陽（香港）有限公司	劉榮廣伍振民建築師事務所（香港）有限公司